国家社科基金后期资助项目

比较社会保障法

刘翠霄　著

商务印书馆
创于1897　The Commercial Press

图书在版编目(CIP)数据

比较社会保障法/刘翠霄著. —北京:商务印书馆,2021
ISBN 978 - 7 - 100 - 20274 - 9

Ⅰ.①比… Ⅱ.①刘… Ⅲ.①社会保障法—研究—
世界 Ⅳ.①D902.182

中国版本图书馆 CIP 数据核字(2021)第 163746 号

比较社会保障法
刘翠霄 著

商 务 印 书 馆 出 版
(北京王府井大街 36 号 邮政编码 100710)
商 务 印 书 馆 发 行
北 京 冠 中 印 刷 厂 印 刷
ISBN 978 - 7 - 100 - 20274 - 9

2021 年 11 月第 1 版 开本 710×1000 1/16
2021 年 11 月北京第 1 次印刷 印张 40¼ 插页 1
定价:228.00 元

作者与先生,摄于 1972 年

国家社科基金后期资助项目
出版说明

　　后期资助项目是国家社科基金设立的一类重要项目,旨在鼓励广大社科研究者潜心治学,支持基础研究多出优秀成果。它是经过严格评审,从接近完成的科研成果中遴选立项的。为扩大后期资助项目的影响,更好地推动学术发展,促进成果转化,全国哲学社会科学工作办公室按照"统一设计、统一标识、统一版式、形成系列"的总体要求,组织出版国家社科基金后期资助项目成果。

全国哲学社会科学工作办公室

序　言

　　一个社会为其成员提供生存保障古已有之,这是一个社会必不可少的自我保护措施。但是由于不同历史时期的经济发展、政治制度、社会结构、意识形态等对保障范围和水平产生的影响和作用不同,提供保障的形式和内容也不可能一样。社会为其成员提供保障,一方面通过提供不同形式劳动机会的方式维护社会生产关系以适应特定经济社会发展的需要,另一方面又以为社会成员提供与生产力发展水平相应的基本生活需要的方式缓和社会冲突、稳定社会秩序。可见,任何社会的保障系统都具有保护生产和保障生活(劳动力再生产)的功能。随着社会发展进步和生产力水平的不断提高,社会结构也随之发生变化,但是社会为其成员提供保障所具有的保护生产和保障生活的功能没有改变。

　　社会保障是社会政策的内容,当工业化在人类社会出现以后,传统的保障方式已不能满足变化了的社会结构和生产方式的需要,新的社会形态需要重新确定社会成员的权利和义务并组成新的社会结构,以保障新的社会结构中社会成员基本的生产和生活需要。在产业结构和社会结构发生大变革的时期,社会因素便成为推动社会保障变革的积极因素。适应工业化社会需要的社会保障制度应运而生,是社会生活对抗经济生活的结果。考察社会结构的状况,是考察社会保障成因及其形式的一条捷径,因为社会保障的形式和内容要受到各个国家历史、文化、经济发展水平等其他因素的影响。

　　社会保障是政府根据经济发展状况对国民收入进行再分配的主要方式,同时也是政府在分配领域实行宏观调控的一个重要手段,因此它已成为整个国民经济结构的重要组成部分之一,并且通过直接和间接的方式对一个国家的经济、政治、社会等各个领域的发展产生深刻的影响。社会保障是经济制度的内容表现在它以一定的经济学说为理论依据,而且不同派别的经济学说左右着社会保障制度的变革和发展,因此经济学家将社会保障作

1

为经济学的一个分支在研究。[①]　我们以美国的《社会保障法》为例来简要说明社会保障制度属于经济制度的内容。美国的《社会保障法》只规定了老年（残疾以及遗属）和失业的经济保障问题，因此它的内容并没有什么特别之处。它之所以引人注目，是因为它在挽救大危机后濒于崩溃的美国经济的"罗斯福新政"中占有重要地位，也就是说，《社会保障法》是第一个成为整个经济政策一部分的社会政策。在当时资本主义世界生产相对过剩、经济衰退的情况下，社会保障扩大了人们的购买力，促进了经济再恢复，实现了罗斯福制定《社会保障法》时所确定的目标。可见，美国是把社会保障制度作为反危机和刺激总需求的工具来使用的。

传统上，为社会中不能自存的贫困者提供经济援助除了国家之外，主要由慈善机构和富有阶级实施，带有浓厚的施舍色彩，因而具有极大的偶然性和随意性的特征，人们不能从中获得安全感和自尊感。当工业化社会出现以后，国家依据法律规定，通过社会财富再分配的方式承担起了保障社会成员生活风险的责任。法律之所以能够充当政府进行国民收入再分配的有力手段，是因为法律能够对社会财富再分配过程中的程序，参加社会保险者的义务，受保险人的权利，享受社会保障待遇的条件及待遇标准，享受义务教育和保障性住房者的权利以及政府的责任，社会保险基金的筹集、管理及运营，社会保障争议的法律救济等作出强制性和规范化规定。在此基础上，政府主管部门依靠国家强制力，保证各项社会保障法律法规在社会中得以施行。只有法律能够保障国家（通过政府）在社会保障中的职责以及社会成员应当享有的社会保障权利得以实现。没有法律的强制性保障，社会保障事务就无法在社会生活中推行。所以，各国的社会保障事务都是立法先行，在有法律明确规定的前提下，社会保障事务才能有序进行。

社会保障学是一个由经济学、财政学、政治学、社会学、法学等多学科参与研究的领域，[②]在此领域中各学科互相吸收其他学科的研究成果，并形成自己学科的知识和理论体系。随着社会保障实践的发展，社会保障法学在吸收其他学科研究成果的基础上，逐步形成独立、系统、严谨的学

---

① 李琮主编：《西欧社会保障制度》，北京，中国社会科学出版社，1989年，第1版，第28～29、126、174页。

② 〔日〕菊池馨实：《社会保障法制的将来构想》，韩君玲译，北京，商务印书馆，2018年，第1版，第324页。

科体系。①

社会保障法律体系是国家关于社会保障的法律、法规及其实施办法的总称已成共识。② 然而,各国社会保障法律体系的结构是有差异的,这些差异是基于经济发展水平、历史文化传统、政府理念、社会政治结构等差异而形成的社会保障内涵与原则的差异。例如,英国的社会保障法律体系是由国民保险法、国民健康服务法、工伤保险法、家庭津贴法、国民救助法五个项目构成;德国的社会保障法律体系是由社会保险、社会赔偿(包括战争受害者供养等)、社会促进(住房和教育等)、社会救助四个项目组成;美国的社会保障法律体系则由社会保险、社会救助、退伍军人补偿、教育和住房四个项目构成。国际劳工组织1952~1982年期间正式界定的社会保障体系组成部分包括:社会保险、社会救助、国家财政收入资助的福利补贴、家庭补助、储蓄基金以及雇主规定的补充条款和围绕社会保障而发展的各种补充方案。③ 虽然不同国家以及国际组织确定的社会保障法律体系所包含的项目不同,项目名称也不尽相同,但是,我们仍然可以按照不同国家社会保障法律体系所包含的各项目的功能,将其梳理成框架结构基本相似的社会保障法律(学)体系。

社会保障项目划分的基础是"生活风险",即人们在什么样的情况下需要得到什么样的保障。国际劳工组织提出年老、死亡、生病、生育、工伤、残疾、失业、贫困等都属于人类生活风险,并由此设计社会保障项目的结构。这种划分逻辑性强,符合社会保障法律制度为人们提供防范生活风险基本功能的要求,因此具有较强的说服力。④ 我国社会保障法学界从社会保障法律制度所包含项目的不同功能出发,将社会保障法律体系按照社会保险、社会补偿、社会促进、社会救济进行了安排。

社会保险制度的功能在于,通过对典型的危及生存的风险,如在老年、疾病、失业、工伤事故、生育和由于供养者死亡等情况的发生,而暂时或永久

---

① 菊池教授认为,即使在第二次世界大战后,社会保障制度已在逐步完善,但法学对于社会保障制度的研究却是滞后的。学界当初并没有认识到社会保障法这个特有的成文法领域的存在,而是从既有的其他法领域开始的研究成为主流。例如,在劳动法中,对工伤保险予以关心的研究者,开始对与其相关的社会保险给予了关注,进而对整个社会保障法律制度进行探讨;此外,社会保障属于典型的给付行政,是行政法学的一个内容;还有,社会保障与民法上的扶养义务相关联的问题也不少。所有这些成为社会保障法研究滞后和成为独立的法学学科的阻碍。请参见〔日〕菊池馨实:《社会保障法制的将来构想》,韩君玲译,北京,商务印书馆,2018年,第1版,第323、322页。

② 和春雷主编:《社会保障制度的国际比较》,北京,法律出版社,2001年,第1版,第1页。

③ 郑秉文等主编:《社会保障分析导论》,北京,法律出版社,2001年,第1版,第4页。

④ 国际劳工组织:《社会保障基础》,吉林大学出版社,1989年,第1版。转引自和春雷主编:《社会保障制度的国际比较》,北京,法律出版社,2001年,第1版,第157页。

失去劳动能力,并因此发生收入中断、减少甚至丧失的情况下,通过提供收入补偿待遇,以保障遭遇生活风险者的基本生活需要。社会保险是一项集体自我预防措施:受保险人(首先是雇员)联合在保险组织中,通过缴纳社会保险费或者社会保险工薪税筹集社会保险基金,在出现生活风险(例如生病、老年等)时,按照当时适用的待遇规定获得待遇。缴纳社会保险费或者社会保险工薪税是获得社会保险待遇的前提条件,因此社会保险具有经济对偿性质或者双务原则;社会保险的巨大力量在于它造就了某种平等意识,即你获得你所挣来的,你挣得你所应得的;① 社会保险是国家强制行为,政府承担一定的资金责任,同时受保险人之间互相分担风险所体现的互助互济原则,又使它具有社会性质。② 由于社会保险制度覆盖了社会成员中最活跃、最富创造力的群体——劳动者,因此,社会保险成为社会保障法律体系诸项目中的核心项目。③ 社会保险制度主要是为具有雇佣关系的领薪者建立的制度,因此,该制度常常又被称作“就业关联制度”。④

　　社会补偿制度的功能在于,它为那些被要求在战事中为公共利益而牺牲的人们提供一线希望,⑤为那些受到特殊伤害或者为国家做出特殊贡献而遭遇特殊风险的人,例如伤亡军人及其家属、战争受伤害者、因暴力行为致伤害者或者因公共疫苗接种致伤害者,通过提供补偿性的经济待遇,来保障受伤亡者及其家属的基本生活需要,以体现社会公平。社会补偿待遇不以是否缴纳费用为获得待遇的前提条件,待遇所需资金由公共财政提供。

　　社会促进制度的功能在于,通过为符合法定条件的人提供相关待遇(例如提供义务教育、保障性住房、儿童资助),为他们发展权的实现提供经济保障。例如,在工人的工资不足以为他本人及其家庭提供一处像样的住宅时,通过提供保障性住房,以供劳动者在紧张忙碌工作了一天后,有一个比较宽敞的房间休息,就能够使劳动力保持良好的状态。⑥ 再如,儿童资助项目并不是只给贫困家庭的儿童提供资助,而是给所有有儿童的家庭提供资助,是一个普享型项目。它不但能够在一定程度上缓解家庭的经济压力,而且能

---

　　① 〔丹麦〕戈斯塔·埃斯平-安德森编:《转型中的福利国家——全球经济中的国家调整》,杨刚译,北京,商务印书馆,2010年,第1版,第112页。

　　② 和春雷主编:《社会保障制度的国际比较》,北京,法律出版社,2001年,第1版,第143～144页。

　　③ 郑秉文等主编:《社会保障分析导论》,北京,法律出版社,2001年,第1版,第5页。

　　④ 刘燕生:《社会保障的起源、发展和道路选择》,北京,法律出版社,2001年,第1版,第5页。

　　⑤ 〔丹麦〕戈斯塔·埃斯平-安德森编:《转型中的福利国家——全球经济中的国家调整》,杨刚译,北京,商务印书馆,2010年,第1版,第3页。

　　⑥ 〔法〕卡特琳·米尔丝:《社会保障经济学》,郑秉文译,北京,法律出版社,2003年,第1版,第6页。

够强化抚养儿童家庭的责任感,使儿童得到更好的养育并健康成长,具有促进社会一体化的社会效应。① 社会促进制度有利于社会成员之间及其与整个社会的协调发展,使他们的文化素质、技能素质、身体素质、合作与竞争精神能够满足不断发展的社会对劳动者的需求,进而促进劳动力资源的高效配置和生产效率的提高。发展权是在社会成员享有生老病死残等一般生活风险保障的前提下,享有的较高一个层次的社会权利,它旨在保障公民一定标准的生活水平和生活质量,促进社会团结。社会促进待遇的获得同样不以事先交纳相关费用为前提条件,待遇所需资金从公共财政中支付。

社会救济制度的功能在于,通过为那些没有收入或者收入很少的人提供经济援助,以保障待遇领取者能够过上合乎人道的生活,即避免他们陷入贫困的境地。消除贫困之所以重要,是因为贫困是要付出代价的,贫困既要使公平为之付出代价,也要让效率为之付出代价:贫穷者因营养不良而没有健康的身体,没有健康的身体不但降低了接受教育的能力而且会增加卫生保健成本,而既不健康、知识和技能又缺乏的人是难以成为保证国家效率的劳动者的,还有就是在面对饥饿的人群中潜在着社会不安和犯罪。所以,自国家产生以来,统治阶级都对社会贫困人口采取不同方式的救济措施。获得社会救济待遇不以事先支付或者受伤害为前提,只要其家庭收入低于政府规定的贫困线标准,就有权利获得相应待遇。社会救济不但是应对贫困和社会排斥的最后手段,也是社会的安全阀和稳定器,所以,多数国家都将每个人应有适当的生存条件作为公民的基本权利规定在宪法中。社会救济作为基础性制度,是社会保障法律体系中最后的安全网。② 提供社会救济所需资金也是从公共财政中支付。

产生于工业化社会的社会保障制度是国家对工业化社会的社会问题所作出的政策反应。一个多世纪的实践证明,社会保障制度是人类竞争性生存的一个重要保证,是社会作为整体保持可持续发展和稳定的不可或缺的重要条件和环境变量。整个社会现代化的过程实质上是有利于人类共同生存与发展的因素不断发达的过程,是日益自觉地关注人类共同的生活条件和环境的过程。社会保障制度的复杂性和微妙性是任何一项社会政策都无法比拟的,虽然它已有一百多年的发展历史,但人们对它的特定性质和影响至今仍处于懵懂状态,仍然是一块尚待人们继续探索的"处女地"。社会保障制度是一个复杂的系统工程,虽然它能够按照自身规律发展运行,但是,

① 杨冠琼主编:《当代美国社会保障制度》,北京,法律出版社,2001年,第1版,第76页。
② 〔德〕彼得·特伦克-欣特贝格尔:《残疾人法》,刘翠霄译,北京,法律出版社,1999年,第1版,第4页。

它与它所处的社会环境的影响和作用是相互的：它总是以解决某一社会问题为出发点，通过为国民生活风险提供收入性经济补偿的手段，来解决当时的经济、社会乃至政治问题；现代社会保障制度出现之后，国家的经济、政治、社会、文化又深受社会保障制度的影响，以至于国家需要通过调整社会保障制度的规定来保障经济社会平稳有序运行，社会保障制度成为国家进行宏观调控不可或缺的机制和手段。

当人类社会进入信息化时代时，社会发生了前所未有的变化：随着重工业经济向知识经济转化，人的工作寿命延长了；随着产业的转型，失业变成了常态，同时产业向小型化、家庭化方向发展；随着医疗技术的发展和人口老龄化社会的到来，公共医疗计划变得越来越昂贵，让医疗保险基金难以为继……不但信息化时代的社会问题明显有别于早期和中期工业化社会的问题，而且社会问题的性质也改变了：由于知识匮乏而造成的社会排斥现象超过了工伤和疾病引起的贫困；老龄的恐惧由生活无着变成难以承受高昂的医疗和护理费用；就业准备变得比失业保险更加重要，有知识的人可以不依赖已有的社会体系灵活就业，甚至跨国界就业；过度保护和对家庭责任的替代造成单亲家庭增加……尤其是在福利国家，它们所面临的危机已不仅是财政上的危机，而更是它的合理性和公平性的危机。但所有这些并不表明社会保障制度为民众提供更高水平的福利待遇，以使人们生活水平和生活质量不断提升，保障每个人都能够健康全面地发展的规律存在问题，因为人类追求福利不断增长的要求是与生俱来的，也是合理的。因此，在社会保障制度发展的过程中，各国都是根据经济社会发展的实际情况不断调整本国的社会政策，以及时消除社会保障制度产生的负面作用。在解决社会保障制度合理性和公平性问题上，各国都有自己的方式和标准，使之更好地造福于社会成员并以自己独有的形态影响本国社会和经济的发展。

社会保障法律制度作为人类社会共同的稳定机制，在现代社会确实有许多相通性，并表现出某些统一的趋势，各国在发展本国的社会保障制度时需要关注和尊重国际社会保障发展的趋势，但不一定必须遵循这些趋势。对不同类型的社会保障法律制度进行比较，会为各国不断变革的社会保障制度提供评估和选择的可能性。社会保障制度虽然是人类社会的共同选择，但由于各国经济社会发展水平和文明进步程度不同，制约社会保障制度的制定和实施的因素异常复杂，所以，对不同国家的社会保障制度进行比较颇为困难，我们只能从各国的制度设计和运行比较中观察它们的差异。但是，各种差异并不是单一或纯粹的，而是相互交叉、相互重叠的，从而显示出社会保障制度模式的多样性。因此，有学者建议，专属于社会保障法比较研究的方法需要进一步完善,"在比较中,最重要的是应该抛弃任何形式的本族主义中心观点","最不应该做的,是让一个人通过这种比较方法'论证'其所属的社会保障体系是最好的或者最坏的之类的事。"①

本书是一本法学著述,在本书的写作过程中,笔者主要运用文献梳理、逻辑论证和比较研究的方法。在对五个国家(主要是英、德、美三个发达国家)的社会保障法律体系的主要内容基本不做增减的情况下,每一编都是按照某个国家社会保障制度建立的理论基础、社会保障制度的历史发展、社会保障制度的主要内容、社会保障制度特点的顺序进行安排。对于五个国家社会保障制度内容的论述则是按照社会保障法学界公认的社会保障法律体系所包含的大项目及各大项目下的子项目进行了安排,②以方便社会保障法学工作者进行比较研究,同时也希望能够为对五国社会保障制度有兴趣的读者提供一个比较清晰的制度框架。如有不当之处敬请读者批评指正,笔者将不胜感激。在尾编,笔者对五个国家(主要是英、德、美三个发达国家)的社会保障法律体系的异同进行了全方位的比较,既论证了对各国社会保障法律制度产生根本性影响的因素,并以此形成的各具特色的社会保障法律体系;又论证了它们所具有的共同发展规律,以说明社会保障法律制度是各国不可或缺的一项重要的经济制度和法律制度。

早在 1888 年,美国小说家爱德华·贝拉米就在其乌托邦式作品《回首往事》中写到,好社会是每个人都有获得该社会生产的物品与服务的均等份额的权利的社会。在这种好社会中,所有的公民从摇篮到坟墓都有保证地获得安逸的生活标准。获得这种生活标准的资格不依赖其贫富、婚否、尊卑与康否,获得这种生活标准的唯一资格是个人作为人类的一员。③也有学者指出:"制度性歧视产生于社会结构,这种社会结构把受压迫的群体排除在社会资源和权力之外,然后对他们的失败大加指责。"社会保障制度是减少和消除社会歧视和排斥、实现社会公平、使每个社会成员逐步过上体面而有尊严的生活的法律手段,它实施的结果应当是"所有的社会成员都享有同样的基本权利、保护、机会和社会帮助并承担相应的义务。"④几千年来,人类

---

① 〔比〕丹尼·皮特尔斯:《社会保障基本原理》,蒋月等译,北京,商务印书馆,2014 年,第 1 版,第 127 页。

② 受笔者掌握资料所限,各国社会保障法律制度项目或项目中的内容或多或少有欠缺,尤其是对社会权利实现具有保障作用的"社会保障争议法律救济"的资料非常匮乏。但笔者相信,随着对外学术交流的频繁和合作研究的加强,以往由于资料匮乏影响到对某一制度深入研究的问题会逐渐得以解决。

③ 杨冠琼主编:《当代美国社会保障制度》,北京,法律出版社,2001 年,第 1 版,第 70 页。

④ 〔美〕威廉姆·H.怀特科等:《当今世界的社会福利》,谢俊杰译,北京,法律出版社,2003 年,第 1 版,第 105、106 页。

正是为了实现思想家们所设想的美好社会和过上他们所描写的美好生活，而前赴后继地进行着不懈的努力和艰苦的奋斗。第二次世界大战以后，人们渴望通过社会保障制度建立不再担心贫困和饥饿的社会，即好社会或者理想社会已经或正在实现。

　　各国社会保障法律制度在形成过程中不可避免地要受到本国经济、政治、文化传统等多方面因素的影响，因此各国的制度都具有自己的鲜明特色。在社会保障法学界，学者们按照政府、企业、个人在社会保障中各自承担责任的大小，将世界范围具有典型特征的四个国家的社会保障法律制度分为以英国为代表的普遍主义的（福利型）、以德国为代表的合作主义的（保险型）、以美国为代表的自由主义的（保障型）、以新加坡为代表的强制储蓄型的四种制度类型。20世纪90年代，随着以苏联为代表的东欧社会主义国家解体以及其他社会主义国家经济体制转型，政府对在计划经济时期制定的社会保障法律制度进行了改革后，形成了转型国家社会保障法律制度体系。这些各具特色的社会保障法律制度自产生之日起，就对本国的经济社会发展发挥着重要的且是其他任何制度都无法替代的作用。本书选择的五个学界认为有典型特征的社会保障法律制度，可以帮助不同领域的读者了解国际范围社会保障法律制度概况。正如怀特科教授所说："对读者来说，花费一定的时间和精力学习关于社会福利制度的知识是值得的。如果你选择从事社会福利这份工作，如社会福利工作、护理、精神保健，就会发现，拥有社会福利制度的运作知识是必需的和非常重要的。同时，在日常生活中，当人们遇到情感上的、经济上的、住房上的、医疗上的、教育上的、社区中的困难时，作为社会福利制度构成要素的社会福利计划就会为人们提供帮助。当你成为一名社会福利专业人员时，你就需要了解人们可以得到哪些福利服务以及怎样得到这些服务。"[①]怀特科教授的这段话，既道出了社会保障制度在社会生活中无处不在的重要性，也说明了公众了解社会保障制度的必要性。

　　欧洲社会保障领域著名学者、比利时天主教鲁汶大学丹尼·皮特尔斯教授指出："社会保障法比较的重要性或许是十分有益的……我们诚心希望该书可以帮助和激励未来的社会保障法制度比较研究……对于任何一个研究社会保障和社会保障法以及寻找可以继续建构已定性的社会保障法比较之基础的人而言，都不能忽视如下问题：这是一个充满吸引力且严峻的挑

---

① 〔美〕威廉姆·H.怀特科等:《当今世界的社会福利》，谢俊杰译，北京，法律出版社，2003年，第1版，"前言"第1～2页。

战。"在这里，我借助丹尼·皮特尔斯教授在《社会保障基本原理》中的最后一句话来表达我的期望："我非常大胆地希望科研人员和政策制定者能认为本书有利于促进社会保障进一步发展，有助于推动和平、民主、自由与我们所梦想的互济性社会的必要连结。"①

本书是在吸收众多前辈研究成果的基础上写成，期望能够为我国社会保障法学的学科建设提供更多的基础性资料，为社会保障法治事业发展做出绵薄的贡献。在本书编著过程中，参考并引用了大量文献资料，在此谨对这些文献的作者和译者们致以崇高的敬意和深切的谢意；商务印书馆对本书的出版给予了鼎力支持，王兰萍博士、编审为本选题的通过，高媛博士为本书的编辑加工都付出了辛苦的劳动；社科院法学所陈甦所长、所科研处谢增毅研究员和张锦贵处长、所老干部工作处姚桂英和李宏两位处长给予了全力支持和鼓励；社科院老干部工作局为《比较社会保障法》提供了老年课题项目资助，曾军副局长为立项提供了大力支持；国家社科基金后期资助项目为本课题提供了资金上的支持。在此谨对以上所有为《比较社会保障法》写作和出版给予支持和帮助的组织和同仁们一并致以深深的谢忱！

刘翠霄

2019 年 1 月 28 日

---

① 〔比〕丹尼·皮特尔斯：《社会保障基本原理》，蒋月等译，北京，商务印书馆，2014 年，第 1 版，第 1 页。

目　录

第一编　英国普遍主义社会保障法律制度

第二编　德国合作主义社会保障法律制度

第三编　美国自由主义社会保障法律制度

第六编　不同类型社会保障法律制度比较

第一编

英国普遍主义社会保障法律制度

国际社会一般将实行普遍主义社会保障法律制度的英国称作"福利国家"。然而自"福利国家"这一概念被提出以后,虽然其使用次数越来越多,但要对它作出准确定义却越来越困难。

1941年,英国大主教坦普尔在其《公民与教徒》一书中首次提出了"福利国家"的概念,但并没有赋予"福利国家"以确切含义。英国社会学家哈罗德·韦伦斯基对"福利国家"的表述是,"福利国家的关键是政府保证所有公民享有最低的收入、营养、健康、住房、教育和就业机会。这些保障表现为公民的政治权利而不是以慈善的形式出现的……总的来说,福利国家的纯效益有可能是平均主义的。"①1961年,英国学者阿萨·布瑞格斯给出了一个受到广泛支持的福利国家定义:在福利国家,有组织的权力受到精心的使用(通过政治和行政),至少在三个方面致力于修正市场力量的作用:第一个方面是保障个人和家庭的最低限度的收入,而不管他们的工作或财产的市场价值有多大;第二个方面是通过使个人和家庭能够应付一些社会性的不测事件(例如疾病、年老和失业)而缩小不安全性的范围,否则这些紧急事件会使个人和家庭陷入危机之中;第三个方面是确保所有的公民无地位或阶级差别地获得在某个大家同意的社会服务范围内可以达到的生活标准。② 英国著名福利经济学家巴尔教授认为,福利国家是"有政府参与的四大方面活动的简称:现金津贴;卫生保健;教育以及食品、住房待遇和其他一些福利服务。"③由于福利国家制度不仅涉及国家在社会中的作用问题,也涉及不同国家的文化传统和政治观念,因此,对福利国家作出准确定义确实是比较困难的。

福利国家的发展是一个历史过程,学术界一般认为它始于19世纪末,而成熟于20世纪50年代,这时候福利国家概念的使用频率虽然大大增加,

---

① 〔英〕哈罗德·韦伦斯基:《福利国家与平等》,卫民译,中国台湾,黎明文化事业股份有限公司,1982年,第1版,第58页。

② 孙炳耀主编:《当代英国瑞典社会保障制度》,北京,法律出版社,2000年,第1版,第316页。

③ 〔英〕尼古拉斯·巴尔:《福利国家经济学》,郑秉文等译,北京,中国劳动社会保障出版社,2003年,第1版,第6~7页。

但是对它进行确切定义却更加困难。1920 年庇古在他的《福利经济学》中指出,福利制度仅仅与再分配有关,它往往在市场之外存在,它不属于经济制度范畴,而属于福利制度范畴。然而再分配对社会整体福利会产生重要影响,因为需要水平是福利制度中的重大范畴,它涉及待遇水平的确定,应当是国家重要的政策目标。基于以上观点,福利国家是指由政府提供的福利,这就将由慈善机构和个人等提供的社会福利区别了开来。福利国家强调国家职能的转变,强调福利供给在国家职能中的首要地位。福利国家抽象概念的内涵体现具体可操作的内容需具备以下四方面指标:一是福利支出占政府公共开支的比例达到一定数值;二是政府的福利支出在不同福利供给者中占主要地位;三是福利支出占国民生产总值的比重需达到一定数值;四是再分配在福利制度中发挥着主要功能。[1]"福利国家"是社会改良主义的产物,是资本主义向社会主义过渡过程中的一种特殊表现形式,国家通过社会保障立法赋予国民获得社会保障待遇的权利,是一种国家主持制定并强制实施的高度社会化的分配制度,而不是少数社会组织或慈善机构的行为。[2]

有学者认为,福利国家有两种模式,即制度模式(或称作机制模式)和补救模式。两者的共同点在于它们都承认收入再分配的合理性,而且都采用财政转移支付的方式进行社会保护。制度模式要求个人缴纳社会保险费,而补救模式要求政府财政转移支付。制度模式中体现的社会契约涉及雇主、雇员、政府三方,而补救模式中的社会契约关系只涉及公民个人和政府。两种模式不仅使用的社会再分配的方式不同,而且观念也不同。制度模式建构的理想是,由国家和政府主动出面,重新建立一种广泛的收入分配机制,即公共福利的提供在于重新分配资源(再分配),以支持那些从社会财富分配的主要机制——市场经济体制中获益最少的人群,维持全体社会成员合理的生活水平,并保障或多或少地无条件享有社会公民权,以解决经济发展所导致的广泛的社会问题。英国属于机制型福利国家,它源于贝弗里奇的普遍公民权原则,即获得待遇资格的确认主要取决于公民资格或长期居住资格;而采取补救模式的福利国家,是在家庭和市场运行失灵时,国家才承担提供基本生活需要的责任,即国家将其责任限定在少数应该得到帮助的社会群体范围。在这种模式中,家庭和国家之间的关系是相互依赖的,所有个人的基本需求基本都能得到满足。美国属于这种补救型福

---

[1]　孙炳耀主编:《当代英国瑞典社会保障制度》,北京,法律出版社,2000 年,第 1 版,第 3~4 页。
[2]　李琼主编:《西欧社会保障制度》,北京,中国社会科学出版社,1989 年,第 1 版,第 70~92 页。

利国家。概言之,制度模式认为,社会福利发挥的作用,是预防人们的需要出现问题;补救模式则认为,社会福利的目的,是在人们的需要出现问题时向人们提供帮助。①

《福利资本主义的三个世界》一书的译者郑秉文教授在为该书写的"译者跋"中指出:"根据'福利国家是对于公民的一些基本的、最低限度的福利负有保障责任的政制'这一定义,福利国家就应该对福利支出的主旨给予一个承诺:即对社会的公民权利和共同责任给予承诺,对'社会权利'给予法律保护。可以说,当现代工业经济破坏了传统社会制度进而社会权利依法律的名义被固定下来并赋予一定的财产意义的时候,福利国家就出现了。"他进一步指出:"'社会权利'既可以被看成是对福利国家起源的一个诠释,又可以被看成是福利国家的本来意义。……社会权利是保证企业竞争力和最大限度地适应经济发展的过程中的一种'生产性投资'。这个生产性投资是福利国家得以诞生、存在和发展的前提之一。……判断社会权利的一个重要标准就是它在多大程度上允许人们依靠纯粹市场之外的力量去改善其生活水准。……社会权利就是对公民作为'商品'的地位的一种反动、一种限制或一种削弱的因素。"②

有学者针对将福利国家界定为"首先集中在社会支出的总水平上;其次集中在收入保障、医疗保障和教育等主流项目下享受福利金的权利和公益的权利方面"的观点指出,数量指标是必须而且重要的,但容易陷入肯定主义陷阱。他们从社会学和政治学的角度将福利国家定义为:"福利国家是指政府维持国民最低生活标准责任的制度化。在战后的福利国家里,这主要意味着三种类型的承诺与制度:充分就业政策、满足基本需求的普遍公益、各种防止和解除贫困的措施。"③

综上所述,对福利国家概念的定义是一个历史性的争论,至今仍然很难给出一个比较权威和不同学科都基本能够接受的定义。

虽然绝大多数人能够从道义的角度认识到每个人有责任通过工作来养家糊口,但是在现代社会,社会控制而非道德责任占据主导地位,对于处于困境的人来说,没有国家经济上的支持,人们就会有被社会排斥和抛弃的感

---

① 〔英〕内维尔·哈里斯等:《社会保障法》,李西霞译,北京,北京大学出版社,2006 年,第 1 版,第 4~6 页。

② 〔丹麦〕考斯塔·艾斯平-安德森:《福利资本主义的三个世界》,郑秉文译,北京,法律出版社,2003 年,第 1 版,第 317、319 页。

③ 〔加〕R.米什拉:《资本主义社会的福利国家》,郑秉文译,北京,法律出版社,2003 年,第 1 版,第 39 页。

觉。因此,支持那些从社会财富分配的主要机制中获益最少的人群,应是这个群体的权利和国家的法定责任。国家的政治任务应该是使民主国家有义务为其公民提供关怀的道德责任成为国家政治责任的一项可操作性因素,才能创建一个属于全体社会成员的社会,而非属于富人、天才、幸运儿和出身显赫的人的社会。社会分化越大,从政治和法律上为那些从社会财富分配的主要机制中获益最少的人群提供经济援助的必要性就越大。尽管人们一般认为主要工业化国家都是福利国家,但是在这些国家中,由于取向不同,有的国家倾向于福利,有的国家则强调市场,因此各国的福利支出是大不相同的。两种不同取向反映出国家福利制度的基本特征:福利取向的国家强调社会优先和国民身份,强调通过再分配促进福利待遇平等和社会公平;市场取向的国家则强调个人差异和职业差别,强调通过经济领域的劳动报酬分配促进机会平等和公平竞争。基于这样的分析,英国和北欧的瑞典等国属于注重社会公平的福利取向型福利国家;美国属于注重经济效率的市场取向型福利国家;而德国由于对公平与效率两者的平衡关系处理得较好,即将与收入关联的社会保险制度作为社会保障制度的核心领域,福利取向较弱,但福利支出较高,因而是注重社会合作的福利国家。实践表明,一个国家在构建福利制度时对于公平与效率的选择,是由这个国家的经济、政治、社会意识、人口等特定国情因素决定的,或者说是这些因素决定了某个国家对本国福利制度模式的选择。

第一章　社会保障法律制度建立和发展的理论基础

各个国家的不同党派、不同政治力量和利益集团,在国家和社会承担不承担以及如何承担社会保障的责任上,历来就有不同主张。而各党派的社会保障政策,都是以一定的经济学说、政治学说为其理论依据。西欧各国有两种主要的政党和社会政治思潮:保守主义的和社会民主主义的,保守主义理论和社会改良理论是相应政党确立本国社会保障政策的理论依据。

第一节　洛克和卢梭的社会契约论

英国哲学家约翰·洛克在社会契约理论上做出过重要贡献。他认为,在自然状态下所有人都是平等而独立的,没有人有权利侵犯其他人生存的权利、享有自由的权利和拥有财产的权利。他主张,应该对政府的权力实行监督与制约,政府只有在取得被统治者同意,并且保障人民拥有生命、自由和财产的自然权利时,其统治才有正当性。当政府背叛人民时,革命不但是一种权利,也是一种义务。洛克的理论对法国哲学家让·雅克·卢梭有很大影响,卢梭于 1762 年出版的《社会契约论》宣扬主权在民的思想,一个理想的社会建立于人与人之间而非人与政府之间的契约关系,政府的权力来自被统治者的认可,一个完美的社会是为人民的"公共意志"所控制的,由此奠定了现代民主制度的基石。1789 年法国国民代表大会通过的《人权宣言》中"社会的目的是为大众谋福利的"等体现了《社会契约论》的精神。

洛克和卢梭都认为,约定是一切合法权威的基础,"社会契约"不但是社会的基础,而且是建立政府体制和社会结构以满足全体国民共同需要的固有契约。他们宣扬,"所有人一律平等",维护并提高普通公民的生活水平是政府领导人义不容辞的责任。他们对人的需要的社会原因的分析,奠定了"政府有义务向其公民提供帮助"的思想基础。①

第二节　功利主义理论

18 世纪末 19 世纪初,英国哲学家兼经济学家边沁认为,人类总是趋向于一种共同的目标,这个共同的目标就是幸福,边沁将人类导向幸福的趋向性称为功利。如果每个人都能自由地追求个人利益,就能够实现公共利益即最大多数人的最大幸福。为了实行最大多数人的最大幸福,国家、政府尤其是法律就必须更好地协调个人利益与社会利益的关系,但是国家、政府以及法律所施加的干预不能妨碍个人最大限度地追求自己的幸福。因此,他虽然支持实施济贫法,但是反对大部分社会立法,认为那些法律是人们追求自己的幸福的障碍。边沁总是运用功利原则检验现存的法律和制度,他认为如果法律不能带给最大多数人的最大幸福时,这些法律和制度就应该受到谴责。边沁的理论对英国法产生的影响,就像自然法理论对罗马法产生的影响一样。运用功利方法检验所有法律规定并探讨这一原则能在多大程度上分析"社会环境、人的需求并促进人的幸福",边沁当仁不让地属于第一人。②

詹姆斯·穆勒也是功利主义学说的代表人物。穆勒认为,社会财富的增长必须有利于使民众从中得到福利,应当实行有效的财富再分配,以实现社会公平。如果民众从社会财富增长中得不到一点好处,这种增长就没有任何意义。他指出:"只有在落后的国家,增加生产仍然是一项重要的目标。在最先进的国家,经济上所需要的是更好地分配财产。"他主张:"人类是应当互相帮助的,穷人更需要帮助,而更需要帮助的人是正在挨饿的人。所以,由贫穷者提出给与帮助的请求,显然最有理由通过社会组织来救济亟待救济的人。"但他同时又指出,对穷人的帮助如果不注意方式和程度,就会造成有害后果。要实行有限救济,使救济以不损害个人自助精神和自立意识为限度。穆勒的思想对 1834 年新济贫法产生了重要影响。③ 功利主义学

---

① 〔美〕威廉姆·H.怀特科等:《当今世界的社会福利》,谢俊杰译,北京,法律出版社,2003年,第 1 版,第 162 页。

② 〔英〕威廉·塞尔·霍尔斯沃思:《英国法的塑造者》,陈锐等译,北京,法律出版社,2018年,第 1 版,第 277~280 页。

③ 〔英〕詹姆斯·穆勒:《政治经济学原理》(下卷),赵荣潜等译,北京,商务印书馆,1991 年,第 1 版,第 558 页。转引自丁建定:《西方国家社会保障制度史》,北京,高等教育出版社,2010 年,第 1 版,第 68 页。

说的目的就是对社会产品进行分配，以便使社会成员的整体福利达到最大化，他们的学说使政府对社会产品进行再分配合法化。以功利主义哲学为基础的英国的经济学一方面主张继续依据功利主义哲学原则实行放任政策，另一方面又主张通过国家干预来调和劳资矛盾。这种希望既能维护资本主义统治，又能缓解无产阶级斗争的折中理论最终成就了庇古的"福利经济学"。①

美国的社会学家帕森斯是 20 世纪功利主义的主要代表人物。帕森斯认为，社会福利事业的发展不能仅仅解释为慈善事业在现代工业社会的发展，而应看作是社会系统逐步完善其功能以适应变化了的社会需求的过程。后起社会学家戴维斯、莫尔发展了帕森斯的理论，他们认为，社会各阶层之间的不平等可能是任何一个发展平衡社会的功能需要，因为不平等保证社会上最重要的地位由最合适的人士占据。社会要保证给不同职位的人以不同的报酬，使不平等制度化、规范化。不同的职位要根据人们对社会的贡献划定并给予适当报酬，才能激励人们奋发向上的动力，保证各人各有所得。现代工业化社会的社会保障政策普遍采用了这一理论，即在制定社会保险制度时采取非平均主义的社会政策，以体现权利与义务相对应的社会保险原则。②

第三节　古典经济自由主义理论

英国社会哲学家亚当·斯密自由放任主义理论认为，市场机制可以实现社会经济的协调发展，反对政府对社会经济的任何干预，反对进行收入再分配。他认为，市场机制是一只看不见的手，它会自然推动个体利益和社会福利的共同增长，进而实现社会福利水平的提高，因此，市场分配的结果是最合理的。斯密认为，为了穷人的利益而向富人征税是不道德的，是对"自然权利"财产权的侵害。在这种思潮的影响下，公众对于穷人的态度发生了根本改变，人们不再把贫穷看作是遭受不幸的结果，因而社会不应当承担责任；贫穷是因为个人的懒惰和无能。在这种观念的影响下，获得帮助者的生活水平不能高于那些获得最低工作报酬的自食其力的劳动者的生活水平，导致穷人的生活更加悲惨。斯密认为，《济贫法》严重地阻碍了居民的自由

---

① 李珍主编：《社会保障理论》，北京，中国劳动社会保障出版社，2007 年，第 2 版，第 117 页。
② 李琮主编：《西欧社会保障制度》，北京，中国社会科学出版社，1989 年，第 1 版，第 163 页。

流动,力主废除《济贫法》,还劳动者自由选择就业的权利。

大卫·李嘉图是英国古典政治经济学奠基人之一。他同样主张实行自由放任政策,反对国家对社会和经济生活施加干预。他指出:"工资正像其他所有契约一样,应当由市场上公平而自由的竞争决定,而绝不应当用立法机关的干涉加以统制。"他反对《济贫法》,认为《济贫法》与立法机关的善良愿望正好相反,它不但不能改善贫民的生活状况,反而使贫富双方的状况都趋于恶化。由于《济贫法》将勤勉谨慎的人的一部分收入给予了贫民,因此会消弭人们的节约思想。他主张废除《济贫法》,强调贫民应认识自立的价值并通过自己的努力摆脱贫困,只有这样社会才能接近更为合理和更为健康的状态。[1]

受古典经济学派极力否定社会救济思想的影响,英国没有能够成为最早建立社会保障制度的国家。[2]

第四节　新自由主义经济学理论

在最早实现工业化的英国,其社会保障制度的建立起先是在自由主义的主导下,而后是在国家干预主义影响下逐步发展起来的,这是一个漫长的发展演变过程。从 17 世纪开始的 200 年间,国家政策和理论观点都主张自由放任,这无疑限制和阻碍了福利领域的国家干预,而自由放任不可避免带来的一系列社会问题,又迫使国家不得不进行干预。

新自由主义经济学产生于 19 世纪末 20 世纪初的英国,其代表人物有霍布森和霍布豪斯等。新自由主义者强调国家对社会经济与生活进行干预,并把社会问题的出现和加剧归结为社会发展的不和谐性。新自由主义的社会福利主张是:在人类社会中,贫困者并不是无能的、不负责任而懒惰的弱者,他们是倒运的人。广泛存在的贫困是社会财富分配不公的结果,其根源是人力和资本的浪费以及机会的不均等。改革的目标应是在社会和个人之间有一种互换的责任和义务,即个人有勤奋工作的义务,社会有为公民提供获得文明生活手段的责任。社会问题的解决不能仅仅依靠个人,应该依靠国家干预,并通过建立一种有效的社会保障制度来解决。国家虽无权

---

① 〔英〕大卫·李嘉图:《政治经济学及赋税原理》,郭大力等译,北京,商务印书馆,1962 年,第 1 版,第 91 页。转引自丁建定:《西方国家社会保障制度史》,北京,高等教育出版社,2010 年,第 1 版,第 66 页。

② 李珍主编:《社会保障理论》,北京,中国劳动社会保障出版社,2007 年,第 2 版,第 114 页。

干预个人对财产的处置,但并不意味着私有财产神圣不可侵犯,国家为了保证所有公民都有公平获得自己那份财产的机会,有权力和责任对个人财产权进行干预。①霍布森指出,国家的重要职责之一是帮助民众解决贫困等社会问题,这是衡量一个国家治理效果的重要方面。"一个治理得当的国家,应该以充分的社会支出来解决目前民众生活中存在的贫困,并把它作为国家的主要责任。"②国家在社会政策方面作出调整,使剩余产品的一部分用于提高社会中收入不高者的生活水平,从而实现全社会物质生活条件的改善,社会改良也就取得了伟大的胜利。他主张的以"社会福利"作为经济研究的对象,通过税收和法律政策,使"剩余价值"归政府所有,并用于"社会福利"。③

霍布豪斯指出,保障公民的工作权利和基本生活权利如同保障他们的人身权利和财产权利一样,是维持一个良好社会秩序不可或缺的必要条件。在一个社会里,如果一个诚实的具有正常工作能力的人无法通过自己的有效劳动养活自己和家人,这就不是个人对社会的负债,而是社会对其成员的负债。只要一个国家还存在由于社会经济组织不良而失业的人或工资过低的人,这就不仅仅是社会慈善事业的耻辱,而且是社会公正的耻辱。④ 这些理论和思想不仅为 1906 年上台的自由党政府制定大量的社会保障法案提供了理论基础,而且为之后英国福利国家的建立做好了理论准备。⑤

第五节　社会主义理论

19 世纪 70 年代以后,在英国接连发生经济危机的情况下,有组织的工人队伍迅速扩大,社会主义的组织纷纷建立,他们与资产阶级进行斗争,要求改善自己的处境和地位。在这期间,空想主义者欧文对资本主义的揭露对英国的社会改革影响最大。欧文提出,政府应当为失业者解决工作问题,帮助他们走出贫困。后来他又提出理性社会制度的思想,认为理性社会中

---

① 和春雷主编:《社会保障制度的国际比较》,北京,法律出版社,2001 年,第 1 版,第 28 页。

② 〔英〕霍布森:《帝国主义》,纪明译,上海,上海人民出版社,1960 年,第 1 版,第 70 页。转引自成新轩主编:《国际社会保障制度概论》,北京,经济管理出版社,2008 年,第 1 版,第 18 页。

③ 顾俊礼主编:《福利国家论析——以欧洲为背景的比较研究》,北京,经济管理出版社,2002年,第 1 版,第 5 页。

④ 〔英〕霍布豪斯:《自由主义》,朱曾汶译,北京,商务印书馆,1996 年,第 1 版,第 82 页。转引自丁建定:《西方国家社会保障制度史》,北京,高等教育出版社,2010 年,第 1 版,第 77 页。

⑤ 和春雷主编:《社会保障制度的国际比较》,北京,法律出版社,2001 年,第 1 版,第 27~28 页。

的政府应当一心谋求它所管理的居民的幸福,并采取让居民获得幸福的条件。他认为,社会贫困是资本主义制度造成的,资本主义制度下的社会问题应由社会来解决。①

1867 年马克思的《资本论》出版,对英国的社会主义者和社会改革家产生了深刻的影响,统治阶级对社会改革的态度产生了一些变化。工人运动的高涨和社会民主主义思潮的兴起,使得统治阶级在社会改革问题上的态度也不得不发生改变。然而,由于在 19 世纪英国占统治地位的仍然是自由放任思想,国家并没有真正承担起解决社会贫困问题的责任,救济贫困依然是教会和工人组织的事情。英国虽然是世界上最早建立社会救济的国家,却把社会保险制度缔造者的地位拱手让给了德国的俾斯麦。②

成立于 1884 年的费边社是研究社会改良理论的知识分子团体,他们认为,社会是一个有机整体,社会中的人应在平等的基础上保持协作关系,每个人必须为社会工作,为公益献身,社会作为回报必须保证个人的自我实现。贫富不宜过分悬殊,贫困不仅是个人的事,而且也是社会的事,因为社会这个有机体的一部分遭到削弱,势必损害整个有机体的效率,摆脱贫困,过上具有人的尊严的生活是每个人的权利,必须保证每个国民的最低生活标准。政府是一个理想的、可以用来为社会服务的工具,政府有责任采取各种手段,包括通过某种形式的财富再分配来达到调整市场制度造成的不公正的目的。费边社会主义者将建立社会保障制度与提高公民道德水平、增进社会文明联系起来,他们指出,如果每个人都感到他们的生活绝对有保障,而且不再为未来的生活担忧,他们对财富的渴望就失去杠杆作用。当人们对生活风险没有了后顾之忧时,金钱的诱惑就失去魅力,"人们的生命就开始用来生活而不是为了得到生活的机会而斗争。"这时,那些能够促进社会健康发展的精神品质就会得到发扬,人们的生活乐趣、创造能力、仁爱之心就释放出来,社会因此就会和谐地发展和进步。③费边社会主义者认为,工人阶级所进行的一切斗争都是为了一个目的,即要求改善自己的处境和地位。

战后最早研究福利理论的马克思主义者约翰·沙维认为,福利国家的产生是社会主义运动的主要成果,尤其是社会民主主义政府的功绩。他认为福利国家的形成有三方面的原因:一是工人阶级反抗剥削的斗争取得了一定的成功;二是工业资本需要更适宜其发展的环境,尤其是高素质、高技

---

① 丁建定:《西方国家社会保障制度史》,北京,高等教育出版社,2010 年,第 1 版,第 71~72 页。
② 和春雷主编:《社会保障制度的国际比较》,北京,法律出版社,2001 年,第 1 版,第 12 页。
③ 成新轩主编:《国际社会保障制度概论》,北京,经济管理出版社,2008 年,第 1 版,第 21 页。

能的劳动力大军；三是资产阶级已经意识到了必须为政治稳定付出一定的代价。约翰·沙维指出，就福利国家给社会带来的安全和平等而言，福利国家的政策确实使资本主义制度发生了巨大变化。[①]

第六节　新古典经济学理论

新古典经济学理论是与国家干预理论相对立的经济学流派，其代表人物有英国经济学家马歇尔。新古典经济学派将社会福利定义为，个人从其行为特别是市场交换中获得了满足，因此，为了促进社会福利的发展，不应该采取任何集体行为。国家对社会福利的干预，只有在干预能够促进满足个人机会的增长时才是合理的。他们认为，由俾斯麦建立的社会保险制度是不需要的，不仅因为在社会保险建立之前的友谊社和其他私人互助组织已经为失业、疾病等做好了安排，而且国家保险会让人们认为国家有义务在任何情况下提供无限期的福利津贴，最终将导致社会道德危机，使领取者产生依赖性。他们主张建立和发展私人保险制度，认为私人保险有比较严格的调查，对领取保险赔偿有严格的时限规定。新古典经济学派提出的方案：一是建议实施类似新济贫法贯彻的原则，使社会救济的领取者在政治地位、经济地位、社会地位都低于一般水平；二是限制社会救济金领取者的权利，要对他们进行财产状况调查；三是建议让自愿性组织承担大部分社会福利服务，同时要依靠和发展慈善组织。[②] 新古典经济学派反对由国家管理社会保障制度，主张发展私人保险和互助组织，不但继承了古典政治经济学的经济自由主张，而且为新福利经济学思想奠定了基础。

第七节　庇古的福利经济思想

庇古的福利经济思想也称作旧福利经济思想，它既受到亚当·斯密的"看不见的手"的经济思想的影响，也受到霍布森的社会福利思想影响，还受到了边沁的功利主义哲学思想影响。1920 年，庇古出版的《福利经济学》论证的是收入均等化和边际效用递减理论。他主张用经济学"作为改善人们

---

① 李琮主编：《西欧社会保障制度》，北京，中国社会科学出版社，1989 年，第 1 版，第 165 页。
② 丁建定：《西方国家社会保障制度史》，北京，高等教育出版社，2010 年，第 1 版，第 82 页。

生活的工具""要制止环绕我们的贫困和肮脏、富有家庭有害的奢侈以及笼罩许多穷苦家庭朝不保夕的命运等罪恶。"庇古认为,在很大程度上,影响经济福利的是:第一,国民收入的大小。国民收入是一个国家国民个人福利的总和,国民收入总量越大,国民收入或全社会福利越大。消除国民收入分配的不平等,就能增加国民收入,增加经济福利。第二,国民收入在社会成员中进行分配。把富人的一部分收入转移给穷人,前提是不以损害资本增值和资本积累为宗旨。① 庇古认为,为增加社会福利,社会就需要在两个方面作出努力:一是必须增加国民收入量,为此必须使生产资源在各个生产部门中的配置能达到最优状态;二是因为市场机制对收入均等分配无能为力,所以需要政府通过征收累进所得税、遗产税等措施,转移的方式是采取社会福利措施,如建立养老保险、医疗保险、失业保险、免费教育、住房供给等,社会福利就会增大。他提出了"收入均等化"的理论,即把富人的货币收入的一部分转移给穷人,就可以达到增大社会福利的目的。②

福利经济学理论首次对福利国家的产生和发展产生了很大影响,它让政府思考 GDP 的增长是目标还是手段的问题;它阐明了收入分配和社会福利的关系;回答了福利增长一方面来自国民收入的增长,一方面来自国民收入的均等分配;指出了社会福利最大化的途径是政府通过再分配对经济进行全面干预。③ 庇古认为,具有收入再分配性质的社会保障政策可以扩大一国的经济福利,通过有效的收入转移支付实现社会公平。庇古的收入均等化思想为福利型社会保障制度的建立奠定了理论基础,并在英国得到了充分实践。

第八节　新福利经济学思想

新福利经济学思想亦称作新古典学派,它产生于 20 世纪 30 年代,它是英美经济学家对庇古的福利经济学进行修改、补充和发展后形成的,它的代表人物主要是卡尔多、希克斯、柏格森、萨缪尔森等人。

英国的卡尔多和希克斯认为,如果一些社会成员经济状况的改善不会同时造成其他社会成员经济状况的恶化,或者一些社会成员经济状况的改

---

① 李琮主编:《西欧社会保障制度》,北京,中国社会科学出版社,1989 年,第 1 版,第 151、188 页。

② 郑秉文等主编:《社会保障分析导论》,北京,法律出版社,2001 年,第 1 版,第 20 页。

③ 李珍主编:《社会保障理论》,北京,中国劳动社会保障出版社,2007 年,第 2 版,第 119 页。

善补偿了其他社会成员状况的恶化,社会福利就会增加。所以,政府可以运用适当的政策措施,使社会变革中的受害者得到补偿,使他们的生活水准能够恢复到原有的状态。

美国经济学家柏格森和萨缪尔森认为,卡尔多和希克斯的"补偿原理"都很片面,因为补偿原理只注重了经济效益而忽略了合理分配。他们认为,经济效率是实现最大福利的必要条件,合理分配是实现最大福利的充分条件。由于社会福利是随着个人福利的增减而增减的,所以,只有实现了个人福利的最大化,才能够实现社会福利最大化。因此,政府要保障人们的选择自由,而不是限制人们的选择。他赞美福利国家的好处,指出福利国家仍远未达到它应达到的目标。他说:"即使我们没有预卜未来的天赋才能,我们也敢打赌,福利国家会长期存在下去。"无论是哪个国家,也无论是哪个人上台,"他们都会巩固而不是取消其前任的经济政策措施"。①

新福利经济学认为,自由竞争的市场机制能够实现资源的最适度配置,由此实现社会福利最大化,他们反对政府对生产和分配的全面管制。与庇古经济学主张的"收入均等化"观点相比,新福利经济学提出的"通过社会保障制度补偿社会变革所造成的损失"的观点,能够引发人们对于社会保障在平衡社会公平和经济效率方面的思考,就具有较大的进步意义。②

第九节　凯恩斯主义经济学思想

凯恩斯是 20 世纪前期英国著名的经济学家,凯恩斯学派的出现标志着对 19 世纪自由放任主义的否定以及国家干预理论的形成,并对西方的社会保障制度的建立和发展发生了重要影响。

凯恩斯的经济学观点体现在他 1936 年出版的《就业、利息和货币通论》一书中。充分就业理论是凯恩斯宏观经济学理论体系的核心,他认为资本主义社会难以实现充分就业的根本原因,不是古典学派所说的供给不足,而是社会需求和新投资量不足。③ 他认为,生产和就业水平决定于总需求的水平,总需求是整个经济系统对商品和服务的需求的总量,对商品总需求的减少是经济衰退的主要原因。他说,人们储蓄倾向的一个重要原因是预防意外事故,所以兴办社会保险业,完善社会保障制度不仅有利于提高社会的

---

① 〔美〕保罗·萨缪尔森:《经济学》,萧琛译,北京,商务印书馆,2012 年,第 1 版,第 229 页。
② 李珍主编:《社会保障理论》,北京,中国劳动社会保障出版社,2007 年,第 2 版,第 123 页。
③ 丁建定:《西方国家社会保障制度史》,北京,高等教育出版社,2010 年,第 1 版,第 83 页。

福利标准,而且能够压抑储蓄,刺激投资,有利于降低失业率。政府如果不加干预就等于听任有效需求不足继续存在,听任失业和危机继续存在。实现扩大社会需求与增加投资总量的目标,应通过收入再分配政策提供消费能力和降低利率刺激消费。他主张国家通过增加总需求促进经济增长,即扩大政府开支,增加货币供应,实行财政赤字预算,来刺激国民经济,达到增加国民收入,实现充分就业,维持经济繁荣。凯恩斯主张把国家作为一种平衡力量,以补充私人资本家行为的不足。凯恩斯主义是社会保障理论发展的一个新里程碑,他充分强调个人责任的有限保障和国家承担有限责任的再分配理论,推动了社会保障制度在第二次世界大战后在世界范围普遍建立。①

第十节　社会民主主义思想

英国的社会民主党认为,国家干预并不只是市场失灵的校正手段,也是管理一个更为公平更为平等的社会的手段。由于不加调节的市场把经济的权力以及有效的政治权力集中在了少数几个人手里,因而在经济上是没有效率的,也是不民主的;从社会的角度看,由于这样的市场不能根据需要报偿人民,因而是不公正的;由于这样的市场鼓励个人私利和贪婪,因而也是不道德的。社会民主党试图利用民主的手段把现存的资本主义社会改造成为一个社会主义社会,在这样的社会里,人们为了共同的利益而利用现有的资源,生产会更有效率;在这样的社会里,政府通过把经济权力加以平等化而保证所有人的政治自由;在这样的社会里,占优势的利他主义将会保证社会的正义;在这样的社会里,以前属于富人特权的保障和服务转而成为每一个社会成员都能够享有的保障和服务。②

社会民主党认为,政治自由只能由国家提供,因为只有国家才能保证个人不被迫生活在最低生活水平以下,只有国家才能创造一个利他的社会,保证实现社会正义。这样的社会再利用凯恩斯的需求管理理论,就能够使消极的国家让位于积极的国家,或者说让位于负责任的国家,政治权威在这样的社会里以经济生活的最终仲裁者而出现。社会民主主义者义不容辞的责任是,利用国家的这种扩张了的权力来促进经济增长和社会正义。③ 在社会结构现代化以后,社会民主主义者坚持的普遍主义遭到了重大的考验。

① 李珍主编:《社会保障理论》,北京,中国劳动社会保障出版社,2007年,第2版,第38、127页。
② 李琮主编:《西欧社会保障制度》,北京,中国社会科学出版社,1989年,第1版,第157页。
③ 孙炳耀主编:《当代英国瑞典社会保障制度》,北京,法律出版社,2000年,第1版,第413页。

在发达的市场经济社会中,"卑微者"不存在了,取而代之的是白领阶层和比较富裕的工人阶层,他们已经不能满足于定额的社会给付,如果社会保障待遇不能得到提升,他们将参加私人社会保险以获得更充足的保障,结果将导致新的不平等产生。所以,社会民主主义者认为必须以中产阶级的给付水平为标准对福利政策进行调整,才能够维护社会团结。①

20世纪中后期英国著名的社会民主主义者蒂特马斯认为,社会政策和经济政策的主要区别在于社会政策具有社会凝聚力的功能,因此,国家不仅应建立社会保障制度,而且这种社会保障制度应当是普遍实施的,由此就可以促进社会的和谐。他不赞成私人福利,认为私人福利容易造成社会不平等的范围扩大和程度加深,会将一部分人排斥在社会福利之外,会使一些权利集中于少数人手里。蒂特马斯的思想对英国社会保障制度的理论和实践至今仍在产生着重要影响。② 大多数社会民主主义者认为,福利国家并不是一个能完全解决社会顽疾的办法,它是从资本主义向社会主义转变的一个重要的过渡阶段,这种转变不是渐进的而是缓慢的,而社会政策在这个转变中扮演了一个非常特殊的角色。③

第十一节　新自由主义思想

新自由主义是在英国经济学家、政治哲学家弗里德里希·奥古斯特·哈耶克的《通向奴役之路》1944年出版以后产生的。哈耶克认为,经济计划将把民主放在了通向奴役的道路,因为个人自由不可能与整个社会完全而永久地在单一的目的上高度协调一致。计划是对政治自由的最大威胁,因为它剥夺了所有公民的选择。国家在短期内可能校正市场的失败,但是从长远看,不管国家多么仁慈、技术人员多么专业,国家都不可能收集到充足的信息,以采取要么最经济地利用资源要么迅速满足个人需要的有效行动,何况国家从来就不能实现毫无私利的利他主义。如果市场把经济不平等限制在生计水平以下,那么这种不平等就能够否认个人的政治自由。而这种不平等是资源稀缺的结果,而市场通过鼓励经济效率就可以救治这种不平等。④

---

①　〔丹麦〕考斯塔·艾斯平-安德森:《福利资本主义的三个世界》,郑秉文译,北京,法律出版社,2003年,第1版,第79页。

②　丁建定:《西方国家社会保障制度史》,北京,高等教育出版社,2010年,第1版,第93页。

③　〔英〕尼古拉斯·巴尔:《福利国家经济学》,郑秉文等译,北京,中国劳动社会保障出版社,2003年,第1版,第66页。

④　孙炳耀主编:《当代英国瑞典社会保障制度》,北京,法律出版社,2000年,第1版,第415页。

新自由主义并不是完全拒绝国家干预,而是主张国家干预最小化。他们认为,国家干预妨碍了市场资本主义的发展,使得自由竞争不能成为名副其实的自由竞争。他们所指的国家干预包括西方资本主义国家的国有化企业、福利国家和巨型垄断企业。他们认为解决的办法是将国有企业私有化。国家救治市场的种种不完善是必要的,但政府必须强大,才能够制定并执行市场据以有效运行的各种规则。①

第十二节　贝弗里奇报告中的福利思想

英国福利国家制度的两位奠基人凯恩斯和贝弗里奇都是自由主义者,在他们看来,最少的国家干预会使个人自由最大化,是确保个人原创精神的最好机制,因而也是政治自由、经济效率、社会公正最大化的最好机制。同时,他们又认为,为保证经济中既不存在需求不足也不存在需求过剩,国家的干预是必要的。但市场的缺点也是明显的,因此需要一定程度的国家干预。在国家对市场机制干预程度的把握上,则取决于对市场的优势和缺点的恰当认识上。贝弗里奇认为:"国家所组织的社会保险和社会救济的目的是在保证以劳动为条件获得维持生存的基本收入,即保证每个人的生活水平不致低于国家最低生活标准。"这就确立了战后社会保障计划的基本结构,即在社会保障领域,国家的责任仅限于给每一个公民保证一个生计标准的收入,至于高于这个最低限度的个人生活水准,则通过个人努力及其对私人保险资源的贡献来满足,而不应由政府来提供。贝弗里奇报告指出:社会保障计划"不是一个交换条件和随便给人们提供好处的计划,也不是通过提供好处使受益者从此可以卸去个人责任的计划,而是一个以劳动和捐款为条件,保障人们维持生存所必需的收入,以便使他们可以劳动和继续保持劳动能力的计划"。② 贝弗里奇报告的问世标志着福利思想发展的某种终结,即完成了福利思想从理论向实际政策的过渡。之后的几十年里,人们不再提出和确立新的原则,而是致力于具体福利政策的设计。

---

① 李琮主编:《西欧社会保障制度》,北京,中国社会科学出版社,1989年,第1版,第156页。
② 陈小津:《英国福利制度的由来和发展》,南京,南京大学出版社,1996年,第1版,第121页。转引自郑秉文等主编:《社会保障分析导论》,北京,法律出版社,2001年,第1版,第23页。

第二章　社会保障法律制度的历史发展

要了解英国现行社会保障制度及其详尽的立法和体制框架,必须对社会保障待遇提供的主要领域的演变和重要的历史事件进行探讨,尤其需要考察社会保障制度产生的政治背景及经济背景。尽管 1942 年的贝弗里奇报告对英国及其他国家整个战后期间的社会保障制度发展产生过重要影响,但是,贝弗里奇报告只是提出了他的理想和追求的价值,而没有为人们提出具体的制度框架。它针对普遍主义者提出的要对所有的社会成员提供福利,但完全或者几乎完全不考虑个人的情况,因此没有把重新分配作为发展策略的一部分来消除普遍的贫困和不平等。事实上英国是将一定程度的社会资源进行再分配以实现最大程度的平等,或者说相对平等,以矫正市场经济产生的不平等,而这种不平等又是市场经济运营所必要的。[①] 英国经济学家尼古拉斯·巴尔认为,英国福利制度既不是第二次世界大战的产物,也不是战后工党政府的创举,而是有其久远的历史渊源,最具代表性的有四大事件:1601 年的旧《济贫法》和 1834 年的新《济贫法》,这两部法律成为 20 世纪前实施贫困救济的重要法律依据;1906~1914 年的自由改革代表了与自由放任资本主义的彻底决裂,初步奠定了福利国家的基础;1944~1948 年,战后一系列社会保障立法,比如缴费型保险方案、财产调查补助、登记和积极求职作为申领失业补助权利资格的一个条件等等,福利国家的基础才真正建立起来。[②]

第一节　"二战"之前的社会保障立法

英国学者在讨论英国福利国家历史时,把开端回溯到 1601 年的旧《济

---

① 〔英〕内维尔·哈里斯等:《社会保障法》,李西霞等译,北京,北京大学出版社,2006 年,第 1 版,第 73~74 页。

② 〔英〕尼古拉斯·巴尔:《福利国家经济学》,郑秉文等译,北京,中国劳动社会保障出版社,2003 年,第 1 版,第 15 页。

贫法》,认为它体现着国家对贫困问题制度化的介入。然而,旧《济贫法》没有提供财政支持以及没有设立管理机构,又使一些学者将 1834 年的新《济贫法》作为福利国家起源,认为新《济贫法》是国家干预社会问题的转折点,之后国家按照工业社会发展的要求,逐步扩展干预的范围。19 世纪国家对贫困问题的干预首先是围绕着对劳工保护进行的,其次才将国民对公共产品需求的立法,逐渐延伸到包括住房、公共卫生、教育等领域。这个时期国民养老、医疗等个人生活风险仍然由慈善组织解决,国家干预还没有进入这些领域。

一、第一部法典化《济贫法》

16 世纪前后,以英国为先驱,欧洲大陆国家先后进入原始工业化时期。"圈地运动"在为资本主义发展提供劳动力和土地资源的同时,也迫使大批农民离开了他们赖以生存的土地流入城市。他们在摆脱人身依附关系的同时也失去了职业保障和生活保障,他们中许多人成为城市第一批熟练的产业工人,一部分人由于各种各样的原因成为城镇贫民或流落街头的乞丐。"圈地运动"是早期资本主义生产方式导致贫困形成社会问题最突出的历史事件。[1] 被剥夺了生产资料的农民在不能立即成为工业部门或农村中的雇佣劳动者时,只能到处流浪。等到他们在流浪生活中把身上仅有的钱花得一干二净时,他们就只有盗窃、受绞刑的处分,否则就得挨家挨户讨饭了。当大量的贫困人口产生时,社会开始动荡不安;当大规模的失业使得大批工人流离失所陷入贫困时,教会举办的慈善事业已无力承担救济这些贫民的任务,政府的介入使得解决贫困问题的责任历史地落在国家肩上。

在自由资本主义时期,大量劳动力被任意盘剥,为了稳定社会秩序,阻止劳动力流动,消除流浪贫困现象,1601 年女王伊丽莎白颁布了第一部法典化《济贫法》。《济贫法》除了规定体魄健康的人必须参加工作以外,还规定各教区负责向居民和房地产所有者征收济贫税,用于为济贫院中丧失能力的穷人提供住处,体魄健康的游手好闲者则被送往感化院进行处罚。[2]《济贫法》的这些规定就是学术界所说的,对值得同情的贫困者提供院外救济,而对不值得同情的贫困者则提供院内救济:院外救济是指在家就能够获得社会福利,受助者可以继续参加社区生活;院内救济是指在固定机构内为

---

[1]　刘燕生:《社会保障的起源、发展和道路选择》,北京,法律出版社,2001 年,第 1 版,第 86 页。

[2]　顾俊礼主编:《福利国家论析——以欧洲为背景的比较研究》,北京,经济管理出版社,2002 年,第 1 版,第 8 页。

贫困者提供福利支持,人们一旦进入院内,就很少有机会参与社区生活。①
《济贫法》要求的经济状况调查不但给受助者带来社会耻辱感,而且提供的
给付很少,这就迫使除了走投无路者以外的所有人必须进入劳动力市场谋
生,这也正是立法者的意图所在。而且《济贫法》仍在教区范围实施,国家没
有提供财政上的支持和设立管理机构,但《济贫法》将原来分散化、应急性的
济贫事务转化为国家的一项基本职能,成为社会保障发展史上的一块重要
里程碑。《济贫法》"固然缺憾甚多,但仍不失为社会组织的一大进步。"②

在此后的 200 年间,国家在社会立法方面没有任何进展,只在济贫方面
进行干预。而在此期间,英国工人的互助组织"友谊社"曾发挥过重要的生
活风险保障功能。友谊社要求会员每年缴纳一定数额的互助金,在会员生
病、年老、死亡时可以得到一些补助。当时工会的活动受到国家的严格限
制,只能在工人失业、工伤、生病、老年、死亡时提供有限的援助。参加工会
职业保险体系的技术工人的生活水平略高于多数贫困者,40% 以上的城市
人口处于贫困状态。人们逐渐认识到,贫困的根本原因不是穷人懒惰,而是
因不合理的社会制度造成的。③

《济贫法》产生于一个以农业经济为主体的社会中,是统治阶级在旧社
会结构下维护其统治秩序而作出的努力,但它的颁布和实施却说明,旧有的
保障形式在变动的社会结构和生产方式下已无法正常运转,社会保护的责
任已历史地落在了国家的肩上。这一转变使得保障开始摆脱原有的地域狭
隘性而走上国家化、社会化的道路。它是世界上首个国家在社会保障方面
的立法,与中世纪宗教机构提供的慈善救济具有完全不同的性质。它虽然
在教区范围内实施,宗教机构在其中仍然保持着传统的影响。但是《济贫
法》统一了各教区的济贫制度,并由国家监督实施,就具有了非同一般的历
史意义。政府借助《济贫法》第一次强制性地通过征收济贫税来救济贫民,
就意味着处于绝境的贫民有权利向国家和其他更富有的邻居请求帮助。政
府通过济贫,贫民的境况有了些许改善,由此缓解了暴乱的压力,满足了统
治阶级对社会秩序安定的需要。在这个意义上,《济贫法》的颁布实施不仅
为政府推动社会保障制度从初级到高级的发展提供了一个基本生长点,④

---

① 〔美〕威廉姆·H.怀特科等:《当今世界的社会福利》,谢俊杰译,北京,法律出版社,2003
年,第 1 版,第 122 页。

② 〔日〕屈勒味林:《英国史》,钱端升译,北京,商务印书馆,1933 年,第 1 版。转引自郑秉文
等主编:《社会保障分析导论》,北京,法律出版社,2001 年,第 1 版,第 7 页。

③ 顾俊礼主编:《福利国家论析——以欧洲为背景的比较研究》,北京,经济管理出版社,2002
年,第 1 版,第 124 页。

④ 和春雷主编:《社会保障制度的国际比较》,北京,法律出版社,2001 年,第 1 版,第 4 页。

而且《济贫法》可以被看作是国家对人类进入工业革命时代的社会安全需求的第一个回应,是现代社会保障制度的雏形。①

二、《斯品汉姆莱法》

英国在工业化的过程中,产业革命在解放生产力,创造巨大社会财富的同时,也造就了一无所有的无产阶级。生活在社会最低层的无产阶级与资产阶级的斗争在持续和不断加剧,并对英国的社会改革产生了重大影响。具有妥协传统的英国统治阶级运用社会政策的手段解决工业化过程中出现的贫困、失业等社会现象来缓解社会矛盾,就具有了前所未有的探索性。18世纪开始的产业革命和工业化进程,使得欧洲社会的生产方式和生活方式发生了巨大变化,手工劳动被机器操作取代,以家庭为基本生产单位被工厂所取代。在社会化大生产和市场经济的冲击下,产业工人所面临的生活风险迅速增加,伤残、疾病、失业时刻威胁着产业工人的生计。在工业革命迅速扩张的同时,贫民的数量不断增加,一个新的城市贫民阶层像滚雪球一样越来越大。在这样的情势下,建立在地方财政支持基础之上、适用于传统封建经济下的福利制度,已无法应对人口不断增长、社会流动性不断加大、工业化以及经济动荡不定等诸多方面的压力。

1795年,英国议会通过了《斯品汉姆莱法》,该法规定:"当每加仑面粉做成的面包价值1先令时,每个勤勉的穷人每周应有3先令收入","其妻及其他家庭成员每周则应有1先令6便士。"如果劳动者及其家庭成员的所有收入没有达到此项标准,则应从济贫税中予以补足,而且补贴随面包价格上涨而浮动。《斯品汉姆莱法》虽然是统治阶级为避免各种不满的力量聚集而形成一次总爆发的权宜之计,但它的意义不仅在于把济贫的范围扩大到有人就业的贫穷家庭,建立了一种广泛的济贫院外救济制度,并使低工资收入者得到了某种最低限度的生活保障。而更非同寻常的意义在于,它摸索到了社会保障制度的两个重要机制:一是社会成员的最低生活标准;二是规定补贴随面包价格上涨而浮动,又首次确定了救济标准的调整机制。②《斯品汉姆莱法》的实施使济贫税大大增加,但富有的纳税者们仍然愿意承担沉重的税赋以避免革命。《斯品汉姆莱法》规定的按人口分配的政策,即实行"社会工资"政策,虽然它有效地组织了以社会公平为目标的再分配,人口的大幅增长也为后来大规模的工业化准备了充分的劳动力资源,但是《斯品汉姆

---

① 〔丹麦〕考斯塔·艾斯平-安德森:《福利资本主义的三个世界》,郑秉文译,北京,法律出版社,2003年,第1版,第317页。

② 刘燕生:《社会保障的起源、发展和道路选择》,北京,法律出版社,2001年,第1版,第96页。

莱法》按人口进行分配的规定不但造成人口过快增长和纳税负担过重的后果,而且减弱了脱离土地的工人迁往没有保障的新兴工业都市的愿望,阻碍了劳动商品化的进程,成为英国资本主义发展的羁绊,因此在它实施了30余年后被1834年颁布的新《济贫法》所取代。①

三、新《济贫法》

　　财政状况的不断恶化以及政治哲学家的争论,促使英国议会在1834年通过了《济贫法修正案》,即《伊丽莎白济贫法》或新《济贫法》。新《济贫法》没有沿用《斯品汉姆莱法》中具有进步意义的规定,而是宣布停止向济贫院以外的穷人发放救济金,征自于富有者的济贫税只用于院内穷人,要求领取救济的贫民必须住在济贫院或进习艺所,从事繁重的工作,而且夫妇不能同居。实施这一严厉的所谓"不够格"原则的目的,一方面是要减轻有产阶级济贫费用的负担,另一方面是要强迫贫民接受条件恶劣的工作。1601年的旧《济贫法》和1834年的新《济贫法》相比的不同之处在于:前者旨在把不附带任何歧视性的工作给有工作能力的人;后者通过提供极差的保障待遇以及对领取救济金者人格的蔑视来达到削减救济金领取者数量的目的。②

　　进入20世纪以后,新《济贫法》虽然逐渐被新的社会立法所代替,但是隐含在新《济贫法》中的观念和政策仍然根植于现行的法律和实践中。新《济贫法》中的低于舒适,即对贫困人口的补助不能超过最低工资收入的工人收入水平以抑制其对补助的依赖,以及划分应该得到救济的贫困者和不应该得到救济的贫困者两项原则,仍然体现在现代财产调查型补贴制度中,财产调查型补贴制度可以避免社会权利的无条件扩张,政府的慷慨赐予定向地给予那些对自己的境遇无法控制的无辜者(老年人、患有疾病者等),即被证明确属没有任何能力参与市场的人,公共责任只能进入市场失灵的领域。同时促使人们选择工作而不是福利,即让人们认识到只要适当努力就能够养活自己。③

　　19世纪中期至19世纪末,新《济贫法》确实表现出残酷的一面,甚至被评价为是一种类似于巴士底狱救济制度。④ 贝弗里奇指出,新《济贫法》的

---

　　① 〔丹麦〕考斯塔·艾斯平-安德森:《福利资本主义的三个世界》,郑秉文译,北京,法律出版社,2003年,第1版,第320页。

　　② 〔英〕尼古拉斯·巴尔:《福利国家经济学》,郑秉文等译,北京,中国劳动社会保障出版社,2003年,第1版,第18页。

　　③ 〔丹麦〕考斯塔·艾斯平-安德森:《福利资本主义的三个世界》,郑秉文译,北京,法律出版社,2003年,第1版,第47页。

　　④ 丁建定:《英国新济贫法制度评价中应注意的历史事实》,《社会保障研究》2012年第2期。

目的在于为"必须救济的人"提供救济,通过"威慑原则,使得申领救济如此受到排斥,以至于贫困人口在用尽其他所有资源前不会接受救济。"当《1911年国民保险法》实行失业保险时,在职业介绍机构进行登记成为领取补贴的一个条件,登记失业的人数一下子增加了两倍。对此,贝弗里奇评价道,职业介绍机构的建立开辟了一条比"贫民院"更人道、成本更少并更有效的消除乞丐的途径,即找工作比申领救济金更容易。① 但值得肯定的是,新《济贫法》通过强制性的制度安排,即通过征收济贫税实现了社会再分配的目的,在一定程度上减少了贫困人口,维护了社会稳定。新《济贫法》第一次规定,对贫民实施社会救助既是公民的合法权利,也是政府必须履行的义务,它不是政府的消极行为,而是政府采取的积极福利措施;新《济贫法》创立了第一个全国性的行政机构——济贫委员会,这套行政机构的建立为以后能在全国按统一标准实施福利政策奠定了基础。② 新《济贫法》是现代社会保障制度的发端,它的颁布和实施是人类历史发展中的一大进步,成为日后福利国家建立的奠基石。自此,社会保障制度在政府的积极干预下,开始迈入法制化、专业化的新发展时期。③

1873 年的经济大危机和随之发生的长期经济萧条给英国经济以沉重打击,贫困和失业成为当时最突出的社会问题,工业化的巨浪把一批又一批的人掀到社会底层,不管他们昨天是体面的绅士还是富裕的业主。英国著名的社会学家查·布思和西博姆·朗特里的调查报告都显示,当时伦敦有30%的人处于贫困中。他们的研究表明,工业社会的发展并不能自动消除贫困,贫困并非个人奋斗失败的结果,而是由复杂的社会经济因素决定的。同时,贫困范围之广超出了人们的想象,民间的自助组织和传统的社会福利政策无能为力,由济贫法所构成的最初的社会保障制度开始步入衰落,因而政府采取新的社会政策来处理贫困问题就成为必要。在社会开始向工业化方向发展,并且表现为不可逆转的趋势时,也就是资本主义垄断开始形成时,适合工业社会的新的保障方式——社会保障应运而生,社会保障开始走上国家化、社会化的轨道。以实现公民的公平权利为标志,以国家承担保护公民社会安全为特征的新型社会保障制度的产生,是无产阶级用自己日益壮大的力量争取来的。

---

① 〔英〕内维尔·哈里斯等:《社会保障法》,李西霞等译,北京,北京大学出版社,2006 年,第 1版,第 79 页。
② 和春雷主编:《社会保障制度的国际比较》,北京,法律出版社,2001 年,第 1 版,第 10 页。
③ 顾俊礼主编:《福利国家论析——以欧洲为背景的比较研究》,北京,经济管理出版社,2002年,第 1 版,第 8 页。

四、第一个《养老金条例》

1.从不缴费的《养老金条例》到《寡妇、孤儿及老年人缴费养老金法》

1908 年英国第一个《养老金条例》通过，条例要求建立一个不缴费的、在财富审查基础上按照统一标准给付养老金的制度。建立非缴费型养老金制度的原因有二：一是政府认为实行缴费制成本太高，管理养老基金的机构尚未成立；二是当时在政治上仍有巨大影响的友谊社实行的是缴费制度，政府公共养老金制度实行不缴费对友谊社的冲击要小一些。《养老金条例》规定，在英国居住至少 20 年、年收入低于 31 英镑且从未接受过《济贫法》救济和从未犯过任何罪的 70 岁以上老人，每周可以获得 5 先令的养老金。这种基于人道原则的规定，实际上是一种对老年人的贫困救助，实现了富人向穷人的再分配。[①] 但这种不要求个人缴纳养老保险费的养老金制度，不但因为养老金待遇低远不能维持老年人的基本生活需要，而且因为政府财政承担着支付养老金的责任而背负着沉重的财政包袱，政府的支出从最初每年 250 万英镑上升到了几年以后的 1200 万英镑。[②] 免费养老金支出甚至成为阻碍英国工业发展的重要因素。

1923 年，保守党政府成立了一个调查与社会保障相关问题的委员会，并把养老金问题纳入调查之中。1925 年 8 月，保守党政府提出的《寡妇、孤儿及老年人缴费养老金法》获议会批准，这个法案在英国养老金制度发展史上具有重要地位，它建立起英国第一个体现权利与义务相对应的缴费型养老金制度。参加养老保险计划的人需缴纳养老保险费，同时取消家庭经济状况调查，而且缴费与养老金待遇没有关联，退休者领取的是固定数额的养老金。

显而易见，与德国社会保险制度的颁布实施是自上而下推行不同，英国社会保险制度是自下而上形成的过程。在 20 世纪产业大变革中，重工业和其他一些劳动力集中的产业的衰落再次使整批工人失业或被迫改换工作。面对庞大的失业大军，私人保险公司、慈善机构都表现出爱莫能助。援助社会上的不幸运者，避免社会动荡和阶级冲突的责任无可推卸地落在了国家身上。

2.英国晚于德国建立公共养老金制度的原因

1908 年英国政府颁布《养老金条例》时，有几个国家已经在世纪之交颁

---

① 〔英〕尼古拉斯·巴尔：《福利国家经济学》，郑秉文等译，北京，中国劳动社会保障出版社，2003 年，第 1 版，第 24 页。

② 〔美〕约翰·B.威廉姆森等：《养老保险比较分析》，马胜杰等译，北京，法律出版社，2002 年，第 1 版，第 77 页。

布了类似计划,例如德国在 1889 年、丹麦在 1891 年、新西兰在 1898 年都颁布了养老金计划。人们从首次实行养老金制度时间上的差异想到的问题是:为什么英国晚于德国将近 20 年建立公共养老金制度?为什么英国开始采用非缴费式的养老金制度,而后虽然采取缴费养老金制度但退休者领取固定数额的养老金,而不是像德国一样实行与收入相关的缴费式养老金制度且养老金标准与缴费多少相关?这是因为在 19 世纪末期,英国出现了比德国更加高度完善的民主机制,各种反对建立公共养老金的利益集团有能量推迟实行公共养老金,甚至比专制的德国推迟的时间要长得多。对公共养老金政策产生影响的利益集团主要有:

一是友谊社。友谊社产生于 18 世纪,成熟于 19 世纪 80 年代,当时参加友谊社的人数达到 400 余万。英国在讨论公共养老金问题时受到了具有很强鼓动性的友谊社的反对。他们认为,政府参与到医疗保险和养老保险中,将会破坏工人们为争取提高工资而进行的斗争。他们反对建立缴费型养老金制度,认为这样的制度将对友谊社构成极大的竞争,有可能使友谊社的会费收入降低。他们支持实行国家免费为老年人提供养老金,因为老年会员能够从国家获得一份养老金,就可以减轻友谊社的经济负担。他们的主张是,应把工人的工资提高到能够养家糊口的水平上来。尽管如此,友谊社的组织形式、筹资模式、支付方式等的历史意义在于它成为英国后来建立社会保险制度的萌芽。19 世纪晚期,年轻工人的数量在逐年下降,人的预期寿命在逐渐延长,这种建立在互助基础上的工人自发组织因入不敷出而难以为继。从 1902 年开始,友谊社反对建立公共养老金的态度才开始有了改变。

二是慈善社团。英国自力更生的价值观念在 19 世纪末比其他欧洲工业化国家更顽固,私人慈善事业的发展也非常广泛,1861 年,仅伦敦一地就有 640 个慈善机构,岁入高达 250 万英镑,私人慈善团体的支出比济贫法规定的支出要多得多。这是因为强调私人慈善事业而不是公共援助的观点同最本质的自我帮助和个人主义的价值观取向十分吻合。[①] 成立于 1869 年的慈善社团联合会的大多数人认为,公共养老金是个糟糕的想法,收入比较丰厚的工人认为,自力更生无论从社会角度来看还是从道义角度来看都是可取的,慈善组织协会担心公共养老金会破坏节俭和谨慎的价值观,他们认为:"把物质的救济给予每个通常所说的值得救济的贫民,绝对是一种弊大

---

① 〔美〕约翰·B.威廉姆森等:《养老保险比较分析》,马胜杰等译,北京,法律出版社,2002 年,第 1 版,第 88 页。

于利的行为","慈善事业可以增强社会责任感,而没有慈善组织参与的任何福利都只能削弱这种责任感。"因此,私人慈善机构在满足工人基本生活需要而使他们更加富裕方面做了多年的努力和贡献,以至于减轻了国家在养老金方面的压力。

三是工会。19世纪末之前,英国的工会比任何一个欧洲国家工会的势力都要强大,10%的工人都加入了工会,而德国只有5%,美国不到3%。按照社会民主论的分析法,英国应该先于德国建立养老保险制度。但是,工人队伍中存在着一定的分裂现象,他们没有在意识形态上也没有在社会地位上团结起来,其中最富裕的10%~20%的"工人贵族"倾向于保持政治中立,而其他大多数工人也没有成为政府政策改革的支持者。许多工会领导者认为,应当利用罢工和其他与工作相关的行动来达到目的,而不能依靠社会改革立法。1892年,英国工会联合会宣布:"任何有关养老金问题的法案都将是不能令人满意的,除非议会向工会拨付一定比例的会费基金作为资助。"①工会组织在建立何种养老金制度上的态度是如此明朗。

四是保险公司。保险公司反对养老金立法的原因是,他们把公共养老金看作是对私人保险业的经济威胁,他们担心实行公共养老金后将会对人寿保险和私人养老金保险的需求大大降低。

五是雇主阶层。雇主阶层反对建立缴费型养老金制度,而支持建立免费养老金制度。雇主认为,实行免费国家养老金制度有利于提高企业经济效率,因为"阻碍财富增长的一种因素是压在年轻人肩上的沉重的养活老年人的担子,如果把这种负担从年轻人肩上卸下来,并给他们提供为自己努力工作的机会,那么在一两代人以后,这个国家的工人阶级就完全不需要养老金。"②

1904年,慈善社团联合会通过了一项"要求从65岁起领取非缴费性公共养老金"的决议,1908年几乎所有的友谊社都赞同慈善社团联合会的决议。友谊社在公共养老金问题上态度转变的原因,是因为他们中的一些企业已经破产,大多数也面临破产,他们已经无力支付其成员巨额的养老金了。实行非缴费性公共养老金就能够让他们的成员企业存活下来。实业家们意识到,工人阶级的健康和高效率对于一个国家同其他国家的竞争至关重要。虽然迅速成长的工人阶级队伍对新工党的支持使自由党意识到,公共养老金方案是赢得选民支持的财富,但自由党仍然不支持公共养老金政策。③

---

① 丁建定:《西方国家社会保障制度史》,北京,高等教育出版社,2010年,第1版,第154页。
② 同上书,第155页。
③ 〔美〕约翰·B.威廉姆森等:《养老保险比较分析》,马胜杰等译,北京,法律出版社,2002年,第1版,第68~77页。

五、1911 年《国民保险法》

在 19 世纪末,英国在进行社会改革的过程中,出现了费边社会主义和新自由主义两种对英国社会保障制度产生重要影响的政治思想。费边社会主义从资本主义外部,新自由主义从资本主义内部对当时的社会制度进行了批判,并且提出了自己的社会福利主张:前者认为通过改革来完善资本主义,后者则认为改革只不过是通往社会主义的阶梯。这两种政治思想在英国社会保障制度形成的过程中,通过利益集团之间的激烈斗争,最终成为政府决策的依据。

1905~1909 年间,皇家委员会在审查新《济贫法》时,对贫困、贫困发生的原因以及贫困带来的后果有了新的认识。他们认识到贫困并不都是个人的原因,而是经济问题,加之不断增长的民主力量和动荡的社会局面,都在促生新的社会政策出台。也就是在这个时期,垄断资本主义替代了以自由放任主义为特征的自由资本主义,国家在经济领域和社会领域的作用也随之大大加强。另外,在布尔战争(1899 年 10 月~1902 年 5 月)中,新兵健康状况的调查报告令国人大为震惊,英国人认识到没有体魄健壮、训练有素的士兵,大英帝国将难以为继。还有英国的贫困问题比人们认识的要严重得多,那些饥寒交迫、穷困潦倒的英国工人阶级的工作效率,与新兴工业国家,比如与德国相比大相径庭。[①] 这期间政客们对福利给付的观点也发生了改变,他们认识到了经济的发展、社会的进步、民族的自由,不单依赖于军事力量的加强,同时需要拥有一支健康并且受过良好教育的劳动力队伍,即依赖于"国民效率",并且应当从儿童的健康成长抓起。[②]

1906 年,标志英国工人运动进入新高潮的英国工党成立,该党以费边社的渐进社会主义理论为指导思想,把解决社会贫困,保证充分就业等纳入它们的纲领之中。工党日益发展壮大,成为推动实行社会改良的主要力量。当年,自由党上台执政,新自由主义正式成为英国官方政策的重要基础。自由党的领导人深知,如果不顺应社会改革的潮流,就不但不能维持稳定的统治,而且它的统治地位很有可能被新兴的工党所取代。自由党一上台就以前所未有的速度颁布了一系列社会立法,主要有 1906 年的教育法、1908 年的儿童法和养老金法、1909 年的劳工介绍法和 1911 年的《国民保险法》等,

---

① 〔丹麦〕考斯塔·艾斯平-安德森:《福利资本主义的三个世界》,郑秉文译,北京,法律出版社,2003 年,第 1 版,第 46 页。

② 〔英〕尼古拉斯·巴尔:《福利国家经济学》,郑秉文等译,北京,中国劳动社会保障出版社,2003 年,第 1 版,第 20 页。

确立了英国现代社会保障制度的基础。

《国民保险法》是当时一个最重要的社会立法,成为自由党在执政期间最伟大的贡献。因为在 1911 年之前,除了济贫法所涉及的一点医疗服务以外,大多数的医疗保健均为自费,部分人通过友谊社解决医疗费用问题。1911 年的《国民保险法》对失业保险、疾病保险和生育保险作出了规定。失业保险和疾病保险的保险费由雇主、雇员和国家各承担三分之一,受保险人的妻子和有资格的女性还可以享受生育补助金。失业保险起初只覆盖周期性失业行业的雇员,比如建筑工程、造船、机械工程等七个就业状况不佳的行业,这些行业的失业者可以领取失业救济金。对于上述立法所需资金,政府通过增加烟、酒、汽车、汽油税的办法进行筹集,从而开创了以国家财政手段来保证社会保障得以实施的先河。这个财政预算虽然被统治阶级中的顽固派说成是剥夺富人财富来接济贫民的预算,但是最终还是获得了"人民预算"的赞誉。[1]

20 世纪初,政府和民众一致认为,失业是英国各种社会问题的主要根源,贫民有可能成为社会动乱的肇事者,基于这样的认识,制定《失业保险法》成为当务之急。1911 年 12 月 16 日通过的《失业保险法》是世界上第一个全国性的和强制性的失业保险法,也是英国第一个直接涉及普通身体健康工人生活的社会保险政策,失业保险金只提供给在特定工业领域内工作的极少数有技能的雇员,但雇员每周需缴纳 1.67 便士的失业保险费。1918 年,政府实施针对复员军人以及公务员的免费失业津贴制度,而且津贴标准高于工人。1921 年修订后的《国民保险法》将失业保险的覆盖范围扩展到除农业和家政服务业之外的所有雇员,同时对受保险人的抚养人提供额外补助,直到 1984 年这项额外补助才被取消。1936 年,失业保险的适用范围进一步扩大,农业工人被纳入保障范围,参加失业保险的人数骤增,由 1911 年的约 375 万人增加到 1920 年的 1200 万人。[2]

20 世纪 30 年代,英国也卷入资本主义世界空前的经济危机之中,英国失业人数达到 300 多万,他们的生活陷入极度困境。面对严重的经济危机,社会安全首先受到威胁,以自由放任主义为特征的自由资本主义束手无策,挽救经济危机的责任落在国家身上。为了尽快解决失业问题,政府于 1933 年建立了"失业保险委员会"和"失业救济管理局",1934 年颁布了新修订的《失业保险法》,该法律将长期失业者从失业保险计划中分离了出来,并建立了与失业保险制度并行的失业救济制度。但是这个时期的失业保障待遇并

---

[1] 李琼主编:《西欧社会保障制度》,北京,中国社会科学出版社,1989 年,第 1 版,第 187 页。

[2] 丁建定等:《英国社会保障制度的发展》,北京,中国劳动社会保障出版社,2004 年,第 1 版,第 77 页。

不能够满足所有家庭的需求,领取失业救济者需要经过生活状况调查,以至于在贝弗里奇报告中都没有放弃财产调查型的社会救济制度。①至此,英国确立起比较完善的失业保障制度——失业保险基金和失业救济基金,前者来源于征缴的失业保险费,后者来源于国家税收;前者由失业保险委员会管理,后者由失业救济管理局管理。

1936年,凯恩斯发表的《就业、利息与货币通论》否定了19世纪的自由放任主义,提出国家干预经济,主张在社会有效需求不足的情况下,扩大政府开支,增加货币供应,实行赤字预算以刺激国民经济,达到增加国民收入,实现充分就业的目的。本质上是新自由主义经济理论延伸的凯恩斯理论对当时英国政府的经济政策产生了巨大影响,为英国在第二次世界大战以后建立福利国家提供了理论依据。②

1911年的《国民保险法》颁布实施的意义在于:国民保险法的颁布和实施使原来由慈善机构和民间的互助互济组织承担的救济贫民的责任开始转化为国家的责任。国家通过征收社会保险费筹集社会保险基金,并用于支付各种社会保险待遇。"随着社会工业化程度越来越高,社会就会发展一些社会保障制度的形式。如果没有这种制度,父母就会把其子女视为其年老时的生活保障,子女越多,保障程度越高。随着集体性质的社会保险机制的出现,这种认识慢慢消失了。"③

1940年到1948年,是英国福利制度发展的转折时期。影响到每一个人生活的第二次世界大战,带来了人们观念的重大转变,社会政策也发生了一些变化:学校膳食由原来的慈善给付变为学校正常生活的一部分;失业救济委员会对因通货膨胀而利益受到损害的养老金领取者提供依其基本需求的一定量的年金补贴,失业救济委员会也因此于1948年成为了国民救助委员会;医院将病人分为两类:对主要是受伤军人的紧急病患者,实行由国家统一筹资并管理的免费医疗。而对除受伤军人之外的其他病人,则按规定在市政医院或慈善医院等待治疗,费用由与医院签约的、参加缴纳医疗保险费的会员支付或者以家计调查为基础适当支付一定的费用。这种做法成为日后实行国家筹资、全民享受免费卫生保健的先例。④

①〔英〕内维尔·哈里斯等:《社会保障法》,李西霞等译,北京,北京大学出版社,2006年,第1版,第87页。
② 李琼主编:《西欧社会保障制度》,北京,中国社会科学出版社,1989年,第1版,第188页。
③〔英〕内维尔·哈里斯等:《社会保障法》,李西霞等译,北京,北京大学出版社,2006年,第1版,第80页。
④〔英〕尼古拉斯·巴尔:《福利国家经济学》,郑秉文等译,北京,中国劳动社会保障出版社,2003年,第1版,第33页。

第二节 贝弗里奇报告及福利国家建立

在爱德华时期(1901~1910),英国处于权势和自信心巅峰时期,当时虽然阶级分化最为严重,但是很少有人怀疑国家小幅度干预经济和社会政策的基本原理。第二次世界大战的爆发需要政府对经济进行大规模干预,人们在战争环境下也易于接受国家干预的做法。战争中国家对经济和社会政策的干预加强了,阶级分裂也因战争削弱了,一个慷慨的公共养老金计划需要人们缴纳更多的养老保险费也变得更加容易。在战后过渡时期,福利国家最基本的思想被保守党和工党的领袖以及一些重要的利益集团(工会联合会、雇员联盟等)所接受,他们都支持社会连带主义的社会政策。第二次世界大战是英国社会保障制度发展的分水岭。

早期建立起来的社会保障制度,旨在通过国家直接干预和调节社会再分配维持人们最基本的生存需要,以消除广泛发生的社会问题,缓和社会矛盾。当资本主义进入垄断阶段,垄断资本开始与资产阶级国家相结合时,出现了国家干预经济的各种形式。尤其是第二次世界大战使英国人民的生命和财产遭受了严重损失,战后初期社会产品严重短缺,人民生活十分困难。政府面临的紧迫问题是稳定社会秩序,保证公民的最低生活水平,恢复和重建国民经济。在这种情况下,以往建立的"保障每个人都能维持一般生活水平"的目标已经不能适应时代的需要,社会保障向着内容日益包罗万象、规模空前扩大、制度日臻完善的方向发展。一些公共事务机构也随之出现,它们通过对国民收入公平、合理的再分配,达到保障绝大部分国民经济安全的目标。国家进行战争动员的结果是全社会合作主义结构产生,直到1946年国民保险法案通过时该结构依然存在。

一、贝弗里奇报告确定的社会保险原则及主要内容

第二次世界大战期间,伦敦大学经济学院院长、自由党人贝弗里奇,受政府之托,出任英国社会福利事业调查委员会主席,负责制定战后实行的社会保障计划。贝弗里奇认为,1911年的《国民保险法》保障的范围由于仅限于领薪者而过于狭小;其行政机构由于承担不同的保险义务相互重叠而过于分散;其给付由于偏低而明显不足。1942年,不但对英国,而且对欧洲各国建立社会福利制度都产生了巨大影响的、题为《社会保险及相关社会服务报告》的贝弗里奇报告问世,它把社会福利作为社会责任确定下来,把救济贫困的概念由原来的救济贫民改变为保障国民的最低生活标准。他认为,

实现这些目标的办法是建立以社会保险为核心的社会保障制度。贝弗里奇报告的观念和理论被首相丘吉尔所接纳,英国联合政府原则同意改进国民福利,并在凯恩斯主义需求管理经济学的影响下,在战争结束以后开始建立以社会保险为核心的福利国家制度,并逐渐形成为国民提供"从摇篮到坟墓"的福利待遇的社会保障法律体系。

贝弗里奇报告是在对英国的社会保险状况进行全面调查的基础上提出的建议,建议基于以下三个原则:一是在规划未来的时候既要利用过去积累的丰富经验,又不能被这些经验积累过程中形成的部门利益所限制。二是应当把社会保险看成是促进社会进步的系列政策之一。成熟的社会保险制度可以提供收入保障,有助于消除贫困,而贫困只是需要解决的问题之一,除此还要解决疾病、愚昧、肮脏和懒散问题。三是社会保障需要国家和个人合作。国家的责任是保障服务的提供和资金的筹措,国家在尽职尽责的同时应该给个人参与社会保障制度建设的机会并赋予他们一定的责任。贝弗里奇报告强调,社会保障制度不是免费的午餐,"不是一个毫无交换条件和随随便便地给人提供好处的计划,也不是通过提供好处使受益者从此可以卸去个人责任的计划,而是一个以劳动和捐款为条件,保障人们维持生存所必需的收入,以便他们可以劳动和继续保持劳动能力的计划。"贝弗里奇一再重申,公共权力的责任是通过由它所决定的对国民收入的再分配,满足每个人的需求,给予他名副其实的安全感。贝弗里奇的观点给了现代社会保障概念一个最恰当的定义:在一个财产私有化的社会中,实行需求的社会化。[①]

贝弗里奇报告首先是一个社会保险计划,其最终目的是根据缴费提供待遇,使受保险人无需经过经济状况调查就可以合法享有基本生活保障。[②]他建议:1.凡有收入的人都必须参加社会保险,按照同一标准缴纳保险费,也按照同一标准享受社会保险待遇,而不问其收入多少。这一社会保障的"普遍性"原则替代了传统的"选择性"原则;2.把分散管理制度改革为全国统一制度;3.社会救济和补贴待遇应以保障国民的基本生活为目标,享受待遇的时间应以领取人的需要为准;4.社会保险应包括国民生活基本需要的各个主要方面;5.因无收入而不能参加社会保险的人,国家应制定公共救助法来保

---

① 〔法〕让-雅克·迪贝卢等:《社会保障法》,蒋将元译,北京,法律出版社,2002 年,第 1 版,第 23 页。

② 〔英〕W.H.贝弗里奇:《贝弗里奇报告——社会保险和相关服务》,劳动和社会保障部社会保险研究所组织翻译,北京,中国劳动社会保障出版社,2008 年,第 1 版,第 3 页。

障他们的基本生活需要,使其生活水平达到国民最低生活标准。①

贝弗里奇报告将社会保障覆盖范围界定为,社会保障是在下列情况下对收入的保障:替代因失业、患病或出现事故而中断的收入;为年老退休者发放待遇;为抚养人死亡后失去生活来源者提供待遇;解决因出生、死亡、婚姻等发生的额外生活支出。社会保障覆盖范围可以划分为六大类,其中四类在工作年龄内,一类在工作年龄以上,一类在工作年龄以下,具体如下:雇员,指那些根据合同受雇为他人工作的人;其他从事有酬工作的人员,包括雇主、商人和其他各类自由职业者;家庭主妇,指工作年龄内的已婚妇女;其他在工作年龄段内却没有从事有酬工作的人员;尚未达到工作年龄的人员;超出工作年龄的退休人员。

贝弗里奇的核心观念是,应对生活风险的第一要务是"预防"而不是"补偿",预防的最有效手段是充分就业。这是因为他对1929~1931年的经济危机的灾难性后果尚心有余悸。在凯恩斯理论的影响下,贝弗里奇报告提出:为了确保充分就业,企业应该充分运作而且能够销售它的产品,与此相应,所有的公民都具有足够的消费能力是最为重要的。因此,公共权力机构应采取适当的规划,同那些可以引起消费能力降低甚至消失的因素做斗争,失业自然是首先需要消灭的因素。疾病这一领域也相当重要,为了确保人人在患病时能够就医,医疗卫生应该国有化。

贝弗里奇主张,公共权力的责任是通过扩大财政收入,增加社会福利支出以刺激有效需求,再通过对国民收入的再分配满足每个人的需求,由此给予人们名副其实的安全感。② 贝弗里奇报告提出了三个相互补充的保障方法:首先是建立社会保险制度,通过强制性的雇主和雇员缴纳的保险费,在风险发生时为受保险人提供现金给付,以满足国民的基本生活需要;其次是建立国民救助制度,无需受保障人事先缴费,证明确实需要后,经申请即可得到现金给付,以满足国民在特殊情况下的需要;再次是建立自愿保险制度,个人可以自主决定参加自愿保险,以享受更高标准的待遇,以满足收入较高的国民的需要。③

从某些方面来说,贝弗里奇报告在一些重要的方面是建立在过去工作经验基础上的,是沿袭历史的一种自然发展。然而,贝弗里奇报告提出的方

---

① 张彦等编著:《社会保障概论》,南京,南京大学出版社,1999年,第1版,第4页。

② 〔法〕让-雅克·迪贝卢:《社会保障法》,蒋将元译,北京,法律出版社,2002年,第1版,第22页。

③ 顾俊礼主编:《福利国家论析——以欧洲为背景的比较研究》,北京,经济管理出版社,2002年,第1版,第6页。

案是一种英国式革命,①它的革命性主要表现在:它把社会福利作为社会责任确定下来;它把救济贫困的概念由原来的救济贫民改变为保障国民的最低生活标准;它规定凡是由于各种原因达不到国民最低生活标准的公民都有权从社会获得救济,使自己的生活水平达到这个标准。②贝弗里奇的理论体现在他提出的社会保险六项原则上:基本生活待遇水平统一、缴费率统一、行政管理职责统一、待遇水平适当、广泛保障、分门别类。在这六条原则的基础上,结合国民救助和自愿保险等辅助措施,使社会保障计划实现确保英国民众在任何情况下都不会陷入贫困的目的。③

　　贝弗里奇报告的逻辑基础就是要维持战前的缴费型保险制度,要让雇主、雇员和政府共同承担责任。在贝弗里奇看来,这样的保险制度既符合政府的利益,也符合雇主和公众的利益。西方经济学家评论说,贝弗里奇报告已经成为社会保障思想发展史上的一个里程碑,其对社会保障政策的影响已经遍及世界主要国家,树立了系统地实行社会计划而非孤立地解决个别问题的政策典范。④《1944年(社会保险)白皮书》采纳了贝弗里奇报告中所提出的绝大部分建议,为1946年《国民保险法》的出台奠定了基础。

二、世界上第一个福利国家建立

　　战后的1945年7月,工党在大选中获胜,以丘吉尔为首的保守党退出政坛。工党政府以贝弗里奇报告为基础,向国会提出社会福利五大方案获国会通过:1.1945年的家庭津贴法规定,为所有有两个以上孩子的家庭提供5先令25便士的补贴,由国家财政出资;2.1946年的《国民保险法》是1911年《国民保险法》的发展,是贝弗里奇报告中最重要的部分,受保险人和雇主每周都要缴纳社会保险费,享受全额养老金的缴费期限为至少20年;3.1946年的《国民健康服务法案》建立了一整套覆盖范围广泛的非缴费型的健康保险计划,其资金大部分由国家税收负担,小部分来自国民缴纳的保险费;4.1946年的《工伤保险法》是强制性保险计划,它规定工伤补贴高于疾病补贴,资金来自企业缴纳的工伤保险费;5.1948年的《国民救济法》是为那些没有被社会保险覆盖或者没有完全覆盖到的人群建立的安全网,

---

　　① W.H.贝弗里奇:《贝弗里奇报告——社会保险和相关服务》,劳动和社会保障部社会保险研究所组织翻译,北京,中国劳动社会保障出版社,2008年,第1版,第13页。
　　② 李琮主编:《西欧社会保障制度》,北京,中国社会科学出版社,1989年,第1版,第190页。
　　③ W.H.贝弗里奇:《贝弗里奇报告——社会保险和相关服务》,劳动和社会保障部社会保险研究所组织翻译,北京,中国劳动社会保障出版社,2008年,第1版,第5页。
　　④ 和春雷主编:《社会保障制度的国际比较》,北京,法律出版社,2001年,第1版,第65页。

《国民救济法》遵循普遍性原则,为收入不足以维持其基本生活、无全职工作的人提供以家计调查为基础的救济金,新设立的国民救济委员会取代了原有的济贫委员会。

这五部法律概括了英国300多年福利发展的成果,内容包括福利国家的方方面面。1948年7月5日,这五部法律正式生效,之前所有相关法律自行废止,这一天也标志着英国进入了福利国家的新时代。1950年,英国首相艾德礼正式宣布英国成为世界上第一个福利国家。

英国福利国家是在工人运动的压力下,各种社会改良论者的鼓吹和工党的推动下建立起来的。而英国发达的资本主义经济则是英国福利国家得以建立的物质基础。虽然两次世界大战使这个日不落帝国无可挽回地衰落了,但它仍拥有一定的经济实力,没有一定的物质基础,福利国家是建立不起来的。① 福利国家计划能够顺利推行的另外一个原因是,战争需要政府对经济的大规模干预,这就使得国家干预的思想在战争过渡时期更容易被人们接受,也使得一个慷慨的公共养老金计划所必需的更高的筹资额变得容易了许多。"二战"以后大规模的国有化运动控制了英国国有经济的命脉,保证了经济复兴和充分就业,与完善的社会保障制度一起构成了英国福利国家的基本内容。英国的社会保障制度是作为消除和减少贫困工具使用的,到了20世纪50年代,贝弗里奇报告中所谓的个人或家庭的收入难以维持其基本生存所必需的食物、房租、衣服以及其他杂物的最低限度开支的"绝对贫困"已基本消除了。② 以后经过多次的修改和补充,到了20世纪80年代,英国建立起了真正能够保证为国民提供"从摇篮到坟墓"待遇的完整的社会保障法律体系。

在"公共产品"范围大大扩展的同时,福利领域的集中化程度也在不断强化,国家责任特别是中央政府的责任得到加强,福利支出主要由中央政府承担。第二次世界大战以后,英国的经济迅速发展,合作主义结构推动了统一标准养老金在内的社会连带主义保险计划的实施。不仅19世纪末大量存在、20世纪30年代依然存在的赤贫现象基本不复存在,而且人们对于"贫困"有了新的理解和解释,进一步提出了生活的质量问题。人们的社会观念发生了巨大变革,把失业者、贫困者看成是社会的不幸运者,认为社会有责任帮助他们,使每一个人无论在什么样的境况下都能够比较体面地生活。原来由家庭和社会慈善机构担负的任务由国家承担了起来,人们生活

---

① 李琼主编:《西欧社会保障制度》,北京,中国社会科学出版社,1989年,第1版,第195页。
② 孙炳耀主编:《当代英国瑞典社会保障制度》,北京,法律出版社,2000年,第1版,第351页。

的基本需求实现了社会化保障。战后 40 年来,虽然有时也有罢工和冲突,但总的来说,社会是稳定的,这与社会保障制度的实施是分不开的。①

20 世纪 50 年代后期,国民保险实施的情况与贝弗里奇的预测相去甚远,大量的人口并没有被职业养老金计划所覆盖。对此,工党提出的解决办法是,扩大国家养老金计划,提供收入关联养老金,让工人在国家收入关联养老金和职业养老金之间进行选择,以缩小二者之间的差距;保守党提出的解决办法是,鼓励私人部门的发展。在保守党执政期间,国家对社会保障的投入被尽可能地降低,私人养老金和职业养老金计划的发展受到政府的鼓励。这个时期,英国经济开始迅速发展,在经济增长的基础上,社会保障项目不断扩大和完善,至 70 年代初期达到鼎盛时期。究其原因,一是凯恩斯主义的盛行。凯恩斯认为,资本主义经济之所以发生周期性危机,主要是因为有效需求不足。要加速经济增长,就要实行赤字财政,即用国家财政支出弥补生产能力的扩大与有支付能力的需求之间的缺口。而这种人为的补充需求只有通过增加政府福利开支才能实现。二是国家垄断资本主义的发展。国家垄断资本主义的发展,使得国家能够加强政府对整个经济社会生活进行干预和调节,不仅将干预的范围扩大到了再生产的许多领域,而且扩大到了国民收入再分配领域,即社会保障领域。三是经济的迅速发展。经济的高速发展,为社会保障制度保障范围扩大、福利项目增加、待遇水平提高提供了物质基础。四是社会民主党连续执政,为社会保障制度的发展提供了有利的政治条件。在这诸种原因中,经济的高速增长是影响社会保障政策发展以及性质的主要因素。② 自 1908 年逐步发展起来的不是由政府直接管理,而是力求通过市场机制的作用来满足人们养老需要的基金制筹资模式,在国家作用急剧扩张的情况下,1950 年实施了将近 40 年的基金制养老保险筹资模式被现收现付制所替代,并且被欧洲各国的养老保险制度所效仿。③

英国在实行全民保险制度的同时,规定社会保险待遇随物价指数和工资增长相应进行调整的措施,使得人们的实际收入不受物价上涨和通货膨胀的影响。在 20 世纪 60~70 年代,英国的社会保障支出持续增长,例如社会保障支出总额在 1949~1950 年度为 103 亿英镑,占 GNP 的 4.7%;1979~

---

① 李琮主编:《西欧社会保障制度》,北京,中国社会科学出版社,1989 年,第 1 版,第 186~197 页。

② 孙炳耀主编:《当代英国瑞典社会保障制度》,北京,法律出版社,2000 年,第 1 版,第 342 页。

③ 郑秉文等主编:《社会保障分析导论》,北京,法律出版社,2001 年,第 1 版,第 73 页。

1980年度支出额增加到449亿英镑,占GNP的9%;到1992～1993年度,支出额上升到741亿英镑,占GNP的12.3%,超过国民经济增长率和政府财政增长率。① 由于这个时期经济增长迅速,国家税收增加,因而社会保障待遇的迅猛提高将会带来的问题被人们忽视了。

第三节　社会保障法律制度进入调整时期

战后福利国家的发展以1976年的经济危机为分水岭,1976年之前福利国家的发展以巩固和加强为主,1976年之后以调整不断增长的社会福利开支为主。

20世纪70年代,英国的"从摇篮到坟墓"的福利制度已完全定型,之后虽然有所改进,但基本框架和基本内容并没有改变。英国建立起的供给型社会保障以高度集中和税收资助占很大比例为特点,目标则是避免贫困。事实上,英国建立福利国家以后,消除了社会上的贫困现象,人们享受着全面的、高标准的社会保障待遇。到了20世纪80年代初,社会保障提供20多种待遇,管理人员有9万人,全国75%的家庭从国家福利获得收入,11%的家庭依靠国家福利生活,其收入的90%以上由国家提供。医疗服务费用几乎全由国家承担,病人从初级医疗到医院服务,几乎都是免费的,这种制度在西方国家也不多见。教育和住房也被从提高劳动者素质的角度作为福利国家的主要产品之一给予提供。② 1950～1983年,英国社会保障支出从6.571亿英镑增加到了339.91亿英镑。整个20世纪70年代,英国社会保障支出一直保持3%以上的年增长率,占政府财政支出预算的比例一直接近或超过60%。③

1973年以后,石油价格大幅度上涨,国际金融体系瓦解,西欧发生了战后最严重的经济危机,经济发展缓慢或者停滞,对广覆盖、高标准的社会保障的实施产生了严重影响。加之老龄化社会的出现,社会保障成为国家沉重的经济负担,甚至在支付上出现了赤字,自诩为"福利国家"的英国因患上"福利病"而陷入了困境。造成这种状况的原因:一是1973年的石油危机引发了西方发达国家普遍性的经济滞胀,动摇了支撑社会保障持续发展的经

① 陈炳才等:《英国——从凯恩斯主义到货币主义》,武汉,武汉大学出版社,1997年,第1版,第24页。转引自郑功成:《社会保障学》,北京,商务印书馆,2000年,第1版,第169～170页。
② 孙炳耀主编:《当代英国瑞典社会保障制度》,北京,法律出版社,2000年,第1版,第38页。
③ 丁建定:《西方国家社会保障制度史》,北京,高等教育出版社,2010年,第1版,第59页。

济基础。二是福利增长快于经济增长。福利项目日益增加、受益范围日益扩大、个人受益水准日益提高,导致包括英国在内的福利国家社会保障支出的增长率均高于经济增长率。社会保障的支付能力相应减弱,社会保障资金入不敷出,迫使作为"财政兜底者"的政府不得不动用财政收入予以弥补,其结果造成财政预算危机。过度慷慨的社会保障承诺一旦遭遇普遍性的经济危机,其缺陷就暴露无遗。三是经济全球化的影响。经济全球化促使各国实行开放经济,各国在国际市场上展开了竞争。东亚新兴工业化国家和地区、东欧国家、拉美国家也参与国际市场。它们以低劳动成本吸引欧洲国家资本转移,迫使劳动密集型行业向发展中国家转移。在这种情况下,社会保障不但不能促进经济的发展,相反,由于社会保障支出巨大,减少了可用于投资的资金储备,直接减损了企业的国际竞争力,国民经济的健康成长受到了损害。[①] 四是福利制度扩大了社会不平等。1946 年确立的社会连带主义取向的国家保险法案在战后改变为与市场取向一致的观念。人们认为,如果低工资个人和高工资个人领取相同数额的养老金,就与二者对社会贡献的大小不相应。以往的政策是为穷人谋福利,而改革以后的政策是为富人谋福利,社会不平等在扩大和蔓延。在保守党 1979 年上台执政时,英国基尼系数为 0.31,到了 1986 年上升为 0.36。[②] 在这种经济背景下,以美国经济学家米尔顿·弗里德曼为代表的新自由主义者展开对社会保障的批评和攻击,主张对其进行改革。

新自由主义的理论在英国引起对经济政策和社会政策的反思,保守党认为,国民生活水平的提高,不一定都由国家提供福利,刺激经济增长才能在根本上提高国民生活水平,因此政府可以减少公共产品的供给;社会福利不单是国家的责任,它是个人、企业和国家的一种合作。因此,自 20 世纪 70 年代末以来有"现代福利国家发源地"之称的英国的社会保障制度一直处于调整和改革之中,虽然改革的内容很多,但基本上还是围绕政府、企业和个人责任的重新认定和在社会保障法中的具体体现来进行的。

一、撒切尔政府的改革

"二战"以后的几十年中,英国的经济增长速度确实比工业化国家的普遍水平要慢,甚至处于经济衰落之中。20 世纪 60 年代末,英国政府希望通过加入欧共体制止经济下滑,然而事与愿违,70 年代中期,经济衰退袭击了

---

① 顾俊礼主编:《福利国家论析——以欧洲为背景的比较研究》,北京,经济管理出版社,2002年,第 1 版,第 12 页。

② 孙炳耀主编:《当代英国瑞典社会保障制度》,北京,法律出版社,2000 年,第 1 版,第 34 页。

包括英国在内的所有资本主义国家。在恶性通货膨胀、劳资冲突加剧,尤其是不能就危机治理和经济复苏达成有效的国家共识时,导致对凯恩斯式福利国家生命力的信任危机,英国人把希望寄托于激进的保守主义身上。[①]

1979 年 8 月以撒切尔夫人为首的保守党执政,她在选举纲领中声称要从理论上放弃凯恩斯式福利国家,并对英国进行了长达 12 年的新自由主义改革,这标志着战后英国社会保障制度 30 年发展时期的结束。撒切尔政府认为,政府不应试图人为地保持充分就业,而应允许市场力量来决定自然的就业水平。撒切尔政府的通货紧缩政策恰好与世界经济衰退同时开始,由此导致失业猛增,失业人口从 1979 年的 130 万上升到了 1981 年的 250 万,失业率由 4.5% 上升到了 9.1%,1985 年进一步上升到了 400 万,失业率为13%。[②] 秉持新自由主义理念的撒切尔政府放弃了政府既应该又必须为维持就业而负责任的信条,于是反复断言,政府的主要政策重点是控制和减少通货膨胀,失业在市场经济中是不可避免的,是企业自由和经济增长的代价。在这样的情形下,政府急需解决如何对待为经济进步付出代价的失业者的问题。

撒切尔政府试图用"选择性原则"替代"普遍性原则",让社会福利真正起到帮助穷人的作用,而不是搞平均主义,进一步强化个人的责任和义务。此项改革为财政结余了 20 亿美元,1980 年又相继削减了一些社会福利开支,节约了近 50 亿美元的公共开支,由此拉开了社会保障制度改革的序幕。在撒切尔夫人的推动下,被称作"撒切尔革命"的英国经济社会政策大幅度改革,使英国福利国家制度发生了重大转型。撒切尔夫人认为,"公共开支是目前英国经济困难的核心",而从公共开支的结构来看,要想实现削减公共开支的目标就必须对社会保障制度进行改革。1985 年,保守党政府起草了改革方案,方案确立了社会福利改革的三项原则:社会福利制度必须能够满足真正的需要;必须与政府的"一切为了经济"的目标相一致;必须简单明了,易于管理。社会福利改革方案的改革要点是:

首先,调整社会保险税率。将雇员的社会保障税率从 1979 年的6.5% 增加到 1983 年的 9%,同时将雇主的社会保险税率从 13.5% 下降到11.45%,附加税率从 3.5% 降到 1%。[③] 这样调整的目的旨在减轻雇主的缴税负担,通过提高雇员的缴税率强化雇员的工作意识和保险意识。

---

① 〔加〕R.米什拉:《资本主义社会的福利国家》,郑秉文译,北京,法律出版社,2003 年,第 1版,第 11、23 页。

② 同上书,第 25 页。

③ 刘燕生:《社会保障的起源、发展和道路选择》,北京,法律出版社,2001 年,第 1 版,第 293 页。

其次,将养老保险制度改革作为改革的重点之一,逐步取消国家负担退休金制度,建立私人企业负责制。撒切尔政府决定,在基本养老金保持不变的情况下,调低附加养老金数额,即将附加养老金计算公式中的受保险人收入最高的 20 年,改革为受保险人一生收入的平均值,这等于降低了养老保险费征缴基数,它会使受保险人的附加养老金由 25％降到 20％;[1]人口预期寿命的延长以及"二战"以后生育高峰期出生的人即将退休,导致社会赡养率迅速上升。所以,提高退休年龄是养老保险制度改革的一项内容。在鼓励私人养老金发展方面,如果雇主能够通过某个养老金计划为雇员提供一个最低养老金,则雇主和雇员向国民保险缴费就可以享受一定的折扣,政府还会对选择职业养老金计划的工人实行税收优惠。[2]

第三,对医疗保险制度进行改革。撒切尔政府对国民保健制度的私有化持肯定态度,认为"私营因素具有重要作用,国民保健的私营化将减轻这一制度所面对的压力,并为国民保健制度提供了一个有用的选择道路,它表明在国民保健服务方面存在不同类型的解决问题的办法。"[3]政府鼓励国立医院和私立医院展开竞争,允许地方政府向效益好的私人医院拨款;允许开业医生提供住院服务;允许居民自由选择家庭医生,形成家庭医生之间的竞争;增加企业、公司在国民医疗费用中承担的份额,公民的医疗费用由国家补贴一部分逐步过渡到公民以缴纳医疗保险费的形式负担;鼓励个人购买私人医疗保险,以提供国民可以享受的医疗服务待遇。

第四,对失业保险制度进行改革。将全国统一的失业津贴由国家负担改为由私人企业负担,失业津贴不能超过原工资的 70％,1982 年开始对失业津贴征税,以减少个人及其家庭对社会保障的依赖。随着长期失业人数的增加,越来越多的失业者及其家属不得不申请以资产调查为基础的全国统一管理的社会救助金。

第五,对住房制度进行改革。20 世纪 80 年代初期,英国公房总量已经达到全部住房的 30％以上,全国有三分之一的家庭获得住房津贴,为此,政府每年需要投入大量资金。撒切尔政府在 1984 年通过了《住房及建房控制法》推行公房私有化,决定以优惠的价格将公房出售给私人,同时减少住房补贴。规定即使最贫穷的家庭也需负担 20％的房租,不能白住。从 1980年到 1986 年,有 100 万套公房被卖给私人,占全部供方的 65％。住房制度

---

① 顾俊礼主编:《福利国家论析——以欧洲为背景的比较研究》,北京,经济管理出版社,2002年,第 1 版,第 143 页。

② 郑秉文等主编:《社会保障分析导论》,北京,法律出版社,2001 年,第 1 版,第 78 页。

③ 丁建定:《西方国家社会保障制度史》,北京,高等教育出版社,2010 年,第 1 版,第 306 页。

改革是社会保障制度改革中取得成效最大的领域。[1]

第六，引入"工作福利"制度。"工作福利"一词最早出现在20世纪60年代末期美国的"工作激励方案"中，它是指凡接受政府福利补助金者必须接受政府或者立法规定的与工作有关的特定义务，即履行了法定义务或者政府要求履行的义务，才有资格领取政府提供的福利补助金。引入"工作福利"机制旨在有效解决富裕社会中低收入者的"贫困依赖"，对低收入者采取工作激励就可以迫使他们通过工作获取收入，减少依赖心理，进而减少福利补助金的支出，促进经济增长。[2]

《1986年社会保障法》是战后英国社会保障发展史上重要的里程碑，该方案并没有使得福利制度及其法律框架得以彻底重构，但是其一系列改革措施，不仅使之前社会保障制度发生了重要变革，而且成为现行社会保障制度的主要构成部分。撒切尔政府的改革措施，使得公共养老金向私人养老金转移越来越近；处于普遍公益和低收入公益之间的公共住房，被大规模地私有化；教育和医疗由于资金不足而使标准下降，并进一步使私人教育和医疗成为可能，这些公益的普遍主义性质就可能开始瓦解。但是，鉴于既得利益和选举政治，撒切尔政府即使想急剧地降低待遇标准或者取消福利项目，但都不会成为它的现实选择。事实是撒切尔政府是在极端激进的言论和思想与谨慎的选举纲领和政策实施之间进行它的改革。[3]

撒切尔政府采取的被称作是"缺少人情味的市场经济"改革措施，甚至发生过社会公众对执政党的信任危机。但是，由于社会保障制度的不可逆转性和待遇支付上的刚性，某些关键领域不可偏离传统的"从摇篮到坟墓"的社会保障承诺，使得社会保障制度成为不可轻易更改的政治文化。因此，改革只能在范围上和待遇标准上作些许结构性小调整，即将从需要出发设立福利项目和确定待遇标准，改革为从经济支持能力出发，按照资金供给的可能性来确定福利水平，因此国家用于社会保障方面的支出并没有得到根本的控制。公共支出从1979～1980年度占GDP的39.5％上升到1980～1981年度的42％，1981～1982年度又上升到了43.5％。这就表明福利国家不是收缩了而是扩张了。[4] 改革并没有使福利国家的基本原则和核心价

---

① 顾俊礼主编：《福利国家论析——以欧洲为背景的比较研究》，北京，经济管理出版社，2002年，第1版，第141、144页。

② 郑秉文等主编：《社会保障分析导论》，北京，法律出版社，2001年，第1版，第16页。

③ 〔加〕R.米什拉：《资本主义社会的福利国家》，郑秉文译，北京，法律出版社，2003年，第1版，第41、43页。

④ 同上书，第40页。

值受到动摇,它仍然是一个充满活力的机制,牢牢地根植于英国的社会和文化生活中。

撒切尔政府想实现削减公共开支的目标,然而,愿望是一回事,能否成功地实现愿望则是另外一回事。事实是,撒切尔政府在 20 世纪 80 年代掀起的收缩社会福利规模的改革,并没有触动福利国家制度的根基。普遍的社会公共福利框架,特别是教育、健康和收入保障,基本上未受触动。事实说明,福利国家已不可逆转,因为福利资本主义能够在保持经济效率的同时维持高水平的社会福利。社会福利覆盖到所有领薪者和社会集团的绝大多数人,即全国绝大多数选民,所以,撒切尔政府在"对普遍社会服务实行收缩或私有化"的建议面前不得不退缩了。尽管撒切尔政府一再强调选择性和为真正需要的人提供安全网,但是,亲资本和亲市场的撒切尔政府的改革措施使低收入群体受到最大不利影响。1985 年,官方估计贫困人口有 940 万,比 1979 年的 720 万增加了 220 万。政府的作用被限制在消除赤贫而不是贫困上,因为他们认为相对贫困和不平等是自由和市场的副产品,这种副产品是需要的。①

二、梅杰政府的改革

自 1990 年梅杰政府执政以来,只是对福利政策采取了一种较为"缓和的措施",鼓励更多的私人和自愿性部门参与提供福利,即向补救模式国家靠拢。1993 年,政府建议已经建立职业年金制度的企业可以"协议退出"国民养老保险系统,用企业年金代替国民养老金,但水平不得低于国民养老金。国家有责任在职业年金发生困难时向参加者提供国民基本养老金。1994 年,就有 67% 的雇员退出国民养老保险体系而加入了职业年金体系。同年,英国政府制定的宏观经济政策中的一个重点就是增税,具体包括:将社会保险税率从原来的 9% 增加到 19%;对国内燃料征收 8% 的增值税,1995 年进一步提高到 17.5%;冻结个人所得税减让。这些措施的实施使英国每个家庭平均每周损失 4.6% 的收入。

同为保守党政府的梅杰政府与撒切尔政府的福利政策改革虽有所不同,但他们改革的主要目标和核心内容基本是一样的,即通过私人化和市场化将福利国家改造为福利社会。所谓福利社会就是由社会而不是国家来承担福利服务的供给。其途径有四:一是把国家与社会福利有关的一部分资

---

① 〔加〕R.米什拉:《资本主义社会的福利国家》,郑秉文译,北京,法律出版社,2003 年,第 1 版,第 6、27、32 页。

产,比如住房、学校、医院等出售给私人。二是将某些由国家出资、兴办和管理的社会福利项目,比如养老金的发放、健康保险和个人社会服务等,交给私人组织或自愿组织出资、兴办和管理。三是在国家继续负担费用的同时,将一些社会服务的生产和供应交给谋利的私人组织进行生产和供应。例如私人可以办医院和养老院,国家举办的医疗保险也可以由私人医院提供服务。四是削减国家提供的福利,迫使国民转向私人福利。例如对某些津贴开征所得税(1993~1994 年度规定,退休金、失业保险金、病假工资、产假工资、寡妇年金都须征税)、取消指数化使社会福利水平低于整个社会实际收入水平、冻结某些福利项目(如儿童救济),甚至直接撤销某些福利项目。[1]与削减、冻结、撤销这些紧缩政策相伴随的,是社会保险费率的不断提高。总之,保守党政府更加强调通过用选择性福利代替普遍性福利,来确定最需要帮助的人。

　　英国私有化的主要对象是国有企业,但不仅仅限于国有企业,还包括住房私有化、部分卫生和教育部门私有化、地方政府和其他政府机构服务性行业的私有化。私有化"无禁区"就将私有化扩大到了经济生活的一切领域。但事实证明,私有化虽然在一定程度上减轻了国家的经济负担,缓解了政府财政赤字,然而它不能解决英国经济衰退的根本问题。在私有化的过程中一系列社会问题暴露了出来:例如,国有企业私有化以后,为了提高生产效率,必然要精简机构,裁减人员,从而加剧劳资冲突,导致失业人数持续上升,1990 年 6 月失业率高达 10.8%,创下自 1987 年以来的新高;再如,政府出售价格相对便宜的公有住房,使得许多不富裕的家庭也加入购房者行列,昂贵的房价和相对高的房屋抵押贷款利息,使他们背上了沉重的债务负担。1991年不能按月交付房屋抵押贷款而被售房机构收回住房的人比 1990 年增加了72%。昂贵的房价也增加了无家可归者的数量,1990 年仅英格兰地区就达到了 14.58 万人,1991 年圣诞节前有成千上万无家可归者露宿街头。与此同时,政府手中拥有 50 万套住房因人们无钱购买而闲置着。[2] 国民的实际收入虽然在 1979 年到 1990 年间增长了 36%,但是,社会不平等现象不是减少了而是增加了,1979 年最贫困的人口占总人口数量的 10%,到了 1993~1994年这一比例增加到了 13%,而同期最富有的人的收入却增加了 60%。[3]

---

[1]　孙炳耀主编:《当代英国瑞典社会保障制度》,北京,法律出版社,2000 年,第 1 版,第 395、396 页。
[2]　同上书,第 405、407 页。
[3]　〔英〕尼古拉斯·巴尔:《福利国家经济学》,郑秉文等译,北京,中国劳动社会保障出版社,2003 年,第 1 版,第 37 页。

三、布莱尔政府的"第三条道路"

20 世纪 80 年代之前,西欧和北美大陆的大多数社会民主主义者希望保持高额的福利支出,而新自由主义者却主张建立一个更小的福利安全网。但摆在政治家们和思想家们面前的社会现实是,社会保障财政负担愈益沉重,执政的社会民主主义者必须面对"后物质主义"时代"富裕的大多数"选民提出的更加注重个人成就和经济竞争力的新的政治对策;而崇尚新自由主义理论的政府又无法回避社会不公的现实,并且必须维护他们传统的家庭-民族理念。20 世纪 80 年代后期,两种思潮交汇碰撞出新的思维和社会政策框架,即超越社会民主主义和新自由主义的"第三条道路"。①

1997 年 5 月,布莱尔领导的工党政府上台执政。1998 年 9 月 21 日,布莱尔在华盛顿与美国总统克林顿一起参加了在纽约举行的"第三条道路"国际研讨会,之后布莱尔发表《第三条道路:新世纪的新政治》一文,表明工党在全球化的新时代要对国家的政策进行全面调整。"第三条道路"是介于民主社会主义和新自由主义之间的一种理论,或者说是介于凯恩斯的通货膨胀和撒切尔夫人铁腕政策之间的政策。② 它基于三个理论假设,即资本主义是能够使经济高速增长的最好的体系;资本主义本身会产生与市场经济关联的贫困、不平等、失业等自己无法解决的问题;政府有能力解决消灭贫困、降低不平等、增加就业等问题。有学者认为"第三条道路指的是一种思维框架或政策制定框架"。③ 第三条道路试图在资本主义和社会主义之间寻找一条中间道路。④ 在经济政策方面,工党要重新认识政府的角色,它既反对政府的过度干预,又不赞成否定政府干预,而是采取适当的政府干预,以促进经济发展;在社会政策方面,工党要建立有效的社会机制,维护企业家精神和社会公平之间的平衡。主张既利用市场竞争机制又重视公共利益,不缩减社会福利,以防止社会分裂;更为重要的是,"第三条道路"要在国家之间、种族之间、阶级之间、公有部门和私有部门之间建立起一种积极的伙伴关系,在大力发展社区建设与社区教育的基础上,建立新型民主国家。被称作工党灵魂人物的外交大臣库克对"第三条道路"作出了这样的诠释:

---

① 胡晓义:《社会保障和社会进步》,北京,中国文史出版社,2018 年,第 1 版,第 102 页。

② 〔丹麦〕戈斯塔·埃斯平-安德森:《转型中的福利国家——全球经济中的国家调整》,杨刚译,北京,商务印书馆,2010 年,第 1 版,第 68 页。

③ 〔加〕R.米什拉:《资本主义社会的福利国家》,郑秉文译,北京,法律出版社,2003 年,第 1 版,第 183 页。

④ 郑功成:《社会保障论》,北京,商务印书馆,2000 年,第 1 版,第 101~103 页。

第三条道路摒弃了撒切尔主义的个人主义以及保守主义对人类本性所持有的悲观主义的态度,它既区别于新自由主义的个人主义政治,也不同于以往社会民主主义所奉行的合作主义的基本主张。① 总之,第三条道路倡导者们的目标是首先使欧洲"成为一个在全球有竞争力的经济体",面对美国的优势奋起直追。②

1998 年 4 月,工党政府公布了《我们国家的新动力:新的社会契约》绿皮书,提出了新福利制度的八项原则,八项原则可概括为两个方面的内容:一是调整国家与福利之间的关系,实现国家由社会福利的管理者向社会福利的服务者之间过渡,引入市场因素打破国家对社会福利事业的垄断。第三条道路认为,社会稳定和秩序是全部社会生活的基础,而不公平和贫困对国家和社会的稳定构成了威胁和挑战,因此,国家的主要责任是保障社会稳定和秩序,关注贫困和不平等,而提供社会保障待遇是保障社会稳定和秩序的重要条件。二是需要对福利国家的基本任务予以调整,从提供普遍的社会福利向促进就业、帮助弱势群体的方向过渡,主张将国家负责与个人负责并重。国家发展社会福利首先是因为自由市场经济条件下许多问题的客观存在,福利国家的实践已证明它是医治许多社会疾病有效方法,它可以缓和社会矛盾、满足国民的特殊需要,所以,市场需要通过政府干预走向平衡。

布莱尔指出,"工党的目标不是让人们依赖救济,而是给予人们就业和财政上的独立,在福利方面我们需要一种新的机会与责任相宜的解决办法。"③即创建一种促进工作而不是依靠救济的现代社会福利体系。基于此,工党政府主张,只有完全没有劳动能力的人才可以获得国家救济,残疾人应当工作;福利国家有能力提供普遍性保障,但更强调养老保险和医疗保险的私人供给;减少大学经费,向每个大学生每年收取 1000 英镑的学费,将大学生补助改为长期贷款;投入 35 亿英镑资金,补助较长时间没有工作的年轻人和贫困单身母亲寻找工作,拒绝所有选择且正在领取救济金的年轻人,其救济金要削减 40%。④

在欧盟市场一体化和经济全球化的背景下,布莱尔首相一方面宣布,公平、自由和社会团结"这些价值观念是永恒的,社会民主主义永远不会牺牲

---

① 〔加〕R.米什拉:《资本主义社会的福利国家》,郑秉文译,北京,法律出版社,2003 年,第 1 版,第 184 页。

② 周弘:《福利国家向何处去》,北京,社会科学文献出版社,2006 年,第 1 版,第 201 页。

③ 〔英〕布莱尔:《新英国》,曹振寰等译,北京,世界知识出版社,1998 年,第 1 版,第 349 页。转引自成新轩主编:《国际社会保障制度概论》,北京,经济管理出版社,2008 年,第 1 版,第 68 页。

④ 顾俊礼主编:《福利国家论析——以欧洲为背景的比较研究》,北京,经济管理出版社,2002 年,第 1 版,第 51、111、148 页。

这些价值观",另一方面他又要求削减政府的作用,特别是政府在社会再分配方面的作用,将政府的作用转换到投资人力资源、支持企业适应全球化和新科技、在社会福利方面保持最低社会标准上。"第三条道路"呼吁在欧盟层面上加强统一市场,降低所得税,采取"以工作为取向的福利形式",即"使能工作者得到工作,使不能工作者得到保障"。

1999年2月议会通过的《福利改革和养老金法》针对的是英国养老保险制度存在的三个方面的主要问题:一是国家第二养老金(收入关联国家养老金)支付水平太低。1978年制度初建时,第二养老金的支付额相当于退休者终身收入的年平均水平的25%,1986年这一比例降为20%,按照这样的降幅,到2030年这一比例将为15%。如此低的养老金待遇是难以让退休者过上比较体面的生活的。二是职业年金主要覆盖工作相对稳定的人和大公司员工,而跳槽频繁者和规模小的公司员工不能获得职业年金。三是一部分购买了商业保险的人,由于各种原因中途停止继续交费投保,他们所获得的国家基本养老金无法满足退休以后生活所需。例如,1998年年满50周岁、到2013年年满65周岁退休时,他所能领取到的国民养老金只相当于男性平均收入的1/10。① 而许多人既没有职业养老金,也没有商业养老保险,造成全国有1/3的养老金领取者需要依靠社会救济和住房补贴生活,这成为政府下决心改革养老保险制度的根本原因。《福利改革和养老金法》颁布实施以后,英国传统的福利国家更具有补救模式的特点。甚至有人对福利国家重新进行了定义:福利国家是指"政府承诺和努力通过提高就业率、普遍的社会计划和消除贫困措施,保持全体社会成员享有一种体面的最低生活水平。"②

《福利改革和养老金法》中的改革措施主要有:1.对收入关联型国家养老保险进行改革,建立一个主要覆盖妇女、残疾人、非全日制雇员、临时工等低收入群体的新的国家第二养老金;2.逐步废除固定的退休年龄,把老年人视为一种资源而不是一种负担,人们可以自由选择领取养老金的时间,既可以早退也可以晚退;3.改革的目标锁定在最需要帮助的人身上,减少低收入者对社会救济的依赖,同时,中高收入者通过职业养老保险和个人信托养老保险,能够为晚年生活提供更高水平的保障;4.通过收入补充形式,为退休的个人和夫妇提供最低退休收入保障,确保每一位退休者都能够过上体面的生活;5.规定夫妻在离婚分割财产时,养老金视为财产,以确保妇女

① 李珍主编:《社会保障理论》,北京,中国劳动社会保障出版社,2007年,第2版,第139页。
② 〔英〕内维尔·哈里斯等:《社会保障法》,李西霞等译,北京,北京大学出版社,2006年,第1版,第13页。

的权益。① 工党执政的前 5 年,国家的养老保险制度改革的重心是集中力量反贫困,并且取得了明显的效果,从 1997 年到 2006 年十年间,绝对养老金贫困人口下降了 2/3。②

　　英国的社会保障制度发展到了今天,已经形成为一个以众多复杂的补贴方案为基础的制度体系。历届政府对社会保障制度的改革确实取得了一定的成就,但是由于福利国家制度在运行了半个多世纪以后,已经形成了其自身发展的动力和机制,改革者只能在原有福利制度的基础上进行修修补补,而不可能从根本上改变福利国家制度运行的轨迹。

---

① 　刘燕生:《社会保障的起源、发展和道路选择》,北京,法律出版社,2001 年,第 1 版,第 295 页。
② 　李贵强:《英国国家养老金的发展历程及其启示》,《科学社会主义》2014 年第 1 期。

第三章　社会保险法律制度

　　贝弗里奇报告在论证到社会保险的性质时指出,社会保障计划的核心是社会保险方案。在该计划下,社会保险要求所有处于工作年龄的公民都应当每周缴纳相应的社会保险税,他们的基本需求才能够得到有效保障。这段话隐含着两层意思:一是这种制度是强制性的,凡符合法定参加社会保险的人都必须参加社会保险。由政府组织实施的社会保险待遇是对受保险人缴纳的保险费的回报,而不是政府提供的免费午餐。二是这种制度遵循团结互助原则,制度实行风险互济,任何人都不能借口自己工作稳定或身体健康而不参加社会保险。[①]

　　社会保险制度之所以受到广泛欢迎是因为它与互惠和社会责任的观念相联系,即它代表着"个人与社会之间的一种契约"。社会保险法体现的是相互依存原则和集体自助的价值,这些原则和价值有助于社会团结、个人责任的履行和自立,是一种能使共同仁爱和合作本能绽放绚丽光彩的文化。[②]它能够减少财产调查制度的适用,而提供个人对社会保险待遇的"所有权"。[③]

第一节　社会保险法的一般规定

　　社会保险法的一般规定适用于各险种,它们经历了一个在贝弗里奇报告的基础上,随着经济社会发展不断得以修订和完善的过程。

---

　　① 〔英〕W.H.贝弗里奇:《贝弗里奇报告——社会保险和相关服务》,劳动和社会保障部社会保险研究所组织翻译,北京,中国劳动社会保障出版社,2008年,第1版,第8~10页。
　　② 〔英〕内维尔·哈里斯等:《社会保障法》,李西霞等译,北京,北京大学出版社,2006年,第1版,第30页。
　　③ 同上书,第179页。

一、社会保险原则

贝弗里奇报告为社会保障计划确定了六条基本原则:一是基本生活待遇标准统一原则,即在失业、伤残、退休等各种主要的收入中断的情况下待遇标准一律相同,而对待遇获得者原来的收入水平不予考虑。二是缴费率统一原则,强制性的社会保险要求雇员和雇主以统一税率缴纳社会保险税,而对其经济状况不予考虑。三是行政管理职责统一原则,每个地区的保障办公室都能受理不同类别和各种层次的保障待遇申请,待遇支付要考虑受保险人的情况,在其本人家庭所在地或必要时在其他地方进行。四是待遇标准适当原则,即待遇标准高低适度和享受期限恰当。待遇标准高低适度是指,即使没有其他经济来源,提供的待遇也能够满足人们的基本生活需要。享受期限恰当是指,只要受保险人继续需要待遇,待遇将在不需要进行经济状况调查的情况下一直提供下去。五是广泛保障原则,即社会保险应当是全方位的,而不给国民救助和自愿保险留下任何隐患,国民救助(只要经证明确实需要)和自愿保险(国家要为享受更高标准待遇的人留有空间)只是社会保险的必要补充。六是分门别类,适合不同人群原则,即社会保险既要考虑到雇员、其他有收入的人群、家庭妇女、工作年龄内的其他人,也要考虑到工作年龄以下的人和工作年龄以上的退休人员。对于不同人群的不同需要,不管其经济状况如何,都应提供相应待遇。[①]

二、社会保险税

贝弗里奇报告指出,社会保障计划的核心内容——社会保险方案应当坚持缴税原则,即社会保障计划总费用的一个重要收入渠道应当来自公民作为受保险人的缴税,每个享受同样待遇的人都要支付相同税率的税费。缴税意味着对能够享受待遇的人,不论贫富都一视同仁。[②] 即不论个人收入高低,风险程度和就业方式如何,社会保险税率是统一的。但是,自愿保险缴税一般不管缴税者是否有收入都必须缴纳,也就是说,失业、患病或年老时也不例外,这是自愿保险与雇员有收入时才缴税的社会保险不同之处。贝弗里奇报告指出,贝弗里奇方案实施初期,国家财政负担轻些是出于当时经济和政治方面的需求,这种需求将随着国家承担的战争补偿责任的清偿到位和永久和平越来越有保证而逐渐下降,基于国民收入和资源,国家有足

---

① 〔英〕W.H.贝弗里奇:《贝弗里奇报告——社会保险和相关服务》,劳动和社会保障部社会保险研究所组织翻译,北京,中国劳动社会保障出版社,2008年,第1版,第114~115页。

② 同上书,第101~102页。

够的信心承担养老金计划的未来责任。①

强制雇主为其雇员缴纳的社会保险税能够而且应当作为生产成本的一部分起到保护劳动者的作用。由于雇主缴税只占生产总成本的一定比例，其数额虽然比较小，但能够带来许多好处：雇员在失业或患病不可避免地造成中断就业时能够得到适当保护，就能够成为高效的劳动者，这符合雇主的利益；雇主为雇员缴纳了社会保险税后，大多数雇员就能够感受到这种关心，把雇主缴纳社会保险税视为关心的标志；根据缴税情况，让雇主在社会保险管理和制度完善方面发表意见，给雇主以明确的地位，有利于保持雇主缴税积极性。②

三、社会保险基金的筹集

雇主与雇员缴税由税务部门代征，自雇人员和非从业人员则将应缴纳的社会保险税直接交给社会保障部门。每个受保险人都有自己的社会保障账户和社会保障账号，账户由社会保障部管理。贝弗里奇报告建议，国家财政除了支付子女补贴和国民救助的全部费用外，还要支付由社会保险基金支出的与各种治疗和康复成本有关的补助金。③ 到了1950年，由于退休人员激增，原来制度下积累的养老保险基金甚至在职职工缴纳的养老保险税都用于支付养老金，而使制度演变为现收现付制。④

由于现收现付筹资模式的基本前提条件是稳定的经济增长、比较充分的就业和合理的人口年龄结构，当20世纪80年代英国出现了经济发展缓慢，失业率居高不下，人口老龄化的社会状况时，现收现付的筹资模式继续实施遇到了困难。20世纪90年代，英国政府致力于社会福利机制的财务转换，将现收现付的财务制度转换为部分基金制，并计划逐步转换为完全基金制的财务制度，即将代际转移支付的社会统筹性的养老保险筹资模式，逐步转换为代内转移支付的个人账户养老保险筹资模式。

20世纪90年代中期以来，财政预算拨款约占社会保险基金来源的40%，该比例由财政预算安排和社会保险支出需要综合确定。在社会保险支出中，占比最大的是养老保险支出，约占基金总额的68%，养老保险基金

---

① 〔英〕W.H.贝弗里奇：《贝弗里奇报告——社会保险和相关服务》，劳动和社会保障部社会保险研究所组织翻译，北京，中国劳动社会保障出版社，2008年，第1版，第108～112页。

② 同上书，第102～103页。

③ 同上书，第131页。

④ 孙炳耀主编：《当代英国瑞典社会保障制度》，北京，法律出版社，2000年，第1版，第44～45页。

不足支付的部分,由政府从一般税收收入中支付,政府的这部分负担约占养老保险支出的18%,政府还需承担养老保险待遇发放的管理费用。① 财政预算拨款已经成为社会保险基金来源的主要部分。

四、领取社会保险待遇的条件

根据1946年《国民保险法》的规定,获得短期待遇(如失业补贴和疾病补贴)和获得长期待遇(如养老金和鳏寡父母津贴)的首要条件是16岁以上劳动年龄的受保险人缴纳了法律规定期限和数额的社会保险税。

国家设立了"信贷与家庭责任保护"制度,旨在援助那些完全依靠劳动市场,但因为各种原因导致收入不足以缴纳社会保险税的人,例如失业者、生病不能工作的人、残疾人等。自1978年以后,如果因照料儿童或亲属而无法工作,其缴税记录可以得到保护,即"家庭责任保护"。这些政策有利于那些没有能力足额缴纳社会保险税又希望在老年时能够获得养老保险待遇的人,尤其是大多数女性。

五、社会保险待遇

贝弗里奇报告指出,要根据基本生活需要确定待遇水平。待遇水平定低了,在受保险人没有其他资源时,就意味着享受失业或伤残保险待遇的人难以维持生存;如果待遇水平太高,将背离国家关于最低生活标准的原则,同时也背离国家用法律调整个人生活的原则。② 不论受保险人缴纳多少社会保险税,所有受保险人享受的社会保险待遇水平是一样的,并且和其先前的收入多少无关,除特殊情况外,男女待遇水平标准一样。为数有限的未被社会保险覆盖的需求可以得到国民救助,条件是通过标准统一的经济状况调查。

由卫生部组织管理的国家卫生服务体系向所有国民提供无所不包的医疗服务,所有需要术后康复治疗的病人也能够得到相应的服务。贝弗里奇报告所确立的普遍公民权原则,资格的确认取决于是否是该国公民或长期居民,而不论需求程度或工作表现情况。这种"人民福利"的社会保障制度模式,具有很强的非商品化潜能,即当劳动者因为生活风险的发生不能获得劳动工资的情况下,仍然可以从市场之外获得维持生计所需的现金和服务

---

① 顾俊礼主编:《福利国家论析——以欧洲为背景的比较研究》,北京,经济管理出版社,2002年,第1版,第34~35页。

② 〔英〕W.H.贝弗里奇:《贝弗里奇报告——社会保险和相关服务》,劳动和社会保障部社会保险研究所组织翻译,北京,中国劳动社会保障出版社,2008年,第1版,第111页。

（社会工资）。"人民福利"制度已在英国牢牢扎根，并且成为其社会政策中的经久不变的社会主义传统原则。①

社会保险项目与社会保障制度中其他项目的根本区别在于：它体现的是权利与义务对应的原则，或者说"捍卫保险原则，即人们应该为其享受的生活保障付费，尽管不需要付全额。"②而其他项目的支付全部由政府财政负担。因此，缴费型社会保险项目是面向劳动者的。

缴费型社会保险待遇权利资格的取得主要以申请人是否已足额缴纳了应缴的社会保险税来决定，或者被免除缴纳的保险税足以使其获得资格。缴费型待遇以意外风险为基础的补贴旨在满足在遭遇最不能预测的生活风险（如疾病、工伤、失业等，老年除外）而不能从事经济活动时所产生的需要。

六、社会保险税的管理与缴税权利受到侵害时的裁决

自 1991 年，国民缴纳的社会保险税及其记录由缴税管理局保管。《1999 年社会保险缴税法》规定，社会保险税由缴税管理局移交国内税务局征收和管理，国内税务局拥有确定社会保险税率和限额的权力，缴税信贷和家庭责任保护也由国内税务局管理。

1999 年之前，当国民因缴税权利受到侵害时，可以由高等法院裁决，但没有就缴税决定向独立法庭提出上诉的权利。1999 年法案将缴税和上诉统一起来，纳入了所得税上诉制度，以反映税款与缴税之间的实质性差异。国民就某一缴税决定提出上诉由税收上诉专员们组成的独立法庭进行裁决，同时规定了强制执行与追索权以及对不遵守规定者的惩罚措施。③

七、社会保险的管理机构

贝弗里奇报告建议，成立社会保障部，其职责是管理社会保险，发放国民救助，鼓励和监督自愿保险。社会保险属于收入性福利，按其资金来源又分为国民保险和非缴费性福利两部分。缴税型国民保险面对劳动者，而非缴费性收入性福利主要面向非劳动人口。英国的各项福利分别由不同的部门负责。国民保险和非缴费性福利由社会保障部管理，社会保障部在各地

---

① 〔丹麦〕考斯塔·艾斯平-安德森：《福利资本主义的三个世界》，郑秉文译，北京，法律出版社，2003 年，第 1 版，第 54 页。

② 〔英〕W.H.贝弗里奇：《贝弗里奇报告——社会保险和相关服务》，劳动和社会保障部社会保险研究所组织翻译，北京，中国劳动社会保障出版社，2008 年，第 1 版，第 50 页。

③ 〔英〕内维尔·哈里斯等：《社会保障法》，李西霞等译，北京，北京大学出版社，2006 年，第 1 版，第 187 页。

区下设 22 个局,每个地区局又下设办事处,各办事处负责接收申请、进行调查、核实,然后报地区局,地区局核实以后,将款项划拨银行或邮局,由银行或邮局向受保险人支付。全国社会保障系统 74.5% 的工作人员负责津贴发放工作。社会保障部在全国设有许多缴税(税)机构,负责确定保险费数额、保存缴税记录。[1]

第二节　养老保险法律制度

英国的养老保险制度经过一百多年的不断改革,已发展为包括定额国家养老金、与收入关联养老金、私人养老金计划在内的一个完善体系。

一、养老保险类型的演变

1.贝弗里奇的统一标准养老金制度

1945 年的贝弗里奇报告继续实施体现普遍主义原则的缴费式定额养老金制度,即不论个人缴了多少费,在退休以后一律按照国家每年规定的数额领取养老金,以保证所有退休人员能够享受到最低限度的经济保障。这既因袭了民主主义的定额给付,也是国家进行战争动员的努力导致合作主义结构所产生的结果。普遍主义原则倡导地位平等,在这一原则下,所有公民被赋予同等权利,而对其阶级地位和市场地位不予考虑。普遍主义原则的实行旨在培养一种超阶级的、全民的联结纽带。[2] 贝弗里奇报告在“统一的社会保障计划以及涉及的改革”部分,建议废除特殊职业人员,包括公务员、地方政府工作人员、警察、护理人员、铁路工作人员以及其他从事有资格领取养老金职业的人员制度。[3] 1946 年《国民保险法》的出台是合作主义结构推动的结果,使得包括同一标准的养老金在内的社会连带主义保险计划得以实施。

2.结构性养老金制度

贝弗里奇设计的统一标准养老金在通货膨胀、人口结构老龄化、人口流动等因素交织在一起的情况下,使得筹集到的养老保险基金不足以支付养

---

[1]　孙炳耀主编:《当代英国瑞典社会保障制度》,北京,法律出版社,2000 年,第 1 版,第 39 页。

[2]　〔丹麦〕考斯塔·艾斯德森:《福利资本主义的三个世界》,郑秉文译,北京,法律出版社,2003 年,第 1 版,第 27 页。

[3]　〔英〕W.H.贝弗里奇:《贝弗里奇报告——社会保险和相关服务》,劳动和社会保障部社会保险研究所组织翻译,北京,中国劳动社会保障出版社,2008 年,第 1 版,第 13 页。

老金待遇。在政府不得不提供低额养老金时,许多养老金领取者被迫转向申请须经生活状况调查的社会救济,1954 年有 1/4 养老金领取者家庭向国民救助委员会申领救助金。依赖国民救济补充收入的状况使政府"重新发现贫困"。1959 年英国对养老保险制度进行改革时引入了与收入关联制度,新制度从 1961 年起正式实施。

与收入相关的以缴纳保险费为前提的养老金制度被称作补充性养老金,该制度规定周收入在 9 英镑以下的老年人国家给予一定数额的附加养老金;周收入在 9~15 英镑的老年人按照不同等级分别给予一定数额的附加养老金。至此形成了由定额国家养老金和与收入关联型养老金两部分组成的结构性养老金制度。参加缴费型养老金者,除了领取定额养老金外,还可以从国民保险领取与收入关联养老金。与收入关联养老金制度根据缴费者的收入记录,计算将来的养老金水平。由于缴费水平是按照工资水平确定的,因此参照工资记录计发待遇,就使得缴费多的职工在退休时能够获得较高水平的养老金,充分体现出权利与义务对等的原则。具体做法是,采取平均指数化工资计算待遇,受保险人在退休时,将他缴费的记录中缴费额最高的 20 年的工资,均按照全国工资指数调整为退休年份的现值,得出他退休时平均指数化工资。然后,用指数化工资减去退休年份定额养老金标准,所得出的差为计发养老金的基数,每缴费一年发给基数 1.25% 的养老金,最长不超过 20 年。

3.独立于国民保险的与收入关联养老金制度

20 世纪 70 年代中期,超过退休年龄的人口比贝弗里奇报告发布时增长了约 45%,社会老龄化的到来引起政府对养老保险基金筹集问题的关注。1973 年执政的保守党提出将国民保险中原来的与收入关联待遇剥离出来并建立国家与收入关联制度,即取消已经实行了十余年的结构性养老金制度。1974 年,工党政府执政以后接受了保守党的主张并着手建立国家与收入关联养老金制度,规定原来的缴费性养老金制度中止,从 1975 年起实行定额国家养老金和与收入关联养老金方案,即国家养老金由两部分组成:定额国家养老金(基本部分)和与收入关联养老金(附加部分),可以说,定额国家养老金是一种普享养老金,而收入关联养老金由于适用对象是工薪收入者,因此收入关联养老金也可以称作就业关联养老金。定额国家养老金制度(基本养老金)和与收入关联养老金制度(附加养老金)并列:国民保险不再提供与收入关联养老金待遇,而只提供定额国家养老金待遇,基本养老金制度定位于体现普遍主义原则;将原来的与收入关联养老金制度独立出来,变成由国家经办的强制性的、体现权利与义务对应原则的补充养老金制度,该制度对雇主和雇员的缴税、待遇计发和管理都作出详细的规定。养老金制度的逐步完善使得老年人的晚年生活有了更充足的保障。

1975 年实施的与收入关联的养老金制度,亦即法定补充养老保险制度,是国家养老保险制度的第二支柱。引入与收入关联制度的原因是,定额给付式的普遍主义纽带仅适合于历史上一种特定的阶级结构:其中绝大多数人都是小小老百姓,那种均等但数额微薄的给付足以令他们心满意足。但是随着工人阶级财产状况逐渐改善和新中产阶级的兴起,定额式的普遍主义无意中促成了两极分化的局面,因为境况较好的人可以通过购买私人保险以及通过谈判从雇主那里获得工资以外的额外给付,补充他们数额微薄的均等给付,并且与经济状况差的人的福利水平拉开距离。两极分化导致的阶级结构变动,使得普遍主义的平等精神最后形成穷人靠国家、其他的人靠市场的结局。① 与收入关联养老金制度规定,签订了合同的雇主必须执行国家有关补充养老保险的规定。由于缴费型养老金制度实施了将近20 年,因此,在 1975 年实施与收入关联养老金制度以前的十余年,退休者领取到的补充性养老金中,缴费型养老金的数额要远远多于与收入关联养老金的数额。随着时间的推移,与收入关联养老金逐步代替了缴费型养老金,成为唯一的补充性养老金制度。与收入关联养老金法案规定,雇主可以不参加国家计划,但是雇主要为雇员购买私人养老保险,而且这份私人计划所提供的养老金必须不低于与收入关联养老金的数额,即以工人在职期间最高 20 年收入指数化的 25% 的养老金。结果选择私人养老金计划的工人数由占工人总数的 50% 上升到了 2/3。②

到了 20 世纪末期,国家退休养老金已是社会保险待遇中的主要部分:1997 年有 1060 万人领取国家退休养老金,总额超过了 300 亿英镑。随着人口老龄化以及国家与收入关联养老金计划的成熟,为了不给国家以及未来数代人带来沉重的经济负担,国家计划将退休年龄在 2020 年延长至 65 岁,并且在 1998 年发布了养老金改革绿皮书。绿皮书认为,养老金改革必须考虑退休人员的总体收入水平,为此,政府必须实行并且已经实行了最低收入保障,以保障那些依赖养老金活命的最贫穷的养老金领取者的基本生活所需。

养老保险制度是以定额国家养老金为基础的双重体系,定额国家养老

---

① 〔丹麦〕考斯塔·艾斯平-安德森:《福利资本主义的三个世界》,郑秉文译,北京,法律出版社,2003 年,第 1 版,第 27 页。

② 〔美〕约翰·B.威廉姆森等:《养老保险比较分析》,马胜杰等译,北京,法律出版社,2002 年,第 1 版,第 84 页。

金对所有符合法律规定的居民一视同仁,与收入关联养老金体现的则是权利和义务对应的原则。21 世纪以来,绝大多数达到退休年龄的人认为,他们有权获得国家退休养老金,而且这是他们主要的财政来源。① 同时,人们越来越认可贝弗里奇的观点,“因为缴费才获得补贴而不是从国家获得免费津贴,这才是英国人想要的。”

二、养老保险的受保险人及待遇

(一)定额国家养老金的受保险人及待遇

英国从战后早期就强调“社会连带主义”,社会连带主义者认为,社会成员之间的相互依存关系是构成利害一致的社会组织的基础。在这样的理念下,国家实行基本退休养老金制度,即定额养老金制度。基本养老保险制度覆盖有一定收入的雇员,他们没有工作的妻子和其他由受保险人供养的人也可以获得一定数额的养老金。1995 年,全额定额养老金为每周 58.85 英镑(全年为 3060.2 英镑),受供养的成年人为每周 35.25 英镑,受供养的未成年人第一个为每周 9.85 英镑,其他为每周 11.05 英镑。英国还设立了高龄老人养老金,对于 60 岁以前到达英国、居住 10 年以上、年龄在 80 岁以上、没有领取养老金资格的人,2000 年起每周提供 39.95 英镑的养老金。② 国民达到国家规定的退休年龄即可领取(2006 年,男性退休年龄为 65 岁,女性为 60 岁,从 2010 年起女性退休年龄逐年延长,至 2020 年达到 65 岁)。定额国家养老金(基本养老金)从一般税收中支付,它具有很强的国民收入再分配性质,这种再分配是代际再分配,即通过向年轻一代征税并向退休者支付基本养老金的方式进行的再分配。

国民保险提供的定额国家养老金待遇水平在 20 世纪 80 年代相当于体力工人平均收入的 47%,而许多发达国家的养老金替代率都高于英国,例如,瑞典、荷兰、奥地利等国为 60%,德国、加拿大等国也高于英国。③ 1997 年年底,有 150 万 60 岁以上的退休者因国家基本养老金的不足而需要领取收入扶助,即社会救济。④ 到目前为止,英国的老年保障仍比绝大多数国家更强调福利,这体现在它的待遇结构上,固定数额仍然构成养老金的大

---

① 〔英〕内维尔·哈里斯等:《社会保障法》,李西霞等译,北京,北京大学出版社,2006 年,第 1 版,第 188、167 页。

② 周弘主编:《国外社会福利制度》,北京,中国社会出版社,2002 年,第 1 版,第 103 页。

③ 孙炳耀主编:《当代英国瑞典社会保障制度》,北京,法律出版社,2000 年,第 1 版,第 50 页。

④ 〔英〕内维尔·哈里斯等:《社会保障法》,李西霞等译,北京,北京大学出版社,2006 年,第 1 版,第 189 页。

部分。①

(二)与收入关联国家养老金的受保险人及待遇

英国两党关于国家干预程度上的政策分歧,表现在养老制度采取普遍主义原则还是选择主义原则上。20 世纪 50 年代的退休制度代表着普遍主义福利的高峰,此后逐渐引进选择主义思想,体现个人权利与义务的关联。

1.受保险人及待遇

与收入关联的国家养老金支付给那些申请与收入挂钩的国家养老金的人。与收入关联的国家养老金的计算非常复杂,且获得的待遇很低,一般不超过收入扶助线,申请这种养老金的人不超过雇员的 20%,他们中绝大多数在低工资的就业岗位工作。雇员在职期间 9/10 的时间都需缴纳养老保险费,且最少需缴纳 52 周的保险费,就获得了领取全额养老金的资格。对于照顾年老和残疾亲属以及小孩的工作年龄者,照顾亲属的时间也算作缴纳养老保险费的时间。对于超过 65 岁的男性和超过 60 岁的女性延迟退休者,养老金数额每年增加 7.5%,共增加 5 年。缴纳养老保险费时间少于工作年限 25%者,丧失领取养老金的资格。②

收入低于一定数额者、自我雇佣者以及非雇员另行参加国民保险,在缴税和待遇方面都不同于国民养老保险。③由于政府公共部门的雇员(包括公务员、医生、教师、警察、军人等)的养老保险基金由政府从财政统筹并支付,不会受到资本市场波动的影响,他们的养老金水平就明显高于企业职工尤其是私有企业的职工。

与收入关联养老金制度实行积累制,这种资金平衡机制改变了代际赡养,是劳动者自己为将来年老时积累养老金,因此其支付能力不受人口年龄结构变化的影响,但是,要领取到全额的与收入关联养老金至少需要缴纳 45 年的保险税。④ 与收入关联养老金制度的缴税条件事实上将相当数量的雇员排除在了受保险范围之外,有将近 300 万自雇人员或雇员要么没有缴纳保险税,要么缴纳的保险税不足,导致他们失去申领待遇的资格。

2.缴税人和缴税率的类别及标准

1975 年实行与收入关联的养老金计划,对缴纳养老保险税收入的下

---

① 孙炳耀主编:《当代英国瑞典社会保障制度》,北京,法律出版社,2000 年,第 1 版,第 54 页。

② 〔美〕约翰·B.威廉姆森等:《养老保险比较分析》,马胜杰等译,北京,法律出版社,2002 年,第 1 版,第 86 页。

③ 孙炳耀主编:《当代英国瑞典社会保障制度》,北京,法律出版社,2000 年,第 1 版,第 49 页。

④ 〔丹麦〕考斯塔·艾斯平-安德森:《福利资本主义的三个世界》,郑秉文译,北京,法律出版社,2003 年,第 1 版,第 407 页。

限和上限作出了规定,收入低于下限的无须缴纳养老保险税。对于自雇
人员则按照其所得利润进行计算。《1985 年社会保险法》将之前统一的
6.5％税率修正为差别税率制度,税率标准分为三类:第一类为收入在
35.5～54.99 英镑的人设定,税率为 5％;第二类为收入在 54.99～89.99
英镑之间的人设定,税率为 7％;第三类为收入在 90～265 英镑的人设
定,税率为 9％。每类税率中,雇主与雇员各承担 50％。缴税义务人分为
以下三类:

第一类缴税包括"基本缴税"和"从属缴税"两种:"基本缴税"由完成中
等教育(一般为 16 岁)已经就业并与雇主签订了劳动合同,但没有达到退休
年龄(男 65 岁、女 60 岁),通常居住在英国的雇员,不管其经济状况如何,都
必须参加社会保险并缴纳社会保险税。缴税基数是雇员的收入总额,并且
规定了缴税的收入上限和下限,税率为 10％;"从属缴税"由雇主和其他支
付报酬的人缴纳,收入达到限额时,雇主和其他支付报酬的人缴纳超过规定
限额部分 12.2％的保险税。

第二类缴税义务人为自雇人员,缴税额为每周 6.55 英镑,如果自雇者
年收入低于规定的数额,例如,1999 年规定的额度为 3770 英镑,可以不缴
纳社会保险税,但如果自愿的话,也可以缴税。自雇人员缴税有三种形式:
一是固定数额的缴税。由于自雇人员收入不稳定,政府需要依据他们的年
收入算出周收入,再按照一定比率算出缴税额。二是按照年利润的一定比
率缴税。他们需要按照所得税法案中确定的该税收年度的商业利润确定应
缴纳保险税数额。三是不按年利润而按资本收益计算缴税额的自雇者,
1999～2006 年度年资本收益在 7530～26000 英镑的,需缴纳较低盈利线和
较高盈利线之间收益的 6％的社会保险税。①自雇人员不能享受失业和工伤
保险待遇。

第三类缴税者是那些没有雇佣劳动关系的人(非从业者)或者前两类缴
税者中想要填补自己缴税空白的人,他们可以自愿缴纳规定数额(2006 年
为每周 6.45 英镑)的保险税。此类缴税者只能够获得养老金和寡妇补贴
待遇。②

在 1986 年时,雇主、雇员、政府、其他支付报酬的人四个方面缴税分别
占总基金的 44％、42.2％、11.5％、2.2％。

---

① 顾俊礼主编:《福利国家论析——以欧洲为背景的比较研究》,北京,经济管理出版社,2002
年,第 1 版,第 129～130 页。
② 〔英〕内维尔·哈里斯等:《社会保障法》,李西霞等译,北京,北京大学出版社,2006 年,第 1
版,第 183～185 页。

三、死亡待遇和遗属抚恤金

遗属待遇建立于 1925 年,虽然遗属获得待遇的资格取决于受保险人是否缴纳了国民保险费,但待遇标准是定额的,即每周 10 先令,未成年子女也可以获得相应津贴,遗孀可以终身享受待遇。从 1949 年开始按照贝弗里奇报告的设想由国民保险提供死亡待遇,主要是支付丧葬费用。成年人的丧葬费为社会年平均工资的 30%,未成年子女的丧葬费按年龄分为三个等级,依年龄大小递减。

1946 年的《国民保险法》对以前的规定作了两方面的改革:一是遗孀的劳动收入超过规定界限的,不能获得遗孀养老金,因为这项待遇主要是帮助那些劳动收入不足以维持生计和抚养子女的遗孀。20 世纪 80 年代又取消了这一规定,即不论遗孀收入多少,年龄小于 55 岁的遗孀除了可以获得基本养老金外,还有资格获得一份以其丈夫的与收入相关养老金账户累计数额为基础的养老金,而鳏夫在 65 岁时才有资格获得此份养老金;二是不仅受保险人的遗孀,所有年龄超过 50 岁的遗孀,都有资格获得遗孀年金。20 世纪 80 年代中期,年满 55 岁的遗孀可以领取每周 35.8 英镑的全额养老金,55 岁以下者发给减额养老金。除了遗孀养老金,60 岁以下遗孀还可以享受由国民保险提供的遗孀津贴,死者去世后的头 26 周,遗孀津贴为每周 50.10 英镑,每个未成年子女还可以获得 7.65 英镑的津贴。26 周之后改发每周 35.8 英镑的母亲津贴,子女成年以后,停发母亲津贴,改发遗孀养老金。①

四、第二层次养老保险计划

(一)"二战"前私人养老金计划概况

1898 年,地方政府建立了教师养老金制度,1937 年又为所有地方政府雇员建立了养老金制度。政府的行为刺激了其他行业雇员对养老金保障的需求。② 19 世纪末,企业补充养老金计划只在少数产业中出现,例如,凯德伯里兄弟公司、莱渥公司、朗特里公司等。这时的企业补充养老金计划只覆盖有薪酬的员工,属于家长式和恩典式的。由于计划不是以契约授权原则为先决条件,而是由公司自行决定给付额,并且附有员工必须终生忠诚地为公司服务的义务,因此,员工的养老金就与公司的经营状况有着密切联系,

---

① 孙炳耀主编:《当代英国瑞典社会保障制度》,北京,法律出版社,2000 年,第 1 版,第 65 页。
② 〔丹麦〕考斯塔·艾斯平-安德森:《福利资本主义的三个世界》,郑秉文译,北京,法律出版社,2003 年,第 1 版,第 107 页。

政府对此并不干预。

19世纪末20世纪初,行业性工会和全国性劳工联合会迅速发展并逐渐取得了法律地位,1938年英国工会成员已达550万,相当于当时劳动力的24%。1921年政府颁布了允许对保险缴费减免征税的《金融法案》,试图将税收支出的观念引入社会保障领域,并因此吸引私人企业在保障雇员生活风险中发挥更大作用。政府的这些举措重塑了雇主的养老金性质,削弱了传统的恩典式的自由酌处权原则,支持了雇主正式的、协商的和契约化的额外给付计划。私人养老金计划中的成员从1908年的100万人增加到1936年的260万人(其中一半是公共部门的雇员)。私人养老金计划要求雇主和雇员双方缴费,雇员的缴费和给付都是定额的。1936年每周的养老金为20先令左右,相当于一个工人正常工资的25%~30%,而社会保障养老金仅有10先令。

（二）"二战"后私人养老金计划概况

"二战"结束以后,不但需要创造国家团结的氛围,而且由于战争破坏了之前建立的社会保险体系,使得40年代成为私人养老金计划迅速增长的时期,参加的人数从1936年的260万人增加到1953年的310万人。战后私人养老金计划成为工会谈判战略的主要目标和为了未来的承诺而延缓当下工资增长的手段。政府对于私人养老金计划的支持也比以往任何时候都要有力,这一方面因为公共养老金保障的不充分为私人养老金计划留下了发展空间,另一方面政府的税收政策又为私人养老金计划的发展创造了条件。税法规定了私人养老金缴费的免税资格,在有些情况下给予私人养老金缴费者以特别的纳税减除额。

1.职业年金

属于补充养老计划的职业年金由雇主提供资金支持,缴费工资高的,养老金水平就高,养老基金实行累积制,在国民基本养老保险制度之外运作。1959年,新修订的《国民保险法》对企业补充养老金计划开始干预,要求雇主必须为雇员办理补充养老金保险。企业补充养老金计划是与国家退休养老金制度平行的一项政策,雇主可以选择让其雇员"协议退出"国家养老金体系,然后自愿参加企业补充养老金计划,国家对举办职业年金的雇主和雇员实行税前支付的政策优惠。雇主应保证雇员的退休金不低于当时国家养老金的标准,与此同时,国家负有在必要时向这部分雇员支付基本养老金的责任。1993至1994年度,有67%的退休人员曾加入了企业补充养老金计划,他们领取的养老金还略高于国家养老金的水平。[1]

---

① 孙炳耀主编:《当代英国瑞典社会保障制度》,北京,法律出版社,2000年,第1版,第398页。

这项改革的目的在于,在国家提供最基本生活保障的基础上,突出强制性企业补充保险计划与个人储蓄性养老保障计划的作用,减少政府提供普遍享受的基本福利项目,以强调和充分发挥劳动者自我积累和自我保障意识。

被称作第二养老金的职业年金是国家体系外的计划,它的实施受到了普遍欢迎,因为参加了职业养老金计划的人在达到退休年龄时的收入增长超过平均增长水平的 50%。对此,有人评论说:第二养老金发展的政策意味着"养老金的资金供应已经明显地私有化了……而且不露痕迹。"1985 年的一份研究报告认为,职业年金提高了老年人的待遇,因此,劳动者更倾向于自己在整个就业期间安排将来的补充待遇,而不是把全部养老的事情都交给政府。① 然而,"对那些没有能力为其退休自行提供资金或提供充足资金的人而言,国家的资金仍然是必要的,例如,那些就业因残疾、失业或看护责任被限制或被剥夺了的人。"②在未来,在享受基本养老金的同时,一部分退休者将依赖职业养老金或私人养老金生活,而那些没有能力购买私人养老保险的低收入者还需要依靠收入扶助生活。

2.基金型养老金

基金型养老金亦称"持股者养老金",是一种基金型私人第二养老金,它对收入在 9000 英镑至 18500 英镑的中高收入阶层具有吸引力,尤其是那些没有参加职业养老金计划的人。国家设想用基金型养老金完全取代中高收入阶层的国家第二养老金(与收入关联养老金),使基金型养老金成为为中高收入者建立的定额养老金方案。《1999 年福利改革与养老金法》为新的养老金制度的实施作了充分准备,但不会重新采用贝弗里奇曾提出的普遍的以保险为基础的模式。新的养老金制度虽然没有保证消除退休者的贫困现象,但是最低收入保障足以保证所有人都可以在保障中面对退休,使所有养老金申请人都应该平等地分享国家财富的增长。

五、养老保险法律制度的重大改革

1.建立强制性三方缴费养老金个人账户制度

2007 年 6 月 27 日,工党领袖戈登·布朗继任英国首相,并对英国的养老保险制度进行了以下改革:(1)自 2012 年 4 月起,将与收入关联养老

---

① 孙炳耀主编:《当代英国瑞典社会保障制度》,北京,法律出版社,2000 年,第 1 版,第 54 页。
② 〔英〕内维尔·哈里斯等:《社会保障法》,李西霞等译,北京,北京大学出版社,2006 年,第 1 版,第 192~193 页。

金改革为固定税率养老金。（2）自 2012 年 10 月起,所有年收入达到最低限额（2012 年为 7475 英镑）、年龄在 22 岁以上法定退休年龄以下的、没有参加任何职业养老金计划的雇员都必须加入国家养老金储蓄计划（养老金个人账户制度）。国家养老金储蓄计划以雇员工资为缴费基数,雇主缴纳 3%、雇员缴纳 4%、政府支持 1%,合计 8% 全部进入雇员个人账户,雇员个人账户资金由独立于政府财政的国家职业储蓄信托来管理。这就将职业养老金由自愿参加改革为强制参加,使英国的养老保险制度发生了结构性改变。（3）自 2011 年 4 月 1 日起,提高国家养老金标准,具体做法是在收入增长、物价上涨和 2.5% 三者（三重保护）中,选择高者为指数化标准。（4）进一步提高退休年龄。2020 年提高到 66 岁,2026～2028 提高到 67 岁。（5）降低国家第二养老金（与收入关联养老金）缴税年限,获得全额国家第二养老金所需年限由原来的男子 45 年、女子 40 年,一律下调为 2050 年的 30 年。这一系列改革将在英国建立一种欧洲大陆式的社会民主主义养老金体制。①

2.将复杂碎片的养老金体系改革为单一养老金计划

2014 年春天,单一养老金立法获得通过,2017 年 4 月开始实施,计划到 2060 年最后完成改革。单一养老金立法与 2012 年 10 月开始实施的国家养老金储蓄计划一起,构成完整的国家养老金制度体系。

单一养老金制度是固定税率制度,是国家养老金制度在经过近 70 年的发展之后,将 20 世纪 60 年代开始实施的"定额国家养老金＋收入关联养老金"的养老保险制度模式,回归到了 1946 年贝弗里奇设计的固定费率模式上。这不但简化了国家养老金体系,而且固定税率制度重新界定了国家养老金责任,并与个人账户制度一起,表明养老金体系中不同制度的地位和作用;男女缴税年限的统一,第一次实现了国家养老金男女平等;养老金水平按照三重保护的指数进行调整,摈弃了长期实施的必须对国家养老金领取者进行家计调查的做法,维护了领取人的尊严,节约了行政成本,提高了养老金水平;单一养老金制度终止了雇主协议退出与收入关联养老金计划而进入固定税率养老金计划的规定,使更多待遇确定型职业养老金计划取消。单一养老金计划的出台,是继与收入关联养老金制度改革后,国家养老保险制度又一次根本性改革。②

---

① 李贵强:《英国国家养老金的发展历程及其启示》,《科学社会主义》2014 年第 1 期。
② 同上。

第三节 医疗保障法律制度[①]

英国是举世闻名的福利国家,在它所举办的众多福利项目中,医疗福利当属福利之最。英国既没有实行美国市场化的、主要通过商业保险解决国民看病问题的模式,也没有实行德国责任分担的医疗保险模式,而是实行政府经办医疗服务机构,免费为全体国民提供医疗服务的模式。2006~2007年间,国民卫生服务体系所需资金的76.2%来自普通税的资金,占整个税收收入的1.13%。[②] 因为从"人力资本"的意义上看,医疗与教育有着类似的性质,它们都有助于提高人口素质,有利于国家长久发展。因此,英国政府用税收款项办医院、雇用医务人员,或者采取政府购买的形式,向私人开业医师购买医疗服务,向制药公司购买药品,旨在向全体国民提供免费医疗服务,这是一种国家干预很强的医疗保障模式。英国成为发达国家中卫生成本最低、健康绩效最好的国家之一,国民健康服务体系历来为英国国民所自豪。

一、《国民卫生服务法》颁布之前卫生领域的状况

19世纪上半叶,工业革命带来的城市化以及人口的迅速增加,导致城市住房紧张以及与之相关的卫生状况急剧恶化,疾病威胁着生活在城市底层的老百姓。政府意识到疾病主要是因为贫困造成的,于是政府增加济贫开支,开始对卫生领域进行干预,并且在1875年颁布的《公共健康法案》中首次明确规定了地方政府的责任。[③]

英国的国民卫生服务制度经历了从社会医疗保险到医疗福利的发展过程。1911年通过的《国民保险法》规定,雇员必须参加医疗保险,医疗保险基金按照4:3:2的比例由雇主、雇员和政府共同缴纳来筹集。医疗保险

[①] 世界上绝大多数国家医疗保险待遇的获得都以履行了缴纳医疗保险费的义务为前提。而英国实行的是免费为全体国民提供医疗服务的制度,医疗费用绝大部分来自国家税收,应属于"社会促进(医疗促进)"而不是医疗保险范围。正如本节第一自然段所说,从"人力资本"的意义上看,医疗与教育有着类似的性质,它们都有助于提高人口素质,有利于国家长久发展,因此英国免费医疗制度的内容放在第五章"社会促进"部分比较合适。但是为了与其他各篇保持体例上一致,也因为疾病是人类基本生活风险之一,于是放了"社会保险"一章中。笔者将该节标题拟为"医疗保障法律制度",以区别于其他国家需要缴纳医疗保险费才能获得医疗待遇的"医疗保险法律制度",读者如有不同意见,敬请提出,我们再共同切磋。

[②] 赵莹等:《英俄印三国"全民免费医疗"比较》,《中国社会保障》2014年第5期。

[③] 〔英〕尼古拉斯·巴尔:《福利国家经济学》,郑秉文等译,北京,中国劳动社会保障出版社,2003年,第1版,第19页。

待遇有病假工资、因病收入损失补偿、初级医疗服务,费用由医疗保险基金支付。受当时条件的限制,雇员只能享受初级医疗服务,而不能享受住院治疗,而且没有参加国民保险的人不能享受该项待遇。国民住院医疗主要通过社会办的医院解决,这些医院属于非营利性、具有慈善性质的医院,数量众多、设备良好的社会医院是建立国民卫生服务制度之前为国民提供医院服务的主体。此外还有地方政府举办的主要为贫困者提供医疗服务的医院。1911 年的《国民保险法》颁布实施以后,参加医疗保险的人数迅速增加,由 1912 年的 1150 万人增加到了 1922 年的 1350 万人,健康保险支出 1921~1922 年为 1315.5 万英镑,1926~1927 年增至 2048.2 万英镑。可见在 1948 年之前,英国的医疗保障体系是一个以社会医疗保险为主、以慈善医院和政府提供适度医疗为辅的混合模式。

1911 年的《国民保险法》还规定了医疗保险争议的处理程序:健康部具有确定受保险人范围以及保险费率的权力,如果对健康部的决定不服,可以向高等法院提出上诉;由受保险人组成的特许保险社有权颁发社章,如果特许保险社内部部门之间、特许保险社与其会员之间发生争执,依保险社社章解决,争执不能得到满意解决的,可以向健康部上诉;在特许保险社之间、特许保险社与保险委员会之间、保险委员会与受保险人之间发生争执时,均由健康部予以解决。[1]

1937 年的一份研究报告指出,由于互助会提供的医疗保障不充分,自雇者甚至没有医疗保障,雇员家属也不能享受互助会的医疗保障,使得英国劳动力因健康原因造成的损失,远远大于对医疗事业的投入。该报告建议建立完善的医疗服务制度,增加预防性的公共卫生投入,以保证国家拥有健康的劳动力。这一观点极大地推动了英国全民医疗服务制度的建立。贝弗里奇报告建议,在任何情况下,只要需要,不需缴费即可享受全方位医疗服务。因为让病人恢复健康是国家和病人自己的责任,是一项最重要的事情。[2] 1946 年通过、1948 年 7 月 5 日生效的《国民卫生服务法》规定,把所有的医疗都纳入国民卫生服务,为国民提供全方位的医疗服务。无论是劳动者还是非劳动者,无论个人的支付能力如何,凡在英国合法居住半年以上的全体英国人和非本国人,都可以得到免费的医疗服务。[3] 医疗服务由卫

---

① 马超俊等:《比较劳动政策》,北京,商务印书馆,2013 年,第 1 版,第 639 页。

② 〔英〕W.H.贝弗里奇:《贝弗里奇报告——社会保险和相关服务》,劳动和社会保障部社会保险研究所组织翻译,北京,中国劳动社会保障出版社,2008 年,第 1 版,第 151 页。

③ 顾俊礼主编:《福利国家论析——以欧洲为背景的比较研究》,北京,经济管理出版社,2002 年,第 1 版,第 19 页。

生与社会服务部采取垂直管理，即从中央到地方形成一个管理体系。因此，英国的医疗保障系统是以税收支持和国有为特点的普遍服务系统。免费医疗的唯一条件是居留，国籍并非相关因素，但是 1982 年又新规定了国外旅游者负责支付其入院治疗费用，除非他们受到对等条约的保护或属于免费类型。[①]

二、国民卫生服务的内容

国民卫生服务通过四条途径提供。

1.医院服务

在提供服务方面，由政府办的医院居于核心地位，在整个国民卫生服务体系中，医院服务的支出占到 2/3。病人在医院住普通病房一律免费，因治疗需要必须住单间的，也可以免费。如果病人自己选择住单间，要求提供特别服务和使用较高级器具，须自己另外付费。医院提供的门诊、住院及疗养等形式的服务都不收费，即病人不承担任何医疗成本。政府不仅负责医院的投资，而且在医院工作的医生也由医院理事会聘任，是一种区别于其他西方国家的由政府雇用医务人员的制度。政府卫生部门通过与医院签订合同，购买医院的服务，医疗服务价格也由政府卫生部门规定，大多数医生领取月薪。政府作为购买方向供给方的医院支付费用的方式有三种：一种是人头包干法，按照为医院确定的服务区域的居民人数、医疗服务的工作量，确定需要支付的费用；第二种是总额包干法，按照预计就诊人次总数拨付经费；第三种是超额人次付费，即对于超过定额的工作量，按照人次数和单价给予支付。[②]

2.门诊服务

门诊医生为全科医生，他们直接与居民联系，为居民提供初级医疗服务。居民选择好自己的门诊医生并进行登记注册，就可以随时得到医生的服务。医生为患者提供最基础的医疗服务，例如，对日常小病和慢性病提供咨询、检查诊断、治疗，在需要的时候将病人转入医院治疗。但是，牙科和眼科的治疗需要付费。门诊医生在为患者提供服务以后，由患者签字，然后由基层的家庭卫生服务委员会支付发生的费用。医生的服务价格（工资）由政府决定，主要按就诊人次数付费。

---

① 〔荷兰〕弗朗斯·彭宁斯：《软法与硬法之间——国际社会保障标准对国内法的影响》，王锋译，北京，商务印书馆，2012 年，第 1 版，第 64 页。

② 孙炳耀主编：《当代英国瑞典社会保障制度》，北京，法律出版社，2000 年，第 1 版，第 84、94 页。

3.社区医疗服务

社区医疗服务范围宽泛,主要有:(1)妇幼保健,孕妇可以得到产前检查、可以在家或在医院分娩、产后照顾、为婴儿做常规检查和提供牛奶及维生素等食品。这些福利的提供旨在减少婴儿死亡率,改善儿童健康状况;(2)家庭护理,家庭护理的主要对象是老年人、精神病人及其他残疾人,由工作人员上门提供照料和服务,这些受益者能够在自己熟悉的环境生活,有利于他们的健康和康复,所花费用也比在医院或者其他机构要少;(3)学校卫生服务,虽然每个学生在门诊医生处注册登记后,随时可以享受医疗服务,但是,社区卫生服务还为学生提供防疫医疗、健康检查、疫苗接种等服务,保障青少年有健康的体魄。

4.提供药品

大多数药品由门诊医生开处方提供,医院处方药只占很小比例。94%的处方药从有资格的药剂师经营的零售药店购买。每个处方不论药费的多少均收取2.8英镑的手续费,药店免收儿童、老年人、孕妇、收入低于贫困线者以及慢性病人的手续费。在药品消费量不断加大、药费上涨的压力下,政府通过控制药店利润率和制定免费医疗药品目录两条途径来控制药费上涨。1990年,大约83%的药品是免费提供的,免费药品目录体现的是国家提供基本医疗,而超出基本医疗需要的部分,则采取患者付费的办法。① 国家运用市场机制对药品使用的行政干预,在减少医生开贵重药品处方和限制患者过度需求方面取得了明显的效果。

英国的国民卫生服务在免除国民对疾病风险的恐惧和担忧、提高国民的身体素质方面发挥了积极的作用。人人可以平等地享受普遍主义的医疗服务,规定医疗服务不受个人经济能力的影响。在这样的政策下,首先受益的是低收入者及其家庭,不但他们的医疗和健康有了保障,而且他们的预期寿命也在延长。但是,免费医疗导致对医疗资源的浪费也迫使国家对医疗制度进行改革。首先,政府对国民健康服务的支出作出了许多限制,并将其作为刺激私人医疗业发展的一个手段。私人健康保险对人口的覆盖率从1976年的3.9%上升到了1986年的8.0%。② 1990年英国颁布《国民卫生服务和社区照顾法》,又提出一些重大改革,主要有:病人承担一定比例的费用;扩大由宗教机构或以商业形式经营的私人医疗机构的作用。改革以后,私人医院虽然有了较大发展,但是,没有动摇国家在国民卫生服务中的绝对

① 孙炳耀主编:《当代英国瑞典社会保障制度》,北京,法律出版社,2000年,第1版,第104页。
② 〔加〕R.米什拉:《资本主义社会的福利国家》,郑秉文译,北京,法律出版社,2003年,第1版,第28页。

优势地位,1990 年,国民卫生服务体系的医院病床占病床总数的 96.1%,[1]可见,商业及社会性医院起到的只是辅助作用。

英国国民卫生服务的核心原则虽然以就医需求而非支付能力为基础,并且实现了全覆盖,但是仍然存在着老百姓不满意的问题,主要问题:一是就医住院等待时间过长。1998 年,住院和门诊等待中位时间数分别是 15 周和 7 周左右,急诊时间甚至超过 24 小时。2000 年之后,政府加大投入着手解决这一问题,到了 2010 年,住院和门诊等待中位时间数虽然分别减少到了 4 周和 3 周左右,但每天等待住院的患者超过 62 万人,有 2.5%的急诊患者不能在 4 小时内接受治疗.虽然国家健康服务法规定了公民拥有获得医疗资源的权利,但这个权利是由卫生部界定的为病人提供一定水准的服务,因此不是可以强制执行的法律权利。如果病人认为自己的权利没有得到实现,只能通过正常途径提出异议。[2] 二是国民健康水平没有居于发达国家之首。2011 年,英国国民的预期寿命为 80.8 岁,位居 19 个发达国家的第 12 位。而年龄标准化死亡率位居第 16 位,2002～2003 年间每 10 万人口的死亡数为 102.81 人,而排名第一位的法国,2003 年每 10 万人口的死亡数为 64.79 人。[3] 由此可见,通过税收筹集国民卫生服务所需资金虽然能够体现筹资的公平性,但是也带来了服务质量差、患者不能及时就医,进而影响到国民的健康和预期寿命等问题。

三、短期收入支持

对患者提供短期收入支持有两个相互衔接的体系。

1.病假工资

法定病假工资属于收入替代型补贴,被有些学者称作"照常领取工资的缺勤"。1983 年开始实施的法定病假工资为生病或暂时丧失工作能力的雇员提供,由雇主预先支付,然后由中央财政予以补偿。获得待遇的期限在1986 年时由 8 周延长至 28 周。英国工人因病缺勤的天数平均每人每年为20 天,这个数字高于德国每人每年 10～13 天和美国每人每年 5 天,表明福利国家已将允许雇员在工作契约之内从事非工作性活动视为己任。[4] 病假

① 孙炳耀主编:《当代英国瑞典社会保障制度》,北京,法律出版社,2000 年,第 1 版,第 108 页。
② 〔荷兰〕弗朗斯·彭宁斯:《软法与硬法之间——国际社会保障标准对国内法的影响》,王锋译,北京,商务印书馆,2012 年,第 1 版,第 65 页。
③ 赵莹等:《英俄印三国"全民免费医疗"比较》,《中国社会保障》2014 年第 5 期。
④ 〔丹麦〕考斯塔·艾斯平-安德森:《福利资本主义的三个世界》,郑秉文译,北京,法律出版社,2003 年,第 1 版,第 174 页。

工资为正常工资的 80%。将病假工资支付期限由 8 周延长至 28 周,就将政府的财政负担转移给了企业。在生病的头 3 天,雇员照常领取工资,3 天之后领取法定病假工资,但在 28 周内不对其抚养人支付额外补助,1994 年这项制度被废除。雇员之外的受保险人必须至少参加国民保险 26 周,才有资格享受短期收入支持待遇。1995 年之前,短期收入支持待遇标准与受保险人的收入相联系,这样规定的目的在于防止低收入者依赖短期收入支持生活而失去寻找工作的动力。1995 年将分档制的病假工资改革为统一标准,即每周发放 52.5 英镑。

2.丧失工作能力补助

丧失工作能力补助由国民保险提供给那些不能获得病假工资的受保险人。在这两种收入支持体系中,前者起主要作用,后者只是发挥一个辅助作用。当雇员领取病假工资期限届满仍不能工作时,可以接着领取国民保险补助,即丧失工作能力补助。这项补助采取定额补助的制度,1995 年规定,头 28 周为每周 44.4 英镑,同时还为受保险人的一个成年供养人以及未成年子女提供补助。丧失工作能力补助从第 29 周到 52 周的标准提高到每周 52.5 英镑。如果患病的受保险人在领取短期收入支持期间从事收入不超过一定水平的工作,其短期收入支持不受影响,因为英国的医学界认为适当的工作对于患者的康复是有利的。①

与由雇主或个人购买私人医疗保险的"准精算型"的美国医疗保险制度以及与雇主和雇员缴费融资的德国"强制保险型"医疗保险制度相比,英国"普享型"卫生保健制度具有五个优点:一是在健康标准一致的情况下,英国卫生保健的平均质量属于良好;二是与具有可比性的国家相比,英国的国民健康服务成本低,卫生保健体系廉价;三是医生没有金钱方面的诱惑而过度开药;四是基于收入水平在治疗的数量和质量方面产生的差距比其他大多数国家要小;五是不论病情的程度和持续时间长短,都能够获得免费治疗,没有人会因为收入低而被拒绝治疗,也没有人担心因治疗疾病导致财产损失。②

第四节 生育保险法律制度

1911 年《国民保险法》首次规定提供生育保险待遇,凡参加国民保险的

---

① 孙炳耀主编:《当代英国瑞典社会保障制度》,北京,法律出版社,2000 年,第 1 版,第 60 页。
② 〔英〕尼古拉斯·巴尔:《福利国家经济学》,郑秉文等译,北京,中国劳动社会保障出版社,2003 年,第 1 版,第 314、336 页。

妇女或生育妇女的丈夫参加了国民保险,可以获得一次性、数额为 30 先令的收入补助,生育双胞胎的获得双份补助,参加保险的未婚母亲也可以得到这种补助。1913 年的《国民保险法》规定,夫妇双方都参加国民保险的,可以获得双份收入补助。贝弗里奇报告建议,对所有已婚妇女,不论是否从事有收入的工作,均有资格享受生育补助金,作为全方位医疗服务的一部分,也享受医疗、妇产、护理服务。从事有收入工作的已婚妇女,除享受生育补助金以外,如果在生育时放弃了工作,还可以在孩子出生前后享受 13 周生育保险金。①《1946 年生育保险法》规定,生育保险实行统一费率,筹集到的生育保险基金用于支付分娩期间和分娩后的费用,同时为产妇支付生育津贴作为基本收入替代补贴。

《1975 年社会保障法》规定,将生育津贴的支付期限由 13 周延长至 18 周,从预产期前的第 11 周开始。《1975 年劳动保护法》赋予女员工一项雇佣关系权利,即女员工有从雇主处获得 6 周产假工资的权利,获得待遇的条件是,女员工在预产期 11 周之前,为同一雇主工作至少两年,并且每周工作不少于 16 小时。在规定实施的初期,产假工资为女员工工资的 90%。《1986 年社会保障法》规定,产假工资不再与原工资挂钩,并且用产假工资取代生育津贴,数额为每周 52.5 英镑。国民保险按照参加国民保险职工工资额的 0.05% 从国民保险基金中提取并形成产假工资基金,在雇主支付产假工资后,劳动部门从其管理的产假工资基金中给雇主以补偿。因此,产假工资实质上仍然是国民保险。从 1982 年开始,将享受生育保险的范围由参加国民保险的受保险人扩大为一种非缴费性的普遍福利,所有产妇都可享受。②

第五节　失业保险法律制度

英国在"圈地运动"之前失业者和失业现象就已经存在了,但是"失业者"一词于 1888 年才在韦伯的《1870～1914 年的英国》一书中出现。英国是世界上最早进行工业化、生产社会化的国家,与此相应,也是失业作为普遍的社会现象以及政府采取行动解决失业问题最早的国家。19 世纪末 20

①　W.H.贝弗里奇:《贝弗里奇报告——社会保险和相关服务》,劳动和社会保障部社会保险研究所组织翻译,北京,中国劳动社会保障出版社,2008 年,第 1 版,第 125 页。

②　〔英〕内维尔·哈里斯等:《社会保障法》,李西霞等译,北京,北京大学出版社,2006 年,第 1 版,第 152、300～301 页。

世纪初,推动英国资产阶级制定失业保险法的原因,除了失业和其他经济社会政治因素外,还有一个让资产阶级和整个社会震惊的事实,即英国国民身体素质状况的极差。1899 年在曼彻斯特地区征兵体检中,能适应军队生活体质状况的人只占报名服役人员总数的 10.9%。同年,英国社会学家查•布思的调查结果显示,伦敦约有 30.7% 的人处于贫困之中。这些情况对英国政府触动很大,促使政府重视社会立法问题。① 此外,也是更为重要的一个原因是,失业是一个与经济周期联系密切的经济和社会问题,一旦经济走向衰退,就会有大量失业人口出现,而私人保险是不能有效供给失业保险的,至今还没有任何一个国家的商业保险可以提供失业保险。失业首先导致失业者收入减少或者丧失收入,使他们及其家庭生活陷入困境。因此,越来越多的国家为职工建立失业保险,以便他们在失业时为他们提供失业保险金或失业救济金,以此保护劳动力再生产。

一、世界上第一部《失业保险法》出台

1907 年,工党在向议会提出的《劳动权法案》中指出:"当一个人作为失业者而登记时,地方当局应当给他提供工作,如果没法提供工作,就要给他以及依赖他供养的人提供生存救济,这应该是地方失业当局的责任和义务。"地方政府事务大臣沃尔特•朗指出,大多数失业者真诚地希望能找到工作,当他们已经濒于贫困边缘时拒绝给他们救济,就是一种"国家犯罪"。1905 年,政府颁布了《工人失业法》,该法确认了政府对解决失业问题的责任,但是它只确定了地方政府在失业救济方面的责任,而没有规定中央政府在解决失业问题方面的责任,在救济资金难以筹措的情况下,该法的实施没有收到预期效果。贝弗里奇在 1909 年出版的《失业:一个工业的问题》一书中指出:"失业基本上是一种工业的和国家的问题,而不是个人品行问题,为工资劳动者提供合理的就业保障应该是一切个人义务及社会行动的基础。"他认为,建立劳动介绍所制度和失业保险制度是解决失业问题的最有效措施。②

1911 年 12 月 16 日,英国通过了《失业保险法》,它是在自 1903 年起就担任伦敦汤恩比救济院院长助理的贝弗里奇的主持下制定的,它是世界上第一个全国性的失业保险法,也是英国第一项直接涉及普通身体健康工人生活的社会保险政策。《失业保险法》的真正意义在于,它废除了《济贫法》

---

① 刘燕生:《社会保障的起源、发展和道路选择》,北京,法律出版社,2001 年,第 1 版,第 143、146 页。

② 丁建定:《西方国家社会保障制度史》,北京,高等教育出版社,2010 年,第 1 版,第 158 页。

所坚持的有损人格的"生活状况调查原则"。在解决失业、贫困的社会政策上,英国经历了 1601 年的旧《济贫法》、1834 年的新《济贫法》、1905 年的《工人失业法》的长期实践后,制定出的第一部《失业保险法》,是解决失业和贫困问题的比较成熟的法案。

(一)《失业保险法》的指导思想和基金筹集

《失业保险法》的基本出发点有二:一是必须由政府出面强制执行,工人自己没有选择的权利;二是工人必须按期缴纳失业保险费。这项法案清晰地反映出贝弗里奇的社会保障指导思想,即社会保险必须以权利与义务对应为原则:待遇资格的确定,是对义务的要求;失业保险金的获得,是履行了缴纳失业保险费义务后才可以享有的权利。贝弗里奇的这一指导思想,是建立在它对英国当时已经推行的养老保险制度调查研究的基础上的。20世纪初颁布的一系列社会保险法案都贯穿了贝弗里奇的这一指导思想。[1]《失业保险法》规定,流动性比较大的行业,例如,造船、炼铁、建筑等,必须参加失业保险。失业保险基金由雇主、雇员和财政三方各三分之一筹集。对于长期不能就业者,提供临时失业救济。直至贝弗里奇报告发布,失业保险才被纳入国民保险之内,而失业救济则被纳入国民救助法中。

1911 年的失业保险制度运行到了 20 世纪 30 年代的教训在于,自由资本主义并不能解决失业问题,失业问题的解决需要国家干预。[2] 1934 年的《失业保险法》将长期失业从失业保险计划中分离了出来,对长期失业者单独给予救济。该法包括两部分内容:一是扩大了强制保险的覆盖范围,将保险金给付恢复到 1931 年保险金削减之前的水平。保险费仍然由雇员、雇主、政府三方缴纳筹集,建立独立机构运营失业保险项目;二是为没有参加失业保险或失业保险期限已满的失业者提供援助,资金由中央统一筹集,由新成立的失业援助委员会统一运营,失业保险金的给付数额视家庭经济状况提供最低生活保障。

英国虽然是世界上建立失业保险制度最早的国家,但是,它的许多规定不同于其他国家:一是为参加失业保险的雇员规定了最低收入标准,例如 1995 年规定每周收入 58 英镑以上的雇员必须参加失业保险;二是规定收入低于一定水平的已婚妇女不能参加失业保险,原因是这些妇女不是家庭消费支出的主要承担者,不为她们提供失业保险待遇不会对家庭生活构成实质性影响;三是自我雇佣者可以参加失业保险。

---

[1]　和春雷主编:《社会保障制度的国际比较》,北京,法律出版社,2001 年,第 1 版,第 63 页。
[2]　〔英〕尼古拉斯·巴尔:《福利国家经济学》,郑秉文等译,北京,中国劳动社会保障出版社,2003 年,第 1 版,第 28 页。

(二)获得待遇的资格和待遇标准

获得失业保险待遇的条件:一是劳动者在就业期间的任何年份,必须至少缴纳 25 周的失业保险费;二是在失业之前的一年内,至少缴纳了 50 周的失业保险费,少于这个时间的,减发失业保险金。对于有过错或无过错的自愿失业者,延期 26 周支付失业保险金。

在待遇支付方面,英国的规定也不同于其他国家,体现的不是权利与义务对应的原则,而是体现普遍性的福利原则,即失业保险实行定额待遇,1995 年为每周 46.45 英镑,相当于雇员工资的四分之一。对于失业者供养的成年人,每周另增加 28.65 英镑,[①]未成年人的生活保障通过其他福利途径解决。英国的失业保险待遇水平偏低,仅够维持失业者本人生活,但是,由于其供养者也可以从失业保险和其他福利制度中获得待遇,所以,一个家庭的生活是没有问题的。失业保险领取的最长期限是 52 周,期限届满仍未就业且家庭收入低于规定水平的,政府为其提供生活补助。

英国失业保险制度与其他各国的失业保险制度相比的特殊之处在于,其他国家都采取的是收入关联制度,例如,瑞典为收入损失的 80%,德国为税后收入的 67%,美国为收入的 50%。这种制度强调的是对失业者收入损失的补偿,以控制失业者用于生活之需收入的下降幅度。这就可以避免定额待遇可能造成高收入者失业后收入大幅下降,而低收入者失业后收入减少不多的情况发生,以至于影响其再就业的动力。可见,体现着权利与义务相关联的收入关联失业保险金制度与不考虑失业者过去的收入水平、权利与义务关联不密切的定额失业保险制度相比,前者体现出更强的效率倾向。[②]

二、促进就业的措施

失业保险与社会保险其他险种不同之处在于,不恰当的失业保障会使接受待遇者丧失求职和保持就业的积极性,这是从制度建立之日起一直困扰决策者的一个进退两难的问题。所以,政府一直在努力寻求确保享受失业保险待遇的受保险人能够积极寻找工作的良策。20 世纪 60 年代之前,英国的失业保险仅限于为失业者提供失业保险金这样的被动服务。之后,政府采取积极的失业保险措施,例如,将失业救济所和职业介绍所合并为就业服务中心,为失业者提供技术培训、安排面试和试用,积极促进劳动者再就业。

---

① 孙炳耀主编:《当代英国瑞典社会保障制度》,北京,法律出版社,2000 年,第 1 版,第 56 页。
② 和春雷主编:《社会保障制度的国际比较》,北京,法律出版社,2001 年,第 1 版,第 171 页。

（一）求职者津贴及获得待遇的条件①

1.求职者津贴

求职者津贴是指发给那些失业但有工作能力者的收入替代型补贴，而不是为那些不愿意工作的人发放的工资。因此，这项待遇的目的是鼓励失业人员积极寻找工作，使他们尽快不再领取失业保险金或者少领取失业保险金。在贝弗里奇报告中，就已体现出"国家作出的确保充足的社会福利的承诺能促进公民履行其职责——寻找并接受所有合理的就业机会"这样的强调公民与政府之间责任对等的社会契约论。1998年出现的"社会福利新契约"宣称，要在政府与社会保障待遇申请人两者之间"形成以责任和权利为基础的新的福利契约"，主张公民在享受社会保障待遇的同时应当履行一定的义务。具体到失业保险上，即在享受领取失业保险金权利的同时，要积极履行寻找工作的责任。因为失业保险基金是那些勤奋努力工作的在职人员缴纳并筹集起来的，用这些辛苦钱为不愿意工作的人支付失业保险金是不公平的。失业保险制度应当在减少失业和鼓励失业人员再就业方面发挥积极作用。英国的失业保险制度是通过一次次改革逐步完善起来的，而且没有因为政党更迭而频繁变动。

2.获得待遇的条件

1996年10月实施的求职者津贴将财产调查型补贴分为两类，即收入扶助和与收入挂钩的求职者津贴。它是为那些签署了求职者协议、居住在英国、有工作意愿并积极求职、没有在接受相关教育、其配偶没有从事有偿工作的申请人提供。由于它是为18岁及以上年龄的失业者提供的收入补偿待遇，因此达到退休年龄者没有申请求职者津贴的权利。如果申请人的收入低于可申请的数额，他就具有申请收入扶助或求职者津贴的资格。

首先，要有就业意愿。具有就业意愿，是申请人获得失业保险金的前提。申请人需要到社会保障部门进行登记和签字，并且说明只要有工作机会，他们绝不挑肥拣瘦。如果申请人能够接受即刻就业的工作，就毫无疑义地被认为有就业意愿。如果申请人在就业时提出不切实际的要求，将会错过就业机会。此外，申请人还需做好每周工作至少40个小时的思想准备。对于因身体或精神状况的限制或有看护责任的申请人需要做好每周至少工作16小时的思想准备，如果申请人在工作时间上提出不合理要求，则会被认为没有工作意愿。衡量申请人是否有工作意愿的另外一个条件是，申请

① 〔英〕内维尔·哈里斯等：《社会保障法》，李西霞等译，北京，北京大学出版社，2006年，第1版，第314～326页。

人能够接受最低工资,即低于他们预期目标的工资待遇。

其次,有积极就业行动。《1989年失业保险法》规定,获得失业保险金的一个条件是,申请人必须积极履行求职义务,积极求职的行动包括:口头或书面申请;从广告、职业介绍所、雇主处获取就业信息;在职业介绍所登记等。申请人是否采取了积极行动,由法院工作人员根据申请人的技术水平、资格、身体及精神状况、工龄、工作经历、参加过哪些培训等,来对申请人的就业意愿进行判定。但是这些规定被一些不愿意工作的申请人滥用,这些只想领取失业保险金而不愿工作的人通过“遵守法律规定”的办法,有意破坏自己的就业机会。为此,政府作出了新的规定:在失业者采取暴力或滥用制度的行为以及故意毁坏申请表并对其就业造成影响时,取消其享受失业保险金以及其他福利待遇的资格。

再次,签订求职者协议。就业服务部于1999年颁布实施“重返工作”的行政计划。该计划规定,要获得领取失业保险金资格,申请人必须与负责就业的官员签订书面“求职者协议”。“求职者协议”内容包括:个人信息、每天可以工作多长时间、愿意从事何种工作、准备采取何种积极就业措施、计划在多长时间内就业等。就业官员对协议内容满意,就可以和申请人签订协议并负责监督申请人积极履行协议。如果申请人长期不遵守协议内容,即不采取积极就业措施,就业官员将发给申请人一份求职者指南,强制申请人采取积极就业行动,争取得到就业机会。如果申请人仍不按指南去做,将受到取消发放失业保险金的制裁。

(二)促进就业新政

1997年,工党政府提出了一项旨在促进年龄在18~24岁之间的公民、单身父母、残疾人以及年龄在25岁以上失业2年以上公民就业的计划,重点在于使申请人重返工作。计划为申请人提供四种选择:一是参加为期12个月的全日制教育和培训,期间可以领取数额相当于失业保险金的补贴;二是申请人接受一份工作,提供工作岗位的雇主可以领取6个月的政府补贴;三是申请人做6个月的义务服务,期间可以领取相当于失业保险金数额的补贴外,政府还补发400英镑;四是选择结束时,申请人仍然没有找到工作,可以再次申请失业保险金。计划所需资金靠一次性征收私人公司的利润税筹集。选择是强制性的,申请人必须参加,否则将受到取消失业保险金的制裁。提供工作岗位的雇主必须承诺,在政府补贴期满之后,要根据申请人的能力和表现继续雇用,这是计划最有价值之处。但是,计划实施过程中最终有多少人能够持久就业,又有多少人重新回到求职者队伍中,在计划实施的头几年还是无法确定的。

(三)对没有达到适当劳动标准的制裁①

失业保险法不仅要求申请人积极寻找工作,而且在申请人的行为不能与其就业意愿保持一致时,政府会对其进行经济制裁。制裁的目的不仅是要减少失业保险基金不必要的支出,而且要通过制裁对申请人构成威慑力,使其停止破坏就业机会的行为。这就是社会保障产业纪律功能的体现,所谓产业纪律是用来保证雇员的行为必须符合某种公认的劳动标准。产业纪律与社会保障规则的区别在于:根据就业法规则,行为不当者在被解雇之前通常受到多次警告;而根据社会保障规则,在初次违反规定时社会保障待遇就会自动被取消。具体到失业保险制度中,如果申请人的行为不符合就业意愿时,就会受到制裁,比如失业保险金待遇被取消。在制裁期间,申请人不会得到任何失业保险待遇。如果申请人具有享受与收入相关的失业保险金资格,而且他们能够证明其本人或其配偶没有救济金就无法正常生活时,可以申请困难补助。

(四)就业激励措施

激励措施必须是财政上的,只有这样才能确保申请人得到足够的金钱来满足自己的需要。目前的激励措施主要有两种:一是收入忽略,是指申请人从事兼职工作的部分收入不计入失业保险金,超过规定部分的收入要从失业保险金中扣除。这项措施的目的是减少贫困,但是,它在鼓励申请人积极从事兼职工作的同时,由于减少了失业保险金与兼职收入之间的差距而挫伤了人们从事全职工作的积极性。二是重返工作奖金,是指申请人在申请失业保险金或收入扶助期间,可通过从事兼职工作而获得奖金,该奖金是免税的,以一次性支付的方式发给申请人。是政府为了解决收入忽略措施带来的负面影响引入的措施,这笔奖金虽然能够为申请人重新从事全职工作提供帮助,但却不能使他们现有的工资收入水平达到在领取失业保险金时还能获得从事兼职工作的部分收入时的收入水平。

在整个 20 世纪,历届政府逐渐接受了一个事实,即全职工作已不再是一个现实的可以达到的目标。在 21 世纪,政府对于全职工作或固定工作的看法也发生了类似的变化。雇主需要一支更为灵活的劳动力大军,因此,必须重新考虑工作和福利的相互关系:对于某些人来说,有必要在领取补贴(失业保险金和收入扶助)的同时从事工作。

(五)与收入挂钩的求职者津贴

1996 年 10 月实施的求职者津贴规定,那些在接受教育期间或暂时缺

---

① 〔英〕内维尔·哈里斯等:《社会保障法》,李西霞等译,北京,北京大学出版社,2006 年,第 1 版,第 326~332 页。

课期间寻求补贴的人员,必须申请与收入挂钩的求职者津贴,而不能申请社会救济。因为收入扶助仅适用于那些由于残疾或特殊的个人原因而不需要注册找工作或不需要有工作意愿的人。①

三、促进就业与提供失业保障并举

在1998年英国实施的"新福利与社会保障计划"中,确立了一个新的促进就业与提供失业保障并举的方针。

1.从福利到就业计划

从福利到就业计划被称作英国"新政"。该计划为青年人、长期失业者、单身父母、残疾人或长期患病者、失业者的配偶等五类失业者,分别制订了有针对性的行动计划,其中主要有:由专业人员提供就业咨询服务;针对个人就业障碍提供帮助促进就业,例如,为单身父母提供儿童看护服务,并在他们就业后继续向他们提供12周的社会救济;规定最低工资标准,增加就业对失业人员的吸引力。在政府改善失业人员就业机会的同时,要求有工作能力的失业人员应当承担起自己的责任。

2."新政"的实施

"新政"旨在使失业者由依靠社会福利到谋求就业计划。1998年7月,政府提出耗资56亿美元的就业计划,旨在以积极的就业措施解决失业问题。具体方法是向通过私有化而富起来的航空、能源、电力、电讯、煤气、铁路、自来水等公司征收暴利税,用以资助18~25岁的失业青年的职业培训和就业所需。财政大臣戈登·布朗在宣布该计划时指出,实施该计划的目的,是使无技术专长、待在家里无所事事的青年人,从长期失业的困境中解脱出来,但他们必须从政府提供的四个择业机会中,任意选择一种,而不能依赖补贴度日。如果三次无正当理由拒绝就业者,将永久取消领取津贴资格。②

四、社会保障制度对充分就业和经济增长的影响

充分就业和一系列满足基本需要的社会福利措施,在很大程度上共同构筑了福利国家反对贫困的重要防线和维持国家最低生活标准的第一道防线。在福利国家,无论人们是在劳动力市场找到了工作,或者退出了劳动力

---

① 〔英〕内维尔·哈里斯等:《社会保障法》,李西霞等译,北京,北京大学出版社,2006年,第1版,第346、362~363页。

② 刘燕生:《社会保障的起源、发展和道路选择》,北京,法律出版社,2001年,第1版,第296页。

市场,都会得到法律规定的保障其生活需要的福利给付,而福利给付的程度对劳动力市场产生着一定影响。

英国的福利制度已深深地根植于人们的日常生活中,一方面,社会政策仅限于为那些没有能力参与到劳动力市场中去的人们建立一个可以依靠的避风港;另一方面,致力于让人们能够找到合适的工作,能够在良好的工作环境从事劳动并获得稳定可观的收入。即社会政策是为了最大限度地增进劳动者对劳动力市场的依赖而制定的。然而在福利制度下,就业领域正在发生着变化:首先,在提供养老金计划下,及早退休可以将年轻劳动力吸引到因退休而腾出的劳动岗位,这就在提高总的劳动生产率的同时,减少了劳动力供给。其次,带薪缺勤。在某种意义上说,福利国家已经将允许雇员在工作契约之内从事非工作性质活动视为己任;再次,丰厚的失业给付导致劳动力成本提高和某些低工资工作缺少劳动力。

英国的高福利形成的无疑是"社会福利主导型的就业结构",在私人企业依然存在和国家对充分就业以及社会公平承担保证义务的经济制度中,如何使劳动者的再分配权利不至于损害经济平稳增长的要求,成为政府进行制度调整时需要努力解决的问题。[①]

第六节　工伤保险法律制度

英国最早的工伤保险制度是建立于 1880 年的《雇主责任法》,该法较之前普通法上规定的、工伤事故的发生因雇主之疏忽或者契约上已有规定为限进步了许多。《雇主责任法》虽然仍以疏忽和过失为基础,但规定在工伤事故发生后,雇主的最高赔偿额为受伤工人前三年收入之总和,且实物工资亦需计算在内。[②] 1897 年颁布的《工人伤残赔偿法》被贝弗里奇称为英国社会保障制度的先驱。该法案首次推行不需要证明雇员由于工作引起的或在工作过程中所遭受的伤害是否因过失造成的赔偿原则,并且把适用范围扩展到了农业工人。1906 年,该原则被进一步推广并包括 6 种指定的疾病,把适用范围也进一步扩展到海员。到 1939 年底,职业病适用范围扩大到了30 余种。[③]

---

① 〔丹麦〕考斯塔·艾斯平-安德森:《福利资本主义的三个世界》,郑秉文译,北京,法律出版社,2003 年,第 1 版,第 171、180、182 页。

② 马超俊等:《比较劳动政策》,北京,商务印书馆,2013 年,第 1 版,第 640 页。

③ 孙炳耀主编:《当代英国瑞典社会保障制度》,北京,法律出版社,2000 年,第 1 版,第 25 页。

《1946年国民保险法》将工伤保险纳入社会保险法中,同时把工伤赔偿的责任从雇主转移到国家,这在国际范围可以说是绝无仅有的。但工伤保险方案是否需要建立单独的制度一直在讨论中,甚至在社会福利绿皮书中提出,应该要求雇主参加保险以防范由于他们的过失造成工伤风险。[①] 贝弗里奇认为,建立单独的工伤保险制度是正确的,理由是:对于有特殊危险但必不可少的行业的人员,应当为他们制定专门的防范风险的保险方案;制定专门的工伤保险方案就能够限制民事侵权行为和玩忽职守。

1946年颁布了《国民工业伤害保险法》,该法覆盖了所有签订了劳动合同的雇员和学徒工,自谋职业者也在该法覆盖范围之内,而临时性工作人员,如家佣、在公共部门就业的军人等,不受该法保护。《国民工业伤害保险法》规定,由于就业引起的事故而造成伤亡的,才能够获得工伤保险待遇。对于在上下班途中因发生交通事故而导致的伤亡,只有发生在雇主提供的或经雇主认可的公共交通工具上,才能被认定为工伤事故。1978年皮尔森报告提议,工伤保险方案的范围应扩大到自雇人员,并应将上下班途中的事故包括在内。工伤咨询委员会也认为,社会应该有专门的制度来处理工伤所造成的影响,包括对工伤本身的赔偿和工伤给本人和由其供养的人所带来的经济损失进行赔偿。

英国的工伤保险制度在社会保障制度一百多年的发展史上享有优先权,居于独特地位。这种优先权体现为以下四种补贴:伤残补贴是其中最重要的一项,伤残程度为100%的人还可领取连续护理津贴、特殊严重伤残津贴、收入减少津贴。这些待遇在社会保障体系中是独一无二的,因为只有1917年为战争养老金领取者制定的伤残赔偿制度才有类似的优惠待遇。它是对丧失劳动能力者发放的补贴,与对伤残者赚取工资能力的影响无关。所以有人提出,社会保障制度不应该为工伤提供单独的特殊优先权,而是应当考虑所有残疾人的需要并减少残疾所造成的在身体功能方面的影响,不管残疾的原因如何。由于工伤待遇的优先地位存在于几乎世界各国工伤保险制度中,因此从政治上不可能取消优先权地位,在经济上也不可能把优先权延伸到所有排除领取伤残补贴者的身上,政府只能在减少优先权方面进行适当改革。

1982年,政府对工伤保险方案进行改革,取消了没有缴费义务的伤残补贴后,对于因工伤失去工作能力者改为领取疾病津贴和病残补贴,而将自

---

① 〔英〕内维尔·哈里斯等:《社会保障法》,李西霞等译,北京,北京大学出版社,2006年,第1版,第528页。

1946 年开始实施的连续护理津贴和特殊严重残疾津贴保留了下来。虽然领取连续护理津贴和特殊严重残疾津贴两项待遇的人极少,但它们仍代表着相当大的优先权:首先,在行政管理方面具有优先权。一般情况下丧失工作能力补贴只在英国国内发放,而伤残补贴却没有这样的限制,像养老金和寡妇津贴一样可以在国外向受保险人发放,并且是唯一逐年增加的补贴。管理方面的优先权还表现在 1997 年 4 月之前申请补贴没有绝对时效限制,自 1997 年 4 月起将伤残补贴时效与其他大多数补贴申请时效统一起来,即最长时效为受伤或患职业病之日起 15 周期满之后的 3 个月。其次,在财政方面具有优先权。在两个有类似残疾的申请人中,如果一个是因工伤事故致残,而另外一个不是工伤致残,在这样的情况下,前者可以领取到高额的伤残养老金以及连续护理津贴和特殊严重伤残津贴,而后者只能领取到护理津贴和行动津贴。前者领取到的各项津贴不但比他受伤之前的收入多出许多,而且比后者领取到的津贴总和多很多。[①] 也就是说,伤残不是因工伤事故造成,就没有资格享受以上优先权。

一、法定事故保险的受保险人

法定事故保险仅适用于受雇用领工资的雇员,而建筑业和农业的自雇人员被排除在保护之外。

二、法定事故保险待遇

工伤事故的后果有三种情况,即暂时丧失劳动能力、永久丧失劳动能力、死亡。工伤保险法对遭遇不同工伤风险者的待遇规定如下:

（一）医疗待遇

工伤保险待遇首先是向受保险人提供受伤以后的治疗。当工伤或职业病发生以后,在不能确定受保险人是否永久丧失劳动能力的情况下,首先对其进行治疗,并由国民保险管理提供与疾病相同的待遇,即每周 52.5 英镑的短期收入。

医疗保障待遇有两项:一是病假工资。雇员连续生病 4 天,不能工作,经雇员申请,由雇主为其提供病假工资,政府为雇主支付的病假工资提供一定的补偿。如果连续生病 7 天仍不能上班,需提供医生出具的生病证明。病假工资标准 1995 年为每周 52.5 英镑,领取时间最长不超过 28 周。雇员

---

① 〔英〕内维尔·哈里斯等:《社会保障法》,李西霞等译,北京,北京大学出版社,2006 年,第 1 版,第 495、498～502 页。

领取病假工资期限届满仍不能上班工作的,由国民保险提供丧失工作能力补助。在领取病假工资期间可以从事有利于身体康复、收入不超过一定标准的工作。二是丧失工作能力补助。对于不能获得病假工资的人,由国民保险提供丧失工作能力补助。1995 年,丧失工作能力补助的标准为头 28 周每周 44.4 英镑,受保险人供养的成年人也可以获得每周 27.5 英镑的补助。从第 29 周到第 52 周,补助标准提高到每周 52.5 英镑,成年受供养人补助标准不变,增加为受保险人的未成年子女提供每人每周 9.85~11.05 英镑的补助。

(二)永久性残疾待遇

受保险人在享受 28 周的与疾病待遇相同的暂时伤残待遇以后,如果仍未恢复劳动能力,将开始享受永久性残疾待遇,该待遇依伤残部位及程度提供不同标准的待遇。完全残疾者,残疾抚恤金待遇每周在 38.20~95.30 英镑之间不等,部分残疾者,残疾抚恤金待遇每周在 19.05~85.77 英镑之间不等。伤残者再就业以后所获得的劳动收入低于受伤以前收入的,每周可以获得 38.12 英镑以下的收入减少津贴。[①] 与绝大多数国家工伤保险规定相同的是,工伤保险费由雇主缴纳,不同的是,工伤雇员除根据《国民工业伤害保险法》获得工伤待遇外,还可按照普通法向雇主提出民事赔偿的诉求。这样规定的理由是,部分工伤事故和职业病风险可通过雇主加强管理予以消除,因此,这部分风险应由各行业雇主独立承担。而有些事故不可避免,因此这部分风险则应社会共济。[②] 1995 年,雇主支付的伤残赔偿金和管理费用达到 7.38 亿英镑,略高于政府对工人的工伤和职业病赔偿 7.3 亿英镑的数额。[③]

1.伤残补贴

伤残补贴是工伤事故中最主要的赔偿方式,属于非缴费型免税补贴。该补贴的目的是赔偿受保险人身体或精神上能力所遭受的伤害,而对于伤害给工作能力造成的影响不予考虑。能力丧失的程度由医学鉴定机构来确定。补贴按照伤残程度支付,残疾程度在 1％~19％者,可以领取一笔抚恤金或一次性补贴;残疾程度在 20％及以上者,以每周支付伤残养

---

① 吕学静主编:《社会保障国际比较》,北京,首都经济贸易大学出版社,2007 年,第 1 版,第 234 页。

② 〔英〕W.H.贝弗里奇:《贝弗里奇报告——社会保险和相关服务》,劳动和社会保障部社会保险研究所组织翻译,北京,中国劳动社会保障出版社,2008 年,第 1 版,第 36 页。

③ 〔英〕内维尔·哈里斯等:《社会保障法》,李西霞等译,北京,北京大学出版社,2006 年,第 1 版,第 504、528 页。

老金的方式发放,该养老金在退休以后继续发放并且不受领取其他补贴的影响。《1986 年社会保障法》取消了对评估结果在 14％以下的申请人的伤残补贴,以使有限的资金能够用在那些残疾程度更严重的人身上。补贴的支付不考虑伤残对赚取工资收入能力的影响,以便受保险人能够重返工作岗位。如果伤残对赚取工资收入的能力造成影响,可以领取有最高额限制的特殊困难津贴,该津贴不以财产调查为基础,也属于非缴费型免税津贴。

2.连续护理津贴和特殊严重伤残津贴

如果受保险人伤残程度为 100％,有权利领取连续护理津贴,这项津贴是 1917 年实施战争养老金保险方案中的一个内容,随后推及平民损伤保险方案。

1966 年开始为领取较高和中等连续护理津贴待遇的申请人提供非财产调查型、非缴费型免税的特殊严重伤残津贴。领取这两项津贴的人很少,在 1996 年时,约有 2000 人领取连续护理津贴,有 1000 人领取特殊严重伤残津贴。[1]

3.收入减少津贴和退休津贴

有资格领取这两项津贴的申请人,是在 1990 年 9 月 30 日之前因遭遇工伤事故或者职业病致残而失去赚取工资收入能力,并且伤残程度至少为 1％或者其申请在此日之前与事故或疾病有关的人。

《1946 年国民保险法》规定,申请人可以领取特殊困难津贴,它是为申请人提供的补偿其相关收入损失的额外待遇并且有最高金额限制。特殊困难津贴不能超过伤残程度为 40％时所领取的伤残养老金,而且特殊困难津贴和伤残养老金之和不能超过伤残程度为 100％时的养老金数额。《1986 年社会保障法》规定,特殊困难津贴被重新命名为收入减少津贴。收入减少津贴的最高数额相当于伤残津贴的 40％,因此,它的最高数额不能超过它与伤残补贴之和的 140％。

4.残疾待遇

国民保险是在职雇员因病或因工伤或职业病导致的暂时离开工作岗位而中断收入的情况下,通过提供医疗服务或短期收入补偿,促使其早日康复和保障其基本生活需要的制度。当雇员因病或因工伤、职业病长期甚至永久性丧失部分或全部劳动能力甚至死亡时,则由政府通过为残疾者、遗属提

---

① 〔英〕内维尔·哈里斯等:《社会保障法》,李西霞等译,北京,北京大学出版社,2006 年,第 1版,第 519 页。

供相应待遇,使其免于陷入贫困。政府为国民提供残疾和遗属保障,不论是否参加国民保险,都能够获得应有的待遇。

(1)残疾年金。受保险人因病在领取了28周的病假工资以后还不能工作的,在领取52周丧失劳动能力补助之后仍然不能正常工作的,将转入领取残疾年金。其他领取丧失劳动能力补助的人,在领取了52周的待遇以后,也开始领取残疾年金。残疾年金为定额待遇,1995年,每周待遇为58.25英镑,其供养的未成年子女每人每周的待遇标准为9.86~11英镑。对因工伤或职业病造成的残疾待遇要高于因病致残的待遇,完全丧失劳动能力者每周的残疾年金为95.3英镑,从事故发生后的第15周开始支付。对部分丧失劳动能力者,按照残疾程度每周支付19.06英镑至85.77英镑的残疾年金。

(2)残疾津贴。除了残疾年金待遇以外,所有残疾人还可以平等地享受由政府提供的各种津贴:一是照顾和活动津贴。1995年,65岁以下的残疾人按照法定的残疾等级,可以享受到每周46.7英镑、31.2英镑、12.4英镑的照顾津贴以及32.65英镑或12.4英镑的活动津贴。65岁以上的老年残疾人,仅能够获得每周46.7英镑或31.2英镑的照顾津贴。对因工伤或职业病造成的照顾津贴也高于因病致残的待遇,每周为38.2英镑,特殊需要者甚至高达76.4英镑。二是重残津贴和残疾工作津贴。丧失工作能力80%以上的重度残疾人,1995年,每周可以获得35.55英镑的重残津贴,外加按年龄段发放的每周3.90英镑、7.80英镑、12.4英镑附加津贴。残疾工作津贴提供给那些残疾程度较轻、每周从事有收入的工作16小时以上、个人储蓄不超过16000英镑的残疾人,待遇标准1995年为单身者每周46.85英镑,夫妇或者单亲家庭父或母每周73.4英镑。

(3)收入损失津贴。对于重新走上工作岗位,但因残疾的影响不能从事以前所从事的工作而导致收入达不到残疾之前收入水平的,可以获得收入损失津贴,这一津贴的最高数额为每周38.12英镑。

第七节　自愿保险

贝弗里奇报告在第五部分“社会保障计划”中,对“自愿保险”制度的建立提出了建议。报告指出,强制性社会保险只能解决人们的基本生活问题,满足最低的生活需求,规避一般生活风险。报告认为,自愿保险包括两个方面：一是在强制保险金的基础上再增加一层待遇，就能够达到超出基本生活需要的待遇水平；二是社会保险解决的是人们共同的和统一的需要，而自愿保险还能够解决强制保险所满足不了的风险防范和保障需要。

贝弗里奇报告建议，对于自愿保险，政府可以采取消极的政策，例如，把强制保险金控制在只是满足人们的基本生活水平和最低需求上；同时，政府也可以采取积极的政策，例如，立法、财政资助或国家组织自愿保险等。

对于自愿保险在促进经济发展中的作用，贝弗里奇报告认为，财产有限的人群参加自愿保险和储蓄是件令人高兴的事。因为技术进步依靠投资，且最终依靠储蓄。战后，职工的工资提高了，社会分配比以前更公平了，分配给工薪阶层和只有有限财产的人群的资源部分被他们储蓄起来，而不是立即被消费掉。[1] 这些储蓄资金就会被用于技术进步和经济建设，进而促进社会发展。

贝弗里奇报告所设定的计划基本实现，并且成为之后30年社会保障制度发展的基础，但是社会保险并没有向绝大多数需要保障的人提供满足其基本生活水平之外的补贴，任何政府都不会承担随着需求的增长维持基于精算基础上的适当补贴所导致的政治和经济成本。1979年保守党执政以后，强化对公共部门的干预，力求福利补贴合理化，由此导致财产调查的大量使用，以至于严重侵蚀了社会保险制度建立的原则，政府不断变化的政策目标使得社会保险制度的实施受到严重干扰。[2]

① 〔英〕W.H.贝弗里奇：《贝弗里奇报告——社会保险和相关服务》，劳动和社会保障部社会保险研究所组织翻译，北京，中国劳动社会保障出版社，2008年，第1版，第135页。
② 〔英〕内维尔·哈里斯等：《社会保障法》，李西霞等译，北京，北京大学出版社，2006年，第1版，第108页。

第四章　社会补偿法律制度

社会补偿法律制度主要是为因战争致伤亡的军人、平民等提供经济补偿的制度。英国实行的是募兵制,服役是一种职业,军人和军方之间通过签订服务合同,确定双方的权利义务关系。

贝弗里奇报告建议设立"战争养老金",向下列情况下的伤残和死亡者给予补偿:(1)战时服兵役或提供辅助服务者;(2)商船、捕鱼船队和轻型商船上的战争受伤船员;(3)在战争中受伤的民防系统工作人员;(4)在战争中受伤的平民。为战争受伤害者提供补偿能够使人们给予他们更多的同情并公正对待。此外还需向战争受伤害者提供医疗和康复服务。[1]

第一节　伤亡军人抚恤制度

英国对伤残军人提供补偿的依据是丧失工作能力和残疾,然而获得此项补偿的人在残疾补偿总支出中所占比例相当小。[2] 有关伤亡军人福利主要有:

1.伤残军人抚恤金

待遇水平按照伤残程度和军职确定,对于重残者支付残疾年金,对于轻残者则支付一次性待遇。除此之外还支付保姆津贴以及行动津贴。

2.军人遗属福利

遗属福利包括:(1)遗属抚恤金。支付给在军队服务期间死亡军人的遗孀,每周支付一次,待遇标准比国民保险中遗属年金高出30%。伤残军人抚恤金领取者的配偶,如果他一直在领取保姆津贴,在伤残军人死后,她也

---

① 〔英〕W.H.贝弗里奇:《贝弗里奇报告——社会保险和相关服务》,劳动和社会保障部社会保险研究所组织翻译,北京,中国劳动社会保障出版社,2008年,第1版,第139页。

② 〔英〕内维尔·哈里斯等:《社会保障法》,李西霞等译,北京,北京大学出版社,2006年,第1版,第387页。

可以领取遗属抚恤金。（2）遗孤抚恤金和父母抚恤金。在军队服务期间死亡的军人，其未成年子女及父母一方每周可以获得一定数额的遗孤抚恤金和父母抚恤金。[①]

第二节　退役军人安置制度

军人以合同方式与军方签订服务协议，服务期限由双方议定，但士兵最高服役期限为22年。由于英国将服役作为一种职业，因此，军人退役如同一般的调动工作一样，国家没有义务为其提供工作岗位。但是，服役又不同于其他社会工作，军人退役后安置得是否妥当关系到社会稳定，关系到稳定军心，甚至关系到了募兵制的持续实施。所以，英国政府也与其他许多国家政府一样，建立了完备的退役军人安置制度，并且在国防部下设立了唯一一个专门为即将退出现役的军人再就业提供服务的机构——军外安置服务局，使退役军人尽快完成其再社会化过程。英国《退役军人安置指南》对退役军人安置问题作了详细规定，以便军人退役时能够做出最适合自己情况的选择，并顺利重返平民生活。安置待遇根据服役时间的长短提供，军龄越长者，可以享受到的待遇就越多。[②]

1.为退役军人提供的待遇

军人退役时可以获得一笔一次性经济补偿，以及根据服役期限长短领取相应数额的养老金和相当于3～4个月的工资。由各军种安置官员为退役军人提供安置指导、解释有关安置的规定，报销前往会见安置官员的差旅费和生活补贴；参加三军住房办公室主持召开的、介绍各种住房选择方案的住房介绍会以及由代理公司召开的、军人配偶可以参加的财务介绍会。军人退役后虽然与普通公民一样需要在市场上寻找适合自己的工作，但是，政府某些部门在录用公职人员时优先考虑退役军人。

2.为服役3年以上退役军人提供的待遇

就业服务由国防部的军外安置服务局与库慈顾问集团公司合作建立的转业合作公司提供。退役军人须在退役前6个月至退役后2年内在就业服务处登记，并使用国防部1173号表格向就业服务处提出就业申请。申请者可以会见一名军官联合会或正规军就业公司的就业顾问，往返差旅费可报

---

① 孙炳耀主编：《当代英国瑞典社会保障制度》，北京，法律出版社，2000年，第1版，第71页。
② 邹军誉主编：《国外优抚安置制度精选》，北京，中国社会出版社，2003年，第1版，第256～264页。

销,但不提供生活补贴。就业信息被输入称作广域网的计算机系统,退役军人在网上查找到适合自己的工作以后,要通知军官联合会或正规军就业公司。此外,退役军人还可以申请参加转业合作公司开办的技能培训课程。

3.为服役5年以上或因病退役军人提供的待遇

符合此类条件的退役军人除了可以享受以上待遇外,还可以享受以下待遇:

(1)退役时军龄至少满5年的退役军人,参加安置活动时间随军龄的长短以及退役类型而定,比如,正常退役者,军龄为5年的,参加安置活动的时间为20天,军龄为16年的,参加安置活动的时间为35天;因病退役者,军龄为5年的,参加安置活动的时间为30天,军龄为16年的,参加安置活动的时间为35天;提前自愿退役者,军龄为5年的,参加安置活动的时间为10天,军龄为16年的,参加安置活动的时间为35天。这是一种带薪求职的制度,此外还为参加安置活动的退役军人报销差旅费,报销的次数依据可享受参加安置活动时间的长短决定,比如,可享受参加安置活动的时间为20天的,可报销4次差旅费;可享受参加安置活动的时间为35天的,可报销7次差旅费。在特殊情况下可以再报销3次。

(2)转业合作公司提供的安置服务有:一是参加传授有关面试技巧、简历书写、自我推荐技巧等专题讨论会和分组讨论会。二是转业合作公司安排顾问为求职者提供咨询服务,与顾问联系不受任何限制,在特殊情况下可以报销3次参加安置活动时间规定之外的会见顾问的差旅费。三是为驻外退役军人提供服务。转业合作公司设有地区安置中心作为常驻办事处,驻外基地如果有足够的退役军人需要开设专题讨论会或者提供咨询服务,转业合作公司就会派工作人员赴该地提供所需服务。需要享受并有资格享受该项服务的退役军人须填写1173号表格,并寄往规定的地区安置中心进行登记。四是参加转业合作公司的培训课程。转业合作公司设有安置培训中心,退役军人可以在这里接受5~20天的就业培训。中心设置的课程将近40门,此外还有计算机课程。所设课程涉及各种职业的管理培训、手艺技能,甚至保安工作。课程结束后学员可以获得国家承认的学历,安置培训中心还可以为学员在与之有长期合作关系的公司安排工作。五是参加军转民活动。一种方式是到地方招聘单位一边工作,一边积累经验。另外一种方式是参加社会办的培训班,掌握就业的知识和技能。参加这两种军转民活动中的无论哪种所需时间,都在受培训者本人所应当享有的参加安置活动时间内。前者可在服役期满前的两年内任何时间安排,后者则需在服役期满前9个月内完成。六是个人安置准备。如果退役者不想参加以上各项安置活动,而愿意自己安排安置,那么,可以在服役期满前的两年内提出"个人安置准备方案"。方案内容包括:声明自己找工作、求学安排、住房安排、参加面试等。从事方案涉及活动所需时间就是自己享有的参加安置活动时间,期间所花差旅费按规定报销,但不提供生活补贴。

退役军人经过安置登记后,需填写一份国防部363号表格。参加安置活动所需时间要经过指挥官的批准,并在363表格上签字,之后再经退役军人所在军种的安置官签字,方可参加安置活动。以上各项参加安置活动所需学费、差旅费、生活补贴,从各军种提供的个人安置培训费中支付。对于在退役时没有就业的退役军人,可以领取每周50英镑的退役津贴,如果不想领取退役津贴,则可以到社会保障部福利及就业服务处申请福利金。2003年,英国退役军人的就业率为52%,半年以后可以达到94%。退役军人的高就业率除了以上所述政府和社会组织在各个方面提供的服务和支持之外,与军人自身的高素质以及他们在服役期间所接受的技术培训对他们素质的进一步提高也有直接的关系。①

---

① 邹军誉主编:《国外优抚安置制度精选》,北京,中国社会出版社,2003年,第1版,第284页。

第五章　社会促进法律制度

社会促进制度在很长一段时间被称作"社会福利制度",当这一制度在一定程度上被看作是对人力资源的投资时,"社会促进制度"的称谓则更能够体现这一制度的功能并被社会保障学界所接受。经济社会的迅速发展对劳动力的身体素质、劳动技能、知识水平的要求越来越高。所以,各国通过对国民义务教育来提高他们的文化水平和知识结构,以适应不断发展的社会对人才的需求;通过为中低收入阶层提供福利性住房,保障他们的休息权利和充沛精力,以创造更多经济效益;通过家庭促进措施,提高人口生育率,为未来提供劳动力和社会保险费的缴纳者。社会促进政策能够促进而不是影响经济发展。

第一节　教育促进

19世纪初,英国大多数学校由教会举办,教材主要是圣经,反映着当时社会上的流行思想——基督教道德准则和意志论。1833年,政府为新教学校提供资金建设校舍,1847年,政府提供资金对教师进行培训。1870年《教育法》颁布,赋予每个孩子受教育的权利,学校理事会在中央和地方财政的资助下,为儿童提供初级教育。这个时期存在着由理事会管理的学校和慈善机构举办的学校并存的局面。1880年的《教育法》规定,5～10岁的儿童必须接受义务教育,1891年的奖学金法完全免除了义务教育阶段的费用,使义务教育成为国家的责任。《教育法》的实施,使英国人口的识字率大幅提高,1891年,伦敦25～35岁人口中只有23％接受过正规教育,但是到了1911年,这一比例已经上升到了78％。[1]

英国历届政府都把增加教育机会作为该届政府主要政策目标之一,并

---

① 成新轩主编:《国际社会保障制度概论》,北京,经济管理出版社,2008年,第1版,第29页。

把该项政策看作促进经济繁荣和社会团结的关键。因为从国家效率的角度考虑,贫困影响国民素质,而经济增长需要健康的、受过良好教育的劳动力,即教育使得劳动力更有生产力,从而有助于经济增长。教育的基本目的是传授知识和技能以及同样重要的态度和价值观。任何一个国家"要在这个竞争的世界中立于不败之地,并想维持其良好的社会凝聚力和丰富的文化遗产",教育就是最基本的保证。① 在 1948 年之前,英国官办小学教育一直是免费的,而中学教育不免费。如果教育的供给、分配以及筹资完全由私人部门来进行效率是很低的,也是不平等的,以至于知识、权利和资本市场的准入都与一个人的受教育程度有关。大学前的教育不受限制地完全由市场供给,在理论上是不合情理的,在实践中也没有被任何一个国家所采纳。1988 年颁布的《教育改革法令》突破了英国传统的教育行政政策,即把融资和政策实施合而为一的做法改革为将融资与政策实施区别开来,在教育领域引入准市场机制,并针对中小学教育和高等教育分别进行设计。

(一)中小学教育

在 1899 年 10 月～1902 年 5 月的布尔战争后,政客们对福利给付的观点发生了改变,他们认识到了经济的发展、社会的进步、民族的自由,不单依赖于军事力量的加强,同时需要拥有一支健康并且受过良好教育的劳动力队伍,即依赖于"国民效率",并且应当从儿童的健康成长抓起。② 1906 年颁布的《教育法》规定,允许地方政府为贫困儿童提供在校膳食。此外还规定,要对在校学生进行医疗检查。这些规定主要是出于对提高国民效率的考虑。③ 1944 年颁布的《教育法》提出建立一整套从初等教育到中等教育再到继续教育的覆盖全国的教育体系;初等教育和中等教育免费提供给适龄儿童。《教育法》为战后教育制度的建立和改革打下了基础。

中小学教育制度改革的内容有:所有中等学校和除规模很小的小学外的所有小学,均需按照中央部门所批准的公式获得教育资金。地方教育局能够为地方国立学校每个注册的学生提供一份拨款,拨款由地方教育局保管,在按公式分配之前,地方政府要扣除不超过总额 15％的资金用于公共服务(例如,为行为不端的学生设立特殊机构、聘请教育心理咨询专家、检查

---

① 〔英〕尼古拉斯·巴尔:《福利国家经济学》,郑秉文等译,北京,中国劳动社会保障出版社,2003 年,第 1 版,第 342 页。
② 〔丹麦〕考斯塔·艾斯平-安德森:《福利资本主义的三个世界》,郑秉文译,北京,法律出版社,2003 年,第 1 版,第 46 页。
③ 〔英〕尼古拉斯·巴尔:《福利国家经济学》,郑秉文等译,北京,中国劳动社会保障出版社,2003 年,第 1 版,第 22 页。

和集中管理等),其余资金由地方国立学校自由处置。家长有权选择让孩子上哪所学校,资金根据公式随孩子流动,但是,由于政府不为私立学校提供资金以及通过立法规定所有国立学校使用统一教程,所以,家长在选择学校时实际是受限制的。1951 年,英国的福利支出是 281 亿英镑,其中,保健和教育在总支出中所占份额大约相同,保健为 66 亿英镑,教育为 53 亿英镑;到了 1993 年,社会保障总支出为 1698 亿英镑,是 1951 年的 5 倍多,然而,保健和教育在总支出中所占份额仍然大致持平,前者为 362 亿英镑,后者为 336 亿英镑。不断增加的教育拨款,免去了孩子们的上学费用,公办的初等教育和中等教育都是免费的,由政府拨付专项教育基金,学生的书本和学习用具也是免费的。[1]

1945 年以后虽然儿童教育方面的阶级差别依然存在,但这种差别已经有了很大的缩小,公民受教育程度也在不断提高。生于 20 世纪 20 年代的人,将近 2/3 没有获得任何文凭就停止接受教育,而在 20 世纪 60 年代出生的人中,该比例下降到了 20% 以下。1953 年,小学生中的几乎 60% 都在 50 人以上的教室上课,到了 1991 年,只有 19% 的学生在 30 人以上的教室上课;20 世纪 50 年代英格兰绝大多数中学班级都在 30 人以上,而到了 1992 年,中学班级的平均人数只有 21 人。[2] 2014 年,英国的义务教育惠及 5～18 岁少年儿童,其中 90% 以上按照学区在公立学校就近入学。[3] 公立学校一般都有食堂,为学生提供廉价午餐。有些学校派车免费接送居住比较远的学生。教育局为特殊学校的残疾儿童以及公立学校 7 岁以下学生免费提供牛奶,对健康状况不佳的小学生免费牛奶可以提供到 11 岁。对于结束了义务教育但不能继续升学的青年,政府免费为其提供其他教育。[4] 不满 5 周岁儿童的教育公共支出在 1996～1997 年度达到了 15 亿英镑,90 年代末所有不满 4 岁的儿童都有资格接受教育。

从 1988 年起,各中小学可以脱离地方教育局的控制而直接接受教育部的管辖。部分学校由一些自发性的实体经营,其中主要是一些宗教团体,但大部分经费由地方教育局支付。1992 年《教育法》规定,学校必须公布学生考试成绩排名表,这是地方教育机构对教育质量把关的一个手段。大部分

---

① 顾俊礼主编:《福利国家论析——以欧洲为背景的比较研究》,北京,经济管理出版社,2002年,第 1 版,第 31 页。

② 〔英〕霍华德·格伦内斯特:《英国社会政策论文集》,苗正民译,北京,商务印书馆,2003年,第 1 版,第 11、74～75、86、243～244 页。

③ 赵溪等:《英国残疾人社会福利政策及其启示》,《残疾人研究》2014 年第 2 期。

④ 陈建:《政府与市场——美、英、法、德、日市场经济模式研究》,北京,经济管理出版社,1995年,第 1 版,第 130 页。

教师由地方教育局聘任,并按全国统一标准支付工资。1996～1997 年度,小学和中学教育总的公共开支达到了 195 亿英镑,即教育经费由政府从税收收入中划拨,且大部分支出由地方政府负担。[1]

(二)高等教育

1944 年《教育法》规定,中小学教育和高等教育的入学条件都不受家庭条件的限制,即实行免费教育。但是这一规定并没有得到切实实施,因为家长还需要为学生承担校服、体育器材等费用。尤其是对于那些达到 16 周岁离校年龄的青少年,他们不能继续接受高等教育并不是出于他们的本意,也不是因为他们没有学习能力,而是一方面由于高等教育不再实行免费,另一方面如果他们接受高等教育将会因放弃工作收入而遭受经济损失,而这份收入对于处于社会底层的贫困家庭来说是非常重要的。一项研究表明,在家境富裕的学生中,有半数以上的人愿意进入高等学校继续深造,而在家境贫寒的学生中,这一比例仅为 10%。[2]

政府的高等教育政策旨在"扩大参加高等教育的人数,特别是扩大那些来自半熟练技术和无技术家庭背景、来自弱势群体和残疾人群的学生人数,因为所有这些人群目前在高等教育中未被充分代表。"政府承认,财政问题可能是学生接受高等教育的主要障碍。因此,政府需要为更多的人接受高等教育提供财政支持。

1.补充补贴制度

1966 年以前,英国高校的学生通过助学金、家庭资助以及自己假期打工的收入完成学业。1966 年,英国政府对高校学生实行补充补贴制度,包括失业补贴、住房补贴等。在发放补贴之前,要对申请人家长的收入进行调查,家庭条件优越的学生不能获得补贴。如果学生只能获得部分补贴,不足部分由家长提供。1976 年进行了助学金改革,通过为学生提供较多助学金解决生活所需来削减学生补贴。在 20 世纪 60～70 年代,高等学校招生数量由高等教育机构决定,所需资金由政府全额提供。[3]

1976 年助学金制度改革以后,高校学生可以领取更多数额的包含在助学金中的补充补贴:一是假期补贴,其中大多数学生领取的是长假期(暑假)补贴,而领取短假期(复活节和圣诞节)补贴的人数在逐年减少。政府计划削减学生补贴,但削减学生补贴权利的前提是重新定义"学生"。根据补充

---

[1]　〔英〕尼古拉斯・巴尔:《福利国家经济学》,郑秉文等译,北京,中国劳动社会保障出版社,2003 年,第 1 版,第 356～357 页。

[2]　同上书,第 364、367 页。

[3]　同上书,第 361 页。

补贴规定,参加全日制课程者被认为是学生,①将被取消补贴权。据此,由于在假期期间不被认为是学生,因此取消在假期享受的补贴权。二是住房补贴,随着私人房租和学生公寓住宿费不断上涨,政府每发给学生 5 英镑的住房补贴,学生需支付 3 英镑房租,政府打算削减学生的住房补贴。其中幅度最大的改革是取消大多数学生的在校住宿资格,以抵消学生助学金中包含的住房补贴。例外情况是,如果学生身患残疾、学生的配偶也是学生且父母都有抚养子女的义务、丧失工作能力或被视为丧失工作能力者。三是失业补贴,学生可以申请失业补贴,而且在他们的助学金中没有扣除非财产调查型的失业补贴,导致他们从公共基金中领取了双份待遇。政府在修改失业保险法时规定,参加全日制课程者不被认为是失业者,短假期则属于参加课程学习者。1985 年,政府在发布绿皮书时指出,"重返 1966 年补充补贴实行之前的局面在原则上是正确的。当时学生通过助学金制度、自己的家庭和本人假期打工收入而得到帮助。"1996 年建立的取代国民救济制度为高校学生提供的补充补贴制度,是一项以财产调查为基础的福利制度。取得该项补贴资格的条件是,学生需要从事勤工俭学活动。补贴制度的建立消除了家境贫寒的学生进入高等学校的障碍,使得他们的学习生活费用得到保障。

2.贷款制度

英国高等教育制度的改革源于一个重要事件——高等教育从 1960 年的只有 5℅参与率的精英体系发展成为 1995 年参与率达到 30℅的大众体系,其中有三个因素促使发生这一变化:一是对更大范围内贷款制度的需求。高等学校在处于培养社会精英时期,能够获得很大数额的公共基金,而在进入大众化培养阶段,高等学校不可能得到政府或者国家数额巨大的财政支持,这就需要私人资金的补充。私人补充来自学生家长的支付、学生勤工俭学的收入、雇主和学生未来的收入。在这四个方面的资金来源中,前三个都不可靠且不公平,只有第四个,即建立允许学生以其预期收入为抵押的贷款制度。二是在培养精英时期,各高校教学质量不相上下,授予的文凭具有同等效力,使得他们能够广泛且平等地筹集到办学资金,而在大众化培养时期,学生在不同学校就读的支付水平是不一样的,学校授予文凭的含金量也是不一样的,学生毕业以后的出路更是不一样的。三是社会发展需要教育多元化。如果所有高校都由政府或国家提供资金培养学生,就既是无效

---

① 〔英〕内维尔·哈里斯等:《社会保障法》,李西霞等译,北京,北京大学出版社,2006 年,第 1 版,第 367~368 页。

率不经济的,也是政府无法持续维持的。具有国际竞争力的高校如果获得与一般高校同样的资金,它的教学质量就无法得到保证。在科技不发达的时期,高校的教育产出可以具有同质性,而在科技迅速发展的今天,劳动力市场不仅需要更多的劳动者,同时也需要劳动者具有多样化的教育背景,这就需要有更多的学校培养具有不同专业知识和技能的学生来满足社会需求。在这些因素的推动下,高校的免费教育制度被贷款制度所取代。[1]

1988年4月,政府在一份白皮书中引进一项新的学生扶助制度规定,学生有资格享受平均420英镑的无息补足贷款,并且随物价的变动而变动。贷款方案分别由学生贷款公司和高等教育机构管理,他们负责评估学生的贷款资格,颁发资格证书,决定每个学生的贷款数额。学生在毕业当年的4月份开始偿还贷款,并且可以根据自己的具体经济情况分若干年还清,一般在5年内还完。这项收入扶助制度取代了补充补贴、住房补贴和失业补贴制度。私人出借方按照市场利率提供贷款,就能够保证他们为学生提供大量贷款,使学生的生活条件得到改善,还可以使政府将节约下来的纳税人的钱用于扩大招生。海外学生通常不能享受公共基金,他们必须支付全额学费,生活费也需要自己筹措。

新的贷款制度大幅削减学生的补贴权和减少学生对补贴的依赖的实际效果,首先表现在领取贷款的人数较少,1994～1995年间,符合贷款条件的学生中,只有53%的人领取了贷款,原因是学生担心将来负债,父母也不主张子女借债。在以贷款制度为基础的学生补助制度下,有27%的被调查者由于经济困难而准备停止学业,有54%的被调查者认为自己的经济状况对学业产生了不良影响,成年学生的辍学率高于未成年人。为了继续学业,许多成年学生不得不通过勤工俭学增加收入,因此有三分之二勤工俭学的学生旷课或者不能提交作业。大幅削减学生补贴权导致学生处于困境。1998年,领取贷款者每年的基本收入比领取失业保险金和住房补贴的单身失业人员少800英镑。为此,政府设立了"准入基金"制度,由各大学和高等教育机构管理,为那些"由于经济上的问题无法接受高等教育或不管什么原因在经济上有困难的学生"提供帮助。政府为"准入基金"划拨了2500万英镑,并给高等教育机构在基金分配方面很大的自由裁量权。因此,这项基金在分配上有较大的随意性,不像社会保障待遇那样是一项社会权利。1994～1995年间只有7.5%的学生领取了准入基金。到1996年底,政府划拨给高

---

① 〔英〕尼古拉斯·巴尔:《福利国家经济学》,郑秉文等译,北京,中国劳动社会保障出版社,2003年,第1版,第381～382页。

等院校的专项资金已增加到了 3500 万英镑。政府特别强调要首先满足那些经济上不独立的学生和需要支付高房价的学生。①

学生在校期间所贷款项的归还有两种方式:一是临时性收入贷款的归还。当学生支付了贷款的本金和利息以后,偿还贷款一事告罄,并且不存在偿还额大于贷款额的情况。还款可以实行分期付款,每周的还款额都很低,学生有能力按照市场利率还款。还款支付给国民保险账户,由税务部门或者社会保险机构接收。这一制度减轻了贫困学生的经济负担,也可以将家长缴费制度废除。二是支付毕业税②的贷款归还。还贷款的期限或终止于退休,或需要偿还一生。因此,高收入毕业生的还款额可能会大于他们的贷款额。

对高等教育财政来源所设计的贷款制度,打开了资本市场的大门,允许人力资源投入,并且使被降低了的教育质量得以恢复。贷款制度通过减少高等教育资金缩减的情况来促进公平,并通过释放部分资源来扩大准入。然而,贷款制度只是针对依靠税收积累资金的程度设立的,而对于消除家境贫困的学生不能接受高等教育的事实并没有起到有效的作用。要提高高等学校中工人阶级家庭出身的学生的比例,在扩大高等教育范围的同时,更为重要的是要为学校体系创造一种公平的外部机制。减少社会各阶级所接受学校教育在数量和质量上的不平等,才是迈向机会均等这一基本目标的第一步。③

1996~1997 年度,用于高校的直接公共支出达到 50 亿英镑,此外,用于资助学生的额外支出为 30 亿英镑。公共基金在不同的高等教育机构之间的分配由中央集中作出决定,这就不可避免地造成官僚政治。20 世纪 80 年代,接受高等教育的人数只占到适龄人群的 14%,到了 90 年代中期,这个比例上升到了 30%,精英体系转化为大众体系。但是,由于经费没有同步跟上,导致到了 1997 年高校每招收一名学生,所获得的经费比 1990 年减少 30%。高校教师平均负责的学生人数 1996 年比 1989 年增加了 40%,导致教学质量有所下降。许多学校设备短缺,校舍陈旧,行政管理效率低下。④

---

① 〔英〕内维尔·哈里斯等:《社会保障法》,李西霞等译,北京,北京大学出版社,2006 年,第 1 版,第 351~356 页。

② 〔英〕尼古拉斯·巴尔:《福利国家经济学》,郑秉文等译,北京,中国劳动社会保障出版社,2003 年,第 1 版,第 379 页。

③ 同上书,第 377、385 页。

④ 同上书,第 361 页。

1998 年以前,全日制高等教育的学费由公共基金支付。20 世纪 90 年代,财政问题日益成为学生接受高等教育的主要障碍。但同时政府认为,学生毕业以后可以从所接受的高等教育中获得回报,所以大多数学生应当分担教育费用。基于这两方面的原因政府颁布了《1998 年教学和高等教育法》,该法规定了学生缴纳学费的义务,这一规定基于这样的理念,即"大学毕业生平均比非大学毕业生工资要高,工作也更稳定……由此,他们理所当然要分担教育费用。"于是,从 1999~2000 学年开始取消生活补助金,代之以与收入关联的贷款。学生家长也需根据家庭财产调查为自己在读的子女缴纳相应数额的学费。学费的最高限额为每年 1025 英镑,政府估计,不缴学费、缴费在 1025 英镑以下以及以上者各占 1/3。而对于需要额外补助的残疾大学生,在 1999~2000 学年则可以获得最高达 10250 英镑的非财产调查型补助金。对于申请最高贷款额度的特困学生,政府另外向其提供困难贷款,款额最高为 250 英镑。①

（三）继续教育

接受继续教育的学生是指超过义务教育年龄(也叫做离校年龄,1972 年为 16 岁)但又不能专职进修中级或高校教育课程的青年,国家为他们提供继续教育,由理工学院为其教授学位课程。继续教育的目的在于鼓励更多的年轻人利用教育机会,以提高他们的专业知识和技能。继续教育的课程内容与其工作生活息息相关,并且经常去工业部门进行实践操作。这是因为劳动力市场的发展对劳动者技能的要求越来越高,国家创设综合性的理工学院,将具有较强综合能力的精英学生聚集在这里,让他们在完成义务教育之后继续接受更高层次的教育,掌握更多的知识和技能,以适应社会的需要。1988 年教育改革法案规定,理工学院脱离地方教育局的控制,通过新成立的理工学院及学院基金委员会直接从中央政府获得资金。1992 年,理工学院基金和高校基金合并后归入高等教育委员会,理工学院与高等学校之间的差别不复存在了。②

政府扩大继续教育准入面的目标能否实现,关键在于是否能为参加教育的年轻人建立各种有效的补助制度。因为对于大多数 16 岁后接受继续教育的年轻人来说,在不就业的情况下唯一能够得到维持生活的补助是地方教育局发放的自由裁量奖学金。因此,缺乏有效的财政补助是造成继续

① 〔英〕内维尔·哈里斯等:《社会保障法》,李西霞等译,北京,北京大学出版社,2006 年,第 1 版,第 381~383 页。

② 〔英〕尼古拉斯·巴尔:《福利国家经济学》,郑秉文等译,北京,中国劳动社会保障出版社,2003 年,第 1 版,第 357 页。

教育学生辍学率高的主要原因。

为接受继续教育的学生提供社会保障待遇是个循序渐进的发展演变过程:1966年开始实行补充补贴,可以享受该项补贴的最小年龄是16岁,领取补贴的时间为学校学业结束之后,那时就可以清楚地知道学生是否已经就业。1980年,修改后的补充补贴方案引入了"相关教育"的概念,方案将接受"相关教育"者定义为:"在学院或者学校或相当于学院或学校的机构接受全日制教育者。"方案规定19岁以下接受相关教育者和年龄在19岁并被看作是接受相关教育者没有领取补贴的权利。"相关教育"还规定了每周最短学习时间,以区分真正处于劳动力市场之外的人员和参加有限学习但处于失业人员。1980年规定为15个小时,1984年修改为12小时。对于已经完成正规教育但仍希望在找工作的同时参加正规学习或培训的人来说,是政府为年轻人提供的优惠措施,它将失业人员、全日制学生和等待工作的同时参加学习的人员清楚地区分开来了,后者在等待工作并参加学习的同时可以领取补贴。①

《1998年教学和高等教育法》规定,从1999年9月开始,取消地方教育局自由裁量奖学金权力,赋予地方教育局行使之前旧制度规定的为超过义务教育年龄的人提供奖学金和其他津贴的权力,这一规定将这种奖学金和津贴称作"后义务教育补助",并且允许地方教育局决定获得这些补助的资格和标准,但津贴的发放仍然要依据财产调查。

第二节 住房促进

政府对于全国范围内住房问题的干预开始于18世纪后半叶。1868年颁布的《劳工住房法》只规定了住房建筑标准和拆除不安全或不健康的住房,但没有规定政府为贫困者提供住房的责任。1910年,政府批准贷款建造新房6780套,同时拆除和关闭了7427套不卫生和不适合居住的房屋。② 然而,这些措施收效甚微,充其量只是一些博爱性质的补救措施,而没有以法律的形式确定地方当局对于改善穷人住房环境的责任。③ 在1914年之

---

① 〔英〕内维尔·哈里斯等:《社会保障法》,李西霞等译,北京,北京大学出版社,2006年,第1版,第356~361页。

② 成新轩主编:《国际社会保障制度概论》,北京,经济管理出版社,2008年,第1版,第30页。

③ 〔英〕尼古拉斯·巴尔:《福利国家经济学》,郑秉文等译,北京,中国劳动社会保障出版社,2003年,第1版,第25页。

前,英国的所有住房都由私人市场提供。[①]对于经济上负担得起的家庭来说,购置住房基本没有问题。但是,对于低收入的贫困者来说,尤其是在人口急剧增加,贫民窟人口密度大,卫生状况和社会秩序差的大城市,人们都居住在拥挤且肮脏的环境中。

　　第一次世界大战结束之后,政府干预的重点是建立公房制度,1919 年颁布的《住房与城镇规划法》规定地方政府有义务消除其管辖范围内住宅不足的问题,建造普通标准公房,并以人们能够承受的价格出租给需要住房的居民,而不仅仅是关注清除贫民窟工作,中央政府为住房工程提供津贴,住房津贴由地方政府全部用于建房,并承诺通过征收额外产品税的方式支付所有建房所需资金。政府合法地介入住房市场,将解决住房问题视为一种社会服务。《住房与城镇规划法》以及租金控制一起构成了住房制度的基础。1924 年的工党政府继续强调地方政府在建设福利住房方面的主要作用,这一政策主张一直延续至今。1930 年颁布的《住房法》主要适用于拆除贫民窟后需要安置的居民。1935 年修订后的《住房法》的适用范围不仅包括拆除贫民窟后需要提供住房的居民,而且包括需要提供低租金公房的低收入者。这种由中央政府提供住房津贴,地方政府提供服务的政策,一直影响到了 20 世纪 90 年代。

　　第二次世界大战结束以后,人口急剧增加使得本来紧张的住房更加紧缺,又适逢福利国家目标刚刚确立,促使政府加快住房立法。1946 年的《住房法》规定,居住公房不限于低收入者,而应扩大到一般居民,使住房福利有了很大推进。1945～1951 年间,地方政府建设的公房占总建房套数的89％。1947 年,地方政府公房拥有量仅占全国住房的 13％,到了 1979 年,这一比例提高到了 32％,是英国最大的房主。[②] 从 60 年代开始私有企业加快住房建设速度,但在整个六七十年代由政府负责和政府提供津贴的住房建设量仍占到建房总量的一半左右。[③]

　　1978～1979 年,政府用于建房的开支为 52 亿英镑,占政府总开支的约8％,其中用于公共住房的资金为 20 亿英镑,政府提供的出租房占到住房总量的1/3。[④] 从 1919 年制定《住房与城镇规划法》开始,立法就规定中央政府强制建立福利住房,进行监督并提供津贴。当时的津贴水平几乎等于建

---

① 孙炳耀主编:《当代英国瑞典社会保障制度》,北京,法律出版社,2000 年,第 1 版,第 110 页。
② 同上书,第 112 页。
③ 林梅:《发达国家住房保障的基本模式及其经验与启示》,《当代世界与社会主义》2012 年第 5 期。
④ 林闽钢:《社会保障国际比较》,北京,科学出版社,2007 年,第 1 版,第 146 页。

房的全部成本,津贴的资金来源于征收的房产税,但地方政府的公房不用交房产税。政府对住房问题的干预从一开始就采取以中央政府为主的原则,地方政府只是负责解决当地的贫困问题,并且一直沿用至今。

政府的住房政策目标是确保每个人都能够按照可以承受的价格拥有体面的住房。为此,政府为房屋供应商提供津贴以降低房屋成本,为住房消费者提供税收减免,以及在社会保障框架内提供住房补贴。1988～1989年之间,政府住房开支占GDP的比例由4.1%下降到了1.6%,市政公房年建设量从16.3万套大幅下降到了3万套。在这样的情况下,无家可归者以及生活在临时住房中的家庭明显增加。中央政府通过减少对地方政府的津贴,来鼓励和要求地方政府承担全部的市场房租。此外,保守党政府还把作为一种福利的公共住房转换成商品房,出售给公共住房的住户和房屋经销商,其售价相当于市场价格的56%。[1] 21世纪初期,每年的住房津贴高达120亿英镑,[2]这极大地增加了纳税人的负担,影响着人们的工作积极性。

政府的住房津贴政策是在不断的调整改革中前行的。住房福利由环境交通部、财政部、社会福利保障部管理,但具体业务由地方政府负责。

一、住房补贴制度的一般规定

20世纪五六十年代,房租迅猛上涨,迫使政府继续实行房租减免政策。20世纪70年代,由市政府当局为劳动者和相对低收入家庭修建的公共住房,从70年代中期16万余套减少到了70年代末的10.4万套。撒切尔政府亲资本和亲市场的政策极大地影响了低收入人口的住房状况,公共住房在1982年又降到了50年来的最低水平5万套,1986年继续下降到了3万套。住房政策的不利影响加上居高不下的失业率,使得无家可归者的数量急剧增加。[3] 公共住房的急剧减少,增加了租房居住的家庭数量,房租也随之上涨。于是有一半以上地方政府实行房租减免方案。这时的房租补贴仍然在补充补贴待遇中,这使得领取国民保险补贴又想获得较高房租补贴的人处于两难境地:是领取补充补贴还是领取国民保险补贴或养老金抑或是享受房租减免。这一状况使得建立统一的补贴制度迫在眉睫。

---

[1]　孙炳耀主编:《当代英国瑞典社会保障制度》,北京,法律出版社,2000年,第1版,第401页。

[2]　〔英〕内维尔·哈里斯等:《社会保障法》,李西霞等译,北京,北京大学出版社,2006年,第1版,第458页。

[3]　〔加〕R.米什拉:《资本主义社会的福利国家》,郑秉文译,北京,法律出版社,2003年,第1版,第27页。

1.申请住房补贴的前提条件

《1982 年社会保障和住房补贴法》规定，自 1983 年 4 月起，全面实行住房补贴方案，其前提是该房屋作为家居住。"作为家居住"的一般规则是，一人只能享受一所住房补贴，即一所他通常占用的住房。因此，法院在决定某人通常作为家而居住的住房时，必须考虑到这个人的所有住处。当申请人由于要对其平常居住的房屋进行基本修缮而不得不搬到临时住处，并对其中的一处房产负有支付房租的责任时，就被认为通常居住在这所房屋。当然也存在例外规则：例如，申请人因家庭暴力离开原来的家在别处居住，之后申请人又准备回到原来的家，他就可以领取两处长达 52 周的住房补贴；对于因家庭人口多被住房机构安排在两处住所时，也可以申请两处住房补贴；如果申请人因搬家，不得不暂时支付两处房子的房租时，他可以申请最长达 4 周的两处住房补贴。①

申请补充补贴的人可以自动地享有申请住房补贴的资格，并获得房屋补贴。其他申请人可以申请"标准"住房补贴，前提是必须满足财产调查的条件。不论是哪种住房补贴申请人，如果有一个已经参加了工作且有收入的子女与其一起居住，就会被扣除"非被抚养人住房补贴"。标准住房补贴申请人在没有获得全额房租救助或房租减免救助时，可以获得"住房补贴补足"待遇，以使他们的生活水平不至于因支付房租而降低。住房补贴待遇水平与申请人收入水平相关，即根据收入的变化决定住房补贴额的增减。但是，有资格申请"特批"的住房补贴者，在扣除特定金额后，可获得全额房租补贴或减免补贴。

2.提供住房补贴的限制性规定

为了限制在补贴期限内房租上涨，政府通过住房补贴方案来限制房租过高或住房面积太大，以减少支付不符合补贴标准的租金数额。

提供住房补贴的限制性规定体现在三个方面：一是对房租的限制。1996 年 1 月 2 日之前对房租限制的规定称作旧规则，该规则适用于持续领取同一所住房补贴的申请人，如果申请中断超过 4 周或者搬出不适合居住的房屋并搬入新的住房，则适用新规则。旧规则授予地方政府在房租过高或房屋面积过大时对租金加以限制，并有权让房租官员注册一个合理的房租标准，政府按照注册房租标准进行全额补贴，但在没有注册房租的地方，如果房租超出当地房租的平均水平，补贴将会减少到 25％。中央政府对地

---

① 〔英〕内维尔·哈里斯等：《社会保障法》，李西霞等译，北京，北京大学出版社，2006 年，第 1版，第 437 页。

方政府支付的房租补贴提供补偿,但对超出注册房租标准部分只提供 60%补偿。总的原则是住房补贴标准应参照当地住房的平均租金水平,这既便于政府控制住房补贴费用,也能够鼓励承租人寻找房租低的房子。二是对住房面积的限制。有关当局根据租用房屋家庭成员的需要,把租房者家庭规模与其他基本相同规模家庭进行比较,确定其应当居住的房屋面积。如果租用家庭因房屋面积大而导致房租高,甚至比租用合适住房租金高出很多时,补贴将会减少。三是对房屋位置的变通规定。在当地没有其他可比较的房屋时,如果申请人需要,可以租用该地区以外的类似合适房屋。

《1988 年住房法》对弱势群体提供特殊保护。这里的弱势群体包括:家庭中有 60 岁以上的老人、丧失工作能力者或者儿童。政府规定,对这些家庭的高房租不应限制,除非还能租到更合适的住所,或者当地政府认为还有合适住所可供申请人选择,而且搬入这样的住所是合乎情理的。《1988 年住房法》允许住房协会购买公共住房并进行管理,表明在保障性住房领域,逐步由政府主导向市场化运作转变,但这种转变只是政府履职方式的转变,而不是政府责任的转变。[1]

1996 年 1 月 2 日以后的限制性方案称作新方案。新方案规定,地方政府依据房租官员为各类房产确定的"当地参考房租"决定符合当地补贴条件的房租。符合补贴条件的房租是指同一类型房产的最高数额房租和最低数额房租之间的中间值。当一处出租房的房租低于当地参考房租时,房租补贴的最高额为该出租房的房租;当一处出租房的房租高于当地参考房租时,房租补贴额为出租房租金与参考房租之差的一半。从 1997 年 10 月 6 日起,所有新申请人的房租都被限制在当地参考房租的水平。如果某个申请人或者家庭因为以上限制而存在特殊困难时,政府通过自由裁量来增加对申请人的房租补贴,为此,中央政府允许地方政府将年度支出的一部分用于这方面的资金需求。[2]

二、住房福利的形式

1983 年实行的新的统一住房补贴制度,规定了三种类型与人们的收入水平有密切关联的福利住房,即收入较高的群体主要选择自有住房,是住房抵押贷款免税福利的主要受益群体;低收入者大多选择租房,而且尽量租用公房,是租金折扣和租金补贴的主要受益群体;一部分有能力购买住房的收

---

① 潘小娟等:《外国住房保障的启示与借鉴》,《国家行政学院学报》2014 年第 2 期。

② 〔英〕内维尔·哈里斯等:《社会保障法》,李西霞等译,北京,北京大学出版社,2006 年,第 1 版,第 441~442 页。

入居中的群体也选择租房,他们是租金补贴的主要受益群体。而政府公房福利的受益者主要是低收入的年轻父母和老年人。

1.租房福利

政府从第一次世界大战开始就一直对住房租金实行控制,在政府建造公房并提供给居民租用以后,地方政府按照“合理”的原则确定房租并确定租给哪些低收入者。

公房房租低于私房房租,前者占租用者收入的10%,而后者占租用者收入的20%。为了保障低收入者的住房需要,地方政府为居民提供房租折扣,享受折扣的幅度依据国家划定收入界限的“标准住房福利”执行,收入水平恰好在划定的收入界限上的,享受规定数额的住房福利;收入水平高于划定的收入界限上的,住房福利随收入增加而递减;收入水平低于划定的收入界限上的,住房福利随收入减少而递增。

对于租用私房的居民,政府通过为提出申请的居民提供现金补贴的办法为他们提供福利。现金补贴数额也是按照政府评估出的房租价格以及租户的家庭收入进行确定,并且只为合理的租金提供补贴。这种在住房方面的收入关联福利,将人们需要支付的房租维持在人们能够承受的水平,因此是一项合理的制度。但是,“标准住房福利”政策的实施,使得地方政府不能依靠房租和折扣补贴补偿全部成本,中央财政仍然需要为地方政府提供更多的建房津贴。①

2.贫困家庭住房福利

贫困家庭的住房福利是为那些享受标准住房福利,但在扣除自负房租后,收入低于贫困线,财产也少于一定数量的居民提供住房补贴的制度。住房补贴的额度为贫困家庭支付房租后的剩余收入与议会确定的收入标准之间的差额。可见,住房补贴是减少居民房租负担,而不是增加居民收入的贫困补贴制度。住房补贴待遇针对五种情况:一是无论居住自有房还是租用房,一律免除房产税。二是按照地方政府确定的房租标准,减去折扣以后的剩余部分由住房补贴福利代缴。代缴数额有限制,超过部分自付,以此避免贫困家庭租用质量好面积大的住房。三是为贷款买房的居民支付抵押贷款的利息,而不是归还贷款本金,政府还规定了支付贷款利息的上限。四是代缴水费。五是为居住自有房的贫困家庭,每年支付规定数额的修缮费和保险费,以维护住房质量。住房补贴由社会保障部负责,资金也由社会保障部

① 孙炳耀主编:《当代英国瑞典社会保障制度》,北京,法律出版社,2000年,第1版,第113～117、124页。

提供。

3.为自有住房者提供政策支持

在英国,居民除了租用地方政府公房和私人房屋以外,还有一些居民居住在属于自己所有的房屋中。自有住房少数是通过继承获得,还有一部分是通过抵押贷款购买的住房。利用抵押贷款购买住房的福利政策,一方面体现在政府对住房供给者提供政策优惠,即政府鼓励人们把资金投向建筑协会,并由此获得建筑协会提供的购房抵押贷款。由于个人在建筑协会的投资利息收入不按个人标准所得税征收,而是按低于标准所得税率的"组合税率"征收,组合税不由个人而是由建筑协会统一交纳,两种税率的差额成为抵押贷款的主要资金来源,建筑协会也在资本市场竞争中处于优势地位。与此同时,为了避免国家税收的流失,政府规定了个人在建筑协会投资的最高限额,超过限额的部分仍按标准所得税征收。另一方面体现在对住房消费者提供政策优惠,即政府为购房者提供标准利率补贴,补贴的住房抵押贷款利率由政府规定。为了避免有人过度利用抵押贷款免税政策,政府设立了贷款额的上限,超过部分不享受免税优惠。利用贷款购买第二套住房者,政府不提供税收减免优惠,这一政策目标旨在保障基本住房需要。[1]

在实行中央集权制的英国,中低收入居民的住房福利制度由中央政府和地方政府分工实施。在管理方面,中央政府环境部负责住房政策制定,并督促地方政府实施中央制定的政策,住房福利的管理费用由中央政府支付。中央政府的住房津贴包括建房补贴和租户补贴两种形式:地方政府提出建房计划以后,中央政府为其提供一定比例或一定数额的津贴;中央政府按照租户情况对租金折扣和租金津贴提供90%补贴。地方政府只是负责管理工作,例如,维持和改善社区住房环境,运用财政津贴建设住房,负责公房管理,规定住房标准等。在资金来源方面,住房公共支出来源于四个方面,即中央财政住房津贴、房产税减免(其中中央政府承担了90%)、地方政府将出售公房的部分收入用于住房支出、租金收入。1996～1997年度,住房公共开支总额约为200亿英镑,其中住房津贴120亿英镑,抵押贷款利息减免26亿英镑。[2]

住房津贴是住房市场上主要的政府干预手段,表明政府从普通补贴(租金补贴)向收入转移的转变。自1970年始,住房短缺的问题基本得到解决,

① 孙炳耀主编:《当代英国瑞典社会保障制度》,北京,法律出版社,2000年,第1版,第118～121页。
② 〔英〕尼古拉斯·巴尔:《福利国家经济学》,郑秉文等译,北京,中国劳动社会保障出版社,2003年,第1版,第403～411页。

高密度居住(多人居住一室)的状况从 1971 年人口的 22％下降到 1994 年的 13％,人均居住面积明显改善。但过度补贴导致对住房的过度需求,由此使许多家庭还住在破旧的房子中,无家可归者也呈增加趋势,这就严重地损害了最底层社会群体的利益。租用公房的人不愿意去新地区等候批准获得新住房,影响劳动力的流动,居住在伦敦旧城区公租房的失业者不愿搬到有更好工作机会的地区。住房市场分配不当的结果是,既导致无效率也导致不公平。较之住房市场所有部分的价格补贴,收入补贴的方式更可能达成公平以及效率的目标,因为那些收入高于平均水平的人将根本不再有机会获得补贴。[①]

三、住房补贴的支付

申请人在提交了当地政府免费提供的表格后,地方政府应在 14 天内对申请作出决定。领取补贴的时间一般情况下是在申请批准之日的下一周,住房补贴发放不超过 60 周,在补贴期满时,申请人必须再次提出申请。在领取补贴期间,如果情况发生了变化,申请人应当及时通知政府。对于承租私人住房的申请人,从 1996 年 10 月起,住房补贴可以直接支付给房东,也可以支付给承租人。有 60％的承租人同意直接将住房补贴支付给房东,如果申请人没有按时交纳房租或者政府对申请人领取补贴的权利表示怀疑,住房补贴将被停发。

实践中,住房补贴存在超额支付的情况,超额支付是指在申请人没有补贴权的情况下所支付的数额。大多数超额支付是因申请人虚假陈述或没有公开事实真相而造成,在这种情况下,超额支付可以追回。如果超额支付是因地方政府或福利局的过错造成,申请人不可能知道自己超额领取了住房补贴,因此不存在追回的问题。对于超额支付的住房补贴,政府可以从申请人、房东或虚假陈述人那里追回;政府也可以从正在发放的住房补贴中扣除,或从其他正在支付的社会保障补贴中扣除,至于从哪个人那里追回超额支付的款项,政府有决定权。如果超额支付是因地方政府的过错导致,就不为其提供管理费用;如果是社会保障部的过失,地方政府仍然有资格领取管理费用;如果是申请人的过错导致,则只能领取 25％的管理费用。1996 年针对住房补贴的评估显示,有 8％的申请是欺诈性的,由此带来的经济损失每年达 10 亿英镑。《1997 年社会保障管理反欺诈法》规定,地方政府可以

---

① 〔英〕尼古拉斯·巴尔:《福利国家经济学》,郑秉文等译,北京,中国劳动社会保障出版社,2003 年,第 1 版,第 425 页。

实施占超额支付 30% 数额的财政罚款来代替起诉,政府还设立了新的有关虚假陈述的刑事犯罪,以预防社会保障补贴欺诈行为的发生。[①] 虽然政府对反欺诈高度重视,但至今仍然没有找到解决问题的最佳途径。

第三节 家庭促进

家庭促进是一种比较特殊的福利,它往往不是针对某种生活风险提供保障,即与国民保险无关,而是国家直接为儿童、老年人提供的津贴性福利。这项福利无须经过家庭经济状况调查,只要符合条件就可以享受,表现出国家对国民的责任,即国家介入家庭抚养或赡养,代替家庭承担了部分抚养或赡养义务,是一种弱化家庭责任而强化国家责任的福利。[②] 家庭促进具有双重功能:一方面它具有人口保障功能,即提高生育率,保障人口更新换代,为未来创造劳动力并成为社会保险费的缴纳者,因此,家庭促进计划将直接产生经济效益;另一方面,这一计划是面向家庭的收入再分配政策,给家庭(主要是孩子)提供一份收入补助,由此避免家庭因增添人口导致购买力下降,并持续维持一定的物质消费水平,促进而不是影响经济发展。

以国家补贴的形式来满足抚养子女的需要,在 1906 年的免费午餐和 1921~1922 年的失业补贴制度中就通过发放被抚养人津贴得以体现。贝弗里奇报告提出了许多新的福利项目,其中为儿童提供家庭津贴在福利制度发展史中是一个根本性的突破。有学者认为,家庭津贴是福利国家的核心,打破了传统上的家庭抚养职能,由国家直接代替家庭,为非劳动人口承担部分抚养责任。贝弗里奇对建立和实施家庭津贴制度的理由阐述如下:一是家庭生活状况与家庭人口多少有关,因此要保证一个家庭具有合理的基本生活水平,需要为有子女的家庭提供子女补贴。二是不论一个家庭的男人是否有工资收入,都需发放家庭津贴。只是对有工资收入家庭的第一个子女不发放子女补贴,而对没有工资收入家庭的所有子女都发给子女补贴。这不仅有助于提高或者维持生育率,而且孩子能够得到更好的照顾,让孩子在儿童时期打好健康的基础。三是子女补贴帮助父母承担一部分抚养子女的责任,另一方面则是由社会承担起养育未来一代的责任。子女补贴

---

① 〔英〕内维尔·哈里斯等:《社会保障法》,李西霞等译,北京,北京大学出版社,2006 年,第 1 版,第 450、452 页。

② 和春雷主编:《社会保障制度的国际比较》,北京,法律出版社,2001 年,第 1 版,第 160、162 页。

为非缴费待遇,从税收中支付,由社会保障部管理。①

在家庭津贴实施后的数年中,仅 1968 年待遇就提高过两次,提供实物待遇的承诺一直没有兑现。在物价上升的情况下,这就使得家庭津贴在补充家庭生活所需方面的作用大打折扣,儿童依然被迫生活在议会所认定的最低生活水平之下。家庭津贴对儿童及其家庭贫困的影响受到社会广泛关注。《1970 年家庭收入补助法》规定,政府向每周收入低于规定金额的有被抚养儿童的全职工作的低收入家庭提供收入补助,但是没有对不同年龄段的儿童青少年的需要加以区别对待,事实上青少年在食物和衣物方面比儿童有更多消费。1979 年改革时,家庭津贴被未成年子女津贴所取代,这项津贴的目的其实在贝弗里奇报告中早有体现。报告认为:此项津贴可以防止有子女的家庭,尤其是多子女的家庭陷入贫困;可以避免在职雇员与非在职人员家庭收入以及生活水平上的较大差距;能够保证下一代健康成长。

1979 年改革后,抚养子女津贴向所有家庭提供,津贴标准定位为能够满足儿童的基本需要。1984 年 11 月,国家进一步将向有工作收入的家庭和没有工作收入的家庭提供的儿童补贴建立在了公平的基础上,即不论家庭收入多少,每个未成年子女都能够领取到法定标准的津贴。1997~1998年度,每周发放的免税津贴为:第一个孩子 11.05 英镑,单亲家庭的孩子为17.10 英镑,第二个及以上孩子每人 9 英镑。这项津贴只向未满 16 周岁的孩子或者是在全日制学校就读未满 19 岁的孩子发放。由于覆盖面宽,抚养子女津贴是福利制度中支出最多的项目,1996~1997 年度共支出 70 亿英镑。② 在抚养子女津贴之外,国民保险还为受保险人的遗孀、残疾人、退休人员的未成年子女提供额外帮助,即每周 7.65 英镑的子女抚养费。

1999 年,英国有 300 万儿童生活在无人就业的家庭或单亲家庭中。政府宣布,将在 20 年内解决贫困儿童的问题。具体帮助和支持措施有:从1999 年 4 月起,将儿童福利从原来的每周 2.95 英镑提高到 14.4 英镑;增加抚养 11 岁以下儿童的家庭补贴;通过增加应税收入减免,使有儿童的低收入家庭所享受的税收减免能够补偿 70％抚养儿童所需。③

---

① 〔英〕W.H.贝弗里奇:《贝弗里奇报告——社会保险和相关服务》,劳动和社会保障部社会保险研究所组织翻译,北京,中国劳动社会保障出版社,2008 年,第 1 版,第 146~147 页。
② 〔英〕尼古拉斯·巴尔:《福利国家经济学》,郑秉文等译,北京,中国劳动社会保障出版社,2003 年,第 1 版,第 249 页。
③ 刘燕生:《社会保障的起源、发展和道路选择》,北京,法律出版社,2001 年,第 1 版,第 297 页。

第六章　社会救济法律制度

　　英国将社会救济称作非缴费性收入支持,它的历史比国民保险更悠久。英国福利领域的国家干预最早是从解决贫困问题开始的。1531年,地方政府对亟待救济的老弱贫民进行登记,允许他们在指定的范围行乞。1563年,国会通过征收济贫税的法律,规定税收用于救济贫民,还有一部分救济费用来源于捐助。1601年,伊丽莎白女王总结70年的济贫经验,制定出世界史上著名的《济贫法》。1834年,适应早期工业化社会需要的《伊丽莎白济贫法》出台,新法提高了享受待遇的资格条件。1930年,政府在应对经济危机的过程中,提供范围更加宽泛的社会救助,并把社会救助制度称为"公共救助"制度,建立了由地方政府负责的公共救助体系。贝弗里奇报告指出,国民救助用于满足未被社会保险覆盖的人们的基本生活需要,但标准必须比社会保险待遇低,否则受保险人就不会向社会保险缴费了。发放救助时须经经济状况调查,且要有需要救助的证据。救助费用由国家财政直接负担。国民救助是社会保障部在重要程度上仅次于社会保险的一项工作。[1] 1948年通过的《国民救助法》,将公共救助更名为国民救助,设立了国民救助委员会,专事国民救助事务管理。1966年,设立社会保障部兼管国民救助,在全国设立了12个区级国民救助委员会以及若干地方办事处。

　　贫困本身是个复杂的现象,可以从不同的角度和以不同的方法来衡量和定义,因此不可能得出一个可以普遍适用的贫困定义。目前对物质上贫困的定义主要有绝对贫困和相对贫困两种:

　　绝对贫困。1942年贝弗里奇报告中这样界定绝对贫困,社会救济金根据以下生活水平确定:"固定补贴金额在没有其他资源的情况下,足以提供所有正常情况下所需的最低收入。"而这一定义在现代工业社会已不能适用,在经济不断繁荣和增长的今天,除了对贫困设置一个最低收入水平非常

---

　　① 〔英〕W.H.贝弗里奇:《贝弗里奇报告——社会保险和相关服务》,劳动和社会保障部社会保险研究所组织翻译,北京,中国劳动社会保障出版社,2008年,第1版,第134页。

困难之外,每个人的实际消费与文化差异、社会不适等都有密切关系。因此,评估贫困的程度,不能仅仅着眼于基本生活需要,还必须考察整个社会的生活水平,并由此产生出相对贫困的概念。这一概念的产生使人们能够理解为什么生活水平不断提高,而贫困依然存在。

相对贫困。20 世纪 60 年代,英国对贫困的定义是,当一个社会成员的生活水平低于普遍接受的程度时,应被视为处于贫困状态。这个定义意味着衡量贫困的标准在不同时期随着普遍生活水平的提高或降低而变化,而其方法则是对社会成员所拥有的资源能够在多大程度上保证他们参与各种一般性的社会活动进行评估。由于贫困与社会排斥相关,因此将经济上处于弱势的人群与经济上处于优势的人群参与社会活动的程度进行比较,就能够筛选出相对贫困的人群。政府采取提高补贴待遇水平与平均收入的差距的措施,力求缩小贫富之间的差距进而减少贫困。尽管如此,低于平均收入 50% 的人口在 1953～1991 年间增长了 3 倍,说明贫困人口不是减少了而是增加了。1996～1997 年间,将近 300 万儿童生活在收入低于平均水平的家庭,25% 的儿童生活在收入最低的 20% 的家庭中。[①] 所以,社会保障制度只能消除绝对贫困,许多社会成员虽然能够靠社会救济金维持生计,但仍然过着非常低水平的生活,恶劣的住房条件和健康问题进一步导致他们的贫困加剧。贫困本质上是非常难以消除的,这就要求政府采取长远的措施以及实施重大的经济和社会变革,并对社会财富进行实质性的重新分配,才能减少和消除贫困。

贝弗里奇报告指出,在整个社会保障计划中,国民救助是一个重要的辅助手段,当保险待遇不敷使用或无享受资格时,国民救助可用于满足任何一种需要。[②]《1948 年国民救助法》正式实施并成立了国民救助委员会,“为个人没有资源满足其基本需要或者个人的资源不足以满足其基本需要的英国民众提供帮助或救助。”当年就有 67.5 万名社会保险参保人申请这项待遇。国民救助制度的实施建立了一个仅保障国民最低生活水平的所谓长远的福利制度,平衡了社会保险制度,并迅速发展了国民救助安全网。20 世纪 60 年代初期,由于耻辱感而不申领国民救助的问题变得越来越突出,尤其是那些养老金领取者,于是在 1966 年一项新的补充补贴制度取代国民救助制度,并且成为社会保障制度改革的核心。

---

① 〔英〕内维尔·哈里斯等:《社会保障法》,李西霞等译,北京,北京大学出版社,2006 年,第 1版,第 46～49 页。

② 〔英〕W.H.贝弗里奇:《贝弗里奇报告——社会保险和相关服务》,劳动和社会保障部社会保险研究所组织翻译,北京,中国劳动社会保障出版社,2008 年,第 1 版,第 8～9、117 页。

　　《1966 年社会保障法》解散了国民救助委员会,它的职责由新成立的社会保障部和补充补贴委员会承担,国民救助制度也被"补充待遇"制度取代。补充待遇制度为贫困者提供"基本需要""特殊需要""住房需要"三项福利。自由裁量是审查是否提供"补充待遇"的主要方法,旨在使有不同情况申请人的要求得到满足,以体现制度的人性化特征。补充补贴委员会可以对任何情况作出自由裁量并对其认为合理的要求予以支持。因此,根据自由裁量发放补贴的权力是很大的。然而,有关法规并没有对特殊需要和特殊情况的标准作出明确规定,由此导致申请人对补充补贴委员会的决定向上诉法庭提出起诉,1976~1979 年每年有 44% 以上的上诉案件是关于特殊需要支付的诉讼。[1]《1986 年社会保障法案》规定,以收入扶助取代补充补贴,该制度仅适用于那些由于残疾或特殊的个人原因而不需要注册找工作或不需要有工作意愿的人。[2]

第一节　社会照顾制度

　　社会救助制度分为两个部分:一是为老年人、残疾人、儿童、精神病人等具有特殊困难的群体提供福利服务的制度,被称作社会照顾制度;二是为收入低于一定水平的贫困家庭提供救助的制度。前者体现普遍主义原则,后者体现收入关联原则。

　　英国社会照顾制度服务对象的特点是个人消费而不是群体消费,与公共服务有明显的区别。它相对于家庭照顾而言,是在家庭之外由社会提供服务,所以称之为社会照顾。[3]

　　1.社会照顾的受益者及管理

　　与收入保障旨在为人们提供基本生活需求、医疗住房保障旨在满足人们某个方面的需要不同,社会照顾制度旨在为那些无经济来源的鳏寡孤独的老年人、残疾人、儿童、精神病人等特殊困难群体提供生活照顾方面的需要。它不问受益人的收入,只要其需要都可以享受待遇。在这四类人群中,老年人一直以来是服务系统中主要对象,他们占服务对象的绝大多数;对于缺乏正常家庭生活的儿童以及残疾儿童,政府也为他们提供比较充足的服

---

　　① 〔英〕内维尔·哈里斯等:《社会保障法》,李西霞等译,北京,北京大学出版社,2006 年,第 1 版,第 100、116 页。
　　② 同上书,第 362 页。
　　③ 孙炳耀主编:《当代英国瑞典社会保障制度》,北京,法律出版社,2000 年,第 1 版,第 133 页。

务,包括康复和适合他们身体状况的免费教育。社会照顾由政府、非营利的自愿组织以及私人服务机构提供。在这三方中,前两者提供具有一定的福利性的绝大多数服务。社会照顾的费用主要由地方政府负担,中央财政的补贴非常有限,个人负担只是象征性的,这与服务对象的支付能力有限是密切相关的。

1970 年颁布的《地方当局社会照顾法》规定,地方当局必须建立独立的社会服务委员会,并对社会服务委员会的责任做了详细规定。在此之前,社会照顾工作由多个部门管理,例如,儿童工作部门负责为失去正常家庭生活的儿童提供服务;福利部门为老年人、残疾人、无家可归者提供服务;卫生部门为精神病人和智障者提供服务。这些机构之间不仅缺乏协调,而且提供的服务在量和质上都明显不能满足需要。1970 年的《地方当局社会照顾法》要求建立福利服务机构,例如,托幼院、养老院、日间照料中心等,培训专业服务人员,设立社会工作办公室,负责日常管理工作。1983 年,卫生和社会服务部规定,入住私人养老院的老年人可以由政府负担部分费用,政府通过这种办法促进私营养老院的发展。5 年以后的 1988 年,私人养老院入住人数达到入住养老院总人数的 60%,而在 1980 年这个数字仅为 33%。

1990 年颁布的《国民卫生服务与社区照顾法》规定,将那些医院提供有限治疗而长期住院的老年人、残疾人、精神病人移交社会服务部门,在社区设立的机构居住并接受照顾。政府通过提供技术支持,提高社区医疗和护理水平。提供医疗、护理和照顾的部门主要是私人机构和自愿机构,政府通过支付服务费用购买这些机构的服务,为这些特殊群体谋求福利。为了争取政府购买,不同的供给者之间展开了竞争,并由此提高了服务质量。

2.社会照顾的内容

社会照顾的内容或方式包括:(1)机构照顾。是为那些自理能力差、需要长期照料的需求者以及无人照顾的鳏寡孤独者居住在养老院、儿童福利院等机构接受由机构服务人员提供的照顾。机构照顾居于社会照顾的核心地位,在其中接受服务的人占到总需求者的一半。(2)日间照顾。是为那些居住在自己家里,白天去福利机构接受服务的人提供的照顾。(3)社区照顾。是为那些出门有困难、需要提供上门服务的老年人和残疾人提供的照顾。(4)流动服务队提供的照顾。流动服务队根据居民的需要,在机构、社区、家中为需求者提供服务。①

---

① 孙炳耀主编:《当代英国瑞典社会保障制度》,北京,法律出版社,2000 年,第 1 版,第 137～139 页。

3.社会照顾的费用承担

对于社会照顾的费用承担问题在学术界一直存在争议。主张收取服务费的人认为,社会照顾费用由地方政府通过征收财产税(主要是住房)或人头税筹集,中央财政补贴微不足道,所以,按照服务程度收取适当社会照顾服务费可以减轻地方政府的财政压力;反对收取服务费的人认为,通过收取服务费来减轻地方政府的财政负担是不合理的,因为服务对象基本上是支付能力有限的弱势群体,他们寻求的是社会支持和帮助,收取服务费用会将需要提供社会照顾的人拒之门外,这与社会照顾法的立法目的是相违背的。

收费与否问题争论的核心是如何解决低收入者的服务问题,持以上不同意见的学者们提出两种选择性方案:一是采取差异收费标准,对于低收入者甚至可以提供免费服务;二是将社会照顾的费用负担转移到社会救助和国民保险中去,即通过间接付费的办法,使贫困者所付费用通过社会救助得到补偿;老年人所付费用通过国民保险得到补偿。由于老年人、残疾人、儿童的支付能力有限,因此社会照顾服务费用的提高举步维艰。[1]

第二节　贫困者社会救助制度

与社会保险制度不同,社会救助制度不适用权利与义务对应的原则,即不需受保障人缴纳任何费用,在出现法律规定的事件时,就可以从政府获得一定的物质帮助,所需资金全部由国家财政支付。[2] 在国际范围,社会救助制度的产生都要早于社会保障制度中的其他制度,这是因为,社会救助制度是为生活陷入贫困者提供的最基本的生活保障制度,因而是一项社会自我保护措施。

1.社会救助制度的适用范围

贫困救助制度适用于以下情况:

(1)收入低于一定水平的人群。对低收入者的救助是指政府为收入低于国会每年确定的贫困线以下的人提供收入支持。从1948年建立国民救助制度之后的将近40年间,英国人的税前收入增加了20倍,社会救助待遇水平也随之提高了20倍。贫困救助按照家庭规模和结构确定支持的力度,

---

① 孙炳耀主编:《当代英国瑞典社会保障制度》,北京,法律出版社,2000年,第1版,第148页。

② 〔荷兰〕弗朗斯·彭宁斯:《软法与硬法之间国际社会保障标准对国内法的影响》,王锋译,北京,商务印书馆,2012年,第1版,第53页。

家庭规模和结构分为单身者、夫妇无子女家庭、夫妇有子女家庭三种情况。1980 年以前对低收入者的救助只看其收入,1980 年增加了资产的规定,即储蓄低于 3000 英镑者才可以提出救助申请,立法者的意图是,低收入者应当先用储蓄应付日常生活的需要,当储蓄和劳动收入都不能满足生活的基本需要时,再求助于社会救助。

(2)劳动者未达到退休年龄而因病、因残或因为失业而收入很低者。贫困救助的主要对象是没有就业者和打零工者,全时工没有资格申请贫困救助。不满 60 岁的健全人或者不满 60 岁的健全人是没有 16 岁以下的子女的单亲父母,必须是正在积极寻找工作者,才有资格申请贫困救助。

(3)已达到退休年龄的老年人,如果他们没有领取国民养老金的资格或者领取到的国民养老金不能满足其基本生活需要,为其提供养老金补助。

2.贫困救助待遇

贫困救助待遇有正常需要救助、住房津贴、特殊需要救助三种:正常需要救助主要提供经常性的贫困补助;住房津贴主要通过房租折扣、房租津贴、代交房租和水费等提供支持,住房津贴一般等于房租的全额;特殊需要救助是按照政府提供的需求目录提供实物或现金待遇。英国贫困救助制度最重要的特点是,严格的家计调查或收入调查以及慷慨的给付。[1]

3.补贴的直接支付和扣除

英国历届政府将《济贫法》中的低于舒适原则延续至今,该原则使得补贴申请人的收入一直位于收入系列的末端,由此达到既减轻贫困又使贫困长期存在下去的目的。由于贫困和需求无法进行客观测量,因此,政府将"社会安全网"的目标确定为通过确认那些最需要帮助的人来决定优先考虑的支出领域。低收入家庭的绝大部分收入用于日常必需品的开支,而收入扶助者的补贴收入几乎没有结余,他们中的许多人靠举债度日,1989 年有75%的家庭有某种形式的借贷,尤其是失业人员、残疾人、护理病人者,负债成为他们无法改变的一种事实。由于政府的政策是确保补贴收入必须居于差距日益扩大的收入系列最末端,因此,政策实施导致的结果是补贴收入往往不足以支付申请人基本生活必需品的费用。有三分之一的补贴在发放时被直接扣除,用于支付第三方的费用,例如,房租、燃料费、罚金、偿还社会基金贷款、抵押贷款利息等。直接扣除可以为债权人提供安全保障,但直接扣除需要具备一个条件,即扣除必须符合申请人的利益。如果欠款的扣除总

---

① 〔丹麦〕考斯塔・艾斯平-安德森:《福利资本主义的三个世界》,郑秉文译,北京,法律出版社,2003 年,第 1 版,第 54 页。

额和当下房租欠款、水费和燃料费欠款加起来总额占到申请人可以领取的
补贴数额的 25% 时,直接扣除必须得到申请人的同意。

第三节　社会基金

社会基金立法于 1986 年引入,是为面临潜在困难和债务者提供额外财
政援助的主要途径,基金的支付采取借款的形式,然后通过从借款人每周领
取的补贴中扣除的方式偿还。社会基金分为法定社会基金和自由裁量社会
基金两种,其中后者占到绝大部分,以使真正需要帮助的人获得适当、灵活
的帮助。

1.法定社会基金

首先,法定社会基金取代之前的一般生育补助金和死亡补助金并用于
支付领取财产调查型补贴者的生育费用和丧葬费用,财产调查型补贴包括
收入扶助、与收入挂钩的求职者津贴、工作家庭税收减免和残疾人税收减
免。2006 年的标准是 100 英镑,虽然比 1990 年之前的一般生育补助金增
加了 25 英镑,但仍然不能满足抚养一个新生儿的需要;其次,法定社会基金
用于支付丧葬费用。1995 年丧葬费用的标准为 500 英镑,1997 年又增加到
了 600 英镑。死者家庭需预先支付丧葬费用,然后由社会基金支付给死者
的配偶或父母这些有资格领取丧葬费用的人;再次,法定社会基金用于寒冷
天气支付。寒冷天气支付给领取收入扶助者、领取与收入挂钩的求职者津
贴并赡养着养老金领取者的人、残疾保险金领取者、家里有 5 岁以下儿童的
人;四是支付冬季燃料费。[①]

2.自由裁量社会基金

自由裁量社会基金主要向领取收入扶助者或者是领取与收入挂钩的求
职者津贴的人提供:(1)用于支付社区关爱补助金。在以下四种情况下可以
获得社区关爱补助金:帮助申请人及其家人或者由他们照料的人在经历了
一段不稳定的生活后建立家园并重新生活;在申请人及其家人遇到异常压
力时予以帮助;申请人需要照料临时释放的囚犯或年轻罪犯时提供帮助;申
请人参加亲戚葬礼、搬到合适住所等情况下需要的交通费。社区关爱补助
金没有最高限额,但最低限额为 30 英镑。(2)用于支付预算借款。领取预

---

① 〔英〕内维尔·哈里斯等:《社会保障法》,李西霞等译,北京,北京大学出版社,2006 年,第 1
版,第 471~474 页。

算借款的条件是：申请人或其配偶在提出申请前至少26周一直在领取补贴，借款的最低数额为30英镑，累计借款最高额为1000英镑。（3）申请人的借款额度不能超出其偿还能力。由于借款是需要偿还的，所以，有三分之一以上没有偿还能力的申请人遭到拒绝。（4）用于支付紧急需要的危机借款。危机借款是在唯一用来预防可能对某人或其家庭成员的健康和安全造成严重损失或风险的手段，借款在紧急情况发生或灾难之后发放，并且用于申请人的生活费开支，而不是特殊用品开支。以上预算借款和危机借款的偿还期限为78周，特殊情况下可延长至104周，借款利率为收入扶助数额的15%，困难者该利率可降到10%～5%。预算借款和危机借款虽然帮助申请人解决了当时经济的拮据，但也让他们背上了更加沉重的债务包袱，以至于会使他们未来的处境更加艰难。[1]

　　社会基金采取预付款的形式一次性支付，而且是一种低息借款，然后通过定期从补贴中扣除的方式予以偿还。由于支付采取借款的形式，因此对于申请作出决定时，不仅要裁量满足申请人的需要是否合理，而且要考量借款人的偿还能力。社会基金被看作是安全网外的又一层安全网。[2]

　　英国的社会救助制度支出非常庞大，在1996～1997年度高达180亿英镑，超过了除国民保险养老金之外的其他所有津贴总和，领取者多达480万，而被供养者约为750万，其中60%以上是养老金领取者和失业者。社会救济还是其他津贴的"通行证"，例如住房津贴、免费的处方药品、牙齿治疗、免费的学校用餐等。[3]

---

① 〔英〕内维尔·哈里斯等：《社会保障法》，李西霞等译，北京，北京大学出版社，2006年。第1版，第479～487页。

② 同上书，第471页。

③ 〔英〕尼古拉斯·巴尔：《福利国家经济学》，郑秉文等译，北京，中国劳动社会保障出版社，2003年，第1版，第246页。

第七章　残疾人社会保障法律制度

2014 年,英国的残疾人数为 980 万。政府确立的残疾人福利原则是既要补偿因残疾而导致的收入不足,也要补偿因残疾而产生的额外支出。[1] 根据为残疾人提供的不同待遇的目的,残疾人福利可以分为以下三类:一是收入替代型待遇,包括法定病假工资、丧失工作能力补贴和病残护理津贴,这些待遇为残疾人提供了基本收入保障;二是用以支付与残疾人生活有关的额外费用,包括护理津贴、残疾人生活津贴,以帮助残疾人应对各种特殊需求;三是为残疾人提供具体帮助的财产调查型补贴,包括收入扶助、残疾人税收抵免。[2] 这三类福利照顾到了不同类型、不同程度、不同年龄的残疾人的需要,为他们融入社会创造了条件。

第一节　收入替代型待遇

一、丧失工作能力补贴

1995 年 4 月 1 日起实施的丧失工作能力补贴取代了之前的短期疾病补贴和长期病残补贴,因此它是疾病收入支持的后续措施。丧失工作能力补贴根据丧失工作能力时间长短分为三种待遇:(1)在最初患病的 28 周领取法定病假工资,对于没有资格领取法定病假工资的申请人来说,如果有充足的缴费记录,可以领取较低待遇水平的短期丧失工作能力补贴;(2)如果申请人在 28 周后仍然不能工作,就可以领取短期丧失工作能力补贴,短期丧失工作能力补贴期限为 52 周;(3)如果申请人在一年以后仍然不能工作,就转入领取长期丧失工作能力补贴,即残疾年金。在这种情况下不但被抚

---

[1]　赵溪等:《英国残疾人社会福利政策及其启示》,《残疾人研究》2014 年第 2 期。
[2]　〔英〕内维尔·哈里斯等:《社会保障法》,李西霞等译,北京,北京大学出版社,2006 年,第 1 版,第 387~427 页。

养人补贴额增加,而且可以领取年龄增加费。如果申请人一直处于丧失工作能力状态,那么丧失工作能力补贴一直可以领取到退休。

《1999年福利改革与养老金法》规定,申请丧失工作能力补贴者必须在申请补贴当年之前的3个纳税年度中的其中1年而不是在任意一个纳税年度中已经缴纳了适量的国民保险费。1999年法案新设置了"年轻时失去工作能力的人"类别,将年轻时就身患残疾的人转入待遇标准更高的丧失工作能力补贴上来。

<h2 style="text-align:center">二、病残护理补贴</h2>

这是为护理病残者而不是为病残者本人提供的补贴。该补贴属于缴费型津贴,虽然待遇标准较低,但作为非收入替代型补贴发放。有资格领取病残护理补贴者是为领取护理补贴者提供护理服务者,或者领取残疾生活补贴中最高或中等待遇者,护理者必须定期并主要从事护理工作,所以,他们不能参加有偿就业、不能接受全日制教育、不能是16岁以下或超过领取退休金年龄的人。

<h1 style="text-align:center">第二节　额外费用补贴</h1>

残疾人补贴按照残疾人的不同特殊需要分别设立项目,无论个人是否缴过国民保险费或缴费多少,都能够享受到同等待遇。因此,额外费用补贴属于残疾年金之外的第二层次待遇。

<h2 style="text-align:center">一、残疾生活补贴</h2>

1992年4月开始实施的残疾生活补贴是由之前的行动补贴和护理补贴合并在一起的制度,虽然合并在了一个制度中,但仍然是两个独立的部分,例如,申请人可以申请到其中的一个补贴,也可以同时申请到两个补贴,领取补贴的时间可能是一段时间,也有可能是终身领取。

残疾生活补贴中的行动补贴适用于年龄在50～65岁的申请人,护理补贴适用于两岁以上的所有申请人。《1999年福利改革与养老金法》规定,3岁和4岁的儿童有资格享受残疾生活补贴中的高额行动补贴。对于65岁以上并且是第一次提出行动补贴申请的人不予批准,原因是老龄化程度以及其中残疾人的比例难以预料,应当把有限的资金用于就业年龄的残疾人身上,放开领取行动补贴的年龄上限将会增加财政负担。

二、护理补贴

护理补贴适用于 65 岁以上首次提出申请并且有护理需求的人,护理补贴只有最高标准和较低标准两种待遇。最高标准待遇为日间和夜间都需要护理者提供,而只需要日间或夜间护理者则可以获得较低标准待遇,较低标准待遇相当于残疾生活补贴中的中等标准。

第三节　财产调查型补贴

一、收入扶助

主要的财产调查型补贴以两种方式为残疾申请人提供特别补贴:

第一种方式表现为"残疾"本身是对申请人放宽限制的根据。在领取财产调查型补贴中残疾人占到多数,说明残疾是造成贫困的原因之一,因此社会将残疾生活补贴看作是用来支付与残疾有关的额外费用,而不是支付日常生活费用,所以这项补贴在财产调查时被忽略不计,从而不会对享受其他补贴产生不利影响。

第二种方式是最根本的方式,即申请人被认为丧失工作能力或身患残疾,就可以领取收入扶助、住房补贴、财产税补贴这三种补贴中的一种,或者领取多种保险金,包括残疾保险金、重度残疾保险金、残疾儿童保险金、护理人保险金。工作能力丧失 80% 的重度残疾人保险金的待遇标准高于残疾保险金,因此资格认定比较严格和复杂,申请人需要具备三个条件:一是享受残疾生活补贴中高标准或中等标准的护理补贴,二是身边没有 18 岁以下的需要被抚养的人,三是照看申请人的人没有领取丧失工作能力补贴。残疾儿童保险金支付给抚养家中一个领取残疾生活补贴儿童的申请人,或者申请人是盲人。申请人或其配偶正在领取或被看作领取病残护理补贴的,有资格获得护理人保险金。

二、残疾人工作补贴和税收抵免

1992 年开始实施的残疾人工作补贴是帮助低收入工作者和每周工作至少 16 个小时的残疾人的一种家庭救济金。残疾人工作补贴是促进残疾人就业的一项策略,使他们能够逐步告别补贴而走向全职工作。但是,这个政策没有发挥它激励残疾人工作的作用。缺乏工作岗位、用人单位对残疾人的歧视以及残疾所带来的限制,都是影响残疾人就业的主要因素。1999年10月,残疾人税收抵免取代了残疾人工作补贴,抵免的最低收入限额水平较高,递减的费率从70%减少到了55%。2014年,普通家庭儿童年减税额为2720英镑,残疾儿童家庭的年减税额为3015英镑,重度残疾儿童家庭还要再增加1220英镑,盲人的年减所得税额为2160英镑。[①] 制度改革的目的是在帮助那些从事工作的慢性病人和残疾人的同时,使他们享受到新实行的税收抵免。

《1999年福利改革与养老金法》体现出政府对残疾人补贴的原则是,鼓励有工作能力者就业并为无工作能力者提供保障,因此,残疾生活补贴的重点应针对重度残疾者,同时对能够就业的残疾人提供帮助。在实践中,以获得自尊的最佳途径是从事有偿工作为由,削弱对残疾人的补贴,于是一部分应当获得帮助的残疾人被排除在外。

第四节　为残疾儿童和青少年接受教育创造条件

政府特别重视对残疾儿童进行早期康复,并制定实施"残疾儿童早期支持计划",该计划为残疾儿童提供康复、教育、护理等服务。政府要求所有学校必须招收残疾儿童,并且在环境、设备、教学设施等方面为残疾儿童提供便利。此外,政府还建造了特殊学校,以接收那些不能在普通学校读书的残疾儿童。政府还为残疾学生提供交通补贴和免费午餐。

政府鼓励青少年接受高等教育,并安排专人为接受高等教育的残疾学生提供服务。近些年政府对高等教育的拨款大幅下降,但残疾大学生和研究生每年最多能够获得27405英镑和10260英镑的政府资助,并且每年都有增加。[②] 政府在教育方面采取的各项措施为残疾儿童和青少年将来平等地融入社会,实现自我价值奠定了知识和技能基础。

---

① 赵溪等:《英国残疾人社会福利政策及其启示》,《残疾人研究》2014年第2期。
② 同上。

第八章　社会保障争议的法律救济

贝弗里奇报告建议,受保险人对社会保障部就待遇申请作出的所有决定(有关待遇数额、条件、期限等)不服的,都可以向独立的地方法院申诉,对地方法院判决不服的,还可以向国王任命的仲裁人申诉,仲裁人裁决为终审裁决。这一申诉机制本着非正规和就地解决诉讼的原则,适用于所有待遇申请。但下列情况除外,即对工伤事故和职业病的补偿通过行政程序而不是法律程序处理待遇申请。工伤养老金和工亡补助金的评估由专门从事这项工作的官员进行,雇员、雇主或工会、雇主协会对评估不服的,可向地方特别法庭申诉。该法庭由三个固定成员组成,而不是像申诉庭那样由主席和审判助理组成一个审判小组。对部长作出的有关缴费的决定(例如,按群体类别确定的缴费)不服提起诉讼的,与待遇诉讼类似,可向地方法庭申诉,进而向仲裁员申诉。[①] 具体来说,社会权利获得司法保护的立法分为两类:一类是关于社会保障权、劳动权和受教育权等社会权的立法,这类立法在规定相关实体权利的同时,也规定了当事人寻求司法救济的途径;第二类是诉讼法,诉讼法不但规定了诉讼程序,还对具体救济措施作出了规定。[②]

---

① 〔英〕W.H.贝弗里奇:《贝弗里奇报告——社会保险和相关服务》,劳动和社会保障部社会保险研究所组织翻译,北京,中国劳动社会保障出版社,2008年,第1版,第123、140页。

② 龚向和:《社会权的可诉性及其程度研究》,北京,法律出版社,2012年,第1版,第192~193页。

第九章　评论:旨在避免贫困的英国社会保障制度取得的成就和存在的问题

1942 年的贝弗里奇报告指出:"英国社会保障计划的主要特征是,它是一个抵御因谋生能力中断或丧失而造成的风险,或覆盖因出生、婚嫁、死亡而产生的特殊支出的社会保险方案。……其目标是要确保英国民众在任何情况下都不会陷入贫困。"[①]在贝弗里奇报告指导下建立起来的英国社会保障制度与欧洲大陆其他国家有很大差别,被人们称作"盎格鲁-撒克逊模式",这一模式源于贝弗里奇的普遍公民权原则,资格的确认几乎与个人需求程度或工作表现无关,而主要取决于公民资格或长期居住资格。英国的普遍主义原则不仅有效地遏制了市场的作用,而且还维持了一定的社会共识,即人们认同高福利支出以及与之相关的高额的税负。

第一节　社会保障制度在避免贫困中发挥的积极作用

英国工党政府在"二战"后建立起的社会保障制度,将一部分人被排斥在社会保障制度之外的选择性社会保障制度转变为一种普遍性的社会保障制度,获得社会保障待遇的权利成为每一个英国公民都可以享有的基本权利。旨在避免贫困的英国社会保障制度使国家在社会再分配方面承担着更多责任,并在避免贫困方面发挥了积极的作用。

一、保障项目全覆盖,范围广待遇标准低

第二次世界大战之前,英国的社会保障制度已经涉及生、老、病、死、残等这些国民最基本的生活风险,并且逐步将福利制度延伸到家庭津贴以及

---

① 〔英〕W.H.贝弗里奇:《贝弗里奇报告——社会保险和相关服务》,劳动和社会保障部社会保险研究所组织翻译,北京,中国劳动社会保障出版社,2008 年,第 1 版,第 5 页。

住房福利等国民生活的其他方面。第二次世界大战之后,政府一方面使福利制度体系化和各个项目之间协调化,另一方面强化比较弱的福利项目,例如老人、儿童、残疾人的福利待遇都有所提高,甚至在贫困救济和病残救助等方面实行"具体情况具体对待"的措施。1942 年的贝弗里奇报告指出,社会保障计划"覆盖所有的公民并且没有收入上限规定""所有人群可以被划分为六大类","第六类人,即超出工作年龄的退休人员将可以领取退休养老金。第五类人,即尚未达到工作年龄的人员将可以享受子女补贴,该补贴由国家财政支付,覆盖所有领取社会保险待遇或养老金父母的儿童。其他四类人也是各有所保。所有这六类人都享有全面的医疗和康复服务以及丧葬补贴。"①"普遍性"是英国社会保障制度建设的基本准则。社会保障项目覆盖了所有人及其几乎所有生活风险,无论遭遇什么样的生活风险,人们都能够获得相应的社会保障待遇。

与大多数国家不同的是,英国的社会福利由受保险人延伸到其家庭成员,甚至将海外英国公民和居住在英国的外国人也纳入社会保障的范围。在多数建立起现代社会保障制度的国家,家庭对其成员的赡养、抚养责任虽然有了很大程度的减轻,但是,没有被国家替代。而在英国,在确立了"从摇篮到坟墓"的福利目标之后,不但将受保险人,而且连受保险人的家庭成员的生活风险也保障了起来;不但对生老病死残这些最基本的生活风险保障了起来,而且渗透到生活的方方面面,例如,婴儿福利中甚至考虑到了牛奶和尿布的需要,中小学生不仅免费接受教育而且享受免费午餐,非缴费性养老金代替家庭赡养没有缴纳过养老保险费的老年人。这样一来,家庭需要赡养老人、养育子女等的负担基本由政府承担起来。全民免费医疗不但免除了家长为子女承担医疗费用的负担,而且使每个社会成员都获得了"同等的社会价值"。② 家庭责任弱化了,国家责任增强了;全面的保障使人们在一生的任何阶段,都可以从福利国家受益,由此建立起国家与国民之间的直接联系,显示出父亲般的关爱是英国福利制度最为典型的特征。

英国的社会保障制度体现"最低原则"也是它不同于其他西欧国家的一个特点,政府通过"低入低出"的方法来贯彻"最低原则"。英国的社会保险费率比西欧其他国家低,1999 年,社会保险费占国民生产总值的比重为7.8%,远低于法国的 19.1% 和德国的 19.4%。社会保险低费率决定社会保险基金低收益,进而决定社会保险待遇低水平。所谓"最低原则"是指社会

---

① 〔英〕W.H.贝弗里奇:《贝弗里奇报告——社会保险和相关服务》,劳动和社会保障部社会保险研究所组织翻译,北京,中国劳动社会保障出版社,2008 年,第 1 版,第 6 页。
② 孙炳耀主编:《当代英国瑞典社会保障制度》,北京,法律出版社,2000 年,第 1 版,第 357 页。

保障待遇以能够维持待遇获得者的基本生活需要为限，而不能成为人们收入的主要来源。例如，月基本养老金平均不到 300 英镑，不及体力劳动者平均工资的一半；病假工资最高为每周 55.7 英镑，只相当于最低纳税工资的 80%，领取最长期限为 52 周。德国病假工资最高为受保险人税后工资的 70%，领取期限为 78 周；瑞典病假工资为受保险人工资的 80%。①

二、缩小贫富差距，基本实现社会公平

1982 年，官方"家庭支出调查"机构对 7428 个家庭收支状况调查的结果显示：收入最低的 20% 家庭，由于得到的补贴较多，而纳税较少，其平均收入由最初的 146 英镑增加到了 3224 英镑，增幅为 21 倍；收入最高的 20% 家庭，由于得到的补贴较少，而纳税较多，其平均收入由最初的 17386 英镑减少到了 12258 英镑，减幅为 30%。两者的收入差距由起初的 1：120 变为 1：4，收入均等化政策缩小了贫富差距，体现出社会公平。政府提供各项补贴所需费用主要来自税收，在对个人实行累进税制的地方，高收入者需要多纳税，而低收入者则少交或者不交税，政府通过社会保障制度将劳动人民创造的社会财富再分配给了他们，当然这是劳动人民长期斗争得来的结果。②

按照罗尔斯的差别平等原则分析，在富裕者收入水平提高的同时，贫困者的收入水平也能够相应地得到改善，社会的贫富差距缩小了，就是社会公平的体现。他指出："每个人都从满足差别原则中得利就有了一种意义。"③ 只有存在社会公平，富有者获得财富才会被认为是正当的，贫穷者才能够得到社会的尊重。

三、国家责任几乎完全替代家庭责任

社会保障与家庭责任的关系，反映着一个国家福利制度的根本性质。在英国，死亡和遗属待遇经历了由"劳动保险"到"国家赡养"的一个过程。在许多国家，社会保障首先强调家庭责任，即由挣钱养家的家庭成员抚养子女、赡养老人。在负责养家的家庭成员没有能力养家时，国家才介入干预。

---

① 顾俊礼主编：《福利国家论析——以欧洲为背景的比较研究》，北京，经济管理出版社，2002年，第 1 版，第 132 页。

② 李琮主编：《西欧社会保障制度》，北京，中国社会科学出版社，1989 年，第 1 版，第 99～103 页。

③ 〔美〕约翰·罗尔斯：《正义论》，何怀宏等译，北京，中国社会科学出版社，1998年，第 1 版，第 81 页。

因此,社会保障首先是劳动保险,对劳动者在丧失收入时发生的生活风险提供保障,包括向劳动者本人支付待遇,使他们保持养家的能力,在劳动者死亡后,向其遗属支付待遇,代其履行养家责任。而英国提供社会保障待遇的着眼点不是劳动者收入的减少或丧失,而是劳动者养家的情况。所以,政府在支付劳动者福利待遇的同时,向其养活的家庭成员支付相应待遇,这就等于国家为国民承担起养家的责任。例如,不问家长收入如何,子女都可以享受相应待遇,等于国家为家长承担了部分抚育子女的责任;非缴费性养老金制度的建立,就表明国家代替家庭承担起部分赡养老人的责任。家庭责任逐步弱化,对家庭成员履行供养的责任被国家所替代。虽然公共服务部门工作人员有冷漠的官僚主义表现,但是绝大多数人仍然认为只有国家的或者地方的权威服务最合适,其次才是家庭。[①] 这就使得个人与国家之间的关系十分密切,使得个人无需寻找其他市场保护渠道就衣食无忧,因为政府在很大程度上代替了个人、家庭和雇主的职能,成为每个公民一生中最可靠的保护者。

与其他国家社会保险要求雇主和雇员缴纳社会保险费筹集社会保险基金有所不同,英国的社会保险强调国家的责任。不仅国民保险待遇与收入脱钩,无论受保险人缴纳了多少社会保险费,都可以获得相同数额的待遇,而且国民卫生服务、社会照顾、非缴费性收入支持等的资金都由政府财政承担。例如,国民的住房福利,政府或者承担购房或租房的部分费用,或者通过税收减免,来减轻国民住房方面的经济负担;中小学的教育福利化,也将传统上的家庭在子女教育上的责任转移给了国家。

四、政府干预范围宽,社会再分配力度大

早在 1946 年国家就在中央政府设立了年金和国民保险部,由政府直接经办社会保险,体现出政府在国民保险方面干预程度的深入。与自由市场经济思想主导下的美国保障型社会保障制度以及社会市场经济思想主导下的德国保险型社会保障制度相比,英国在社会保障领域的国家干预范围宽、力度大。国家对社会保障的干预程度主要体现在对社会保障资金的支持力度上。在国际范围,社会保险基金一般都是通过雇主和雇员共同缴纳社会保险费进行筹集,在英国,雇主和雇员虽然也缴纳社会保险费,但是,政府提供一定的社会保险补贴,1985 年,政府补贴占国民保险资金总额的

---

① 〔丹麦〕戈斯塔·埃斯平-安德森编:《转型中的福利国家——全球经济中的国家调整》,杨刚译,北京,商务印书馆,2010 年,第 1 版,第 73 页。

11.5％。① 1999～2000 年度,政府财政预算占社会保险收入的比例为 40％。② 最让国际社会称道的是英国的国民卫生服务,政府对此几乎承担了全部责任,这与没有建立全民医疗保险制度的美国,形成非常鲜明的对比;在对于残疾人的照料方面,德国于 1995 年建立起由雇主和雇员共同缴纳护理保险费的护理保险制度,而在英国,对一般残疾人以及重度残疾人的照料都由政府通过提供相应的待遇解决,这方面的福利程度也高于德国。

政府除了承担社会保险 40％的负担以外,其他社会保障项目的财政支出全部来自公共税收。不仅社会保障的两个最大项目——养老保险和医疗保障覆盖了全体国民,而且自 1985 年以来,仅非缴费性福利(包括未成年人待遇、生育补助、残疾人生活照料津贴、重度残疾人津贴、养老金补助、伤残军人抚恤金及军人遗属抚恤金、房租津贴、租金折扣等 17 项)支出就高达 16828 亿英镑。③ 这些都充分地体现了"二战"以后确立起来的社会保障制度贯彻普遍主义的基本原则。这些福利制度不仅是在受保险人之间进行的再分配,而且是在全体国民之间进行的再分配,国家是国民权利的真正维护者。社会再分配力度大在使低收入阶层得到一定补偿的同时,社会公平得以显现。英国实行的高边际税率的累进税收制度,也使国民税后收入差距甚至财富拥有差距都有所缩小。社会民主主义思想力求实现社会平等,以保证工人能够分享境况较佳的中产阶级所享有的权利,实质性目标是要创造一个更加平等、更加利他的社会。④ 被人们称作"人民福利"国家的英国,高额的预算和福利支出使传统的工人阶级和新中产阶级之间形成一种紧密的社会连带关系,也与国家形成一种紧密的依赖关系。⑤

五、政府管理社会保障事务并承担管理费用

政府不仅承担起社会保障资金的主要责任,同时也承担起社会保障事务的管理责任,在这个领域社会组织几乎发挥不了多少作用。政府设立社会保障部、卫生和社会服务部这些专门的社会保障管理机构,在地方设立分支机构,并雇有管理人员管理社会保障事务,为国民提供便捷服务,管理费用由政府承担,这与由雇主代表和雇员代表组成自治机构管理社会保险事

---

① 孙炳耀主编:《当代英国瑞典社会保障制度》,北京,法律出版社,2000 年,第 1 版,第 44 页。

② 顾俊礼主编:《福利国家论析——以欧洲为背景的比较研究》,北京,经济管理出版社,2002 年,第 1 版,第 130 页。

③ 孙炳耀主编:《当代英国瑞典社会保障制度》,北京,法律出版社,2000 年,第 1 版,第 70 页。

④ 同上书,第 351 页。

⑤ 〔丹麦〕考斯塔·艾斯平-安德森:《福利资本主义的三个世界》,郑秉文译,北京,法律出版社,2003 年,第 1 版,第 327 页。

务、管理费用从社会保险基金中提取的德国相比,政府责任显然要重得多。例如,英国的国民健康服务成本只占总开支的 5%,而德国占到 8%～9%,在以市场化为主导的美国,国民健康服务管理成本占到总开支的 15%～20%。这就表明,国家对卫生行业从业人员开支的控制,比市场化的控制要更加严格。[1] 全面负责社会保险费征收和记录、社会保障待遇提供、儿童津贴发放等社会保障事务的"工作与年金部"的雇员有 12.5 万人,占英国文官总数的 1/4,该部在全国设有 200 多家代理机构,负责管理的政府预算额每年高达 1000 亿英镑,是英国政府中机构最为庞大的部门。[2]社会保障事务主要由中央政府负责,地方政府只负责管理社会服务、住房津贴等项目,费用由中央拨款和地方财政共同承担。

六、国民保险不分行业和地区实行统一制度

国际上有些国家的社会保险制度由中央政府和地方政府分权管理,有些国家在不同行业实行不同制度,有些国家社会保险中的不同险种分别由不同政府部门管理,而英国的社会保险制度统一、管理部门统一(现在由社会保障部管理)。

英国的社会保障制度将普遍主义的要素和以公民资格为基础的权利结合在一起,在促进国民经济稳定与发展中发挥了重要的作用,各种转移支付措施直接向低收入人群提供,使贫困问题得到了很大缓解。各项福利待遇使低收入阶层得到了适当的补偿,从而使社会结构优化,在减少贫困的同时,维护了社会稳定。社会保障制度的实施基本实现了它所预期的避免贫困的目的。

第二节　社会保障制度在避免贫困中存在的问题

英国建立福利国家的初衷是,通过综合性的社会保障体系,来阻止任何一位英国公民陷入贫困。经过半个多世纪的发展,虽然大多数人的生活变得富裕了,但就全社会整体状况来说,离当初所追求的目标仍有比较大的距离。1973 年至 1974 年石油欧佩克价格上涨了四倍,这不但给英国而且给所有经合组织国家的经济发展带来严重打击,使得西方国家自 1945 年以来

---

[1]　孙炳耀主编:《当代英国瑞典社会保障制度》,北京,法律出版社,2000 年,第 1 版,第 349 页。

[2]　周弘主编:《国外社会福利制度》,北京,中国社会出版社,2002 年,第 1 版,第 109 页。

的经济高速发展发生了逆转。依赖于经济高速增长为国民福利提供充足物质基础的计划遭到破坏后，出现了社会福利基金入不敷出的状况，以至于造成财政危机。贝弗里奇报告当年预期的"大多数人的收入风险是可以保险的"状况，在国家对社会保险支付的补贴不断增加、人口结构发生变化而出现不能提供社会保险费的人群在逐渐扩大的情况下，福利制度出现了制度本身所难以解决的问题，人们将这些问题称作"英国病"。

一、高福利增加财政负担，抑制经济增长

英国社会保障支出的重头包括三项内容：一是为低收入者和储蓄额低于某一最低限度的人群提供社会救济费用；二是为缴费性社会保险项目提供财政补贴，主要是为养老金和失业保险金待遇提供；三是为残疾人和儿童提供的无需缴费的社会福利待遇。1979 年，这三项支出在社会保障总支出中所占的比例分别为 16%、75%、9%。但是到了 1997 年，这三项支出在社会保障总支出中所占比重分别上升 35%、47%、18%。从 1978 年到 1997 年，社会保障实际支出水平平均每年增长 4%。这些数据的变化说明，缴纳社会保险费的雇员因社会保险待遇降低导致缴纳社会保险费和储蓄的积极性受到打击，而非缴费性项目支出的增加，极大地加重了政府的财政负担。[1] 2012～2013 年，在政府 6870 亿英镑的福利总支出中，养老金支出为 2000 亿英镑，医疗保健支出为 1262 亿英镑，教育支出为 972 亿英镑，社会促进和社会救济支出为 1490 亿英镑，这些支出占到政府总支出的 80% 以上。[2] 福利支出的比例超过了经济增长率，削弱和减少了扩大再生产的物质基础，产品成本随劳动成本的提高而提高，企业的国际竞争力减弱，高福利成为抑制经济增长的重要因素之一。

二、人们的工作积极性严重受挫

从摇篮到坟墓无所不包的福利待遇产生了"吃大锅饭"现象，部分地败坏了人们的劳动道德，劳动者的劳动积极性下降。由于不工作也能够获得高福利待遇，领取待遇的条件也较为宽松，而工作时的收入过低，使得一部分人产生了福利依赖症，自力更生的能力、首创精神、独立自主的品格被慢慢销蚀。尤其是对于那些有工作能力但没有工作的人，政府仍给他们发放免税的基本生活保障费。收入趋于平等，虽然避免了贫困的增长，但这个政

---

① 刘燕生：《社会保障的起源、发展和道路选择》，北京，法律出版社，2001 年，第 1 版，第 290 页。
② 赵溪等：《英国残疾人社会福利政策及其启示》，《残疾人研究》2014 年第 2 期。

策的负面作用是,它以严重的(特别是年轻化和长期性)失业以及大批增长的福利依赖者为代价的。有些职工放弃低收入或高强度的工作,享受政府提供的失业救济,这种"福利病"实际上体现出的是消极的收入补偿制度导致社会产生道德危机。1999 年,英国官方统计显示,不工作而靠政府津贴为生的单亲父母约为 100 万人,靠长期领取病号津贴的有 175 万人。有 1/7 的劳动者工作时的收入比领取的失业保险金低。[①] 福利制度是建立在市场经济基础上的,而市场经济的特点恰恰在于,个人必须为他得到的物品和服务付费,英国这种与市场经济基础相矛盾的福利制度,是英国经济持续缓慢增长的原因之一。在福利国家追求公平原则和经济发展产生矛盾的情况下,工党甚至保守党为了政治上的利益,也因怵于福利制度的刚性,在对福利制度进行改革时,只是采取小打小闹的措施,而不敢进行伤筋动骨的改造。

高福利所需的高税收,也成为打击劳动者积极性的原因之一。累进税率的提高使得那些高收入者在交纳更多的赋税以后,实际收入降到了比其收入低的人收入水平。这就导致高收入者宁愿意少工作、少挣钱,但也能够获得较高收入的情况产生。高税收还使得职工缺勤现象频发,对企业效益造成不利影响。

三、规则烦琐,机构庞大,效率低下

福利国家建立半个世纪以来,贝弗里奇所确立的福利国家原则被历届政府修来改去,变得保障项目繁多,获取待遇的条件更加严格,审查程序非常繁冗,由此导致机构设置越来越多,使得整个福利领域的人力成本在所有成本中成为最大的一部分。例如,1975 年有 45 种必须经过家境甄别的救济项目,且每个项目都有其不同于其他项目的评估标准,各种规则手册加起来有一万多页。这就使得不仅申请人弄不明白自己的情况适合哪个条款的规定,就连补充救济委员会的工作人员对于烦琐的规定也是一头雾水,他们只能通过尽力阻止人们提出申请来减轻自己的工作压力。在威尔逊政府和希斯政府期间,在有资格提出申请的人中只有不足 50% 的人提出过救济申请。全国 500 多个福利事务所需要 8 万公务员,一年的运作成本高达十几亿英镑,其中社会救济的运作成本是社会保险成本的 10 倍。[②] 国家税务部门和社会保障部门是两个独立的行政机构,分别直接征收个人所得税和社会保险

---

① 刘燕生:《社会保障的起源、发展和道路选择》,北京,法律出版社,2001 年,第 1 版,第 291 页。
② 孙炳耀主编:《当代英国瑞典社会保障制度》,北京,法律出版社,2000 年,第 1 版,第 363、378 页。

费,同时又执行收入免税额和支付社会保障待遇的规定,这两个机构各自为政,各自执行各自的管理标准,造成机构庞大臃肿、人浮于事、由国家支付管理成本不断增加的局面。机构庞大复杂带来的不仅是高人力成本,而且是低工作效率,以至于难以从"工作效率越低,机构就越是膨胀"的圈子里跳出来。

四、没有彻底解决贫困问题

社会民主党和工党所追求的收入和财富分配均等化的目标,从伦理上讲是符合人类的终极需求的。但是在资本主义经济制度下,这个宏伟的目标是无法实现的,尽管政府实行了普遍主义的一视同仁高福利政策,以实现人民相互照顾,尤其是照顾那些不幸的人和匮乏的人,但贫困现象依然存在。烦琐而复杂的家境甄别制度,导致社会服务部门的工作人员为了减轻自己的工作负担而设法使那些实际够资格的申请人不去提出申请,申请人也因无法理解复杂的社会救济规定而放弃申请,这种情况又导致许多真正贫困的人无法摆脱贫困。贫困人口生活在政府划定的贫困线以下,他们主要是低收入者和老年人,以及低收入家庭的儿童,老年人的养老金仅为他们退休时工资的35%,他们领取到的养老金甚至低于国家划定的贫困线。20世纪60年代英国的130万贫困人口占到人口总数的2.3%。[①] 只是20世纪60年代的贫困人口与30年代的贫困人口的不同在于,前者是相对贫困者,后者是生活在恐惧中的绝对贫困者。那些衣食住行和精神生活远远低于他们所生活的社会平均生活水平的人,成为被排除在正常生活模式之外的相对贫困者。[②] 20世纪80年代,英国贫困老年人口比例为29%,在美国为24%,在德国为11%,在瑞典不足1%。[③] 1999年,生活在贫困线以下和略高于贫困线的人口约有1700万,约占总人口的30%。[④] 而且贫困者中的很大一部分是永久性贫困,有近一半是来自父辈的贫困。贫困人口的结构也发生了变化,收入最低的1/5人口中,养老金领取者的人数在减少,而多子女家庭和没有收入的家庭都在增加。[⑤]

---

① 孙炳耀主编:《当代英国瑞典社会保障制度》,北京,法律出版社,2000年,第1版,第365、374页。
② 〔英〕尼古拉斯·巴尔:《福利国家经济学》,郑秉文等译,北京,中国劳动社会保障出版社,2003年,第1版,第165页。
③ 〔丹麦〕考斯塔·艾斯平-安德森:《福利资本主义的三个世界》,郑秉文译,北京,法律出版社,2003年,第1版,第64页。
④ 周弘主编:《国外社会福利制度》,北京,中国社会出版社,2002年,第1版,第115页。
⑤ 〔英〕尼古拉斯·巴尔:《福利国家经济学》,郑秉文等译,北京,中国劳动社会保障出版社,2003年,第1版,第146页。

五、贫富差距进一步扩大

社会保障制度具有较强的收入再分配功能,它不仅是政府控制贫困、实现社会公平和稳定的手段,而且是现代社会法律赋予公民的一项社会权利。英国的福利制度运行六十余年来,不但没有实现它所追求的阻止任何一位公民陷入贫困的目标,而且由于提供津贴的水平没有解决分配不公的问题,而导致贫富差距不是缩小了而是扩大了。统计数字显示,1979~1995 年间,收入最高的 20％家庭,其收入增长了 50％以上;而收入最低的 20％家庭,其收入几乎没有增长。再如,1981 年后,20％高水平养老金领取者的实际收入增加了 60％;而 20％低水平养老金领取者的收入只提高了 20％,养老金领取者之间收入差距不断扩大,使得贫富分化和社会排斥现象更为严重。私人养老金的情况也是一样,20％高水平私人养老金领取者,所领取到的养老金占据 65％~70％。[①] 造成这种状况的原因是就业者得到的社会福利多于非就业者,高收入者得到的社会福利也高于低收入者。在普遍主义福利原则下,消除匮乏缓解贫困的制度导致制度实施出现了平均主义现象,在福利惠及真正需要的人群的同时,也使许多并不贫困的人从中受益。养老金津贴的 50％和 3/4 的儿童津贴支付给了并不是急需的人,这不但增加了政府财政支付的压力,而且进一步扩大了贫富差距。

六、监管制度不健全导致福利基金严重损失

监管制度不健全导致福利基金严重损失主要表现为存在严重的欺诈现象。英国政府估计,在每年的福利支出中,大约有 40 亿英镑被骗取,仅住房补贴每年被骗取的数额就高达 10 亿英镑。参与福利金欺诈的不仅有福利金领取者和不诚实的雇主和房东,而且还有政府官员,甚至存在有组织的犯罪活动。这就会打击纳税人支持福利事业的积极性,对福利事业的健康发展构成危害。为了杜绝福利欺诈现象,英国政府加大了对福利欺诈活动的调查和侦破工作,主要措施有:1997 年颁布的《社会保险欺诈管理法》规定了一个新罪名"不诚实误述罪",同时赋予社会保障部和地方政府以更大的经济惩罚权,并且设立反企业欺诈热线,加强对雇主逃避社会保险缴费的打击;1998 年的《社会保障法》进一步扩大了对雇主和雇员逃避缴纳社会保险费的经济处罚范围。政府强化用法律手段来减少因监管制度不健全而导致

---

① 〔丹麦〕戈斯塔·埃斯平-安德森编:《转型中的福利国家——全球经济中的国家调整》,杨刚译,北京,商务印书馆,2010 年,第 1 版,第 110 页。

的福利基金严重损失的现象发生。①

　　奉行普遍主义的英国社会保障制度的指导思想是,风险防备不应是或主要不是个人的任务,而是国家的任务,社会保障是国家经济不可分割的组成部分,它以高度集中和税收资助占很大比例为特点,目标旨在避免贫困。贝弗里奇报告提出的指导原则是,对于所有受保障人,不论他们因为什么原因失去收入或者收入出现中断,都有权利接受足以提供一种公认是最低限度的生活水准的现金救济,并且只要需要,这种救济就将延续下去。尽管如此,在英国社会仍然存在着大量自认为是贫困的人,他们的收入水平确实是在政府界定的贫困范围内,而且处于匮乏中的为数显著并不断增加的人们,从未像贝弗里奇报告中所承诺的那样,自动地摆脱对贫困的恐惧,而是必须申请需要经过家庭收入和财产状况调查的社会救济。因为政府并不认为解决整个贫困的办法在于健全和完善社会保障法律制度,而是在于资本主义经济的增长和繁荣上。虽然经济和社会的不公平有所增加,且这种不公平是资本主义社会不可避免的特征,因此,社会保障制度在社会财富重新分配中的作用是有限的,在消除和减少贫困中的作用也是有限的。② 但社会保障制度的实施在鼓励社会成员通过积极行动避免陷入贫困中所发挥的积极作用是不能否定的。

---

　　① 刘燕生:《社会保障的起源、发展和道路选择》,北京,法律出版社,2001 年,第 1 版,第 205、206、297 页。
　　② 〔英〕内维尔·哈里斯等:《社会保障法》,李西霞等译,北京,北京大学出版社,2006 年,第 1 版,第 69 页。

第二编

德国合作主义社会保障法律制度

加拿大学者米什拉认为,"合作主义"应被理解为,根据总的国家形势为谋求各种经济和社会目标之间达到平衡状态而在社会层面上实行的三方伙伴主义。所谓"三方伙伴主义"就是指政府、劳工组织和雇主组织建立起的社会伙伴关系,即"合作主义"是指主要利益集团之间的制度化合作。英国历史学家霍布斯鲍姆认为,最早时期(欧洲封建社会)的合作主义意识形态缅怀的是中古世纪或封建社会的古风:虽然有阶级、有贫富,可是人人各安其所,没有阶级斗争,大家都接受自己在阶级制度中的地位。组织化的社会将每个社会群体包括在内,而这些群体或阶层在社会上都有自己的角色和功能,但却合为一个集体性的实体存在。[①] 丹麦学者艾斯平-安德森指出,合作主义的统一标准是普天之下皆为兄弟的博爱精神,即以社会地位、强制性排他性的会员制、互助理念和垄断的代表权为基础。进入现代资本主义,合作主义一般依职业团体而存在,旨在支持传统认可的社会地位界限,并以之作为社会生活和经济活动的组织纽带。当社会福利法制化19世纪末在欧洲大陆产生时,合作主义思潮便扩散开来。[②]《布莱克维尔政治学百科全书》将现代合作主义定义为:"合作主义是一种特殊的社会政治过程,在这个过程中,数量有限的、代表种种智能利益的垄断组织与国家机构就公共政策的产出进行讨价还价。为换取有利的政策,利益组织的领导人应允通过提供其成员的合作来实施政策。"[③]

　　德国的社会保障法律制度是具有"合作主义"特征的典型代表,其基本特点是在厘清政府、企业和个人社会保险责任的基础上,在国家法律框架内,以政府为主导,社会力量共同参与,通过社会契约明确各方权利义务,通过特定的技术机制,使国民收入在代际之间以及不同收入群体之间进行再

---

　　① 〔加〕R.米什拉:《资本主义社会的福利国家》,郑秉文译,北京,法律出版社,2003年,第1版,第153、154页。

　　② 〔丹麦〕考斯塔·艾斯平-安德森:《福利资本主义的三个世界》,郑秉文译,北京,法律出版社,2003年,第1版,第51~52页。

　　③ 〔加〕R.米什拉:《资本主义社会的福利国家》,郑秉文译,北京,法律出版社,2003年,第1版,第156页。

分配,达到为社会成员提供全面有效的生活风险保障的立法目的。德国的社会保障法律制度是德国经济和社会政策的重要组成部分,它的产生和发展,在一定程度上缓和了资本主义社会的阶级矛盾,平衡了不同利益集团之间的对立和冲突,为德国的经济发展、社会进步产生了积极作用,并为其他工业化国家和许多发展中国家树立了典范。德国因首创了社会保险制度,而在世界社会保障法的发展史上占有了特别重要的地位。

第一章　社会保障法律制度建立和
发展的理论基础

纵观各个国家社会保障法律制度的演变,不难发现每个国家的社会保障法律制度都受到国内不同党派、不同政治力量的影响,而每个党派的政策都以一定的学说为基本理论依据。德国社会保障法律制度的产生和发展具有雄厚的理论基础,其中历史学派、凯恩斯主义、社会民主主义理论、社会市场经济理论,都曾对德国社会保障法律制度的建立和发展发生过重要影响。

第一节　历史学派的理论

19世纪末,是德国工业革命与资本主义化发展最快的时期,德国的工业发展水平已居欧洲各国之首。为了争夺国外市场以更多盈利,英法等列强对世界进行瓜分,许多国家成为他们的殖民地。以工业和银行业为基础的德国金融财团为了获得在国外市场的竞争力,于是发动了重新瓜分世界的第一次世界大战。这个时期随着劳动力商品化地位的强化,工人的处境也非常艰难,劳资矛盾日益激化,罢工运动风起云涌,社会上要求建立适应社会工业化的社会政策的呼声日益高涨。国家也开始酝酿建立社会保障制度,时任首相俾斯麦认为,德国是拉萨尔的"讲坛社会主义"和瓦格纳的"国家社会主义"两种思潮的交汇点,也正是这两种思潮对德国社会保障制度的建立产生了巨大影响。

1845年左右,德国开始大规模输入英国的机器和熟练劳动者,由此拉开工业革命的序幕。德国工业革命初期的经济思想是从英法两国输入的,这些外来的经济思想有利于较为先进的英法两国,而不适合新兴产业还比较脆弱的德国。为了保护和发展德国的民族经济,以对抗英法等发达资本主义国家推行的经济自由主义理论和政策,以德国经济学家威廉·罗雪尔等为代表的旧历史学派应运而生。旧历史学派盛行于德国工业革命初期,他们反对自由放任主义,主张国家政策对内应消除旧的经济制度,建立商品自由流动的新秩序以促进资本主义经济体制的形成;对外应采用关税保护政策以抵制英国产品倾销,维护国内新兴产业发展。

19世纪70年代,德国工业因为有了突飞猛进的发展而进入成熟时期,而这时因资本家对工人残酷压榨而导致的劳资矛盾成为社会主要矛盾。德国许多经济学家认为自由放任主义和社会主义革命都不能够解决当下的问题,在这样的社会环境下,以施穆勒、拉萨尔、阿道夫·瓦格纳等为代表的新历史学派应运而生。这些大学教授利用大学讲坛宣传社会改革,主张通过社会改良过渡到社会主义,因此被称作"讲坛社会主义"。虽然新历史学派是旧历史学派的继承者,但是它与旧历史学派有一个显著的区别,那就是强调伦理道德因素在经济生活中的地位和作用。

施穆勒等新历史学派代表人物认为,德意志帝国面临的最严重的社会经济问题是劳工问题,而劳资冲突是一个伦理道德问题,是劳资双方在感情、教养和思想上的差距引起的对立而不是经济利益上的对立,因而不需要通过社会革命来解决。他们主张国家至上,认为在进步的文明社会中,国家的公共职能不应局限于安定国内秩序和发展军事威力,还必须直接插手经济社会生活的管理,凡是个人经过努力不能达到或不能顺利达到的目标,都应当由国家来实现。国家应通过制定劳动保险法、社会救济法等法律直接干预经济生活,自上而下地实行新的社会改革,负起"文明和福利"的职责,就能缓和劳资矛盾。[1] 他们主张在维护现存资本主义体制的基础上,吸收社会主义的一部分理想,保护劳动者的正当利益,把分配过程中的若干弊端,依立法和行政手段加以消除。德国著名的历史学家博恩就新历史学派思想对德国经济社会政策影响作出这样的评价:"讲坛社会主义者的思想给德国的社会政策以最强有力的推动。"[2]

施穆勒认为,我们虽然不满意现实社会的诸种关系,但我们不能冒昧地打破一切现存关系。我们应当知道,历史的进步是数世纪累积的结果,有着深厚的大众心理基础。为此,我们要慎重地施行工厂立法,以不至于酿成剥削劳动者的劳动契约,缔结劳动契约时给予劳动者以完全的自由。国家应当重视劳动阶级,以避免其生活在压迫的劳动条件下。他认为,要改变国家不干预经济的观念,国家除了维护社会秩序和国家安全外,还具有文化和福

---

① 郑秉文等主编:《社会保障分析导论》,北京,法律出版社,2001年,第1版,第19页。
② 〔德〕乌尔夫·迪尔迈尔:《德意志史》,张载扬译,北京,商务印书馆,1991年,第1版,第389页。转引自丁建定:《西方国家社会保障制度史》,北京,高等教育出版社,2010年,第1版,第77页。

利的目的。国家应兴办一些公共事业来改善国民生活，通过提高工人物质生活水平来缓和阶级矛盾，维护统治阶级利益。国家可以在不触动资本家利益的前提下逐步实现社会主义，国家的责任不仅是维护社会秩序和国家安全，还是集体经济的最高形式，是公务机关。国家应担负起"为其臣民的幸福和福利负责"的任务，采取保护措施，改善工人的生活和劳动条件。这些既反对"斯密的自由放任资本主义"又反对"马克思的社会主义"的主张被俾斯麦政府所接受，成为德国制定一系列社会保险法的理论依据。①

新历史学派的代表人物拉萨尔则主张"国家社会主义"。他认为，国家是超阶级的组织，是凌驾于一切人之上的普遍利益的代表，是整个民族的共同体。他认为工人阶级的贫困是由铁的工资规律造成的，解放工人阶级的唯一道路是废除铁的工资规律。他认为，单靠工人个人是无济于事的，只有通过建立工人合作社才能够实现社会主义，而要建立工人合作社，就需要国家的帮助。他认为，除了无产阶级，其他阶级都是反动的。他反对无产阶级和资产阶级、小农联合起来推翻专制统治。他否认国家是阶级统治的机关，认为通过超阶级的国家帮助才能够消灭资产阶级。在他的思想影响下，为了笼络工人打击自由主义，普鲁士政府实行了一些提高工人福利待遇的政策。

阿道夫·瓦格纳也是国家社会主义的直接鼓动者，他曾辅佐俾斯麦首相创建德国社会保险制度。他认为，德国的社会改革是在上层阶级道义的反省之下，以国家权力为主体，让劳动阶级被动地成为国家社会主义的受益者。通过征收累进税以缓和现在商业制度所造成的财富不平等，减损资产阶级所得，提高劳动者所得。通过国家举办社会保险，以保障劳动者正常生活。劳动者生活如得到改善，他们便会由现存社会秩序的诅咒者变为现存社会秩序的支持者。政府对于国民经济生活的干涉及地方自治团体统治权的扩大，会逐渐接近社会主义门口。所谓实行部分社会主义，就是对所有的分配不均现象予以调整。财产分配的私有制不可消除，只能将其差距缩短，却不可没有差距。②瓦格纳和俾斯麦的思想都源自于对资本主义带来的全面的社会结构调整和阶级对抗的憎恶，认为保持畅通的社会关系才能达到社会融合，他们对严格的等级制度、合作主义及个人或家庭对于家长或国家绝对服从的宗法制度的偏爱，成为持守保守主义的基础。

---

① 李珍主编：《社会保障理论》，北京，中国劳动社会保障出版，2001年，第1版，第39页。
② 和春雷等：《当代德国社会保障制度》，北京，法律出版社，2001年，第1版，第51页。

第二节　凯恩斯主义理论

1929～1933 年资本主义世界经济危机使以市场自由经营论为中心内容的新古典经济学丧失了统治地位。1936 年,在席卷资本主义国家的经济危机期间,经济学家凯恩斯出版了《就业、利息和货币通论》。在该书中,凯恩斯提出了有效需求不足理论以及国家干预经济思想。他认为,一个国家的总就业量取决于有效需求的大小,经济危机和失业是由于有效需求不足造成的。所谓"有效需求"是指能够给资本家带来最大利润量的社会总需求。而完全依靠市场机制不能使总需求和总供给相等,萧条和失业就不可避免地会发生,必须依靠国家干预才能建立起使资本主义经济实现充分就业的调节机制。在他提出国家干预的思想中,主张通过累进税和社会福利等措施重新调节国民收入的分配,通过财政转移支付,对失业者、贫困者给予救济,从而刺激总需求。因为国家通过社会保障制度对福利领域的干预,将富人的部分收入转移给穷人,有助于增加消费倾向,是实现宏观经济稳定的"有限"再分配手段。国家对经济的干预和调节,不是要完全取代市场机制,而是为了弥补和修正市场功能的缺陷。

国家干预经济的作用机理在于:在经济萧条时,社会保障收入增加缓慢,而支出增加迅速;在经济繁荣时,社会保障支出增加缓慢,而收入增加迅速。社会保障收支的一快一慢,将自动作用于总需求,进而起到调节和缓和经济波动的稳定器作用。凯恩斯的理论从结构上扩大了社会政策应干预的范围,"充分就业"不仅仅事关贫苦工人的生存问题,而且关系到整个资本主义经济体系能否顺利运转的问题。凯恩斯第一次将社会政策的出发点从社会伦理的角度转到维护整个现存制度生存上来,他认为节俭虽然符合道德规范但对社会不利,政府举债支出虽然使财政出现赤字,却可以使社会走向富裕,并有利于解决就业问题,这是一次重大的历史性转折。从此,社会保障制度不再是只为穷人撒下的安全网,而是为现存制度撒下的安全网。直到 20 世纪 70 年代,凯恩斯的社会保障是"内在稳定器"的理论不仅对大多数资本主义国家而且对一些发展中国家社会政策的制定产生了重要影响。[①]

20 世纪 60 年代后期,凯恩斯主义也被德国政府在制定社会保障法律制度时采纳,于是新自由主义与凯恩斯主义相结合的"总体调节"的市场经济政策得以确立。社会市场经济主张实行"市场自由原则和社会均衡原则

---

① 郑秉文等主编:《社会保障分析导论》,北京,法律出版社,2001 年,第 1 版,第 21、22 页。

相结合"，他们认为市场的力量是社会进步的基础，而社会安定又是市场充分发挥作用的保证。因此，不仅要在经济利益和经济权利方面尽可能做到公平，而且要实行"经济人道主义"。为此，必须实行"根据市场经济规律进行，并以社会（因素）为补充和社会保障为特征的经济制度"，这就是"经济效益"加"社会公平"的市场经济模式。但是，国家需要通过行政和立法的手段，对经济自由竞争带来的贫富悬殊、弱肉强食等社会弊病加以调整和纠正。新自由主义与凯恩斯主义相结合加速了德国社会保障制度发展。

第三节　社会民主主义理论

马克思的弟子拉萨尔是马克思主义在德国的宣传家，他于1863年建立了德国劳动者联合会。他是一个实干家，曾秘密会晤俾斯麦，与俾斯麦商议如何聚集更多的人来实现当下具体且明确的目标，提出普选和由国家出资成立生产者协会的要求。瓦格纳吸收了社会主义理论家拉萨尔等人的国家理论，成为国家社会主义的主要推动者。为了在社会主义者自己的领域里与高涨的社会主义思想和工人运动作斗争，俾斯麦与瓦格纳经常会晤，他从与拉萨尔和瓦格纳的讨论中受益匪浅。他认为，建立由国家领导并由国家出资的社会保险制度是使工人离开社会主义革命的最好方法。应当接近工人并考虑其要求，同时遏制工会与工人政党，以此来对付不断成长壮大的社会民主党，并加强国家对贫困阶层的影响。因此，社会保险制度的建立成为"国家干预合法化"的基石。①

德国社会民主党历经铁血宰相俾斯麦"反社会主义者法令"的镇压和希特勒法西斯的血腥屠杀的严峻考验，锤炼成为德国历史最悠久、人数最多、政治上举足轻重的大党，是推动德国社会前进的主要政治力量之一。它奉行的基本理论和政治纲领是社会民主主义。社会民主党的推动和社会民主主义思想的影响，对德国社会保障法律制度的建立发挥过一定的作用。社会民主党信奉马克思主义，他们认为，马克思和恩格斯为社会主义奠定了科学基础，在他们的政治纲领中充满了马克思主义思想。由于他们奉行的基本理论是基督教伦理，追求的是民主社会主义或者社会民主主义，因此，他们把改善人民生活作为党的主要奋斗目标，并且致力于建立健全的社会保

---

①　〔法〕卡特琳·米尔丝：《社会保障经济学》，郑秉文译，北京，法律出版社，2003年，第1版，第11页。

障体系。

早在 19 世纪下半叶,马克思主义的科学社会主义思想逐渐深入到工人阶级中间,社会主义政党出现在了德国的政治舞台上,在社会主义政党的推动下,德国的工人运动如火如荼地发展起来。工人运动的发展,一方面要求政府实施保护劳动者权益的社会政策,一方面自发地组织起各种互助互济基金会,在收入很低的工人们遭遇生病、失业、死亡、丧失劳动能力等不幸事件时提供经济上的帮助。这种自愿组织起来的互助基金会,在 1880 年底有 6 万名会员,5 年以后的 1885 年猛增到了 73.1 万名。[①] 社会民主运动的空前高涨,给当时的德意志帝国政权带来很大压力。为了阻止工人跟着社会主义政党走,也为了瓦解包括互助基金会在内的各种群众自发组织,在 19 世纪晚期,德意志帝国制定了一系列旨在安抚工人群体,调和劳资关系,给工人以更多生存权利的社会保险法。社会民主党在领导工人开展政治斗争的同时,还把争取工人阶级生活条件的改善、迫使政府制定社会福利法作为自己的重要斗争内容,极大地推动了德国社会保障制度的建立。

20 世纪西方发达国家的某些社会主义者和社会民主主义者逐步把国家政权看成是中立的力量,认为民选的国家应当也可以通过制定各种社会福利政策对经济和社会生活进行有效干预,国家机器是为全体社会成员服务的工具,而为全民服务的途径是实行社会干预政策,以逐步达到消灭剥削、消除社会不平等的目的。自称为社会主义者的蒂特穆斯宣称,所谓社会福利的问题应当也只能是,“当我们这个社会变得富裕起来以后,我们社会的成员是否应当在社会、教育和物质方面更加平等?”他们认为,经济增长不一定能够自然而然地解决社会上的贫困问题,自由市场经济的发展也未必能为消费者普遍地提供更多的选择和社会服务,迄今没有任何确凿的事实可以证明自由市场经济能够消除人间的歧视和屈辱,能够提高人类的福利。只有实行社会福利政策才能够达到消除不平等,创造美好生活的社会目标。如果不通过国家干预对社会进行改造,而是片面地强调发展市场经济就是“坏的冒险”。他们要求放弃关于社会主义理想本身正误的争论,而应集中精力探讨实现社会主义的途径。蒂特穆斯的社会主义价值观是与芝加哥学派的弗里德曼的新自由主义价值观相对立的价值观念。[②]

德国理论家爱德华·海曼认为,社会政策具有两面性:一方面它是支撑和拯救资本主义制度的绝妙工具;另一方面它又作为一种异己力量,威胁和

---

①　和春雷等:《当代德国社会保障制度》,北京,法律出版社,2001 年,第 1 版,第 17 页。

②　李琼主编:《西欧社会保障制度》,北京,中国社会科学出版社,1989 年,第 1 版,第 157、160 页。

削弱着资本主义统治。基于爱德华·海曼的分析,社会主义者支持采取"渐进革命"的策略。他们认为,社会权利范围的扩大和质量的提高,是开展更高阶段斗争的前提条件,而不是最后的胜利果实。因为工人获得保障就不可避免地限制了雇主的控制范围,因而使得他们更接近自己的最终奋斗目标。

社会主义者将保守的改良主义与社会主义目标融合在了一起,并最终接受福利国家作为其长期事业的中心目标。造成这种混合状态的原因有二:一是需要对马克思主义的核心问题——"能力与需求"之间的关系作出解释。如果社会改良是社会需求的根本所在,那么社会主义者的作为就落入了自由主义的模式中,即家计调查以及按照穷人的实际生活水准提供福利待遇。虽然社会主义者所争取的是提高福利待遇标准,提高底层人民的社会地位,但是他们又认为,救助式的制度类型是最具平等性质的,因为它所帮助的是真正的贫困者。二是早期的社会主义者从"工人利益社会观"的角度出发,主张政府为工人提供基本的、最低标准给付,提供给付的项目限于老年、疾病、工伤、失业等人类需求的核心领域,目标是消除贫困,而不是真正把工人从市场中解放出来。而要把工人真正从市场中解放出来,就需要使提供给付项目超过基本需求,给付标准达到该国的正常收入和平均生活水平。

受"工人利益社会观"的影响,工人政党始终把自己看作产业工人阶级利益的捍卫者。当社会主义者转身为所有劳苦大众的代表时,工人政党也转向支持覆盖范围更为广泛的社会政策。例如,在工人生育、接受继续教育、履行家庭责任甚至是休假时,也能够获得政府提供的收入,使他们的生活水平在这些情况下不至于下降。社会主义者的这些就社会权利的性质和约定而非生存本身的观点,是主张将社会权利最大化和制度化,一旦社会主义模式得到充分发展,将有利于工人阶级地位的非无产阶级化:工人与工作的关系将逐渐接近于特权阶层(例如公务员)在过去几十年甚至几个世纪以来所享有的状态。[1] 他们认为,效率和最佳劳动生产率的取得,不仅寄希望于受过良好教育的、营养充足健康的工人,而且当工人获得充足的收入保障时,更易于推动现代化和技术的迅速变革。[2]

1951 年 6 月,在法兰克福召开的社会党国际成立大会上通过的《民主社会主义的目标和任务》是社会民主党阐述自己理论纲领的主要文件。它主张,在政治上保障"民主、自由、平等"的人权,在经济上要"充分就业,增加

---

① 〔丹麦〕考斯塔·艾斯平-安德森:《福利资本主义的三个世界》,郑秉文译,北京,法律出版社,2003 年,第 1 版,第 51~52 页。

② 同上书,第 166 页。

生产,提高生活水平,实行社会保险与收入和财产的公平分配",实现"政治民主、经济民主与文化民主"的民主社会主义制度。社会民主党的纲领和政策,在相当程度上代表工人阶级和广大中产阶级的利益和愿望,赢得他们在政治上的支持。

1959 年,社会民主党在《歌德斯堡纲领》中提出了社会民主党在社会福利方面的目标:"作为社会福利国家,它必须为它的公民的生存提供保障,以使每一个人都能以自我负责的精神实行自决,并促进一个自由社会的发展。"同时主张将民主社会主义的目标变为党的政策,指出"每一个公民在年老、丧失就业能力或自立谋生能力或者在家庭供养人死亡时,都有权从国家得到一笔最低限度的养老金",每个病人的"医疗措施必须从经济上得到充分的保证""必须通过个别照顾和社会救济措施来充实普遍的社会福利事业",把实现符合"人的尊严"的"社会保障制度"作为党的社会责任。1969年,社会民主党在大选中获胜,在它执政的 13 年期间,德国的社会保障事业得到了空前的发展。[①] 1975 年,德国社会民主党在《八五大纲》中指出:"社会民主党为争取一个民主的和社会公正的社会制度而采取的政策,需要得到多数人民的信任。这一政策必须确保充分就业和经济的稳定发展,同时还必须顺利推行改革。……这种信任基础还应该包括维持社会福利国家对人民的保障,特别是对经济上和社会上的弱者的保障。"[②]

社会民主主义与马克思主义的最大分歧是,它主张在不触动资本主义现存制度的条件下,通过改良可实现改善工人阶级的生活和劳动条件,并一直把议会民主制看成从资本主义向社会主义过渡的唯一形式。他们接受了私有财产和市场机制的作用,认为他们的目标可以通过某种形式的混合经济才能更好地实现。社会民主主义者把自资产阶级革命以来形成的自由、民主的理想,从政治领域扩大到社会经济领域。他们认为,民主也是社会经济生活的组织方式。国家应当将管理职能扩展到社会经济领域,一方面通过高额累进税去限制私人资本,另一方面通过建立社会保障制度来消灭贫困,实现国民收入的公平分配和充分就业,扩大社会福利,最终实现社会主义制度。在社会民主主义者看来,通过建立社会保障制度,国家不再是维护资产阶级利益的统治工具,而成为代表全体人民利益的"权力共同体"。社会保障制度极大地减轻了资本主义的罪恶,使市场体制更加符合社会主义

---

① 李琮主编:《西欧社会保障制度》,北京,中国社会科学出版社,1989 年,第 1 版,第 210~212 页。

② 〔德〕托玛斯·迈尔:《社会民主主义导论》,殷叙彝译,北京,中央编译出版社,1996 年,第 1版,第 119 页。

目标。由于在社会民主主义运动中组建的各种政治团体对政府决策产生的影响,使国家在社会保障制度的建立和改革过程中发挥着主导作用。①

对社会保障制度产生影响的理论虽然很多,但从以上分析可以看出对社会保障制度的建立和发展产生决定性影响的是社会主义思想。"尽管劳工阶级遭受了挫折,这些反抗使有产阶级产生了敌意,但社会主义思想却仍然开始在欧洲国家中产生广泛影响。一个接着一个国家开始引入社会福利措施。"②社会主义思想最终促成了国家对公民社会权利的法律保护。

第四节　马克思主义福利理论

对于社会福利问题,马克思没有专门的论述。他在探索造成人的生存条件恶化的社会原因时指出,阶级剥削是造成工人受制于机器的根源。这种剥削过程之所以能够存在,是因为经济上占统治地位的阶级利用手中的经济实力使自己上升为政治上的统治阶级,并利用政治权力维护其经济剥削。资本主义的国家机器就是维护资产阶级经济和政治统治的工具,因此必须打碎旧的国家机器,实行社会主义公有制和无产阶级专政,人民的福利需求才能取代资本积累而成为生产的目的。他在研究维多利亚女王(1819~1901)时期国家为限制资本家对工人的剥削而减少工时的社会立法时指出,这些立法是尊重工人的人权、限制资本家自由的尝试,是工人反抗非人道的生活和劳动条件进行斗争的结果,是工人对资本家的第一轮胜利。但是,这种资本主义条件下的社会主义模式的形式和内容可能迫于政治压力而扭曲。可见马克思对社会主义的福利能否在资本主义条件下发展持有怀疑态度。③ 然而,在社会化大生产中,"大工业在瓦解旧家庭制度的经济基础以及与之相适应的家庭劳动的同时,也瓦解了旧的家庭关系本身。"④因此,国家有必要建立社会保障制度。1848 年,马克思、恩格斯在《共产党在德国的要求》一文中就提出:"建立国家工厂,国家保证所有的工人都有生活资料,并且负责照管丧失劳动力的人。"⑤马克思认为,利润的一部分

---

① 和春雷等:《当代德国社会保障制度》,北京,法律出版社,2001 年,第 1 版,第 37 页。

② 黄金荣:《司法保障人权的限度——经济和社会权利可诉性问题研究》,北京,社会科学文献出版社,2009 年,第 1 版,"导论"第 27 页。

③ 李琮主编:《西欧社会保障制度》,北京,中国社会科学出版社,1989 年,第 1 版,第 165 页。

④ 《资本论》(第 1 卷),北京,人民出版社,1975 年,第 1 版,第 536 页。

⑤ 《马克思恩格斯全集》(第 5 卷),北京,人民出版社,1958 年,第 1 版,第 4 页。

即剩余价值的一部分,必须充当保险基金,"保险必须由剩余价值补偿,是剩余价值的一种扣除。"①

德国马克思主义者克劳斯·奥佛认为,福利国家的建立并没有改变资本主义社会存在的贫困和富足并存的现象,福利国家并不代表资本主义社会结构性改变。当国家向下层社会表示家长式关怀时,中上等阶层则设法获取更多的社会福利和更好的社会服务,国家福利政策中更大比例的好处被他们所攫取。②

马克思主义者对于民主社会主义者认为的、福利国家是从资本主义向社会主义转变的一个过渡阶段的观点无疑是不能接受的。他们认为,福利国家是统治阶级交付的赎金,从好的方面来说,它是一种处理社会问题和经济问题的表象而不是原因的制度;从坏的方面来说,由于它支持了资本主义制度,因而它是有害的,统治阶级正是通过福利制度达到维持社会秩序以及减少社会冲突、降低工人阶级对资本主义统治的敌对态度的目的。他们指出,福利国家既体现了增加社会福利,发展个人权利,增加社会对市场力量盲目性作用控制的趋势,同时又体现了镇压和控制人们,使他们适应资本主义经济要求的趋势,因此它的作用是矛盾的。③

第五节　社会市场经济理论

社会市场经济设想源于 20 世纪 30 年代,其早期理论有两大学派:一是以著名经济学家瓦尔特·欧肯为代表的弗莱堡学派,该学派主张实行一种国家有所调节的资本主义市场经济,即在尽可能让市场力量自行调节经济活动的同时,运用国家调节手段影响经济的总体条件和整个活动。欧肯一方面极力推崇自由竞争,认为建立和维护经济中的竞争形式就可以保证最大的福利,另一方面他又反对自由放任,主张政府适度干预,他认为自由放任会导致垄断,而垄断会窒息个人创造精神,并必然伴随有周期性波动,因此政府要限制垄断并削弱卡特尔的势力。这种以竞争为核心推动经济发展进程以及政府适当干预调节以维护竞争秩序的观点,为后来社会市场经济体制奠定了重要的理论基础。二是以亚历山大·吕斯托和威廉·勒普克为

① 《资本论》(第3卷),北京,人民出版社,1975年,第1版,第958页。
② 李琮主编:《西欧社会保障制度》,北京,中国社会科学出版社,1989年,第1版,第166页。
③ 〔英〕尼古拉斯·巴尔:《福利国家经济学》,郑秉文等译,北京,中国劳动社会保障出版社,2003年,第1版,第66～67页。

代表的新自由主义学派。吕斯托认为，政府对经济的干预政策有弊无益，而且是对自由、竞争原则的最大挑战。勒普克认为，自由和竞争是市场经济制度的核心，国家的经济政策、经济立法都应当围绕着这一核心进行，反之将会给社会带来危害。这两大学派的共识是，第一次世界大战后所进行的各种经济政策尝试和国家干预，既没有保证经济稳定，也没有制止政治危机。这一共识成为主张社会市场经济的思想家们探索一种新的有社会指导的经济制度的动力。[①]

　　第二次世界大战后，被德国称作"经济奇迹之父"的路德维希·艾哈德，在继承和发展早期新自由主义者们的社会市场经济理论的基础上，建立了被称作新自由主义经济学的社会市场经济理论，该理论成为战后德国社会保障制度发展的主要理论基础。艾哈德认为，传统的自由市场经济政策与"二战"以后德国实行的集中统制经济政策都难以解决德国经济社会发展所面临的问题。德国经济社会的发展应该在自由市场经济和高度统制型经济政策之间寻找一条中间道路。他主张限制国家干预经济的权力，确保市场自由竞争和生产资料的私人所有，在竞争的基础上，将市场自由原则和社会均衡原则结合起来。按照他的经济理论，一方面市场的力量是社会进步的基础，因为竞争是经济发展的保证，是通往繁荣的必由之路，正如他在《德国的报告》一书中所说："只有当经济处于竞争状态的时候，它才能刺激经济的进步和劳动生产率的提高，才能使消费者从价格的降低和质量的提高中得到好处"；另一方面社会安定又是使市场充分发挥作用的保证，因为 20 世纪30 年代以后的自由竞争的市场机制，已经完全不同于 19 世纪以前的毫无控制的自由放任的市场机制，而是一种必须辅之以国家调节的市场经济，正如他在《成功的经济学》一书中所说："国家也要负责社会的有些经济政策，以保证贸易的顺利进行和经济的稳定增长。"[②]

　　艾哈德认为，必须实行"根据市场经济规律进行的，并以社会为补充和社会保障为特征的经济制度"，亦即社会市场经济。艾哈德的社会市场经济是一种既能根据市场经济规律运行，又能保证社会安全和经济秩序的经济政策。根据这种经济政策，对于自由竞争的市场经济所产生的许多弊病，特别是贫富悬殊、两极分化及由此引起的社会矛盾需要通过国家调节手段来予以纠正。一方面对占财政收入最大比重的所得税，通过累进税制实行再分配；另一方面通过财政转移支付来实行国民收入的再分配。其基本目标

---

　　① 陈建：《政府与市场——美、英、法、德、日市场经济模式研究》，北京，经济管理出版社，1995年，第 1 版，第 184～185 页。

　　② 同上书，第 186 页。

是实现"全民福利",其基本手段是以自由市场机制调节为主,国家有限干预次之。① 有学者将德国的这种社会市场经济称之为"混合经济体制"。②

德国联邦卡特尔局局长卡特教授和波鸿大学克劳斯教授对于社会市场经济的理解是,社会市场经济是介于资本主义经济和社会主义经济之间的第三条道路。社会市场经济意味着走一条与资本主义和中央调控截然不同的独特道路。它的目标是货币稳定、充分就业、国际收支平衡、经济增长、公平的收入分配和社会公平,它们构成统一的相辅相成的整体。而汉堡世界经济研究所前所长佐托夫斯基则认为,这并不是第三条道路,而只是对传统自由资本主义经济体系的改善。社会市场经济建筑在私人资本主义所有制基础之上,与其他发达资本主义经济没有根本差别,因而是一种改良了的资本主义市场经济。

而艾哈德则认为,社会市场经济一方面主张国家干预,但这种干预又区别于社会主义国家的管制。社会市场经济所要的是国家有限干预下的自由竞争,通过国家适当干预来维持正常的竞争秩序,以自由竞争来实现经济繁荣。他认为,在自由放任的市场经济中,贫富对立是一种普遍的现象,社会市场经济与自由放任市场经济的根本差别就在于,前者追求的目标是消灭贫富之间的差距和对立,使全体国民都享受到社会发展所带来的成果。他认为,"现代社会阶级组织分为两个阶层,一个是人数很少的什么都买得起的上层社会,另一个是占人口大多数的购买力相对不足的下层社会。社会市场经济的目标是要打破阻碍社会向前发展的阶级界限,消除穷人和富人之间的敌对情绪。为了达到这样一个目标,必须在生产领域内依靠竞争;在分配领域内依靠社会保障。"③为此,不仅要在经济利益和经济权力方面实现最大限度的公平,而且要实行经济人道主义,使人们在丧失劳动能力或遭遇不幸而生活陷入困境时能够获得保障。

但是艾哈德反对福利国家的口号,他认为,现代国家应当不断地增加社会福利,但有效的社会福利计划必须以不断增加国民收入为前提。在国民收入没有大幅度增加的情况下,用增加社会福利支出的办法来提高大众福利,其后果事与愿违。在国民收入不增加的情况下,增加福利支出,将会埋下通货膨胀的隐患,使得社会福利成为无源之水。而且高福利会销蚀人们的工作热情和进取精神,破坏经济发展。因此,社会市场经济所要实现的大

---

① 顾俊礼主编:《福利国家论析——以欧洲为背景的比较研究》,北京,经济管理出版社,2002年,第1版,第17页。

② 成新轩主编:《国际社会保障制度概论》,北京,经济管理出版社,2008年,第1版,第132页。

③ 和春雷等:《当代德国社会保障制度》,北京,法律出版社,2001年,第1版,第22、29页。

众福利并不是以收入分配公平为目标的再分配政策,也不是由政府不断增加福利支出来实现的,而是通过发展生产来实现的。艾哈德非常注重经济发展与社会公正的协调,他说,"我所最关心的不是分配问题,而是生产与生产率的问题,解决的办法不是在分配方面,而是在增加国民收入方面。"他认为,经济的发展是社会福利发展的基础,通过发展经济来增加福利,远比通过无益地争论用不同方法分配国民生产总值来谋求社会福利更为有效。经济成果是社会进步的基础,只有发达的经济才能提供高水平的社会保障。可见,艾哈德虽然主张实现社会公平,但是并不主张通过收入再分配政策来实现社会公平和大众福利,而是认为发展生产、提高生产率,才是实现大众福利的首要条件,有效的社会福利必须以不断增加的国民收入为前提。[1]

艾哈德指出,如果社会政策的目的在于使每个人从一出生就得到全部的社会保障,绝对没有任何社会风险,我们就不可能指望他们的精力、才干、创业精神与其他优秀品质得到充分发挥,而这些品质对于民族生存与发展却是至关重要的。他将竞争概念引入社会保障领域,认为争取社会福利的最有效手段就是竞争。"我所理解的中产阶级,无外乎这样一个社会群体,他们出于自身的责任感准备用自己的劳动来保障自己的生存。中产阶级必须作为价值提出的'质量标准'是:对自己命运的自我责任心,独立生存,并且有用自己的劳动坚持到底的勇气。"他指出,自愿、自由并自我负责地克服生活风险,是自由经济与社会制度中独立生存的必要前提。在市场经济中,独立自主意味着从自我动力和责任出发从事独立职业活动,这种独立职业活动一方面尽可能捕捉经济发展的机遇,同时也必须承担由此带来的经济风险。因此,必须要求独立职业者要对社会生活风险自我负责。在自由经济制度中,既给每个公民独立活动和独立生存的机会,又通过国家强制措施减轻他们个人生活的独立责任,这样的做法是自相矛盾的也是不负责任的。

他指出:"社会保障当然是好事,也是十分需要的,但是社会保障必须主要是依靠自己的力量、自己的劳动和自己的努力得来的。社会保障不等于全民的社会保险,不等于将个人的责任转嫁给任何一个集体。开始时必须实行个人自己负责,只有当个人负责还嫌不足或者必须停止时,国家和社会的义务才发挥作用。"他认为,任何经济制度的目的,都是为了把人从经济匮乏中解放出来,物质生活的匮乏使人们陷入利己主义,因此只有社会福利的增加,才能使人们摆脱原始的利己主义思维。社会福利能够增强人们的安全感,人们才能够认识自我、人格和尊严,才有希望从利己主义中解放出

---

①　李琮主编:《西欧社会保障制度》,北京,中国社会科学出版社,1989 年,第 1 版,第 210 页。

来。人们的生活有了保障，人们才能够更好地区分真善美和假丑恶。① 他指出，政府通过税收措施和直接的资助补贴来调节收入分配，以保证社会均衡和公正，"为了全体人民的富裕，不能让富人变穷，而是让穷人变富"，政府需要建立社会保障制度。②

联邦政府接受了艾哈德建立社会市场经济的主张，并以它作为国内经济政策的指导思想。以艾哈德等人为代表的新自由主义经济学家的经济理论是德国经济政策的主要指导思想，社会保障制度是社会市场经济的重要组成部分，"社会公平"和"社会安全"是社会保障制度的基本原则，社会保障体系不以政府为主体而是强调社会自治。战后几十年，德国明确且一贯地信奉艾哈德的社会市场经济理论，社会市场经济成为各届政府制定经济政策和使用调节手段的原则和依据。从本质上看，德国的社会市场经济是国家有所调节的资本主义市场经济，市场力量在这样的经济体制中尽可能地自行调节国家的经济活动，与此同时，政府在需要时对经济活动予以必要的干预。"尽可能＋需要时"是德国社会市场经济理论和实践的核心。

第六节　"第三条道路"理论

"二战"以后，西方资本主义在经济社会政策上为避免社会民主主义和新保守主义的极端措施而借鉴吉登斯的理论并采取了介于二者之间的中间道路。"中间道路"亦称作"第三条道路"，这一概念首先由英国思想家吉登斯提出。他认为，左派社会保障理论十分强调国家的责任和作用，相对忽略了个人责任；而右派社会保障理论主张限制国家在社会保障领域的责任和作用，强调遵循市场经济原则来促进经济增长以及由此带来的整体福利。"中间道路"既不同于美国的市场资本主义，也不同于苏联的共产主义。在政治上，它接受社会公正的社会主义价值观，认为一个好的政府要对自由的发展提供基本的保证；在经济上，它主张一种"新的混合经济"，即在社会生活中寻求政府管制与消除管制、经济与非经济之间的一种平衡，它的原则是没有责任就没有权利，没有民主就没有权威；在市民社会与政府的关系上，既不采纳左派的将国家作用最大化，也不采取右派的消除政府干预的做法，

---

① 艾哈德：《大众的福利》，丁安新译，武汉，武汉大学出版社，1995年，第1版，第187页。转引自丁建定：《西方国家社会保障制度史》，北京，高等教育出版社，2010年，第1版，第97～98页。

② 陈建：《政府与市场——美、英、法、德、日市场经济模式研究》，北京，经济管理出版社，1995年，第1版，第187页。

而是主张进行宪政改革,让地方政府有更高的透明度和更多的民主;在对福利国家的态度上,它主张对福利国家进行根本的改革,将资金主要用于人力资源投资,而不是社会福利。认为社会保险政策是"社会投资国家"的核心部分,它一方面在风险和防范之间建立了新的关系,另一方面它建立了个人与集体的责任。"第三条道路"的理论对德国以及后来英国、美国的社会保障制度改革产生了不同程度的影响。①

1998年9月,以施罗德为首的社会民主党政府执政后提出,要在传统的福利国家和竞争的资本主义之间执行"新中间派政策",即走"第三条道路",要保持最低社会保障标准,建立一种促使所有公民工作而不依赖救济的现代福利体系。施罗德指出,不必对社会民主党和保守党的经济政策加以区分,而应当对现代和非现代的经济政策做出区分。长期以来引起人们愤怒的不是什么左的或右的经济政策,而是正确的或者错误的经济政策。他主张保持最低福利标准,要求采用资本化的养老基金制度取代现行的再分配的养老金制度。认为现代公民社会的核心在于实现更多的以公益为目标的自我负责,必须把个人与社会的价值和目标结合起来。"当代社会民主主义者要把社会保障网从一种权利变为通向自我负责的跳板。"②社会民主党的改革思路和主张体现在1998年10月的《觉醒与革新——德国迈向21世纪之路》的执政大纲中。③

新自由主义经济学的社会市场经济理论影响下的政治制度模式将个人和社会这二者连接为一个共生体。社会市场经济制度吃的是个人劳动成果,穿的是国家资助这一外衣,住的是以团结互助为特色的共同体。在这个共同体中,国家通过立法使保障个人自由权利和自由应尽的社会义务形成一个平衡的体制。德国基本法由此确立的社会公正原则旨在防止经济强权的出现和消除已经存在的强权,以鼓励自我负责精神,鼓励个人通过自己的劳动实现社会进取。社会公正体现在社会保障制度中则是力求使每个社会成员具有最起码的生活水平,做到饥者有其食、病者有其医、弱者有人帮。在高效率市场经济的基础上,建立起丰富多彩而又内在统一的、体现社会公正的社会保障体系,实现市场上的自由原则与社会平衡之间的结合。国家

---

① 李珍主编:《社会保障理论》,北京,中国劳动社会保障出版社,2007年,第2版,第136~137页。

② 殷叙彝:《施罗德、吉登斯谈公民社会与国家的互动关系》,《国外理论动态》2000年第11期。转引自丁建定:《西方国家社会保障制度史》,北京,高等教育出版社,2010年,第1版,第103页。

③ 顾俊礼主编:《福利国家论析——以欧洲为背景的比较研究》,北京,经济管理出版社,2002年,第1版,第209~212页。

不仅把经济目标写入法律中,同时也把社会目标写入法律中,这就是自由、公平、社会安全、全民福利。这些社会目标体现了国家在长远发展方面的理想追求,同时也为国家干预经济活动提供了法律依据。①

1949 年 5 月 23 日通过并于次日生效、具有宪法地位的德国基本法宣布,德意志联邦共和国是民主和社会的联邦国家。社会国家的基本目标最终不是为了取得社会的一致,而凌驾于各党派和各团体协调一致的利益之上,而是把支持经济上的弱者、保障较大的生活风险和致力于社会机会平等看作社会国家有序发展的基石,避免在市场经济下出现"强权社会",通过社会保障使个人自由和在与人的尊严相应的方式中生活成为可能。在这一指导思想下,在战后的几十年内,建立起了一个在世界上堪称有效率的社会保障制度,它不仅能够为人们在生、老、病、死、残这些一般生活风险出现时提供保护,而且能够为人们在遭遇战争致损害、暴力行为致损害和公共疫苗接种致损害这些特殊社会风险出现时提供保护。德国无所不包的社会保障网被看作是国家和所有公民共同协作的成果,公民有权利从社会保障制度中获得待遇,也就是说,公民不是国家施舍的领取者,而是制度的积极合伙人。② 德国社会市场经济创始人艾哈德的"为了全体人民的富裕,不能让富人变穷,而是让穷人变富"著名言论成为德国社会保障制度不断完善的座右铭。③依据基本法的精神,在 1990 年 8 月东西德签署的统一协议中规定,把证明行之有效的联邦德国的社会保障制度大部分适用于新联邦州;在部分领域仍保留着适应东部的特殊法(例如,养老金过渡法),并由此迈出了国家统一的坚实的第一步,对于联邦共和国的发展具有至高无上的意义。

---

① 和春雷等:《当代德国社会保障制度》,北京,法律出版社,2001 年,第 1 版,第 23、27 页。
② 刘翠霄:《天大的事——中国农民社会保障制度研究》,北京,法律出版社,2000 年,第 1 版,第 321~322 页。
③ 张啸主编:《德国养老》,北京,中国社会出版社,2010 年,第 1 版,第 92 页。

第二章　社会保障法律制度的历史发展

德国社会保障法律制度核心领域的建立要追溯到 20 世纪。在一百多年以前,法定的疾病保险、事故保险和老年残疾保险就已经建立,20 世纪初设立失业保险,1995 年通过的、作为"第五支柱"的法定护理保险充实了社会保障法律制度。社会保障政策的目标最初是具有雇佣关系的劳动者,今天,一般社会保险制度仍然通过关注雇员的利益表明其特征,但它已经发展成为举世瞩目的完整法律体系是国际社会所公认的。

第一节　社会保障法律制度的建立

德国在建立现代社会保障制度的过程中,工人运动的蓬勃发展、资产阶级的社会改良运动、宗教福利事业的开展、经济迅速发展等都产生过重要影响。

一、统治阶级意识到需要借助社会立法缓和社会矛盾

在前资本主义社会阶段,城镇工匠或技工成立了互助会,并将缴费和福利联系起来,为互助会中的年老者、伤残者、孤寡者提供封闭性的服务和保护。随着工业化大生产的出现,工人的生存状况越发艰难,失业和贫困导致社会矛盾日益尖锐,天主教和基督教两大宗教纷纷开展福利救助活动,帮助工人在丧失收入来源时的生活所需。然而,这时互助会的作用模棱两可:一方面它们是阶级斗争的工具;另一方面它们使一部分工人在健康和养老方面实现了有限的互助团结。① 合作模式的互助会是对劳动力商品化最早的回应之一,这种渗透到新兴工人阶级中的互助会,受到保守的统治阶级的青

---

① 〔法〕卡特琳·米尔丝:《社会保障经济学》,郑秉文译,北京,法律出版社,2003 年,第 1 版,第 4 页。

眛。互助会带有大量封建主义理念,这种理念对日后俾斯麦在建立社会保险制度时产生了重要影响,即社会保险实行合作团体自我管理原则和某些团体实行强制性会员制。①

德国的工业革命与资本主义化比英国晚约半个世纪,但发展速度特别快。到了19世纪后期,德国的煤矿、铁矿、冶金和化学工业已居欧洲各国之首,工人逐渐成为社会阶层结构中的主体,1877年,德国已有26个全国性工会。② 但是随着劳动力商品化地位的强化,出现了因丧失工作能力而危及生存的风险情况。1867年柏林大部分接受施舍的人是生存状况更为悲惨的寡妇、残疾人、老年人。然而这时无论是不幸者或者乞求施舍者,都不具备能够持续获得一个组织或者政府资助的资格。③ 工人的处境非常艰难,劳动时间长,工资收入少,矿难频发,因事故和疾病等原因导致丧失劳动能力的工人在增加,房荒严重,劳资矛盾日益激化,罢工运动风起云涌。随着工业革命的深入,经济危机不断发生,失业成为普遍且频繁的现象,社会上要求建立适应工业化的社会政策的呼声日益高涨。1854年10月4日,普鲁士政府迫于舆论压力,出台了《矿山、冶炼及盐场工人互助会的联合法》,这是德国第一部有关工人保险的法律。该法统一了矿工互助会的互助金,规定了矿工缴纳会费的义务和互助金的最低储存额。《矿山、冶炼及盐场工人互助会的联合法》虽然不足以解决社会问题,因为它只涉及一部分工人,其他行业中存在的类似问题都需要通过立法加以解决,但它颁布的意义在于首次确立了强制保险原则。④

在德国资本主义还相对落后的时期,经济学家们试图用旨在保护和发展德国民族经济的保护主义或国家干预主义,对抗英法等发达资本主义国家推行的经济自由主义理论和政策。19世纪40年代,以李斯特、希尔特伯伦等人为代表的德国历史学派应运而生。19世纪70年代,新历史学派形成,新历史学派是在无产阶级力量相当强大,而新兴资产阶级相对软弱无力的历史条件下,既反对斯密的自由放任主义,又反对马克思主义的革命道路,主张国家积极干预经济和社会生活的思想流派。它的代表人物施穆勒等人认为,国家是超阶级的组织,可以在不触动资本家利益的前提下逐步实

---

① 〔丹麦〕考斯塔·艾斯平-安德森:《福利资本主义的三个世界》,郑秉文译,北京,法律出版社,2003年,第1版,第43页。

② 和春雷主编:《社会保障制度的国际比较》,北京,法律出版社,2001年,第1版,第35页。

③ 〔丹麦〕考斯塔·艾斯平-安德森:《福利资本主义的三个世界》,郑秉文译,北京,法律出版社,2003年,第1版,第102页。

④ 姚玲珍编著:《德国社会保障制度》,上海,上海人民出版社,2011年,第1版,第28页。

现社会主义。虽然他也主张国家干预,但更强调阶级调和,因此,新历史学派的思想对德国社会保障制度的建立产生了很大影响,成为俾斯麦政府实行"胡萝卜加大棒"社会政策的理论基础。

在严重的社会问题以及不断高涨的工人运动和社会主义运动面前,欧洲各国的政治领袖们对社会问题的认识也发生了转变,他们试图用社会立法的手段代替镇压手段来缓和社会矛盾。1871年统一的德意志第二帝国建立以后,为了保障那些为国家统一而浴血奋战的退伍军人以及阵亡者家属的基本生活,帝国颁布了《陆海军人养老金及遗属救济法》。自1871年起,执政20年的第一任首相俾斯麦开始将社会保险事业完全纳入国家经营和管理之中。由于国家经营和管理社会保险事业严重损害了资产阶级利益而遭到强烈反对,但是旨在缓解劳资矛盾的社会保险制度还是冲破重重阻碍并建立了起来。1872年,在爱森纳赫会议的开幕式上,施穆勒讲到,我们虽然不满意现在社会的状况,但我们不主张打破现存的关系。我们主张国家直接干预经济生活,负起文明和福利的职责,由国家来制定强制性社会保险法、孤寡救济法等,自上而下地实行经济和社会改革。这些通过建立福利国家巩固资产阶级统治地位的观点,被俾斯麦政府接受,成为德国率先建立社会保障制度的理论依据。[①]

帝国议会于1878年10月9日通过了《反对社会民主党企图危害社会治安法令》,以压制马克思主义者与拉萨尔及其信徒组成的德国社会民主党的革命运动。但是《反对社会民主党企图危害社会治安法令》不但没有使工人运动和社会主义运动平息,反而社会民主党的力量更加强大,这让德国政府感到不安。俾斯麦和他代表的统治精英们认为,养老金计划和其他社会保险计划是一种削弱社会主义运动、使国家在产业工人头脑里合法化的机制,应当果断地采取一些前所未有的社会政策。俾斯麦说:"只有现在进行统治的国家政权采取措施方能制止社会主义运动的混乱局面,办法是由政府去实现社会主义的要求中看来合理的并和国家及社会制度相一致的东西。"他说:"社会弊病的医治,一定不能仅仅依靠对社会民主党进行过火行为的镇压,而是要同时积极促进工人阶级的福利。""(社会)民主党的先生们徒劳无益,一旦人民发现其君主关心他们的福利……为了没有社会主义,要发展一点儿社会主义。""一个期待养老金的人是最守本分的,也是最容易被统治的。""对于具有正当理由的劳动阶级的要求,只要在能与国家利害相调和的范围内,政府应该通过立法和行政手段加以满足。"[②]这就是闻名于世

---

① 李珍主编:《社会保障理论》,北京,中国劳动社会保障出版社,2001年,第1版,第39页。

② 鲁友章等主编:《经济学说史》(下册),北京,人民出版社,1991年,第1版。转引自郑秉文等主编:《社会保障分析导论》,北京,法律出版社,2001年,第1版,第9页。

的俾斯麦"胡萝卜加大棒政策"的精辟理念。俾斯麦还发表了一个非常现代化的国家观点:"现代国家的逐步进化要求国家不但应该完成其维护现存权力的使命,同时也应该通过适当制度的建立,积极主动地改善其全体成员的福利。"①在新自由主义右派的政治力量实质上微不足道的德国,俾斯麦并不是要建立一个福利制度,而是要建立一个福利的君主政体,与普遍主义中所主张人人平等的理想相比较,德国社会政策的缔造者基本上是权威主义者、国家主义者和社团主义者。②

二、世界上最完备的工人社会保险计划陆续出台

1879 年 2 月 12 日,德意志第二帝国皇帝威廉一世在国会开幕式上,发表了由俾斯麦起草的《皇帝诏书》,讲话的要旨是制定法律来解决社会问题,由此揭开了在整个世纪实现最全面的社会保险计划的序幕。1881 年初,德皇向国会宣布,要采取若干保护性的社会措施,推行社会改革。在社会改革的旗号下,同年 4 月,德国首相俾斯麦提出了《工伤事故保险法草案》,交由国会讨论并通过。1881 年 11 月 17 日,德皇威廉一世在《皇帝诏书》"德国社会政策大宪章"中表示,社会恶害的矫正,只靠镇压社会民主党的煽动骚乱是不够的,还要逐渐寻求方法,逐渐增进劳动者福祉。对于国家应谋求国内和平秩序的永续保证;对于贫困者,应谋求他们生活上的更安定和更丰富"是皇帝的义务",并且声明这是"每个立足于基督教民众生存道义基础上的国家的最高使命"。③ 德国统治阶级的这种封建家长制的思想,使得他们能够站在"家长"的角度来对待工人革命和反抗,而不是一味地实行武力镇压,并通过建立社会保障制度来增加工人的福利,进而达到维护其统治的目的。④ 19 世纪的德国虽然在工业化的规模和社会对于社会保障制度的需求方面都不能与英国相比,但是德国当时的社会政治结构决定了德国具备率先建立社会保险制度的社会政治条件。

1882 年,德意志帝国政府提出《疾病社会保险法案》,并于 5 月 15 日交由国会辩论并通过。1883 年 5 月 31 日,世界上第一部《疾病社会保险法》颁布并实施。《疾病社会保险法》规定,对全体工业工人和低收入职员(农业

---

① 〔法〕让-雅克·迪贝卢等:《社会保障法》,蒋将元译,北京,法律出版社,2002 年,第 1 版,第 16 页。

② 〔丹麦〕戈斯塔·埃斯平-安德森编:《转型中的福利国家——全球经济中的国家调整》,杨刚译,北京,商务印书馆,2010 年,第 1 版,第 102 页。

③ 〔德〕霍尔斯特·杰格尔:《社会保障入门——论及社会保障法的其他领域》,刘翠霄译,北京,中国法制出版社,2000 年,第 1 版,第 8 页。

④ 成新轩主编:《国际社会保障制度概论》,北京,经济管理出版社,2008 年,第 1 版,第 131 页。

工人不包括在内)实行强制性疾病保险,保险费由工人负担 70％,雇主负担 30％。1884 年 5 月 9 日,在国会再次辩论《工伤事故保险法草案》时,俾斯麦第一次提出"劳动权利"的概念。[①] 1884 年 7 月 6 日,修改时间最长的《工伤事故保险法》正式通过,保险对象是特别危险工业企业的所有工人和部分职员以及死难者的家属,保险费全部由雇主承担。《工伤事故保险法》经多次修改之后,1886 年将保险范围扩大到了农业和林业工人,1887 年实施了海上事故保险。1885 年、1886 年帝国议会多次对《疾病社会保险法》进行了修订和补充,将保险范围进一步扩大到运输业、农业和林业工人。

1887 年 9 月,俾斯麦在向帝国议会提交了老年人与伤残者社会保险计划后,他设想建立一个非缴费性的养老保险制度,并由此创建一个仁慈的家长式国家形象。他认为,如果让工人分担养老保险费,他们就会认为自己的利益是挣来的而不是国家慷慨赐予的。1888 年 11 月 22 日,刚登上皇帝宝座的威廉二世在帝国议会上正式提出政府有关老年人与伤残者保险法草案,草案内容包括:建立区域性的地方保险机构,对全体工人及年收入低于 2000 马克的职员实行强制保险;保险费由企业主和工人各承担一半,帝国政府为每笔保险费提供 50 马克的与缴费无关的国家津贴,这笔津贴是俾斯麦成功地从政府那里为所有符合条件的工人争取来的;工人按四个工资等级缴纳保险费和领取养老金;只有证明确属失去谋生能力者,才有资格享受残疾社会保险待遇,而且至少已缴纳了 5 年的养老保险费;年满 71 岁,缴纳了 30 年以上养老保险费的人,才可以享受退休养老金待遇。这一计划一经提出就受到社会民主党的强烈反对。

1889 年 3 月 27 日,由社会民主党人奥·培培尔起草的"关于修改老年和残疾社会保险法草案"向德意志帝国议会提交。其主要内容是:把领取养老金的年龄由 70 岁降到 60 岁;把缴纳养老保险费的年限由 30 年降到 20 年;把国家对保险费的补贴从 50 马克增加到 90 马克;降低领取残疾养老金的条件;收入在 3000 马克以上者,必须向帝国缴纳累进所得税,作为老残养老保险基金来源之一。[②] 但是此草案未获通过。1889 年 5 月 24 日,在德国工人运动史上著名的煤矿工人大罢工爆发之后不到 1 个月,《老年和残疾社会保险法》在帝国议会获得通过,6 月 22 日颁布,1891 年 1 月 1 日起正式生效,这是世界上第一个养老保险法案。该法规定,在工作年限内缴够 20 年养老保险保险费、年满 60 岁的人可以获得养老金待遇;国家给每个受保险

---

① 和春雷主编:《社会保障制度的国际比较》,北京,法律出版社,2001 年,第 1 版,第 15 页。

② 丁建定:《西方国家社会保障制度史》,北京,高等教育出版社,2010 年,第 1 版,第 146 页。

人提供 90 马克保险费补贴,其余由雇主和雇员平均负担;残疾人只要缴纳
5 年的养老保险费,就可以获得领取养老金的资格。由于养老金是根据收
入或贡献的水平和时间长短来计算的,所以,它只具有调节收入分配的功
能,而无法解决贫困阶层的贫困问题。① 19 世纪末 20 世纪初,德国人民仍
然面临严重的贫困问题,在 1894~1902 年间,五口之家的平均生活费用为
每周 24 马克 40 芬尼。② 而经济发展需要更高素质的劳动力资源,劳动者
群体的低收入限制了人力资本的投入,这种状况迫使政府尽快完善社会保
障制度,把更多的资源投入到劳动者身上。虽然老年和残疾养老金水平很
低,但这项计划确是一项在没有因生活状况调查而带来耻辱和没有造成公
民权利损失的情况下,提供了与消除贫困有关的福利金。③

　　至此,德国完成了当时世界上最完备的工人社会保险计划,由于它仅覆
盖有正常工资收入的工人,除此之外的大批无正常收入的工人、临时工、季
节工、低工资工人以及农民都被排除在外,因此,当时的社会保险制度是一
个勾勒出框架但并不完善的制度。这时制定的社会保险法也不纯粹是福利
性的,而是从不同角度强调了劳动的重要性,更为有意义的是将保障劳动者
的劳动权写入宪法。在制定《工伤事故保险法》时俾斯麦说,国家完全有责
任帮助那些不是由于个人的错误而失去工作机会的人。可见,当时德国的
社会保险法并不是着眼于济贫而是为了保护生产。④

　　俾斯麦在早期推行他的社会保险计划时,渴望确立国家主义的主导地
位,主张国家对社会保险的筹资和分配负有直接责任。他的目标与其说是
将工人置于职业基金之中,不如说是将工人牢固地束缚在家长式的君主权
威之下。但是由于他不得不一方面要对抗偏爱市场的自由主义者,另一方
面要对抗支持宗法制度的保守主义者,使得他的养老金立法在实施过程中
大打折扣,以至于成为一种向自由主义(保险精算主义)和保守的合作主义
(按职业划分的制度)作出了部分妥协的国家主义。家长式的国家主义通过
养老金制度制造了公务员和私人部门的领薪雇员两个特殊的阶级。结果在
公务员及其管理对象之间以及在工人与更为高贵的阶层之间形成了一道明
显的鸿沟。国家主义与合作主义的亲和关系昭然若揭。⑤

----

　　① 刘燕生:《社会保障的起源、发展和道路选择》,北京,法律出版社,2001 年,第 1 版,第 119 页。
　　② 和春雷主编:《社会保障制度的国际比较》,北京,法律出版社,2001 年,第 1 版,第 39 页。
　　③ 〔美〕约翰·B.威廉姆森等:《养老保险比较分析》,马胜杰等译,北京,法律出版社,2002 年,
第 1 版,第 41 页。
　　④ 李琮主编:《西欧社会保障制度》,北京,中国社会科学出版社,1989 年,第 1 版,第 17 页。
　　⑤ 〔丹麦〕考斯塔·艾斯平-安德森:《福利资本主义的三个世界》,郑秉文译,北京,法律出版
社,2003 年,第 1 版,第 67 页。

1890 年俾斯麦卸任,威廉二世更加注重社会立法,1899 年颁布了《残疾保险法》、1906 年颁布了《军官养老法》《士兵抚恤法》,1907 年颁布了《遗属保险法》以及《雇员保险法》,该法规定,年收入在 2000～5000 马克的雇员,保险费由雇员和雇主各承担一半,雇员的退休年龄为 65 岁,还为参加保险的雇员提供不附条件的寡妇抚恤金和残疾保险以及孤儿抚恤金。1911 年 7 月 19 日,三部社会保险法以及以上社会立法经议会通过后汇编成《德意志帝国社会保险法典》,德国成为世界上第一个建立了完整的社会保险法律体系的国家。德国的社会保险法确立的"权利与义务统一的原则、以缴费为享受保险待遇条件的原则、保险费多方分担的原则"三项原则,成为其他国家制定社会保险制度时遵循的原则。《德意志帝国社会保险法典》奠定了德国社会保险制度的基础,并且使德国社会保险制度从一开始就走上了统一发展的道路。

三、社会保障制度逐步显示出始料未及的制度性收益

第一次世界大战结束以后,德国进入魏玛共和国时期。1919 年 8 月 11 日颁布的《魏玛宪法》第 161 条规定:"为了保持健康和劳动能力,为了保护母亲,为了应付由于老年和生活中的软弱地位以及情况变化造成的经济上的后果,国家将在受保险人的决定性参与影响下,创造一个全面广泛的社会保险制度。"这就以国家基本法的形式确立了魏玛共和国社会保障制度的发展方向,以至于德国社会保险法的制定和实施,成为现代社会保障制度的发端和起始。国际劳工组织对此作出这样的评价:"在社会政治历史上,没有什么事情比社会保险更能急剧地改变普通人们的生活了,这种保险制度,使人们在因公害事故、健康不良、失业、家庭生计承担者死亡,或因任何其他不幸使收入受到损失的情况下,不至于沦为赤贫。"①1920 年颁布了《健康严重受损者法》,正式将战争伤兵的救助纳入社会保障法律体系。1924 年颁布的《关于救济义务的帝国条例》《关于公共救助的前提、方式、程度的帝国原则》等法令,将接受救助确定为受助者不可被剥夺的政治权利,将社会救助的基本原则确定为满足基本需要而不是满足生存必需,获得救助的基本条件是个人收入低于工人平均工资的 1/4。德国的社会救助制度在魏玛共和国时期得以较快的发展和完善。②

19 世纪末 20 世纪初的欧洲大陆,由工业化引起的失业和贫困使得社

---

① 国际劳工组织主编:《社会保障基础》,吉林,吉林大学出版社,1987 年,第 1 版,第 21 页。
② 丁建定:《西方国家社会保障制度史》,北京,高等教育出版社,2010 年,第 1 版,第 194 页。

会矛盾日益尖锐,进而导致社会民主主义运动的兴起和工人运动的高涨。社会民主主义者认为,民主不仅是国家政治生活的组织方式,而且应当成为社会经济生活的组织方式。通过建立社会保障制度,国家不再是维护资产阶级利益的统治工具,而成为代表全体人民利益的"权力共同体"。国家对社会经济生活进行的管理和监督,一方面通过高额累进税去限制私人资本,另一方面通过社会保障制度来消灭贫困,实现国民收入的公平分配和充分就业,扩大社会福利,最终实现社会主义制度。社会民主主义对欧洲大陆国家社会保障制度建立的影响是多方面的,主要表现在,社会民主主义运动中组建的各种政治团体通过对政府决策施加影响,使国家在社会保障制度的建立和发展中发挥了主导作用。可见,欧洲社会民主主义者与英国自由主义者的区别在于,前者将建立社会保障制度作为实现社会主义的手段,而后者认为建立和完善社会保障制度是为了建立一种更为稳定、富有效率而合乎人道的自由主义的资本主义社会。

虽然德国构建社会保障制度的初衷是出自政治策略而非基于人道主义的考虑,但是,在社会保障制度颁布实施以后所显示出的制度性收益却是立法者始料未及的:一是社会保障制度是由政府组织实施的社会公共政策,政府将所有社会成员强制性联合在一个巨大的共同应对生活风险的联盟中,增强了政府的亲和力和凝聚力,推动了社会的发展。二是在一定程度上缓解了劳资冲突,减少了社会贫困。社会保障制度所具有的再分配功能为产业工人提供了抵御生活风险的潜在收入预期,这不但在一定程度上缓解了劳资冲突,而且有效地矫正了市场缺陷所导致的社会贫困化问题,增加了人们的安全感,维护了社会稳定。三是德国的社会保障制度的建立及其卓有成效的实施效果,起到了很好的示范和榜样作用,随后西欧和北欧各工业化国家先后借鉴和学习德国的立法经验,建立起适合自己国家的社会保障制度。

第二节　经济危机时期实行紧缩政策

1929 年席卷西方国家的经济危机对德国经济和社会发展带来重创,德国的社会保障制度也因此受到了严重影响。雇主集团将福利制度和工资增长视为引发经济危机的根本原因;自由工会和社会福利局则认为社会福利和工资增长稳定了购买力,它不仅没有削弱经济增长,反而促进了经济增长。在严峻的经济形势下,政府于 1930 年发布了 5 次紧急法令、1931 年发布了 44 次紧急法令、1932 年发布了 66 次紧急法令,对社会保障实行紧缩政策。为了应对经济危机造成的严重失业问题,1929 年德国议会通过了对 1927 年颁布的《失业保险法》修订案,将失业保险费率提高到 3.5%,1930 年 7 月又提高到了 4.5%,同年 10 月进一步提高到了 6.5%。将失业保险金的 领取时间由 1927 年的 26 周减少到 1932 年的 6 周;再如,对工伤保险的受 保险人在上下班途中所发生的事故不再提供待遇,将劳动能力丧失领取保 险津贴的伤残标准由之前的 10% 提高到 20%;在养老保险中,将寡妇抚恤 金由之前亡夫工资的 3/5 降为 1/2,孤儿抚恤金由 1/2 降为 2/5,15 岁以上 孤儿不再享受孤儿抚恤金;失业救济金的标准也大幅度下降,全国有 1/4 人 口每月只有 15 马克左右的生活费。这一系列的紧缩政策使民众更加贫困, 进而引起民众不满并导致德国社会动荡。1932 年,魏玛共和国事实上已经 处于危机之中了。

1933 年 1 月,德国民族社会主义工人党即希特勒法西斯上台执政,希 特勒的法西斯专制统治渗透到了社会生活的各个领域。在社会保障领域, 虽然社会保障的基本法规没有被废除,但在 1933 年 5 月,法西斯政府宣布 停止社会保障自治管理,社会保障机构由国家指派的经理管理,高度中央集 权的社会保障管理体制成为法西斯控制社会保障事业的工具。法西斯政府 推出了一些新的社会保障措施:1938 年通过了手工业者养老金法;1939 年 工伤保险的适用范围扩大到了所有的农业从业者及其配偶;1941 年养老保 险和疾病保险的适用范围扩大到了自我雇佣者(如艺术工作者、家庭作坊雇 员、家庭佣人等)。法西斯政府为社会保险基金提供补贴,以保证社会保险 基金收支平衡。1942 年,社会保险费的缴费方式开始实行直接从雇员的工 资中扣除的制度,并且由疾病保险机构征收后再划拨各险种的账户,社会保 险费的缴费基数与工资税的基数实现标准化。法西斯政府时期,德国社会 保障制度仍取得了一定进展。[①]

第三节　社会保障制度的恢复和重建

1949 年,德意志联邦共和国颁布的《基本法》规定:政治上确认不可侵 犯、不可转让的人权是人类社会的基础;经济上明确财产权的相对原则,即 财产权的行使应有利于社会公共利益;为了社会公共利益,必要时国家可以 依法征用私人财产;社会政策上强调保障主义,即国家应给予人民工作机

---

① 丁建定:《西方国家社会保障制度史》,北京,高等教育出版社,2010 年,第 1 版,第 198 页。

会,保障人人过上符合人的尊严的生活。国家重申社会保障实行自治管理,并于 1951 年 2 月通过了社会保障的《自治管理法》,重新确立了社会保险实行自治管理的原则。①

一、执政党认识到社会保障制度是社会市场经济的脊梁骨

1949 年以后社会保障制度逐渐得到恢复,国家颁布了社会保险调整法,废除了战时乃至战前一系列特殊法令,调整了社会保险津贴。例如,提高养老金津贴,实行每周 50 马克(寡妇为 40 马克)的最低养老金标准;将残疾标准由原来的丧失收入能力 2/3 下降为 1/2;养老保险缴费率由 5.6% 提高到 10%,失业保险缴费率由 6.5% 降为 4%,取消失业保险补贴;疾病保险缴费率由雇主缴纳 1/3 修订为雇主和雇员各承担 50%。与此同时,国家还颁布了几个提高社会保险待遇标准的法律,例如,1951 年的《养老金提高法和生活费用补贴法》、1952 年的《疾病保险津贴提高法》、1953 年的《基本补贴提高法》。再如,1950 年通过了《战俘返家人员法》《联邦养老金法》,1953 年通过了《重度残疾人法》,这几个法律都对战争伤残人员的养老金作出了规定;1952 年通过了《战争负担公平化法》,不仅对因战争造成的财产损失提供赔偿,而且对养老金损失提供赔偿。②

德国社会民主党的福利原则及其在社会中的影响和作用,对社会保障制度的发展起了重要作用。1921 年通过的《德国社会民主党纲领》就规定,要把资本主义经济改造成为整体福利的社会主义经济,把社会保障制度改造成为一种全面的生活救济、扩大妇女就业权、对多子女家庭给予特别援助、对教育实行社会补贴、提倡免费就学等。1957 年的《养老金改革法》是第二次世界大战结束以后到 1989 年间最为重要的养老金政策改革,它被看作是德国在 20 世纪 50 年代最为重要的一项立法,它确立了以现收现付筹资模式为基础的养老保险体制。1957 年之前,企业雇员的养老金水平很低,受保险人也仅占全国人口的 10% 左右,养老金的替代率为 40%,只能维持受保险人最基本的老年生活需要,具有社会救济的性质。③ 1957 年经过一系列改革,有 45 年养老保险费缴纳年限的受保险人的养老金替代率可以达到在职职工平均净收入的 70%。④ 提供待遇的目标由之前的确保那些没

---

①　顾俊礼主编:《福利国家论析——以欧洲为背景的比较研究》,北京,经济管理出版社,2002 年,第 1 版,第 190 页。

②　姚玲珍编著:《德国社会保障制度》,上海,上海人民出版社,2011 年,第 1 版,第 33 页。

③　刘燕生:《社会保障的起源、发展和道路选择》,北京,法律出版社,2001 年,第 1 版,第 308 页。

④　姚玲珍编著:《德国社会保障制度》,上海,上海人民出版社,2011 年,第 1 版,第 125 页。

有其他补充收入的养老金领取者的生活水平，提升为在工人退休时维持其退休前的相对生活水平。养老金数额以缴纳养老保险费的年限和工人退休当年的平均工资为基础进行计算。1959年，修订后的《德国社会民主党纲领》规定：第一，每一个公民在老年或者无力谋生或者家庭供养人死亡时，国家要为他们提供最低限度的抚恤金，个人有权利获得抚恤金、各种社会补贴，抚恤金应随着薪资的增长而得以调整；第二，制定完善的保护劳动者健康的政策；第三，人人都有平等的参与社会的机会，有权利得到一处适当的住所，有平等的受教育机会；第四，需要将劳工立法和社会立法编制成劳动法典和社会法典，使普遍性社会福利事业成为党和国家的社会责任。1969年，社会民主党上台执政后，遵循确立的社会福利奋斗目标，制定了增加福利待遇的方案和措施，并采取积极措施保障社会福利政策得到切实实施。对于社会保障制度在社会市场经济框架中的地位，科尔内阁的联邦劳工部长诺·布吕姆曾这样评价：社会保障制度是社会市场经济的脊梁。[①] 德国能够成为具有代表性的福利国家，社会民主党在其中发挥了积极作用和扮演了重要角色。[②]

二、社会保障待遇由维持一般生活水平发展为公民社会权利

自20世纪60年代以来，"保障每个人都能维持一般生活水平"的目标已经不能适应时代的需要，社会保障范围空前扩大，保障项目不断增加，社会保障已经从早期单纯的社会救济发展成为公民的社会权利，从而过渡到国家主动地针对社会弊端制定社会风险防范措施的历史时期。在这一时期，国家还通过一系列法令完善社会促进制度，例如，1954年颁布实施《家庭补贴法》，给被雇佣者提供从第三个孩子开始的家庭补贴，家庭补贴的资金由雇主缴纳筹集。1962年又修订为从第二个孩子开始提供家庭补贴。从1964年起联邦政府开始承担家庭补贴费用，联邦劳工局是提供家庭补贴的机构。

20世纪70年代，德国的社会保障制度发展达到顶峰，社会保障项目由战前8种增加到了18种，社会保障支出由1950年的99亿马克增加到1973年的2526亿马克，增长了24.5倍。这23年间社会保障事业的迅猛发展源于战后德国经济全面恢复和迅速发展，为社会保障待遇支付提供了丰厚的物质基础。此外，以艾哈德、欧根等为代表的新经济自由主义思想对德国社会保障制度的发展起到了助推作用。新经济自由主义经济学家认为，市场

---

① 姚玲珍编著：《德国社会保障制度》，上海，上海人民出版社，2011年，第1版，第32页。
② 和春雷主编：《社会保障制度的国际比较》，北京，法律出版社，2001年，第1版，第85页。

自由竞争是推动经济发展和社会进步的基础和动力,但劳资矛盾调和与社会安定又是使市场充分发挥作用、实现总体经济目标的保证。因此要对国家干预经济的权力进行限制,以保证经济市场自由竞争和私有财产占市场的绝对优势;与此同时,市场自由竞争原则要和社会均衡原则相结合,总体经济目标要和社会福利目标相结合。他们建议,政府在经济利益和经济权力方面尽可能做到公平,并根据财政实力实行经济人道主义,让人们在非常情况下生活仍有基本保障,建立起根据经济规律调节的、以社会其他因素为补充和社会保障为特征的社会市场经济制度,使越来越多的德国人民走向富裕成为可能。由于新经济自由主义者们的观点既符合资本家阶级的自由竞争意愿,又符合执政党和广大劳动群众期望实行的国家适度干预和经济人道主义,因此这种理论很快成为经济政策的主要指导思想。同时在这个时期,凯恩斯主义引入了德国,由于凯恩斯主义的有效需求理论、政府干预经济的主张与德国的主导经济理论有某些相似之处,因此受到决策者的重视,最终确定了以新经济自由主义和凯恩斯主义相结合的市场经济政策,并由此加快了德国社会保障制度的发展。

第四节　社会保障制度进入调整和改革阶段

1976 年之后,社会保障制度进入调整和改革阶段,主要表现为社会保障支出的增长速度趋于下降,在国民生产总值中的比重也随之降低。这种状况的出现基于以下五个方面的原因:

一是自 20 世纪 70 年代以后,德国经济由高速增长转为低速增长阶段。20 世纪 60 年代和 70 年代,德国年均经济增长率达到了 4.4% 和 2.7%。但是,到了 20 世纪 80 年代和 90 年代,年均经济增长率只有 2.2% 和 2.0%。2002 年仅增长 0.2%,当年政府财政赤字占 GDP 的比例高达 3.7%。经济增速减缓制约了职工工资的增长,工资增速由 20 世纪 60 年代 5.7% 下降到 20 世纪 90 年代的 2%~3%,工资收入减少导致社会保险费缴费额的减少。20 世纪 90 年代初,东西部统一以后,为了缩小东西部养老金待遇的差距,西部需对东部进行巨额的财政转移支付,1990 年至 1994 年四年间,转移支付金额累计达 279 亿马克,由此加重了国家在养老保险上的财政负担。①

二是社会保障制度本身存有问题和弊端。20 世纪 60 年代以后,由于

---

① 姚玲珍编著:《德国社会保障制度》,上海,上海人民出版社,2011 年,第 1 版,第 49 页。

社会保障范围逐渐扩大,待遇标准逐渐提高,导致社会保障支出急剧膨胀。例如,1960 年养老保险支出只有 196 亿马克,1985 年养老金支出占到 GDP 的 11.8％,高于工业化国家的平均水平,[1]1993 年剧增到了 3177 亿马克,比 1960 年增长了 15.2 倍;1960 年医疗保险支出为 7 亿马克,1993 年高达 2097 亿马克,相当于 1960 年的 21.6 倍;1960 年失业保险支出为 12 亿马克,1993 年增至 1319 亿马克,增长了近 109 倍。巨额的社会保险支出,不仅使得社会保险财政不堪重负,而且加重了社会负担。20 世纪 90 年代以来,德国的劳动者几乎将 50％的收入用来交纳各种税费。1993 年平均每个社会成员的社会福利负担就达到了 13083 马克。高税费的不利后果不仅表现在抵消了人们从社会福利中得到的好处,而且增加了产品成本,削弱了产品在国际市场上的竞争力。[2] 另外,现收现付的筹资模式使得在经济衰退时,因职工缴纳的社会保险费减少而引发社会保险待遇尤其是养老保险待遇支付面临危机。在这样的情况下,国家只能通过不断提高养老保险费率和扩大国家财政补贴来实现收支平衡,社会保险费率从 1970 年的 26％攀升到了 2007 年的 34.4％,远高于美国和日本。政府在养老保险上的财政补贴从 1970 年到 1998 年增长了 9.1 倍,达到约 7.8 亿马克。高额的企业成本直接威胁到德国企业在国际上的竞争力。

三是老龄化导致社会赡养率直线上升。2005 年,德国人口负担比例为 2.21∶1,2007 年为 2.3∶1,如果不延迟退休年龄,到了 2030 年这一比例将降为 1.33∶1,2050 年将进一步下降为 1.18∶1。[3] 65 岁以上人口占全国人口比重由 1950 年的 9.3％增长到 2025 年的 20.7％。[4] 老年人口的增加必然加大养老保险投入,由此增加在职人员和政府的经济负担。德国 2006 年统计数据显示,2005 年因经济困难无法在合同期内结清的养老保险费高达 126 亿欧元,同比增长 2 亿欧元,导致约 60％的未来退休人员不得不大幅度降低生活标准,近三分之一的德国人面临老年贫困的威胁。

四是持续的高失业率是养老保险基金紧张的又一个重要原因。高失业率对养老保险基金的影响表现在:失业保险机构以失业者失业之前毛收入的 80％作为缴纳失业者养老保险费的基数,缴纳的数额明显减少了;越来

---

[1]　〔美〕约翰·B.威廉姆森等:《养老保险比较分析》,马胜杰等译,北京,法律出版社,2002 年,第 1 版,第 53 页。

[2]　和春雷主编:《社会保障制度的国际比较》,北京,法律出版社,2001 年,第 1 版,第 95～96 页。

[3]　顾俊礼主编:《福利国家论析——以欧洲为背景的比较研究》,北京,经济管理出版社,2002 年,第 1 版,第 207 页。

[4]　和春雷主编:《社会保障制度的国际比较》,北京,法律出版社,2001 年,第 1 版,第 97 页。

越多有就业能力的劳动者因在劳动力市场上找不到理想的工作而被允许领取"就业能力降低养老金",也有越来越多的雇员领取早退养老金。据20世纪90年代中期统计,每增加10万提前退休者,就需要多支付127亿马克养老金。① 因此,要求对社会保障制度进行改革的呼声越来越多。

五是高福利导致福利病滋生。据联邦银行公布的信息,将餐饮业就业者每月最低收入与领取社会救济金者收入进行比较发现,在双方都没有孩子的情况下,前者的收入比后者每月多276马克;在有一个孩子的情况下,前者的收入比后者少41马克;在有两个孩子的情况下,前者的收入比后者少573马克。② 通过提供子女津贴鼓励生育的政策无可非议,但如果就业者的最低收入不及在家养育子女者收入高时,就会影响就业者的就业积极性,尽管国家将生育和工作放在同等重要的地位。

在国际竞争日趋激烈的环境下,德国作为出口型经济大国,由于劳动力成本增加和投资动力不足,经济发展前景不容乐观;企业外迁、产业结构调整,使得劳动力市场下滑,失业率长期居高不下;人口老龄化导致养老金支出和医疗及护理费用的支出大幅增加;缩小乃至消除东西部在社会保障待遇方面的差距尚需时日。在这些严峻的社会现实面前,如何对社会保障制度进行整体改革,各种政治力量和政治派别各有己见。

一、科尔政府的改革

1982年10月,基督教民主联盟主席科尔出任德国总理,他是在俾斯麦之后任职时间(1982~1998)最长的德国总理。科尔政府主张采取"多市场,少国家"的经济政策,减少政府干预,重新给私人企业和个人以更大的自由。为了实现减少财政开支、降低企业劳动成本、提高雇员积极进取精神的经济政策,科尔政府从以下几个方面对社会保障制度进行了改革。

1.对养老保险制度的改革

20世纪80年代,德国对养老保险制度改革的讨论主要围绕养老保险基金的筹资模式进行,有三种方案可供政府参考和选择:第一种方案主张维持现行的现收现付制,但需要调整社会保险费率和保险待遇标准;第二种方案同样主张实行现收现付制,但要通过实施延长退休年龄、提高就业率、吸引就业年龄的外国人就业并缴纳社会保险费等措施,拓展缴纳社会保险费的人数,充实和扩大社会保险基金规模;第三种方案主张实行完全积累制或

---

① 姚玲珍编著:《德国社会保障制度》,上海,上海人民出版社,2011年,第1版,第129页。
② 沈琴琴:《德国社会保障状况及其对劳动力市场的影响》,《欧洲》1999年第4期。转引自丁建定:《西方国家社会保障制度史》,北京,高等教育出版社,2010年,第1版,第311页。

者部分积累制。① 科尔政府选择了第二种方案。

对养老保险制度改革的具体措施包括:一是提高养老保险费率和联邦补贴。自20世纪90年代以来,联邦政府确定了一条重要的筹集养老保险基金的原则,即随时可以提高养老保险费率,例如,养老保险费率由20世纪80年代的18.5%提高到了20世纪末的19.2%,从2030年起逐步提高到22%。1992年的《养老金改革法》引入了联邦补贴自我调节机制,即联邦补贴随着保险费率的提高而增加,由此确保养老保险基金的支付能力,例如,1998年4月1日,增值税从15%增长到16%,新增的收入全部用于法定养老保险中的联邦补贴。二是延长退休年龄。为了延长缴纳养老保险费的年限,缩短领取养老金的年限,1996年《养老金改革法》将男女退休年龄分别由63岁、60岁一律提高到65岁。② 三是1992年的《养老金改革法》将每年对养老金调整依职工毛收入增长水平同步增长,改为随职工净收入增长水平增长,以此减缓养老金增长速度。③ 四是1999年《养老金改革法》在养老金计算公式中加入了人口发展因素。根据1992年养老金改革以来的65岁平均寿命变化情况,对人口寿命增加因素折半考虑,以便使人口老龄与高龄的负担能够公平地分摊到保险费缴纳者和养老金领取者身上,减缓养老金增长速度。同时根据"养老金水平保障条款"的规定,自2003年开始养老金的替代率由53%逐步降为43%,以此保证标准养老金水平。五是国家更多地强调生育子女的义务。据预测,到2030年,德国人口将从21世纪初的近8000万下降到6990万,社会赡养率将从100∶49上升到100∶96,养老保险费率将从19.2%上升到27%。④ 为此,政府对生育子女者的优惠体现在养老金计算、税收、家庭补贴等方面,例如,对于养老金领取者抚育子女期的待遇标准由平均收入的75%提高到了平均收入的100%。六是提高补充养老保险在养老金支付中的比例,即由现在的15%提高到30%。七是联邦政府每年拿出700亿欧元补贴养老保险基金,同时提高生态税率并将征收的生态税用来补充养老保险基金。⑤ 这些调整和改革措施,对于养老保险基金增收减支、缓解社会保险待遇支付压力,发挥了一定的积极作用。

2.对医疗保险制度的改革

1988年,政府颁布了《疾病保险体系结构改革法》,该法确定的改革目

① 丁纯:《德国社会保障体制的现状与改革》,《国际经济评论》2000年第3～4期。
② 姚玲珍编著:《德国社会保障制度》,上海,上海人民出版社,2011年,第1版,第46、47页。
③ 和春雷主编:《社会保障制度的国际比较》,北京,法律出版社,2001年,第1版,第105、98页。
④ 刘燕生:《社会保障的起源、发展和道路选择》,北京,法律出版社,2001年,第1版,第310页。
⑤ 姚玲珍编著:《德国社会保障制度》,上海,上海人民出版社,2011年,第1版,第47页。

标是:在疾病保险中引入竞争机制和激励机制,逐步增强个人在医疗保险中的责任;加强疾病保险基金的财政基础,保持疾病保险缴费率的稳定;提倡多样化和多种形式的医疗保险,将风险共担和自我负责的原则结合起来。1992 年,针对 1988 年法案强化了个人在医疗保险中的责任而引起的公众不满的情况,颁布了《卫生保健改革法》。该法规定:争取疾病保险收支平衡;取消从医疗保险基金中为医院提供的费用补偿,限制法定医疗保险执业医师的数量,由专门机构重新划定处方药物目录;被保险人可以自由选择医疗保险机构,各医疗保险机构引入缴费机制,赋予州政府在医疗保险中更多的立法权,促进各医疗保险机构成为具有一定规模的经济实体。1996 年将病假工资的标准由标准工资的 100% 下降为 80%,将职工每 3 年休一次疗养假改为每 4 年休一次,疗养期由 4 个星期改为 3 个星期。《卫生保健改革法》的实施遏制了医疗保险基金支出迅猛增加的趋势,基金由赤字逐步转为盈余。

3.对失业保险制度的改革

1992 年,联邦政府将失业保险费率由 3% 提高到了 6.5%,削减失业保险待遇,将失业救济金的领取标准降低 3%,停发因自然原因不能工作者的收入损失补贴,1995 年停发长期生活补助金。

二、施罗德政府的改革

1998 年,社会民主党在竞选中获胜,社会民主党和绿党发表联合执政宣言《觉醒与革新:德国通向 21 世纪之路》,宣言为社会保障制度改革确定的原则是:通过促进待遇享受和缴费义务在社会贫富、性别和代际之间进行公正的和互助性的再分配;通过降低失业率和社会保障结构性改革,巩固社会保障基金的财政稳定,使德国福利国家持续健康发展。

施罗德政府初期的改革将降低社会保障待遇水平放在首位。1999 年,养老保险改革法规定,用分等级工作能力下降养老金取代无职业能力和无工作能力养老金。2000 年和 2001 年两年的养老金不与退休时的工资挂钩,只与通货膨胀率挂钩。德国劳工部在 1987 年预测,如果不进行任何改革,只考虑人口老龄化因素,医疗保险缴费率将持续上涨,到 2030 年将达到 35%~40% 的水平。为了减轻企业的缴费压力,保证经济体系的健康运行,2001 年施罗德政府确定劳动者和雇主缴纳的养老保险费率在未来的 20 年不得超过 20%,到 2030 年不得超过 22%。对失业保险制度的改革,规定领取过失业保险金者,才有资格领取失业救济金。2002 年,以时任劳动部长李斯特命名的"李斯特养老金计划"出台,该计划通过政府补贴的方式鼓励个人参加商业保险。"李斯特养老金计划"规定从 2008 年起,个人只需投资收入的 4％,政府通过减税或者每年投入 60 余亿欧元直接资助的方式,鼓励人们购买商业养老保险,将商业养老保险占养老金收入的比例逐步提高到 15％,最终达到 25％～30％,而将法定养老保险的比例由 85％逐步降低到 60％。① 从 2003 年起,政府又开始提高一部分社会保障待遇水平,例如,将雇员病假工资由 80％提高到了 100％,将子女津贴从 230 马克提高到了 270 马克,将照顾 16 岁以下子女的免税额统一提高到 3024 马克。

2003 年 3 月,施罗德政府提出"2010 年议程",这个改革计划的主要内容:一是养老保险改革。将养老保险的缴费率由 19.5％上调为 22％,将养老金替代率由 48％下降为 40％。由于延迟退休年龄会直接影响到人们的生活,因此欧洲各国在这个问题上都持十分谨慎的态度,以免在连任选举时丧失庞大的老年群体的选民。在德国,自俾斯麦政府始就建立起社会合作的理念,生活风险的防御和保障须靠全体社会成员共同组织的联盟,而不是完全依赖政府或者让政府承担所有的责任。因此,德国政府率先在欧洲推迟退休年龄,从 2011 年开始将退休年龄经过 20 年的过渡期,到 2031 年提高到 67 岁。政府每年拿出 700 亿欧元充实养老保险基金。二是医疗保险改革。受保险人每次就医需交纳 10 欧元费用,受保险人需承担住院治疗期间 10％的费用,非处方药费用全部由受保险人承担,非工作时间发生事故的医疗费由受保险人承担。三是失业保险改革。将失业保险金的发放时间由现行的 32 个月改革为,55 岁以下者为 12 个月,55 岁以上者为 18 个月,将失业救济金的水平降到社会救济金水平,并计划将二者合并,并将发放失业保险金和失业救济金由地方政府部门负责转为联邦劳动局负责。

施罗德政府的社会保障制度改革没有得到社会广泛支持,人们认为施罗德的改革计划难以取得成功。社会民主党的支持率也因此下降为 24％,而反对党的支持率上升到了 49％。2005 年 4 月初,施罗德感慨地说:"道路是正确的,执行的情况不理想,而最糟的则是未能说服全社会接受改革计划。"②

德国的社会保障法律制度自 1911 年《德意志帝国社会保险法典》汇编之后,1911 年制定了职员保险法,1923 年制定了帝国矿工联合会法,1927年制定了失业保险法,1957 年制定了农民老年援助法,1972 年将农民及其家属纳入医疗保险范围。与此同时,国家还对已颁布的法律法规不断进行

---

① 淦宇杰:《德国养老制度的改革:以"社会伙伴"为轴心》,《中国社会报》2014 年 3 月 10 日。

② 柴野:《德改革方案受到严峻考验》,《光明日报》2004 年 4 月 9 日。转引自丁建定:《西方国家社会保障制度史》,北京,高等教育出版社,2010 年,第 1 版,第 318 页。

修改和完善：养老保险（1957、1989、1992、1996、1997）、医疗保险（1989、1992、1995、1996、1997）、工伤事故保险（1963、1997）、失业保险（1969、1998），经过几次根本性的改革和按照新的要求调整以后，尤其是 1995 年颁布实施了被称作社会保险第五大支柱的社会护理保险法之后，德国的社会保险法律形成一个完整的、内容十分广泛的利益平衡体系。社会保险制度由最初的只对具有雇佣关系的劳动者的保护，逐渐扩展到对全体社会成员的保护，并因此获得了自己的独立性，成为独立的法律部门。健全完善的社会保障制度及其实施所带来的经济和社会效益，证明德国社会保障制度的建立是富有远见的并且为其他国家起了示范作用。尤其是作为社会保障制度核心领域的社会保险制度在协调劳资矛盾、建立雇主和雇员之间和谐理智的“社会伙伴”关系方面发挥了积极作用。① 1990 年 10 月 3 日，东西德统一以后，经济体制接轨要求对新联邦州实行过渡性政策，逐步实现与旧联邦州社会保障制度的统一。德国政府决定将西部社会保障制度完全移植到东部，认为这是西部地区对东部地区社会保障制度转型的责任分担，只有这样才符合增进社会公平和国家认同的价值追求。当社会法典第六卷在全联邦内生效时，联邦德国和民主德国的社会保障制度在 1992 年 1 月 1 日融为一体。②

---

① 和春雷主编：《社会保障制度的国际比较》，北京，法律出版社，2001 年，第 1 版，第 39、86 页。

② 〔荷兰〕弗朗斯·彭宁斯：《软法与硬法之间国际社会保障标准对国内法的影响》，王锋译，北京，商务印书馆，2012 年，第 1 版，第 115 页。

第三章　社会保险法律制度

社会保险法律制度在社会保障法律体系中居于核心地位，它的运行及效果对于社会保障法律体系的运行及效果具有决定性影响和作用。社会保险是国家通过立法以及有关机构对法律的实施，对处于工业化大生产中的劳动者由于疾病、年老、工伤、失业以及残疾而暂时或永久离开工作岗位，造成的收入减少或者丧失收入而提供经济援助的制度。它通过"社会统筹"的方式筹集社会保险基金，再按照"社会互济"的原则在社会成员间进行分配。

第一节　社会保险法的一般规定

社会保险法的一般规定适用于社会保险各险种。

一、社会保险的原则

社会保险遵循以下几项原则：

1.社会保险的基本组织原则。社会保险的组织原则是法定保险（义务保险）和自愿保险。受保险人根据自己的收入情况，采取法定保险或自愿保险，与此相应，存在着公共保险机构和私人保险机构两类保险机构。公共保险机构承办所有法定保险，同时也承办非义务的自愿保险；私人保险机构只能承办自愿保险。

2.社会保险受惠公正原则。受惠公正原则的思想基础基于艾哈德的理论："如果社会政策的目的是对每一个人从一出生就给他全部安全，保护他绝对不冒人生风险，那就不可能指望他的才能、智力、企业雄心以及其他人类品德得到充分发展；这些品德对于国家的生存和发展都是非常重要的，对于以创业精神作基础的市场经济是必不可少的。"所以，"社会安全首先必须从人们自己的勤奋中得到。开始时，一个人必须由自己负起责任。只有当个人负责还嫌不足的时候，国家和社会才有义务插手进去。"在这一思想的基础上,德国确立了"援助自助者"和"对等"的原则。"援助自助者"原则是指雇员的月收入低于法定标准时,必须参加各社会保险,以确保其遭遇生活风险时,能够在自我负责的基础上,从社会获得最基本的生活保障;"对等"原则是指社会保险待遇支付来自受保险人缴纳的社会保险费,而不是社会成员交纳的所得税。这一原则体现了"权利与义务对应"的法治原则。

　　3.社会保险自治管理原则。自治管理旨在体现共同参与的民主管理思想,社会保险机构由义务保险人代表、雇主代表共同组成社会保险机构的最高权力机关,它独立于政府,享有自主权,能够最充分地代表和反映受保险人的利益。

二、社会保险基金的筹集

　　社会保险基金的筹集实行企业(雇主)、雇员、政府分担的原则。社会保险基金的主要来源是雇主和雇员缴纳的社会保险费,在此基础上,在社会保险基金出现收不抵支时由政府财政予以弥补。

　　在养老保险、医疗保险、护理保险、失业保险中,义务保险费原则上由雇员和雇主各承担一半。社会保险费由雇主从雇员工资中扣除后,连同自己应缴的数额,在每月15日前一并汇入作为法定社会保险费征收部门的医疗保险机构。医疗保险机构必须在收到雇主汇来的社会保险费的第二天,将应划入养老保险机构、失业保险机构、工伤保险机构的保险费划拨过去。[1]雇员收入超过最高保险费收入确定界限的,参加自愿保险,自愿养老保险和医疗保险的保险费原则上由受保险人自己承担,对于参加自愿医疗保险的雇员,许多雇主为其提供法定医疗保险费一半标准以内的补贴。[2]社会保险征缴基数是受保险人的所得税法意义上的总收入,它包括工作报酬和经营收入。工作报酬是指所有经常的或者一次性的工作收入;经营收入是指按照所得税法确定的从事独立经营活动的利润收入。由于各阶层能够享受到充足的社会保险,人们对于购买商业保险的欲望就非常微弱。特别在养老保险领域,缴费型的养老保险制度逐渐培养起人们通过契约形式来确定个人所得的权利的意识,使得这样的社会保险体制获得了极其广泛的公众合法性。[3]

---

　　① 刘燕生:《社会保障的起源、发展和道路选择》,北京,法律出版社,2001年,第1版,第312页。

　　② 〔德〕霍尔斯特·杰格尔:《社会保险入门》,刘翠霄译,北京,中国法制出版社,2000年,第1版,第15页。

　　③ 〔丹麦〕戈斯塔·埃斯平-安德森编:《转型中的福利国家——全球经济中的国家调整》,杨刚译,北京,商务印书馆,2010年,第1版,第105页。

三、社会保险基金财务制度

德国的养老保险实行现收现付的财务制度。每年筹集到的养老保险基金在收支相抵之后，只能留一个月的储备金。如果储备金过多或者不足，那么将在下一年的 7 月份对养老保险费率进行调整。

四、社会保险受保险人和社会保险待遇

社会保险的受保险人在制度建立时以劳动者尤其是以蓝领工人为对象，发展到了今天，社会保险的受保险人是所有国民。[①]

社会保险待遇有服务待遇、实际待遇和现金待遇三种：服务待遇是指例如保险营运机构给受保险人提供咨询、进行指导等；实际待遇是指例如医生和牙医的治疗、医院护理等；现金待遇是指例如在老年或劳动能力降低时提供养老金、在因生病不能工作时提供病假工资、在怀孕和生育时提供产妇津贴、在失业时提供失业保险金或失业救济金等。按照待遇与康复相应法的规定，向受保险人提供医疗康复、职业康复待遇，而且康复在养老金之前进行。提供康复措施和待遇旨在使身体、智力、精神残疾者或者受到残疾威胁的人尽可能长时期地参与到工作、职业和社会中去。

社会保险待遇的提供是依据待遇所希望达到的目的确定的。现金待遇可以使受保险人按照自己的愿望使用，这符合市场经济的原则；而实物待遇和服务待遇是在现金待遇不能发挥作用或者现金待遇不能保证受保险人基本需要时采用。

五、社会保险基金的投资

1998 年之前，德国社会保险基金投资由社会保险法的相关规定加以规范。1998 年 4 月 1 日，社会保险基金投资改革为适用《投资公司法》的规定。《投资公司法》规定：养老保险基金投资于股票的比例为 20％左右，具体比例由各个养老保险机构灵活掌握；投资于房地产的比例不能超过30％；投资于流动资金比例的上限为 49％。1998 年，养老保险基金资产总额为 3000 亿美元，投资结构的实际状况是：75％投资于债券、13％投资于房地产、9％投资于股票、3％投资于现金储蓄。[②]

---

① 〔日〕菊池馨实：《社会保障法制的将来构想》，韩君玲译，北京，商务印书馆，2018 年，第 1 版，第 321 页。

② 刘燕生：《社会保障的起源、发展和道路选择》，北京，法律出版社，2001 年，第 1 版，第 219 页。

六、社会保险的管理和营运机构

德国社会保险管理侧重民主自治,将更多的社会保险管理责任由国家转移给社会承担,政府不直接干预,而是通过立法、司法、协调等方式把握公平社会政策导向,创造公平环境,在不违背社会自治的前提下,推动社会协调发展。德国的社会保险制度实行以政府管理为主、自治组织管理为补充的体制。

1.社会保险的管理机构

社会保险管理机构有三个:劳动社会事务部负责养老保险和事故保险政策的制定和业务协调;卫生部负责管理医疗保险和护理保险,职责包括医疗政策的制定和业务协调;联邦劳动就业部负责失业保险政策的制定和业务协调。每个部下设专门的管理办公室或执行委员会,负责社会保险具体事务管理。各州、地方政府也设立相应的局或办公室。

2.社会保险的营运机构

社会保险营运机构是在法律所提供的框架内,在很大程度上自主地解决社会保险事务,财务上独立于国家财政的机构,而且社会保险营运机构的责任与功能与国家的责任与功能也是分开的。德国社会保险按险种划分为若干专门的保险营运机构,例如养老保险机构、医疗保险机构、护理保险机构、失业保险机构、事故保险机构。保险营运机构是自治的公法人组织,由受保险人和雇主各推选出一半代表组成代表大会或者管理委员会(医疗保险),代表大会选举董事会和业务领导人。代表大会被称作保险营运机构的"议会",它制定机构的章程和其他自治规则,确定财政预算;董事会被称作"政府",是执行机构,对内领导机构,对外代表机构;业务领导人负责日常业务和提供咨询。各险种的保险营运机构联合成联邦联合会,医疗保险机构还组成州联合会。[①]在法律规范下,各社会保险机构实行自我管理,自主经营,并自觉接受政府监督。这种政府从直接治理责任中脱离出来、由社会保险机构实行自治的治理模式形成了有效的、内外结合的监督体系:外部监督机构是政府,内部监督机构是自治机构,由此保障了社会保险制度正常高效运行。

法律规定,社会保险营运机构从社会保险费收入中提取 5% 费用作为机构管理费用。[②]　社会保险实行自治治理体现了德国尊重社会成员自由的

① 〔德〕霍尔斯特·杰格尔:《社会保险入门》,刘翠霄译,北京,中国法制出版社,2000 年,第 1版,第 16 页。

② 姚玲珍编著:《德国社会保障法》,上海,上海人民出版社,2011 年,第 1 版,第 18 页。

文化传统,表明了国家在履行宪法所保障公民基本权利的同时,尽力保障个人和企业的自由权。社会保险实行自治管理是与个人负责的市场经济原则相一致的。受保险人(尤其是雇员和养老金领取者)和雇主对社会保险机构的参与降低了在社会保险方面的社会利益冲突。由雇员和雇主代表组成的社会保险机构(在医疗保险机构中还有医生和医院的参与)通过自治管理进行合作,为保持社会安定做出了贡献。

社会保险机构具有法律上的自主权,独立于政府、议会和其他公共权力机构。虽然自主管理是社会保险的组织原则,但是这并不意味着政府可以逃避公共责任。国家的任务在于为社会保险事务的稳定健康运行创造法律基础,并且在法律中确立社会保险的目标和各社会保险机构的目标。社会保险机构有权力制定本机构的规章,在规章中规定受保险人及机构雇员的权利和义务,但是社会保险机构的规章必须与法律规定保持一致。社会保险机构定期进行选举,每个受保险人都有选举权。候选人名单由雇主协会和工会提出,选举出的雇主代表和雇员代表形成社会保险机构的自主管理团体。参与自主管理团体是一个荣誉地位,他们代表着本机构成员的利益。社会保险机构可以向政府和议会提出建议和批评;有权力决定社会保险费率和社会保险待遇标准;申诉委员会负责解决受保险人和社会保险机构之间的争议;社会保险机构有权任命全职的管理人员,由于管理人员独立于各级政府,这就保证了社会保险机构的连续性。

国家允许社会保险机构实行自主管理并不意味着社会保险事务可以随意发展,也不意味着国家只是社会保险事务的局外人和旁观者。社会国家原则及所对应的宪法规定都要求国家提供社会保险综合体系:国家在社会保险立法中,努力创造一种公民自己负责解决自己的事情、政府无需以官僚主义的方式规定所有细节的法律框架,这充分体现了德国是民主和福利的联邦国家。在立法之外,国家还承担着外部监管的职责,即监督社会保险机构遵守法律情况以及自主制定的规章制度的执行情况。为了维护受保险人的利益,保证国家社会政策的贯彻执行,联邦政府从 20 世纪 50 年代开始设立联邦保险监督局,各州政府也设立相应机构,其职能是监督各项保险活动严格依法进行。在社会市场经济条件下,有效的社会保障体系要求有一个强有力的政府,但是这种强有力不是指政府控制国内所有事务,而在于建立一个完备的法律体系,并保障所有参与方有效率地运行,[①]为此法律规定,养老保险的受保险人和养老金领取者有权利审查养老保险基金的收支及运

---

① 和春雷主编:《社会保障制度的国际比较》,北京,法律出版社,2001 年,第 1 版,第 75~81 页。

营情况。

在社会保障法律体系中,社会保险被界定为对大的生活风险给予保护的带有强制性的共同承担责任的联盟,认为只有通过履行保险义务才能做到在不同群体之间没有歧视地获得社会的有效保障。在社会保险这个大联盟内所有受保险人参与风险调整,风险调整可以在不是受保险人自愿的情况下进行。但是,受保险人有按照社会法院法的规定,就几乎所有社会保险待遇提起诉讼的合法权利。

社会保险是社会保障法律体系中的核心领域,它包括养老保险、医疗保险、护理保险、失业保险、事故保险五个子项目。

第二节　养老保险法律制度

德国于 1889 年颁布了《老年和残疾社会保险法》,将具有雇佣关系的工人纳入保障范围,1911 年将保险范围扩及职员和遗属。国家建立养老保险旨在使几乎所有的工人和职员以及他们的家属、一定的独立经营者和自愿保险者,在收入减少、老年和死亡所有这些大的风险出现时获得有效的终身保护。养老保险为伤残者、年老者、供养者死亡的家庭成员提供风险保障:当养老保险受保险人身体发生残疾,经医学和社会保障部门证明,每天不能坚持连续工作 3 小时,就可以获得养老保险中规定的待遇;通过向长年履行缴纳养老保险义务的人支付养老金,以保障他们和他们的家庭有一个没有经济顾虑的晚年生活;在受保险人死亡后,他们的遗属可以获得供养法上的寡妇抚恤金、鳏夫抚恤金、孤儿抚恤金。此外,为了避免伤残,国家采取康复优先于提供待遇的措施,从养老保险基金中支付实施康复措施费用,使受保险人尽可能长时期地保持健康和坚持工作。德国法律没有为子女规定赡养父母的义务,[①]养老的责任完全社会化了。法定养老保险是对所有有保险义务者具有强制性特征的社会保险,通过在职的一代人缴纳的养老保险费为那些暂时或长期退出职业生活的人提供生存保障。提供待遇所需要的巨额资金大约 80% 来自受保险人缴纳的保险费,但是为了使保险费保持稳定,从 1998 年开始,联邦为养老保险领域总支出提供 20% 的高额补贴,由此可以避免提高养老保险费率,[②] 1997 年雇主和雇员缴纳的保险费为 3000

---

① 张啸主编:《德国养老》,北京,中国社会出版社,2010 年,第 1 版,第 2 页。
② 〔德〕霍尔斯特·杰格尔:《社会保险入门》,刘翠霄译,北京,中国法制出版社,2000 年,第 1版,第 8、76 页。

多亿马克,联邦津贴为 830 亿马克。[①]

德国实行多元化养老保障制度,包括以政府为责任主体的养老保险、企业年金(企业养老保险)和私人养老保险(购买商业养老保险产品、银行储蓄、不动产)三个方面。以政府为责任主体的养老保险又分为企业职工养老保险、公务员和军人养老保险、农场主养老保险、独立经营者养老保险四个不同的制度,其中企业职工养老保险是核心,一般称作法定养老保险。

一、法定养老保险受保险人

1.义务保险人

《社会法典》第四章第二节第二条规定,所有以获取劳动报酬为目的的就业人员或参加职业培训的人员都是法定养老保险的义务保险人。按此规定义务保险人包括:所有有工作报酬的雇员或者因职业培训而受雇的雇员;在残疾人工场工作的残疾人;能够获得至少五分之一工作报酬的残疾人;不是作为雇员被雇用的独立经营者中的一定群体(手工业者、教师、护士、艺术家、新闻工作者等);病假工资、失业保险金、失业救济金、生活费津贴等的领取者;子女出生后三年内养育子女者;服兵役者和服代替兵役的民间役者等。[②]

高收入者,如医生、律师等,参加商业养老保险。

2.手工业者养老保险

独立经营且在手工业者名册中的登记者是负有保险义务的手工业者。他们至少要履行 18 年的强制保险义务,并由此获得基本保险权。手工业者的义务保险费标准是法律每年新规定的雇员保险费的平均值,在收入特别少的时候可以缴纳低额保险费。在独立经营刚开张的第 1 年,根据申请,同样可以缴纳比较少的保险费。

3.矿工养老保险

矿工必须参加养老保险、医疗保险、护理保险,而且只有义务保险,没有自愿保险。这不仅有利于矿工的风险保障,而且有利于他们的遗属在劳动能力降低或丧失、老年和死亡情况下的风险保障。由于矿工工作繁重、劳动强度大,所以,在计算养老金时,以一个比较高的养老金种类因数为基础。另外,还为矿工规定了一些特殊待遇,例如,就业能力降低养老金、满 50 岁的矿工养老金、从 60 岁开始的常年白天工作矿工老年养老金等。

---

① 中国劳动和社会保障部:《赴德养老保险立法考察报告》,载德国技术合作公司、中国劳动和社会保障部:《中德劳动和社会法合作文集(1996～1999)》,第 303 页。

② 〔德〕霍尔斯特·杰格尔:《社会保险入门》,刘翠霄译,北京,中国法制出版社,2000 年,第 1 版,第 77～78 页。

4.免除养老保险义务者

年收入低于收入标准 1/7(1998 年西部 7440 马克,每月为 620 马克;东部 6240 马克,每月为 520 马克)者、公务员、法官、神职人员、职业军人、现役军人、高等学校工作人员、全额养老金领取者是免除养老保险义务者。他们的养老保险费由雇主承担并被视为义务保险费。而丧失就业能力养老金和丧失劳动能力养老金领取者、仍在从事一项相应职业者以及遗属抚恤金领取者,没有被免除养老保险义务。

5.自愿养老保险者

原则上每一个年满 16 周岁的人都可以自愿申请参加养老保险,但他们必须是:没有法定保险义务者;经常生活在国外且没有领取养老金的德国人;不是全职家庭妇女者且以前缴纳过义务保险费;没有保险义务的独立经营者(医师、律师、建筑师、艺术家、记者等);免除保险义务的公务员,但他们已经缴纳了 5 年的保险费。自愿保险的受保险人可以在最高和最低保险费之间自由选择适合自己的缴纳额,保险费全部由自己承担。1998 年,最高保险费额为每月 1705.2 马克,最低保险费额为每月 125.86 马克。自愿养老保险者最少需要缴纳 5 年养老保险费,才能获得领取养老金的资格。[1]

二、等待时间

领取养老金的等待时间,是指法定最低缴纳养老保险费的时间。与其他国家不同的一个特点是,德国取得领取养老金资格的等待时间包括替代时间,例如,法定服役时间、上大学时间、实习时间、怀孕时间、休产假时间、抚育子女时间、失业时间等。在这些时间,由于义务保险人暂时没有或者中断收入而没有缴纳养老保险费,但按照法律规定这些时间可以算作缴纳保险费时间。[2] 由于德国服务业缺少,导致妇女就业机会缺乏,即使妇女就业愿望强烈,也会因为选择私人看护的工资太高而不得不放弃工作机会。据统计,女性劳动者平均只有 22 年的缴费期限,而男性有 36 年缴费期限;女性白领雇员有 27 年缴费期限,而男性为 38 年;只有 8% 的女性缴费年限能够达到 40 年,而男性的这个比例为 53%。在社会政策中奉行家庭主义的德国,女性的养老金水平普遍低于男性。[3]

---

① 〔德〕霍尔斯特·杰格尔:《社会保险入门》,刘翠霄译,北京,中国法制出版社,2000 年,第 1 版,第 78~80 页。

② 〔美〕约翰·B.威廉姆森等:《养老保险比较分析》,马胜杰等译,北京,法律出版社,2002 年,第 1 版,第 48 页。

③ 〔丹麦〕戈斯塔·埃斯平-安德森编:《转型中的福利国家——全球经济中的国家调整》,杨刚译,北京,商务印书馆,2010 年,第 1 版,第 109 页。

三、养老保险待遇

获得养老保险待遇的条件是，基于养老保险义务或者自愿保险缴纳了法律上规定的至少有 5 年的保险费。养老金待遇必须依申请提供。

（一）康复待遇优先于养老金向受保险人提供

如果受保险人劳动能力降低，则由养老保险机构先提供康复待遇，然后提供劳动能力降低养老金，这就是所谓康复优先于养老金原则。养老保险机构根据受保险人所尽义务决定可能提供的待遇。① 康复优先旨在使受保险人的劳动能力得到恢复和保持，防止受保险人的劳动能力减退或者提前从职业生活中被淘汰出来，使他们尽可能持久地重新参与到职业生活中去。养老保险为受保险人提供医疗康复和职业促进康复措施，政府主张受保险人通过职业康复尽可能持久地从事以前的工作，这样受保险人可以利用他们以前的知识、技能和经验。受保险人在接受医疗和职业促进康复措施期间不再继续领取工资或薪金，而获得领取改行津贴的权利，改行津贴的标准是受保险人最后领取的工资的 80%，最高为纯收入；养老保险还向受保险人提供作为补充待遇的交通费、生活费救济、康复体育费用和参加训练班的费用。此外，养老保险机构为他们缴纳医疗保险、养老保险、事故保险和失业保险的保险费。

（二）养老金的种类

1.劳动能力降低养老金

在受保险人劳动能力降低的情况下，只对受保险人的健康状况予以考虑，而对劳动力市场的情况不予考虑。受保险人每天能够工作 3 小时的，获得全额劳动能力降低养老金，能够工作 3～6 小时的，获得半额劳动能力降低养老金，能够工作 6 小时以上的，不能获得养老金。② 劳动能力降低养老金的领取最长不得超过法定退休年龄，即达到退休年龄以后不再领取劳动能力降低养老金，而是领取老年养老金。

2.老年养老金

老年养老金包括从 65 岁开始符合 5 年等待期的一般老年养老金；从 63 岁开始有 35 年等待期的长年保险的老年养老金；从 60 岁开始有 15 年等待期的失业者老年养老金和妇女养老金；从 60 岁开始有 35 年等待期的重度残疾人养老金等。等待期包括缴纳保险费时间、替代时间（是指按照法

① 〔德〕霍尔斯特·杰格尔：《社会保险入门》，刘翠霄译，北京，中国法制出版社，2000 年，第 1版，第 111、113、81 页。
② 同上书，第 83、84 页。

律规定免除缴纳保险费时间,在这段时间受保险人由于国家或者政治原因不能缴纳保险费。例如在"二战"时服兵役的时间、紧接着被当作战俘的监禁时间和接下来不能工作和失业时间)、养育子女时间(从 1992 年 1 月 1 日起子女出生后的头 36 个月不缴纳保险费但是算作缴纳保险费时间)、扶养补偿时间(1977 年 7 月 1 日以后离婚的实行扶养补偿,有扶养权的配偶把婚姻关系存续期间自己的养老金或养老金期待权的一半分配给另一方配偶)。①

　　3.遗属抚恤金

　　遗属抚恤金包括寡妇鳏夫抚恤金、孤儿抚恤金、子女教育抚恤金。鳏寡抚恤金分为大额抚恤金和小额抚恤金两种,大额抚恤金需具备以下条件方可领取:(1)鳏寡者需有一个自己的或者受保险人的未满 18 岁的孩子。(2)受保险人在 2012 年 1 月 1 日前死亡,遗属领取抚恤金的年龄须在 45 岁以上;在 2012 年 1 月 1 日以后死亡,按照每年提高 1 个月的规定逐步提高领取年龄;受保险人在 2029 年及以后死亡,遗属领取抚恤金的年龄提高到 47 岁。小额抚恤金最长提供两年。孤儿抚恤金为未满 18 周岁孤儿提供,或者已满 18 周岁仍在读书或接受职业培训的遗孤,或者因为身体、精神、心理障碍不能自食其力的遗孤,抚恤金可以领取到 27 岁。子女教育抚恤金是指受保险人死亡以后用于子女接受教育的费用,按照《婚姻养老法》的规定,在 1977 年 6 月 30 日后离婚没有再婚的鳏寡者,受保险人生前缴纳了 60 个月养老保险费的,其前妻(夫)可以领取子女教育抚恤金。②

四、养老金待遇标准

　　受保险人养老金是对老年时的收入补偿,而不是生活费补贴。它应该在完满地结束职业生涯之后成为一个足够的生活上的经济基础。养老金的标准首先取决于在缴纳保险费的整个职业生涯期间,受保险人的劳动报酬和劳动收入的标准。人们可以由此来理解工资、保险费和养老金的关系:一个较长的劳动生涯(有较长的缴纳养老保险费的时间)和一个与劳动收入相应缴纳的保险费,表明在老年时原则上也有一个充裕的老年养老金。法定养老保险的养老金,每年在上一年的雇员的工资变化时加以调整。调整的目标旨在使养老金和可支配的劳动报酬平衡增长。

　　1.雇员养老金标准

　　养老保险合作主义原则的特点,就是要使缴费与给付达到协调一致,因

---

　　①　〔德〕霍尔斯特·杰格尔:《社会保险入门》,刘翠霄译,北京,中国法制出版社,2000 年,第 1 版,第 89、95～105 页。

　　②　姚玲珍编著:《德国社会保障法》,上海,上海人民出版社,2011 年,第 1 版,第 57 页。

此养老金的给付标准与受保险人缴纳的保险费有关,或者说与受保险人的工资有关,也与要算入的免除缴纳保险费的时间和向死亡者遗属支付的养老金有关。

养老保险机构要从受保险人的养老金中扣除一半医疗保险费和护理保险费,另一半由养老保险机构支付。

按照《社会法典》第六卷第 34 条的规定,享受全额养老金的受保险人在65 岁之前,只能在非常小的范围赚取补充性收入,养老金才不受影响。补充性收入的界限原则上是月收入标准的 1/7(1998 年为每月 620 马克,新联邦州为 520 马克)。每年只有两个月可以超过月收入标准,但不能超过月收入标准的两倍。[①]

每个人可以自由决定:自己是否想工作和缴纳养老保险费到 65 岁,或者是想提前退休并领取部分养老金,或者想一直工作和缴纳养老保险费到老年养老金领取年龄。65 岁退休、缴纳养老保险费 45 年者,可以获得全额养老金,数额为退休前工资额的 70%。[②] 1999 年 1 月开始执行新的养老保险政策,其替代率为 65%,法律规定养老金的替代率须保持相对稳定,并且与在职职工的工资调整同步进行。[③] 每一个老年养老金领取者可以申请三分之二养老金、半额养老金和三分之一养老金而成为部分养老金领取者。部分养老金领取者可以继续工作,但是,三分之一部分养老金领取者需要放弃收入的 20%、半额养老金领取者需要放弃收入的 40%、三分之二养老金领取者需要放弃收入的 60%。受保险人完全被雇用,则取消他的养老金或者支付很低的部分养老金。[④] 2010 年,退休雇员的养老金平均占退休前工资额的 53%,最高限额为 75%。[⑤]

德国养老金的平均额为 950 欧元,有 47.5%的女性退休者和 12.1%的男性退休者,每月养老金不足 350 欧元。[⑥] 大约有 1.3%的退休人员因养老金水平较低而享受社会救济待遇。[⑦]

---

① 〔德〕霍尔斯特·杰格尔:《社会保险入门》,刘翠霄译,北京,中国法制出版社,2000 年,第 1版,第 101、93 页。

② 张啸主编:《德国养老》,北京,中国社会出版社,2010 年,第 1 版,第 13、90 页。

③ 刘燕生:《社会保障的起源、发展和道路选择》,北京,法律出版社,2001 年,第 1 版,第312 页。

④ 〔德〕霍尔斯特·杰格尔:《社会保险入门》,刘翠霄译,北京,中国法制出版社,2000 年,第 1版,第 93~94 页。

⑤ 姚玲珍编著:《德国社会保障法》,上海,上海人民出版社,2011 年,第 1 版,第 59 页。

⑥ 张啸主编:《德国养老》,北京,中国社会出版社,2010 年,第 1 版,第 13 页。

⑦ 中国劳动和社会保障部:《赴德养老保险立法考察报告》,载德国技术合作公司、中国劳动和社会保障部:《中德劳动和社会法合作文集(1996~1999)》,第 302 页。

2.遗属抚恤金标准

遗属抚恤金是在受保险人死亡或者失踪的情况下依申请提供,但是需要具备以下条件:死者死亡时已经积累了 5 年等待期或者视为完成了等待期或者死者死亡时已经获得了养老金。再婚的取消寡妇鳏夫抚恤金,结婚后又离婚的原则上恢复抚恤金。受保险人死亡以后,他的不满 18 岁的子女根据申请可以获得孤儿抚恤金最大到 27 岁。遗属抚恤金按照提出申请那个月之前 12 个月中最高收入提供,高额寡妇鳏夫抚恤金为受保险人老年养老金的 60％,低额寡妇鳏夫抚恤金为受保险人老年养老金的 25％,全额孤儿抚恤金为受保险人老年养老金的 20％,半额孤儿抚恤金为受保险人老年养老金的 10％。①

五、养老保险基金的筹资模式

在 1957 年以前,德国养老保险采取资金积累模式。积累起来的资金也有可能被合法地用于其他地方,具有一定的危险性。另外,如果让养老保险机构这样的准国家机构拥有如此之多的资本,以至于可以驾驭经济,也会影响到社会秩序。

1957 年的养老金改革时,将资金筹措模式改革为分段式收支抵偿法,这种筹资模式以十年为一个抵偿段,在保证联邦补贴和保险费及其他收入能够抵偿一个抵偿段的支出,并且在第十年能够留有第十年支出数额的储备金的前提下,来确定保险费率。1969 年筹资模式在很大程度上向现收现付模式转变,在确定留有三个月支出的储备金的情况下,以收定支,就能够保证保险费率稳定。如果连续三年不能达到应当留足的储备金数额,就需要相应提高保险费率,以保证足够的储备金额。

1977 年,现收现付的养老保险筹资模式得以最终确定,并且规定只需留足相当于一个月支出的储备金。当储备金连续两年不能达到额定数额时,就该提高保险费率了。1992 年养老金改革时,将现收现付模式明确写入社会法典第五卷第 153 条:每年的养老保险收入用于养老金支付,必要时从储备金中提取资金补贴。储备金数额在年末大致相当于一个月的养老金支出额,如果达不到这个数额,必须提高保险费率,如果超出则降低保险费率。1999 年养老金改革方案规定,如果储备金介于一个月至一个半月养老金支出额之间,保险费率无须提高,以此保持保险费率稳定。2007 年,法定

---

① 〔德〕霍尔斯特·杰格尔:《社会保险入门》,刘翠霄译,北京,中国法制出版社,2000 年,第 1 版,第 109 页。

养老保险费率为雇员毛收入的 19.9％,由雇主和雇员各承担 50％,按此费率,2008 年西部雇主和雇员每月共需缴纳养老保险费 1054.7 欧元,东部为 895.5 欧元。政府计划到 2030 年将养老保险费率提高到 22％,以保证养老保险基金收支平衡。

　　除了通过雇主和雇员缴纳养老保险费筹集养老保险基金以外,政府财政补贴也是养老保险基金的重要资金来源。2006 年用于养老保险支出的政府补贴约 560 亿欧元,占当年养老保险总支出 2310 亿欧元的 24.3％。在养老保险缴费率偏低、养老保险基金支付出现流动性问题时,政府将提供国家担保,例如,2005 年就发生过这种情况。政府担保的方式是政府为养老金支付提供无息贷款,因此被称作"流动性帮助"。[①]

　　最大限度地体现社会公平是德国社会保障制度坚持不懈追求的目标。即使在智利实行完全私有化的养老保险制度改革,被称作福利国家"橱窗"的瑞典和对全体国民实行"从娘胎到坟墓"福利待遇的英国,将现收现付筹资模式改革为更有效率的基金积累模式的国际趋势下,德国仍然坚持更能促进社会公平的现收现付模式。[②] 根据现收现付模式,用日常国民收入来支付养老费,其安全性不是建立在财富的基础上,而是在于这种筹资方式的持续性,即由于养老保险是义务保险,总有步入职业生涯的下一代人在缴纳养老保险费。由于绝大多数劳动者有参加保险的义务,因此由在职的一代人用缴纳的保险费养活已经领取养老金的那些人就成为可能,或者说,下一代缴纳的费用用于支付上一代的养老金。在 1995 年底,缴纳养老保险费的人数为 3140 万人,而领取养老金的人数为 1800 万人。[③] 所以说,义务保险是现收现付模式不可或缺的前提条件,也是受保险人获得将来领取养老金资格的前提条件。

　　德国把养老保险的这种现收现付筹资模式称作"代际合同"或"代际赡养"。从理论上讲,在职人员缴纳养老保险费是对上一代履行义务,同时也获得了由下一代赡养自己的权利,这种"社会赡养关系"只能通过国家干预才可能建立。在现收现付模式下,除了每年只储备次年第一个月的养老金外,当年收入与当年支出基本相符。在资金运行中,没有大量的储备资金,在精确测算出当年保险费收入和养老金支出以后,将盈余部分进行短期投资,但要保证资金可以随时抽出。1998 年通过短期投资得到的利息收入为

---

①　姚玲珍编著:《德国社会保障制度》,上海,上海人民出版社,2011 年,第 1 版,第 9、63、64 页。
②　张啸主编:《德国养老》,北京,中国社会出版社,2010 年,第 1 版,第 97 页。
③　〔德〕霍尔斯特・杰格尔:《社会保险入门》,刘翠霄译,北京,中国法制出版社,2000 年,第 1 版,第 75 页。

34 亿马克,恰好用于当年 34 亿马克的行政管理费开支。[①]

六、养老保险机构

养老保险机构由工会和雇主协会推举相同数量的代表组成,它的职责范围自行确定,受保险人、雇主以及养老金领取者这些养老保险规划的涉及者都将积极推动它的工作。由于历史的原因,德国的养老保险机构呈现多元化的态势,具体有:工人养老保险(全国共有 23 个州保险机构,此外设在汉堡的海员保险事务所和铁路保险事务所是特殊机构)、职员养老保险(联邦职员保险机构,设在柏林)和矿工养老保险(联邦矿工联合会,设在波鸿)三种。[②] 养老保险机构具有自治权,政府不可能把养老保险基金挪作他用,保证了养老金刚性支付的需要。

七、养老保险制度的改革

据联邦统计局的数据,到 2006 年底,全国人口约 8231 万,其中 60 岁以上老年人占人口总数的 23%,65 岁以上老人有 1600 万,80 岁以上老人有 110 万。预计到 2050 年,全国人口将从 8300 万下降到 7000 余万,其中一半以上人口超过 50 岁,三分之一人口超过 60 岁,德国社会老龄化程度已居世界前列。按照一般规律,最合理和有效的社会赡养率应是每三个在职人员养活一个退休人员。但在 2010 年左右,每 100 个在职人员为 44 个退休人员提供养老金。按照 2010 年人口生育率和人口老龄化进程,到 2030 年,每 100 个在职人员将为 78 个退休人员提供养老金。[③] 出生率持续下降和人口老龄化导致的直接后果是养老保险基金支付出现危机。技术进步造成劳动岗位减少和失业人口增加,进一步加剧了因养老保险缴费人数减少带来的基金压力。2002 年,以工作收入为缴费基数的社会保险和建立在税收基础上的社会保障其他三领域的总支出,约占德国 GDP 的三分之一。社会保险账户出现亏空,政府债务因此连年超过 GDP 的 3%。全国领取养老金和社会救济金的人数接近在职人口数,国家财政收入的 62% 用于偿还债务和社会福利。[④]

---

① 中国劳动和社会保障部:《赴德养老保险立法考察报告》,载德国技术合作公司、中国劳动和社会保障部《中德劳动和社会法合作文集(1996~1999)》,第 303 页。

② 〔德〕霍尔斯特·杰格尔:《社会保险入门》,刘翠霄译,北京,中国法制出版社,2000 年,第 1 版,第 76 页。

③ 张啸主编:《德国养老》,北京,中国社会出版社,2010 年,第 1 版,第 1、3、4、86 页。

④ 同上书,第 100 页。

在实行现收现付的养老保险筹资模式下,巨额的养老金支出只能靠提高雇主和雇员缴纳保险费和增加政府财政补贴来维持,才能保证退休人员能够过着与退休之前生活水平基本相当的体面生活,导致养老保险缴费率从 1957 年的 14% 一路升至 1998 年的 20.3%,预计到 2030 年将达到25.5%,才能保证养老金的支付。这不仅增加了在职人员的缴费压力,也大大增加了企业的经营成本,恶化了投资环境,影响到企业的国际竞争力。同时,政府财政对养老保险基金的补贴也在逐年增加,1998 年为 9632 万马克,是 1970 年的 9.1 倍。所有这些表明需要对现行养老保险筹集制度进行改革。[1]

2006 年底,德国大联合政府在内阁会议中通过了退休体制改革决议草案,决定将退休年龄从 2012 年开始由 65 岁推迟到 67 岁。决议草案推出后,各政党反应不一:社民党和基民盟都是决议的支持者,时任德国劳工部长明特费林认为,决议能够让大约 10 万 50 岁以上的失业者重新找到工作,将这一年龄段人口就业率由当时的 45% 提高到 50%;德国工会组织和部分福利团体对决议持反对态度,他们认为,决议内容不符合实际。实际情况是德国的企业有三分之二的人在 65 岁之前就已经被迫离开了工作岗位。2006 年,连 65 岁退休都保证不了,更何况将退休年龄推迟到 67 岁。

面对人口老龄化程度的不断加深及其给养老金支付带来的巨大压力,德国政府不得不采取逐步调整现行养老保险制度的做法。具体措施有:1.提高法定养老保险缴费比例,从 2010 年的 19.5% 提高到 2030 年的22%;2.降低养老金替代率,从 2003 年的 53% 降低到 2020 年的 46%,到2030 年的 43%;3.提高补充养老保险在养老保障中的比重,要求每个在职人员每年投保一个附加养老保险,政府给予相应补贴,使附加养老金能够占到全部养老金的 15%,随着养老保险费率逐年增加,这个比例逐渐达到25%～30%;4.从 2001 年起逐渐延长退休年龄,到 2012 年将职工退休年龄从 65 岁提高到 67 岁;5.将养老保险最低等待时间由 5 年提高到 35 年;6.联邦政府每年为养老保险基金提供 700 亿欧元补贴,同时将提高生态税后的财政收入用来补充养老保险基金。[2]

八、补充养老保险制度

20 世纪 70 年代以后,现收现付的养老保险基金模式受到了人口老龄

---

① 姚玲珍编著:《德国社会保障制度》,上海,上海人民出版社,2011 年,第 1 版,第 50 页。
② 张啸主编:《德国养老》,北京,中国社会出版社,2010 年,第 1 版,第 100、127～128 页。

化的挑战,制度的可持续性受到了威胁。人口老龄化意味着现收现付制度的赡养负担越来越重,意味着在职者缴纳养老保险费的负担越来越重,也意味着政府的财政负担越来越重。于是许多国家都建立了多层次养老保险制度,即除了法定养老保险制度之外,还鼓励企业举办企业职工补充养老保险(亦称企业养老保险)以及鼓励国民购买私营商业保险公司的人寿险和鼓励国民储蓄,并且把这些计划称作阶梯式养老保险体系的组成部分。2011年,法定养老保险、企业补充养老保险、个人补充保障(包括私营人寿保险、银行储蓄、有价证券、基金产品、终老财产等)的支付额占养老金总收入的比例分别约为 70％、20％、10％,而在 2000 年底,这三者的比例分别为 82％、5％、13％。[1] 这三部分共同为雇员及其家属提供在政府所规划的基本养老保险水平之上获得更高的给付机会。[2] 在德国养老保险制度体系中,补充养老保险居于辅助地位。

　　(一)企业补充养老保险制度

　　企业补充养老保险亦即企业年金。20 世纪 50 至 60 年代,高速发展的德国经济为社会保障制度奠定了雄厚的物质基础。但是 70 年代在资本主义国家爆发的经济危机,使得德国的经济受到极大的冲击,法定养老保险制度也因此受到了严重威胁。为了规范作为法定养老保险补充的企业补充养老保险,1974 年 12 月 19 日颁布了《企业养老完善法案》,该法案对企业补充养老保险制度作了这样的界定:它是雇主基于劳动雇佣关系为雇员建立的,为其年老、伤残以及遗属生活提供保障的措施。企业补充养老保险旨在防止因雇主破产而无力支付养老金债务的风险,如果企业破产,将由雇主组织的对企业补充养老保险负有担保责任的养老保险基金会支付。企业补充养老保险以职工薪酬为筹集资金的基础,企业和职工分别交纳一定比例的金额并存入职工个人账户内,由金融机构托管,指定专业投资机构运营,以保证基金收支保持平衡。企业补充养老保险是仅次于法定养老保险、与资本市场相结合、由政府支持或税收减免的补充养老保险措施。《企业养老完善法案》对企业养老的实现形式、筹资方式、受保险人等都做出了明确规定。

　　1.企业养老保险的实现形式

　　企业补充养老保险有以下五种实现形式:

　　(1)直接承诺。是指由雇主本人兑现对雇员的承诺内容。雇主以书面形式给予雇员以养老金承诺,则雇主为其承诺的资金担保,并且从初始预备

---

①　姚玲珍编著:《德国社会保障制度》,上海,上海人民出版社,2011 年,第 1 版,第 100、126 页。

②　和春雷等:《当代德国社会保障制度》,北京,法律出版社,2001 年,第 1 版,第 108 页。

养老金准备金。在这种形式下,雇主将企业补充养老保险费以负债的方式反映在企业资产负债表上,从公司资产中支付。对雇员未来直接承诺形式虽然不受政府监管或投资控制,但必须经养老金保险基金会确认,一旦公司破产,养老金保险基金会则承担向雇员及其家属支付承诺的养老金的义务。直接承诺是最受雇主欢迎、在企业补充养老保险资产总额中占比最大的类型。

(2)直接保险。直接保险是雇主为其雇员购买的个人寿险或集体寿险,受益人是雇员及其家属,因而是一种特殊形式的人寿保险。直接保险的资金由人寿保险公司管理和投资运营。与上述直接承诺形式不同,在雇主破产或者保险损失的情况下,法律或者人寿保险公司都不能够确保受益者获得应有的待遇。

(3)退休储蓄。退休储蓄是一种由单个雇主或多个雇主设立,并且由雇主缴纳养老保险费,在雇员年老、伤残或死亡后,为雇员或其遗属提供收入补充待遇的、具有法律地位的养老保险机构。多个雇主一般为同一行业或业务关联行业的雇主。与直接保险相似,当遇到雇主破产或保险损失时,雇员及其遗属的待遇不能得到法律或者保险机构的保障。

(4)互助基金。与退休储蓄一样,互助基金也是一种由单个雇主或多个雇主设立,并且由雇主缴纳养老保险费,为雇员及其家属提供收入补充待遇的、具有独立法律地位的养老保险机构。雇主自主决定保险费额及缴纳时间的长短。由于存在雇主破产风险,互助基金需要进行再保险。雇主向互助基金所缴纳的保险费在法定限度内可以抵扣纳税额,抵扣的额度取决于所承诺的平均待遇水平。在风险出现时,雇员向雇主而不是向互助基金提出待遇的请求权。

(5)退休基金。退休基金是2002年新设立的企业补充养老保险形式,它可以将雇主缴纳给退休基金的资金没有数量限制地投向各类资产,由于它将退休储蓄的安全性优势与投资基金的收益机会结合在一起,因此是一种为其缴纳了企业补充养老保险费的雇主提供服务、具有独立法律地位的新型保险机构。考虑到投资的风险,退休基金需要向养老金保险基金会进行再保险,这样,在出现雇主破产时,由养老金保险基金会向雇员及其家属支付待遇。[1] 2000年底,除退休基金之外的四种方式资产总额达到了3313亿欧元,其中直接承诺资产总额达到1946亿元,占总资产的59%,居于主

---

① 　姚玲珍编著:《德国社会保障制度》,上海,上海人民出版社,2011年,第1版,第81~84页。

导地位。[1]

2.资金筹资方式

企业养老保险资金的筹集有两种方式：一种是通过企业和职工缴纳养老保险费，储备养老保险基金，在职工退休以后直接支付给退休人员。这种筹资模式主要在直接承诺保险方式下实行；另一种是企业将企业养老保险的管理交给合法的保险商，例如，直接保险、退休储蓄、互助基金、退休基金，保险商通过征收养老保险费或者捐赠筹集资金，养老金也由保险商支付给退休人员。企业养老保险计划的设立由雇主主导，一般不强制雇员缴纳。自2002年起，参加法定养老保险的雇员可以要求雇主最多扣除4%的工资额作为企业补充养老保险的缴费，这种做法又被称作递延薪酬的方式。雇员以递延薪酬方式缴纳企业补充养老保险费的部分享受税收减免和社会保险费减免优惠。由于企业养老保险主要依靠政府支持或税收减免来支撑，然而，由于有利于公司税赋安排的缺乏，尤其是针对职业养老保险的特殊税收优惠规定的缺乏，所以企业家们不愿承担增加雇员福利的额外税赋，因此影响到了企业养老保险规划的实施和顺利发展。

3.基金投资运营

由于直接承诺资金是雇主的企业资产负债表的一部分，互助基金的资金由基金管理公司负责投资，两者都没有投资数额的限制，因而一般采取内部投资方式；而其他三种实现方式则采取对外投资模式，且有比例限制。例如，在直接保险中，对欧盟成员国国内债券投资最多为总资产的50%，对欧盟成员国之外的债券投资最多为5%，等等。

4.企业补充养老保险待遇

企业补充养老保险待遇依雇佣双方签署的特别协议或劳动合同确定，也可以由雇主单方承诺确定，但这两种确定的方式必须根据企业的实际情况和平等原则实施。企业补充养老金的领取年龄由劳资双方通过签订合同约定，领取的数额也依合同的约定。雇主每隔三年要对养老金的调整作出合理的决定并将决定的理由告知雇员。几乎所有养老金都是以分期付款的形式支付。《企业养老完善法案》规定，对未来养老金支付有不可撤销的要求权。2007年，德国有1/3的职工拥有领取企业养老保险金的资格。企业养老保险依经济部门和工业部门以及公司的规模不同而不同。大型实业公司、保险公司和银行通常拥有完善的公司养老规划，而中小型公司和零售业雇员很少能够获得公司发放的养老金。

---

[1]　姚玲珍编著：《德国社会保障制度》，上海，上海人民出版社，2011年，第1版，第125页。

5.企业补充养老保险的未来发展

德国经济繁荣时,没有对企业补充养老保险的作用予以足够的重视。当法定养老保险基金的支付压力接近极限时,企业补充养老保险在保障退休者基本生活水平不下降中的作用越来越为官方和社会所认识,并成为德国企业补充养老保险制度不断完善的主要动力。从 2002 年 1 月起,雇员通过放弃部分工资收入、特殊工资、工资增长的方式获得基于劳动关系基础上的企业补充养老保险资格,并由雇主将这部分工资直接转入企业补充养老保险账户。与此同时,政府对企业实行税收减免或提供相关补贴。这些措施的实施使德国企业补充养老保险制度覆盖范围达到了 60％～65％,有1700 余万雇员获得了领取企业补充养老金的资格。[①] 总之,在法定养老保险待遇由与退休之前收入基本持平转变为保障退休者基本生活需要的情况下,企业补充养老保险在保障和提升退休者老年生活水平中的作用越来越突出,国家通过对企业税收政策和补贴政策的持续性、雇员调动工作仍拥有将来领取原企业补充养老保险待遇资格等措施的实施,推动企业补充养老保险制度的快速发展。

(二)商业人寿保险

商业养老保险也属于法定养老保险之外的补充养老保障。国家鼓励公民个人通过参加私人的商业养老保险,获得商业养老保险给付,以提升老年生活水平。商业人寿保险包括养老、伤残、护理、死亡四项风险,投保人可以根据自己的经济实力和需要选择保险额,保险费可以一次付清,也可以分期支付。政府依法对商业人寿保险实行严格监督,主要是监管人寿保险公司的财政状况,以确保支付承诺的切实兑现。这种有保障的商业寿险得到了德国国民的信任,1993 年,大约有 87％的自雇者,80％的政府公务员,82％的蓝领工人,77％的白领工人参加了商业人寿险,且呈现稳步增长的趋势,商业保险的市场份额由 1980 年的 10.3％上升到 1995 年的 20.7％。[②] 人寿险的赔偿与法定养老保险基本一样,即在投保风险发生之后赔付。投保人交纳的保险费额依性别、年龄、健康状况决定;风险赔偿额需要运用一种比较保守的计算方法算出,才能为寿险公司正常赔付提供持续的财政保证。寿险公司需要按照组合性原则、盈利性原则、流动性原则将部分资金投放资本市场,以确保养老基金能够保值增值。

企业补充养老保险(第二支柱)和商业人寿保险(第三支柱)的筹资模式

---

① 姚玲珍:《德国社会保障制度》,上海,上海人民出版社,2011 年,第 1 版,第 133 页。
② 和春雷等:《当代德国社会保障制度》,北京,法律出版社,2001 年,第 1 版,第 111 页。

都采用资本积累模式。与现收现付筹资模式相比,资本积累模式具有安全性和可接受度:用自己的财产为自己的养老储备,而不是用下一代缴纳的保险费来支付退休者的养老金,由此增强受保险人的自我责任感和参加保险的积极性。在国家不能随意降低养老金的情况下,保证了缴费和待遇之间的对应性,缴纳与法定养老保险同等保险费却能够获得更高的养老金。资本积累模式具有促进投资和经济增长的效应,在雇主负担减轻的同时,雇员的收入增加了。正是基于资本积累模式的这些优势,德国政府努力扩大这种模式在法定养老保险(第一支柱)之外的企业补充养老保险和商业人寿保险中的比例。

第二次世界大战以后,德国的养老保险覆盖范围不断扩大,待遇标准逐渐提高。1949 年,覆盖人口占劳动者的 66%,到了 20 世纪 60 年代所有私营部门的雇员都被纳入养老保险范围;1949 年至 1978 年之间,养老金平均数额由占普通工人平均工资的 27%上升为 72%;雇主和雇员缴纳的养老保险费率从 10%上升为 19%;公共养老金支出占 GDP 的比重由 1960 年的 9.7%增加到了 1985 年的 11.8%。[1] 统计还表明,2003 年德国老年夫妇的收入构成为:法定养老保险占比 62.04%,老年人家庭经营性收入、租金和利息收入占比 17.46%,位居第二;公务员养老保险占比 10.39%;企业养老保险占比 8.14%;私人补充养老保险(商业人寿保险)仅占 0.33%。可见,法定养老保险在养老保险制度中发挥着决定性作用,而私人补充养老保险所起的作用微乎其微。[2]这三个不同层次的养老保险模式几乎将德国 1850 万的老年人全部覆盖起来,为老年人的生活提供了可靠的经济保障。

在所有发达国家中,私人部门和公共部门的养老金呈混合状态,但是公共养老金和私人养老金在养老金收入中的占比有很大不同,因而对于受保险人所发挥的保障作用也不一样。在德国,基于注重社会身份和等级制度传统的缘故,社会地位是养老金计划结构中的基本要素,公务员享有显著的特权,私人市场的作用通常较弱。1980 年,政府雇员养老金占 GDP 的比重为 2.2%,私人职业养老金占 GDP 的比重为 0.5%,个人人寿保险占 GDP 的比重为 0.8%。[3]

一百多年的实践证明,德国强制性的社会养老保险模式是经典模式,表

---

[1] 〔美〕约翰·B.威廉姆森等:《养老保险比较分析》,马胜杰等译,北京,法律出版社,2002 年,第 1 版,第 46 页。

[2] 姚玲珍编著:《德国社会保障制度》,上海,上海人民出版社,2011 年,第 1 版,第 40 页。

[3] 〔丹麦〕考斯塔·艾斯平-安德森:《福利资本主义的三个世界》,郑秉文译,北京,法律出版社,2003 年,第 1 版,第 89 页。

现在：一是养老保险基金来源于雇主和雇员共同缴纳的养老保险费；二是养老金数额按照法定公式计算，实行既定给付，支付风险由制度承担；三是实行现收现付的财务制度；四是养老保险基金由政府或具有公法人性质的机构管理；五是投资有十分严格的规定，主要用于购买国债。[①] 德国的社会养老保险制度具有很强的国民收入再分配功能，反映出政府对经济社会积极干预的态度。社会保险制度在社会保障法律体系中居于核心地位，而养老保险在社会保险制度中是核心项目，这是德国社会保险制度能够持续稳定健康发展的根本所在。

第三节　医疗保险法律制度

1845 年 1 月 17 日，普鲁士发布的《普通工商业法则》就对陷入困境的工人、帮工、学徒的生活保障作出了规定。1849 年 2 月 9 日《普通工商业法则》修正案，首次对雇主和雇员的缴费比例作出了规定，即雇主缴纳三分之一，雇员缴纳三分之二，与此同时，强制性互助医疗保险机构也建立了起来。1854 年 4 月 10 日颁布的《矿山、冶炼及盐场工人互助会联合法》规定，建立统一的矿业工人保险机构以及矿业工人可以享受的医疗保险待遇。这一时期是德国医疗保险制度萌芽时期。

随着德国工业化的迅猛发展，产业工人的数量由 19 世纪初期的 30 万人增加到了 1867 年的 200 万人，到了 1900 年进一步增加到了 1200 万人。战争以及社会转型产生了大量贫困工人，并对国家政权和社会稳定构成威胁。为了解决工业化带来的社会问题，缓和阶级矛盾，首相俾斯麦选择了相对成熟的疾病保险作为突破口，将《疾病保险法》呈交帝国议会。该法于 1883 年 5 月 31 日通过，6 月 15 日正式颁布，1884 年 12 月 1 日正式实施。《工人法定医疗保险法》在国际范围首次引入义务保险的概念，将雇佣劳动者及其雇主纳入义务保险之中，并且将雇员家庭成员纳入其中。《工人法定医疗保险法》标志着现代医疗保险制度的诞生。1887 年，政府将生育保险纳入《工人法定医疗保险法》中。[②] 1941 年，将法定社会保险费的收缴任务转移给了医疗保险机构并延续至今。德国在国际范围的第一部医疗保险法，对于世界各国医疗保险制度的建立产生了重要的影响。

---

① 李珍主编：《社会保障理论》，北京，中国劳动社会保障出版社，2007 年，第 2 版，第 151 页。
② 郑秉文等主编：《社会保障分析导论》，北京，法律出版社，2001 年，第 1 版，第 143 页。

"二战"结束之后,艾哈德提出的社会市场经济理念得到了人民的广泛认同并写入德国宪法。在社会市场经济理念的指导下,德国既没有采用英国福利型医疗保险制度,也没有采用美国完全市场化的医疗保险制度,而是继续坚持社会医疗保险制度模式。1969年颁布了《病假工资法》,规定蓝领工人与白领工人一样,在生病期间可以获得雇主支付的病假工资。20世纪70年代以后,德国经济的高速发展促进了医疗保险制度的不断完善,最主要的表现是医疗保险的覆盖范围得到扩大,自主经营的农场主、学生、所有残疾人、艺术工作者以及评论作家都被纳入保障范围。一百余年间法律规定虽历经修改,但它的核心内容和任务始终没有改变。1988年,立法者在社会法典第五卷"团结与个人责任"标题下明确规定了法定医疗保险的现代定义,即保持、恢复或改善受保险人的健康状况。受保险人应该通过有意识的健康生活方式、通过疾病预防和治疗以及康复,避免和战胜疾病以及残疾。这个定义将疾病预防、健康促进、医疗治理和康复护理置于同等重要的地位,并在法定医疗保险基金的职能范围内给予它们相应的位置。

在工业化社会,医疗保险能够为人们提供保护:当人们患有严重的且持续时间很长的疾病或者经常反复生病时,医疗保险机构将承担所有医疗费用;医疗保险机构通过向受保险人支付病假工资,以补偿受保险人生病期间的所有收入损失。医疗保险机构之所以可以从经济上承担这些费用,是因为与此同时大部分受保险人是健康的和缴纳医疗保险费的。健康的人和很少生病的人虽然不知道自己是不是会一直是健康的以及会不会生重病,但是医疗保险机构在他们本人或者共同保险的家庭成员一旦生病时,将为他们承担医疗费用甚至是很高的费用。这种以共济为基础的医疗保险制度,虽然缴纳的医疗保险费按照受保险人的收入来确定,但医疗待遇却按照受保险人的需要予以提供。这样一种计算法保证了一种团结共济的平衡,即健康者扶助生病者、年轻人扶助年老者、单身者扶助成家者、富有者扶助贫困者。所以,医疗保险机构是一个承担着所有受保险人疾病风险的联盟,每一个受保险人可以随时享受医疗保险机构提供的待遇。

在德国,大约有90%的居民参加了法定医疗保险,大约9%的居民参加商业医疗保险,他们是高收入者和自营业者。商业医疗保险可以为已经参加法定医疗保险的人提供投保机会,从而使他们获得更好的医疗服务。没有参加医疗保险的群体在不断减少,1997年仅占人口总数的约0.3%。[①]自医疗保险制度建立以来,参加保险的人数在不断增加,这主要是由于法律

_____

① 和春雷等:《当代德国社会保障制度》,北京,法律出版社,2001年,第1版,第179页。

将受保险人的范围从原来的产业工人逐步扩大到几乎所有从事雇佣劳动的就业者。[1]

德国医疗保险制度以法定医疗保险为主，以商业医疗保险为辅，力求为国民疾病风险提供有效保障。

一、法定医疗保险

(一)法定医疗保险的原则

法定医疗保险原则部分是历史因素形成的，部分是俾斯麦时代立法者经过深思熟虑后确定下来的。这些原则在社会保障体系内的共同作用所产生的功能具有独特性。

1.提供实物待遇原则。在受保险人生病时医疗保险机构为其提供实际待遇，例如医疗服务，而受保险人无需支付任何费用。医疗保险机构与服务提供者如医生、医院、药店等签约，受保险人在接受医疗服务之后的费用由医疗保险机构支付，但是患者不能随便选择医院和医生。[2] 提供实际待遇原则的对立面是费用报销原则，它要求病人垫付医疗费用，然后凭收据在医疗保险机构全部或部分报销。在法定医疗保险中，只有不足1％的自愿保险者，他们也需要凭医疗收据在医疗保险机构报销。[3]

2.统一原则。统一原则主要表现为，每一个参加法定医疗保险的人缴纳本人收入相同比例的医疗保险费，且受保险人的年龄、性别、健康状况对医疗保险的保险费率没有影响。统一原则的另外一个表现是，受保险人的家庭收入没有达到法定最低收入水平时，其配偶、子女享受连带医疗保险。

3.互助原则。互助原则始终是法定医疗保险最本质的原则，只要疾病风险存在，年轻人对老年人的帮助、健康者对患者的帮助、高收入者对低收入者的帮助、未婚者对有家室者的帮助将持续下去。

4.平等和自由原则。每一个国民在遭遇疾病风险时都有获得及时治疗和减轻痛苦的权利，高效的医疗救治面向所有国民，无论其收入、年龄如何，均一视同仁。

5.自我管理原则。立法者将法定医疗保险机构的执行权没有授予政府，而是授予了以公众组织形式建立的独立管理机构。作出这样选择的原因是，在建立法定医疗保险机构之时，就已经存在较为成功的医疗保险组

---

[1]　武尔芬：《德国医疗保险概况》，载德国技术合作公司、中国劳动和社会保障部：《中德劳动和社会法合作文集(1996～1999)》，第332页。

[2]　刘燕生：《社会保障的起源、发展和道路选择》，北京，法律出版社，2001年，第1版，第313页。

[3]　和春雷等：《当代德国社会保障制度》，北京，法律出版社，2001年，第1版，第183页。

织,立法者认为"在州保护和州补贴支持下的公司合作"是解决医疗问题的好方式。实践证明,自主管理的医疗保险机构给参与者一个对医疗保险机构的形成施加影响的机会,由此产生了社会参与感并带来了社会安定。

6.医疗保险机构分散化原则。德国的医疗保险机构分为八个不同的类型,它们按地区、职业或者特殊职责具有各自不同的定位。这些医疗保险机构虽然在法律上是相互独立的,但构成了一个网络。

(二)法定医疗保险的受保险人

1.义务保险人。义务保险人是法律强制参加保险的人,从受雇之日起他们便成为法定医疗保险的成员。他们是:所有年工作报酬在规定界限(2003 年为 45900 欧元)①以下的工人和职员;失业保险金、失业救济金、生活费津贴领取者;养老金领取者;在残疾人工场、慈善机构工作的残疾人和参加康复措施者;没有参加家庭保险的大学生;农业医疗保险法中规定的农场主和他们共同劳动的家庭成员;独立经营的艺术工作者、新闻工作者。雇主雇用新雇员或者解雇雇员,都必须及时通知法定医疗保险机构,以便雇员获得医疗保险待遇或者享受相应待遇。收入高于规定的年收入界限的医生、企业主等人,可以参加自愿保险,也就是说富人不强制加入基于团结原则的公共制度。

2.配偶和子女连带参保。法定医疗保险的受保险人的配偶如果没有工作,他们的子女尚未就业、正在接受学校教育或者职业培训、自愿参加社会福利或生态环境保护工作,残疾子女参加家庭连保一般不设年龄界限,他们通常作为家庭成员参加家庭共同保险。这也就是人们通常所说的、法定医疗保险中的"一人参保保全家",这就与商业医疗保险中的一人投保一人受益、多子女的职员投保就要多付费用的保障方式具有了本质上的区别。

3.免除保险义务人。年工作报酬超过规定界限的职员、高收入的农场主是免除保险义务人,他们参加商业医疗保险,且保险费全部由自己承担;年收入低于收入标准 1/7(1998 年西部 7440 马克,每月为 620 马克;东部 6240 马克,每月为 520 马克)者、公务员、法官、神职人员、职业军人、高等学校工作人员、退休公务员等免除保险义务,他们可以通过申请自愿参加医疗保险。② 另外,根据 1956 年《养老金抚恤者医疗保险法》的规定,养老金抚恤者是他们各自医疗保险机构的受保险人,他们一旦生病,法定医疗保险机

---

① 〔荷兰〕弗朗斯·彭宁斯:《软法与硬法之间国际社会保障标准对国内法的影响》,王锋译,北京,商务印书馆,2012 年,第 1 版,第 142 页。

② 〔德〕霍尔斯特·杰格尔:《社会保险入门》,刘翠霄译,北京,中国法制出版社,2000 年,第 1 版,第 25~27 页。

构就要为他们提供医疗待遇,费用由养老金抚恤者各自医疗保险机构负担。1968年,养老金抚恤者成为医疗保险义务保险人。[①]

(三)法定医疗保险待遇

医疗保险机构向受保险人提供现金待遇、实际待遇和服务待遇。例如,在现金待遇中,病假工资为平均工资(西部每月为6300马克,每天为210马克;东部每月为5250马克,每天为173马克)的70%,最高不得超过90%,病假工资按天支付,整月的按30天计算。病假工资是免税的,但是要从支付额中减去雇员的护理保险、养老保险和失业保险费。生病者在3年之内因同一种疾病不能工作的,最初6周领取工资,然后获得最长72周的病假工资,之后或者重新工作,或者领取劳动能力降低养老金或者社会救济。[②]对于在1989年1月1日已经是法定医疗保险机构的成员和家庭保险参加者,在他们死亡时支付丧葬费,数额为:成员2100马克,家庭保险者1050马克。[③]

提供的实际待遇有为预防疾病和发现疾病早期症状而进行的检查、医生的治疗、医院的护理、药物、为了改善或预防病情恶化而进行的医疗康复等。通过提供各种待遇达到普遍提高受保险人健康和寿命的目的。受保险人可以自己选择所有许可的医生和牙医,治疗费直接由医疗保险机构支付。1991年,将14天内住院日费用标准从10马克提高到了15马克。把康复保健日费用标准从10马克提高到了15马克。[④] 1996年法定医疗保险机构的支出是2699亿马克,其中用于医院治疗的支出为781亿马克。[⑤]

医疗服务主要由自雇的开业医生提供,开业医生都受过较高水平的专业训练和再培训,并拥有较先进的医疗技术装备,因此,他们能够为病人提供综合性服务。绝大部分疾病可以在门诊接受治疗,只有急救病人才去医院接受住院治疗。

义务保险的成员资格从雇用那天开始,雇主在招聘工人或职员以后立即向医疗保险机构申报,在劳动关系结束时医疗保险关系也随之结束。退休人员的成员资格从提出养老金申请之日开始。失业人员的成员资格从领取失业保险待遇之日开始。高校学生的成员资格从注册或报到之日开始。

---

① 和春雷等:《当代德国社会保障制度》,法律出版社,2001年,第1版,第172~173页。

② 〔德〕霍尔斯特·杰格尔:《社会保险入门》,刘翠霄译,北京,中国法制出版社,2000年,第1版,第39、40页。

③ 同上书,第47~48页。

④ 刘燕生:《社会保障起源、发展和道路选择》,北京,法律出版社,2001年,第1版,第253页。

⑤ 〔德〕霍尔斯特·杰格尔:《社会保险入门》,刘翠霄译,北京,中国法制出版社,2000年,第1版,第23页。

自愿保险的成员资格从参加医疗保险的那天开始。①

　　德国没有建立独立的生育保险制度,对于怀孕、分娩女职工提供的福利待遇规定在医疗保险制度中,是医疗保险制度的一个组成部分。孕产妇津贴在分娩前 6 周至产后 5 周所谓的保护期内支付,每天 25 马克,但不能超过以前纯工资标准。在孩子出生以后,母亲或父亲(通常是母亲)每月可以领取平均工资 75% 的养育津贴,养育孩子的父亲或者母亲可以离开工作岗位 3 年,这 3 年算入工龄,同时算作缴纳养老保险费的时间。② 为生育的劳动妇女提供福利待遇旨在使其尽快恢复劳动能力,重返工作岗位。生育福利待遇主要是提供医疗保健和医疗服务。其他待遇如生育津贴、为孕妇婴儿提供必需的生活用品、孕期保护工资、辞退保护金等规定在社会促进法或者劳动法中。

(四)法定医疗保险基金的筹集

　　法定医疗保险基金几乎全部来自雇主和雇员缴纳的医疗保险费,联邦只为退休的农场主提供医疗津贴,这项津贴占法定医疗保险总支出的 0.8%。由于德国的医疗卫生政策不是由国家或联邦政府规定,而是由各州根据宪法的有关规定确定本州的医疗卫生政策,因此医疗保险的保险费率在各州也是不一样的,16 个州的保险费率在 11.5%～15.5% 之间。③ 2009 年,各法定医疗保险机构不再单独设定医疗保险费率,而是由政府统一规定医疗保险费率,所有受保险人先将应缴纳的医疗保险费交给全国医疗保险基金,全国医疗保险基金再根据各个法定医疗保险机构受保险人的人数、年龄等风险结构,将需要支付的医疗保险费用全额拨付给各个医疗保险机构。自愿参加保险的人员,其医疗保险费率由各医疗保险机构根据自己的章程自行决定。医疗保险机构确定的医疗保险原则是确保收支(包括管理费开支)平衡,即征收的保险费以及其他收入必须与预算中规定的支出和必要的储备持平。

　　2007 年,医疗保险费率为雇员毛收入的 14.3%,雇员应承担的 50% 义务保险费并由雇主直接从工资中扣除,雇主同时缴纳自己应承担的 50%。雇主将全部的医疗保险费连同以同样的方式筹集的养老保险费、失业保险

---

　　① 梅克宇:《联邦德国医疗保险的任务和概况》,载德国技术合作公司、中国劳动和社会保障部:《中德劳动和社会法合作文集(1996～1999)》,第 322 页。

　　② 〔美〕约翰·B.威廉姆森等:《养老保险比较分析》,马胜杰等译,北京,法律出版社,2002 年,第 1 版,第 49 页、第 65 页注释(47)。

　　③ 齐培松:《保险金的计算、征收及有效控制》,载德国技术合作公司、中国劳动和社会保障部:《中德劳动和社会法合作文集(1996～1999)》,第 349 页。

费等交给作为社会保险费用代征机构的医疗保险机构,医疗保险机构再将养老保险费和失业保险费等划拨到相应机构。退休者的医疗保险费率低于在职人员,他们的医疗保险费的50%从养老金中扣除,其余50%由养老保险机构承担;失业者的医疗保险费由联邦劳动局按其失业前的月工资收入作为缴费基数并按法定比例如数缴纳;月收入低于400欧元的雇员,费率为11%且全部由雇主缴纳;如果雇员的月收入高于法定收入上限而免除保险义务时,该雇员也可以自愿参加法定医疗保险并自行缴纳医疗保险费,但雇主要为其提供保险费补贴。[①]

(五)法定医疗保险机构

法定医疗保险机构的自主性表现在其管理组织与政府分开。自主管理要求组织健全,如工会、雇主组织、雇员协会等。在国家法律框架下,受保险人代表和雇主代表自行解决医疗保险问题。医疗保险机构按地区和行业分为:地方医疗保险机构(58个)、手工业医疗保险机构(137个)、企业医疗保险机构(682个)、工人补充医疗保险机构(8个)、职员补充医疗保险机构(7个)、海员医疗保险机构(1个)、矿工医疗保险机构(1个)、农民医疗保险机构(20个)。[②] 所有医疗保险机构在财政和组织机构上都是独立的,但在国家的监督之下。这种自我管理实体通过其内部机构来运作,这些内部机构就是管理委员会和理事会。选举产生的管理委员会制定章程和自治规定,自治规定只适用于该医疗保险机构的受保险人,章程的内容主要是法律没有规定的待遇和缴费比例。管理委员会还有确定预算,聘用、监督和罢免理事会成员的任务。医疗保险机构通过解释、指导和提供待遇来支持受保险人,使受保险人保持健康的生活状况。

德国自1996年1月1日起,给予公民选择自己医疗保险机构的权利。这样的规定有利于抵制垄断和形成竞争。在医疗保险机构竞争中,在同样的缴费率下,服务质量对于医疗保险机构的声望发生重要影响。1996年,德国为约8100万人的健康支出了约5250亿马克,占国内生产总值的11.5%。其中的一半以上用于法定医疗保险支出。[③] 如此高额的资金足以保证优质的医疗服务。

在医疗保险机构、医院、医生等医疗保险体系参与者之间发生纠纷时,

---

① 姚玲珍编著:《德国社会保障制度》,上海,上海人民出版社,2011年,第1版,第11、143页。

② 〔德〕霍尔斯特·杰格尔:《社会保险入门》,刘翠霄译,北京,中国法制出版社,2000年,第1版,第24页。

③ 齐培尔:《以医疗保险为重点的德国现行医疗卫生政策的指导原则和任务》,载德国技术合作公司、中国劳动和社会保障部:《中德劳动和社会法合作文集(1996～1999)》,第345页。

主要通过纠纷各方协商解决,协商不成的,纠纷双方可以申请仲裁委员会进行裁决。如果纠纷涉及法律问题,则可以向社会法院提出诉讼,通过法院裁决解决纠纷。2003年之前,社会保险诉讼是免费的,2003年之后,法院根据受保险人、医疗服务提供者、医疗保险机构和私人医疗保险机构等进行分类,并收取不同数额的诉讼费用。

　　而商业医疗保险完全由投保人决定是否参加以及交纳多少医疗保险费。法定医疗保险遵循互助共济原则,而商业医疗保险遵循平等原则,即保险费与投保风险相关,并依据投保人的年龄、性别、健康状况和预期赔付金来计算,但保险费不随年龄的增加而增加,这是商业医疗保险在确定保险费时需要遵守的一个原则。

　　(六)法定医疗保险制度的运行

　　法定医疗保险实行中央与地方分权管理,即联邦政府、州政府以及合法的民间团体共同享有决策权。

　　1.联邦政府行使监督权

　　《社会法典》第五卷第四章是医疗保险体系中管理体制的法律依据。2002年,原联邦卫生部、原联邦劳动和社会事务部中的一部分合并组成联邦卫生与社会保障部,主要负责卫生和社会保障方面的事务。2005年,默克尔政府又重新启用劳动和社会事务部、卫生部。联邦卫生部按照《社会法典》的规定,对合法的自主管理协会和机构行使直接监督职能,并通过联邦保险局对全国性的医疗保险机构进行间接监督。

　　2.州政府行使管理权

　　德国16个州政府的劳动和社会政策部分管医疗卫生事务,对医院建设和维护以及公共医疗卫生服务行使管理和监督的权力,甚至可以说联邦政府对法定医疗保险的监督职能是由州政府来行使的。

　　3.社会团体是实际的参与者

　　在法定医疗保险的整个运行过程中,联邦政府和州政府都不参与法定医疗保险社会团体的决策制定,而只是行使监督和引导职能,具体事务由各团体按照自我管理的方式运行。例如,各州的医院以会员身份加入地方医院组织机构,虽然医院不需要扮演公共部门的角色,但是却承担起越来越多的法定责任。医院和医生有义务根据事先确定的收费标准,为受保险人提供必要的医疗服务;再如,处于法定医疗保险体系中心地位的医疗保险机构,有权依法确定医疗保险费率,收取医疗保险费,支付医疗保险待遇;此外,在医生和医疗保险机构之间的利益分配、合同签订、政策制定以及其他事务方面,都需要提交各种联合会来解决。2000年,医院与医疗保险机构联合会成立,承担着质量监督和制定政策的任务。2004 年,各种联合会(包括联邦联合委员会、评估委员会等,地方的仲裁委员会、鉴定委员会、医疗费用报销委员会等)合并组成一个联邦联合委员会,该联合委员会由 9 个医疗保险机构代表、9 个医疗服务提供者代表、2 个被双方提名的中立代表和一个被双方接受的中立主席组成,承担由原来各联合会承担的职责。

　　总之,在德国医疗保险体系中各参与者的决策和监管程序,是在不违反相关法律的前提下,各自我管理组织依法作出的决策需要得到政府的批准;如果各自治组织作出的决策违反了相关法律法规,政府有直接否决权;在自治组织和政府机构都无法作出决策的情况下,联邦政府有权采取必要的介入措施;超越政府监管职能的决策和行为则通过司法程序解决。

二、《临终关怀法》

　　2005 年 6 月 16 日,德国出台第一部《临终关怀法》。此法的立法背景是:1995 年,德国私立临终关怀基金会成立,在柏林和慕尼黑各设一处办公室,成员仅有 15 人,基金会资金主要来自捐赠,政府只提供少量资助。办公室有律师和医生各一人,为有需求的人提供法律咨询和联系病床,每年的咨询量在 2 万余人次。

　　《临终关怀法》规定,医生负责对临终病人的资质认定,临终者对于自己选择在家或住院有绝对的决定权。住院者每人每天只需支付 20 欧元,其他费用均由医疗保险机构或者护理保险机构支付,临终关怀基金会提供不超过 10% 的资助。住院者的住院时间有严格限制,即不能超过 3 周,在规定期限内没有死亡的,必须回家或者转入其他护理机构。

　　《临终关怀法》要求,一个地区的卫生和社会保障系统必须保证有一个网络组织机构,并与当地社会义务联合会进行合作。①

三、补充医疗保险

　　德国建立了以法定医疗保险为主、自愿性私人医疗保险以及为特殊人群提供医疗服务为辅的多层次医疗保险体系。

　　1.自愿性私人医疗保险

　　法定医疗保险和自愿性私人医疗保险是并行发展的。自愿性私人医疗保险即商业医疗保险。

　　私人医疗保险的受保险人主要有以下几类:一是不在法定医疗保险范

---

①　张啸主编:《德国养老》,北京,中国社会出版社,2010 年,第 1 版,第 19 页。

围的大学教授、政府公务员等，政府为他们承担 50％～70％ 的医疗费用，剩余部分通过私人医疗保险解决；二是不在法定医疗保险范围的个体经营者，其中农场主除外；三是不在法定医疗保险范围的医生、牙医、药剂师等；四是收入超过参加法定医疗保险收入上限 75％ 的人（这个收入上限也是参加私人医疗保险的准入收入基线），例如企业主，他们被排除出法定医疗保险的范围。2002 年的收入上限为 3375 欧元、2005 年为 3525 欧元、2008 年为 3600 欧元；五是已经参加了法定医疗保险，但是为了获得法定医疗保险待遇之外更全面医疗服务的，可以参加私人医疗保险。例如，为了享受法定医疗保险不可能提供的单人或双人病房、高级医生诊治服务的，如果购买了私人医疗保险，就可以从私人医疗保险中获得相应待遇。1998 年，全国共有 1400 万人参加了私人医疗保险。[1]

20 世纪 90 年代在对医疗保险制度进行改革时，将私人医疗保险逐步定位于服务高收入人群，以进一步强化法定医疗保险在整个医疗保险体系中的主导地位。参加私人医疗保险的人占到国民人数的 10％ 左右，他们消费的医疗费用占到医疗卫生总支出的 24.7％。[2] 自愿参加私人医疗保险的人，在满足法律规定的前提下可以参加法定医疗保险，也就是说，国民在参加私人医疗保险的同时，也可以参加法定医疗保险，以享受更全面的医疗保险服务。

私人医疗保险机构实现自主经营和自由竞争，它们收取的医疗保险费不得高于法定医疗保险的保险费，并且有提供与法定医疗保险基本相同医疗服务的义务。私人医疗保险机构通过收取投保人收入 13％～15％ 的保险费筹集资金，通过将筹集到的医疗保险资金投资获取收益，来保证投保人的医疗赔付。但是，私人医疗保险与法定医疗保险的保险费收取与保险对象的年龄、健康状况密切相关，即医疗保险费与投保风险相关。而且私人医疗保险投保人的配偶子女不能享受连带保险，他们必须另外交纳保险费来购买医疗保险服务。

2.特殊群体享有的医疗服务

占总人口 2％ 左右的公务员、军人、警察、社会福利人员、收容所援助人员以及战争受损害者，享受特殊群体的医疗保险服务，这部分人的医疗费用由政府财政解决。他们可以在符合法定条件下，自愿参加法定医疗保险或者购买私人医疗保险，以享受福利性医疗保险服务项目之外的医疗服务待遇。

社会医疗保险和商业医疗保险两层保障体系反映了德国社会的两大原

---

① 刘燕生：《社会保障起源、发展和道路选择》，北京，法律出版社，2001 年，第 1 版，第 316 页。
② 姚玲珍编著：《德国社会保障制度》，上海，上海人民出版社，2011 年，第 1 版，第 137、140 页。

则:一是秩序原则,即个人有自我实现的基本权利;二是社会国家原则,即政府和社会确保经济拮据的国民能够得到所需。一方面按照职业身份,雇员、自雇者、自由职业者、公务员可以参加法定医疗保险或者商业保险,另一方面按照法定医疗保险确定的界限,收入超过法定医疗保险界限的雇员可以和自雇者、自由职业者一样,不受法定医疗保险的限制而投保商业医疗保险。在这样的医疗体制下,不但所有的国民(全体劳动者及其供养的亲属)都能够得到医疗保障,而且他们都有权利自由追加保险以提高医疗保险的保障水平。

四、医疗保险制度存在的问题及改革措施

医疗保险制度在运行中出现的主要问题是医疗保险基金赤字不断增加。造成这一状况的原因主要是,医疗保险费收入增长困难。由于医疗保险费仅依据职工工资法定比例征收,在职工工资收入占国家经济的比重下降的情况下,医疗保险费占职工工资总额的比重也在下降;失业率和退休人员数量的增加,也影响到医疗保险费收入的增加,人口老龄化又给医疗保险支出带来巨大压力。即使在医疗保险费率提高的情况下,医疗保险费支出仍然大于医疗保险费收入,加上医疗设施和药品价格的提高,医疗保险基金的支付能力面临严重威胁。

20 世纪 90 年代,政府开始对医疗保险制度进行改革,改革的重点在于弥补医疗保险机构亏损和加强医疗保险机构间的竞争。具体措施主要有:一是 1993 年《医疗护理结构法》规定,将原先由医疗保险机构全额支付医疗费用的制度改革为由医疗保险机构、受保险人、政府按照规定的比例分担的制度。二是 1996 年《医疗保险费率减免条例》规定,医疗保险基金不再由受保险人缴纳的固定比例的医疗保险费筹集,而是实行医疗保险机构根据需要支付的医疗费数额以及需要为受保险人提供服务范围的大小等因素决定保险费率的高低。医疗保险机构可以与受保险人协商"全额支付""部分支付""超额支付"等多种医疗费用支付方式,达到医疗保险收支基本平衡的目的。医疗卫生行政部门不再制定医疗保险支付项目名录,而是将这项权力交由医疗保险机构和医疗服务机构行使。三是对医院实行"弹性预算"制度,即预先规定住院天数,对少于限定住院天数的医院给予奖励,对超过限定住院天数的医院给予处罚。弹性预算制要求医院在预算内规定为特定人群提供所需的所有服务,自负盈亏,以鼓励医院降低服务成本,提高服务效率。四是 1998 年《进一步加强法定医疗保险机构互助法》规定,医疗保险机构与合作医院之间可以互相选择,但选择中不允许有歧视行为。提供医疗服务的医院与合作的医疗保险机构必须签订至少 18 个月的合作合同且不

能中途更换。对以创收和处方开具为基础的医院薪酬制度进行改革。

　　进入 21 世纪,国家对医疗保险制度的改革在继续关注收支平衡的同时,把关注点放在对医疗保险体系的调整以及规范参与者(医疗保险机构、医疗服务机构、受保险人)行为方面:一是 2004 年 1 月 1 日实施的《法定医疗保险现代化法》规定,联邦政府和各州政府与医疗保险机构和医院等医疗服务供给机构之间达成"自我约束医疗保险开支目标责任协议",以改变以往单靠政府财政补贴医疗保险费用支付缺口的状况。放开对医疗保险机构收费服务的限制,允许医疗保险机构和医院根据经营状况和未来发展建立合作关系。二是扩大并提高受保险人需要自费承担医疗费用的范围和比例。在 2007 年进行的医疗保险改革中,政府建立了"医疗卫生基金",该基金统一征收、管理、调剂雇主与雇员缴纳的医疗保险费以及政府财政的医疗保险补贴资金,各法定医疗保险机构不再直接征收、管理医疗保险费,而是从医疗卫生基金领取每个受保险人的、统一数额的医疗保险费。如果受保险人的医疗消费超过规定的数额则要多缴纳医疗保险费;建立"财政风险平衡机制",为那些受保险人中老年人多、患重病者多、患慢性病多的医疗保险机构通过平衡资金,为他们多支付的医疗资金提供补贴;通过取消对医疗保险机构的补贴和提高医疗保险费率,实行无负债改变机制。 连带参保儿童的医疗费用不再从医疗保险基金中支付,而是由国家税收支付;将目前按行业设立的七个医疗保险机构联合会由正在筹备建立的国家级的统一的法定医疗保险机构联合会取代并对全国法定医疗保险事务实行管理,以降低和减少医疗保险管理成本,优化管理结构。[①]

　　在对法定医疗保险制度进行的多次改革中,政府并没有颠覆甚至偏离作为法定医疗保险制度基石的传统思想和基本原则,而是通过一次次改革使得法定医疗保险制度更加完善。事实证明,德国法定医疗保险制度改革取得了控制医疗费用浪费、基本实现医疗保险基金收支平衡、减轻政府财政负担、管理更加科学、巩固法定医疗保险在整个医疗保险体系中的主导地位的目标,为国际范围内的医疗保险制度改革树立了典范。

第四节　生育保险法律制度

　　1883 年,德国颁布《疾病保险法》时,生育保险是疾病保险的一部分,而

---

① 姚玲珍编著:《德国社会保障制度》,上海,上海人民出版社,2011 年,第 1 版,第 170～175 页。

不是一个独立的险种。魏玛共和国时期,越来越多的妇女走出家庭进入职场,为了减轻职业妇女生育期间的花费,1927 年出台了《生育保险法》,对部分行业享受医疗保险的女职工提供生育期间的医疗和看护补助。"二战"以后的德国一直主要由基督教民主联盟和社会民主党执政,他们长期坚持全民福利政策,认为家庭是社会的基础,只有家庭和睦富有,才能为生长在家庭的成员创造优良的生活环境,政府需要对多子女家庭、贫困家庭给予生活和教育方面的资助。

随着女性教育水平的提高,因参加社会工作而带来的经济地位独立,女性的生育观念在急剧变化。越来越多的女性为了拥有一份工作而放弃生育,甚至放弃结婚,导致德国生育率不断下降。自 20 世纪 60 年代以来,生育率持续下降导致劳动力供给不足,大量外国移民涌入德国。这时政府意识到,妇女生育和照料子女需要得到社会和政府在经济和服务上的支持。20 世纪 80 年代,执政的社会民主党政府将着眼点转向了对家庭保障制度的改革,包括生育政策在内的家庭福利政策得以迅速完善。

一、生育期的待遇

生育期的待遇主要有产假待遇和生育保险金两种:(1)产假待遇。孕妇生产前 6 周到生产后 8 周为法定产假期。所有具有雇佣关系的妇女在产假期不能被解雇。在早产、多胞胎等情况下,产后假期可延长至 12 周。在法定产假期内,孕产妇无须事先通知雇主,就可以随时终止自己的工作。(2)生育保险金。生育保险不是一个独立的险种,而是医疗保险的一部分,只有参加了医疗保险的孕妇,才有资格领取生育保险金。生育保险金用于支付常规性产科检查、助产医生和护士的服务费用、治疗费用、家庭看护费用等。生育保险金的支付额度与受保险人缴纳的医疗保险费额度有关,一般相当于产假期间和孩子出生以后 3 个月的税后收入总额,每天大约为 13 欧元,每月大约为 210 欧元。生育保险金由当地医疗保险机构发放。[①]

二、儿童看护津贴

1985 年,政府出台了儿童看护津贴,规定对两岁以下婴幼儿的父母因照料子女而损失的收入提供现金补贴。1986 年,政府出台法律,对育儿津贴和育儿假作出了规定:

1.育儿津贴。提供育儿津贴旨在减轻父亲或母亲的负担,使父母在孩

---

① 　姚玲珍编著:《德国社会保障制度》,上海,上海人民出版社,2011 年,第 1 版,第 343 页。

子出生后的头两年能够以适当的方式照料和养育子女。向父亲或母亲支付育儿津贴的条件是：父母对子女有人身监护权；父母自己照料和养育子女；不工作或者每周最多工作 19 个小时；住在国内。配偶年毛收入超过 10 万马克和年毛收入超过 7500 马克的单身育儿者没有权利获得育儿津贴。对于有 4 个子女的夫妇，配偶的年纯收入界限为 4200 马克。对于生育多胞胎的夫妇，提供相应倍数的育儿津贴。育儿津贴支付 24 个月，每个月 600 马克。

2.育儿假。作为雇员并且与子女生活在一个家庭的父亲或母亲有享受 3 年育儿假的权利。父母在为期 3 年的育儿假中，最多可以轮换 3 次，并且可以与公休年假合并使用。休假者须在育儿假开始前的第 8 周和结束之前 3 个月告知雇主。在育儿假期间，雇主原则上不能解雇，育儿假休完之后继续以前的劳动关系。在雇主同意的情况下，原则上可以提前结束育儿假。在育儿假期间保留法定医疗保险成员资格。在养老保险中，3 年育儿假视为免除缴纳养老保险费义务的时间。在失业保险中，获得育儿津贴的时间视为缴纳保险费时间。①

三、《联邦父母津贴法》

2007 年 1 月 1 日正式实施的《联邦父母津贴法》取代了 1985 年出台的儿童看护津贴。《联邦父母津贴法》规定：2007 年 1 月 1 日以后生育、子女的年龄不超过 14 个月、因照看子女每周工作不超过 30 个小时或失业的婴幼儿父母，由联邦政府提供看护子女津贴，以补充父母因看护婴幼儿而减少的家庭收入。如果父母因残疾、重病、死亡，不能照看婴幼儿的，可以由婴幼儿的三代以内的直系血亲或者两代以内的旁系血亲照看，他们有权利代表孩子申请并领取父母津贴。

联邦父母津贴的标准是申请人税后月收入的 67%，如果孩子出生之前家庭月收入低于 1000 欧元，父母津贴额可以上调为 67%～100%，父母津贴的领取期限为婴幼儿满一周岁。父母津贴由各州财政支付，但各州负责此项工作的机构不同，老年人和家庭福利中心、公民注册办公室、战争受害者办公室、社区服务办公室等都是受理父母津贴申请、资格审查和待遇发放的机构。

四、预付抚养费

孤儿或者由单亲抚养的孩子不能从父亲或母亲一方获得抚养费的，他

---

① 〔德〕霍尔斯特·杰格尔：《社会保险入门》，刘翠霄译，北京，中国法制出版社，2000 年，第 1 版，第 155～156 页。

们的抚养人可以从地方财政中获得预付抚养费。对于无法提供孩子的父亲或母亲的信息的,或者父亲、母亲又再婚的,或者父亲或母亲有能力为作为抚养人支付抚养费的,都没有资格获得预付抚养费。自 2008 年 1 月 1 日起,6 岁以下符合条件的儿童每月可以获得 125 欧元的预付抚养费,6~12 岁的儿童可以获得 168 欧元的预付抚养费。12 岁以下儿童领取预付抚养费的时间不能超过 72 个月。[①]

五、养育子女养老金

国家还通过法律规定了养育子女养老金,即所有母亲(包括法律上的养母、继母和事实上的养母,如果父母双方愿意由父亲养育子女的话,也包括父亲)从 1986 年 1 月 1 日起,在她满 65 岁和养育一个子女的(也包括生育多个子女)的情况下,每养育一个子女,在养老保险中记入一个保险年。1992 年养老保险改革法生效后,这一认可的养育子女时间有了根本改善。从 1992 年起,每生育一个子女,记入 3 个保险年。由此保证母亲在照料学龄前孩子的全部时间中也能够获得养老保障。国家借助这一措施来强调养育子女和工作具有同等地位。

认可的养育子女时间养老金约占所有养老保险者平均收入的 75%,它与缴纳保险费时间具有相同的地位。但是,养育子女时间不能对养老金的建立发生影响,母亲要获得养老金,至少需要缴纳 60 个月的保险费,这样,每生一个孩子就使她的养老金权利得到一些提高。母亲缴纳很少或者根本没有缴纳保险费,她可以自愿缴纳 60 个月的保险费,再加上认可的养育子女时间,就可以使她获得比较高的养老金待遇。

育儿津贴和育儿假以及养育子女养老金的规定是基于这样的社会背景:老年一代的赡养问题已经通过养老保险以及一系列的补偿制度实现了社会化,而儿童的抚养问题一直停留在家庭内部,即老人可以通过社会福利得到赡养,而儿童的抚养却仍由家庭承担。每一个人在一生中都要享受两次待遇:一次是在幼年,一次是在老年。老有所养问题的社会化使得那些没有子女,因而没有为养育子女付出过努力的人,在缴纳了养老保险的保险费后得到同样的养老保险待遇,子女少的人情况也是这样。相比之下,那些子女多的家庭就吃亏了。有鉴于此,建立一种有效的儿童负担平衡机制,由那些没有子女或者子女少的人出资,作为养老保险的一些补充,才能保证"代际互助"机制的公平性。也就是说,如何补偿抚养子女的负担问题,不仅仅

---

① 姚玲珍编著:《德国社会保障制度》,上海,上海人民出版社,2011 年,第 1 版,第 340、342 页。

是养老保险的问题,而是全社会的问题,所以只能通过社会来解决,即通过税收来解决。①

<h2 style="text-align:center">第五节　护理保险法律制度</h2>

按照美国健康保险协会对长期护理的定义,长期护理是指在一个较长时期内,持续地为患有慢性疾病,比如早老性痴呆等认知障碍或处于伤残状态下的功能性损伤的人提供的医疗服务、社会服务、居家服务、运送服务或其他支持性服务。长期护理保险则是指,运用保险的方式,对接受长期护理服务所需支付的费用,予以分担给付的一种制度。② 国际范围长期护理保险主要采取两种方式,即社会护理保险和商业护理保险。前者在以色列(1986 年)、德国(1995 年)、日本(2000 年)、韩国(2008 年)等国已经建立;法国、美国则在 20 世纪 70 年代实行商业护理保险。③

德国在 20 世纪 80 年代末,大约有 37 万风烛残年的老年人在医院或护理院接受长期护理,护理费用一般在每月 4000～8000 马克,全失能老人的护理费在万马克以上,37 万人中的 70％无力支付高昂的护理费用。④ 制定一个内容广泛的保护需要护理者的新规定成为社会广泛关注和讨论的话题。那个时候对于生活不能自理的人,按照联邦社会救济法第 68 条、第 69 条的规定提供护理救济。当时在 4 个需要护理的人中就有 3 个需要接受社会救济。⑤ 在德国的财政体系中,社会救济由地方财政负责,统计表明,护理救济是地方社会救济资金中费用支出最巨大的一笔,它占到地方社会救济总支出的三分之一以上。1986 年的支出大约 76 亿马克,其中家庭护理约为 23 万需要护理者提供约 7.7 亿马克,在固定机构——养老院或者医院——为约 26 万需要护理者提供 68 亿马克的待遇。社会救济机构之所以在这么大的范围承担如此巨大的费用,是因为法定医疗保险不为需要护

---

① 葛来策:《养老保险法的基本原则》,载德国技术合作公司、中国劳动和社会保障部:《中德劳动和社会法合作文集(1996～1999)》,第 251～252 页。

② 戴卫东:《病有所医不再遥远——建设覆盖城乡居民的医疗卫生服务体系》,北京,人民出版社,2008 年,第 1 版,第 118 页。

③ 戴卫东:《国外长期护理保险制度:分析、评价及启示》,《人口与发展》2011 年第 5 期。

④ 蒋永康:《德国护理保险法及给我们的启示》,《社会》1997 年第 6 期。转引自戴卫东:《国外长期护理保险制度:分析、评价及启示》,《人口与发展》2011 年第 5 期。

⑤ 丁纯等:《德国护理保险体制综述:历史成因、运作特点以及改革方案》,《德国研究》2008 年第 3 期。转引自姚玲珍编著:《德国社会保障制度》,上海,上海人民出版社,2011 年,第 1 版,第 198 页。

理者提供风险保险。[①] 虽然 1986 年 10 月联邦政府通过的关于改善护理服务的议案和 1988 年 12 月通过的健康医疗改革方案,都为需要护理者提供一定数额的补助,但都不是解决护理需求的万全之策。它们只是立法者向急需护理者及其家庭表明,他们的护理需求并没有被社会所遗忘。另外,与世界其他国家一样,20 世纪 90 年代,德国老龄化率已达 15%～16%,[②]也成为国家考虑建立护理保险制度的重要原因。

1989 年颁布的《健康改革法》规定,迫切需要护理并由家庭成员提供护理服务、参加法定医疗保险 15 年以上的受保险人可以由医疗保险基金支付费用。经过 20 年的长期酝酿和讨论以及 17 个相关法案的设计,联邦议院于 1993 年 6 月通过了《护理保险法》,社会护理保险在法定医疗保险的覆盖范围作为独立险种,于 1995 年 1 月 1 日生效并付诸实施,以满足老龄化社会的需要。由于社会护理保险填补了社会保险体系中的最后一个漏洞,所以被人们称作"社会保险宏伟建筑物上的拱顶石",[③]也标志着传统的家庭护理已向社会化护理转变,它极大地减轻了家庭在护理方面的经济和精神负担,也缓解了社会救济部门紧张的财政状况。

社会护理保险不同于医疗护理保险,它的目标是,从法律上和经济上改善护理保障,建立流动的或者家庭护理。在家庭护理或者部分住院护理不足的情况下,承担有条件限制的完全住院护理费用。[④] 在护理保险中,受保险人缴纳护理保险费的数额由其收入决定,而与受保险人失能风险的高低没有关系。虽然每个受保险人缴费多少不同,但在发生相同的需要护理的风险时享受的待遇相同。法律规定,商业医疗保险必须将投保人纳入护理保险之中,使得护理保险几乎覆盖了所有国民。

一、法定护理保险

(一)法定护理保险的受保险人

护理保险中的受保险人原则上是法定医疗保险中的所有受保险人,包括在医疗保险中共同保险的家庭成员。几乎 92% 的公民参加了法定护理保险,只有 7% 的公民参加商业护理保险。公务员、法官、职业军人的护理

① 〔德〕彼得特·伦克-欣特贝格尔:《残疾人法》,刘翠霄译,北京,法律出版社,1999 年,第 1 版,第 39 页。
② 于建明:《德国的长期护理服务体系及启示》,《中国民政》2017 年第 3 期。
③ 布吕姆:《德国社会福利法导论》,载德国技术合作公司、中国劳动和社会保障部:《中德劳动和社会法合作文集(1996～1999)》,第 51 页。
④ 〔德〕彼得特伦克-欣特贝格尔:《残疾人法》,刘翠霄译,北京,法律出版社,1999 年,第 1 版,第 52 页。

保险同样实行国家供养,即他们只享受待遇,而无需缴纳护理保险费。①依据《护理保险法》的规定,商业保险公司必须与参加商业医疗保险的投保人签订护理保险合同,不能以投保人护理风险高为由予以拒绝,这就使以盈利为目的的私营保险公司承担起较多的社会责任,以便为投保人本人及其家属的护理需要提供保障。

(二)护理保险机构与护理服务机构

1.护理保险机构

《护理保险法》规定,护理保险实行与医疗保险绑定原则,即护理保险机构设在疾病保险机构中,也就是我们通常所说的一套人马两套班子,以此避免建立新的组织和出现过高的管理费用。2011 年,德国的护理保险机构有250 多个,它们负责收缴护理保险费、提供护理保险待遇、对护理服务提供方进行资格审核,在护理保险费用支付上与护理服务提供方通过协商达成共识。为了引入竞争机制,法律规定受保险人可以根据各护理机构提供服务的质量,在每年年初决定是否重新选择服务质量更好的护理保险机构,各护理保险机构成员的资金因此可以在不同的护理保险机构之间流动。

2.护理服务机构

1995 年《护理保险法》颁布实施之前,德国约有 4000 个居家服务机构(社区服务机构)和半居家服务机构以及 4300 个专门护理服务机构。《护理保险法》实施之后,护理服务机构迅速发展,2010 年,约有居家服务机构10600 个。一半护士在从事社区护理服务,法律规定在医院从事 5 年以上临床护理工作的经验丰富的护士,才有资格从事社区护理工作。专门服务机构 9700 个,专门服务机构是指专业护理老人院,包括养老院、福利院、老年公寓、托老所、临终关怀医院等,这些服务机构为那些因患病需要每天提供护理和经常医疗服务的老年人服务。专业护理老人院有私营和国有民营两种,虽然私营护理老人院的地理位置、周边环境、设施条件等优越于国有民营的护理老人院,但是无论哪种护理老人院都能够让住在那里的老人享受到高质量的护理服务。据德国卫生部资料,这些机构在数量上能够满足全德国失能老人的护理需求,且机构的设施不断完善,服务质量不断提高。服务机构设施投资费用主要由州财政承担,不足部分由受保险人分担。②护理保险机构与护理服务机构之间签订护理服务合同,采用第三方提供护理服务的方式,以保证护理服务的持续性及护理质量。

---

① 姚玲珍编著:《德国社会保障制度》,上海,上海人民出版社,2011 年,第 1 版,第 191 页。
② 张啸:《德国养老》,北京,中国社会出版社,2010 年,第 1 版,第 21 页。

对护理需要者的护理程度的认定,由医疗保险机构和护理保险机构各出资50%建立的公益法人机构依法进行。被认定为护理需要者后,公益法人机构依据护理需要者的年龄定期进行再认定:成年人每5年一次,1～10岁的儿童每1～2年一次,婴幼儿每年一次。①

(三)需要护理者及其待遇

为了节约卫生资源、提高护理效率,首先需要对需要护理者的护理等级进行评估。护理服务等级评估机构有两种,一种是法定医疗保险机构下属的医疗服务机构,另一种是商业性健康保险公司建立的护理服务评估机构,这两个评估机构使用的评级标准是相同的。评估机构的医生和护士根据申请护理服务者的身体护理、饮食、活动能力、家务劳动能力四个方面的情况,对护理需要进行确认、核实,并确定护理级别,护理服务等级一旦确定就不允许更改。2008年之前,对护理需要评估不考虑精神层面的需求,因此没有把智力障碍者和老年痴呆患者纳入保险范围。2008年护理制度改革时,将智力障碍者、精神病患者、老年痴呆症患者等纳入了法定护理保险的保护范围。

按照《社会法典》第十一卷第14条的规定,需要护理者是指那些因身体、智力或者精神上的疾病或者残疾,而无法完成日常生活中需要反复进行的平常事务,且预期时间超过6个月,显著需要或者需要更大量护理帮助的人群。这不但厘清了"需要护理"与"疾病护理"之间的界限,而且表明护理保险对象没有年龄限制,只要身体状况属于需要护理的法定条件,无论什么年龄段的人都可以成为需要护理者。

护理保险待遇依据需要护理的程度提供,分为三个等级:一级护理是指个人日常事务每天至少需要一次帮助和家庭事务每周需要几次帮助的受保险人;二级护理是指个人日常事务每天至少需要三次和家庭事务每周需要多次帮助的受保险人;三级护理是指个人事务每天24小时需要帮助和家务每周需要多次帮助的受保险人。统计表明,1996年底,有173万人获得护理保险待遇,其中一级护理占40%,二级护理占43%,三级护理占17%。②

社会护理保险根据受保险人的需求及可能性,提供居家护理和机构护理两种服务方式,提供的待遇分为服务待遇(身体护理、日常生活照料等)和现金待遇两种,由需要护理者自己选择。选择服务待遇者,费用可以全额支付,选择现金待遇者,只能提供服务待遇一半的给付。

---

① 于建明:《德国的长期护理服务体系及启示》,《中国民政》2017年第3期。
② 〔德〕彼得特伦克-欣特贝格尔:《残疾人法》,刘翠霄译,北京,法律出版社,1999年,第1版,第54～55页。

1.居家护理。受保险人选择在家护理时,可以由护理人员提供护理,也可以由护理保险机构寻找护理帮手(例如受保险人的家人、亲戚朋友、邻居、义工等)护理。护理保险机构为护理人员支付作为护理服务待遇的在家护理援助,由于护理人员与需要护理者以及护理保险机构之间并不存在雇佣关系,因此护理人员获得的护理援助就不是按照市场原则获得的劳动报酬,只是一种标准较低的对于护理人员的经济补偿。一级、二级、三级护理人员的待遇标准分别是每月 750 马克、1800 马克、2800 马克。对于特别严重的三级护理需要者,最多可以提供给护理人员的待遇为 3750 马克,这主要适用于例如癌症晚期的情况。2012 年 1 月 1 日,待遇标准提高后:服务待遇一级、二级、三级护理待遇标准分别是 450 欧元、1100 欧元、1550 欧元。

护理保险机构也可以为由受保险人自己寻找的护理帮手进行的在家护理提供津贴,作为护理现金待遇,护理津贴的标准每月一级、二级、三级护理待遇标准分别为 400 马克、800 马克、1300 马克,支付给提供护理的亲戚朋友或者邻居。2012 年 1 月 1 日,待遇标准提高后,现金待遇一级、二级、三级护理标准分别是 235 欧元、440 欧元、700 欧元。

2.半机构护理。指日托、夜间护理、短期护理。2012 年 1 月 1 日起,一级、二级、三级月支付额度分别为 450 欧元、1100 欧元、1550 欧元。

3.机构护理。受保险人可以在养老院或者其他机构进行住院护理,每月一级、二级、三级护理待遇最高标准分别是 2000 马克、2500 马克、2800 马克,特别严重需要护理者为 3300 马克。[1] 2012 年 1 月 1 日,待遇标准提高后:服务待遇一级、二级、三级护理待遇标准分别是 1023 欧元、1279 欧元、1550 欧元,特别严重护理 1918 欧元。[2] 这些费用用来支付护理服务费用,受保险人的伙食费和床位费不在其中。如果需要护理者在机构的护理费用超过法律规定的最高限额,在需要护理者提出申请并通过经济收入调查后,通过社会救济予以补充。据 1996 年的统计,流动护理占 73%,机构护理占 27%,[3]这一比例体现出家庭护理优先于机构护理的原则。1995 年法定护理保险为需要护理者提供的待遇达 2400 亿马克。[4]

---

[1] 〔德〕霍尔斯特·杰格尔:《社会保险入门》,刘翠霄译,北京,中国法制出版社,2000 年,第 1 版,第 62、65 页。

[2] 陈雷:《德国养老长期照护政策:目标、资金及给付服务内容》,《中国民政》2016 年第 17 期。

[3] 〔德〕霍尔斯特·杰格尔:《社会保险入门》,刘翠霄译,北京,中国法制出版社,2000 年,第 1 版,第 54 页。

[4] 同上书,第 7 页。

　　（四）护理服务提供者的待遇

　　法定护理保险制度的实施主要是向需要护理的受保险人和长期提供护理服务者（主要是病人的家庭成员、亲戚朋友、护理专业人员等）提供经济上的援助，而不是仅仅为需要护理者提供服务。因此，为了避免给以后的养老金带来不利，在 1992 年的养老金改革中对提供护理服务者的老年保障进行了改善，即社会护理保险为那些由于从事每周不少于 14 小时护理服务而不能工作或者每周工作少于 30 小时的护理服务提供者，向法定养老保险缴纳养老保险费和向法定事故保险缴纳事故保险费，[①]这两项保险费由护理保险机构支付，保险费的标准由需要护理的程度和护理工作的范围来确定。

　　2008 年护理保险制度改革的主要措施是提高亲人护理服务人员的待遇。如果护理需要者的亲人在有 15 个雇员的公司工作，她（他）就有权利享有 6 个月的护理假期。在护理假期中，护理需要者的亲人无须上班，雇主也无须为其支付工资，但社会护理保险机构需要为其缴纳各种社会保险费，包括养老保险费、失业保险费、医疗保险费和护理保险费。而对于所有的企业而言，雇员的亲人是护理需要者，雇员有权得到 10 天护理假期，用于安排护理事宜。此外，护理保险机构还为志愿护理服务人员提供更多的福利补偿。社会护理保险为护理服务者提供以上待遇是基于这样的认识："仅凭法律条款是不够的。制度和机构固然重要，但是更重要的还是人。没有乐于助人的人，再好的法律也不过是一副冰冷的外壳和一部空转的机器。"[②]

　　（五）护理保险基金的筹集

　　护理保险基金主要通过雇主和雇员缴纳护理保险费筹集。1995 年建立法定护理保险制度时的护理保险费率为有缴纳保险费义务收入的 1％，1996 年调整为 1.7％，2008 年 7 月 1 日起调整为 1.95％，由雇主和雇员各承担一半。[③] 雇主须在每月 14 日将护理保险费交到医疗保险机构，再由医疗保险机构划拨护理保险机构。2004 年 3 月 31 日之前，养老保险机构为养老金领取者承担 50％的护理保险费，从 2004 年 4 月 1 日起，养老金领取者需要自己承担全部护理保险费。失业保险金、失业救济金领取者，由联邦劳动厅就业办公室承担全部保险费。有管辖权的福利局为社会救济金领取者承担保险费。从 2005 年 1 月 1 日起，对 23 岁以上未生育子女的成年人追征 0.25％的护理保险费，雇主的护理保险费比例保持不变，这一规定旨在体

---

　　①　张啸主编：《德国养老》，北京，中国社会出版社，2010 年，第 1 版，第 23 页。

　　②　〔德〕霍尔斯特·杰格尔：《社会保险入门》，刘翠霄译，北京，中国法制出版社，2000 年，第 1版，第 17 页。

　　③　于建明：《德国的长期护理服务体系及启示》，《中国民政》2017 年第 3 期。

现社会公平和激励生育。家庭月均收入低于小额工作收入界限（2008 年 1 月 1 日规定为 355 欧元）的配偶和子女可以免费享受连带保险。①

在《护理保险法》实施初期，护理保险基金处于盈余状态，但是从 1999 年开始基金年年出现赤字，到了 2008 年赤字甚至达到了 62 亿欧元。为了减少护理保险基金的赤字，联邦政府采取了一系列措施：一是设立家庭护理最低待遇标准；二是允许有条件享受家人或者亲朋护理的受保险人退出机构护理并且将护理费用直接支付给提供护理服务者；三是实行家庭护理和机构护理"福利均等化"政策，这一政策同时适用于法定护理保险和私人护理保险，以引导人们选择更方便和实惠的家庭护理。2008 年 7 月 1 日，《长期护理保险结构改革法》颁布实施，同时还颁布了《长期护理保险补充条例》，这两项政策的重点是提高家庭护理待遇和服务质量，这将进一步鼓励人们选择家庭护理方式。这些改革政策实施之后，入住机构护理者的人数由 80％下降到了 25％，社会护理保险基金支出大大减少。

2016 年 1 月，《护理加强法案》生效，法案对长期护理需求作了重新界定，进一步细分了护理等级。法案规定，从 2015 年起，缴费率提高 0.3％，其中 0.2％用于提高护理待遇，0.1％用于建立护理储备金。调整后的费率：有子女者为 2.35％，年满 23 岁且无子女者为 2.6％。在提高缴费率的同时提高待遇标准，并为居家护理提供更多支持。②

（六）护理教育事业

德国的护理教育已有 160 余年的历史，目前有中专、专科培训、大学本科三个层次，其中以中专教育为主。全国有公立护士学校 943 所，完成 10 年基础教育是接受护理教育的最低要求。全国有 50 所护士学校开设了专科培训，所设专业主要是为临床培养专科护士。大学护理教育起步晚，但发展快，2010 年已有七八所大学招生。德国的《护士执业法》对护士生的学制有明确要求，中专为 3 年，专科护理培训脱产学习为 2 年、业余学习为 3～4 年，大学全脱产学制为 4 年。③ 考试分口试、笔试、实践操作三部分，其中实践操作占主要部分。对于合格者，由学校颁发欧盟承认的毕业证书和护士职业许可证。

2003 年颁布了《老年护理职业法》，该法对老年护理职业的从业人员的资质认定程序、老年护理培训的入学条件及考试规定、培训费用等都作出了明确规定。该法首次规定了非德籍护理人员的准入条件及其参加考试的具

---

① 姚玲珍编著：《德国社会保障制度》，上海，上海人民出版社，2011 年，第 1 版，第 185～186 页。
② 陈雷：《德国养老长期照护政策：目标、资金及给付服务内容》，《中国民政》2016 年第 17 期。
③ 姚玲珍编著：《德国社会保障制度》，上海，上海人民出版社，2011 年，第 1 版，第 203 页。

体要求。对于欧盟和非欧盟成员国的人员有不同要求,但达到一定的德语水平是共同的入职门槛。随着德国老龄化速度加快,护理人员需求量的增加,在本地生源不足的情况下,护理学校外籍学生的比例随之增加,与此相应,护理人员中的外籍人员也在增加,例如在慕尼黑,护理人员中的一半为外籍人士。1995年,共有护理人员39.4万人,到2004年发展到44.1万人,其中90%为妇女。

学习老年护理一般不需要缴纳学费,每人每月400欧元的学费由劳动部门和地方政府各承担50%。学制为三年,采取半工半读的方式完成,即学校和实习单位签订劳动合同,由实习单位付给学生生活费补贴,标准是:第一年600欧元/月,第二年700欧元/月,第三年800欧元/月。学生毕业以后职业前景宽广,可以在医院做到病房主任,在养老院做到业务主管,在培训学校做到讲师。[1] 自《护理保险法》颁布以后,增加了2万个护士就业岗位,德国青年报考护理专业的人数在逐年攀升。[2]

(七)护理保险的管理

社会护理保险由联邦卫生部负责,主要是负责护理保险法的制定和监督法律的执行;各州、地方政府设立相应的局或者办公室,负责法律的执行;联邦劳动部负责宏观政策指导和监督以及护理保险基金的保值增值;对于无论是法定护理保险争议还是私人护理保险争议,都由社会法院行使司法管辖权。

二、商业护理保险

德国的商业护理保险(私人护理保险)具有强制性,《护理保险法》规定,凡是参加私人医疗保险的人必须参加私人护理保险,商业保险公司不能以风险较高或风险异常为由拒绝。商业护理保险为德国800万人承担护理保险责任,他们是高收入的私人护理保险的投保人、享有特殊津贴的公务员、警察、消防员、自由职业者等。商业护理保险的资金由投保人交纳的保险费筹集,与法定护理保险不同,商业护理保险的保险费与投保人的收入无关,而与投保人的年龄、性别、健康状况相关。商业护理保险的最高投保额不得高于法定护理保险费额。无收入或者收入微薄的配偶,只需交纳50%保费就可以参保,而儿童参保免交保险费。食宿费用需由投保人自己承担。德国的商业护理保险制度是市场自由运行机制和政府管制兼而有之的混合产物。一方面,政府非常重视护理机构的多样性,规定公益护理机构(教会、慈

---

① 张啸主编:《德国养老》,北京,中国社会出版社,2010年,第1版,第21、12页。
② 戴卫东:《国外长期护理保险制度:分析、评价及启示》,《人口与发展》2011年第5期。

善团体)和私人护理保险机构在法律上具有平等地位,两者相对于法定护理机构而言具有优先发展的机会。国家不直接干预护理保险机构的市场准入,只要符合法定标准无须经国家审批就可进入市场。另一方面,国家在护理保险机构的合同签订、护理等级鉴定、护理质量判定等方面拥有垄断权。

　　护理保险制度实施 10 余年以后取得了不菲的成就。2006 年年初参加法定护理保险的人数为 7031 万人,2004 年底参加商业护理保险人数为 904 万人。2006 年,享受护理保险待遇的人数为 207 万人,其中有 68 万人在机构接受护理,有 139 万人居家护理。① 社会护理保险制度的实施有效地缓解了社会救济部门的财政负担,在门诊领域的开支由 1994 年的 8 亿欧元下降到 1997 年的 4 亿欧元;在住院领域的开支由 1994 年的 58 亿欧元下降到 1997 年的 21.3 亿欧元。同时人们也看到护理保险制度在运行中所暴露出的问题,主要是建立护理保险制度所要解决的减轻社会救济部门财政负担的目标并没有完全实现。2011 年,每个需要护理者月住院护理费用平均约 3000 欧元,在这一高于护理保险机构提供的护理保险费用中,无疑有一部分由需要护理者自己或者其家庭承担。对于经济状况不佳的需要护理者来说,他们必须求助于社会救济部门帮助。有关统计数字表明,有将近一半的住院护理者需要依靠社会救济生活,仅 2006 年社会救济部门用于住院护理者护理费用救济的款额就高达 25 亿欧元,社会救济部门来自护理保险的财政压力依然很大。②

　　德国护理保险制度建立 20 余年来,极大地缓解了失能老年人的生活照料问题,减轻了护理需要者及其家属的经济负担,释放了社会救济和医疗保险的部分财政负担。1997 年,德国人均医疗支出是 2753 美元,到了 2001 年下降到了 2412 美元。③

第六节　就业促进和失业保险法律制度

　　19 世纪,德国的工业革命迅速发展,与之相伴的技术性失业和周期性经济危机不断发生,工人失业成为普遍且频繁的现象。面对失业引发的社会矛盾,学者们对失业现象有了新的认识,认为失业不是因个人道德缺陷造成的,而是市场力量作用下的必然结果,政府只有通过制定相关的社会政

① 张啸主编:《德国养老》,北京,中国社会出版社,2010 年,第 1 版,第 2 页。
② 姚玲珍编著:《德国社会保障制度》,上海,上海人民出版社,2011 年,第 1 版,第 199~200 页。
③ 戴卫东:《国外长期护理保险制度:分析、评价及启示》,《人口与发展》2011 年第 5 期。

策,对短期失业提供财政帮助,才能够缓解因失业导致的社会矛盾。学者们的论证使政府意识到,承担分散和缓解失业风险是维护社会稳定、避免社会分裂必须采取的有效措施。1927年7月16日,国会通过的《就业安置和失业保险法》规定,由自治组织从筹集的失业保险基金中为失业者提供替代薪酬的收入补偿,以保证劳动者的基本生活需求。

第二次世界大战之后,德国经济迅速崛起,可以为社会保险制度提供比较充足的资金支持。1952年3月10日,德国成立了"联邦就业安置和失业保险局",从事就业安置和失业保险工作,1969年这一机构更名为"联邦就业办公室"。失业保险基金的筹集、管理和发放工作仍由自治的失业保险机构负责。1969年,《就业安置和失业保险法》更名为《就业促进法》,将职业促进计划纳入失业保险制度中,这表明失业保险基金的重心由被动的失业救济转为主动的就业能力培训。1997年国会对《就业促进法》进行了修订并适用至今。

《社会法典》第三卷首先对就业促进的目标和任务作了规定,这就是:联邦劳动厅通过提供就业促进待遇支持劳动市场调整,在人们进行培训和寻找工作时,就劳动市场及其发展变化给予指导,充分利用空闲工作岗位和减少人们对一种职业的歧视。① 这一规定表明,德国的《就业促进法》是集互助性失业保险、政府救助性失业救济和辅助性职业促进"三位一体"的制度体系。立法者认为,孤立的失业者保障,不能够充分反映失业救助体系在劳动者权益保障制度中的地位和作用,不能够充分体现一个国家建立失业保险制度的政治理念和制度设想。② 就业促进待遇与联邦社会、经济、财政政策相适应,并由此促进就业政策的实施,努力使劳动者的劳动岗位得以建立、保持和不受到威胁。1996年联邦劳动厅支付的失业保险金为557亿马克、进修和改行费用156亿马克、用于为获得工作采取措施和工资津贴115亿马克、职业康复46亿马克等8项措施的总支出计1056亿马克。此外,还从联邦资金中支出242亿马克的失业救济金。③ 通过所有改善劳动力市场的政策和措施,使得失业和劳动力市场上的其他问题逐步得以解决,将失业控制在最低限度。就业促进与失业保险制度被视为是德国社会稳定与发展的基石。

---

① 〔德〕霍尔斯特·杰格尔:《社会保险入门》,刘翠霄译,北京,中国法制出版社,2000年,第1版,第114页。

② 姚玲珍编著:《德国社会保障制度》,上海,上海人民出版社,2011年,第1版,第253页。

③ 〔德〕霍尔斯特·杰格尔:《社会保险入门》,刘翠霄译,北京,中国法制出版社,2000年,第1版,第115页。

一、就业促进和失业保险的受保险人

所有从事有劳动报酬工作和参加职业培训的人都是就业促进和失业保险的受保险人,此外,实施职业促进措施的年轻残疾人、服兵役和服代替兵役的民间役者、病假工资领取者也是保险义务者。自 2006 年 1 月 2 日起,德国失业保险向非雇用者开放,比如照顾家人者、自由职业者、到德国以外国家和地区工作的人,但是这些群体不是失业保险的保险义务人,而是自愿保险人。[1]

公务员、年收入低于收入标准 1/7(1998 年西部 7440 马克,每月为 620 马克;东部 6240 马克,每月为 520 马克)者、中小学生、大学生、失业保险金和失业救济金领取者、65 岁以上养老金领取者、丧失就业能力年金领取者是免除保险义务者。[2]

二、就业促进待遇

就业促进措施主要有:就业指导、介绍培训和介绍工作、为生存提供临时津贴、职业培训补助金、职业进修费用、残疾人参与职业待遇、建筑业津贴,等等。例如,在雇员方面有:就业办公室可以给求职者提供每年最高 260 欧元的求职费,支持求职者参加招聘会并为其提供交通费、住宿费、申请资料费、能力测试费,等等。如果求职者愿意通过私人职业介绍所寻找工作,就业办公室会发给求职者"就业安置代币券",私人职业介绍所可以到就业办公室凭代币券领取相应的补助。在雇主方面有:就业指导中心对雇主雇用新雇员所需要支付的培训费用以及其他更高的雇用成本给予必要的经费资助,就业办公室给予雇用新员工的雇主以贷款优惠和适当补助,为雇主培训低技能劳动者支付的培训费和其他费用提供补助,补助额最高可达到雇主实际支付费用的 60%,发放的时间最长为两年。[3] 就业促进机构的职责是:对学习能力减退者或者受到社会歧视者进行培训、促进职业培训和职业进修、为政府采取的措施提供补贴、促进就业雇佣措施、促进结构调整措施等。积极的就业促进待遇是除了失业保险金、失业救济金和破产津贴之外的所有就业促进待遇,就业促进措施的实施对于避免长期失业是有益的。

此外,政府还采取失业阶段的再就业促进措施。失业者在失业阶段,联

---

[1]　姚玲珍编著:《德国社会保障制度》,上海,上海人民出版社,2011 年,第 1 版,第 264 页。

[2]　〔德〕霍尔斯特·杰格尔:《社会保险入门》,刘翠霄译,北京,中国法制出版社,2000 年,第 1 版,第 119 页。

[3]　姚玲珍编著:《德国社会保障制度》,上海,上海人民出版社,2011 年,第 1 版,第 272~273 页。

邦劳工局和地方就业办公室的工作重点从发放失业保险金转向职业介绍、职业培训和创造新的就业岗位方面。为此,政府建立了很多职业咨询中心和职业教育体系,有 1/3 的大工业企业和 2/3 的手工业企业自己办职业学校,95％以上的青年受过免费职业培训。在失业保险金的支出构成中更直接地反映出失业保险重心的转移,即以增强劳动者就业能力为目标的职业技能培训支出越来越成为失业保险基金的重头支出。1991 年,德国失业保险基金支出约 700 亿马克,其中失业保险金支出仅为 270 亿马克,而用于职业培训和创造新的就业岗位的费用则高达 380 亿马克,而且就业促进支出是在逐年增长,1960 年为 42 亿马克,2000 年增至 778 亿马克,增长到 18.5 倍。①

德国产品的质量百十年来在国际市场上一直享有极高声誉,这不仅由于企业有严格的质量控制系统,而且由于德国有一套完善的职业培训体系,这一体系为德国的企业源源不断地输送具有良好职业技能和素质的技术工人,成为德国产品质量享誉世界的重要原因。

三、失业保险待遇

失业保险待遇有失业保险金、部分失业者的部分失业保险金、参加就业促进措施时的生活费津贴、雇员在由于停工而收入受到损失时的工作减少津贴、雇员因雇主没有支付能力而不能获得工作报酬时的破产津贴、没有权利获得失业保险金的失业者的失业救济金等。

1.失业保险金

有权利获得失业保险金的人是,在劳动局进行了失业申报、符合等待期时间、本人提出失业保险金申请的失业者。失业者是指暂时不在一个雇佣关系中和找到了一份每周至少工作 15 小时的雇员。58 岁以后失业的也可以获得失业保险金或失业救济金,如果他们不再想全部参与到职业生活中去的话。

在失业申报之前的最后 3 年至少有 12 个月在有保险义务的雇佣关系中,服兵役或者服代替兵役的民间役至少 10 个月在有保险义务的雇佣关系中,符合等待期时间的,有权获得失业保险金。失业保险金原则上从失业那天开始支付。支付失业保险金的期限与受保险人义务保险的等待期和年龄有关。例如,有 12、20、24、48 个月等待期的,可以领取 6、10、12、24 个月的失业保险金;有 64 个月等待期、年满 57 岁的受保险人,可以领取 32 个月的失业保险金,等等。1998 年,失业保险金的标准是权利开始之前最后 52 周

---

① 姚玲珍编著:《德国社会保障制度》,上海,上海人民出版社,2011 年,第 1 版,第 254～255 页。

的毛收入平均值的 60%,失业者至少有一个有权利获得儿童津贴的孩子的,待遇率提高到 67%。

2.部分失业保险金

有权利获得部分失业保险金的人,是部分失业、符合部分失业的等待期和进行了部分失业申报的雇员。部分失业者是指失去了曾经从事过的有保险义务的工作和正在寻找有保险义务工作的人。部分失业的等待期为最近两年内的 12 个月有保险义务。部分失业保险金最长支付 6 个月,旨在使部分失业者能够在这段时间内找到一份新的工作。[①]

3.失业救济金

失业救济制度是失业保险制度的重要补充,旨在帮助那些不符合失业保险金等待期时间因而没有失业保险金权利、每周至少工作 15 个小时、从事了 5 个月有保险义务工作、在劳动局进行了失业申报和提出了失业救济金申请的失业的雇员。2005 年 1 月 1 日,德国《社会法典》第二卷修订案规定,除了由联邦救济署为失业者提供每月固定的失业救济金、失业者的医疗费用、护理费用、养老金等之外,地方政府还要为失业者提供住房、供暖、心理辅导、戒毒、儿童救助、职业培训等社会救济服务,使德国失业救济由单一的经济援助扩展为全方位、一体化的救助服务体系。

失业救济金只提供 360 天。失业救济金的标准为以前纯收入的53%,失业者至少有一个孩子的为 57%。在充分行使了失业保险金权利之后,紧接着提供失业救济金的,原则上没有时间限制。这就体现出失业救济与失业保险在性质和权益上不同,失业救济的对象是失业者而非社会救济意义上的贫困者,而其待遇水平略高于社会救济,目的是促进失业者再就业。

失业救济与失业保险的衔接,为失业者在失业保险之后又提供了一层保障,避免部分失业者因未能及时就业而陷入贫困。58 岁以上失业者没有再寻找工作岗位的,在一定条件下也可以获得失业救济金。超过 65 岁者,没有获得失业救济金的权利。[②] 失业救济金由联邦劳动和社会事务部以财政拨款通过地方就业办公室支付给失业救济金领取者,并承担他们应当缴纳的医疗保险费、护理保险费等。地方就业办公室通过职业介绍中心向失业者提供就业信息、技能培训等就业促进服务。失业者住房、供暖、儿童教育津贴、心理辅导等由地方政府负责实施。

---

① 〔德〕霍尔斯特·杰格尔:《社会保险入门》,刘翠霄译,北京,中国法制出版社,2000 年,第 1 版,第 130、129 页。

② 同上书,第 131 页。

四、失业保险基金的筹集及运营机构

失业保险基金由雇主和雇员共同缴纳失业保险费筹集。1998年失业保险费率为6.5%,雇主和雇员各承担一半。失业保险金、失业救济金领取者是法定医疗保险、护理保险和养老保险中的保险义务者,联邦劳动局为他们缴纳各项保险的保险费。优厚的失业保险待遇给经济社会带来不利影响,一名失业者可以获得原工资53%～67%的失业救济,加上住房补贴、儿童补贴以及免除的税款等,失业者的全部收入甚至高于低收入者的劳动收入,致使部分失业者宁可领取失业救济金也不愿意就业,造成劳动力资源和失业保险基金的浪费。[①] 并且为其他人起到了负面示范作用。

与其他社会保险险种运营机构不同,就业促进与失业保险由联邦劳动局管理和运营。在失业保险基金的分配上,联邦劳动局注重保险的内在机制,更充分地发挥其促进就业的功能。为此,将40%的失业保险基金用于失业保险给付,40%用于职业介绍、职业培训及其补贴、补贴企业雇佣等促进就业方面。[②]

五、防止和减少失业的措施[③]

1.短期津贴。当经济处于萧条时期时,一些公司由于生意不景气而缩短雇员的工作时间,甚至通过裁员降低损失。当雇员由于工作时间缩短导致收入只相当于原来10%时,雇主或者工会就可以向当地就业办公室报告缩短工作时间的原因和情况,当地就业办公室通过支付"短期津贴"来降低公司用工成本和减少失业。在雇员有至少一个孩子的情况下,短期津贴为全天正常工作时收入的67%,单身为60%。短期津贴所需费用来源于雇主预先缴纳的资金,不足部分由当地就业办公室弥补。

2.季节性停工的短期津贴。建筑业、园艺业、庭院设计属于特殊行业。这些行业在漫长寒冷的冬季,由于无法施工而处于停业状态。为了降低雇主因保留雇员职位而增加的用工成本,各地就业办公室在每年12月1日到次年3月31日,给从事这些职业的雇员发放季节性停工的短期津贴。这项津贴的资金由雇主和当地就业办公室共同筹集。2006年年底之前,这项津贴只发给建筑业雇员,之后,适用范围扩大到园艺师、庭院设计师等领域,2010年3月进一步扩大到其他行业。

---

① 姚玲珍编著:《德国社会保障制度》,上海,上海人民出版社,2011年,第1版,第22页。
② 刘燕生:《社会保障的起源、发展和道路选择》,北京,法律出版社,2001年,第1版,第265页。
③ 姚玲珍编著:《德国社会保障制度》,上海,上海人民出版社,2011年,第1版,第270～280页。

3.破产补助。在雇主破产且资不抵债、雇员没有获得应得收入时,雇员可以在劳动合同期限届满的最后三个月内,向就业办公室申请破产补助。就业办公室将连续 3 个月向雇员支付破产补贴以及雇员的各项社会保险费。

4.儿童补充津贴。为了保证政府支付给儿童的补贴能够全部用于儿童消费,而不是让低收入父母分享,联邦劳动和社会事务部按规定给低收入的父母提供一笔儿童津贴。补充性儿童津贴每个月最高额为 140 欧元,由父母和孩子共同向当地家庭津贴办公室申请和领取。如果父母获得的各项补助超过家庭每个月必要生活开支的 30% 时,儿童补充津贴的数额将会被适当扣减。

5.开工不足补助金。当钢铁工业、汽车及飞机制造业等特殊行业,由于经济不景气,企业开工不足,工人工时减少而收入下降时,政府会给这些企业的雇员发放"开工不足补助金",以抑制这些行业失业率上升。"开工不足补助金"的数额依开工不足工时缺口数发放,一个企业一般发放 6 个月,需要延长发放期限的,累计最长发放不能超过 24 个月。在扶持困难企业的同时,政府通过法律限制企业裁员。例如法律规定,企业需要给被裁减的员工支付一定数额的经济补偿金,并且提前 3 个月通知员工。大规模裁员的企业需要提前通知政府,并设置 4 周到 7 个月的解雇期作为政府和相关机构为因被裁减而失业的人员重新就业提供足够的救助期。

6.低工资补助。德国法律虽然规定了 320 欧元的员工月最低工资标准,但是为了鼓励企业多雇用员工和降低企业用工成本,政府用财政为低工资员工提供补贴,即政府向部分低工资就业者提供实际工资收入与岗位正常工资水平的差额,以保证雇主继续雇用员工。2005 年上台执政的默克尔政府反对制定最低工资标准,目前只在建筑业和邮政业实行最低工资制度,其他行业则取消了最低工资制度。

7.老年雇员的收入津贴和及早退休制度。2006 年 9 月 13 日,德国内阁通过了"50＋"计划,其目的是到 2010 年将 50 岁以上劳动者的就业率提高到 55%。该计划规定:年龄超过 50 岁的雇员,如果已经失业或者将要失业,而新工作的工资收入只能达到最低工资水平,雇员则可以向当地就业办公室申请"收入保障津贴",该项津贴相当于雇员新旧两份工作收入差距的50%。这里的收入是指雇员税后的净收入或者保险费的缴纳基数。收入保障津贴最长发放 180 天,资金由失业保险基金或者政府征收的企业所得税中支付。

和雇主的劳动关系持续 3 年以上、年龄超过 55 岁的雇员,可以向雇主申请不完全退休。不完全退休是指工作时间缩减一半、保留劳动关系、领取正常工作时工资收入的 90％和追加的 20％的薪酬、雇主继续为雇员缴纳社会保险费的一种劳动关系状态。在这种情况下,雇员处于就业而非失业状态。

由于及早退休可以降低劳动力供给,提高总劳动生产率,吸引劳动力资源进入零效能生产力退出后让出的领域。德国等几个欧洲大陆国家成为自 20 世纪 70 年代以来灵活的及早退休计划的先行者。年纪较大的工人长期失业的概率(占全部失业者的比例)高达 35％～50％,而在美国只有 10％～12％。造成这一现象的原因是在年长者劳动力市场机会短缺的国家,只有当养老保险机构能够为早退者支付养老金时,才会出现大规模及早退休。另外,在工作权利强大的国家,年长的工人难以被解雇,而在德国情况不是这样。德国把及早退休看作是产业合理化的先决条件,因为对于正在企图减少劳动力、辞掉逐渐老迈并且生产效率逐渐降低的老年工人的雇主来说,及早退休措施对他们无疑是上帝的福音。[1]

8.重度残疾雇员的特殊组合补贴。雇主雇用符合《社会法典》第四卷规定的重度残疾条件的雇员,可以获得工资性组合补贴。补贴额为雇员工资收入的 70％,最长支付 36 个月;年龄超过 50 岁的重度残疾雇员,补贴延长至 60 个月;年龄超过 55 岁的重度残疾雇员,补贴延长至 96 个月。在雇主与雇员签订了正式劳动合同以后,雇主才可以获得该项补贴。补贴的直接目的在于,在重度残疾雇员适应工作的初期,由于工作效率不高而会影响到企业的效益,为了降低雇主的经济损失,政府实行该项补贴。而根本目的在于,将重度残疾人参与和融入社会放在首要地位,而将重度残疾人能够创造的经济价值置于次要地位,这从政府为雇主提供补贴的额度上就可以看出。

六、《就业促进法》对充分就业和经济增长的影响

自 1969 年《就业促进法》颁布实施以来的 50 年中,预期的充分就业和经济可持续平衡增长并没有实现,这受制于三个方面的原因:

一是工会组织成为维持持续充分就业的主要障碍。就业机会的增加是通过私人部门的投资和公共服务的增长来实现的,这二者都需要通过减少工资收入来筹集资金。由于工会组织代表雇员的利益,要从雇员的工资中征收更多的社会保险费或者征收更多的个人所得税用于就业促进计划,是不会得到雇员的、进而得到工会组织的支持的。

二是政府财政力不从心。在将国家税收的相当比例用于兑现政府对公

---

[1] 〔丹麦〕考斯塔·艾斯平-安德森:《福利资本主义的三个世界》,郑秉文译,北京,法律出版社,2003 年,第 1 版,第 171～172 页。

民获得社会工资(社会福利给付)的承诺后,要实现社会公平和充分就业的双重任务,政府预算出现赤字在所难免。

三是推进产业升级提供的就业机会很少,而提升国际竞争力需要降低劳动力成本和减少冗员。降低劳动力成本需要减少雇主缴纳社会保险费,而裁减冗员使政府财政更加吃紧。在国家处于两难境地的情况下,不得不付出超过其财政能力的代价,国家无法完成社会公平与充分就业的双重目标以及以此为基础的经济稳定增长。于是就业促进政策付出了三方面的代价:背负着更加沉重的财政压力;劳动力没有得到充分利用;投资滞缓。①

第七节　工伤保险法律制度

工伤保险法律制度是德国社会保险法律体系中历史最悠久的制度之一。1884 年 3 月 6 日,德意志帝国政府通过了《工伤事故保险法》第三个草案,草案于 1885 年生效,这是世界上第一个工伤事故保险法,并为许多国家所效仿。到 1995 年,全球有 159 个国家和地区建立了根据法律规定由私人或半私人提供的多种方式的工伤保险制度。②

《工伤事故保险法》将工伤保险赔偿由涉事雇主全部承担责任规定为由雇主群体共同承担。1887 年,德国工业行业成立了"法定事故保险联合会",负责行业内企业雇员的事故预防、受保险人的医疗康复及经济补偿。

在德国,每年大约有 140 万起意外事故发生,此外还有 18000 例职业病和 150 万起校园意外事故发生。③ 为此,工伤保险制度将它的首要任务确定为预防工伤事故和职业病的发生;在工伤事故发生以后,通过治疗和职业促进使受保险人的健康和工作能力得到恢复;通过提供现金待遇使受工伤损害的伤亡者及其家属或遗属获得赔偿。④ 1997 年 1 月 1 日编纂后的工伤事故保险法被纳入《社会法典》第七卷中,修订以后的法律分别对法定事故保险和农业事故保险作出了规定。

---

① 〔丹麦〕考斯塔·艾斯平-安德森:《福利资本主义的三个世界》,郑秉文译,北京,法律出版社,2003 年,第 1 版,第 212 页。

② 刘燕生:《社会保障的起源、发展和道路选择》,北京,法律出版社,2001 年,第 1 版,第 172 页。

③ 姚玲珍编著:《德国社会保障制度》,上海,上海人民出版社,2011 年,第 1 版,第 294 页。

④ 〔德〕霍尔斯特·杰格尔:《社会保险入门》,刘翠霄译,北京,中国法制出版社,2000 年,第 1 版,第 133 页。

一、法定事故保险的受保险人

1963 年之前,法定事故保险义务与就业活动相联系,即一个人只要与企业(员工超过 20 人)确立了雇佣关系,不分年龄、性别、收入水平、从业年限、学徒身份等都依法享有法定事故保险的保护。1963 年《工伤事故保险法》将保障的对象从危险行业、依靠工资薪酬生活的劳动者,扩大到了其他从事经济活动和非经济活动的人群,包括农业工人、农场主以及他们共同劳动的家庭成员,义务实施救援和消防人员,血液和器官捐献者,为政府和公共组织提供服务的志愿者,家庭雇工、家庭教师,自由职业者,领取失业救济金者,囚犯等。幼儿园的儿童、中小学生、大学生等作为例外也被纳入工伤保险范围。

从事官方业务的公务员是具有事故保险救济权而又免除保险义务的人。

没有雇员的独立经营者以及企业主和在企业中共同工作的配偶可以提出书面申请,参加自愿保险。

1998 年,全国共有 5200 余万人被工伤保险制度所覆盖,即占总人口 62% 的人能够获得工伤保险的保护。①

二、法定事故保险待遇

1925 年,对 1885 年正式实施的《工伤事故保险法》进行了修订,11 种职业病与交通事故被列入工伤事故的保障范围。《工伤事故保险法》将提供待遇的条件从工作所在地和工作进行时扩展到了与工作相关的工作和时间,即工伤事故包括上班和下班途中、工作过程中以及工作区域范围内,因工作引起的所有对劳动者造成伤害的事件,都可以由工伤事故保险机构提供相应待遇。

1.事故发生后首先提供的待遇

事故保险的待遇是在事故发生之后,首先提供有效的治疗,职业促进康复待遇、社会康复待遇、需要护理待遇作为损害补偿提供。通过提供受损害者津贴、受损害者年金、遗属抚恤金和丧葬费进行经济援助。即治疗和康复待遇优先于养老金待遇。

2.受损害者津贴

工伤事故导致受保险人因受伤不能工作而停发工作报酬以后,获得受损害者津贴。最初 6 周由雇主向受保险人发给全额工资;6 周之后停发工

---

① 刘燕生:《社会保障的起源、发展和道路选择》,北京,法律出版社,2001 年,第 1 版,第 323 页。

资,由工伤保险联合会发给受保险人事故之前个人净收入 80% 的受损害者津贴,直至身体康复或者领取养老金为止。显然,受损害津贴高于病假工资,领取受损害者津贴的最长期限为 78 周。

3.改行津贴

受损害者不再能够从事整天工作的,在他接受职业促进措施期间获得改行津贴。在不能从事整天工作之后失业 6 周时,如果没有资格申请受损害者津贴或者病假工资的,也可以获得改行津贴。改行津贴额为受损害者津贴额的 70% 或 80%。

4.受损害年金

在保险事件发生之后最少 26 周受损害者的劳动能力降低至少 20% 的,有权利获得受损害者年金。劳动能力降低 20% 以下但至少 10% 的,也可以获得受损害年金。完全丧失劳动能力者,获得当年工作报酬 2/3 的全额年金;丧失部分劳动能力者,获得与劳动能力降低程度相应的部分年金。受损害者年金作为暂时赔偿提供,在事故发生之后至少 1 年期间劳动能力有所改善和降低的劳动能力有所提高的,年金要适当减少。在事故发生之后 3 年或更短时间确定没有时间限制的年金。工伤事故保险机构可以在预计的年金支付标准内偿付全部赔偿额。劳动能力降低至少 40% 者,可以依受保险人的申请,由事故保险机构偿付 10 年期限内的 50% 的赔偿款。受损害年金只根据残疾等级发放,不与受损害者的就业状况联系,也不根据受损害者再就业之后的工资进行调整,只根据受损害者伤残程度的变化进行调整。可见,德国的工伤保险是福利型保险,不仅现金待遇项目多,而且保障的范围也比较宽。

5.遗属抚恤金

工伤保险不仅为伤残者提供直至其死亡的养老保险待遇,而且为其遗属(包括父母)也提供相关保障。受保险人因工伤事故或职业病死亡的,事故保险向遗属提供的待遇有:丧葬费、鳏寡养老金、孤儿抚恤金,在特殊情况下提供父母养老金。鳏寡养老金和孤儿抚恤金可以同时获得,但是不得超过死者年工作报酬的 80%。在再婚的情况下,最后一次性支付 24 个月鳏寡养老金。[1] 2005 年底,参加同业工伤事故联合会的受保险人约为 36.9 万人,其中 65 岁以上的鳏寡者约为 7.2 万人。[2]

---

① 〔德〕霍尔斯特·杰格尔:《社会保险入门》,刘翠霄译,北京,中国法制出版社,2000 年,第 1 版,第 142～144 页。

② 姚玲珍编著:《德国社会保障制度》,上海,上海人民出版社,2011 年,第 1 版,第 39 页。

三、法定事故保险基金的筹集

事故保险费由私人雇主和官方雇主支付,雇员不用缴纳事故保险费,即事故保险所需资金通过成员企业缴纳的保险费筹措。成员企业应缴数额按照企业发生工伤事故的次数和严重程度以及企业业务风险大小进行评估和确定,当年事故保险基金的支出来自下一年各雇主缴纳的工伤事故保险费。在事故保险支付较少的年份,事故保险基金形成储备金。1964年,联邦立法要求各行业的事故保险联合会强制实行差异风险等级调整机制,并在差异风险等级的基础上,再行调整各企业的费率。这种差别费率制有助于行业联合会实行奖惩机制,使预防优先的原则通过风险关联费率直接对企业形成很强的经济刺激作用。德国工伤事故保险还设置了意外支出备用金提取制度,工伤事故保险机构每年都会从筹集到的基金中提取5%~10%的款项作为意外支出备用。经过100多年的积累,意外支出备用金累积额可以保证正常情况下5~10年的工伤事故保险待遇支付所需资金。这对稳定费率具有重要的作用,特别是在经济状况较差时,可以不提高费率,进而减轻了企业的缴费负担。[1]

工伤事故保险法实施100多年来的实践证明,即使是在经济危机时期,现收现付的筹资方式、意外支出备用金提取,仍然是行之有效的制度。除了工商业和农业事故保险等少数特殊情况外,工伤事故一般不需要政府补助。公益部门和学生的事故保险资金由地方政府从地方财政收入中提供。

四、法定事故保险机构

自1884年《工伤事故保险法》颁布实施之后,与其他社会保险机构业务一样,采取"社会事社会办"的管理办法。法定事故保险机构也是独立于政府行政管理之外、承担事故保险的组织和管理责任的公法人团体。各个行业以国家法律为依据,组建各自的行业工伤保险联合会,并依据联邦法律制定具体的实施规程。按行业分类,工伤事故保险联合会分为三类,即工商业工伤事故保险机构、农业工伤事故保险机构、公共部门工伤事故保险机构。其中工商业事故保险联合会的规模最大,有例如建筑、交通、采矿、煤气和水、钢铁和金属、木材、食品等36个行业联合会,成员企业有350万家,受保险人有4200万人;农业同业工伤事故保险联合会的成员是农业企业主,有21个行业联合会,成员企业有180万家,受保险人有450万人;公共部门工

---

[1] 刘燕生:《社会保障的起源、发展和道路选择》,北京,法律出版社,2001年,第1版,第325页。

伤事故保险机构由 55 个地区工伤保险管理机构组成,每个机构负责特定辖区,受保险人约 2800 万人。法定事故保险机构负责本行业工伤事故确认、劳动能力鉴定、伤残等级确定、工伤保险待遇支付等一切事宜,是独立于事故当事人的第三方。这样的组织机构降低了事故纠纷的发生,缩短了事故赔付时间,使受保险人能够得到及时的救治和经济赔偿。

独立的工伤事故保险联合会是高度自治的实体组织,自主组织独立进行核算,无须政府拨款,自我经营,自负盈亏。2002 年从事工伤事故保险基金管理工作的人员多达 2.5 万人,其中工商业工伤事故保险联合会的工作人员就有 21812 人。① 法律将工伤事故及职业病的预防、受保险人的恢复及经济补偿等功能集中于一个保险机构负责和执行的意义在于,即使在雇主漏缴或者少缴工伤事故保险费的情况下,雇员的法定权益不会受到丝毫影响。因为一旦发生工伤事故,行业保险联合会都会先行支付,然后向雇主追索。联合公会下设两个研究所,每年花费在劳动保护研究上的费用就高达 3800 万马克,生产安全、职业病预防、事故后康复、再就业都是研究所重点课题。②

第八节　自由职业者的社会保险法律制度

自由职业者包括医生、药剂师、建筑师、公证员、律师、兽医、审计员、外科医生、牙医、心理医生以及工程师等。按照联邦宪法法院的观点,强制性保险原则适用于自由职业者,这符合现代福利政策扩展为社会政策的趋势。这个群体的养老保险可以追溯到 1923 年巴伐利亚州设立的医生养老金制度。1925 年巴伐利亚州又设立了药剂师养老金制度。"二战"以后,巴登-符腾堡州、莱茵兰-法尔茨州等建立了同业协会养老金制度。1957 年颁布的《养老金改革法案》仍然把许多自由职业者排除在法定养老保险保护之外。德国统一以后,自由职业者的养老保险有了较大发展,1992 年颁布实施的《养老金改革法案》为自由职业者养老保险制度提供了法律基础,但是,自由职业者并没有被纳入法定养老保险范围。这个群体从法定社会保险中被分离出来的原因是,他们对社会福利负有特殊责任,例如,他们提供公共品或参与立法和司法。

---

①　姚玲珍编著:《德国社会保障制度》,上海,上海人民出版社,2011 年,第 1 版,第 302~305 页。
②　刘燕生:《社会保障的起源、发展和道路选择》,北京,法律出版社,2001 年,第 1 版,第 324 页。

一、自由职业者社会保险的组织机构

自由职业者建立了独立的调节其相互关系的自治同业协会,大部分自由职业者协会基金是在 1957 年养老金改革以后形成的。当时自由职业者、自雇者、白领工人已从法定养老保险中被排除出来,从而遵循"不靠政府援助而相互资助"的原则。20 世纪末,德国有 60 个同业协会养老基金组织。自 1994 年底以来,自由职业者及其家人约 44.5 万人受到了同业协会养老基金组织的保险保护。[①] 许多同业协会养老基金都是法人实体或有独立法人地位的公共公司,它们的行政活动受政府监督,精算和资产管理受专业监督。自由职业者的自治同业协会独立地为伤残者、老年人、受保险人的遗属提供保险。由于自由职业者的专业化服务是由自雇者和受雇者共同完成的,因此受雇者需要参加职业协会举办的保险和养老基金组织,例如,律师养老保险机构、税务咨询师养老保险机构、审计师养老保险机构等。其他自由职业者养老保险机构按照各州的标准建立同业协会,并拥有非独立或部分法律意义的特别财产。

二、自由职业者养老保险资金的筹集

同业协会养老基金不适合采用现收现付的筹资模式,而是采用资本积累模式。同业协会基金由会员交纳的保险费筹集,他们须向同业协会养老基金交纳与法定养老保险相同的保险费,并通过资本运作自求平衡,而不能从政府获得任何补贴。自雇者需要交纳利润一定比例的保险费或者法定养老保险中最高额度的保险费。有些则按上一经营年度养老金支付的平均数额确定缴费比例。

三、自由职业者养老保险待遇

自由职业者协会提供与法定养老金基本相同的保险待遇,包括丧失职业能力养老金、老年养老金,也为死者家属提供鳏寡孤儿抚恤金。自由职业者的退休年龄一般为 65 周岁,对于提前退休者,月养老金按照 0.5% ~ 0.7% 的比例扣除,如果推迟退休,则按照 0.5% ~ 0.7% 的比例提高。自由职业者死亡,其配偶的鳏寡抚恤金为死者养老金的 60%,全额孤儿抚恤金为死者养老金的 20%,半额为 10%。年满 18 周岁的孤儿仍在读书或培训的,孤儿抚恤金可以领取到 27 岁。[②]

[①] 和春雷等:《当代德国社会保障制度》,北京,法律出版社,2001 年,第 1 版,第 114 页。

[②] 姚玲珍编著:《德国社会保障制度》,上海,上海人民出版社,2011 年,第 1 版,第 77 页。

第九节 公务员供养法律制度

公务员养老保险制度具有悠久的历史。在 1872 年的普鲁士时代,公务员养老保险基金主要来自公务员缴纳的费用,而这个时期在巴伐利亚等州,公务员不再需要缴纳养老保险费,养老金支付所需资金全部由政府承担,但是这时的养老保险只为丧失公职能力的公务员提供。1920 年,首次将公务员的退休年龄确定为 65 岁,养老金替代率为 75%～80%。[1] 俾斯麦为了将公务员直接系于君主或中央政府的权威,为公务员建立了特殊优惠的福利制度,其作用部分在于奖赏他们对于国家的忠诚,部分在于显示这一群体特有的显赫社会地位。[2]

按照《联邦公务员法》的规定,公务员获得养老保障是公务员权益的一部分,是政府(官方雇主)对其雇员(公务员)及其家庭成员在其雇佣关系存续期间以及结束之后的生活保障。有学者认为,公务员养老金在本质上具有职业养老金的属性,它表明政府的雇主身份。尽管它是通过国家财政筹集和支付的,却与法定的社会权利无关,而与特殊的地位划分相关联。它反映了国家主义和合作主义特权遗产的影响。[3] 这里的政府包括联邦政府、州政府、乡镇政府以及各种公共性质的基金会或者机构。在 2003 年,全德国约有 1416600名公务员和法官领取养老金,其中联邦为 213700 人、州为 569200 人、乡镇为105700 人、公共类部门(主要是铁路和邮政部门,由于这些机构或企业是国有的,其工作人员也享受公务员待遇)为 528000 人。养老金支付总额达到 339亿欧元。[4] 占 GDP 的 2.2%(1980 年)。[5] 此外,公务员供养制度还覆盖到类似公务员的人,例如医生、牙医、药房工作人员、艺术工作者、新闻工作者等。[6]

一、公务员供养待遇

1.丧失公职能力养老金

按照《联邦公务员法》第一章第一节第 42 条的规定,公务员由于身体或

---

① 姚玲珍编著:《德国社会保障制度》,上海,上海人民出版社,2011 年,第 1 版,第 68 页。
② 〔丹麦〕考斯塔·艾斯平-安德森:《福利资本主义的三个世界》,郑秉文译,北京,法律出版社,2003 年,第 1 版,第 26 页。
③ 同上书,第 91 页。
④ 姚玲珍编著:《德国社会保障制度》,上海,上海人民出版社,2011 年,第 1 版,第 68 页。
⑤ 〔丹麦〕考斯塔·艾斯平-安德森:《福利资本主义的三个世界》,郑秉文译,北京,法律出版社,2003 年,第 1 版,第 94 页(表 4.2)。
⑥ 〔德〕霍尔斯特·杰格尔:《社会保险入门》,刘翠霄译,北京,中国法制出版社,2000 年,第 1版,第 168 页。

健康原因长期不能承担其公职义务时,属于丧失公职能力。这里的"长期"是指在过去的 6 个月内,不能工作的时间超过 3 个月,在未来的 6 个月内也不能继续全职工作。因丧失公职能力而退休并领取养老金的公务员,如果在 63 岁之前又恢复了公职能力,则可以重新被政府部门雇用。

2.达到法定退休年龄养老金

按照《联邦公务员法》的规定,公务员在达到法定 65 岁退休年龄时必须退休。随着人口老龄化,这一退休年龄将逐步延迟到 67 岁。但是,在联邦层面对不同部门的公务员规定了不同的退休年龄,例如,职业军官为 55 岁至 65 岁,警察为 62 岁,教授可以到 75 岁,重度残疾公务员可以在 62 岁退休。2003 年,65 岁以上男性退休公务员的养老金平均每月为 2449 欧元,女性为 2426 欧元。月养老金超过 4000 欧元的只占到 5.6%,低于 2500 欧元的占 54%。[①]

3.遗属抚恤金

遗属抚恤金包括鳏寡者抚恤金和孤儿抚恤金,领取条件与法定养老保险基本相同。2003 年,寡妇抚恤金为每月 1281 欧元,鳏夫抚恤金为每月 1289 欧元。

4.公务事故或者职业病养老金

公务事故是指在公务过程中对公务员造成的身体伤害事故。此外,公务员在上下班途中发生事故,也属于公务事故。因遭遇公务事故而致残的公务员可以领取公务事故养老金。

二、公务员待遇的计算

1.养老金的计算

由于公务员养老金不但需要超过法定养老金一定额度才能维持公务员退休以后的生活水平,而且公务员的退休金还必须超过公共部门公职人员退休金的一定额度,所以,公务员养老金的替代率高于法定养老金和公共部门公职人员养老金的替代率。公务员养老金水平取决于三个因素:工资收入、工作年限、根据工作年限确定(不是统一规定)的养老金替代率。

公务员退休以后,如果工作需要,可以从事一定的工作,但工作收入不能全部归退休者自己,只能取得养老金与退休前最后一个月工资的差额。

联邦法律对联邦议院议员和政府高级官员离职后的生活待遇作出规定:任满两届(8 年)议员者,年满 65 岁后可领取原工资 35% 的生活费;任满 3 届议员者,年满 60 岁后可领取原工资 55% 的生活费;任满 4 届议员者,年

---

① 姚玲珍编著:《德国社会保障法》,上海,上海人民出版社,2011 年,第 1 版,第 68 页。

满 55 岁后可领取原工资 75% 的生活费；联邦政府部长任满 1 届后不再连任，年满 55 岁后可领取原工资 35% 的生活费；继续连任者，从第 5 年起，每年增加原工资 3% 的生活费；联邦总理离职后的生活待遇水平更高。①

2.遗属抚恤金的计算

根据《公务员养老金法》第 17 条的规定，在公务员死亡的当月，鳏夫寡夫可以领取相当于公务员两个月工资的一次性死亡补助金以及公务员退休工资 55% 的鳏寡抚恤金。孤儿抚恤金分为全额和半额两种，全额为公务员退休工资的 20%，半额为 12%。但是，鳏寡抚恤金和孤儿抚恤金的总额不能超过公务员生前的退休工资。

3.公务事故养老金的计算

遭遇公务事故致残且满足了工作年限的公务员，其公务事故养老金替代率一般最高为 75%，最低为 66.67%，例外情况可以达到 80%。如果领取公务事故养老金者死亡，其配偶可以领取公务事故养老金 60% 的鳏寡抚恤金，孤儿可以领取公务事故养老金 30% 的孤儿抚恤金。

三、公务员养老保险基金的筹集

公务员养老保险基金主要来源于政府财政预算，即税收收入。当年筹集的养老保险基金当年支付，同时随物价指数的增长而适时增加。与法定养老保险一样，政府财政承担的公务员养老保险支出也在逐年增加。从 1990 年至 2003 年，联邦、州、乡镇、铁路部门、邮政部门的养老金支出增长比例分别为 32.4%、84.4%、40.0%、32、3%、136.4%。领取养老金公务员人数的增加，对养老保险基金的支付同样构成压力，2002 年在任公务员的数量比 1960 年增加了将近 110%，其中联邦一级增加了 81%、州一级增加了 128%、乡镇一级增加了 49%。② 为了应对老龄化的挑战和养老金支付压力，从 2018 年起，政府将采取逐步降低公务员养老保险基金负担的措施，政府为 2007 年以后雇用的公务员建立一个"退休基金"，即联邦劳动部为全国公务员建立的一个通过资本市场运作的特别养老储备金计划。"退休基金"由德意志联邦银行托管。

第十节　农业领域社会保险法律制度

农业领域社会保险制度建立以 1886 年 5 月颁布的《关于农业企业中被

---

① 李琮主编:《西欧社会保障制度》,北京,中国社会科学出版社,1989 年,第 1 版,第 217 页。
② 姚玲珍编著:《德国社会保障制度》,上海,上海人民出版社,2011 年,第 1 版,第 67～74 页。

雇佣人员工伤事故保险帝国法》为标志。进入 20 世纪,德国已经发展成一个工业大国,农业份额只占国民经济总额的 1％左右,从事农业劳动者仅占全国劳动力比重的 7.8％。因此,德国的社会保障制度不仅从一开始就把着眼点放在不是独立经营的雇佣者身上的,即使在今天,法定社会保险制度仍然以关注雇员的利益为其特征。因为立法者认为,农场主退出经营时能够从继承人那里获得一定数额的现金和实物补偿,即终老财产,[①]所以,没有必要为他们提供社会保险待遇。然而,事实上农场主从农业企业转让(或者通过出售、出租)协议中获得的现金补偿无法满足他们的实际需要,尤其是中小农业企业主老年时往往陷入生活困境,使得他们在达到正常退休年龄时不得不继续从事农业生产,导致农业领域就业人员出现老龄化现象。1956 年 7 月 1 日,联邦统计局的一份调查报告显示,拥有 0.5 公顷及以上规模的农场主仅占 33％,他们家属中只有 16％的人参加了商业保险。[②] 与此同时,在不断加强欧洲农业一体化的过程中,农业领域竞争日益加剧,表明需要为农场主提供社会保障保护。

今天,农业社会保障制度通过不断地建设和完善,基本能够向农场主和他们的家庭在生活发生变化时提供保护。

一、农业养老保险

在不断加强的欧洲农业一体化的过程中,人们普遍认识到,一个良好的农场主社会保障可以增强他们的竞争能力和有利于对他们的生活状况发生影响。1957 年颁布实施的《农场主老年援助法》被看作是迈出了建设一个独立的农业社会保障制度的第一步。这一有着明显职业特征的特殊制度——独立经营的农场主社会保障制度,从一开始就独立于法定社会保险,并且对农场主的利益予以了充分的考虑。

(一)老年援助法的建立

在已经实现了城市化的德国,农业企业主及其家庭成员的生活需求也在提高,同时,欧洲一体化的推进也加剧了农业领域的竞争压力,而德国农业企业主及其家庭成员较低的社会保障水平,难以应对日益激烈的市场竞争。1957 年 10 月 1 日德国《农场主老年援助法》生效,标志着对独立经营的农业企业主和他们的共同从事农业生产的家庭成员实行一种特殊的老年保障制度——农民法定老年补助制度。《农场主老年援助法》规定,在终老

---

① 终老财产拥有者是指将庄园移交给继承人后保留住房等财产的老年农民。参见《德汉词典》,上海,上海译文出版社,1987 年,第 1 版,第 39 页。

② 张啸主编:《德国养老》,北京,中国社会出版社,2010 年,第 1 版,第 109 页。

财产之外向他们支付一些补充性现金（零花钱），条件是农场主必须把他的庄园转让给他的继承人经营。最初农场主每月缴纳的保险费为 10 马克，补充现金的标准已婚者为每月 60 马克，未婚者为每月 40 马克。[1] 老年农场主只要证明自己曾经是一个农场主即可，不需要缴纳任何费用就可以获得老年补贴。《农场主老年援助法》的引入，使得农业企业能够及时被转让给年轻的经营者，企业经营者年轻化，增强了企业的竞争能力。[2]

(二)《农场主养老保险法》建立

自 1957 年开始实施《农场主老年援助法》以来，经过多次修订变得越来越混乱。新的社会保障法的基本组成部分，例如数据保护规定和为受保险人提供的"服务性待遇"，在 1957 年的法中根本没有作出规定。1995 年 1 月 1 日生效的《农业社会改革法案》针对之前存在的问题，对农场主老年保障进行了大幅度的改革，将《农场主老年援助法》中的零花钱发展为有收入补充功能的一种真正的部分养老保险，制度的名称也从原来的《农场主老年援助法》改变为《农场主养老保险法》。这就意味着，农场主养老保险被归入社会保险领域而不再是社会救济领域。例如，从 1996 年 7 月 1 日起，保险费额为 311 马克，已婚者养老金最高额可达到 1226 马克。[3] 无论《农场主老年援助法》还是《农场主养老保险法》都旨在谋求农业结构政策的目标，例如，提供老年养老金的依据始终是农业企业主把他的企业转让给他的继承人，使他的继承人可以继续经营农业企业。由于农场主有多种形式的生活保障，例如终老财产、地租收入、农场销售收入等，农业企业主的养老保险制度只具有部分保障功能。因此，农业企业主养老保险制度的设计与法定养老保险制度不同之处在于，它在为农场主及其配偶和共同劳动的家庭成员提供部分养老保障的同时，达到促进农业经济合理结构和改善农场经营状况，由此实现社会安全的目的。

1995 年 1 月 1 日，《农业社会改革法案》的核心是在农场主养老保险中对农妇实行独立的保障。所有在 1995 年 1 月 1 日改革法生效时不满 65 岁的农场主的配偶，从 1995 年 1 月 1 日起和企业主一样参加养老保险，即农业社会改革法要求农妇有自己的而不是派生出的老年和丧失劳动能力的社会保障。

1.农场主养老保险的义务保险人

根据《农场主养老保险法》第 1 条的规定，农场主养老保险中有保险义

---

① Sozialrecht,vom Bundesministerium für Arbeit und Sozialordnung,S.573.
② 郑春荣:《德国农村养老保险体制分析》,《德国研究》2002 年第 4 期。
③ Sozialrecht,vom Bundesministerium für Arbeit und Sozialordnung,S.573.

务的人是：(1)所有的农业和林业企业主，包括葡萄酒、水果、蔬菜和园林以及渔业企业主。农场主既可以是独立拥有农场者，也可以是与他人共同拥有一个农场者，还可以是一个以从事农业经济为主的有限责任公司的法人成员。企业主或者农场主必须是自雇的，即个人具有独立性和承担经济风险的能力，因此企业主也可以是承租人，他们全职在企业工作并且依法没有参加法定养老保险的义务。《农场主养老保险法》规定，达到或者超过规定规模的农场主才有资格参加农场主养老保险。(2)农场主的配偶，即对企业有同等经营权的丈夫或者妻子。但是，如果农场主夫妇长期分居，则不在保险义务的范围。(3)主要在农业企业从事共同劳动的家庭成员或者他们的配偶，更确切地说是农业企业主三代以内直系血亲和两代以内姻亲。

免除保险者是 18 周岁以下和 65 周岁以上的农民和他们共同劳动的家庭成员；经营农业但不指望由此获得利润的人(所谓的业余爱好农民)。此外，在一定条件下根据申请可以免除保险义务的人。大型农业企业中的雇员不适用农民养老保险制度，他们应当参加法定养老保险。

在农妇的独立保障中，对于那些已经为自己的老年作了其他足够准备的农妇，有着广泛的免除保险义务的可能性；免除农业企业主配偶的保险义务的条件是，农业企业的经济价值没有超过 1.5 万马克和农业企业主经常性的非农业经商收入和经商补充收入每年超过 4 万马克；由于有长年法定养老保险成员资格(民主德国社会保险的时间通常也被视为法定养老保险的保险时间)，因此不利于参加农业老年保障制度，为了避免这种情况，当事人在一定的条件下，有权选择继续参加法定养老保险。

改革后的农场主养老保险制度于 1995 年 1 月 1 日对新联邦州适用过渡性措施。即一个农场主在制度实施时已经年满 50 岁，他就有权利在农场主养老保险和法定养老保险之间进行选择。如果选择农场主养老保险，他原来参加的法定养老保险的时间可以折算入农场主养老保险中，这将使他们既因符合最低的农场主养老保险等待时间而获得养老金，又能提高他们的养老金水平。

2.农场主养老保险待遇

农场主养老保险待遇与法定养老保险待遇一样，包括老年养老金、劳动能力降低养老金和遗属抚恤金三项：

(1)老年养老金。老年养老金包括：年龄达到 65 岁时的老年养老金和完成 15 年的等待期、最早从 55 岁开始可以领取提前的老年养老金两种。享受老年养老金者的配偶必须有从 65 岁开始的老年养老金权利或者已经有了这项权利。1999 年养老金改革法规定，农场主和共同劳动的家庭成员享受提前养老金的年龄由 55 岁提高到了 60 岁。

（2）劳动能力降低养老金。领取此项待遇者需在劳动能力降低之前缴纳了至少三年养老保险费。1999 年养老金改革法通过收入减少养老金代替劳动能力降低养老金。为了避免由于劳动能力降低而提前退出职业生活，养老保险机构在一定的情况下可以准许疗养。在劳动能力受到严重威胁时提供康复待遇，此外还会提供企业帮工和家庭帮工。

（3）遗属抚恤金。领取寡妇鳏夫抚恤金者需年满 45 周岁、劳动能力减退、有一个未成年孩子需要抚养。如果农场主的遗属自己在经营最小规模以上的农场，则无权领取寡妇鳏夫抚恤金。孤儿抚恤金领取条件与法定养老保险制度相同，此外还有渡过难关补贴。通过提供这些待遇，使企业在企业主生病或者死亡时仍能继续运营。

（4）为收入不景气的企业提供保险费津贴。

3.领取养老金需要具备的条件

领取年满 65 岁时的老年养老金需要缴纳至少 15 年的养老保险费。农场主还有权利领取提前老年养老金，年龄为 60 岁，但是，养老金数额会有所降低。[1]

劳动能力降低养老金和遗属养老金的等待时间为三年，在一定条件下延长至五年。

在农场主养老保险中，通常依据转让、出卖或者出租企业作为提供养老金的前提条件，即农场已转让他人经营，但通常允许养老金领取者保留一小块耕地。

4.养老金的计算

在法定养老保险中，养老金的标准依据退休时的收入。而在农民养老保险中所有的受保险人都缴纳相同数额的保险费，因此所有的受保险人将来也都领取相同数额的养老金。差别只能通过缴纳保险费时间的长短来体现。共同劳动的家庭成员只缴纳半额保险费，所以只能获得半额养老金。

受保险人每年缴纳了养老保险费以后，获得一个相同标准的年金数额（即当年的年金值）。年金值在 1997 年的下半年确定为 21.91 马克，如同法定养老保险的养老金一样，每年的 7 月 1 日对年金值进行调整。

5.农业雇员的补充老年供养

在农业和林业领域从事有养老保险义务工作的雇员（农业工人）可以获得主要由政府补充供养机构提供的旨在补充养老金、改善老年整体供养状

---

[1]　郑春荣:《德国农村养老保险体制分析》,《德国研究》2002 年第 4 期。

况的统一的补充待遇。有养老金通知和一般最低缴纳了15年补充供养保险费者,补充供养机构向他提供补贴。补充供养机构向那些由于年龄的缘故不能获得或者只能获得很少权利的雇员提供调整待遇。

补充供养资金由雇主为每一个固定雇佣的雇员和培训者向补充供养机构每月缴纳10马克费用筹集。联邦承担全联邦范围的补充供养机构的支出,1996年补充供养机构的支出大约为2590万马克。

6.农场主养老保险基金的筹集

农场主养老保险待遇所需费用通过保险费和联邦资金筹措。

农场主养老保险实行统一保险费原则,所有有缴纳保险费义务的企业主及其配偶应当缴纳的保险费标准是一样的,企业规模及经营状况不予考虑。经营多个农业企业的农场主,也只缴纳一份保险费。共同劳动的家庭成员的保险费是统一保险费的一半,并且由农业企业主承担。1995年的统一保险费确定为每月291马克,1996年企业主及其配偶每月需缴纳311马克,在农场工作的家庭成员需缴纳155.5马克,1997年的养老保险费进一步提高到了328马克。[1] 2007年西部农场主的养老保险费为204欧元,东部为176欧元。[2] 此外,农场主可以参加法定养老保险。

在所有的社会保险中,农场主养老保险是唯一在一定条件下受保险人能够获得保险费津贴的社会保险。这是因为农场主养老保险谋求农业结构目标以及缴纳保险费人数与获得待遇人数之间的不利比例,联邦资金在农场主养老保险资金中占绝大部分。农场主养老保险费津贴从1996年开始实行,是因为所有受保险人缴纳同样标准的统一保险费对于收入减少的农民来说在经济上是一种苛求。提供保险费津贴依据收入状况,收入状况依据在缴纳所得税时的收入证明。收入为1.6万马克的受保险人获得最高津贴额,数额为保险费的80%。1997年保险费每月为328马克,津贴为262马克,受保险人每月只需缴纳66马克。收入超过1.6万马克的,每超过1000马克,当年保险费降低3.2%。收入超过4万马克的不提供津贴。[3] 如果夫妇双方不是都经营企业,即夫妇中有一方不是农场主,那么经营企业的配偶的收入给夫妇双方各算一半。在所有受保险人中大约三分之二的人获得保险费津贴,津贴依据申请提供。1996年农场主养老保险总支出为60

① 和春雷等:《当代德国社会保障制度》,北京,法律出版社,2001年,第1版,第234页。
② 姚玲珍编著:《德国社会保障制度》,上海,上海人民出版社,2001年,第1版,第67页。
③ Soziale Sicherheit für die Landwirtschaft, vom Bundesministerium für Ernährung, Landwirtschaft und Forsten, S.23.

亿马克,保险费收入为 18 亿马克,联邦通过提供津贴弥补了 42 亿马克。[①]
按照现行《农场主养老保险法》第一节第 32 条的规定,单个农场主的年收入
不超过 1.55 万欧元,或者夫妇双方年收入不超过 3.1 万欧元,就有权申请养
老保险费补贴。[②]

7.农场主养老保险机构

农业保险营运机构同样是自治的公法人团体。以农场主养老保险机构
为例,全国有 3 个直属联邦的养老保险机构、16 个直属州的养老保险机构,
此外还有一个园艺养老机构,农业养老保险机构对它辖区内的农业企业有
地方管辖权。受保险人在有保险义务的工作结束之后,农业养老保险机构
按照受保险人或者遗属的住所地或者惯常居住地行使地方管辖权。受保险
人迁往外地或者居住在国外的,由最后征收保险费的农业养老保险机构管
辖。例外情况是联邦统一的园艺养老保险机构始终保留着管辖权,如果最
后一次保险费交给它的话。在待遇资格方面,提出申请时的地方养老保险
机构有管辖权;在孤儿补贴方面,仍健在的配偶所在地的养老保险机构有管
辖权,在其他情况下,最小孤儿所在地的农业养老保险机构有管辖权。

德国最先建立的是农业工伤事故保险,之后农业养老保险和农业医疗
保险相继建立。与之相应,农业社会保险的运营机构具有了自己的特征,即
农业养老保险机构和农业医疗保险机构都分别设立在当地的农业同业工伤
事故保险联合会中,并在全国建立了一个农业养老保险机构总联合会。[③]
管理人员和资源共享,大大降低了管理成本,提高了工作效率,为受保险人
提供了更多便利。

8.农场主养老保险法律制度实施的社会效果

农业机械化和信息化、产业结构调整以及欧盟农业领域竞争的加剧,使
得德国农业呈萎缩状态。1999 年,德国有 471960 家农业企业,仅为 1959
年 1840134 家的 25.6%;1999 年,农业劳动力为 1136700 人,占全国就业人
数不足 2.6%,仅为 1959 年农业劳动力 3820600 人的 29.8%;2000 年,家庭
劳动力约占 65%,长期雇佣的家庭以外劳动力约占 14%,季节工约 21%。

劳动力结构发生变化的结果是参加农业养老保险的人数逐年下降,从
1958 年到 2001 年减少了一半多,在领取养老金的人数和养老金标准逐年
增加的形势下,政府不得不通过不断提高养老保险缴费标准和增加联邦财

---

① Sozialrecht, vom Bundesministerium für Arbeit und Sozialordnung, S.594.
② 姚玲珍编著:《德国社会保障制度》,上海,上海人民出版社,2001 年,第 1 版,第 67 页。
③ 郑春荣:《德国农村养老保险体制分析》,《德国研究》2002 年第 4 期。

政补贴来满足养老金支付需要。1957年,农业老年援助制度建立时的保险缴费额为每月10马克,到了2001年上涨到了每月346马克;1957年老年援助待遇已婚者每月60马克,未婚者每月40马克,2001年养老金标准为已婚者每月929.28马克,未婚者每月406.71马克;1989年,联邦财政补贴为25.81亿马克,占当年农业养老保险总支出的72%;1999年,联邦财政补贴虽然占农村养老保险总支出的68%,但补贴额上升为43.65亿马克。

在农村养老保险基金入不敷出的情况下,有人主张把农业养老保险并入法定养老保险中。经过几年酝酿讨论后,联邦政府从农业养老保险只具有部分保障而不是充分保障功能的特点出发,决定维持独立于法定养老保险之外的农业社会保险体制,同时决定通过降低养老金支付水平,即从过去占农业企业净收入的71%下降到67%,来减轻农业养老保险基金的支付压力。[1]

9.农场主可以同时参加法定养老保险

由于农场主养老保险仅仅提供部分保障,因此可以自愿参加法定养老保险;在计算养育子女时间期间,通过自愿缴纳养老保险费,农妇就可以补充自己获得的老年保障;以前是农业工人而现在是雇员者,在一定的条件下可以补交法定养老保险的保险费;如果有权利获得由两个制度提供的待遇,通常它们可以被一起提供。

二、农业医疗保险

1911年7月19日通过的《德意志帝国社会保险法典》将保险义务的范围由雇佣劳动者扩展到六七百万农业、林业工人身上。1972年10月1日《自我雇用农场主法定医疗保险法》规定,由农业医疗保险机构对自营农场主及其家庭成员及退休农场主承担保险义务。这不仅提供了一项社会保险,同时也降低了农业企业的经济风险,因为在此之前,一个家庭成员的一场重病会很快地危及企业的生存。

1.农业医疗保险的受保险人

农业医疗保险的受保险人是农场主、共同劳动超过15年的家庭成员(必须是三代以内的直系血亲或两代以内的姻亲,或农场主及其配偶的养子女)和终老财产者。配偶、子女和其他有赡养权者参加农业医疗保险,在一定条件下免交保险费。农场主及其配偶只能在农业医疗保险机构参加医疗保险,而不能像法定医疗保险那样受保险人可以自由选择保险机构,因为农业医疗保险机构是专门为农业的特殊利益安排的待遇机构。从事季节性工

---

① 张啸主编:《德国养老》,北京,中国社会出版社,2010年,第1版,第114～115页。

作的农业雇员有参加保险的义务,由雇主从雇员的非农业报酬中向农业医疗保险机构缴纳保险费,保险费按照保险费率的一半计算。从事季节性工作的农业雇员在因病长期不能工作的情况下,可以获得因损失非农业报酬的病假工资。

2.农业医疗保险待遇

农业医疗保险待遇与法定医疗保险待遇原则上没有区别。只是农业企业主在生病时,在获得病假工资的同时,在一定的条件下获得企业帮工和家庭帮工。如果农妇不是独立经营者,她通常免费参加农业企业主的连带疾病保险。

3.农业医疗保险资金的筹措

在资金筹措方面共同承担经济责任的原则也适用于农业医疗保险,也就是说每一个人应该按照自己的经济能力缴纳一定的费用。但是由于确定农民的收入非常困难,因此医疗保险机构只能依据所谓的收入替代标准来加以确定。在此,耕地价值的变化是最经常的。依据确定的收入,每一个医疗保险机构设立 20 个保险费等级,并且为每一个保险费等级确定应缴纳的保险费数额。与法定医疗保险不同的是,农场主不必承担更多的当代人的医疗费用,因为联邦从终老财产中扣除了应缴纳的保险费后(1997 年约为 23 亿马克),承担了这一负担。农业企业主的家庭收入不是由议会和政府进行确定,而是由农业自治机构,即受保险人代表加以确定。立法者只是对保险费的构成预先确定了一个范围。农场主最高等级保险费数额不得低于最低等级保险费数额的六倍。此外,最高等级保险费数额必须达到当地医疗保险机构保险费平均值的 90%。医疗保险所面临的最大的挑战是,使每一个受保险人能够持续为了他的健康获得尽可能多的必要的援助。1997 年 1 月 1 日生效的保险费减免法,使得受保险人基本能够获得农业医疗保险的核心待遇,并且使受保险人的保险费负担保持在合理的界限内。

与法定医疗保险不同,为了减轻农民家庭的负担,联邦为农业医疗保险提供援助,1996 年联邦援助金额为 20.5 亿马克。① 退休农业企业主只从他们的老年所得中缴纳比较低的保险费,以此来补偿为他们支付费用的 10% 以上的亏空。

4.农业医疗保险机构

受保险人的参与与合作,对于健康和积极的生活具有决定性意义。医

---

① Soziale Sicherheit für die Landwirtschaft, vom Bundesministerium für Ernährung, Landwirtschaft und Forsten,S.11.

疗保险机构被视为受保险人的合伙机构,它们以提供预防疾病和确认疾病早期症状、治疗疾病和提供医疗康复待遇以及通过支付病假工资或者提供企业帮工和家庭帮工给受保险人以支持。此外,医疗保险机构提供产妇补贴和在死亡时在一定条件下的丧葬费。农业医疗保险机构有 20 个,同样是自治的公法人机构。

三、农业护理保险

在通常是几代人共同生活的农业家庭中,农妇通常充当严重或者特别严重需要护理的家庭成员最主要的护理者。1995 年建立起的社会护理保险,使需要护理者的护理需要得到极大的改善,在农业医疗保险机构下同样设立了农业护理保险机构。

1.农业护理保险的受保险人

在农业医疗保险机构参加保险的农场主、共同劳动的家庭成员、终老财产拥有者或者自愿参加保险的人,是农业护理保险机构的成员。配偶和有微薄收入的子女通常免除缴纳保险费而一同参加社会护理保险。参加私人(商业)医疗保险者,必须缔结一个私人(商业)护理保险合同。

2.获得待遇的条件

与法定护理保险一样,农业护理保险也分为三个等级。此外需要护理者必须事先完成一定的社会护理保险的等待时间。①

3.护理保险费率

因为农业和林业的实际收入往往不能确定,农场主的保险费计算比较困难,因此向农业护理保险机构缴纳的保险费算作向农业医疗保险机构缴纳的保险费的附加费。1997 年在原联邦领域附加费为法定医疗保险中平均保险费率的 12.7%,在同一时期新州为 12.8%。共同劳动的家庭成员的护理保险费由农场主承担。农场主老年养老金领取者、农业企业停业养老金领取者或者调整补贴领取者的护理保险保险费率为待遇的 1.7%,由待遇的领取者和农业养老保险机构各承担一半。领取法定养老金的农业终老财产拥有者,同样必须缴纳年金额的 1.7% 的保险费,其中一半由养老保险机构承担。

联邦为农业养老保险机构承担一部分费用,1997 年联邦投入的资金约为 4500 万马克。②

---

① Sozialrecht,vom Bundesministerium für Arbeit und Sozialordnung,S.482.

② Soziale Sicherheit für die Landwirtschaft,vom Bundesministerium für Ernährung,Landwirtschaft und Forsten,S.33.

与法定护理保险一样,对于那些本职工作不是护理而但要在自己家中护理一位每周至少需要护理 14 小时的家庭成员、因而不能工作或者每周工作少于 30 个小时的人,由护理保险机构向农业养老保险机构缴纳养老保险费。保险费的标准也是按照需要护理的难度和由此表明的必要的护理工作的范围确定。此外,护理人在从事护理工作期间免除缴纳法定事故保险的保险费。

4.护理保险待遇和护理者的保障

1995 年 4 月 1 日对在家护理待遇作了规定,1996 年 7 月 1 日对机构护理待遇作了规定。待遇范围原则上按照护理等级加以区分。护理保险的待遇和护理者的保障待遇标准与法定护理保险基本相同。

5.农业护理保险机构

在所有农业医疗保险机构下都有一个农业护理保险机构。

四、农业事故保险

1997 年 1 月 1 日,将农业事故保险编入《社会法典》第七卷中,由此对于老的和新的联邦州的农业企业在农业事故保险中适用统一的法律。

1.农业事故保险的义务保险人

农业事故保险的范围包括农业、林业、园艺业、酿酒业、淡水捕鱼业、养蜂业、风景保护业、环保业、养殖业这几类企业。与法定事故保险不同,在农业事故保险中,农场主及其在农场工作的配偶都有保险的义务;非临时在这类企业工作的家庭成员;在独资或合伙农业企业中定期工作的人员;所有农业雇员和学徒工;虽无雇佣关系但像其他受保险者一样在农业企业工作的其他人员,都有参加农业事故保险的义务。1997 年 1 月 1 日以来,农业企业主和他的配偶有可能申请免除农业事故保险的保险义务,只要他们经营的耕地没有超过 1200 平方米,而且申请不能撤回。由于农业中雇员的数量明显地在减少,以至于农业事故保险越来越发展为企业主的保险。

2.农业事故保险待遇

在工伤事故或者职业病发生以后,提供以下待遇:治疗,职业促进康复待遇,企业帮工和家庭帮工,如果没有为农业企业安排替代人员则提供受损失补贴。

除了以上待遇,法定事故保险法为参加保险的农业企业主、他们的配偶和共同劳动的家庭成员提供作为事故补偿的年金待遇,在由于工伤事故或者职业病而丧失劳动能力的情况下,每年提供的年金最高标准大约为 12743 马克(从 1997 年 7 月 1 日起为 12931 马克)(等于"全额年金",相当于平均年劳动收入的 2/3)。联邦资金还为农业企业主和共同劳动的配偶提供严重受损伤者津贴,当劳动能力降低 50% 时,这项津贴作为对在此期间提供的年金的一种补充而被支付。

3.农业事故保险机构

在农业领域农业事故保险由农业同业工伤事故保险联合会实施。同业工伤事故保险联合会是具有自治权的公法上的法人团体。农业企业主和参加保险的雇员是自治机构的会员,他们推选产生代表大会和理事会,在选举这两个机构的成员时,会员被分为没有外来雇员的独立从业者和雇用了家庭成员以外雇员的农场主两类,以此确保他们都有相应人数的代表进入代表大会和理事会。2000 年,包括全国范围的园艺事故保险机构在内,共有 20 个农业事故保险机构。[1]

4.农业事故保险基金的筹集

按照农业事故保险法规定,只有企业主有缴纳保险费的义务,在农业事故保险中即是农业企业的所有人,如果他们在提出申请后没有被免除保险义务的话。

缴纳保险费的义务不依据企业的法律形式。农业企业主既可以是单个农场主,也可以是一个合伙公司或者是一个法人。农业事故保险中缴纳保险费的义务原则上不依据企业的农业使用面积的大小。如果农业企业主及其配偶的企业没有超过 1200 平方米,可以申请不能再撤回的免除保险和由此可以被免除缴纳保险费的义务。

事故保险资金筹措的方式是,将一年中发生的支付,在下一年分摊到缴纳保险费义务者的身上。保险费的标准由农业同业工伤事故保险联合会自行确定,联邦政府对此不加干预。为了改善农业的收入状况,联邦政府自 1993 年以来,通过向农业同业工伤事故保险联合会提供津贴,来减轻负有缴纳保险费义务的农业企业主的负担。欧盟在 1996 年为德国农场主提供了大约 2.07 亿马克的援助。联邦政府从联邦财政预算资金中提供了大约 4.14 亿马克给农业同业工伤事故保险联合会,以有利于补充和减轻农业事故保险的保险费负担。

五、农业领域养育子女的待遇

养育子女者为未来的社会尤其是为养老保险计划做着重要的贡献。在农村生活的居民以他们多子多孙的传统为未来的生活风险保障做出了更多

---

[1] 和春雷等:《当代德国社会保障制度》,北京,法律出版社,2001 年,第 1 版,第 221 页。

贡献。1986 年以前有工作的母亲在生育孩子时只能获得产妇补贴。没有工作的妇女(家庭妇女)和自营业者(或者他们的妻子)是没有任何待遇的。自 1986 年以来,在养老保险中也承认农妇的养育子女时间以及提供养育子女待遇和养育补贴。在这方面,农妇与所有其他领域妇女的地位是相同的。

　　联邦用于农业社会保障政策的资金从 1982 年的 37 亿马克增加到 1996 年的 77 亿马克。联邦虽然采取了必要的节约和统一措施,但还是表明经济上援助的成倍增加。1998 年,联邦为农民医疗保险和养老保障提供了 59 亿马克的巨额津贴。各州支付的养老金、农业工人的补充养老供养、补偿金等都是从联邦资金中筹措的。①

---

　　① 刘翠霄:《天大的事——中国农民社会保障制度研究》,北京,法律出版社,2006 年,第 1 版,第 324 页。

第四章　社会补偿法律制度

德国的社会补偿制度也称作社会赡养制度,是指政府对战争受害者或者因暴力行为受害者通过提供补偿金的一项福利制度。1871 年,德国战胜法国时,遂已形成了对国民遭受战争损害给予补偿的传统。1919 年,魏玛共和国时期颁布了《帝国供给法》和《健康严重受损法》,为 150 万伤兵和250 万遗属提供了医疗、职业康复、教育培训、养老金发放法律保障。① 第二次世界大战以后,政府恢复和扩大了原有的社会保障范围,把战争和纳粹主义的受害者纳入社会保障范围;②1949 年颁布《紧急救助法》,运用美国马歇尔计划提供的欧洲经济复兴援助款,给予战争受害者以维持生计的救助;1950 年颁布了《战争损害补偿服务》、1952 年颁布了《均衡负担法》、1960 年颁布了《房租津贴法》、1965 年颁布了《难民救助法》等,都为德国社会补偿的实施提供了法律保障。

所谓均衡负担,是指以社会连带责任为哲学基础的、着重为战争受损害者提供补偿的措施。例如,对于因战争致残者,给予医疗扶助、伤害补助金、家庭扶养费、职业辅助等;对于因战争死亡的遗孀、家属,给予年金;对于战后归国者,例如战争逃亡归国者、战俘被释归国者、自东德投奔入境者,首先给予 400 马克紧急扶助费,再辅之以住宅介绍、就业辅导、提供贷款;战俘可以获得俘虏期间社会保险给付补助。对于民间受战祸损失者,则以战后国民税收收入补偿因战争受害者的损失,例如,对旧储蓄者的补偿、对住房被炸毁者的补偿、对资产损失者给予从 1937 年至 1939 年三年平均所得为基础计算补偿。可见,国家对国民所遭遇的战祸损失,竭尽了公平合理的补偿责任,③反映了德国政府对历史和社会责任的承担。

一、战争受损害者供养

在第一次世界大战和第二次世界大战中的受损害者和士兵,由于战争

---

① 和春雷主编:《社会保障制度的国际比较》,北京,法律出版社,2001 年,第 1 版,第 41 页。
② 李琮主编:《西欧社会保障制度》,北京,中国社会科学出版社,1989 年,第 1 版,第 34 页。
③ 和春雷主编:《社会保障制度的国际比较》,北京,法律出版社,2001 年,第 1 版,第 58 页。

影响或者由于服兵役而使身体受到损害时有权获得供养。法律基础是联邦供养法和士兵供养法。

供养资金从税收资金中支付。供养待遇有:医疗康复、疾病治疗、改行津贴、得到和保持工作岗位援助、劳动能力降低至少 25％时的健康受损害养老金、护理补贴、特殊情况下的困难补贴、丧葬费和遗属抚恤金、战争受损害救济等。战争受损害者供养的申请和补偿由战争抚恤金办公室负责。战争受害者向当地战争抚恤金办公室或社会保障办公室提出申请,申请审核通过以后,由战争受害者福利办公室发放福利,进行补偿。

二、因暴力行为受损害及其他社会补偿

自 1975 年 5 月 15 日起,战争致损害补偿法对因暴力行为受损害者和他们的家庭给予救济。受损害者必须及时告发犯罪行为和在他的能力范围尽量说明事实真相,以利于追捕作案人。受损害者的待遇与战争致损害供养范围一样,但是财产损失不予赔偿。对于从 1949 年 5 月 23 日至 1975 年 5 月 14 日这段时间的因暴力行为受损害者,在生活困难的情况下也给予救济。此外,士兵供养法、接种受损害的联邦流行病法、纳粹非法行为补偿法、囚犯援助法等对服兵役、服代替兵役的民间役、因接种疫苗受损害的社会补偿都做出了规定。[①]

---

① 〔德〕霍尔斯特·杰格尔:《社会保险入门》,刘翠霄译,北京,中国法制出版社,2000 年,第 1 版,第 161、162 页。

第五章　社会促进法律制度

社会促进法律制度是自 20 世纪 80 年代才开始实施的一项福利制度,按照德国《社会法典》的规定,社会促进制度旨在"实现社会均等",即为国民发展权的实现提供保障。具体而言,就是使国民在教育、子女抚养、住房等人们个别需要方面基本得到满足,以为人们实现机会平等提供物质和法律保障。

第一节　教育促进

1919 年德国《魏玛宪法》第 145 条就规定了小学实行"免费教育",人民享有拒绝交付学费的权利。① 在中小学和高等学校大量费用被免除的情况下,由于父母的收入没有超过一定的界限,使在校学生生活费和教育所必需的费用没有足够保障时,他们可以申请教育促进法上规定的教育促进。教育促进行政机构向中小学生提供补贴,大学生可以获得半额补贴和贷款,贷款是无息的,在大学毕业之后偿还。

中小学生和大学生须在规定的需求范围申请补助金,例如 1998 年 8 月的标准是:住在父母处的高等院校学生每月 680 马克(东部 635 马克),不住在父母处的每月 845 马克(东部 690 马克)。②

德国的职业教育著称于世,职业教育所需资金是由各级政府、企业和社会保险机构共同筹集并由他们共同举办。职业学校分工很细,毕业以后所学知识都能够学以致用。据 20 世纪 90 年代统计,联邦德国在九年义务教育之后,继续升学的只占 8%,其余 92% 的学生被分流接受不同的职业教育。这种把正规教育与职业教育结合起来的做法,既能够改善劳动力社会

---

① 陈新民:《宪法基本权利之基本理论》,中国台湾,三民书局,1992 年,第 1 版,第 120 页。转引自龚向和:《社会权的可诉性及其程度研究》,北京,法律出版社,2012 年,第 1 版,第 172 页。
② 〔德〕霍尔斯特·杰格尔:《社会保险入门》,刘翠霄译,北京,中国法制出版社,2000 年,第 1 版,第 154、159 页。

化再生产的条件,提高劳动者的素质,又能够适应生产社会化和现代化对具有专门生产技能的劳动者的需求。德国是西方国家生产效率和工资水平最高国家之一的原因,与其不断培养出的大批专业技术人才对经济社会发展的巨大贡献是分不开的。①

第二节　住房促进

住房问题是关系国计民生和社会稳定的重大经济社会问题,因此各国将保障公民的居住权而非所有权,作为本国住房保障的价值目标。1933 年的《雅典宪章》将居住列为城市的首要功能。各国在城市化进程中都无一例外地将解决住房问题,特别是低收入群体的住房问题作为政府的一项重要职责。德国 2001 年颁布的《社会住房促进法》就明确规定,住房保障的目标是"为那些在住房市场上以自己能力无法获得住房的人群解决住房问题。"德国与所有发达国家一样,住房保障政策也经历了一个从解决低收入阶层住房困难到增加住房面积再到提高住房质量的发展过程。

"二战"期间,德国 70％～80％的住房遭到破坏,战后大批居民流离失所、无家可归。在这样的情况下,政府不得不实行住房分配制度,由政府住宅局将可居住房屋以低廉租金分配给需要住房的居民。1950 年,中央政府颁布的第一个《住宅建设法案》规定,居住权是公民权利的重要组成部分,政府以建设大众住宅为主,采取多种方式加快公共住房建设。《住房建设法案》明确住房保障的责任在州政府,地方可根据实际情况,依据《住房建设法案》制定地方性法规。中央财政预算中有住房保障资金份额,以为地方政府建造保障性住房提供经济保障。② 1993 年,用于公共住房建设的资金高达220 亿马克,其中联邦政府的投资占 18％,与此同时,联邦政府通过提供部分援助和税收优惠政策鼓励地方政府和私人建房,20 世纪 50 年代以后,公共住房占新建住房的比例一直在 50％左右。20 世纪 60～80 年代,住房政策以自有住房建设和为低收入阶层提供住房补贴为住房建设和住房保障的重点。《住房建设法案》及社会福利房促进政策通过政府资助、降低租金等方式,来满足低收入家庭的住房需求。至东西部统一之际,新建住房共

---

① 李琮主编:《西欧社会保障制度》,北京,中国社会科学出版社,1989 年,第 1 版,第 377、222 页。

② 林梅:《发达国家住房保障的基本模式及其经验与启示》,《当代世界与社会主义》2012 年第 5 期。

1800 万套,其中 750 万套是"福利住房",福利住房的房租按照政府规定的标准收取,一般比市场房租低三分之一甚至二分之一。此时,居民户数和住房套数大致相当,住房供求关系达到基本平衡。①

一、公共住房和自建住房的补贴政策

1.提供低租金的公共住房

德国住房保障制度明确规定,各地方政府在房地产规划中,要根据当地人口结构规定所有住房中福利房的比例,政府对福利房建设专门规划用地,在房地产商开发以后再以较低的价格提供给需求者,其中市场差价由政府向开发商提供补贴。按照《联邦住房津贴法》的规定,住房津贴是对有合法要求者的租金或者由于个人购房而造成的经济负担的一种补贴。通过提供住房津贴,使租金和购房负担不要超过家庭或者单身者的经济承受能力。国家只向有微薄收入的家庭提供住房津贴。对住房津贴的标准有决定意义的因素有:家庭成员的人数、家庭收入、住房费用、住房所处地段的租金标准、房屋的年龄和设施。需要获得住房津贴者向市或者县行政机构提出住房津贴申请,一般情况下提供 12 个月的住房津贴。住房津贴向承租者、养老院居住者等提供租金补贴,向私有住房的所有者或者私有居室的所有者提供负担补贴。社会救济或者战争受损害救济领取者获得全额住房津贴,而且不需要为此提出特别申请。②

2.为自建住房提供补贴

在住房需求基本满足的情况下,住房政策开始由"福利住房"向鼓励私人自建住房的方向转变。有意自建住房者需要参加住房储蓄集资,储户每月交纳 500 马克至 5000 马克不等的储蓄金,且只存不取,存期在 5 年以上者,在建房时才有资格向建筑储蓄银行按比例申请贷款,贷款利率(7%)低于存款利率(8.5%),还款期限为 10~30 年。贷款者能够获得政府补贴,当住房储蓄额达到一定额度时,储户就可以获得储蓄额 14% 的住房储蓄奖励。年净收入低于 3 万欧元的建房者可以获得建房支出 10% 的奖励,有子女的家庭,每个子女也可以获得建房投资额 2% 的补贴。自 1987 年起,自建房主 8 年内每年可免交建房总费用 5% 的收入所得税。③ 德国对构建自

---

① 姚玲珍编著:《德国社会保障制度》,上海,上海人民出版社,2011 年,第 1 版,第 211~212、224 页。

② 〔德〕霍尔斯特·杰格尔:《社会保险入门》,刘翠霄译,北京,中国法制出版社,2000 年,第 1版,第 167 页。

③ 姚玲珍编著:《德国社会保障制度》,上海,上海人民出版社,2011 年,第 1 版,第 215~216 页。

用住房的税收减免体现在三个方面:一是免征租金收入所得税;二是从所得税税基中扣除偿还贷款利息;三是对自用住房免征财产税。这些自用住房税收减免政策减轻了家庭构建住房的经济负担,提高了家庭依靠自己解决住房问题的积极性,最终实现了提高住房私有化比例的政策目的。

二、住房保障制度的改革

在公共住房政策实施的过程中,出现了短期需求演变为长期占用的情况,导致大量公共住房得不到合理利用。一方面许多住房困难的人由于房源匮乏需排队申请公共住房,另一方面入住公共住房之后一段时间收入已超过法定界限的家庭仍然居住在公共住房而没有搬出。虽然住房对于任何一个国家的国民来说都是既长期又昂贵的生活必需品,然而,由于确定房租占家庭收入比例是个非常复杂的工程,确定合理的租金标准就成为保障需要居住公共住房者居住权的重要环节。因此,国家对房租的干预朝着对贫富家庭均有利的方向发展的同时,将住房政策改革的重点集中在那些真正需要帮助的家庭方面。住房制度改革的重点在东部,主要措施有:1.在提高房租的同时,出台了对低收入家庭房租补贴办法,即实行住房金政策。当家庭房租超出家庭收入的 25% 时,可以向社会福利局申请补助,补助资金由联邦政府和州政府共同负担。2.降低房租辅助成本。租房补助费用包括土地税、自来水费、污水处理费、垃圾清理费等,这些费用近年一直呈上升趋势。实践表明,管理这些费用的企业私有化是降低房租辅助成本的有效办法,深受居民欢迎。3.实行公共住房私有化政策。德国统一以后,国家对东部原国有住房实行私有化改革。"二战"以后,东部因建造 300 万套住宅而背负沉重债务,根据《旧债务保护法》的规定,房地产企业在 11 年内将其中15% 的住房私有化的话,其债务就可免除。在存量住房私有化过程中,房屋的租赁户有优先购买权,政府还对购买者提供一系列优惠政策,例如,以减免税收、低息贷款的方式,使购买者可以节省 20% 的资金。

在政府实施提供补助、实行利率优惠、税收减免、公共住房私有化等一系列政策后,德国东部低收入家庭的住房状况有了极大的改善和保障,逐步形成东西部统一的住房保障制度和住房保障状况。

第三节　儿童青少年援助

儿童青少年援助是通过向那些有权利和义务照料和养育子女的父母提

供资助,从而实现有助于每个儿童青少年发展、培养他们的责任心和集体主义人格的目标。儿童青少年援助的对象包括在德国有合法住所的德国公民、有永久居住权的居民、因特殊原因临时居住在家庭的 18 周岁以下儿童青少年,他们都能够获得这项援助。

儿童青少年援助首先提供保护措施和"帮助自助"。在家庭力量不足的情况下,通过为照料养育儿童青少年的家庭或者祖父母或者其他能够使儿童有回到家的感觉的儿童养育院提供促进,使他们暂时或长期养育照料那些委托他们养育照料的儿童青少年。申领津贴的只能是抚养人中的一个,他或她可以获得根据抚养人数计算的津贴,领取的津贴用于补贴儿童青少年的教育、生活费开支。

青少年福利局按照他们所应承担的义务,在可使用的资金范围提供促进。对于那些在事业起步阶段的青年人,提供的起步援助包括在他们寻找教育机会或者工作岗位或者寻找住房时给予支持。[1]儿童青少年津贴的资金由州财政提供,由于各州财政实力不同,对儿童青少年的保障内容和保障水平有巨大差异。

第四节　家庭促进

家庭促进是一种比较特殊的福利制度,它往往不是针对某种生活风险提供保障,而是国家为了鼓励生育、扩大社会劳动力的再生产、对有子女的家庭给予定期补贴的制度。[2] 这项福利无须经过家庭经济状况调查,只要符合条件就可以享受,表现出国家对个人的责任,即国家介入家庭抚养,代替家庭承担了部分抚养子女的义务,是一种弱化家庭责任而强化国家责任的福利。[3]家庭促进的重点是通过提供子女津贴,以此帮助家庭减轻由于养育和教育子女而出现的经济上的特别负担。《联邦儿童津贴法》有如下规定:

1.子女津贴

子女津贴向居住在德国、有一个或几个子女的人支付,以减轻父母巨大

---

[1] 〔德〕霍尔斯特·杰格尔:《社会保险入门》,刘翠霄译,北京,中国法制出版社,2000 年,第 1 版,第 150 页。

[2] 李琮主编:《西欧社会保障制度》,北京,中国社会科学出版社,1989 年,第 1 版,第 49 页。

[3] 和春雷主编:《社会保障制度的国际比较》,北京,法律出版社,2001 年,第 1 版,第 160、162 页。

的经济负担,对宪法赋予父母免除一个子女最低生活标准的所得税的权利提供保障。子女津贴从联邦资金中依申请向主要抚养子女的父母一方支付。子女津贴从 1997 年起每月的数额为:1 个和 2 个子女的,每个子女 220 马克;3 个子女的,每个子女 300 马克;4 个和 4 个以上子女的,每个子女 350 马克。[①] 2011 年的规定是:无论父母年收入多少,头 3 个孩子,每人每月补贴免税津贴 154 欧元,从 4 个孩子开始,每个孩子每人每月 179 欧元。对于孤儿,在无看护人照管的情况下,孤儿可以领取每月 154 欧元的免税津贴。

　　2.免除所得税

　　宪法赋予父母免除一个子女最低生活标准(每个子女每年 6912 马克)的所得税的权利,即子女免税额可以代替子女津贴。子女津贴中的子女的年龄界限是 18 岁,如果子女在接受教育,可以到 27 岁;如果子女由于服兵役或服代替兵役的民间役而推迟了受教育的时间以及由于残疾自己不能养活自己的,子女津贴也可以提供至 27 岁。如果子女的年工作报酬或者劳动收入超过 1.2 万马克,则不提供子女津贴。2011 年,这一规定修改为:父母一方每年税前收入扣除 3648 欧元(用于子女生活费开支)和 2160 欧元(用于子女看护、抚养、教育费用)。[②]

　　家庭促进所需资金全部由政府承担,当然这些资金来自公民纳税,包括为家庭促进在内提供的所有财政补贴一般需经过议会通过或采取其他立法程序予以确定,有一定的法律约束力。[③] 各地就业办公室的家庭津贴部要将子女津贴证明交给雇主,雇主在向雇员发放工作报酬时连同子女津贴一起支付。财政局要对子女免税额进行审查,如果子女免税额对于纳税者是合适的,则予以免税;如果子女津贴比支付税款有利,则支付子女津贴。据统计,个人所得税减免的最高额度可以达到每月 230 欧元,高于定额现金补贴,所以,许多高收入家庭选择免除所得税的方式获得子女津贴。

---

①〔德〕霍尔斯特·杰格尔:《社会保险入门》,刘翠霄译,北京,中国法制出版社,2000 年,第 1 版,第 153 页。

②姚玲珍编著:《德国社会保障制度》,上海,上海人民出版社,2001 年,第 1 版,第 283 页。

③李琼主编:《西欧社会保障制度》,北京,中国社会科学出版社,1989 年,第 1 版,第 60 页。

第六章　社会救济法律制度

现代社会救济被称作社会保障制度的漏洞守门人,或者称作社会保障制度的兜底项目。尽管人类社会发展到了物质财富极为丰富的当今时代,但贫困仍然是困扰各国政府且难以有效解决的世界问题。贫困是一种客观的经济社会现象,许多原因可以导致贫困,目前学术界以及有关组织对贫困所下的定义五花八门,例如,英国学者汤森认为,贫困者是指那些在本国所有居民中缺乏获得各种食物、参加社会活动和最起码的生活和社交条件的资源的个人、家庭和群体;欧共体委员会给贫困下的定义是:贫困应该被理解为个人、家庭、群体的资源(物质的、文化的、社会的)非常有限,以至于他们被排除在他们所在成员国的可以接受的最低限度的生活方式之外;2001年1月,世界银行重新定义贫困,并为贫困确定了三个特征:一是缺少参加经济活动的机会,二是在关系自己命运的决策上没有话语权,三是容易受到经济以及其他因素的影响,例如,疾病、缺衣少食、宏观经济萧条等。从以上表述可以看出,在现代社会,贫困涉及经济、社会、文化、心理、生理等多个方面,它不仅是指缺少维持人基本生活需要的物质条件,而且还缺少获得这些物质条件的机会。[①] 而社会救济制度作为收入补偿制度的一种,主要是为贫困者提供维持基本生活需要的物质上帮助的制度。

德国社会救济制度的法律基础是《基本法》第 1 条第 1 款规定的"人的尊严不容侵犯。所有国家权力均有尊重与保护人的尊严之义务。"社会救济是为那些不能从社会保险获得待遇或者获得的待遇不足以维持基本生活需要的人,通过提供社会救济待遇使他们能够过上与人的尊严相符合的生活的法律制度。与社会收入是固有社会地位差异的反映一样,社会救济水平也以家庭收入水平作为转移支付的依据。社会救济除了按照"通常需求"的基本标准提供待遇外,还提供额外需求补贴和住宿费,以确保获得待遇者有足够的营养、住宿、衣物、身体护理、家用器具、暖气和每天必需的其他个人物

[①]　李珍主编:《社会保障理论》,北京,中国劳动社会保障出版社,2007 年,第 1 版,第 236 页。

品。实践证明,建立社会救济制度是非常必要的,它一方面保证每个人在需要的时候可以获得救助,另一方面可以保证各社会保险机构和社会保障其他机构可以集中精力完成他们各自的任务。

社会救济的对象有三类:一是无依无靠、没有劳动能力、没有生活来源的人,这类人主要是孤儿、残疾人、没有参加社会保险且不能获得社会保险待遇的人;二是虽然有劳动收入,但由于收入水平低导致生活水平低于法定最低标准的人;三是有劳动收入或其他收入,但由于遭受自然灾害或社会灾害而暂时无法维持正常生活的人。社会救济所需资金全部来自政府财政。在社会救济对象中,老年贫困人口占有相当比例,例如,2004 年,领取社会救济待遇的人口占总人口的比例为 3.3%,其中 65 岁以上的老年人为 1.9%,而老年单身妇女是老年人口的主要组成部分。①

社会救济分为生活费救济和特殊困难救济两类:在各个州生活费救济的基准额是不一样的,且低于社会保险待遇。例如,从 1997 年 7 月 1 日起,在巴登-符腾堡州和黑森州,夫妇或独身者为 540 马克/月,18 岁以上者为 432 马克/月,14～17 岁者为 486 马克/月,7～13 岁者为 351 马克/月,7 岁以下者为 270 马克/月;而在巴伐利亚州,夫妇或独身者为 522 马克/月,18 岁以上者为 418 马克/月,14～17 岁者为 470 马克/月,7～13 岁者 339 马克/月,7 岁以下者 261 马克/月。

在特别困难的情况下(例如残疾人和单身养育者),还可以获得基本标准 20%～60% 的附加额外需求补贴,包括教育救助、医疗救助、生育救助、最低生活标准救助等。福利局尽力为当事人创造就业机会,使他们为他本人及家庭找到生活来源,避免持久陷入困境。

福利局是主管社会救济的机构,它们与慈善机构、教会机构、红十字会等有密切的合作。社会救济的发放由地方政府负责,1996 年社会救济支出额为 498 亿马克,生活费救济占到总救济额的 39%,特殊生活处境救济占到 61%,其中残疾人参与救济 28%,护理救济 28%,医疗救济以及其他救济 5%。② 社会救济所需资金州政府只负担 25%,75% 则由市、县政府负担。③ 联邦劳动和社会事务部对社会救济事务实施监督,联邦交通、建设和城市规划部对住房补贴的实施进行监督。

---

① 姚玲珍编著:《德国社会保障制度》,上海,上海人民出版社,2011 年,第 1 版,第 40 页。
② 〔德〕霍尔斯特·杰格尔:《社会保险入门》,刘翠霄译,北京,中国法制出版社,2000 年,第 1 版,第 164 页。
③ 李志明:《德国的社会保障制度》,《学习时报》2013 年 7 月 15 日。

第七章　社会法上的行政程序和社会法院程序

古老的法律谚语"没有救济就没有权利",道出了法律救济是公民权利实现的最后一道屏障。虽然各个国家制定社会保障制度的指导思想、经济发展水平、历史文化传统不同,因而社会保障制度的内容不同,公民所享有的社会保障权的程度也不同,但是,当公民社会保障权不能实现或者受到侵害时,公民一般都需要通过行政和司法两条途径寻求救济。

第一节　社会法上的行政程序

社会法上的行政程序与行政程序法的规定基本一致。社会法上的行政程序原则上没有特殊形式,尤其是对于大量的待遇申请,为了保护申请期限,申请可以以非正式的形式提出。行政机关依职权对当事人所有有利的情况进行调查,对证明材料(证人、被询问者、鉴定人)进行判断,当事人应当参与事实的调查。当事人原则上有查阅档案的权利,但是行政机关可以予以全部或部分拒绝。

《社会法典》第十卷第 31 条规定,行政行为是行政机关使单个规定对外直接发生法律效力的命令、决定或其他措施。行政决定一般以书面形式作出。在行政决定中,要告知当事人,可以对哪些法律措施提出反对意见和必须注意哪些期限。书面行政行为原则上在邮件寄出三天之后视为送达。行政行为一般在公布之后发生效力,如果当事人没有提出异议,它就具有了正式的法律效力。

如果行政机关错误地适用了法律或依据不正确的事实,在这种情况下作出的行政行为原则上是可撤销的行政行为。例如,没有权力拒绝提供待遇或者提供很低标准的待遇或者提供期限很短的待遇,就属于这种情况。

违法但对当事人有利的行政行为是不可撤销的行政行为,如果受益者信赖这种行政行为和这种信赖是在同撤销行政行为下的公共利益加以权衡后值得保护的。① 撤销是在违法行政行为已发生效力的情况下进行,例如,养老金或者抚恤金通知,在它公布之后两年才能撤销,在一定情况下,在行政行为公布之后 10 年才可以撤销。合法有利的行政行为只能在法律准许的情况下予以废除,但是必须赔偿当事人的信赖损失,这就是德国行政法上的信赖保护原则。②

　　法律规定了社会保障争议行政复议前置的程序,即权利人对社会保障机构的行政决定或裁决不服时,有权向行政复议机关提出复议请求。社会保险机构认为受保险人的申请具有事实和法律依据,将重新作出决定;如果社会保险机构复议委员会作出的复议决定维持原来的决定,受保险人可以向社会法院提起诉讼。可见,在社会保险争议处理中适用行政复议前置原则。德国的社会保险争议行政复议机构有两类:一类是设立在劳动局的复议处,专门处理与失业保险有关的社会保险争议案件;另一类是社会保险机构复议委员会,负责处理除失业保险以外的其他社会保险争议案件。③ 如果权利人对行政复议机关的复议决定不服,可以向社会法院提出诉讼。由于行政复议办案质量高,所以,大多数争议案件在行政复议阶段就得到了解决。

第二节　社会法院程序

　　德国的社会保险争议制度是随着德国社会保障制度的不断完善逐步完善起来的。德国公民社会保障法上的请求权源于 1949 年颁布的《基本法》第 20 条确定的社会国家原则,即当公民个人的社会权利受到公权力侵犯时,可以通过法律途径予以救济。1953 年 11 月 3 日,德国颁布的《社会法院法》第 1 条规定,社会法院是特殊的行政法院。社会法院分为基层社会法院、州社会法院和联邦社会法院。《社会法院法》是行使社会事务司法权的法院组织法和审理案件的法律基础,社会法院是审理社会保障争议的专门法院,具有独立审判权,使其从行政法院体系中分离出来,以适应社会保障争议案件数量多、内容复杂、专业性强的特点。④ 1954 年,社会法院正式对

---

　　① 〔德〕霍尔斯特·杰格尔:《社会保险入门》,刘翠霄译,北京,中国法制出版社,2000 年,第 1 版,第 171～173 页。

　　② 刘兆兴等:《德国行政法——与中国的比较》,北京,世界知识出版社,2000 年,第 1 版,第 183 页。

　　③ 程延园:《中德社会保障争议处理制度比较研究》,《北京行政学院学报》2005 年第 2 期。

　　④ 〔德〕霍尔斯特·杰格尔:《社会保险入门》,刘翠霄译,北京,中国法制出版社,2000 年,第 1 版,第 63 页。

社会保障争议进行审理,成为继普通法院(普通民事法院、普通刑事法院)、行政法院、劳动法院、财税法院之后的第五个独立的专门法院。地方社会法院审理本辖区内的社会保险争议案件;每个州设立一个州社会法院,全国共有 16 个州社会法院,州社会法院审理不服地方社会法院裁决的上诉案件;设在卡塞尔的联邦社会法院对不服州社会法院裁决的案件进行复审。社会法院还对商业保险的部分争议行使司法管辖权。20 世纪 90 年代,德国社会法院系统有 1000 余名职业法官,为终身制,[①]其中联邦社会法院法官有47 名。此外还有任职期为 4 年的非职业的名誉法官,名誉法官由工会、雇主协会、医疗保险机构等提名,由州政府任命,联邦社会法院有名誉法官110 名。

《社会法院法》赋予社会法院特殊审判权,对于法律上规定的养老保险、医疗保险、护理保险、就业促进和失业保险、事故保险、农场主社会保险、子女津贴、战争受损害者供养、重度残疾人的保障等公法方面的争议,而不是私法上的民事争议行使管辖权。自 2005 年 1 月 1 日起,社会法院也受理有关社会救济等方面的争议。因为德国的社会保险机构是由雇员和雇主推选出的代表组成的公法自治团体,所以,受保险人与社会保险机构之间的争议属于社会法上的争议,而不是行政法上的争议。例外情况是,德国的雇主对没有参加医疗保险义务的雇员自愿参加医疗保险时有给予补贴的义务以及雇主在雇佣关系结束时为使雇员获得失业保险待遇有为其开具证明的义务,如果因此发生争议,则由社会法院管辖。这是因为雇主的这两项义务是基于公法上的义务,属于公法性质,是一种特殊的行政纠纷。按照社会法院法的规定,诉讼参与人(原告、被告、第三人)可以聘请诉讼代理人代理案件,只有联邦社会法院原则上强制实行由指定代理人代理诉讼;公务员供养、住房补贴的争议属于社会保障行政机构行使职权时与当事人发生的行政争议,由行政法院负责审理;而雇员与雇主之间的争议可以通过协商解决,属于私法纠纷,规定由劳动法院裁决。法律救济途径的这种设置,就使得整个社会保障制度的实施置于法治之上,增强了社会保障实施的规范性,避免政府对社会保障制度实施的直接干预,保证社会保障制度运行的稳定性和持续性。

在行政决定送达一个月之后,当事人可以对行政决定提出异议;对异议决定不服的,在异议决定送达之后一个月之内以书面的或者书记员记录的

---

① 武尔芬:《德国社会争议案的调解、仲裁问题及法院审理程序》,载德国技术合作公司、中国劳动和社会保障部:《中德劳动和社会法合作文集》,第 195 页。

形式向社会法院提出起诉。对社会法院的裁决不服的,在裁决送达之后的一个月内以书面的或者书记员记录的形式向州社会法院提出上诉,经允许也可以越级上诉。对州社会法院的裁决向联邦社会法院提出上诉的,只是在案件适用法律发生错误时才会被允许,不负责对案件事实进行复审。可见,一审和二审为事实审和法律审,联邦社会法院审理为终审审理,并且只进行法律审而不进行事实审。诉讼费原则上是免除的。① 2005 年,地方社会法院、州社会法院、联邦社会法院审理的案件数分别为 28 万件、27500 件、2400 件。②

德国工会联合会下属 15 个工会,会员总数达 900 万人。为了充分维护工会会员的利益,德国工会联合会根据劳动法院、社会法院设置情况,在全国设立了 167 个法律保护办公室,负责对境内会员的法律保护。据德国工会联合会的统计,1996 年,从事法律保护工作的人员有 506 名,其中 55％是大学法律系的毕业生,另有 31％是德国工会联合会自己花钱培训的工作人员。德国工会联合会全年预算为 3 亿马克,其中用于法律保护的就有 1.17 亿马克。③

第三节　宪法对公民社会权利的保护

德国《基本法》在第 1 条第 1 款规定:"人的尊严不可侵犯,尊重和保护人的尊严是所有国家机构的义务。"基于《基本法》的这一规定,联邦宪法法院把人的尊严条款视为所有基本权利的出发点和根基以及国家制度和政府行为的基础,并被赋予直接和最高的法律约束力。④《基本法》规定,在诉愿人诉称因公权力而使其基本权利受到损害的前提下,就可以获得法律救济。

尽管《基本法》有如此明确的规定,但在德国统一以后,曾有过将社会权利写入公民基本权利章节的争论:有人认为,社会权建立的前提条件是国家有能力实现这些被规范的国家目标,如果国家在宪法中承诺了它根本做不到的事,那么国民的期望就会幻灭,甚至觉得自己受骗了,这样宪法所具有

---

① 〔德〕霍尔斯特·杰格尔:《社会保险入门》,刘翠霄译,北京,中国法制出版社,2000 年,第 1 版,第 177～178 页。
② 姚玲珍编著:《德国社会保障制度》,上海,上海人民出版社,2011 年,第 1 版,第 382 页。
③ 中国劳动和社会保障部:《德国劳动司法与社会司法考察报告》,载德国技术合作公司、中国劳动和社会保障部:《中德劳动和社会法合作文集》,第 213 页。
④ 司绍寒:《德国基本法对权利的保护》,《人民法院报》2014 年 12 月 5 日。

的整合和凝聚社会的功能和作用就将转向反面;主流观点认为,社会基本权与传统意义上的基本权利的不同之处在于,国家为实现这些社会性内容所需要的前提条件是有代价的,实现社会基本权常常会引起对其他人自由权利的妨碍乃至侵犯,因此社会基本权不能作为一种直接的、能获得司法保障的公民请求权而被宪法规定。① 争论归争论,《基本法》所确立的人的尊严是其价值系统中的核心不易动摇。

2003 年 12 月 24 日通过、2005 年 1 月生效的"哈茨 IV 法案",将失业救济和社会救济加以合并,名称更改为"第二失业金"。"第二失业金"的适用对象为具有再就业能力的失业者及与其共同居住的家人。具有再就业能力的失业者获得失业救济金,与其共同居住的不具有谋生能力的家人,特别是不满 15 岁的子女,有获得社会救济的权利。"第二失业金"的标准在西部,单身男士为 345 欧元;与失业者共同居住的不具有谋生能力的配偶、伴侣可获得的社会救济金为 311 欧元,15 岁以上的子女可获得 276 欧元,不满 14 岁的子女可获得 207 欧元。"第二失业金"及与其相关的社会救济金一次性支付,只是在例外的情况下才给予非经常性救济。"哈茨 IV 法案"实施后备受争议,政府对于领取"第二失业金"者严加管控,全国约有 570 万人受到该法案的影响,其中儿童为 180 万人,约有 50 万人领取不到救济金,100 万人领取的救济金数额减少。② 福利水平减损引起德国民众的极大不满,"星期一大游行"曾持续了很长时间。

联邦宪法法院对"哈茨 IV 法案"审查后,于 2010 年 2 月 9 日由第一合议庭对"哈茨 IV"案件作出"违宪"的终审判决。判决认为"哈茨 IV 法案"规定的"第二失业金"违反了《基本法》上确保与"人的尊严"相关的最低生存权的规定,而最低生存权与人的尊严是一致的。《基本法》规定确保"人的尊严"的目的不仅是为了确保有需求的人的物理生存所必需的物质条件,而且要确保其对社会、文化和政治生活的最低水平的参与。宪法法院判决立法机关于 2010 年 12 月 31 日前制定出新的标准,新标准应适时地根据国家经济发展状况和生活所需,对领取者的待遇进行调整。2011 年 2 月 25 日,立法机关通过了"哈茨 IV 改革法案",改革法案提高了"第二失业金"的标准,并且规定"第二失业金"随物价和工资涨幅适时进行调整。③

---

① 〔德〕康拉德·黑塞:《联邦宪法纲要》,李辉译,北京,商务印书馆,2007 年,第 1 版,第 75～76 页。转引自杨欣:《德国研究》2011 年第 3 期。

② 王幼玲等:《考察欧盟第三系统就业工程计划》,台湾行政院劳工委员会职业训练局,2005 年版,第 29 页。转引自杨欣:《德国社会救助标准确立机制中的宪法监督》,《德国研究》2011 年第 3 期。

③ 杨欣:《德国社会救助标准确立机制中的宪法监督》,《德国研究》2011 年第 3 期。

联邦宪法法院判决"哈茨 IV 法案"的规定违反《基本法》的理由是,社会救济权因关乎公民的"最低生存权"而成为"人的尊严"的组成部分,公民有权利以最低生存权受到侵害为由对社会救济性立法提起宪法诉讼。该类诉讼既包括防御性请求,也包括积极请求,以使基本权利所保障的自由能够更具现代化,使宪法法院具有更大的解释空间,借助对"人的尊严"的积极理解建构起对社会救济权的多元审查结构。① "哈茨 IV 案"拓展了公民社会权利的宪法保护,这种由中立的司法机关审查救济金计算机制的做法,将促使立法机关以更加公开、透明、公正、谨慎的态度制定救济金法案,更好地保护公民的社会权利。

---

① 〔德〕康拉德·黑塞:《联邦宪法纲要》,李辉译,北京,商务印书馆,2007 年,第 1 版,第 75~76 页。转引自杨欣:《德国研究》2011 年第 3 期。

第八章　评论:建立在社会契约论基础上的德国社会保障法律制度

资本主义大生产必然导致资本集中,而资本集中必然促进劳工团结。在这种情况下,政府、劳工和雇主三方或是达成妥协与共识,共同决策与管理国家,或是相反。以为国民提供社会保障待遇为内容的"社会契约"是德国"合作主义"的产物。

第一节　具有契约理念的"合作主义"
社会保障法律制度的优势

具有契约理念的"合作主义"是对市场失灵的一种反应,即加强政府权威的一种方式。合作主义的社会契约作为一种行之有效的替代方式,已经被看作是对市场自身进行选择的替代物以及政府的某些传统决策机构的替代物。由于福利支出是从总劳动成本中而不是从利润中筹集,就不会影响社会资本的积累。因此,从经济上来说,社会政策会成为整体经济政策的一个附属部分;从政治上来说,德国的社会保障制度的颁布实施是自上而下的,俾斯麦把社会保障责任抓在中央政权手里,既符合普鲁士封建家长制的传统,又能缓解无产阶级和资产阶级之间的矛盾和冲突,通过社会保障制度将劳工运动进一步整合到资本主义社会的国家结构中。所以,合作主义社会保障法律制度具有把经济发展与社会公正相互兼容的能力。①

阶级结构变动是各国社会保障制度构建和改革都必须面临的进退两难的问题,相比较而言,德国保守主义和强烈的中央统制的具有契约理念的"合作主义"社会保险传统不仅根深叶茂,而且可以通过轻易地进行技术性改良,

---

① 〔加〕R.米什拉:《资本主义社会的福利国家》,郑秉文译,北京,法律出版社,2003 年,第 1版,第 156～159 页。

就可以实现新的和更高层次的福利需求预期。历史上的"合作主义"遗产与教会有着传统的渊源关系,由于合作主义深受教会的影响,因此十分注重保护家庭关系。虽然社会保险只适用于在职劳动者,并没有把他们没有工作的妻子包括在内,但是家庭给付等于鼓励她们宅在家中恪守妇道,与此相应,日托及类似的家庭服务发展得很不充分。① 所以,传统的家庭关系在德国的社会保障制度中占有重要的地位,而崇尚市场效率和商品化的自由主义不会占据上风,私人保险和职业补充保险从未担当过主角,赋予公民社会权利几乎从未受到过质疑,因而也不会成为激烈争议的问题。这种倾向于分层且较少受到市场左右的福利模式,尽管福利待遇水平很高,但国家的负担却不是很重。

社会权利依阶级归属和社会地位而定,它把人们固定在各自恰如其分的社会位置上,政府并不担心再分配会导致社会冲突,而是相信它能够极力维护既有的社会分层和阶级地位差异,以及适应"后工业化"阶级结构的需要。等级森严的合作主义制度使得本来就是社会中坚的中产阶级地位在社会保险制度下更加巩固,也使得他们对国家更加忠诚,这是在这些精英阶层觉得社会保险制度为他们提供的待遇恰当的时候才可能有的稳固忠诚。阿登纳于1957年推行养老金改革法时就公开宣称改革的目标是修补人们的社会地位差别,但这种差别由于传统的社会保险体系没有能力提供与期望相符的福利给付而不可能被销蚀。由于合作主义被纳入了情愿完全取代市场而成为福利提供者的国家体系中,因此,私人保险和职业性额外给付只能充当配角。即使社会发展已经进入后工业化时代,但德国仍然是私人和公共服务部门都相对欠发达的传统工业化社会。②

"合作主义"的社会保障制度作为德国社会市场经济的重要组成部分,充分体现了经济发展同社会进步相结合的社会市场经济体制的宗旨。社会保障制度的实施,对战后德国经济稳定发展和社会安定发挥了以下积极作用:

一是扩大了内需,促进了经济发展。20世纪90年代以来,德国社会保障支出占国民生产总值的比例一直在30%左右,这说明德国每年生产的商品和劳务总额中有三分之一左右是通过社会保障支出来实现的。这对于保障国民特别是退休人员和中低收入者的消费需求具有重要的作用,由此带动整个国民经济的发展所起的作用也是显而易见的。

二是保证了劳动力社会化再生产,在培养符合现代化生产要求的劳动力中发挥了重要作用。无论是社会保险中的各个项目的待遇支付,还是社

---

① 〔丹麦〕考斯塔·艾斯平-安德森:《福利资本主义的三个世界》,郑秉文译,北京,法律出版社,2003年,第1版,第30页。

② 同上书,第243页。

会保障制度的其他领域的待遇支付,都使得处于社会不利地位的人及时获得经济援助。这些经济援助对于保证人们正常生活需要或促进发展权的需要都是极其必要的。尤其是教育促进政策,一直是战后德国政府重点支持的政策,这一政策实施培养出大量高素质的科学技术人才,不但使德国战后迅速从废墟中崛起,而且在德国经济持续高速增长中发挥了重要作用,使德国成为西方生产效率和工资水平最高的国家之一。

三是增加了社会就业。社会保险制度的实施需要建立养老设施、医疗设施、教育设施等,这些机构需要大量专业人员以及对这些专业人员根据社会发展的需要进行业务提升或改行培训,还有社会保险管理和运营机构的设立,都会提供更多的就业机会。所以,社会保障制度发展所带来的与之相关的第三产业的发展,首先对社会就业做出了不小的贡献。

四是为经济发展创造了安定的社会环境。社会保障制度的实施缩小了社会贫富差距,为社会底层提供了最基本的生活保障,由此缓和和减少了社会矛盾。社会保险实行自治管理,使工人有机会行使民主权利,由此协调了劳资关系,调动了劳动者的生产积极性。社会保障制度的实施最大限度体现出社会公平,它的社会效益是多方面的。

五是为社会投资提供资金来源。社会保险筹集到的巨额资金及其运营,成为社会投资资金的重要来源,对于扩大生产、促进经济发展、减轻经济周期性波动,都发挥了重要的促进作用。[①]

在这样一个指导思想正确、制度健全完善的社会保障网下,德国人民过着人道的、与人的尊严相应的尤其是在老年时没有大的经济顾虑的生活。实践证明,德国社会保障制度在促进经济发展、维护社会稳定、保障人民权益方面发挥了重要作用,是富有远见和行之有效的制度。第二次世界大战结束之后,德国社会安定,生活风险比许多国家更有保障,其中一个重要原因是公民享受着一整套的社会福利保障。尤其是雇员无论遭遇什么样的生活风险,即使受企业破产影响或者改学一种更有前景的职业,社会保障制度都能使他在经济方面没有后顾之忧。

与英国以消除贫困为目的的社会保障制度不同,德国的保险型社会保障不遵循济贫原则,而是"通过保持收入避免贫困",即人们只有在职业生活中赚了一定数额的钱并且缴纳了法定比例的保险费,才能在失业或者老年时得到适当的保险金。因此,在这种保险形式下,社会保险被看成是对失去职业收入者给予的与其缴纳的保险费相应的一种补偿,使得受保险人在职

---

① 和春雷主编:《社会保障制度的国际比较》,北京,法律出版社,2001年,第1版,第94~95页。

期间达到的社会地位在风险出现以后基本能够得以保持。这种对就业群体基本生活需求的保障，为每一个就业主体提供了稳定的社会保障预期，因此是一种以劳动者为核心，针对社会中不同成员选用不同的保险标准的制度。它最显著的特点是，取得社会权利的资格以参加劳动市场和缴纳社会保险费为前提条件。这一来自就业的社会权利不同于英国及北欧国家的公民权利，不但就业者自己，连同依靠他们赡养和抚养的家庭成员也需要依靠就业者的社会权利获得社会保障待遇。①

第二节　具有契约理念的"合作主义"社会保障法律制度的缺陷

具有契约理念的"合作主义"社会保障制度的缺陷是在德国经济社会发展受到制约后暴露出来的。按照社会地位划分的社会保险制度的"合作主义"福利模式，不但强化了工薪阶层的分化，而且用特权把人们固定在各自的社会地位上，进而对劳动力市场产生了"局内人-局外人"分裂现象的影响：在集体谈判的过程中，那些有工作的人为了谋求和维持更高的工资待遇，就极力排斥局外人进入劳动力市场。那些在岗的劳动者确实形成为一支劳动生产率极高的劳动大军，由于缺乏女性劳动力的供给，因此这支极富生产效能的劳动力大军的规模在逐渐缩小，这是德国以及其他欧洲国家失业率居高不下的重要原因。而他们还需要支撑一个在劳动力市场之外的、数量在不断膨胀的"局外"人口的福利支出。德国呈现出与北欧国家将大量妇女安排在公共服务岗位（瑞典日间看护服务覆盖了50％的儿童，而在德国这个比例仅为1.4％）②的福利模式不同，事实说明，德国的福利模式是轻社会服务而重转移支付的模式，这二者都反映了其家庭主义的倾向。③

德国之所以被称作保守主义的福利国家，是因为它在社会保障制度上实行传统的家庭主义，即实行让家庭承担社会风险的社会保障机制。具体而言，强调以男性全日制工作者为劳动力市场的主力军，主张妇女在家操持家务，照顾子女和老人，妇女承担起主要的社会服务责任，减轻了国家财政在这方面的负担，与此相应建立起的社会保障制度是政府注重对劳动者社

---

① 〔丹麦〕戈斯塔·埃斯平-安德森编：《转型中的福利国家——全球经济中的国家调整》，杨刚译，北京，商务印书馆，2010年，第1版，第111、103页。
② 同上书，第111页。
③ 同上书，第104页。

会保险待遇和劳动条件的保障以及对劳工家庭的周到保护。①"合作主义"的福利模式并没有从根本上触动传统的各职业阶层之间分裂的局面,传统制造业就业岗位在半个世纪中增长十分有限,社会服务和休闲服务就业机会增加微不足道,新的工作种类和经济形态难以出现,就业人口的比例在下降,而依靠福利生活的人的数量在增加。日益庞大的"剩余"劳动年龄人口的成本必须依靠不断缩小的在职劳动者劳动生产率的提高来承担。② 服务供给方面的差异对就业结构产生着深远影响,20 世纪 80 年代后期,丹麦和瑞典在卫生、教育、福利服务等公共部门就业的劳动力达到 25%,而德国仅为 7%。高昂的劳动力成本限制人们选择市场服务,市场和国家提供的日间看护服务的缺乏,是造成女性就业率低和生育率低的主要障碍。这种通过社会伙伴合作制来实现国家管理与控制的合作主义福利模式是严重制约就业机会的因素。

　　德国社会保障支出在第二次世界大战以后、建立起工业化国家之时大幅度增加。进入 20 世纪 70 年代,尤其是 20 世纪末以来,由于经济增长放慢和公共税收减少,用于社会保障的资金遇到困难;由于老龄化社会的到来,人口结构发生了明显变化,使得社会保险中缴纳保险费和领取待遇的人数形成不利比例,尤其是养老保险的现收现付筹资模式出现了问题,产生了严重的制度危机;随着世界经济一体化的发展,地区之间经济和社会联系日益增多,不同国家之间以较低的劳动成本生产相同产品的供货者的形式进行竞争,由此对德国社会保障制度形成压力;微电子领域技术进步使得传统工业部门就业人数急剧减少,由此导致失业人数增加和社会负担增大等,所有这些使得德国社会保障制度面临挑战,迫使他们对社会保障制度进行改革。

　　然而,德国在社会保障制度改革中一如既往地恪守既定的指导思想和原则,因而在改革中没有设计出新的方案取代传统社会保险方案,只是在扩大受保险人范围,例如在 1995 年将农妇纳入受保险人范围;③调整保险费征收比例,例如 1980 年为毛收入的 18%、1990 年为 18.7%、1998 年为 20.3%,力争在将来不超过 20%;延长退休年龄,例如 1999 年领取养老金的平均年龄男性为 60 岁、女性为 52 岁,到 2002 年男女均自 65 岁才能领取养老金;④在医疗保险中让受保险人承担一定费用,例如受保险人要按照包装

---

①　林闽钢:《社会保障国际比较》,北京,科学出版社,2007 年,第 1 版,第 82 页。

②　〔丹麦〕考斯塔·艾斯平-安德森:《福利资本主义的三个世界》,郑秉文译,北京,法律出版社,2003 年,第 1 版,第 337 页。

③　〔德〕霍尔斯特·杰格尔:《社会保险入门》,刘翠霄译,北京,中国法制出版社,2000 年,第 1 版,第 146 页。

④　中国社会科学院、德国阿登纳基金会:《中国城市社会保障的改革》,第 11 辑,第 44、45 页。

的大小自己承担 9 马克、11 马克、13 马克的费用;感冒药、泻药等不在药品之列;①改善养老保险资金投资渠道等方面进行改革和调整。实践证明,改革后的社会保障制度能够适应不断发展变化的社会和经济情况,因而改革是成功的。德国社会保障制度发展的历程说明,国家干预理论对社会保障制度的发展发挥着重要影响;而政府、企业、雇员需要遵守的共同责任机制对于社会保险基金来源、待遇水平、基金安全、制度改革等,同样产生着重要影响。政府责任在社会保障制度发展的每个阶段都突出地表现了出来,甚至对社会保障制度承担着财政兜底责任。

　　战后半个多世纪以来的实践表明,具有契约理念的"合作主义"的社会保障法律制度模式至少有三大成就:一是确实将保护工人的权利放在了核心位置,并成功地将保护工人权利同持续的经济增长和生活水平的普遍提高结合了起来,国家劳动和社会福利立法的初衷与经济社会发展目标是一致的。战后劳动者的社会保障水平、收入平等、再培训权利、劳动时间和生产安全、劳动者的购买力等经济社会指标都有显著提高。二是在资本国际化加速之前,就成功地将保护工人的权利和维持经济增长紧密地结合了起来。德国统一之后,把东部德国的 300 余万退休人员直接纳入西部的养老保险体系,还为东部 100 多万失业者发放救济金,这是任何一个私人保险都无法承受的负担。德国的社会保障法律体系无论对于民主制度建设,还是对统一后的社会安定及经济发展的贡献都是巨大的。② 三是自 19 世纪末德国合作主义的社会保障制度登上历史舞台以后,欧洲大陆国家纷纷仿效,之后扩展到其他工业化国家。任何一个国家的社会保障制度中都包含有某种程度的合作主义因素,区别只在于这种因素的多寡问题,而不是有与没有的问题。在德国合作主义的社会保障制度中,国家承担的财政责任比英国、瑞典等普遍型福利国家要轻,社会保险制度更体现着权利和义务的对应性,在兼顾经济效益和社会公平方面,德国制度设计得更科学。合作主义已经成为是现代社会保障制度不可或缺的必备因素,建立具有合作主义因素的社会保障法律制度是人类文明进程中不可跨越的一个历史阶段。一百多年来的实践证明,与英国普遍主义制度和美国自由主义制度相比,德国具有契约理念的"合作主义"社会保障法律制度是行之有效且长盛不衰的。

---

　　① 〔德〕霍尔斯特·杰格尔:《社会保险入门》,刘翠霄译,北京,中国法制出版社,2000 年,第 1版,第 35 页。

　　② 〔加〕R.米什拉:《资本主义社会的福利国家》,郑秉文译,北京,法律出版社,2003 年,第 1版,第 211 页。

第三编

美国自由主义社会保障法律制度

美国虽然只有 200 多年的历史,但自由主义传统根深蒂固。具有强烈自由主义色彩的政治学理论、放任自流的自由竞争的经济学理论以及自然法学派和历史法学派共同捍卫的"最小政府"理论成为美国社会理论中最为神圣的理念。20 世纪 30 年代的经济大危机,迫使奉行不干预主义的美国制定并颁布实施《社会保障法》。《社会保障法》在既具有自由主义传统,又无比崇尚法治的社会中诞生,就具有了与其他国家社会保障法律制度完全不同的美国特色,①是现代社会保障制度发展史上一个新的里程碑。

---

① 杨冠琼主编:《当代美国社会保障制度》,北京,法律出版社,2001 年,第 1 版,第 1 页。

第一章　社会保障法律制度建立和发展的理论基础

社会保障制度的创立是 19 世纪末以来人类文明的重大成果之一。每一个国家社会保障制度模式的选取，都与这个国家特定的历史文化传统、价值观念、意识形态、政治结构、经济发展水平，特别是社会保障制度建立和改革时，该国政治的、经济的、法律的理论影响具有直接关系。

第一节　新教劳动伦理的影响

欧洲在新教改革以前，教会中占统治地位的罗马天主教没有有关慈善的内容。宗教改革领袖马丁·路德进行的新教改革，在崇尚慈善的同时，也非常强调劳动的价值，且至少在某些情况下把经济自立当作一个拯救自身的标志。由于他们非正统的宗教及政治观点，因而在欧洲遭到迫害。在这种情况下，新教徒纷纷迁往美洲大陆并开始传播他们的宗教信仰。新教伦理是在新教价值观基础上形成的有关劳动是神的旨意、不劳动是罪人等宗教信仰。新教伦理非常适合美国当时处于发展中的思想需要，因为开发这块新大陆需付出大量艰苦的劳动，但是当时生活条件艰苦，资源异常稀缺。在这样的背景下，新教所主张的人们应该劳动，不给那些不劳动者以帮助的做法，为当时社会经济的发展奠定了理论基础。同时，在英裔拓荒者的推动下，伊丽莎白济贫法中所包含的基本思想——注重劳动，在分类的基础上确定哪些人应得到帮助，变成了这个新兴国家的政策。新教劳动伦理成为美国社会传统的一部分，"劳动等于拯救自身"一直对美国社会福利政策的产生和变革发生着影响，于是社会福利立法主要向那些明显地失去控制能力而需要帮助的人提供。[1]

---

[1] 〔美〕威廉姆·H.怀特科等：《当今世界的社会福利》，郑秉文译，北京，法律出版社，2003年，第 1 版，第 161 页。

第二节　古典经济自由主义和政治自由主义的影响

纵观美国社会政策形成史,都没有离开过古典经济自由主义和政治自由主义的影响。开发新大陆需要付出艰辛劳动以及新教传播的劳动伦理,培养了美国这个新兴移民国家人们的自我奋斗精神。由于美国人从一开始就崇尚自我奋斗,其经济制度也从一开始就是反对政府干预的自由市场经济。美国在南北战争至 20 世纪初的工业化时期,社会各方面的竞争非常激烈和残酷。这个时期一些思潮和观念对美国社会保障制度的形成和发展产生了重大影响。

1.英国社会哲学家亚当·斯密自由放任主义的理论

这一理论和新教伦理具有高度一致性,它们都十分强调劳动及经济自立的意义,这就为攻击济贫法提供了武器。古典经济自由主义者斯密认为,市场机制可以实现社会经济的协调发展,反对政府对社会经济的任何干预,反对进行收入再分配。斯密认为,为了穷人的利益而向富人征税是不道德的,是对"自然权利"财产权的侵害。在这种思潮的影响下,公众对于穷人的态度发生了根本改变。人们不再把贫穷看作是遭受不幸的结果,社会不应当为他们承担责任;贫穷是因为个人的懒惰和无能。这种观念被社会广泛接受,人们对于穷人的帮助被"公平地"取消了,获得帮助者的生活水平不能高于那些获得最低工作报酬的自食其力劳动者的生活水平,使得穷人的生活更加悲惨。

2.斯宾塞的社会达尔文主义

英国哲学家赫伯特·斯宾塞认为,达尔文的适者生存原则不仅适用于其他物种,也适用于人类,优胜劣汰是正确的,也是很自然的。在新教伦理、自由主义经济学以及社会达尔文主义的影响下,当时的美国人认为,贫困的存在天经地义,是上帝的安排,维护穷人利益的政府干预只能导致更加缺乏效率的经济制度。这些保守主义的社会政治思潮在美国社会保障制度形成的过程中成为重重障碍,从殖民地时代开始,美国便具有自由的传统,而自由正是保守主义存在的基础。[①]

保守主义在美国具有比其他地方更强烈的经济自由主义的色彩,是典型的美国式世界观。保守主义认为,国家没有任何理由去改变在市场中形

---

① 〔美〕威廉姆·H.怀特科等:《当今世界的社会福利》,郑秉文译,北京,法律出版社,2003年,第 1 版,第 164 页。

成的分层化结果,这些结果是公正的,因为它们反映出努力、动机、适应力和自立能力。这些观念反映在社会福利上则认为,遵循传统的价值观,以家庭自我保障为基础,以私营机构帮助、个人自愿捐款的社会慈善事业为补充,通过市场经济的调节,社会成员就可以得到最有效的发展。充分的社会保障制度将导致个人对于国家的依赖,这不仅滥用了纳税人的财富,而且会逐步削弱受助者的谋生能力。政府不应该通过提供社会保障待遇让受助者过上体面的生活,只有在出现了社会力量无法克服的困难时,政府才应该提供救助。在具体福利政策上,保守主义主张:减少税收以避免国家对经济资源的过度浪费;应当将社会保障事务转由自愿私营机构或以盈利为目的的商业组织来管理,减少政府对公共事务的干预;政府的决策应分散化,应由地方政府根据本地需要安排社会保障事务。[①]

由于受经济自由主义思潮的影响,美国的社会保障制度的建立和发展落后于其他西方国家。随着国家工业化、城市化的进展,美国早期的社会保障制度主要体现在各州的社会立法中,各州立法差异很大,直到"新政"时期才统一起来。这个时期社会保障制度的特点是,"职业福利"是社会保障制度的核心。新政以前,美国没有国家出面组织的社会保障制度,保障是企业与职工之间的一种契约关系,国家主要负责社会救济事务。"一战"以后,美国的职业福利有了很大发展,表现在企业推出职工入股制度,以加强企业与职工之间的联系;企业举办更多的社会福利,以稳定职工队伍;为职工办理更多的团体保险,同时企业养老金制度也开始发展起来。

第三节　新自由主义思想及其影响

自从20世纪20年代福利经济学和福利国家论产生以来,就有一些经济学家对政府承担全面责任的社会福利思想提出不同或反对的见解。20世纪50年代和60年代,是凯恩斯学派鼎盛时期。20世纪70年代中期以来,欧美发达国家的经济陷入"滞胀",高福利日益成为各国沉重的财政负担,直接导致了福利经济学和福利国家论的危机,凯恩斯主义国家干预理论地位也受到动摇。一些经济学家在反思了福利经济学和福利国家论的缺陷以后,依据不同的立场,提出了不同的改革主张。其中影响最大的是新自由主义经济学,亦称新保守主义经济学。

---

① 和春雷主编:《社会保障制度的国际比较》,北京,法律出版社,2001年,第1版,第47~48页。

1.米尔顿·弗里德曼的思想

20 世纪 70 年代,当福利国家弊端丛生和经济发展缓慢同时出现时,主张公民自由、强调国家不干预的新自由主义理论在西方世界广泛传播,并对西方国家社会经济政策产生了深刻影响。保罗·萨缪尔森、米尔顿·弗里德曼夫妇等一批经济学家在经济长期滞胀危机下,找到了反对国家全面干预经济的理论以及倡导新自由主义的理论依据。新自由主义是一个反凯恩斯主义的学派,以制止通货膨胀和反对国家干预为主要内容。

米尔顿·弗里德曼指出,在一个自由市场经济社会中,收入分配的直接道德原则是,按照个人和他所拥有的工具所生产的东西进行分配,而不是实行普遍的财富分享。按照凯恩斯的福利思想建立起的社会救济制度,严重地挫伤了努力自助的穷人的积极性,提供了人们拒绝工作的动力。它虽然体现了一定程度的社会公平,但妨碍了整个社会的效益。要想消除贫困又不损害效率,就必须对援助穷人的收入支持计划进行改革。帮助穷人的方案不应阻碍市场正常作用的发挥。他提出建立负所得税主张,认为负所得税具有现行各种制度解决贫困问题所不具有的优点,它不会完全消除被帮助者的自助动机。他认为,社会保险以及公共住房、特别援助等制度不仅是导致税收提高的主要因素,也是平均主义思想的直接结果。①

米尔顿·弗里德曼认为,"现存的多项福利项目本来就不该实行。如果没有这些项目,许多依赖于这些项目的人,就会变成自立的个人而不是受国家保护的人。这在短期内对有些人可能显得很残酷,使他们只能干工资低又没有趣味的工作。但是,从长远的观点看,这样做更合乎人道。""当前福利制度的最大代价不仅在于它削弱家庭、降低工作积极性、妨碍储蓄和革新、阻滞资本积累、限制自由",它还"扼杀了私人慈善事业"。对于废除福利国家,他们的观点是,"我们需要找些办法,在帮助现在依赖福利过活的人的同时,促使他们有条不紊地从领取福利救济金变为领取工资,使我们能够轻松地从目前的情况过渡到理想的境地。"他们并不否认社会福利政策所起的作用,但认为那些政策是临时性的,是消除和减少社会冲突的社会措施和政治机制,是保护财产权,预防暴力行为的权宜之计。②

新自由主义学派认为,经济自由使国家走向繁荣,经济控制使国家停滞落后。应当降低国家在社会保障领域的作用,而让市场去发挥主导作用,国家应鼓励竞争而不是垄断国民福利。政府只需为国民提供最基本的福利,

---

①　丁建定:《西方国家社会保障制度史》,北京,高等教育出版社,2010 年,第 1 版,第 101 页。

②　美国《星期六晚邮报》,1980 年第 9 期。转引自李琮主编:《西欧社会保障制度》,北京,中国社会科学出版社,1989 年,第 1 版,第 155、127、159 页。

放弃那些不可能实现的关于建立平等和公正的社会目标。实际上危机、不稳定感和失败的挫折感对于个人来说都是必要的,任何危机都会安然渡过,而福利国家的政策否定了这些社会法则,错误地认识了人的本性和社会特征。经济增长对提高国民福利和促进社会平等比任何政策更有作用,而福利国家把追求平等和再分配看得比经济增长更重要,不但是对自由、社会正义、权利和需求概念的误解,也极大地削弱了个人的选择和责任。总之,新自由主义学派认为,以私有财产和自由竞争为基础的社会虽然可能对收入进行不公平的分配,但是这种有限的国家行为通过提供某些公共产品,适当地救助了贫困,这种朴素的福利国家对文明社会的构成是必不可少的,因为它的目标是减轻贫困。① 新自由主义的理论对 20 世纪 80 年代里根政府的福利改革产生了重要影响。

　　2.弗里德里希·冯·哈耶克的思想

　　新自由主义思想的另一代表人物是英国经济学家弗里德里希·冯·哈耶克。他在 20 世纪 30 年代就批评凯恩斯的思想,反对一切形式的国家干预,倡导实行竞争性的自由市场经济。他认为,福利国家的概念本身就是不道德的。福利国家成了一个摧毁一切个人自由的怪物。他主张取消最低工资保障法和社会保险法,认为社会保障制度只能鼓励懒惰,使市场经济衰退。② 20 世纪 70 年代末,西方经济滞胀不幸被他在 40 年前言中,人们开始重新审视国家干预理论和政策的功能,重新认识市场的作用和功能。哈耶克认为国家有责任为贫困者或者灾难的受害者提供社会救济,然而贫困者无权要求分享富裕者的财富。用强制性的社会保障措施解决社会问题,必然导致社会保障制度自我膨胀和效率低下。政府不应成为提供社会保障待遇的唯一机构,应当让更多的个人和机构参与进来,尤其是家庭和自由竞争的市场是两个最佳的福利提供渠道,只有在这两个渠道无法发挥作用时,政府才可介入。③ 在被国家垄断的养老和健康保障领域,总会存在没有被国家完全控制的地方,于是就会产生许多解决紧迫问题的新方法,国家没有来得及解决的问题还是被人们设法解决了。因此国家不必完全控制社会保障制度,而是要为个人责任的发挥留下足够的空间。④ 他们认为,一旦政府开始干涉由市场决定的分配机制,一种有利于增强极权主义的程序就会提上

---

　　① 〔英〕尼古拉斯·巴尔:《福利国家经济学》,郑秉文等译,北京,中国劳动社会保障出版社,2003 年,第 1 版,第 65 页。

　　② 李琮主编:《西欧社会保障制度》,北京,中国社会科学出版社,1989 年,第 1 版,第 127 页。

　　③ 李珍主编:《社会保障理论》,北京,中国劳动社会保障出版社,2007 年,第 2 版,第 131 页。

　　④ 丁建定:《西方国家社会保障制度史》,北京,高等教育出版社,2010 年,第 1 版,第 100 页。

议事日程。① 在他们的理论影响下,美国政府对于税收和再分配的作用受到了严格限制。

3.供给学派的思想

20世纪70年代,美国产生了一个反凯恩斯主义的供给学派,它的代表人物是罗伯茨、拉弗等人。他们认为,凯恩斯注重消费是错误的。资本主义经济滞胀完全是需求管理政策导致的结果。政府增加支出或减税并不能直接增加总需求和总产量。政府应当鼓励生产而不是消费,应当通过生产力来提高供给。如果政府过多地管理和限制企业,就会损伤企业的创造性,不利于生产增长。换言之,经济出现滞胀是由供应不足引起的,而供应不足的原因在于凯恩斯主义人为地刺激需求。他们认为,分配不均是自然现象,不需要政府干预,"只要让大资本家获得大量利润,他们就会扩大生产,就业就可增加,工人生活就能得到改善,这样利益就从富人逐层渗透到了穷人身上。"由于社会救济提供的待遇与低收入工人的工资待遇非常接近,使那些不愿工作的人自愿失业,社会保障制度实施的结果不但没有减少贫困,反而扩大了贫困。政府大幅降低税率后,富人愿意投资,穷人愿意加班、兼职,结果提高了经济效率;失业者有了更多的工作机会,收入自然增加,社会公平自然显现。②

4.罗尔斯的社会公正理论

政治哲学家罗尔斯认为,立法的主要目的就是实现社会公正,只要制度被认为是公正的,它就会继续存在下去。罗尔斯认为公正的定义应该是,它是普遍的,因而对于任何特定的文化没有特殊的意义,因为它是从每个人都认同的过程中得出的。因此,"每个人拥有以公正为基础的不可侵犯性,甚至社会福利作为一个整体也不能践踏。"罗尔斯提出了体现公正的两个原则:一个是自由原则,即"每个人都有平等权利来享受最广泛的基本自由,并与其他人所享受的类似的自由保持一致。"另外一个是差别原则,即"社会和经济的各种不平等以如下方式得到解决,即为社会中处于最不利地位的人们提供最大可能的利益,同时确保公平的机会平等。"罗尔斯指出,当这两个原则发生冲突时,第一原则绝对优先于第二原则。对于生活极其困难的人来说,减少他们的自由,即使符合他们的经济利益,也不能被认为是正当的。③ 罗尔斯提出

---

① 〔英〕尼古拉斯·巴尔:《福利国家经济学》,郑秉文等译,北京,中国劳动社会保障出版社,2003年,第1版,第48、50、69页。

② 李珍主编:《社会保障理论》,北京,中国劳动社会保障出版社,2007年,第2版,第129～133页。

③ 〔美〕约翰·罗尔斯:《正义论》,何怀宏等译,北京,中国社会科学出版社,1988年,第1版,第14、73、302页。

的"优先原则"体现出的公正观念可以这样表述："所有的社会基本物品——自由和机会、收入和财富,都应该被平等地加以分配,除非对这些物品中的一些或全部进行的不平等分配会使最少受益者获益。"[1]

战后以来,凯恩斯主义正统观念仍未被新的——无论是右派、中间派、还是左派——正统观念所取代,并没有创造出新的解决福利资本主义的问题和困难的办法。相反,人们看到的是,美国的新保守主义政府为他们的国家创造了一条新的道路——给予私人企业和市场更多的空间,减少政府在其经济和社会活动方面的范围。他们宣扬收缩社会福利的思想,依靠私人企业和市场力量来实现经济增长及提供各种福利服务,其目标是大幅度减少福利资本主义中的"福利"因素。共和党人里根总统和乔治·布什总统以及民主党人克林顿总统的政策都源于古典自由主义,他们在建立资本主义经济制度上的态度是基本一致的,分歧仅在于应在多大程度上减少自由市场资本主义对穷人的影响。[2]

---

① 〔英〕尼古拉斯·巴尔:《福利国家经济学》,郑秉文等译,北京,中国劳动社会保障出版社,2003 年,第 1 版,第 55 页。

② 〔美〕威廉姆·H.怀特科等:《当今世界的社会福利》,谢俊杰译,北京,法律出版社,2003 年,第 1 版,"前言"第 99 页。

第二章　社会保障法律制度的历史发展

英国和德国以及其他工业化国家的社会保障制度都是在产业革命时期由政府建立起来的,旨在通过政府干预社会保障制度所形成的收入转移和再分配功能实现社会控制。之后,随着经济社会的发展,为减轻政府的财政负担,刺激经济发展,又逐步在社会保障制度中引入市场的作用。美国的社会保障制度以1935年的《社会保障法》颁布为标志,比欧洲发达国家晚半个世纪,它的发展历程与欧洲国家不同,它是由自由市场化逐渐向政府干预不断增强的方向演进的。[①]

第一节　《社会保障法》之前生活风险保障制度

20世纪30年代大萧条之前,大量的企业养老保险计划和行业性养老保险计划以及年金市场形成了私人养老保险市场的基本框架。大萧条导致失业工人剧增,而企业无法为失业工人提供经济援助,当时制度的缺陷和不足在这样的情况下充分地暴露出来,也使美国人自我保障的信心彻底破灭。人们认识到,贫困不是个人品行问题,而是社会问题、制度问题。建立为老百姓生活风险提供保护的社会保障制度,不仅成为政府不可推卸的责任,而且成为政府合法性的表征。

在殖民地时期,北美地区的欧洲移民大多数来自盎格鲁-撒克逊民族,他们仿照英国有关济贫制度建立自己的福利制度,即通过征收济贫税筹集济贫资金,实施有限的慈善济贫。美国建国以后在1787年颁布的《美利坚合众国宪法》中规定:"国会有权课征直接税、关税、输入税和货物税,以偿付国债,提供美利坚合众国共同防务和公共福利。"这是美国社会保障制度法制化的起点。[②] 随着国家工业化、城市化的迅速发展,美国在1893年时就

---

① 和春雷主编:《社会保障制度的国际比较》,北京,法律出版社,2001年,第1版,第74页。

② 黄安年:《当代美国的社会保障政策》,北京,中国社会科学出版社,1998年,第1版,第7页。

已跃居为世界头号经济大国。然而,劳工恶劣的工作环境和生活状况,日益扩大的贫富差距,引起社会对底层民众生存现状的关注,人们认识到只有为贫困者提供基本的生活风险保障,才能实现社会公平,社会才能持续稳定发展。联邦政府与州政府应当行动起来,担负起保障穷人生活的责任。于是,社会保障立法被提上了政府的议事日程。

19世纪末到20世纪初,美国的公共养老金实际只有为因战争致伤亡的军人及其遗属提供的抚恤金,公共福利仍然主要由地方和州政府负责。1862年,国会通过了南北战争抚恤金制度,受益人为在战争中受伤或死亡的军人及其亲属。1890年,抚恤金相关法案进一步将覆盖范围增加到在联邦军队服役过至少90天的退伍军人。1912年,抚恤金法规定,年龄在62岁及以上的残疾人都可以申请救济金。1901年,全国年龄超过65岁者估计有30%的人享受战争抚恤金。[①] 第一次世界大战之前,美国政府支出的战争抚恤金等于英国政府支付养老金的3倍,其中发生的政治腐败使人们对公共养老金计划会被用作与政治赞助相关的腐败而产生了担忧,并呼吁建立廉洁政府和政府监督机构。战争抚恤金产生的是负面影响,在发展时期(1906～1920)美国没有效仿欧洲国家建立公共养老金制度,是对与战争抚恤金相关的政治赞助的明确反应。[②]

同样是在这个时期,美国劳工联合会领导下的四个铁路工会为其老年工人建立了养老院;花岗石切割者国际联合会第一个建立了本行业的养老救济金制度。20世纪30年代出现经济萧条后,大多数工会养老金支付出现了问题,有些公司已经完全停止支付养老金。美国劳工联合会认为,如果要引入国家养老金制度,这一制度就应该是强制性的,也就是说美国劳工联合会已经接受了国家强制性方案的思想。

公司养老金计划也在这个时期建立,养老金由雇主支付,雇员工作不满10年的没有资格领取养老金,工作25年以上者可以领取全额养老金,工作10年以上不到25年者领取一定比例的养老金。公司管理者意识到,为工人提供养老金对于他们的健康和福利是必要的,有助于激励他们的工作积极性,提高生产效率,便于公司对工人的管理。随着联邦税收制度的变化,进一步促进了公司养老金制度的发展。1925年,公司养老金计划由非缴费性制度改变为缴费性养老金制度,雇主和雇员都须缴费,再由雇主向保险公司为雇员购买养老保险。这一改变的意义在于,工人在离开企业时能够把

---

① 〔美〕约翰·B.威廉姆森等:《养老保险比较分析》,马胜杰等译,北京,法律出版社,2002年,第1版,第145页。

② 同上书,第167～168页。

自己缴纳的部分带走,有利于形成垄断资本主义所需要的流动性强的劳动力队伍。20 世纪 30 年代,企业养老金逐渐成为大企业的沉重负担,而且数目庞大的失业工人开始对现存经济秩序的合法性提出质疑。大企业也十分关心社会和经济秩序,因此希望联邦政府介入。1935 年的《社会保障法》是政府对许多大企业寻求政府介入所作出反应的一部分。① 在《社会保障法》制定的过程中,各种利益集团开始努力为自己定位,以便在这一过程中获得尽可能多的发言权。

由于胡佛总统信奉放任主义和社会达尔文主义,始终认为政府应该减少对经济的干预,因此联邦政府没有制定统一的社会保障制度,而是由州政府和地方政府推动社会立法。例如,1902 年马里兰州颁布了美国第一个《工伤赔偿法》;1914 年除了南部 6 个州其他各州都通过立法规定,14 岁以下儿童应强制入学,除假期外不得工作,而且各州福利立法差异很大,直到新政时期才逐步统一起来;1920 年,联邦政府为其雇员建立了退休金制度。美国早期社会保障制度的特征是以"职业福利"为核心,国家只负责社会救济事务。"职业福利"主要是通过推行职工入股制度、职工教育计划、实行免费医疗和带薪休假制度、为职工办理包括工伤、残疾、死亡等险种的团体保险,到了 1927 年,参加团体保险的在职职工达 470 万人,已经领取团体保险费 56 亿美元。美国的职业养老金制度在这个时期也逐渐建立起来,到了 1926 年,至少有 400 个工厂建立了养老金制度,覆盖职工达 400 万人。② 1923 年至 1931 年间,18 个州实施了养老救济金制度,到了 1933 年美国已有半数以上的州批准了养老金制度。1932 年,由雇主设立并用于补助被辞退工人的"失业储备金"计划首先在威斯康星州获得通过,从而开启了补助失业工人的先河。1929 年,一个铁路雇佣工人团体建立了铁路职工国家养老金联合会,1934 年通过了铁路工人退休法,由铁路公司和铁路工人自己出资筹集退休基金。③

1929 年到 1933 年世界性经济大危机给美国经济造成了严重的创伤,在此期间,失业人数剧增,工人和城市居民陷入极度贫困之中。仅 1932 年,美国就有 3400 万人无任何收入来源,占全国人口 28%,尤其是老年人几乎濒于绝境。1933 年失业工人多达 1500 万,失业率达 33%。早先广泛存在

---

① 〔美〕约翰·B.威廉姆森等:《养老保险比较分析》,马胜杰等译,北京,法律出版社,2002 年,第 1 版,第 149、173 页。

② 顾俊礼主编:《福利国家论析——以欧洲为背景的比较研究》,北京,经济管理出版社,2002 年,第 1 版,第 248 页。

③ 和春雷主编:《社会保障制度的国际比较》,北京,法律出版社,2001 年,第 1 版,第 50 页。

于大型工业企业和运输企业中的职业养老金计划因大萧条而面临严重的经济危机。在企业倒闭、工人失业、工资下降的情况下，以职业福利为核心的美国基本上成了一个没有保障的社会了。在大危机面前，一直持保守主义观点的、美国社会中坚力量的中产阶级所坚信的个人应对自己命运负责的观念，被大危机击得粉碎。人们逐渐认识到，个人的困境不完全是因为个人的因素造成的，人们所处的这个社会的制度有问题。这场经济危机为美国改革传统的职业年金、创造社会保障体系提供了历史契机。自愿性的慈善组织根本没有处理如此深重灾难的能力的残酷现实，使得人们传统的以自由主义为导向的理念发生了动摇，人们开始寻求在个人努力不能发挥作用的领域中国家应当承担的责任，[①]因为只有政府才具有整治经济崩溃、失业潦倒、饥荒遍野的能力。

1931 年 8 月，时任纽约州州长的罗斯福在他召集的讨论救济问题的特别立法会议上说，失业问题和老年、鳏寡、工业事故等问题具有同等重要性，都是个人所无法控制的，而且不仅仅是危机时期的问题。1931 年 9 月 23 日，罗斯福督促该州立法机构通过了全国第一个向失业者提供失业救济的法案，即威克斯法案，该法案要求立法者拨款，帮助地方政府解决失业者的生活需求。罗斯福声称："通过政府的作用，现代社会负有不可推卸的保护那些已尽全力维持生计但仍做不到避免遭受饥饿的人的责任，防止可怕的人力资源的巨大浪费"；"政府必须尽全力救助失业人员，此举不是慈善行为，而是社会的责任。"威克斯法案所具有的重大历史意义和现实意义在于：它促进了公共救济社会价值的确立；将失业看作社会问题，有效地改善了社会救济工作的运行机制；新成立的"临时紧急救济署"为民间慈善组织和公共救济之间搭建起桥梁，使得对贫困者的救济成本更小，效率更高；它发挥了重要的参考和示范效应。到 1931 年底，全美已有 24 个州制定了失业救济法，并建立了具有独立性的掌管资金的机构。更为重要的是，威克斯法案成为后来制定联邦社会救济法案的参考蓝本。[②]

在这半个世纪中，美国社会立法进展缓慢，但意义重大。以上立法确立了政府对贫穷者、妇女儿童、老年人、失业者的救济和援助责任。对贫困者的救济不再是慈善机构和私人组织的事情，而是国家必须承担的责任。社会保障作为现代社会的一项重大制度化内容，充分体现了政府负有保护社会成员或公民福利的重大责任的理念，政府必须对社会性问题作出积极回

---

① 李珍主编：《社会保障理论》，北京，中国劳动社会保障出版社，2001 年，第 1 版，第 102 页。
② 杨冠琼主编：《当代美国社会保障制度》，北京，法律出版社，2001 年，第 1 版，第 41 页。

应,承担起处理社会问题的责任,否则政府将面临合法性危机。19 世纪末 20 世纪初,普通法中的个人主义精神在契约法、侵权行为法、财产法以及其他私法领域中仍然占据统治地位,但在 50 年后个人主义精神就被另外一种精神所取代。这种精神强调社会福利,甚至以牺牲个人的财产权、契约自由权为代价。契约自由让位于社会福利和对一个更公平的工作和生活水准的维护。1952 年,法院还宣称:"财产不仅仅是个人所有的实在物体,它还包括不受控制和干涉的取得权、占有权、使用权和处分权。"但法院的这个说法被财产所有人的权利日益服从于公共利益的调整规则所取代。法律逐渐承认,可以禁止所有者以浪费或反社会的方式使用其财产。法律越来越强调财产的社会方面而不是个人方面。① 自 1929 年第一次经济大萧条开始,不仅美国政府而且几乎所有国家的政府都更加深入地介入本国的经济社会生活,已经成为一个不争的事实。

第二节　社会保障制度的建立

1935 年《社会保障法》颁布之前,对于社会贫困者提供的社会救济完全是州和地方政府以及慈善机构的职责,而且不受联邦政府或法院的约束。退出劳动领域的老年人主要依靠子女或者教会、慈善机构等供养,许多 65 岁以上的高龄老人仍然需要通过工作获取收入维持生活,他们的处境比较悲惨。1929 年,75％的救济资金是由地方政府筹集来的。联邦政府除了对它的雇员,不对其他社会成员支付任何补贴,也没有制定任何社会救济和社会保险计划。美国政府为什么迟迟不愿建立福利国家?大多数学者认为是意识形态的影响、美国的多元文化和多元政治、集团压力的影响这几方面因素作用的结果。②

《社会保障法》的制定则标志着美国政策的巨大变化——联邦政府开始承担提供社会福利的责任。

一、《社会保障法》出台的社会背景及其意义

在 1929～1933 年的经济大危机中,通过最小化的政府和富于活力的市

---

① 〔美〕伯纳德·施瓦茨:《美国法律史》,王军等译,北京,法律出版社,2018 年,第 3 版,第 252、257 页。

② 〔英〕尼古拉斯·巴尔:《福利国家经济学》,郑秉文等译,北京,中国劳动社会保障出版社,2003 年,第 1 版,第 28～30 页。

场彼此互补去促进资本主义与福利完美和谐的愿望遭到了失败,这次经济大危机是迄今为止美国历史上最为严重的经济危机。经济危机对社会的影响是普遍的,对政治制度的影响是深刻的,对人民生活的影响是严重的,由此强烈动摇了美国社会制度的根基:

失业人数剧增。芝加哥有50％的人失业,150万～200万个家庭流离失所,宾夕法尼亚州矿工家庭靠吃树根和蒲公英为生,加州出现了儿童饿死的现象,自杀和偷盗的人增多,到处都是用薄纸板和锡铁皮搭建的"胡佛村"。

工人工资骤减。1932年,钢铁工人的薪金不及1929年的63％,锯木厂工人、砖瓦厂工人、纺织女工等血汗工人每小时的工资只有1到6美分,人们的生存难以为继。银行纷纷倒闭,老年人的储蓄化为乌有,成为经济危机中无法逃脱的受害者;中产阶级中的许多人由小康坠入困顿,他们所坚守的"应对自己的命运负责"的观念受到了极大冲击,那些勤俭持家、努力工作的人一夜之间丧失了自己的职业和储蓄,他们信奉的"只有懒惰才导致贫困"观念在现实面前破灭了;经济危机导致生育率降低,营养不良使学生体质下降。

社会动荡加剧。1932年秋天,国家已面临严重威胁,动乱开始在各地蔓延:革命的言论在穷困潦倒的人、忍饥挨饿的人和理想破灭的人之间流传;数万名退伍军人要求发放补助金;农民宣布休假,拒绝把食物运往大城市,把牛奶倒入沟渠以抗议过低的价格;商人要求制定战争法和实行法西斯专政以制止社会动荡。

在经济萧条时期产生了大量要求提供各种社会保障的社会组织及其发起的运动。例如,1934年,加利福尼亚州的弗朗西斯·E.汤森提出了一个养老金方案,即"汤森养老金计划"。汤森要求全国7000个俱乐部的200万会员支持他提出的建议,即向全美60岁以上的老人每月提供150美元的养老金。1000多万人签约支持汤森计划,并对《社会保障法》的制定产生了极大影响。1929年经济危机之后,失业人数迅速增加,地方政府的税收在救济金上入不敷出,联邦政府需要按照《紧急救济及建设法案》的规定,为各州提供3亿美元的贷款,以解决他们所面临的救济资金困难的问题。① 1930年,共产党创建了"失业者理事会",在全国拥有50万会员;1933年,非共产党人创办了"全国失业者联盟",拥有100万会员;1935年,社会党创建的"美国工人联盟"拥有会员60万人;1934年,欧内斯特·伦丁向众议院提出失业保险议案,要求财政支付救济金给所有18岁以上的被迫失业者。这些

---

① 〔英〕尼古拉斯·巴尔:《福利国家经济学》,郑秉文等译,北京,中国劳动社会保障出版社,2003年,第1版,第30页。

失业者团体与其他社会组织的共同推动和作用,是《社会保障法》得以制定和通过的重要因素。①

欧洲国家社会保障制度的发展是循序渐进且缓慢的,而美国《社会保障法》的出台是突进的。究其原因主要有:1.长期持续的经济增长、令人瞩目的科技创新,使美国成为一个年轻且富裕的国家,它有足够的资源供其开发和生产所用,工业化的快速发展能够保证劳动力就业,所以人们对于老年、疾病、失业、贫困的担忧没有欧洲国家那么强烈;2.美国人的地域和职业流动性比欧洲国家的人频繁,以个人责任作为生存原则,所以难以形成像欧洲国家人民那种以团结互助为生存原则的社会保障制度。②

严酷的事实使政府认识到,只有制定并实施社会保障制度,才能够扩大社会需求,停止通货紧缩,从而摆脱经济危机和社会动荡。就是在这样的形势下,罗斯福宣誓就职第 32 任美国总统。1933 年罗斯福上台以后,继续奉行其作为州长时的治理理念:没有经济上的独立和安全,就没有个人的自由;贫困人口没有真正的自由,美国就不是一个真正自由的社会。社会对所有人的福利状况负有不可推卸的责任;非人格化和不可控制的经济力量是导致大量失业的原因所在;公共援助不是慈善问题,而是建立于文明社会中个人有权获得最低生活标准基础之上的正义问题;自由和安全同等重要,民主国家的存在应以公民的健康和福利为基础。罗斯福的这些主张反映出强烈的政府干预倾向,也为社会保障立法提供了理论和政策上的支持。罗斯福指出:"根据我国宪法,联邦政府所以建立的目的之一是增进全民之福利,提供福利所依存的这种保障也就是我们的明确职责。"社会保障是"我们能够向美国人民提出的最低限度的承诺"。③ 遵循以上理念,他主持制定并实施旨在摆脱危机、重振经济、缓和阶级矛盾的"罗斯福新政"。在历史的转折时期,罗斯福总统恰当地通过实施新政在刺激经济增长与创建公共保障体系之间达成了均衡。

最早的新政、最重要的救济措施之一是 1933 年 5 月签署的"联邦紧急救济法",这是一部对社会保障制度的制定具有重要促进作用的法律。"联邦紧急救济法"一经颁布实施,联邦政府就拨出 3 亿美元的资金,分配给各州,作为各州实施紧急失业救济的资助,从而将救济公民的责任从州、市等

①〔美〕威廉姆·H.怀特科等:《当今世界的社会福利》,谢俊杰译,北京,法律出版社,2003年,第 1 版,第 200~201 页。

② 马超俊等:《比较劳动政策》,北京,商务印书馆,2013 年,第 1 版,第 657 页。

③ 关在汉:《罗斯福选集》,北京,商务印书馆,1982 年,第 1 版,第 66 页。转引自丁建定:《西方国家社会保障制度史》,北京,高等教育出版社,2010 年,第 1 版,第 209 页。

地方政府转向联邦政府。罗斯福指出："在早先的日子里,安全保障是通过家庭成员之间的互相依靠和小居民点内各个家庭之间的互济实现的。当前大规模社会和有组织行业的复杂情况,使得这种简单的安全保障方法不再适应。因此,我们被迫通过政府来运用整个民族的积极关心来增进每个人的安全保障。"①"联邦紧急救济法"建立起第一个全国性救济机构——联邦紧急救济署,但管理和使用资金的责任由州和地方政府负责。联邦紧急救济署的负责人霍普金斯规定,所有的联邦资助必须由公共机构来操作,禁止州和地方政府将联邦政府资助转移到私人部门或机构。这些规定有助于防止联邦资助资金的滥用或用于其他目的。然而,罗斯福从未将这种救助视为基于美国信仰而持续实行的制度。他认识到,仅仅依靠临时性救助无法缓解源于大萧条的经济不稳定,因此必须采取更为长远的措施。

　　1934 年 6 月 8 日,罗斯福向国会提交了一份特别咨文,要求"提供一些保障,使人们免遭那些在我们这个由人构成的世界中所难以完全消除的各种不幸之果"。他力主建立一种能"立即提供保障以预防几种重要的因素对人们生活冲击"的体制。1934 年 11 月 14 日,罗斯福在对经济保障委员会的讲话中指出,失业保险应该纳入社会保障计划,所有失业保险储备基金应该由联邦政府管理和投资,失业保险必须是为减少而不是增加失业的目的而建立,在失业保险方面不仅要有联邦法律,还需要有州的法律;老年问题是当前最为迫切的问题,这个问题只有在保险的原则上才能解决,如果通过税收筹集资金,并把它作为领取养老金的一个条件,我们的社会保障就会有比较好的基础;疾病所导致的收入损失对许多人来说都是一个非常严重的问题,我们应该建立某种体系;目前正在领取救济者应该成为社会保障制度首先考虑的对象。

　　1935 年 1 月 17 日,罗斯福在国会讲话中讲到即将出台的社会保障制度的基本内容和原则时指出:"我们可以做的就是铺垫一个稳健的基础,在它的上面我们可以建立一个体系,从而提供一个比我们以往曾经听说过的所有措施更加伟大的方式,为个人带来安全保障和幸福。"②在罗斯福确立的政策目标下,1935 年 8 月 14 日,美国颁布了由参众两院分别通过的《社会保障法》,并成立了社会保障署。罗斯福在签署《社会保障法》时声明:"我们美国计划的主要目标之一,是保障我国男女老少免受生活中的某些不测风云和兴衰变化的影响。今天,持续多年的这一愿望得以实现。这项法律

---

　　①　关在汉:《罗斯福选集》,北京,商务印书馆,1982 年,第 1 版,第 58 页。转引自林闽钢主编:《社会保障国际保障》,北京,科学出版社,2007 年,第 1 版,第 51 页。
　　②　丁建定:《西方国家社会保障制度史》,北京,高等教育出版社,2010 年,第 1 版,第 209 页。

代表着一方奠基石,整个结构虽在建造,但绝不是已经完成。"

一般认为,《社会保障法》的颁布实施标志着社会保障制度的诞生,甚至认为"社会保障"这一术语也是第一次在这个法律中出现。实际上,由于《社会保障法》只规定了老年(残疾和遗属)和失业的经济保障问题,所以它的内容并没有特别之处。它之所以引人注目,是因为它在挽救大危机后濒于崩溃的美国经济的"罗斯福新政"中占有重要地位,也就是说,《社会保障法》是第一个成为整个经济政策一部分的社会政策。在当时资本主义世界生产相对过剩、经济衰退的情况下,社会保障能够扩大人们的购买力,有助于经济的再恢复,是罗斯福制定《社会保障法》时所确定的目标之一。[①] 如果说英国把社会保障制度作为消除和减少贫困的工具来使用,德国把社会保险制度作为缓和阶级斗争的政治工具来使用的话,那么美国则是把社会保障制度作为反危机和刺激总需求的工具来使用的。

在《社会保障法》制定期间,在社会保险问题上存在着两个相互对抗的学派:俄亥俄派和威斯康星派。前者希望寻求在阶级之间进行收入再分配的计划;后者则认为应当最大限度减少跨阶级的收入再分配。他们反对由雇主支付养老金的观点,主张工人应通过缴费为老年生活做好储备,也就是说,工人退休以后领取的养老金水平能够体现出与在职时领取的工资的差别,这对收入分配的影响是很微弱的。社会保障法案在制定的过程中更倾向于威斯康星派的与市场经济的要求相吻合的观点,但法案最终还是综合了两派的观点,使《社会保障法》在收入再分配问题上将适当和公平有机地结合在了一起。[②] 因此,1935 年的《社会保障法》是一个国家和企业、联邦和州相互谈判、相互妥协的结果。

强大利益集团具有强大话语权是美国成为最后一个实施社会保险立法的国家的又一个原因。在 19 世纪 90 年代,少数大型企业主宰着经济并强烈地对抗工会制度。20 世纪初,大型企业在国家的政治、经济和意识形态方面占据了主导地位,而劳工组织在这些领域没有丝毫余地;许多没有技能的移民工人被大企业雇用,他们不但与企业行业工会的会员在文化水平、劳动技能等方面都存在很大差距,而且在劳资纠纷中扮演工贼的角色,这种分裂导致美国的工会制度不能像欧洲国家那样迅速发展;由行业工会联合会领导的美国劳工联盟强烈地反对引入公共养老金,他们认为这样做是对工

---

① 〔法〕让-雅克·迪贝卢等:《社会保障法》,蒋将元译,北京,法律出版社,2002 年,第 1 版,第 20、61 页。

② 〔美〕约翰·B.威廉姆森等:《养老保险比较分析》,马胜杰等译,北京,法律出版社,2002 年,第 1 版,第 153 页。

会自治的一个威胁。他们希望工人在工会养老金制度的基础上领取养老金，而不是在公司、州或联邦养老金制度的基础上。与欧洲福利国家相比，美国没有代表工人阶级利益的政党，没有强大的工会，是它迟迟不能建立社会保险制度的一个重要原因。

在1940年《社会保障法》开始实施时，在65岁及65岁以上老年人中只有33.5%的人能够获得私人或公共养老金。私人计划（私人企业养老金计划和商业保险）只覆盖1.8%的老年人，社会养老保险只覆盖1.2%的老年人，4%的退伍军人领取退伍军人养老金，23%的老年人靠领取老年救济金生活。接近半数的65岁以上的男性老年人仍需继续工作以赚取生活费用。[1] 人们不能够从市场受益，社会保障又严重匮乏，使得老年人的生存非常艰难。负责法律起草的经济保障委员会，在社会保障法起草初期计划把失业问题作为社会保障法解决的首要问题。当成千上万的老年人迅速地团结在汤森旗下，以至于形成了一股强大的政治力量时，经济保障委员会接受了"优先考虑老年人的退休金问题"的呼声，准备制定一个不同于失业保障的老年保险计划。但是，1935年的立法没有采纳每月向60岁以上的老年人支付200美元的养老金的建议，而是规定由雇主和雇员共同缴纳养老保险工薪税来筹集养老保险基金。[2] 这一社会养老保险计划主要是鼓励老年人退休，以便为年轻人腾出岗位来解决失业问题。正如罗斯福在1935年8月14日《社会保障法》颁布当日所说："人们不能将社会保障计划误以为是通向乌托邦的途径，社会保障法并没有向任何人提供一种不劳而获的舒适生活，也绝不会这样做。我们的基本原则是，不能给文明社会带来损害，社会保障既不意味着减轻人们创造富裕生活的个人责任，也不表明要削弱家庭义务。社会保障不是一个致富计划，它不会为民众提供充足的福利，只能提供最基本的生活条件。"[3]

《社会保障法》的制定代表的是试图解决所有社会问题的努力。它要求大企业提供比劳工组织更多的投入，它既可以被恰当地描述成为稳定和管理劳方而设计的计划，也可以被恰当地描述成劳方在与大企业竞争对政府资源控制权中取得的胜利。[4]《社会保障法》是罗斯福新政的重要组成部

---

① 〔丹麦〕考斯塔·艾斯平-安德森：《福利资本主义的三个世界》，郑秉文译，北京，法律出版社，2003年，第1版，第112页。
② 刘燕生：《社会保障法的起源、发展和道路选择》，北京，法律出版社，2001年，第1版，第298页。
③ 邓大松：《美国社会保障制度研究》，武汉，武汉大学出版社，1999年，第1版，第29页。
④ 〔美〕约翰·B.威廉姆森等：《养老保险比较分析》，马胜杰等译，北京，法律出版社，2002年，第1版，第338页。

分,罗斯福指出,"贫困和饥饿的人们正是制造独裁国家的原料",这就把社会保障制度与国家的政治民主、经济发展紧密地联系在了一起。罗斯福的"安全保障社会化"理论不仅成功地为美国社会保障制度的建立奠定了基础,而且对日后美国社会保障制度的发展具有重要的指导意义。①

二、《社会保障法》的内容及实施

《社会保障法》成为美国社会保障发展史上一块重要的里程碑,是新政这顶皇冠上的宝石。它首次建立了政府组织的社会保障制度,其内容包括两大社会保险制度和三项社会救济制度。

(一)社会保险制度

1.养老金制度、遗属和残疾人保险制度

《社会保障法》规定,全国范围的大多数雇员必须参加养老保险制度,在他们达到 65 岁之后,每年可以获得从本人和雇主缴纳的社会保障工薪税筹集的基金中支付的养老金。《社会保障法》的核心是为领薪工人建立缴费的养老金保险计划,是给老年工人退出劳动力市场提供的一种激励机制,这将为年轻工人提供更多的劳动岗位,使失业率降到政治上可以接受的水平。虽然养老金待遇没有达到最激进的工人和老年运动领导人所期望的水平,但是大多数国民对养老金计划的支持,大大削弱了各种危险激进因素对罗斯福当局施加的压力。

2.失业保险制度

《社会保障法》规定,州政府对失业保险承担行政责任,对于计划的具体安排享有广泛的处置权。雇主须向联邦财政缴纳雇员工资一定比例的失业保险工薪税,联邦财政再将失业保险基金的 90% 返还给各州政府。政府还直接出面通过公共工程建设解决失业问题。1938 年工程署为 400 万人提供了就业机会,相当于当时失业人数的 1/3。这项举措的重要意义在于,它不仅维持了美国"职业"与"福利"之间的传统联系,保护了美国人的基本价值观念,而且使罗斯福认识到人民需要的是工作而不是施舍。②到 1937 年,所有的州和地区都实行了该项计划。

遗憾的是,健康保险明显地被《社会保障法》遗漏了。罗斯福的经济保障委员会曾建议将健康保险纳入《社会保障法》中,但是立法者担心来自医疗界的反对会影响到《社会保障法》的通过就删除了。于是在《社会保障法》

---

① 和春雷主编:《社会保障制度的国际比较》,北京,法律出版社,2001 年,第 1 版,第 56 页。

② 杨冠琼主编:《当代美国社会保障制度》,北京,法律出版社,2001 年,第 1 版,第 47 页。

通过之后立即着手制定了一个健康保险法协议,但该协议没有得到执行。①

（二）社会救济制度

1. 老年援助计划

《社会保障法》为那些不能参加养老保险制度或虽然参加了养老保险制度但仍需帮助的老年人,在家计调查基础上,由联邦政府和州政府为其提供关照、护理等费用,即为不领薪的老年人建立不缴费的保障计划。

2. 盲人等残疾人援助计划

《社会保障法》规定,联邦对各州已获准的盲人及残疾人提供补贴,到1940年,已有43个州获得了联邦补贴。

3. 无独立生活能力的儿童援助计划

联邦政府依据匹配原则向各州提供资助,帮助那些16岁或18岁以下因父母亡故或残疾而得不到应有照顾的贫困儿童家庭提供现金援助。到1949年,42个州已建立起类似的援助计划。②

对于《社会保障法》,新马克思主义者认为,它代表垄断资本家和竞争行业资本家之间,即大企业和小企业及南部农业利益集团之间的妥协。③但事实是《社会保障法》的颁布实施,标志着对社会性问题理解的转变,使得贫困不再被视为是个人能力微弱的问题,而是基本的社会和经济问题,是一个需要全社会共同努力来解决的问题;《社会保障法》的颁布实施,使得美国人接受了这样的观点:人们有权利获得公共收益或享受公共福利,或者说,不能提供这种福利至少是社会和经济制度的一种短视和缺憾;《社会保障法》的颁布实施,标志着对社会经济持续稳定发展问题的再认识,即生产者与消费者、雇主与雇员之间是相互依存、不可分离的;《社会保障法》的颁布实施,结束了长达三个世纪的济贫法的历史及地方责任,资助特定社会群体所需的部分或全部资金,在美国历史上第一次成为联邦预算框架中的一个永久性项目或类别;《社会保障法》的颁布实施,标志着关注贫困者的责任由地方政府、民间组织（家庭、宗教、互助社团）转向了联邦政府,使得联邦政府承担起了为所有公民提供经济保障的责任;《社会保障法》的颁布实施,使得慈善性和临时性的援助让位于正义性和永久性的资助制度,标志着私人慈善资助

---

① 〔美〕威廉姆·H.怀特科等:《当今世界的社会福利》,谢俊杰译,北京,法律出版社,2003年,第1版,第199、202页。

② 〔英〕尼古拉斯·巴尔:《福利国家经济学》,郑秉文等译,北京,中国劳动社会保障出版社,2003年,第1版,第31页。

③ 〔美〕约翰·B.威廉姆森等:《养老保险比较分析》,马胜杰等译,北京,法律出版社,2002年,第1版,第190页注释(80)。

形式统治时代的终结,标志着在工业化经济时代的政府,若再固守放任自由的信条必然面临合法性危机;《社会保障法》的颁布实施,标志着政府必须充分有效地发挥其功能,才能避免陷入危机的深渊。① 《社会保障法》虽然超出了原来职业福利的范围,建立了福利与国家之间的联系,在一定程度上加强了国家对于公民的责任,但政府仍然坚持公民福利主要应由公民自己解决的信念,充分体现了美国人尽可能让市场发挥作用的价值观和具体国情,并对通过社会保障政策进行社会财富再分配的需求给予限制。而且《社会保障法》的覆盖范围非常有限,包括农业工人、国内服务业、政府雇员在内的约 900 万人不在《社会保障法》保护范围之内,而是由独立的老年退休制度为他们提供养老金待遇。②

美国制定《社会保障法》的目的是为了提高人们的消费能力,刺激总需求,以适应当时生产过剩的情况。《社会保障法》的立法初衷虽然是作为反经济危机和需求管理的工具来使用的,但是,它却成为美国资本主义混合经济的一项长期制度。③ 大萧条和联邦政府的对策,明显地改变了公众的态度和法律,这种改变集中体现在社会保障制度的不断发展中,社会承担起为那些没有列入传统的"贫困"概念中的广大社会阶层提供帮助的义务。大萧条导致了贫困不可避免的普遍化,与此同时,人们也更关心福利制度的客观性和公平性。④ 在从根深蒂固的个人主义传统社会转向政府积极发挥作用社会的过程中,观念的更新、制度的转变、法治机制的转换、理论的支持、政治家的呐喊、公民的觉醒和参与,都从不同的方面发挥了积极的推动作用。

1937 年,开始征收社会保障工薪税,税率为雇主和雇员各承担雇员收入的 1%。1937 年《社会保障法》生效时,它只适用于占全部工人 60% 的工商业工人。此后,社会保障法的覆盖范围一直朝着覆盖更多工人的方向发展,直至实现全覆盖。社会保障项目及待遇水平在不断扩大和提高,社会保障的实施机构也演变为多个部门。在罗斯福时代之后,政府对经济不能袖手旁观,而是要把介入一切经济活动当作政府的日常工作,且没有再受到过严峻的挑战。但是,1935 年的《社会保障法》不能算作是一个完整的立法,因为它没有建立起一个全国统一的社会保障体系,缺乏有效的全国标准或最低标准。虽然联邦政府承担起前所未有的行政责任,并且对财政困难的

---

① 杨冠琼主编:《当代美国社会保障制度》,北京,法律出版社,2001 年,第 1 版,第 37、46 页。

② 李超民编著:《美国社会保障制度》,上海,上海人民出版社,2009 年,第 1 版,第 3 页。

③ 杨冠琼主编:《当代美国社会保障制度》,北京,法律出版社,2001 年,第 1 版,第 37 页。

④ 〔美〕伯纳德·施瓦茨:《美国法律史》,王军等译,北京,法律出版社,2018 年,第 3 版,第 324 页。

地方政府提供特别拨款,但具体实施由州政府作出决定,例如,没有资格领取养老金的 65 岁以上老年人可以获得由联邦政府提供资金的赈济性老年补助,但各州是否设立这样的援助计划是自愿的,联邦政府不予强制。为无人抚养的孤儿、残疾儿童提供的未成年儿童抚养补助,也由各州自愿举办。这是美国的社会保障法区别于其他发达国家社会保障法的显著特征。①

　　尽管《社会保障法》不是一个完整的立法,但《社会保障法》颁布实施的重大意义除了以上所述外,它在一定程度上缓和了经济危机过程中的劳资冲突,保障了社会劳动生产力的恢复,政府通过福利开支并借助有效需求的扩张来干预和调整国民经济的全面复苏和高涨。罗斯福对《社会保障法》评价道:"简言之,这项法律照顾了人的需求,同时又向合众国提供了极其健全的经济结构。"②罗斯福在 1937 年 9 月指出:"《社会保障法》经过两年多的实践,我们总结出一点,就是它应该在一些特定方向进行拓展。"1938 年 4 月,罗斯福表明支持对《社会保障法》进行修改的态度:"我们应该在我们不断积累的经验以及社会需求的日益增长的认识的基础上,继续寻求完善和加强这个法律。"1939 年,社会保障委员会在举行多次听证会和广泛听取各方意见的基础上,确定了《社会保障法》的修改原则,即适当原则、代际转移与相互责任原则、国家承担最后责任原则。③

　　依据以上原则,1939 年对《社会保障法》进行了修改。1939 年《社会保障法》修正案在美国社会保障制度发展史上具有重要意义:它创立了社会保障信托基金,以管理社会保障基金余额,基金管理受托方是美国财政部长,基金可以投资流通证券和非流通证券;1939 年对《社会保障法》的修订主要基于对社会保障基金征收的经济后果的考虑。1937 年美国处于经济衰退时期,政府支出突然减少,而社会保障采取的累积制的筹资模式,使社会保障工薪税的资金规模高达 20 亿美元,于是修正案将原定的累积制筹资模式修订为现收现付制模式,并修改了受益公式,扩大了受益人的范围,即从 1940 年 1 月 1 日起向老年人按月发放养老金,并且把老年人的遗属和需要抚养的子女纳入保障范围,实现了从老年保障向家庭保障的转变;④将《社会保障法》第八编规定的社会保障工薪税部分放入《国内税收法》中,即《联邦税收贡献法》部分,以表明职工缴纳的工薪税是职工对社会保障制度的贡

---

　　①　刘燕生:《社会保障法的起源、发展和道路选择》,北京,法律出版社,2001年,第 1 版,第 299 页。

　　②　郑秉文等主编:《社会保障分析导论》,北京,法律出版社,2001年,第 1 版,第 11 页。

　　③　丁建定:《西方国家社会保障制度史》,北京,高等教育出版社,2010年,第 1 版,第 213 页。

　　④　李超民编著:《美国社会保障制度》,上海,上海人民出版社,2009年,第 1 版,第 7 页。

献;规定养老保险由联邦政府管理,联邦政府通过向雇主和雇员同时征收工薪税筹集养老保险基金,并向符合条件的 65 岁以上的商业和工业退休老年人支付养老金,这就把大约 40% 的劳动者排除在了养老保险覆盖范围之外,其中包括佣人、农场大量自我雇佣者、政府工作人员以及被宗教、教育、慈善机构雇佣的个人;①失业保险由联邦政府和州政府合办,联邦政府向雇主征收失业保险工薪税筹集失业保险基金,由州政府管理失业保险事务。在社会救济项目中增加了住房补贴和教育补贴的规定。在新政以后、"二战"以前的若干年里,美国各州先后建立了比较完善的社会保障制度,例如,从 1934 年开始,除了亚拉巴马等三个州以外,其他所有的州都颁布了社会救济法;1934 年颁布实施《铁路员工退休法》,由铁路公司和雇员共同出资,为退休铁路员工提供退休金;1937 年有 18 个州建立了公共福利厅,到 1943 年几乎所有的州都建立了社会福利管理机构——劳工厅;1943 年除了密西西比州之外,其他各州都建立了由雇主承担赔偿责任的工伤保险立法。②

第三节　社会保障制度的发展

"二战"以后,在西欧各国开始建立福利国家的时候,美国的民主党也进行了建立福利国家的尝试,这主要体现在杜鲁门总统、肯尼迪总统、约翰逊总统的施政纲领中。之后,共和党执政期间的几位总统也着手对福利制度进行改革,例如,尼克松总统的"新联邦主义"和卡特总统的"以工作代替福利",都是竭力主张以"工利"代替"福利",并成为贯穿他们对自美国社会保障制度建立以来进行重大改革的主导思想。尼克松总统的"新联邦主义"也为"里根经济学"以及克林顿的"新誓约"的推行创造了良好的社会氛围,为社会成员从意识形态、心理文化、价值取向等方面接受和支持社会保障制度的市场化、社会化转向奠定了基础,并使社会保障制度以不可遏制的势头朝着这个方向演进。

一、杜鲁门总统的"公平施政纲领"

1949 年,杜鲁门连任总统以后,提出了一个"公平施政纲领",此外,他

①　〔美〕约翰·B.威廉姆森等:《养老保险比较分析》,马胜杰等译,北京,法律出版社,2002 年,第 1 版,第 156 页。

②　顾俊礼主编:《福利国家论析——以欧洲为背景的比较研究》,北京,经济管理出版社,2002 年,第 1 版,第 249~250 页。

还提出了一个"国民医疗保险方案"。杜鲁门的这些政策实际上也是之后肯尼迪总统的"新边疆计划"和约翰逊总统的"伟大社会"计划的主要内容。可以说，在这三位民主党总统的治国纲领中体现出与西欧福利国家政策相似的思路。杜鲁门的"公平施政纲领"在国会受到坚决抵制，他的"国民医疗保险"方案也受到以"美国医师协会"为代表的利益集团的反对，最终被议会否决。从 1945 年起，杜鲁门一共四次向国会递交实行健康保障立法的建议咨文，但均未获得通过。理由是：联邦的活动不应该超过帮助穷人和近乎穷人的界限，这就再明显不过地反映了美国社会占主导地位的观念。杜鲁门总统没能为美国建立起医疗保险制度，为此他在建议咨文被议会否决时遗憾地表示："我在总统任内，曾经遭受过一些沉重的挫折，但就个人的感触来说，最使我痛心的是未能击败那个阻碍国民强制健康计划实现的反对集团。"①

1954 年，《社会保障法》修正案将美国的农场主和国内服务业劳动者、自谋职业者如律师和医生、军人纳入社会保障范围，参加社会保障的劳动者的比例由 1949 年的 49％增长到了 1955 年的 78％。②这就使得绝大多数就业人员在退休后都能够领取到养老金。社会保障覆盖到了包括个体经营者、州政府和地方政府的大部分雇员、家庭和农场雇员、自由职业者、军人和牧师等几乎所有社会成员。从"二战"以后到 20 世纪 70 年代末 80 年代初，美国对养老金立法一共进行了 15 次修改，征缴工薪税的工资基数逐步由 1937 年的 3000 美元提高到了 1983 年的 35700 美元；工薪税率逐步由 1937 年 的 1％提高到了 1983 年的 6.7％。③

"二战"以后美国宣传，整个社会富裕繁荣，人们享有世界上最高的生活水平，社会工作者转向为中上等收入的家庭服务而不再关注贫困问题，导致许多人认为需要削减社会福利支出和资助人数。事实上，需要援助和实际接受援助的人数在不断增加，许多人饱受贫困的折磨。20 世纪 50 年代末期，自由主义经济学家盖尔布雷斯在其《富裕的社会》一书中指出，美国文明已从根本上解决了稀缺与贫困老年人问题，但仍然存在贫困，而且贫困问题在如此富裕社会中的存在是非常引人注目的，是美国社会的一种耻辱。参议员道格拉斯和斯巴克曼任国会委员会主席时，反复强调贫困问题并指出，许多低收入家庭"已经被远远抛在了美国社会进步的后面"，只有向贫困进行强大的进攻，才能克服他们的痛苦遭遇。

---

①　黄安年：《当代美国的社会保障政策》，北京，中国社会科学出版社，1998 年，第 1 版，第 52 页。

②　李超民编著：《美国社会保障制度》，上海，上海人民出版社，2009 年，第 1 版，第 3 页。

③　郑秉文等主编：《社会保障分析导论》，北京，法律出版社，2001 年，第 1 版，第 75 页。

二、艾森豪威尔总统的社会保障观点

1953 年 1 月和 1957 年 1 月，艾森豪威尔连任两届美国总统。他支持共和党对社会保障所持的消极态度，因而在执政的八年中在社会保障方面没有显著作为。艾森豪威尔对社会保障的观点是："如果美国人所要的就是社会保障，那么他们可以进监狱，他们将有足够的东西吃，一张床和头上的屋顶。"①他反对建立强制性医疗保险制度，但是建议国会通过法案，对私人保险公司进行再保险，使私人保险公司在发生特大医疗保险损失时获得补偿。艾森豪威尔的建议遭到医疗协会和工人以及自由主义者的反对，他们认为老年人和长期生病的人因风险大而要向私人保险公司支付过多的保险费，建议因此被搁置。1953 年 8 月，艾森豪威尔在谈到社会保障法修正案时指出，个人依靠自己的能力建立自己的安全保障的退休金制度，现在已经成为我们的经济和社会生活的重要组成部分，这种制度体现了我们坚定不移的自力更生传统，这种传统正是使我们的国家强大而且保持独立的力量；如果没有这种传统，就不可能有现在的美国。对于联邦和各州政府的社会保障职能，他指出，有必要将许多公共活动领域中各州与联邦政府的职责做出一个清楚的界定。联邦已经承担了许多职能，其中许多是由各州发起或者是重复了各州政府的工作。联邦政府一个合适的功能应该是帮助建立一个坚实的基础，以抵御任何社会灾难。②

但是，社会保障制度在工业化社会的重要功能和作用，又迫使艾森豪威尔政府不得不对社会保障制度的有些内容进行修改。在 1954 年的《社会保障法修正案》中，艾森豪威尔提出了 6 点有关改革社会保障法的建议：1. 老年和遗属养老保险计划的适用范围应当扩大；2. 应放宽有关退休调查的规定，使那些退休以后仍然工作并有收入者能够领取到养老金；3. 老年和遗属的保险津贴应当增加；4. 应当提高养老保险缴费基数，使养老金领取者获得更多津贴；5. 计算养老津贴应将最低 4 年的收入排除，以保证养老金计算的公平；6. 应将永久残疾者纳入老年和遗属养老保险制度。1954 年的《社会保障法修正案》体现了艾森豪威尔的上述观点，在扩大保险范围上，将个体农场经营者、牙医、律师、除医生之外的自由职业者、农场主、家庭佣人以及地方政府的职员纳入社会保障法范围；将社会保障工薪税的缴费基数由

---

① 刘燕生：《社会保障法的起源、发展和道路选择》，北京，法律出版社，2001 年，第 1 版，第 300 页。

② 丁建定：《西方国家社会保障制度史》，北京，高等教育出版社，2010 年，第 1 版，第 268 页。

3600 美元提高到了 4200 美元。① 1956 年的《社会保障法修正案》将永久残疾者纳入了老年和遗属养老保险制度中。艾森豪威尔政府极大地推动了美国社会保障制度的发展。

三、肯尼迪总统的"向贫困开战"计划

肯尼迪在 1961 年总统就职演讲时要求,全国人民"承担起同人类共同的敌人:专制、贫穷、疾病和战争……开展一场持久性的黄昏战的责任",他呼吁,"必须向穷人和被压迫者伸出希望之手"。提出向贫困开战最为重要的原因是,社会救济的缓慢增长与人们大量移向城市同时存在和发生,这时的经济增长速度远远赶不上实际的社会需要,因为移居城市的人构成城市贫民的绝大部分,而这些人大多数被排除在美国生活主流之外。这些成为"边缘群体"的移居城市的人,主要是因为在 20 世纪 40 年代和 60 年代美国发生的农业革命,特别是现代化和机械化,使农村出现大量富余劳动力。总统农村贫困委员会的调查表明,1950 年至 1965 年期间,新机械化和新耕作方法使美国农业产出增加了 45%,与此同时,农业就业人数也减少了相同比例。1940 年至 1970 年间,两千多万人被迫离开土地,他们无法找到有保障的合适的工作,不得不居住在破烂不堪的贫民区中,成为政府救济的对象。20 世纪 60 年代初,社会保障署的工作人员莫利奥什斯基经深入研究,给出"贫困线"这一术语并成为联邦政府向地方政府提供资金的一个基本依据。1960 年,政府确定的贫困线标准为 4 口之家年收入 3022 美元。② 从 1960 年至 1970 年,接受公共援助的人数从大约 600 万增加到了 1200 万,援助资金相应也从 31 亿美元增加到了 60 亿。③ 1961 年、1962 年、1963 年肯尼迪连续三次提出有关医疗保障的咨文,呼吁为老年人建立医疗保障制度,改善养老金领取者的身体和生活状况。1961 年通过的《住宅法》规定,增加 20 亿美元用于为中低收入家庭提供长期低息房租贷款或保险,增建 30 万套低房租住宅。同年的《老年住房法》规定,增加对非营利机构与公共机构的贷款,增加农村老年住房贷款,并对农村老年人租房提供保险贷款等。④

城市骚乱、青少年犯罪和精神失常等社会问题的发生,迫使政府思考如何阻止或者减轻贫困问题。1962 年 7 月 25 日,由肯尼迪总统签署的《公共

---

① 丁建定:《西方国家社会保障制度史》,北京,高等教育出版社,2010 年,第 1 版,第 270 页。
② 刘燕生:《社会保障法的起源、发展和道路选择》,北京,法律出版社,2001 年,第 1 版,第 301 页。
③ 杨冠琼主编:《当代美国社会保障制度》,北京,法律出版社,2001 年,第 1 版,第 55 页。
④ 丁建定:《西方国家社会保障制度史》,北京,高等教育出版社,2010 年,第 1 版,第 273 页。

福利修正法案》极大地提高了联邦政府对地方政府工作的支持力度。修正案规定,接受"抚养未成年子女家庭援助计划"救济金的人必须就业,州政府有权增加有孩子的失业家庭的救济金;对劳动者要进行职业培训、职业转换、为接受公共援助者提供直接服务等。修正案的实施使贫困者变为自食其力的劳动者和经济上的独立者。20 世纪 60 年代,民主党推行的"向贫困宣战"的政策改善了经济落后地区和低收入阶层的生活状况,提升了美国人的社会正义观念,改变了美国人的生活方式。据统计,1960 年政府转移支付开支为 236 亿美元,到了 1980 年就飙升到了 2712 亿美元,有三分之一的家庭可以得到不同程度的政府补贴。

四、约翰逊总统的"伟大社会"计划

20 世纪 60 年代,市场驱动模式的某些弊端显露出来,以老年群体为代表的弱势群体以及一些地区战后的繁荣景象不再出现。"二战"后,由于国会拒绝建立全民医疗保险以及扩大社会保障,在谈判桌上美国联盟找到的解决方案是,通过私人社会保险金保障老百姓的疾病风险。这一方案在将劳动力市场划分为两个部分,即以享有慷慨社会津贴的高薪劳动者为核心部分,以及以领取低工资及有限保障的劳动力市场为边缘部分的同时,也为美国着手进行社会政策改革提供了契机。[①]

1963 年 11 月 22 日,肯尼迪总统遇刺以后,按照美国宪法规定,副总统林登·约翰逊继任总统职位。1964 年 1 月,约翰逊总统任职期间的经济顾问委员会在一份联合咨文中指出,大约五分之一的美国人,其中一半为黑人,处于贫困境地,南部诸州约 80% 的黑人依然生活在实施地方性立法和白人恐怖主义暴力强制实施的种族隔离制度中。作为罗斯福的追随者,约翰逊总统指出:"贫困的出现是由于人们难以确保最低需求,造成这种状况的根本原因是收入不足,其中包括工资收入和各种社会保障补贴标准太低。"对此他将采取刺激有效需求的政策。1964 年 3 月,他提交"向贫困开战"的咨文指出,美国总统对这个国家中由于种种原因而处于贫困中的人们负有责任,政府应该采取有效措施向贫困问题宣战,逐渐消除美国社会的丑陋现象,因为"贫穷是威胁国家力量和人民福利的国内敌人"。1964 年 5 月,约翰逊总统又提出了"伟大社会"的口号,提出要把美国建设成一个有舒适住房、优质的医疗保健服务、公民能够充分就业、具有良好教育、充分满足

---

① 〔丹麦〕戈斯塔·埃斯平-安德森编:《转型中的福利国家——全球经济中的国家调整》,杨刚译,北京,商务印书馆,2010 年,第 1 版,第 185 页。

人们物质生活和心理需要的"伟大社会"。① 为此,政府发布了各种形式的计划,为公民创造提高收入的机会,而不是更多的收入转移和公共服务。

"向贫困开战"计划的核心内容是1964年8月的"经济机会法",依据此法,为贫困者提供的扶助计划包括:设立职业训练团负责就业培训、通过街坊青年团为青少年提供就业机会、开办街坊医疗诊所、根据"启蒙计划"推行学前教育、鼓励来自低收入家庭的学生完成中学和大学教育。"食品券计划""老年人医疗保障计划""医疗补助计划"被称作"伟大社会"的三项遗产:1964年的食品券法为就业和失业的穷人规定了食品补助计划。1939年,为了消化当时过剩的农产品,政府颁布了一项很小的食品券计划。约翰逊执政以后,该计划迅速扩大,受助人用配给券能够买到比券面值高得多的食品。到了1995年,"食品券计划"成为全美反饥饿的最重要计划,受助者占到人口总数的10%。

1965年,连任的约翰逊总统决心对美国社会进行全面的变革。虽然"向贫困开战"的大多数项目和措施因官僚作风、行动迟缓、政治纷争而被浪费,但是其中1964年国会通过的"食品补助法案"项目和1965年通过的面向65岁以上老人的《医疗保障计划》是行之有效的:"食品补助法案"是为了防止浪费,将有联邦价格补贴的食品分配给低收入家庭。分配的数额取决于剩余物品的数量,而不是贫困家庭的需要。虽然该计划是为了农场主的利益而不是贫穷消费者的利益设计的,但它能够满足许多低收入家庭的急需,更为重要的是它成为了一项重要的一直适用至今的社会保障项目。

1965年,约翰逊总统推动国会通过了面向65岁以上老人的《医疗保障计划》,老年人的福利因此获得了提高。该计划为每一位65岁以上的老年人提供住院和门诊医疗保险,住院保险是强制性的,每人每月需缴纳3美元的保险费。这个法案免除了许多之前不能得到门诊医疗和住院待遇的老年人的后顾之忧。② 1969～1972年间,老年人的社会保障金提高了三倍,津贴对通货膨胀的指数化,使得老年人的净收入增长了23%。③ 约翰逊总统还

---

① 丁建定:《西方国家社会保障制度史》,北京,高等教育出版社,2010年,第1版,第273页。

② 20世纪五六十年代,社会保障计划增加了许多新项目,1956年增加了残疾保险后,社会保障计划更名为"老人、遗属和残疾人保险计划";1965年增加了老年人医疗保险项目后,社会保障计划再次被更名为"老人、遗属、残疾人和医疗保险计划"并一直沿用至今。新名称计划下的每个项目分别称作"养老金和抚恤保险""残疾人保险""医疗保险"。20世纪80年代初,从社会保障计划中领取现金津贴的人中,退休工人及其配偶或遗孤占83%,非老年残疾工人占8%,已故残疾人的子女和残疾工人的子女占9%。参见〔美〕约翰·B.威廉姆森等:《养老保险比较分析》,马胜杰等译,北京,法律出版社,2002年,第1版,第189页注释(48)。

③ 〔丹麦〕戈斯塔·埃斯平-安德森编:《转型中的福利国家——全球经济中的国家调整》,杨刚译,北京,商务印书馆,2010年,第1版,第186页。

签署了面向低收入阶层的《医疗补助计划》,该计划是为那些领取联邦公共援助的人设计的,如果资金宽裕,那些不领取公共援助但付不起医疗费的人也可以获得该项补助。因此,该计划被称作"慈善性医疗照顾"计划。虽然《医疗保障计划》和《医疗补助计划》开支巨大,但它们是美国社会保障发展的一个里程碑,对老年人、穷人、残疾人起到了重要的保护作用。1994财政年度,食品券支出占联邦预算的1.6%,老年人医疗保障占联邦预算的5.3%,医疗补助占联邦预算的1.1%,社会保障支出占联邦预算的20.6%。①

此外,约翰逊总统签署的法案还有对全国中小学的《教育补贴计划》、对高等院校的《贷款和奖学金计划》,向低收入家庭发放津贴的《扩大公共住房计划》等。② 此后,开展了一系列运动,如失学者工作队、无业少年邻里青年队、低收入农村家庭和流动民工特殊资助与贷款项目等,这些运动由于没有任何财力支持而不可能达到预期目的。例如,纽约州在5年内解决贫困问题,每年需要100亿美元,而国会在一年内拨给全国的消除贫困款项总计只有7.5亿美元,即使这点杯水车薪的解决贫困款项也因各种原因不知了去向。约翰逊总统卸任时,美国的社会保障项目多达300多种。③ "伟大社会"计划使贫困人口由60年代初的25%下降到1969年的12%左右,④它将美国的社会保障制度推向一个新的历史阶段,使美国的社会保障水平经历了一个黄金时代。从约翰逊总统所采取的一系列社会政策中人们能够看到的是,政府在关注和发展社会保障制度的同时,一方面将鼓励自立自强和自我负责放在首要地位,另一方面联邦政府与州政府一直在共同承担社会保障中的财政责任,充分彰显了美国社会保障制度的两个基本特色。

尽管在美国社会保障制度的发展过程中,政府政策始终没有忽视这两大特点,但是,事实表明1945～1963年的将近20年间,联邦政府在社会保障中的责任和作用在不断加强,联邦政府承担的财政责任在逐步超过州政府和地方政府的比例。例如联邦政府、州政府、地方政府承担的社会保障财政责任的比例,1945年分别为40.7%、46.8%、12.5%;1955年分别为49.4%、38.3%、12.2%;1963年分别为53.7%、32.7%、11.5%。贫困人口的比例也在逐渐下降,1960年,贫困人口3990万人,占总人口的22.2%;1969

---

① 〔美〕威廉姆·H.怀特科等:《当今世界的社会福利》,谢俊杰译,北京,法律出版社,2003年,第1版,第208页。

② 顾俊礼主编:《福利国家论析——以欧洲为背景的比较研究》,北京,经济管理出版社,2002年,第1版,第250～252页。

③ 同上书,第11页。

④ 〔美〕威廉姆·H.怀特科等:《当今世界的社会福利》,谢俊杰译,北京,法律出版社,2003年,第1版,第207页。

年,贫困人口 2410 万人,占总人口的 12.1%;1979 年,贫困人口 2610 万人,占总人口的 11.7%。[1] 但是,向贫困开战不能脱离战后美国社会福利基本的市场驱动模式,即向贫困开战要依靠普遍繁荣和增长的市场奇迹来解决贫困问题。由于美国缺少良好的收入转移系统,劳动力市场不平等增大,因此家庭收入更加不平等。全民医疗保险体系的缺乏,使得 3000 余万人无法得到医疗保险的保护,这就意味着医疗保健费用的激增。[2]

五、尼克松总统的"新联邦主义"

美国的社会保障制度经过 20 世纪 60 年代的黄金时期以后,由于受 70 年代中期以来经济波动的冲击开始面临危机。应对危机的方法之一是使社会保障的责任从完全由联邦政府承担向市场化、社会化方向分散。这个分散过程或称市场化、社会化过程就起源于尼克松总统的"新联邦主义"。[3]

1969 年尼克松当选总统。尼克松是一位坚守传统价值观和保守主义立场的人,1 月 20 日,他在就职演说中说:"那些被遗弃的人,我们要设法将他们引进我们的队伍中来;那些落后了的人,我们要协助他们迎头赶上。为了我们的全体人民,我们将建立公平的秩序,为我们的目标,使进步得以实现,使生活获得安全保障。当我们朝着希望迈进时,我们的工作是在过去的基础上继续建设,我们不是抛开旧的,而是奔向新的目标。"他执政以后谴责联邦政府不应过多地卷入救济穷人中去,他提倡自救自助、自强自立,鼓励个人和地方政府努力,认为社会救济有损于受益者的道德感和尊严感。于是他在就任总统期间首创性地制订了一系列应对社会保障制度面临危机的计划,被称作"新联邦主义"计划。

"新联邦主义"是在继续实行传统的社会福利政策的同时,开始缩小原来政策的规模,特别是要大幅度改变原有社会保障待遇的提供方式。例如,将支付社会保障费用的负担计划从地方政府和州政府移向联邦政府,并在全国实行统一的标准;尼克松的"家庭援助计划"规定,联邦政府为有劳动能力者,包括抚养 3 岁以上儿童的妇女,在参加工作(或者接受职业培训)的前提下,提供实际工资与贫困线之上所需生活费之差,有工作的穷人可以领取到至少 1600 美元的津贴,直到收入增加到 4000 美元为止;1974 年 1 月生效的"补充保障收入计划",使联邦政府承担起援助所有老年人、盲人、残障

---

[1] 丁建定:《西方国家社会保障制度史》,北京,高等教育出版社,2010 年,第 1 版,第 279 页。
[2] 〔丹麦〕戈斯塔·埃斯平-安德森编:《转型中的福利国家——全球经济中的国家调整》,杨刚译,北京,商务印书馆,2010 年,第 1 版,第 187 页。
[3] 杨冠琼主编:《当代美国社会保障制度》,北京,法律出版社,2001 年,第 1 版,第 247 页。

人的责任。这是第一个对所有没有工作能力的成年人给予援助的、由联邦政府承担责任的全国性的收入保障计划，[1]从而使贫困率从 1967 年的 29.75% 下降到了 1979 年的 15%。[2] 20 世纪 70 年代，尼克松政府对福利制度进行改革的措施是实行"分散化"改革，即给各州和地方政府充分的自由。这种社会保障方面的分散化管理能够满足各地的不同需求，提高管理效率。1972 年的《社会保障法修正案》规定，从 1975 年开始实行按生活成本调整养老金的办法，将那些从未缴纳过社会保障工薪税但年满 65 岁的移民纳入社会保障范围。同一年，缴纳社会保险工薪税的基数也被修改为工人在职期间所有工资收入的平均值。养老金指数化立法表明，来自社会保障委员会和社会保障管理机构的技术专家们对立法作出了重要影响。[3] 1973 年，各地开始建立"健康维持组织"，参加该组织的人员每月缴纳规定数额的保险金，就医时无需再付医疗费；医生的报酬则以工资的形式发放，对于能够降低医疗成本的医生，政府还予以奖励。这一改革大大减少了医疗领域的浪费现象，而且为日后美国医疗保险制度改革提供了可资借鉴的样本。

在美国，劳动一直被赋予很高的价值。社会工作者的一项重要使命就是如何尽其所能保证福利受益者努力工作、长久工作，有效地使他们从福利依赖者转变为自食其力者。尼克松的"新联邦主义"既是其个人价值观在社会保障问题上的反映，也是美国社会传统的个人主义文化在当时的一种新体现。福特总统在一次演讲中指出，尼克松对付贫困和城市危机的主要解决办法是职业和职业训练。他强调的是工作为谋生之道这一坚实的美国伦理。尼克松总统的办法是以人只有靠自己的两条腿站立才能站得最高这一观点为基础的，他竭力主张以"工利"代替"福利"，就是贯穿他对自美国社会保障制度建立以来进行的第一次重大改革的主导思想。在尼克松任期的四年内，不但通过大幅提高养老保险覆盖范围和待遇标准以及计算养老金水平的指数化，使社会保障改革取得了重要进展，而且"新联邦主义"为卡特的"以工作代替福利"和里根的"里根经济学"以及克林顿的"新誓约"的推行创造了良好的社会氛围。为社会成员从意识形态、心理文化、价值取向等方面接受和支持社会保障制度的市场化、社会化转向奠定了基础，并使社会保障

①　杨冠琼主编：《当代美国社会保障制度》，北京，法律出版社，2001 年，第 1 版，第 62 页。

②　〔美〕威廉姆·H.怀特科等：《当今世界的社会福利》，谢俊杰译，北京，法律出版社，2003 年，第 1 版，第 211 页。

③　〔美〕约翰·B.威廉姆森等：《养老保险比较分析》，马胜杰等译，北京，法律出版社，2002 年，第 1 版，第 161 页。

制度以不可遏制的势头朝着这个方向演进。①

　　人们不禁要问,在经济政策上一贯反对国家过多干预市场的共和党,在其执政时期为什么在福利政策上作出这么大的努力呢?原因有二:一是尼克松为了在竞选时能够得到更多养老金领取者的支持而取得连任;二是为了减轻来自民主党的压力,于是借福利制度改革来淡化该制度的政治色彩。②

六、福特总统的社会政策

　　1974年8月9日,福特当选总统。福特是个非常保守的人。他在任期间从未表示过对贫穷者的关注,福利改革也不在他的立法计划中,相反,他决心限制福利基金。福特总统的社会政策主要有:一是提高养老金水平。福特总统执政期间,社会保障水平唯一没有下降反而增加的是老年人的保险。1975年,养老金随在职职工工资的增长而增长,"补充保障收入计划"对老年人的支付以通货膨胀指数为基础决定支付水平。这是因为老年人的福利从社会保障基金中支付,老年群体庞大且组织有力,因而不易受经济波动的影响。二是扩大就业,缓解失业压力。通过就业与培训法,对处于被动地位的年轻人提供就业帮助。三是提高住院保险中受保险人承担的份额。福特的保守主义立场及出自这种立场的社会政策使得社会问题越来越多,社会不满情绪与日俱增,导致他在1976年大选中失利。

七、卡特总统的改革方案

　　卡特是一个同情普通民众的平民主义者,具有强烈的人权主义意识。他一上台就提出一系列重要的改革措施,其中就有有关福利制度改革的措施。他成立了一个专门研究全国福利政策问题的小组,要求这个小组对"复杂而又不公平的体制"提出改革方案和建议。1977年8月6日,卡特宣布其题为"更好的工作和收入计划"的福利改革方案,就是一个彻底废除现存的由一系列补救性收益构成的社会福利制度,而代之以一套全新的双轨制,即有工作能力者的工作福利计划和无工作能力者的收入补助计划。该计划将接受社会救济者分为两类,一类是包括老年人、永久残疾人和因抚养未成年人而不宜于实行工作要求的群体,另一类是必须实行工作要求的有双亲的四口之家和没有14以下的子女的单亲家庭,这类人的救济标准依是否就

---

①　杨冠琼主编:《当代美国社会保障制度》,北京,法律出版社,2001年,第1版,第251页。
②　郑秉文等主编:《社会保障分析导论》,北京,法律出版社,2001年,第1版,第76页。

业确定。为此,政府提供了 140 万个公共服务就业机会,安排接受公共援助尤其是家庭援助计划的人就业。此外,政府还提高低收入家庭的现金补贴,以使家庭补贴制度更能够体现社会公平。① 然而,卡特的改革方案没有在国会获得通过。当时的国际局势,尤其是通货膨胀率不断升高,使得人们对政府解决经济问题的能力失去了信心。

自 1935 年以来,经过 50 余年的发展和完善,美国的社会保障已经形成全面、系统、多样化制度体系,政府在社会保障中的作用也在不断加强。"伟大社会"计划对美国福利国家制度建设发挥了根本的推动作用,政府对社会生活干预的深度和范围都有了明显扩大。但是,由于在指导思想上是以维护再生产(适当干预经济)、强调个人责任、激发个体自身积极性为出发点和价值取向,因此,政府在社会保障资金上承担的责任要比西欧福利国家政府轻得多,给付的条件比西欧福利国家严格得多,给付水平比西欧福利国家低得多。美国的养老金给付水平是西方国家中最低的国家之一,养老金的工资替代率仅为 44%,甚至低于许多发展中国家;美国没有针对在职劳动者的医疗保险,大部分公民的医疗保险以商业保险为主。政策的制定者和部分国会议员也不断强调,美国社会保障是自我维持、自我发展的事业,尽管如此,在收不抵支时,政府仍要承担最终的财政责任。但是,政府拨款的目的不是为了增加国民的福利,而是为了保持现行制度的继续与稳定,从而为经济和社会的发展提供稳定的社会环境。② 由于保守主义的反对,美国的社会保障制度远远落后于西欧福利国家。到 1980 年,只有大约一半的美国人能享受到社会福利制度不同程度的照顾。③ 被世界公认为第一经济强国的美国的社会保障确实不能算是一流的水平,尽管如此,美国的一些经济学家对当时社会保障的有限公平仍颇有微词,主张国家应退出社会保障领域,不再对社会财富实行再分配,认为社会保障应私有化、市场化。

第四节　社会保障制度的改革

20 世纪 60 年代,民主党"向贫困宣战"的政策改善了美国经济落后地

---

① 丁建定:《西方国家社会保障制度史》,北京,高等教育出版社,2010 年,第 1 版,第 346 页。
② 李珍主编:《社会保障理论》,北京,中国劳动社会保障出版社,2001 年,第 1 版,第 104~109 页。
③ 顾俊礼主编:《福利国家论析——以欧洲为背景的比较研究》,北京,经济管理出版社,2002 年,第 1 版,第 251 页。

区和低收入阶层的社会状况,强化了社会正义观念,对美国人的价值观和生活方式产生了深远的影响。20世纪70年代,美国社会保障制度的弊端开始显现,主要是经济衰退导致的社会保障基金融资来源锐减。为此,国会采取了一系列减少社会保障基金赤字的措施,例如,提高社会保障工薪税率、减少配偶福利、降低因通货膨胀对社会福利的补助、降低提前退休金的领取标准等。20世纪80年代之前,历届政府出于政党利益的考虑,在限制公共福利膨胀方面都采取了谨慎和回避的态度,但是这些措施没有能够提振社会对社会保障制度的信心。有证据表明,20世纪70年代末80年代初对社会保障危机的强调,是一些保守派普遍使用的试图削弱人们对社会保障信心和支持的方法,其目标是减少国家对各种新政和社会计划承担的义务。本来就不愿意在社会福利上承担过多义务的美国政府,在这种情况下就顺水推舟地从中抽身了。[1]　于是从共和党里根政府开始对美国的社会保障制度进行较大幅度的调整和改革,并结束了美国社会保障制度为期20年的"黄金时代"。

一、里根政府的改革

在1980年大选中,称得上举国上下保守主义化身的里根赢得了选民的支持而走上政坛。1981年1月,里根就任总统时,美国的社会保障体系几乎深陷困境。通货膨胀和支付的"指数化"增长导致福利支出直线攀升,人口老龄化及其政治影响力,都给政府带来巨大压力。失业率由20世纪60年代的4%～5%增加到1981年的7.6%,而出生率下降日趋严重,这些不仅加剧了失业保险基金储备的负担,而且意味着参加失业保险人数的减少和为没有工作的人提供援助的负担越来越重。里根本来对公共问题的态度非常明确,他仇视大政府,崇尚自由企业制度。他在加州做州长时就抱怨政府支付给穷人的补贴使得越来越多的少女怀孕,使穷人中的嬉皮士受益。他认为,"向贫困开战"和"伟大社会"计划使美国社会陷入困境,在过去的半个世纪中,"人们得到的只是'新政''伟大社会'以及产生了一个拿走45%国民财富的政府。"[2]他信奉一位先人的自我满足哲学,认为人们应该通过劳动满足和提高自己的需求,即使需要救助也应该由私营的慈善机构自愿救助,而不是由政府制定社会福利计划来解决。他认为,解决社会保障问题

---

①　〔美〕约翰·B.威廉姆森等:《养老保险比较分析》,马胜杰等译,北京,法律出版社,2002年,第1版,第163页。

②　牛文光:《美国社会保障制度的发展》,北京,中国劳动社会保障出版社,2004年,第1版,第176页。

的关键不仅是削减援助,更重要的是要卸去联邦官僚们承担的沉重的救济任务。在他看来,将救济责任转向州和地方政府,是解决问题的出路所在。他曾表示过对福利补贴性政府的不满,他坚信只有使失业者到劳动力市场的大潮中经受锻炼和考验,才能提高他们的自我生存能力,从而提高整个民族的生存能力。一味被动性地救济只能使救济在困苦中被遮掩得疲惫不堪,最终使整个民族的生存能力降低或彻底消失。里根政府主张贫困者应减少对公共福利的依赖,试图实现以工作替代福利的目标,并推出一系列的社会福利改革实验项目。在里根政府的社会保障改革实践中,大幅度和持续地削减个人所得税和企业税,诱使人们多工作,企业增加投资,放慢公共开支的增长,发挥自由市场经济的内在动力的"供给经济学"的理论,在其中发挥了有效作用。

1981 年的《综合预算调节法》大幅削减了联邦社会福利支出,其中低、中收入者住房补助减少了 57%,"抚养未成年子女家庭援助计划"的补助减少了 17.4%,食品券支出减少了 14.3%,其他社会救助减少了 23.5%。该法案严格了"抚养未成年子女家庭援助计划"和食品券的受助资格及失业保险金领取资格。从 1980 年到 1983 年,所有社会福利计划所需资金削减了 7%,其理由是国家面临财政危机,"每一个人都得作出牺牲"。[①]

1981 年 12 月,里根任命艾伦·格林斯潘为共和和民主两党参加的全国社会保障改革委员会负责人,主要解决社会保险方面存在的问题。1983 年 2 月,该委员会提出,在不根本改变现行制度结构的基础上的一揽子改革计划。1983 年 3 月,国会通过了这一计划,4 月里根签署生效,这就是《1983 年社会保障法修正案》。修正案规定,逐步将领取养老金的年龄由 65 岁提高到 67 岁,同时将社会保障的覆盖范围进一步扩大到 1983 年以后雇用的所有联邦雇员,非营利性慈善组织、教育机构和宗教组织的所有雇员,议员、法官、不享受文职退休金的议会雇员以及各种零散的雇员团体,从事家务劳动的人和农场工人。1940 年 7 月,享受社会保障待遇的工人为 2680 万人,占工人总数的 58%,到了 1989 年 2 月,享受社会保障待遇的工人数达到 11010 万人,占工人总数的 94%。1982 年低收入退休者的养老金替代率为 53%,而处于工资收入上限者的养老金替代率仅为 27%。对领取老残遗属保险金超过 25000 美金的个人和 32000 美金的夫妇将征收所得税,赋税额相当于所领取保险金的 50%,这就等于削减了受益人一半的待遇,征收来

---

① 〔美〕威廉姆·H.怀特科等:《当今世界的社会福利》,谢俊杰译,北京,法律出版社,2003 年,第 1 版,第 214、215 页。

的税款划拨到社会保险基金。①

　　经过这次增税措施的改革,社会保障基金出现了巨额短期资金盈余,按照国会决定,这笔钱投资于由美国社会保障信托基金持有的非流动性美国国库券。② 1983 年削减抚养未成年子女家庭补助的计划使 40 万家庭中的50％失去资格;减少联邦对于州的医疗补助,冻结对"健康维护组织"的援助,关闭一些公共医疗机构,将联邦原来承担的一些项目转移到各州;1981～1987 年间,用于住房的援助从 319 亿美元降到 94 亿美元。里根削减计划的 70％左右影响到年收入低于 2 万美元的 48％的家庭。"工作福利制"也是在 20 世纪 80 年代中期从里根政府开始的。所谓"工作福利制"是指州或地方的福利计划要求享受社会福利者为他们的全部或部分救济金从事某项公益活动。到了 1987 年,该计划已推广到了 40 个州。③ 在里根看来,这些措施的实施将极大地减轻纳税人的不合理负担,而不会对需要帮助的人造成损害。在对社会保障事业的管理上,里根认为,联邦政府过多干预社会福利、社区开发、医疗保健及教育文化事业,会造成对州和地方企业和个人积极性和创造性的压抑。因此主张将联邦政府的管理项目改由联邦、州、地方三级政府分开管理,认为这样做可以扩大州和地方的自主权,消除管理上的官僚主义,提高社会保障管理效率。④

　　里根在 1982 年的政府咨文中提出,要建立和实施"新联邦主义"。新联邦主义在 1984 年开始实施,州政府承担起抚养未成年儿童家庭援助和食品补贴的全部责任,联邦政府则承担医疗补助的责任。州和地方政府可以像联邦政府那样,根据自己的意愿废除福利项目或缩小福利项目的覆盖范围,这完全取决于各州的经济状况和财力状况以及政府的偏好。1985 年实施的《工作激励项目》就使之前依靠社会福利生活的 13 万人找到了工作;许多州按照联邦政府的要求,规定领取社会福利的家庭中父母中的一人每周必须至少工作 16 个小时。这些措施的实施增加了福利领取者的家庭收入,抑制了公共福利支出增长的势头。

　　但是,由于福利刚性已经在一定程度上形成,所以,改革只是延缓了福利开支增长的速度,而没有从根本上扭转福利支出继续攀升的势头。1980～

---

　　① 〔美〕约翰·B.威廉姆森等:《养老保险比较分析》,马胜杰等译,北京,法律出版社,2002 年,第 1 版,第 165 页。

　　② 李超民编著:《美国社会保障制度》,上海,上海人民出版社,2009 年,第 1 版,第 12 页。

　　③ 〔美〕威廉姆·H.怀特科等:《当今世界的社会福利》,谢俊杰译,北京,法律出版社,2003 年,第 1 版,第 217 页。

　　④ 李珍主编:《社会保障理论》,北京,中国劳动社会保障出版社,2001 年,第 1 版,第 56 页。

1989 年,联邦政府的社会保障支出从 3024.4 亿美元增加到了 5631.9 亿美元,各州和地方政府社会保障总支出从 1895.5 亿美元增加到了 3926.8 亿美元,①尤其是医疗费用 1990 年比 1980 年人均支出增长了将近 140%,补充性保障收入也在 10 年间增长了一倍多。美国福利体制的最大缺陷是没有建立覆盖全民的医疗保险制度,只是为 65 岁以上的老年人提供医疗保险,为贫困线以下的人口提供医疗救助,对在职职工通过税收优惠鼓励企业为职工购买商业医疗保险。在这样的医疗体制和人口老龄化加剧的情况下,公共医疗支出大幅度增加,1980 年人均医疗费用为 1049 美元,而 10 年以后的 1990 年上升为人均 2476 美元。与此同时,占人口总数 16%(1992 年)约 3900 万没有被公共医疗覆盖的自雇者以及买不起或不愿购买商业医疗保险的中小企业雇员,没有任何医疗保障。老龄化的快速到来,使得有将近 3000 万老年人依靠社会保险和社会福利生活,在美国出现了福利开支巨大而效率低下的状况。②

共和党的这种重效率轻公平、以市场化为机制调整的改革方向的实施效果是,贫富差距日益扩大,贫困现象日趋严重。1973~1987 年间,最贫困的 20%家庭收入下降了 22%,而最富有的 20%家庭收入提高了 25%。③里根执政的前三年,美国的贫困率从 11.7%上升到了 15.3%,达到了 20 世纪 60 年代以来的最高水平,贫困人口高达 3530 万人。忍饥挨饿者遍布美国各地,数量达 2000 万人。在 1975 年的经济衰退期,有 75%的失业者领到了失业救济金,但到了 1982 年的经济衰退期仅有 45%的失业者领取到了失业救济金,到了 1984 年底领取失业救济金的人数比例降到了 25%,创下了失业保险制度实施以来的最低纪录。由于美国没有建立针对全民医疗保险计划,失业就意味着工人和他们的家属同时丧失了医疗保险。而且失业者没有资格申请建立在资产调查基础上的医疗援助计划。造成这种局面的原因应归咎于里根供给经济学政策的失败,这一政策的实施结果是"工资下降、社会救济金和服务减少、税收增加",使得贫困者的生存更加困难。④

里根政府在上台时承诺,减少政府赤字、砍掉公共开支并最终平衡预算。然而,承诺是一回事,能否成功地兑现承诺则是另外一回事。由于大众

① 丁建定:《西方国家社会保障制度史》,北京,高等教育出版社,2010 年,第 1 版,第 59 页。
② 顾俊礼主编:《福利国家论析——以欧洲为背景的比较研究》,北京,经济管理出版社,2002 年,第 1 版,第 272~275 页。
③ 〔丹麦〕戈斯塔·埃斯平-安德森编:《转型中的福利国家——全球经济中的国家调整》,杨刚译,北京,商务印书馆,2010 年,第 1 版,第 181 页。
④ 〔美〕威廉姆·H.怀特科等:《当今世界的社会福利》,谢俊杰译,北京,法律出版社,2003 年,第 1 版,第 218 页。

对医疗、养老、教育等社会福利具有广泛而持续的支持,而且社会福利覆盖到所有领薪者和社会集团的绝大多数人,即全国绝大多数选民,所以里根政府在"对普遍社会服务实行收缩或私有化"的建议面前不得不退缩了。事实是,里根执政期间的预算赤字上涨到了历史最高水平。尽管新自由主义喧嚣一时,但福利国家已不可逆转。① 1990 财政年度,联邦政府的财政开支中,社会福利开支就占 44% 以上。②

虽然里根政府的社会保障制度改革没有改变失业率增加、许多人仍然饱受贫困之累的状况,也遭受到社会更加严厉的批评。但是,这个时期被称为美国社会保障制度的"分水岭"时期:以强化工作动机、提高工作能力和自救能力、强化以社会保险为特征的现代社会保障制度的基本轮廓已经成型。这种以"市场化取向"为核心的社会保障体系,表现在其项目的设立准则、提供方式、管理方式、资金筹措方式以及体系的改革与完善方式等各个方面。③ 有学者认为,随着税收不断降低和公共福利的恶化,美国将朝着"二元经济和社会"的趋势发展,即全日工作、收入较好并享受与工作相关福利的人口,将拥有购买商业保险的能力;而为数不多的有工作和无工作的穷人,包括少数民族、单亲妈妈家庭、长期失业者、无家可归者以及没有养老金的老人和残疾人这些处于社会不利地位的人,他们必须依靠日益缩减的福利生活。里根政府为二元经济和社会的形成和发展创造了条件,使得美国二元经济和社会已经走得相当远了。④

二、克林顿政府的"第三条道路"

美国的社会保障制度虽然是以公司为基础的社会保障计划,相对于欧洲国家来说,公共养老金制度并没有占很大比重,尽管如此,美国的社会保障制度同样面临着长期融资的问题。据预测,如果现有的社会保障制度保持不变,那么,到 2012 年出现赤字,到 2029 年将会破产。⑤ 改革现有的社会保障制度的呼声日益强烈。1991 年 10 月 3 日,克林顿在发表总统竞选演说时说:"中产阶级的人们在工作上付出的劳动时间比别人多,与他们的

---

① 〔加〕R.米什拉:《资本主义社会的福利国家》,郑秉文译,北京,法律出版社,2003 年,第 1版,第 6 页。
② 陈建:《政府与市场——美、英、法、德、日市场经济模式研究》,北京,经济管理出版社,1995年,第 1 版,第 47 页。
③ 杨冠琼主编:《当代美国社会保障制度》,北京,法律出版社,2001 年,第 1 版,第 67 页。
④ 〔加〕R.米什拉:《资本主义社会的福利国家》,郑秉文译,北京,法律出版社,2003 年,第 1版,第 46 页。
⑤ 郑秉文等主编:《社会保障分析导论》,北京,法律出版社,2001 年,第 1 版,第 79 页。

孩子待在一起的时间比别人少,拿回家的报酬比别人少,而花在医疗保健、住房和教育上的开支比别人多。我们的街道比人家破旧,我们的家庭比人家破败,我们的医疗费用是世界上最昂贵的,而我们得到的医疗条件不如人家。"以罗斯福政策继承人自诩的克林顿在演讲中强调的是被遗忘的中产阶级,而不是罗斯福所强调的被遗忘的中下层人。① 克林顿向选民承诺要对社会保障制度进行全面改革,虽然竞选政纲与政策的实施不可能完全一致,但竞选政纲在很大程度上反映了克林顿在执政中的价值取向和政策主张。他上台执政以后立即着手对福利制度进行改革,改革中注重公平与效率的关系,但在改革的核心内容方面仍与历届政府没有实质性的差异,即使与众议院之间的矛盾也只是"度"上的,而不是"质"上的。这是因为美国的社会保障事务主要由各州管理,而各州的改革又集中在"以工作替代福利"上。例如,佛罗里达州每年斥资 3000 万美元推行的"独立计划",是让 18000 名单身父母去寻找工作,而且要求每位求职者至少要与 12 名雇主联系;加利福尼亚州每年花费 1.2 亿美元推行"独立通衢计划",为 6 万名参加者提供数周培训。各州的实际做法说明,削减福利待遇,以工资替代福利一直是美国社会在社会福利问题上占主导地位的观点。②

　　1991 年 10 月 23 日,克林顿在发表《新誓约:职责和重建美国社会》演说时讲到:"如果你们能够工作就必须工作,因为你们不可能永远靠救济过日子。""我们将结束大家都了解的那种福利。我将一劳永逸地抹掉福利的恶劣名声,恢复一条简单而庄严的原则:不能让一个能够工作的人永远依靠福利,我们仍然要帮助那些不能自助的人,帮助那些需要受教育、训练和抚养孩子的人。但是,能够工作的人必须工作。"1992 年 2 月 13 日,美国民主党代表大会通过的《致美国人民的新契约》政纲提出"使所有有资格上大学的学生,不论其家庭收入如何,都能够上得起大学",主张"所有美国人都应普遍得到优质、负担得起的卫生保健",认为"我们希望以坚持两个简单的原则来打破这种福利循环:能够工作的人绝不能永远靠福利生活;有工作的人不能生活在贫困中。我们将继续帮助不能自助的人。"③

　　1994 年 1 月 25 日,克林顿在国情咨文中强调国内政策的重点是解决医疗保健制度的改革和福利制度的改革。他表示,人人都要有医疗保险,要结束领取福利金比工作更有吸引力的历史。他主张先解决医疗保健问题,

---

　　① 杨冠琼主编:《当代美国社会保障制度》,北京,法律出版社,2001 年,第 1 版,第 306 页。

　　② 顾俊礼主编:《福利国家论析——以欧洲为背景的比较研究》,北京,经济管理出版社,2002 年,第 1 版,第 278 页。

　　③ 杨冠琼主编:《当代美国社会保障制度》,北京,法律出版社,2001 年,第 1 版,第 308 页。

然后再解决福利问题。1994 年 6 月,克林顿政府颁布《工作与责任心法案》无疑是为了迎合以工作替代福利的社会主流观念的做法。1996 年 8 月 22 日,克林顿政府颁布了又一个《社会福利改革方案》,方案规定:领取社会福利的最长时间为 5 年,有劳动能力的成年人在接受福利补助的两年内必须参加工作;由州政府决定如何使用联邦政府的援助资金;方案发布之后的 6 年间食品券支出限制在 240 亿美元以下;未成为公民的合法移民不能获得联邦政府的福利金等,并预计 6 年内节约 541 亿美元的福利开支。1996 年的社会福利改革方案结束了自 1935 年以来联邦政府对穷人没有限制地给予福利补贴的政策,受到损害的是穷人的利益。① 这一法案至少将 100 万人(主要是儿童)推入贫困深渊,虽然国会把最低工资额增加了 90 美分,但是一个全职工人的工资收入仍不足以养活他的四口之家。② 然而克林顿将此法案视为恢复福利制度的根本功能、提供第二次就业机会的法案。

　　长期以来,美国的医疗保险制度一直面临两大难题的困扰:一是不断攀升的医疗费用使得联邦政府、大多数州政府、许多企业、数百万家庭都不堪重负;二是 6000 多万美国人时常没有医疗保障,3500 万美国人没有任何保障。③ 克林顿在他 1993 年总统经济报告中指出:"今天美国花在保健上的费用与它的经济规模相比要高于任何先进的工业国,然而我们只为人口的较小一部分保险,我们在重要的总体健康指标方面,如平均寿命、婴儿死亡率等都落后了。超过 15% 的美国人(接近 3900 万人)到 1992 年没有保险,还有数千万人保险不足或者在失去工作之后也将丧失保险。同时,保险费用的继续攀升,给美国家庭增加了医疗开支和保险费支出,加剧了各级政府的预算危机。"于是,克林顿一上台就提出了医疗保险制度改革方案,他主张把所有公民登记在"地区医疗保险联盟"内,以减少成本和增加便利,每一个公民要与医疗保险提供者(政府)就基本保健范围签订一份"可承受医疗"合同。具体内容包括:1998 年为所有美国人提供医疗保险;在各州建立沟通患者与医生关系的中介组织——健康同盟,以降低医疗费用、提高医生的服务质量;医疗费用由雇主承担 80%,雇员承担 20%;政府对小企业予以补助,对失业者和穷人给予帮助,削减老年人的医疗补助规模。

---

　　① 牛军主编:《克林顿治下的美国》,北京,中国社会科学出版社,1998 年,第 1 版,第 273 页。

　　② 〔美〕威廉姆·H.怀特科等:《当今世界的社会福利》,谢俊杰译,北京,法律出版社,2003 年,第 1 版,"第二版序言",第 1 页。

　　③ 杨冠琼主编:《当代美国社会保障制度》,北京,法律出版社,2001 年,第 1 版,第 309 页。

　　1993 年 11 月 20 日，克林顿向国会提交的"健康保险法案"中主张采取德国模式，倡导在医疗服务的筹资和提供两方面都实行政府干预和市场调节相结合，实行全国统一的医疗保险体制，由联邦政府、州政府、地方政府、雇主和雇员共同承担医疗费用。美国国会围绕克林顿提出的法案进行了激烈讨论，争论的焦点集中在应不应该建立一个国家的医疗保险制度。支持者认为，由联邦政府管理全国医疗保险有利于降低医疗费用并维持较高的医疗质量，实行全民医疗保险已为西欧和加拿大等国证明是行之有效的；反对者认为，能否降低医疗费用和保证医疗质量值得怀疑，况且西欧和加拿大的全民医疗保险已面临困境。克林顿的医改方案能否在国会顺利通过，关涉到各利益集团最后的博弈结果，也是对克林顿政府地位的严峻考验。克林顿总统与国会经过激烈争论后，于 1996 年 8 月 22 日达成一个妥协方案，即福利改革法案：在为穷人和残疾人提供医疗保险上，联邦政府和州政府承担的费用要进行合理划分，但要尽量少地削减医疗补助费用；受保险人可以自愿选择参加健康同盟；不可大幅度削减医疗照顾范围。虽然妥协方案对原有的医疗保险制度没有大的修订，但微小的进步也是能造福老百姓的。

　　克林顿对于本届政府采取的改革方案评价说："我们的政策""是介于自由放任资本主义和福利国家之间的'第三条道路'"。即他认为自己的政策是介于新自由主义与凯恩斯主义之间的折中主义的经济政策。[①]

三、奥巴马政府的改革

　　2009 年 1 月 20 日，奥巴马接任乔治·布什就任美国总统。美国虽然拥有世界最先进的科技水平和医疗技术，但医疗体制却是发达国家中最差的。一方面，医疗费用昂贵且不断上涨，使得普通工薪阶层的医疗负担越来越重；另一方面虽然美国的商业医疗保险发达，但却有相当一部分人买不起医疗保险，以至于病无所医。医疗保险制度成为美国社会积重难返的顽疾。2010 年 3 月众议院通过了奥巴马政府提出的《平价医疗法案》，法案的重心在于扩大医疗保险覆盖范围，遏制医疗费用上升趋势。奥巴马政府认为，迫切需要解决的问题是，将社会弱势群体纳入医疗保险范围。奥巴马的《平价医疗法案》确立了三个主要计划：对于有保险的人提供更加稳定、质量更有保障的保险；对于没有保险的人可以提供物美价廉的医疗保障；严格控制医

　　[①]　李珍主编：《社会保障理论》，北京，中国劳动社会保障出版社，2007 年，第 2 版，第 138、139 页。

疗保险费用。① 在《平价医疗法案》的授权下,联邦政府采取了以下改革措施:一是《平价医疗法案》严禁保险业者以客户患有疾病为由,向健康状况欠佳的人群收取高额保险费用;二是《平价医疗法案》要求年收入在一定水平上的国民必须拥有医疗保险,对于有经济能力购买医疗保险而不购买者,政府将处以罚款;三是《平价医疗法案》规定,50 人以上的公司必须为所有雇员购买医疗保险,否则将会被处以罚款;四是《平价医疗法案》规定扩大公共医疗保险的保障范围,联邦政府和州政府合作,将年收入低于联邦贫困线138%的人逐步纳入公共医疗保险服务。

《平价医疗法案》在实施了 3 年之后,即到了 2014 年,美国有占总人口一半的在职者参加了医疗保险;有三分之一的国民是通过政府提供的老年和残疾健康保险和医疗援助获得医疗保险的;十分之一的自由职业者通过购买获得医疗保险。新医改方案实施之后,有 1600 万享受医疗救助的低收入的家庭和个人被纳入医疗保险范围,他们的医疗保险费用由联邦政府和州政府共同承担。② 但仍有 3000 余万人没有医疗保险,如果他们因为收入太低,无力缴纳医疗保险费,则可以免于处罚。政府通过税收优惠政策鼓励中小企业为员工购买医疗保险。

在《平价医疗法案》实施 5 年间,无医疗保险人口从 2011 年的近 5000万下降到了 2015 年年初的 3230 万人,医疗保险覆盖范围的扩大一方面由于公共医疗保险参加人数增加,另一方面则是政府对中低收入人群提供购买商业医疗保险补贴。《平价医疗法案》计划在十年内投入 9400 亿美元,将没有医疗保险的人纳入医疗保险范围。让民营的非营利医疗保险公司进入公共医疗保险领域,政府给予减税优惠,使医疗保险范围由 85% 提高到95%。③ 然而,政府动用公共财政为人们支付医疗费用的做法,不但没有从根本上遏制医疗费用上涨的趋势,而且加重了纳税人的负担。奥巴马的医改方案是一个治标不治本的政策。④ 但是,即使奥巴马的医改走不远,就像马丁·路德·金当年为黑人争取权利那样,在他有生之年(在奥巴马卸任以后)没有成功,但以后的成功将是建立在这次失败的基础上的。⑤

美国在对社会保障制度进行改革的过程中,采取的基本策略是通过增

---

① 陈建利:《奥巴马医改及对中国的启示》,《南方都市报》2010 年 2 月 7 日。

② 田晓溪:《美国医改四年"奏效"全民医保仍是难题》,《中国经济周刊》2014 年第 19 期。

③ 曾舒玥:《从罗斯福新政到奥巴马医改看美国社会保障制度》,《中国社会报》2015 年 3 月30 日。

④ 钱静远:《为医消得人憔悴:奥巴马医疗改革方案的成败与思考》,《财经管理》2016 年第26 期。

⑤ 陈建利:《奥巴马医改及对中国的启示》,《南方都市报》2010 年 2 月 7 日。

加就业来限制依赖福利生活的人的数量,提高工资在总收入中的比重,努力使工资的增加部分与转移支付额基本能够等值转化,即将社会开支从"消极"的社会保险模式转化为"积极"的劳动力市场项目。这一策略实施的后果是,在向低工资经济转化而限制福利陷阱的同时,增加了有工作穷人的数量。自 20 世纪 80 年代以来,越来越多的企业迫切需要大批顶尖技术人才,而不是只具有高级技术常识的一般工人,所以,历届政府适应经济发展的需要,主张将社会福利向社会投资转化。这样的策略将会帮助那些因结构性因素而失业的人找到工作,以及可以向劳动力市场投放更多高技能的人才。因为投资于人力资源可以提高劳动生产率和职工的收入潜力,由此减少人们对社会福利的依赖,减少失业、低工资现象。由于投资于人力资源可以为穷人创造更多更好的就业机会,所以从人的一生来说,它是更加平等的社会再分配形式,因为社会福利只能缓解人们一时的生活困难,而社会投资则可以从根本上给穷人提供更多的机会。

20 世纪 90 年代以来,美国两个主要政党在竞选中的允诺,已从原来的允诺扩大社会福利项目和提高社会福利水平来拉选票,改变为允诺为中产阶级减税和减少政府干预方面了。在传统福利国家制度面临危机的情况下,社会投资战略体现了美国福利国家制度的未来走向。在这种以维护再生产的价值取向下,美国的就业率比较高,税率比较低,形成了一种和"工作"联系比较紧密的福利环境。当欧洲福利国家陷入困境时,人们对美国福利制度有了新的认识,认为它促进了美国经济的发展,与欧洲福利制度相比,各有独到的优势。

美国作为世界上第一经济大国,而没有建立起一流的社会保障制度,与其经济结构、文化传统、历史发展过程都有关系。但最主要的原因有二:一是美国的社会文化历来崇尚自由胜于追求平等,人们要求建立体现社会公平的社会保障制度的呼声没有欧洲那么强烈。在 20 世纪六七十年代,虽然美国人对平等的要求有所上升,但民主党政府还是通过减少贫困现象,而不是通过大范围的社会再分配来实现社会平等。美国拥护社会保障制度的人士使用良知、道德、同情心来论证建立社会保障制度的必要性,这与将人们的社会权利看作是与生俱来的天赋权利的西欧国家的社会保障制度的倡导者,在观念上是有很大区别的。[①] 二是美国国富民强,个人有足够的收入去

---

① 顾俊礼主编:《福利国家论析——以欧洲为背景的比较研究》,北京,经济管理出版社,2002年,第 1 版,第 261 页。

储蓄和购买商业保险,因而自发的保障方式仍占有相当重要的地位。[1]　即使这样,美国有些社会保障专家还认为,美国现有社会保障制度对经济造成了不利影响,应当私有化,减弱或者消除社会保障再分配功能,让市场决定个人生活,以便为经济持续发展提供良好的条件。[2]　这表明,美国社会保障制度实现社会公平的作用是十分有限的,而以经济效率为核心的理念还在继续。

---

[1]　〔法〕让-雅克·迪贝卢:《社会保障法》,蒋将元译,北京,法律出版社,2002 年,第 1 版,第 60 页。

[2]　李珍主编:《社会保障理论》,北京,中国劳动社会保障出版社,2001 年,第 1 版,第 119 页。

第三章　社会保险法律制度

第一节　社会保险法的一般规定

美国社会保险的覆盖范围是逐步得以扩展的:《1935 年社会保障法》仅对养老保险和失业保险作出规定;《1939 年社会保障法修正案》将遗属保险纳入其中;《1956 年社会保障法修正案》又将残疾保险纳入;《1965 年社会保障修正案》将 65 岁以上老人纳入《医疗保障计划》。现在 96％的雇员及其家庭都被《社会保障法》所覆盖。[1] 每一个参加社会保险计划的雇员都可以从社会保障地方机构得到一张社会保障卡,雇主从雇员月薪中扣除应缴纳的工薪税,加上雇主应缴纳的数额,一并上缴到联邦税务局,并记入雇员个人社会保障卡。

一、受保险人资格的取得

美国的社会保险与其他国家的社会保险一样,是强制性的,公民要获得这四项社会保险待遇,必须参加社会保险并缴纳至少 40 个季度,即 10 年的社会保障工薪税。如果雇员从年满 21 岁以后到死亡、伤残或年满 62 岁以前,每年都缴纳一个季度的工薪税,就具备了完全被保险的资格,缴纳了 40 个季度工薪税的人就可以获得终身保险,即使他(她)不再属于劳动力人口;如果受保险人在死亡、伤残或者领取退休金前的 13 个季度内,已经缴纳了 6 个季度的工薪税,就具有了临时被保险的资格;如果雇员具备完全被保险资格,并且在伤残发生前的 40 个季度内缴纳了 20 个季度的工薪税,就可以获得伤残给付保障。[2]

---

[1]　杨冠琼主编:《当代美国社会保障制度》,北京,法律出版社,2001 年,第 1 版,第 131 页。

[2]　〔美〕乔治·E.雷吉达:《社会保险和经济保障》,陈秉正译,北京,经济科学出版社,2005 年,第 1 版,第 82 页。

二、社会保障工薪税的申报和社会保障号码

《国内收入法》规定,对雇主和雇员以及自谋职业者征收工薪税;雇主须向社会保障署申报雇员工资,并且雇主须强制性扣除雇员工资中应当缴纳的工薪税。《社会保障法》规定,向公民发放社会保障账号,作为社会保障法规定的个人识别号码。《国内收入法》规定,每个人涉及联邦税收事宜时,必须使用社会保障号码。因此,大多数美国家庭都为需要他们抚养的子女申请社会保障账号,以便他们的子女在就业以后参加社会保障以及领取所得税退税时使用。

三、社会保险工薪税基和工薪税率

1935 年 1 月,罗斯福在致国会的咨文中指出:"关于社会保障的立法,首先应当遵循的原则是:除了开办费用之外,这项制度应当是自给的,就是说,保险费用所需款项不应取之于一般税收。"①由此确定了社会保险的多方筹资方式,即雇主和雇员需要缴纳法定比例的社会保险工薪税,筹集社会保险基金,在社会保险基金入不敷出时,联邦政府提供适当补贴。社会保险工薪税虽然由税务部门征收,但它是一种特殊用途税,与政府的其他税收在性质上是不同的,因为社会保险工薪税仍然代表着缴纳工薪税的人对社会保险的参与和投入,代表着雇员和雇主在社会保险中的责任和义务。

社会保障工薪税有纳税上限和税率的规定,例如,1970 年的纳税上限额为 7800 美元,税率为 4.8%,由雇员和雇主平均承担。1990 年,社会保障工薪税的纳税上限提高到 51300 美元,收入在纳税上限以下的劳动者比重高达 94.3%,而在 1970 年,这个比例仅为 74%。② 1991 年,社会保障工薪纳税上限进一步提高到了 53400 美元,税率为 15.3%,企业与职工各负担50%,即 7.65%,其中 6.2% 用于养老、残疾和遗属保险,1.45% 用于 65 岁以上老年人医疗保险。③ 2004 年,社会保障工薪纳税上限进一步提高到了87900 美元,税率为 12.4%。自谋职业者的工薪税基同样是 87900 美元,税率也是 12.4%,并从联邦个人所得税中抵扣工薪税的一半。通过征收社会保障工薪税筹集起来的社会保险基金,以特殊的信托基金的形式投资于政

① 和春雷主编:《社会保障制度的国际比较》,北京,法律出版社,2001 年,第 1 版,第 58 页。
② 〔日〕武川正吾等编:《企业保障与社会保障》,李黎明等译,北京,中国劳动社会保障出版社,2003 年,第 1 版,第 189 页。
③ 聂和兴等主编:《中国军人社会保障制度研究》,北京,解放军出版社,2000 年,第 1 版,第363 页。

府债券,并且专款专用,不得挪作他用。全国 93％的工人加入了老年人、遗属和残疾人保险项目;免除缴纳社会保障工薪税的人是:参加另外退休计划的各地政府雇员、年收入在 1200 美元以下的选举职工、个别的牧师、1984 年以前受雇的联邦公务员、大学生、家庭工人、年收入不足 400 美元的自谋职业者。①

在 1990 年的财政年度中,社会保险工薪税在联邦税收中的比重达到了 36.9％,仅次于个人所得税而排位第二。到了 20 世纪 90 年代,在联邦政府财政支出中,用于社会保障支出增加的份额正好与国防和退伍军人财政支出减少的份额相对应,尤其是医疗保险支出占联邦政府财政支出的比例从 1975 年的 38.5％增加到 1995 年的 47.1％。② 社会保险管理费用也从该基金中支付。③

四、社会保险的财务制度

企业退休金自建立就实行现收现付制,经过 1977 年和 1983 年社会保障法改革后,社会保险财务制度逐步由现收现付制改为设立基金的部分积累制。到了 1997 年,老年、残疾和遗属基金的积累额已高达 5670 余亿美元。④

五、社会保障基金管理

美国社会保障资金以信托基金的形式进行预算管理,它经历过独立于联邦预算、统一于联邦预算、再次独立于联邦预算三个发展阶段。社会保障信托基金的 89％来源于政府征收的工薪税。政府成立了专门的信托基金受托管 5 人小组,它每年要向社会公众报告有关基金目前及未来的经济状况。美国社会保障信托基金每年盈余额超过 1000 亿美元,2012 年盈余高峰期的盈余额足够 3.25 年的社会保险待遇支付。法律规定,信托基金只投资于由政府担保的特殊财政债券,并按市场利率支付债券利息。⑤

六、州政府在社会保障法实施中的责任

各州在社会保障制度实施中有相当大的自主权,它们可制定不违反联邦

---

① 李超民编著:《美国社会保障制度》,上海,上海人民出版社,2009 年,第 1 版,第 409 页。
② 顾俊礼主编:《福利国家论析——以欧洲为背景的比较研究》,北京,经济管理出版社,2002 年,第 1 版,第 36～37 页。
③ 〔美〕乔治·E.雷吉达:《社会保险和经济保障》,陈秉正译,北京,经济科学出版社,2005 年,第 1 版,第 95 页。
④ 刘燕生:《社会保障的起源、发展和道路选择》,北京,法律出版社,2001 年,第 1 版,第 306 页。
⑤ 李珍主编:《社会保障理论》,北京,中国劳动社会保障出版社,2007 年,第 2 版,第 106 页。

宪法和法律的州宪法和法律,这种在社会保障制度实施上的联邦-州体制,虽然使得各州在社会保障待遇上差别很大,但是它维护了各州在社会保障制度上的协调和整体利益,调动了各州在社会保障事务上的积极性,能够针对本州具体情况采取相应措施,及时化解社会矛盾,维护社会稳定,推动经济发展。

第二节　养老保险法律制度

19世纪90年代,美国大约有70% 65岁以上的男性仍需继续工作来维持生活。1927年,全国私人慈善机构支出是所有公共福利支出的7倍。1929年,纽约有一半以上的老年人需要依靠家庭或朋友的接济,有3.5%的老年人完全依靠慈善机构养活。[①] 在贫困人口中占比最多的是得不到任何一种可持续提供经济援助的老年人。

1935年《社会保障法》中规定的养老保险,也称作老年、遗属和残疾保险,由联邦政府举办,由社会保障管理局专门管理,是美国最大的收入维持计划。[②] 老遗残社会保险是一种强制性保险,即它以风险共担的原则运作并支付保险待遇,而不论受保险人的收入水平有何差异。几乎所有的劳动者都被纳入养老保险范围。退休者或者永久性残疾者获得的退休金水平取决于其工资水平的高低和缴纳养老保险费的年限以及退休的早晚。但是,与欧洲福利国家不同,美国当初在设计养老保险制度时并没有计划为退休者提供基本生活费,而是"补助"退休者的生活所需。联邦政府提醒国民,养老金不能补足失去的收入,国民还须通过储蓄、购买商业保险、投资等方式来补充退休后的收入,满足老年生活所需。

美国的养老保险制度与许多国家一样,分为三个层次,即社会养老保险、私营养老保险和个人储蓄养老。

一、社会养老保险

美国建立社会保障制度的主导思想是个人应当对自己的经济保障负主要责任,由此,养老保险向受保险人提供的是最低收入保障。养老保险是一项强制性制度,它的覆盖范围包括私营企业雇员、联邦公务员、非营利性宗

[①] 〔丹麦〕考斯塔·艾斯平-安德森:《福利资本主义的三个世界》,郑秉文译,北京,法律出版社,2003年,第1版,第102页。

[②] 〔美〕威廉姆·H.怀特科等:《当今世界的社会福利》,谢俊杰译,北京,法律出版社,2003年,第1版,第266页。

教组织雇员、慈善和教育机构的雇员、州和地方政府雇员、自我经营者、农场主、农场工人、家庭工人、收取小费的雇员、牧师、1957 年以后服役的军人、铁路员工、国外就业员工等。社会养老保险基金由雇主、雇员和自营业者缴纳的养老保险工薪税形成，雇主和雇员各承担一半，2005 年的税率为15.3％，即雇主和雇员各缴纳 7.65％。自营业者的税率是雇主和雇员税率的总和，即 15.3％。① 在这 15.3％的工薪税中，12.4％形成"老年、遗属和残障"保险基金；另外 1.9％形成"住院基金"。

按照法律规定，自谋职业年净收入不足 400 美元者，2008 年为选举服务人员且年收入不足 1400 美元者，残疾联邦工作学习计划的本科生并领取工资者，从事教学助理、研究助理或研究员的研究生，大多数博士后研究人员，宗教机构中参加社会保障的牧师，其他有微薄收入者，是免除缴纳社会保障工薪税义务者。②

（一）社会养老保险项目下的子项目

社会养老保险制度包括老年养老金、遗属养老金和伤残养老金三个子项目。

1.老年养老金

按照规定，参加养老保险的人自 1950 年起，每个年度至少缴纳一个季度的养老保险工薪税，参加养老保险的雇主和雇员至少需缴纳 40 个季度（即 10 年）养老保险工薪税才能获得领取养老金的资格。由于人们在退休以后还能再活 15 年、20 年，甚至更长时间，这种预期寿命的不确定性使得退休制度的制定非常困难。1983 年国会通过立法规定退休年龄逐渐延长，法案从 2000 年生效，2000 年法定退休年龄为 62 岁，到 2027 年，退休年龄延长至 67 岁。③

社会保险计划并非能够完全替代原来的收入，而是向退休人员提供最低限度的收入。2000 年，低收入者（工资水平仅为社会保障平均工资指数45％的人员）的月毛替代率为 58％；平均水平收入者（工资水平等于社会保障平均工资指数的人员）的毛替代率约为 43％；最高收入者（工资水平等于社会保险最高工资基数的人员）的毛替代率约为 25％。④养老保险给付一般

---

① 刘苓玲：《老年社会保障制度变迁与路径选择》，北京，首都经贸大学出版社，2009 年，第 1 版，第 83 页。

② 李超民编著：《美国社会保障制度》，上海，上海人民出版社，2009 年，第 1 版，第 33 页。

③ 张桂琳等：《七国社会保障制度研究——兼论我国社会保障制度建设》，北京，中国政法大学出版社，2005 年，第 1 版，第 103 页。

④ 〔美〕乔治·E.雷吉达：《社会保险和经济保障》，陈秉正译，北京，经济科学出版社，2005 年，第 1 版，第 104 页。

情况下能够为平均收入和最高收入退休人员提供与以往生活水平基本相近的收入保障;对于养老金给付不够充足的低收入者,在基本生活需要不能得到满足时,社会救济可以为他们提供补充性收入。

职工提前退休领取差额养老金,例如,在法定退休年龄为 65 岁时(2005年),如果 62 岁退休,就只能领取 80% 的养老金;在法定退休年龄为 66 岁时,如果 62 岁退休,就只能领取 75% 的养老金;在法定退休年龄为 67 岁时,如果 62 岁退休,就只能领取 70% 的养老金。[①]职工也可以延迟退休,达到退休年龄的职工工作到他领取养老金或者年满 70 岁,由于职工继续工作而缴纳的社会保障工薪税增加,所以领取的养老金会自动增加,养老金增加的百分比取决于职工的出生年份,例如,1935～1936 年出生者,每年增加的百分比为 6%;1939～1940 年出生者,每年增加的百分比为 7%;1943 年或以后出生者,每年增加的百分比为 8%。[②] 养老金按生活费用指数自动调整,以不降低养老金领取者的生活水平为原则。

2. 遗属养老金

1935 年颁布的《社会保障法》除了根据个人缴纳的社会保障工薪税的多少,向死者遗属提供一次性补助外,不再专门提供死亡津贴;1939 年的《社会保障法》修正案还规定遗属可以按月领取遗属抚恤金;1950 年的修正案又增加了死者赡养的 65 岁以上孤寡老人的待遇;1956 年的修正案规定对死者 18 岁以上残障子女提供遗属补贴。参加社会保障并且至少缴纳了6 个季度社会保障工薪税的受保险人一旦身亡,其遗属就获得了领取遗属保险的资格。

遗属养老金有以下几项:(1)寡妇或鳏夫养老金,对于再婚者不再发放遗属养老金。(2)子女抚恤金。子女可以领取受保险人养老金 75% 的抚恤金。(3)父母养老金。死亡职工的年满 62 岁且没有独立收入的父母,在职工死亡前一半生活来源由死亡职工负担的,可以领取全额养老金 82.5% 的父母养老金。(4)丧葬费。一次性领取的丧葬费标准为 255 美元。以上四项遗属福利总额不能超过死亡职工工资的 150%～188%,如果超过这个比例,每项福利需作相应扣减。处于工作年龄的遗属,福利待遇也需要扣减,扣减幅度需要进行收入调查。[③] 遗属保险由联邦政府负责。遗属待遇不以职工死亡时间而以遗属申请之日开始,因此,在职工亡故以后遗属需立即提出申

---

① 〔美〕乔治·E.雷吉达:《社会保险和经济保障》,陈秉正译,北京,经济科学出版社,2005年,第 1 版,第 88 页。

② 同上书,第 85 页。

③ 李超民编著:《美国社会保障制度》,上海,上海人民出版社,2009 年,第 1 版,第 27 页。

请。据美国政府统计,2000 年 7 月,美国遗属养老金月均为 767.8 美元。[1]

3.残障养老金

残障保险是联邦社会保险中的一个项目,开始于 1956 年,由联邦社会保障局管理,资金来源于社会保障工薪税,残障养老金主要面向因工、因病致残、致伤而无法继续工作的 18～64 岁在职人员提供。它是一项社会保险制度,而不是社会救济制度,因为属于社会救济制度的收入补充保障,不要求申领者是就业者或者缴纳了社会保障工薪税,只需要申领者符合个人财产和资产限制要求,它的资金来源于政府财政收入。[2]

为了获得伤残保险的资格,年龄等于或大于 31 岁的人必须是完全被保险的,并且在伤残发生前的 40 个季度中,至少有 20 个季度参加了保险;年龄在 24～30 岁者,必须是参加了社会保障并且从 21 岁起至伤残发生时仅工作了一半时间;年龄在 21 岁以下者,只需在伤残发生前的 12 个季度内有 6 个月的保险;盲人不受附加在雇员身上的这些要求的限制,他们只要参加了社会保障,就自动符合伤残给付的条件,并且不要求盲人必须适用对其他残疾人采用的大量近期工作状况审查方面的要求。1998 年,盲人平均每月挣得 1050 美元以下的工作,不被视为有实质性报酬的工作;55～64 岁的盲人,如果不再具备以往工作所要求的技能,就可以被视为伤残人;如果雇员在尚未致盲前是高收入者,在他致盲以后基于平均收入的伤残给付,不会因为雇员收入的降低而减少。[3]

伤残保险待遇必须是在医院提供了伤残证明以及丧失从事有劳动报酬工作的伤残等级证明、由伤残者提出申请以后的 5 个月开始支付;如果在 5 年内,伤残给付因伤残痊愈或伤残者重新就业而终止后,雇员发生第二次伤残,则雇员不必再等待 5 个月,在该雇员被认定伤残后的第一个月内,就可获得伤残给付。在正常退休年龄以下的伤残雇员,伤残保险金给付为受保险人伤残前工资额的 71.5％;[4]领取伤残养老金的鳏夫和寡妇的年龄达到 60 岁时,养老金数额是正常退休职工的全额养老金,有的甚至高于正常退休职工养老金。在领取残障养老金后 24 个月,领取者还能享受到老年人和残障健康保险待遇。领取残障养老金者在达到法定退休年龄时,残障养老

---

① 顾俊礼主编:《福利国家论析——以欧洲为背景的比较研究》,北京,经济管理出版社,2002 年,第 1 版,第 255 页。

② 李超民编著:《美国社会保障制度》,上海,上海人民出版社,2009 年,第 1 版,第 79～80 页。

③ 〔美〕乔治·E.雷吉达:《社会保险和经济保障》,陈秉正译,北京,经济科学出版社,2005 年,第 1 版,第 199～200 页。

④ 张桂琳等:《七国社会保障制度研究——兼论我国社会保障制度建设》,北京,中国政法大学出版社,2005 年,第 1 版,第 103 页。

金自动转为退休养老金。据 2006 年 11 月底的统计,有 860 万人申领残障养老金,残障职工领取的残障养老金为每月 946.40 美元,其配偶每月可领取 249.10 美元,其符合条件的子女每月领取的数额为 280.80 美元。①伤残给付所需资金是通过征收雇主、雇员和自营业者缴纳的工薪税筹集的。1998 年,雇主和雇员的工薪税率是 0.85%,自营业者的税率是 1.7%。②

1996 年,老遗残保险覆盖了美国约 95% 的职业,为 3/5 的退休者提供了 50% 的收入,保证了 95% 失去养家糊口者的儿童和遗孀(或鳏夫)的收入来源,保障了 80% 永久丧失劳动能力的工人及其家庭的生活。③ 2007 年,美国月平均退休金为 812.14 美元,遗属抚恤金为 767.8 美元,伤残保险金为 755.7 美元。④

(二)社会养老保险基金的管理及养老金替代率

美国养老保险基金分为"老年与遗属保险基金"和"残障保险基金",这两个基金都由美国社会保障局管理并且负责发放相关待遇。据美国社会保障局统计,2003 年年底,全国申领老遗残保险待遇的人有 4700 万人,其中老遗保险待遇申领者为 3940 万人,占申领者总数的 83.9%;残障保险待遇申领者为 760 万人,占申领者总数的 16.1%。申领者中,65 岁以上者占 71%,65 岁以下者占 29%。

美国养老保险通过实施再分配制度以最大限度体现出社会公平,表现在:虽然高收入者领取到的养老金比低收入者要高,但是低收入者的养老金替代率高于高收入者,可以达到其退休前收入的 40%,甚至高达 57%;而高收入者领取到的养老金是其退休前收入的 30%,甚至可能低至 25%。而且养老金水平每年随生活成本的变化进行调整,以保证退休者基本购买力保持不变。⑤

(三)社会养老金征税制度

1984 年之前,养老金领取者领取的养老金无须缴纳所得税。这是依据美国财政部和国内收入局 1938 年到 1941 年制定的政策实施的。他们认为,"老年、遗属和残障保险养老金"属于一般福利,对于一般社会福利征税,

① 李超民编著:《美国社会保障制度》,上海,上海人民出版社,2009 年,第 1 版,第 73 页。
② 〔美〕乔治·E.雷吉达:《社会保险和经济保障》,陈秉正译,北京,经济科学出版社,2005 年,第 1 版,第 201、203 页。
③ 〔美〕威廉姆·H.怀特科等:《当今世界的社会福利》,谢俊杰译,北京,法律出版社,2003 年,第 1 版,第 266 页。
④ 顾俊礼主编:《福利国家论析——以欧洲为背景的比较研究》,北京,经济管理出版社,2002 年,第 1 版,第 255 页。
⑤ 李超民编著:《美国社会保障制度》,上海,上海人民出版社,2009 年,第 1 版,第 36~41 页。

显然与美国建立社会保障体制的基本目的相冲突。据此,一般社会福利等同于政府的转移支付项目。1983 年,美国全国社会保障改革委员会发表的报告提出,从 1984 年开始,对于申领养老金者,单身总收入在 2 万美元、已婚夫妇总收入在 2.5 万美元的,养老金的 50％需要缴纳所得税。1984 年有10％的高额养老金领取者符合缴纳养老金所得税的条件。[1]财政部将征收到的老残遗养老金税款存入社会保险和住院保险信托基金。1998 年,有26％的高额养老金领取者符合缴纳养老金所得税的条件,征收到的税款约占支付的社会保险待遇总额的 3.7％。[2]

对于非美国籍的外国人,国籍并不是申领老年社会保障待遇的必要条件,外国人只要从事有参加老年社会保障义务的职业,并且履行了缴纳社会保障工薪税的义务,就获得了申领养老金的资格。不过,非美国籍的外国人养老金的 85％需要纳税,并且没有最低收入界限的规定。

美国是联邦制国家,各州在税制规定上有较大自主权。因此,除了《铁路退休法》禁止各州向铁路退休职工征收养老金工薪税外,各州不但可以征收社会保障待遇税,而且起征点数值的规定也不一样。各州征收的社会保障待遇税中,既包括联邦征税部分,也包括州征税部分。社会保障福利水平越高,受影响的人就越多,社会保障待遇税的总量也就越多。2003 年,社会保障待遇税收额 134 亿美元,这些资金分别进入老年和遗属保险基金、残障保险基金、住院保险基金,[3]强化了这些基金的抗风险能力。

(四)社会养老保险的改革

自 1982 年以来,老年社会保障工薪税收入,在支付各项养老金后仍有结余,2004 年盈余达 1500 亿美元。由于人口老龄化的冲击,美国的社会赡养比例已由 1950 年的 16.5 个有劳动能力人口供养一个退休人员,发展到2005 年的 3.3 个有劳动能力人口供养一个退休人员,再到 2040 年 2.1 个有劳动能力人口供养 1 个退休人员的严峻状况。到 2041 年时,社会保障信托基金盈余将全部用完,届时社会保障工薪税收入只够支付应支付额的 74％～78％,而且重头将花费于老年和残障健康保险上。如果现行老年社会保障工薪税率、养老金待遇水平以及退休年龄的规定不变的话,解决问题的出路在于,要么降低养老金待遇水平,要么提高社会保障工薪税税率。而且,为了支付养老金,2017～2041 年间,美国社会保障信托基金必须陆续从美国政府

---

① 李超民编著:《美国社会保障制度》,上海,上海人民出版社,2009 年,第 1 版,第 35、45 页。

② 〔美〕乔治·E.雷吉达 :《社会保险和经济保障》,陈秉正译,北京,经济科学出版社,2005年,第 1 版,第 92 页。

③ 李超民编著:《美国社会保障制度》,上海,上海人民出版社,2009 年,第 1 版,第 54 页。

国库券投资中撤回约 4.3 万亿美元资金,这对美国经济发展将会造成损害。

如何对现行社会保障制度进行改革,社会各界提出各自看法,主要观点有:提高社会保障工薪税征税上限、渐进式提高退休年龄、调整社会福利水平、实行社会保障基金管理私有化、建立个人账户、对社会保障体制实行部分私有化等。其中,对社会保障制度实行私有化是主流观点。2005 年 2 月 2 日,美国总统布什在国情咨文中提出以下三个改革社会保障制度的方案:方案一是从现行社会保障工薪税中划出 2%,由职工自愿投入个人账户,用于投资股票、债券或基金;方案二是允许从社会保障工薪税中提取 4%,在不超过 1000 美元的限度内,由职工自愿放入个人账户内进行投资;方案三是在社会保障工薪税之外提取 1%,并从社会保障工薪税中划出 2.5%,在 1000 美元限度内,由职工自愿放入个人账户进行投资。但是,布什总统的建议受到社会各界的批评和反对,人们认为这样改革的转换成本在 10 年内将高达 2 万亿美元,职工的收益不是提高而会下降,况且职工的投资风险也难以估计。除了改革的呼声外,不少人认为,美国的社会保障制度保持稳定是当务之急,美国社会保障制度改革仍处在争论之中。①

二、公共部门的养老保险

公共部门养老保险包括:联邦政府雇员退休制度、各州和地方政府雇员的养老计划、退伍军人养老金计划。

(一)联邦政府雇员退休制度

美国联邦政府的文职人员包括立法、司法、行政、铁路和邮政系统的雇员。1984 年之前,联邦政府的雇员依据《美国法典》第五编第八十三章的规定参加"文职人员退休制度",在这一制度下,联邦政府雇员无需缴纳工薪税,就能够享受到退休养老金。1984 年以后,进入联邦政府的新雇员,则依据《美国法典》第五编第八十四章参加"联邦政府雇员退休制度"。在这一制度下,联邦政府雇员需要缴纳工薪税,才有资格在达到法定退休年龄时获得养老金待遇。参加上述两个退休制度的联邦政府雇员可以依法参加"节约储蓄计划",后者还可获得雇主的配套资金。

1.退休制度

(1)文职人员退休制度。美国的"文职人员退休制度"建立于 1920 年,养老金制度中的联邦雇员是指铁路和邮务人员,属于收入确定型养老制度。联邦雇员所在机构需从雇员收入中扣除 7% 基本缴纳额,同时机构也缴纳

---

① 李超民编著:《美国社会保障制度》,上海,上海人民出版社,2009 年,第 1 版,第 70~71 页。

相配套的资金;议会雇员、执法机构人员和消防队员支付收入 7.5％的工薪税,国会议员的税率为 8％,这些雇员所在机构需要为本机构雇员缴纳相同比例的工薪税;联邦政府用财政收入支付其余费用。[1] 所有缴纳存入"文职人员退休与残障基金"。

文职人员年龄在 55 岁且有 30 年工龄的雇员,或者年龄在 60 岁且有 20 年工龄的雇员,抑或年龄在 62 岁工作满 5 年者,都可申请退休。雇员养老金水平取决于服务年限和服务期间连续 3 年最高平均收入。退休雇员领取的养老金,加上作为补充收入的"节约储蓄计划"的支付,退休雇员的总收入要大于老年社会保障制度下养老金的水平。

1935 年的《社会保障法》没有把联邦政府的雇员纳入保障范围。《1983 年社会保障法修正案》规定,1984 年以后雇佣的所有联邦政府雇员都必须参加社会保障。1987 年和 1998 年是从"文职人员退休制度"向"联邦政府雇员退休制度"过渡的"开放期间",但只有 4％的雇员作出过渡到修改后的联邦政府雇员退休制度中的选择。[2] 前雇员参加的"文职人员退休制度"与新雇员养老待遇相同,养老金的替代率为 60％~80％。[3] 法律规定,文职人员退休基金与残障基金必须投资美国财政部特别发行的国库券。从 1989 年到 2002 年,"文职人员退休与残障基金"余额从 2150 亿美元增加到 5740 亿美元,增长了 167％。究其原因,是在文职人员退休制度实行的现收现付模式下,雇员和雇主的缴费不够养老金支出,在联邦政府雇员不断增加的情况下,甚至在 1969 年时,国会曾强制通过增加一般预算支出弥补养老金支出的不足。在将文职人员退休制度的现收现付模式转变为联邦政府雇员退休制度的提前垫付模式后,"文职人员退休与残障基金"入不敷出的状况得到了改变。进入 21 世纪后,"文职人员退休与残障基金"足够今后 20 年的养老金支付。

(2)联邦政府雇员退休制度。《1983 年社会保障法修正案》规定,从 1984 年 1 月 1 日起,所有新雇员还必须参加老年社会保障制度,而参加文职人员退休制度的雇员不必参加老年社会保障制度。1986 年的《联邦政府雇员退休制度法案》规定,自 1984 年 1 月 1 日起新雇用的雇员必须参加联邦政府雇员退休制度,该制度自 1987 年 1 月 1 日起生效。雇员为联邦政府雇员退休制度缴纳的费用为收入的 0.8％,同时还要为老年社会保障制度缴

---

[1]　〔美〕乔治·E.雷吉达 :《社会保险和经济保障》,陈秉正译,北京,经济科学出版社,2005 年,第 1 版,第 349 页。

[2]　杨冠琼主编:《当代美国社会保障制度》,北京,法律出版社,2001 年,第 1 版,第 15 页。

[3]　李超民编著:《美国社会保障制度》,上海,上海人民出版社,2009 年,第 1 版,第 164 页。

纳 6.2％的社会保障工薪税。这两项缴纳的税率总和等于文职人员退休制度下缴纳的收入比例。①此外,制度参加者可以缴纳自己收入最多 10％的费用,参加一个延迟纳税的节约储蓄计划,该计划也能够得到政府提供的部分配套资金。②

联邦雇员退休制度由雇主和雇员共同缴纳费用,例如,2001 年至 2006 年,雇员和雇主向"联邦雇员退休制度"缴纳的费用占雇员工资比例为:0.0/1.0、1.0/2.0、2.0/3.0、3.0/4.0、4.0/4.5、5.0/5.0,可见,政府的配套比例总是高于雇员缴纳的比例。③美国国会议员可以参加文职人员退休制度,缴税的比例为收入的 8％;也可以参加联邦雇员退休制度,缴税的比例为收入的 1.3％;但是,无论他们参加两种退休制度中的哪种,都须参加老年社会保障制度,并缴纳社会保障工薪税。

联邦政府雇员退休给付包括:①全额退休金。年满 62 岁且有 5 年工龄者,或者年满 60 岁且有 20 年工龄者,或者在法定最小退休年龄退休且有 30 年工龄者,可同时获得退休金和补充退休金,补充退休金是根据雇员在为联邦服务期间的收入估算出的社会保险给付,当社会保险开始提供社会养老金后,补充退休金将停发。②差额退休金。在联邦政府工作了 10～29 年、在法定最小退休年龄退休者,在未达到 62 岁之前,每年的退休金要扣减 5％,并且不能获得补充退休金。④

2.联邦政府雇员的残障退休制度

(1)文职人员退休制度下的残障退休制度。文官退休制度下的残障退休需具备的条件是:至少有 5 年有积分的工龄,雇员致残以后不再能够胜任他所从事的具体工作,经医生鉴定,雇员的残障状态将持续一年以上,雇员本人也提出了残障退休申请。

残障退休养老金待遇在以下两种情况中从其高:一是按正常退休计算的养老金;二是计算出的最低残障退休养老金是雇员连续 3 年最高基本工资平均值的 40％或者是雇员继续工作到 60 岁时退休应当领取的养老金。

(2)联邦雇员退休制度下的残障退休制度。联邦雇员退休制度下的残障退休需具备的条件与文官退休制度下的残障退休需具备的条件基本相

---

① 李超民编著:《美国社会保障制度》,上海,上海人民出版社,2009 年,第 1 版,第 168、170 页。

② 〔美〕乔治·E.雷吉达:《社会保险和经济保障》,陈秉正译,北京,经济科学出版社,2005 年,第 1 版,第 349 页。

③ 李超民编著:《美国社会保障制度》,上海,上海人民出版社,2009 年,第 1 版,第 166 页。

④ 〔美〕乔治·E.雷吉达:《社会保险和经济保障》,陈秉正译,北京,经济科学出版社,2005 年,第 1 版,第 349 页。

同,只是要求申请残障退休的雇员必须为联邦政府工作满18个月。

参加联邦雇员退休制度的雇员同时可以参加老年社会保障,因此在62岁之前申请退休者,其残障养老金需减冲社会保障残障养老金部分。由于联邦残障标准与老年社会保障残障标准有一定差异,所以,能够享受联邦残障养老金的雇员有可能无法享受老年社会保障残障养老金。

3.联邦雇员遗属抚恤金和前配偶的养老金[①]

(1)文职人员退休制度中的规定。遗属抚恤金支付给那些在工作期间死亡的在世配偶和子女。在世配偶至少是在死亡雇员死亡前9个月与其结婚,在世配偶无论多大年龄,也不论有无需要抚养的子女,都可以获得遗属抚恤金。如果在世配偶在55岁前结婚,则遗属抚恤金停发。

州法院判决联邦雇员与配偶离婚,判决书会写明联邦雇员养老金的一部分、遗属抚恤金或者两种待遇都给予前配偶。州法院会将判决书送达联邦政府人事管理办公室,该办公室在雇员离开联邦政府、达到法定退休年龄并具有领取养老金的资格或者已经提出领取养老金的申请后,依据判决书对雇员养老金进行分割,然后支付给雇员前配偶。在联邦雇员身故后,前配偶领取联邦雇员养老金的资格即终止。

联邦雇员死亡,其配偶或前配偶可以领取到雇员全部养老金55%的遗属抚恤金。如果法院判决全部遗属抚恤金给予一名前配偶,在前配偶健在或在55岁之前没有再婚的情况下,雇员的现配偶就不能参与遗属抚恤金的分割。

(2)联邦雇员退休制度中的规定。联邦雇员退休制度对于遗属抚恤金的规定与文官退休制度下的规定基本相同,只是雇员的配偶或者前配偶只能领取到雇员全部养老金50%的遗属抚恤金。参加联邦雇员退休制度满18个月至10年的雇员,其丧葬费标准2008年为28090美元,这笔资金可在前配偶和现配偶之间进行分割。工龄在10年以上的雇员,其配偶除了可以领取丧葬费外,还可以领取雇员50%的养老金的遗属抚恤金。

如果雇员死亡时已经是养老金领取者,可以为他的未婚子女发放抚恤金到18岁,18岁之前已是一个伤残者的子女,可以在任何年龄领取抚恤金。

(3)老年社会保障制度中对遗属抚恤金的规定。参加"联邦雇员退休制度"同时参加老年社会保障制度者,其前配偶年满62岁、与雇员结婚满10年、雇员已开始领取老年社会保障待遇的,其前配偶符合领取老年社会保障配偶待遇的条件。前配偶再婚,不会影响到有资格享受老年社会保障待遇

---

① 李超民编著:《美国社会保障制度》,上海,上海人民出版社,2009年,第1版,第174~176页。

的雇员子女申领子女抚恤金的权利。

4.节约储蓄计划中的规定

节约储蓄计划是一个延迟纳税的储蓄计划,资金由雇员缴纳和政府缴纳筹集,这些资金投资股票和基金获得的收益、红利和资本利都全部计入雇员"节约储蓄计划"账户。联邦政府为雇员向该计划支付相当于雇员年薪1％的资金,联邦雇员退休计划的参加者可以将其年收入最多10％的资金存入该计划,政府配套资金的最大额度是雇员年收入的5％。①

法律规定,参加"节约储蓄计划"的雇员可获得该计划规定的保有退休权利的资格。因此,联邦政府退休雇员不但可以从"节约储蓄计划"中获得比较丰厚的退休收入,而且他们在认为储备了比较足够的养老金保证后,就可以放心地从公立部门转向私营部门就业。联邦政府雇员退休以后,可以用三种方式提取"节约储蓄计划"账户中的资金,即一次性清理账户、按月支付退休金、终生年金。

联邦雇员可与"联邦退休储蓄投资局"签订协议,指定"节约储蓄计划"中受益人,在其亡故后领取"节约储蓄计划"账户中的余额。已婚雇员参加"联邦雇员退休制度"的,在从"节约储蓄计划"账户中提款时,需要得到其配偶的书面承诺。其亡故后,配偶有权利从"节约储蓄计划"账户中得到50％的遗属抚恤金;而参加"文官退休制度"的雇员,在从"节约储蓄计划"账户中提款时,不需要得到其配偶的书面承诺。

联邦雇员退休以后,可以从联邦雇员退休制度中领取三份待遇,即联邦雇员退休制度下的养老金、老年社会保障养老金以及"节约储蓄计划"中的收入。

(二)州和地方政府雇员的养老计划

1935年的《社会保障法》没有把州政府和地方政府的雇员纳入其中,原因是联邦政府要求州政府和地方政府缴纳社会保障工薪税是违宪的。《1950年社会保障法修正案》规定,州政府和地方政府雇员可以在一定条件下,自愿参加和退出社会保障。《1986年社会保障法修正案》规定,所有新雇用的州政府和地方政府雇员即使没有参加全部社会保障,必须参加住院保险。20世纪末,有72％的州政府和地方政府雇员参加了社会保障。大多数州和地方政府雇员可以获得由地方政府举办的公共退休计划提供的养老金,退休金水平是雇员工资收入最高3～5年的平均数。许多地方

① 〔美〕乔治·E.雷吉达:《社会保险和经济保障》,陈秉正译,北京,经济科学出版社,2005年,第1版,第350页。

政府还建立了"延迟补偿计划",雇员可以用工资的一定比例参加该计划,并可获得联邦所得税优惠。近年来,州和地方政府雇员退休计划受到地方政府和雇员的重视并有了明显发展,养老基金也具有了一定规模并给资本市场带来巨大影响。[1] 州政府和地方政府雇员退休制度实行集中管理,在财务上实行积累制,基金实行市场化运作。在加州,州立法确保基金的独立性,基金由一个专门委员会决定投资管理政策,政府对委员会实行监督。加州州政府和地方政府雇员模式说明,公共退休基金可以选择市场化运作的方式。[2]

(三)退伍军人养老金计划

这部分内容将在第四章"社会补偿法律制度"中论述。

三、铁路部门职工退休制度

美国的铁路行业作为特殊行业,拥有自己独立的社会保险制度,即铁路部门职工的退休制度是与社会养老保险制度分立的独立制度。1920 年,美国实行联邦政府雇员养老金制度,养老金制度中的联邦雇员是指铁路和邮务人员。养老金的数目依工作时间和工资水平而定,并且规定领取养老金的退休人员至少工作了 15 年,如果因病或者伤残而丧失劳动能力者,需工作满 5 年,才有资格领取残疾养老金。[3]

规范铁路部门职工退休的法律制度是 1937 年 5 月 24 日制定的《联邦铁路工人退休法》。依据《联邦铁路工人退休法》联邦政府成立了铁路退休局,主要管理铁路职工及其家属的退休、遗属、残障、失业和疾病等生活风险保障。《联邦铁路工人退休法》适用于从事州际贸易的企业和相关机构的职工、铁路合伙机构以及在铁路劳工组织中任职的人员。该法经国会的多次修订,经国会与铁路方面的协商,对其结构进行了调整后,于1974 年出台了《铁路退休法》。1974 年《铁路退休法》能够为铁路职工提供的福利主要有:

(一)铁路职工的退休待遇

1.两类养老金

铁路退休职工需缴纳的社会养老工薪税与所有企业应纳税率相同,此外,铁路职工和雇主还需缴纳铁路退休养老金税,才能保证铁路退休职工的

---

① 〔美〕乔治·E.雷吉达 :《社会保险和经济保障》,陈秉正译,北京,经济科学出版社,2005年,第 1 版,第 351～352 页。

② 李珍主编:《社会保障理论》,北京,中国劳动社会保障出版社,2007 年,第 2 版,第 154 页。

③ 马超俊等:《比较劳动政策》,北京,商务印书馆,2013 年,第 1 版,第 664 页。

养老金高于一般社会养老金的水平。

(1)社会养老金。按照《社会保障法》的规定,铁路职工及其雇主要向社会保障信托基金缴纳养老保险工薪税,工薪税以最高收入为征收的基础。计算养老金的基础是工龄积分,工龄按月计算,职工工作一个月就得到一个积分。申请铁路退休金的基本要求是职工至少有120个铁路工龄积分,而且这些工龄积分必须是连续的。符合这些条件的铁路职工在达到65岁时,可以领取全额社会养老金。具有30年工龄的铁路职工,在62岁时就可以领取到全额社会养老金。在铁路行业服务少于10年的职工退休金和遗属给付从社会保险支付,因而发生了协调铁路退休计划和社会保险计划财务互换的问题。按规定,联邦老年和遗属保险信托基金和联邦伤残保险信托基金,在铁路职工需要根据社会保障法案提供给付时应当予以保障。然而,在财务互换的条件下,先根据铁路职工收入所需支付的给付和管理费用从社会保险计划中贷记到铁路职工退休计划中,再将根据铁路职工的收入征收的工薪税贷记到社会保险计划上。

(2)铁路职工退休养老金。1975年之前,退休的铁路职工如果同时符合铁路退休法和社会保障法双重福利规定者,每月可以领取到双份养老金。铁路退休养老金由铁路部门提供,是在社会养老保险给付之外又增加的一个职工退休养老金。如果退休铁路职工既可以享受社会养老金又可以享受铁路退休养老金者,其铁路退休养老金给付要减少25%。1974年《铁路退休法》对铁路职工退休制度进行了改革,结束了双重福利。2006年,雇主需缴纳12.6%的工薪税、职工需缴纳4.4%的养老保险工薪税并存入铁路退休账户。[1] 申请铁路退休养老金的基本条件,是职工有120个铁路工龄积分(10年),计算退休养老金的基础是工龄积分,工龄按月计算,职工缴纳工薪税的税基,是在社会保障号码中记录的所有工资中60个月最高收入的月平均工资。铁路退休养老金给付标准等于雇员60个月最高月收入平均值的1%的7/10,乘以工龄。[2] 1974年《铁路退休法》规定,铁路退休局发放的养老金无须交纳州税和地方税。

2.配偶养老金

《铁路退休法》对铁路职工配偶的身份认定有详细的规定,只有满足法律规定的条件,才有资格领取配偶养老金。年龄在60岁以上并至少有30年工龄的退休雇员,其配偶在60岁时可以领取养老金;年龄在62岁以上并

---

① 李超民编著:《美国社会保障制度》,上海,上海人民出版社,2009年,第1版,第146页。

② 〔美〕乔治·E.雷吉达:《社会保险和经济保障》,陈秉正译,北京,经济科学出版社,2005年,第1版,第344、346页。

至少有 10～29 年工龄的退休雇员,其配偶在 62 岁时可以领取养老金;符合退休年龄和工龄要求的退休雇员的配偶,如果正在抚养年龄在 18 岁以下的未婚子女或者在 22 岁之前就已残疾的子女,该配偶可以在任何年龄领取配偶养老金;根据特别规定的最低保证性条款,铁路工人家庭每月获得的给付不应低于单独由社会保险提供的给付。由于工作 10 年以上的铁路职工的配偶能够享受到社会养老金待遇(离婚后停发),因此,一般情况下铁路职工配偶养老金要高于社会保障局养老金水平。①

如果铁路退休职工的配偶可以领取社会养老金、铁路退休养老金和铁路职工配偶养老金多重福利,则需核减掉三分之一社会养老金的数额。如果夫妇双方在 1975 年之前都在铁路部门工作,则夫妇二人都可以领取到各自的铁路退休养老金和铁路职工配偶年金,双重福利不得核减。

3.遗属抚恤金

铁路职工的遗属福利适用于死亡职工的配偶和 18 岁以下或者在 22 岁之前就已残疾的子女,以及死亡职工的一名已经 60 岁的父亲或母亲、被抚养的孙子女。遗属给付只有在逝去的职工至少有 10 年工龄并且去世之前仍然与铁路行业有关,才可以发放遗属抚恤金。如果去世的职工不具备以上条件,其遗属只能从社会保险中获得遗属给付。

4.铁路残障养老金

任何年龄的铁路职工遭遇残障,不能从事所有正常工作,且拥有至少 10 年积分铁路工龄者,都可以获得铁路残障养老金。就业 5 年不足 10 年者,在没有达到退休年龄之前,可以申请社会养老保险中的残障养老金;有 10 年积分铁路工龄、不能从事正常铁路职业的永久残障者,可以申领铁路残障养老金。

5.铁路补充年金

铁路补充年金的支付对象有两类:(1)有 30 年积分铁路工龄的年满 60 岁者;(2)有 25～29 年积分铁路工龄的年满 65 岁者。领取铁路补充年金者同时必须是领取铁路退休养老金者或者是铁路残障养老金者。铁路补充年金资金来源于铁路行业的雇主专门缴纳的按时计分税,该税率由铁路退休局每个季度根据铁路行业职工每小时工资来确定。

自 1975 年以来,对有资格领取社会养老金、铁路退休养老金和残障养老金多重福利的职工,发放数额由美国社会保障局决定,由铁路退休局执行。如果铁路职工符合 1975 年之前领取双重福利的条件,则可领取铁路补

---

① 李超民编著:《美国社会保障制度》,上海,上海人民出版社,2009 年,第 1 版,第 136 页。

充年金。

(二)铁路退休基金的投资运营

铁路职工退休养老金和遗属抚恤金所需资金来源于雇员和雇主缴纳的工薪税、政府的财政拨款、和社会保障之间进行财务互换获得的收入、铁路职工退休给付收入所得税、信托基金投资的利息收入。1997年,社会保险工薪税税基和税率分别是65400美元和7.65%;第二层次的铁路职工退休养老金的税率,1997年,雇员为4.9%,雇主为16.1%,税基为49050美元。税收收入被存入铁路退休信托基金。①

美国成立既独立于铁路退休局、又独立于政府部门的铁路退休信托基金,信托基金的受托规则与商业保险公司基本相同,也要遵循《1974年退休职工所得保障法》的规定。信托基金雇用的每位投资经理只能控制基金总资产的10%,基金资产按比例配置:投资证券的占55%、固定收入35%、备选投资10%(其中农产品5%、不动产5%)。2003年至2006年,实际取得的年回报率为14%,高于预期的8%。从2002年至2007年,总共盈利164亿美元,②大大增强了基金的抗风险能力。

四、私营企业养老金计划

早期的私营企业养老金计划只存在于少数产业中,例如铁路、矿山、船运等,而且是由政府提供资助。此外,还有一部分私人企业在19世纪就开始建立企业养老金,例如美国运通公司、美国电话电报公司、卡耐基钢铁公司等。这些企业养老金计划适用于领薪员工,给付数额由公司自行决定,适用的条件是必须终生和忠实地为企业服务。由于养老金财政来源不稳定,因此,它不是以契约授权原则为前提条件,而是从公司当时的经济收入中支付。这样,员工养老金就与公司无法预测的经营状况密切联系在了一起。尽管如此,那时的企业养老金计划充分地彰显出它的家长式和恩典式的特点。

20世纪前期,私营企业养老金计划由雇主恩典式的自由酌处权原则转变为契约式的安排,从非基金制计划转为保险、信托式计划,从只适用于一小部分上等职位人员阶层扩大到了普通劳动者。这表明一个涌现出现代股份公司、科学管理以及高度重视良好劳资关系的进步时代的到来。1930年,美国的公司和全部产业都建立了基金制和信托式的养老金计划,并且与

---

① 〔美〕乔治·E.雷吉达:《社会保险和经济保障》,陈秉正译,北京,经济科学出版社,2005年,第1版,第345、346页。

② 李超民编著:《美国社会保障制度》,上海,上海人民出版社,2009年,第1版,第152页。

保险公司的合作逐步加强。适用于劳动者的产业养老金计划在 20 世纪 20 年代得到迅速发展,由 1900 年的 15 项发展到了 1929 年的 440 项,覆盖率达 14%。由于待遇的提供以服务时间长、缺乏转移权以及可能发生其他不测事件为必要条件,实际上能够领取到养老金的人数只占到覆盖率的 10%,而且给付金额非常微薄,以至于根本无法维持生存。到了大萧条时期,高速增长的项目又跌回原点,福利资本主义对于美国人来说只是一个信念。

“二战”期间,严格的战时工资-价格管制迫使雇主提供具有吸引力的额外给付,同时大规模发展起来的工会也向雇主提出这样的要求,以保证战时的充分就业。也由于社会保障不充分,20 世纪 40 年代是私人养老金快速增长的年代。“二战”期间又有 250 万工人加入私人保险计划。第二次世界大战之后,当欧洲各国政府开始大规模地利用国家机器完善社会保障制度的时候,美国以各公司为单位的养老金计划非但没有被取代,反而得到了快速发展。私人养老金支出从 1945 年到 1950 年增长了 68%,1950～1960 年增长了 364%,尤其是 60 年代末 70 年代初,私人养老金的支出增长速度几乎与社会保障支出同步。[①]

私营企业养老保险属补充性养老保障计划,虽然它不具有强制性,然而却是美国养老制度的重要组成部分。1995 年,私营养老基金已达 3 万亿美元,超过银行资产。由于美国强制性社会保障养老金只相当于雇员退休前收入的 40%～50%,因此,巨额的私营养老基金不仅能够为私营企业雇员在退休以后提供补充养老金,大大提升老年人生活质量和水平,而且巨额的私营养老基金是企业重要的资本来源,为企业的发展提供了充足的资金保障。据统计,1995 年初美国有 5000 万私营企业的员工参加了公司发起的私营养老金计划。每一个在私营部门工作的人在享受社会养老保险待遇的同时,还享受着私营养老计划的保护。[②] 到了 21 世纪初,有近一半的雇员参加了企业年金计划。[③]

建立私营养老保险的法律依据是《1974 年职工退休所得保障法》,此外,《国内收入法》也有相应的规定。《1974 年职工退休所得保障法》的颁布实施意义重大,它第一次将美国私人养老金计划由社会的自发行动变为政府的自觉行动,这种补充性私营企业养老金计划与政府公共养老保险制度一起形成了美国独有的“混合福利”机制。《1974 年职工退休所得保障法》

---

① 〔丹麦〕考斯塔·艾斯平-安德森:《福利资本主义的三个世界》,郑秉文译,北京,法律出版社,2003 年,第 1 版,第 104、110、114 页。

② 杨冠琼主编:《当代美国社会保障制度》,北京,法律出版社,2001 年,第 1 版,第 132 页。

③ 李珍主编:《社会保障理论》,北京,中国劳动社会保障出版社,2007 年,第 2 版,第 150 页。

规定了企业年金的管理主体为联邦劳动部,财政部等部门必须配合劳动部的管理工作,而社会养老保险的主管部门是财政部和社会保障局,劳动部只是配合它们工作。罗伯特·包尔在《社会保障的今天与明天》一书中专辟一章介绍美国混合养老保险计划优势,他说:"每一个在私营企业里工作的人都在享受社会保障保护的同时,接受私营养老计划的保护。因此,私营养老计划考虑到社会保障的保护水平,在基本社会保障制度之上建立了一层附加保护。对于那些受到社会保障与附加计划双层覆盖的人来说,'退休制度'事实上是由社会保障和私营计划合成的保护。"[1]

私营养老计划不仅为职工老年风险提供保护,而且在公司争夺优秀雇员方面发挥着一定的作用。各公司为了在市场上争夺人才,就不能放弃人力资源政策中的养老金计划,相反要加强这一计划,使它更具有吸引力,将更多的具有高技能的人才吸引到公司来,为公司创造更多经济效益。美国的私营企业养老金计划种类繁多、情况复杂,但主要有三类:

1.福利型养老金

福利型养老金也称作待遇确定型养老金。它是指由雇主出资,在雇员退休时按其退休时的年龄、工龄及薪金提供的养老金。《1974年职工退休所得保障法》对参加此类保险的职工范围、参保职工的工龄、雇主每年需要存入职工账户资金的额度都作出了详细的规定。《1974年职工退休所得保障法》还规定成立"养老金福利保障公司"。"养老金福利保障公司"的保险是强制性的,以保证经营状况不佳的雇主由于资金不足时养老金能够按规定支付。为此要求雇主向"养老金福利保障公司"交纳保险费,保费分为基本费额和附加费额,基本费额统一规定为每个参保职工每人每年19美元,由企业支付。当参保企业的年金计划由于主动或者被动原因终止时,由"养老金福利保障公司"支付参保雇员的退休金。如果退休职工无法领取到养老金,可以提出上诉,甚至上诉至联邦法院。养老金标准为工龄乘以退休时工资的1.5%~2%,即工龄越长,退休金的标准越高。1994年,国会法令规定,凡举办私营养老金计划的企业,需允许年满25岁、有1年以上工龄的雇员参加此计划,凡有15年工龄的雇员即获得领取养老金的资格。

企业为了保证已经确定的养老金水平,就需要对由企业投入的保险费积累起来的资金进行运营。如果运营收益低于预定利率,企业就必须增加保险费,相反,企业则可以减少投入保险费,可见,资金运营的风险是由企业承担的。《国内收入法》规定了待遇确定型养老金的最低标准,如果该养

---

[1] 郑秉文等主编:《社会保障分析导论》,北京,法律出版社,2001年,第1版,第16页。

金计划想取得税收优惠,除了满足《1974 年职工退休所得保障法》规定的标准外,还需满足有关税收法的规定。待遇确定型养老金计划由美国劳工部和国内收入局共同监管,前者负责对审慎标准(企业参保人数达到 100 人以上的,就受到《1974 年职工退休所得保障法》规定的审慎标准的管理)、养老金报告和信息披露的监管,后者负责对职工参加保险、保留退休权利和资金要求的监管。[1] 1990 年,参加福利型养老金计划的有 2620 万人。[2]

2.工资分成型养老金

工资分成型养老金也称作缴费确定型养老金。在缴费确定型养老金中,在雇员缴费的同时,雇主按照雇员缴纳的数额进行配套缴纳。这类养老金不像待遇确定型养老金有固定数额,而是企业按合同约定投入一定数额的保险费,雇员退休以后领取的企业年金的多少,由积累起来的资金市场运营的绩效决定,即资金运营风险由雇员来承担。对于缴费确定型养老金,职工可以每月领取,或者在一定期限内支取固定数额,也可用作丧葬费用。1990 年,参加工资分成型养老金计划的人有 1610 万人。[3]

20 世纪 80 年代前,职工参加最多的是待遇确定型养老金计划,而到了 21 世纪,缴费确定型养老金计划成为主要形式。美国国会研究处数据表明,待遇确定型养老金计划已从 1985 年的 114396 个下降到了 2005 年的 30336 个。[4] 这是因为《1974 年职工退休所得保障法》规定,所有的待遇确定型养老金资金必须全额充足到位,因而全额资助养老金的责任对于雇主来说就是承担着一定的金融风险。同时,雇主还承担着全程管理资金的责任,才能满足联邦立法的要求。而在缴费确定型养老金计划中,雇主不需要承诺在职工退休时全额支付养老金,雇主只需在与雇员劳动关系存在期间,按照约定的工资一定比例将应缴纳的费用缴纳到雇员个人账户中,而且不用向"养老金福利保障公司"交纳保险费。在雇员方面,待遇确定型养老金计划适合于终身受雇职工,而不适合频繁更换工作的职工,因为这项计划的退休金是按照工龄和最后几年的平均收入计算的。而在缴费确定型养老金计划中,职工随工作调动可以带走属于自己的资产,其中包括个人账户资金滋生的利息、红利以及资本利得,将其投入新就业雇主的养老计划中,直到退休。在这两种类型的企业年金中,前者更受在大型和中型企业工作的中层以上阶层的欢迎。在美国,无论哪类私营企业养老金计划,

[1]　李超民编著:《美国社会保障制度》,上海,上海人民出版社,2009 年,第 1 版,第 107 页。
[2]　杨冠琼主编:《当代美国社会保障制度》,北京,法律出版社,2001 年,第 1 版,第 133 页。
[3]　同上。
[4]　李超民编著:《美国社会保障制度》,上海,上海人民出版社,2009 年,第 1 版,第 112 页。

缴费都享受税收优惠,即雇主缴费作为税前列支,雇员的缴费也不作为应税收入。而且参加缴费确定型养老金计划的雇主可以延迟缴纳联邦社会保障工薪税。

3.现金余额养老金

现金余额养老金计划是一个新的雇主养老金计划,它是在汲取以上两种养老金计划优点和特点的基础上形成的。该计划与待遇确定型养老金计划一样,雇主每年都按照职工收入的一定比例向职工账户存入资金,并支付账户中资金的利息。但为了会计核算,该计划的个人账户是虚拟账户,仅显示雇主付给职工的部分,即增加收益,而且账户中的资产由雇主或信托人管理和决定养老金资产的投资方向。如果现金余额账户的资产超出了约定支付给职工的水平,则超出部分归雇主所有,雇主可将账户资产的溢出部分仍然用于支付养老金。

现金余额养老金计划不按照职工的工龄和最后几年的平均收入为计算的基础,而是以职工就业期间平均收入为基础,这样雇主的资金成本就不会随着职工就业时间延长而急剧增加。更为重要的是,雇主不承诺最后的支付额或比例,这就使得雇主在降低自己成本的前提下,设定不同的支付额度或利率。为了限制雇主对现金余额养老金账户中的盈余的支配权,法律规定雇主将养老金账户中的资金用于其他方面的,将额外征收50%的税赋。由于劳动力流动越来越频繁,所以,该项计划更受年轻人欢迎。因为雇主在职工离职时将职工个人账户中余额全部一次性支付给职工,而不是按年度付给年金。现金余额养老金计划一般都在大企业设立,因为它们资金充足,与此相应,这些企业如果终止现金余额养老金计划,将会给"养老金福利保障公司"带来更多风险。

五、个人养老计划

个人养老金计划是一个非强制性的、个人自愿参加的项目,但它又不同于个人储蓄。个人养老金计划主要有以下两种形式:

1.个人退休账户

《1974年职工退休所得保障法》规定,雇员可以在银行储蓄账户、寿险公司年金和通过基金公司投资三者之间自由选择一个并建立个人退休账户。个人退休账户对投资人的收入没有严格要求,个人将税后收入的一部分投入该账户并且可以自由支取,在符合法定条件时,投资收益可以免交所得税,这些宽松的规定使得越来越多的美国人选择投资该账户。

个人退休账户具有三个与个人储蓄不同的特征:第一,它是国家通过立法为70岁以下(2009年的规定是:59.5岁以前,雇员都可以向个人退休账户投钱,雇主可以为雇员支付部分或全部的费用)[①]且有收入者设定的个人退休账户制度;第二,个人退休账户中的资金及其盈利给予缓征税收待遇,即投资款额及其收益都免交个人所得税,在雇员退休后、从个人退休账户支取本金和盈利时,需要交纳低于一般所得税的优惠税款;第三,基于税收优惠,立法规定个人退休账户每人每年存入的资金不能超过规定的数额,存款额最初为2000美元,2001年布什政府的一揽子减税法案中提高到了3000美元,2005～2007年为4000美元,2008年为5000美元。[②] 政府对个人自愿储蓄的税收优惠政策,促使个人退休账户制度快速发展。

2. 401k 计划

《1974年职工退休所得保障法》规定,企业为雇员设立401k账户,企业和雇员每月向该账户存入工资一定比例的资金,雇员和雇主可以自主选择在企业内部建立基金管理机构,投资于专门基金,也可以选择投资于银行或保险公司,无论选择哪种运营方式,投资收益都计入个人账户,政府对基金运营的干预度低,一般只是实行审慎性监督。该条规定标志着美国企业年金由既定给付计划为主的制度向既定供款计划为主的制度转变,退休金的多少取决于个人账户内的供款积累,减轻了企业支付雇员退休金的压力。

在所有发达国家中,私营部门和公共部门的养老金呈混合状态,但是公共养老金和私营养老金在养老金收入中的占比有很大不同,因而对于受保险人所发挥的保障作用也不一样。在美国,私营养老金计划增长非常快,1980年,政府雇员养老金占GDP的比重为1.5%,私人职业养老金占GDP的比重为1.5%,个人人寿保险占GDP的比重为0.3%。工作收入、投资和私人养老金收入在家庭全部收入中占据重要地位。[③] 美国社会保障之外的私营养老金项目,从1946年以前的7311种,发展到了1975年的34万种,进而增加到了1985年的80万种。私人养老金的储备从1950年的130亿美元,发展到了1989年的1.836兆美元。[④]

---

① 李超民编著:《美国社会保障制度》,上海,上海人民出版社,2009年,第1版,第14页。

② 刘苓玲:《老年社会保障制度变迁与路径选择》,北京,首都经贸大学出版社,2009年,第1版,第84页。

③ 〔丹麦〕考斯塔·艾斯平-安德森:《福利资本主义的三个世界》,郑秉文译,北京,法律出版社,2003年,第1版,第95页。

④ 周弘:《福利国家向何处去》,北京,社会科学文献出版社,2006年,第1版,第180页。

　　自 1935 年建立养老保险制度以来,美国养老保险的覆盖范围在不断扩
大,目前已经实现了全覆盖,2004 年领取养老金的人数已达到 4750 万人。①
与其他工业化国家养老保险制度相比,美国养老保险制度的建立不但晚于
其他国家,公共养老金水平也低于其他国家。20 世纪 80 年代,在 55 岁老
年人的收入来源中,公共养老金在其中的比例德国为 54.14%,英国为
41.69%,美国为 29.78%;在 75 岁以上老年人的收入来源中,公共养老金的
比例德国为 75%,英国为 54%,美国为 45%。② 美国公共养老金水平占
GDP 以及老年人收入来源比例低的原因在于:战后缺乏强有力的工人运
动;人口的年龄结构比较年轻,即老龄化程度低于其他工业化国家;美国的
文化价值观强调放任的自由主义、个人主义、自力更生以及对政府的不信
任。因此,在美国不可能建立像欧洲国家那样广覆盖、高标准、更公平的养
老保险制度。③

第三节　医疗保险法律制度

　　1933 年之前,联邦政府和各州政府及整个社会对医疗保险制度的建立
极不重视,自 1933 年起对医疗保险问题的讨论热烈了起来。加利福尼亚州
还成立了研究委员会,专门研究建立医疗保险的问题,并于 1935 年提交了
建立强制性医疗保险报告,其他各州亦持类似观点。1935 年联邦政府组织
的经济安全委员会也主张建立强制医疗保险制度。1938 年 7 月,在华盛顿
召开的全国健康会议主张由联邦政府为各州提供津贴以推行医疗保险制度
的建立。1939 年 2 月,下议院根据全国健康会议提出决议,作出了一个议
案,但这个议案未获通过。④

　　在 2010 年 3 月通过奥巴马政府提出的《平价医疗法案》之前,在西方国
家中,美国是唯一一个没有为国民提供国家医疗保险的工业化国家。支持
建立国家医疗保险计划的人们认为:获得医疗保障是全体国民的基本权利,
国家应当向所有公民提供高质量的医疗服务,因为医疗保障是必需品而不
是奢侈品;在美国有大量没有医疗保险的人群,1996 年这个数字是 4170 万

---

　　① 李超民编著:《美国社会保障制度》,上海,上海人民出版社,2009 年,第 1 版,第 7 页。
　　② 周弘:《福利国家向何处去》,北京,社会科学文献出版社,2006 年,第 1 版,第 181 页。
　　③ 〔美〕约翰·B.威廉姆森等:《养老保险比较分析》,马胜杰等译,北京,法律出版社,2002 年,
第 1 版,第 182 页。
　　④ 马超俊等:《比较劳动政策》,北京,商务印书馆,2013 年,第 1 版,第 677 页。

人,占人口总数的 15.6％;低收入人群的健康状况要比平均水平差,许多穷人因为支付不起高额的医疗费用而只能接受低劣的医疗服务;1991 年,美国健康和医疗支出达 7518 亿美元,占 GDP 的 13.2％,如果用婴儿死亡率、未保险和部分保险的人数的百分比衡量,美国的医疗保险计划是工业化国家中最昂贵的,但又是最无效率的。① 人们认为,需要用由政府资助的新的国家医疗保险计划来改革现有医疗保障体系,尤其是纠正浪费和效率低下的问题,新的国家医疗保险体系应当覆盖所有的国民。②

美国的社会医疗保险只向领取社会养老金的老年人和残疾人提供,它能够覆盖 99％ 65 岁及以上老年人;③向贫困者提供的是医疗补贴;而有雇佣关系的劳动者及其家属的医疗问题,由企业或劳动者自己购买私营商业医疗保险来解决,其中私人医疗保险的 90％ 是由雇主为雇员购买的;此外,还有向特殊群体提供的免费医疗。④但是,仍有 16％ 的人没有任何保险。⑤

一、社会医疗保险

1965 年,国会通过的"医疗照顾和医疗援助"项目是医疗健康服务中最重要的一项立法,国会将其列入社会保障法中,并与《社会保障法》一起成为美国社会保障体系的两大基本制度。医疗照顾和医疗援助,即社会医疗保险,它包括国民医疗保险、医疗补贴和联邦政府对私人医疗保险的隐性补贴三部分。

(一)国民医疗保险

1.适用范围和保险费率

由于美国的大多数私营医疗保险机构是向就业者提供服务的,1965 年政府开始采取两种辅助办法,用以弥补私营医疗保险市场的缺陷和不足。辅助办法之一是依据《社会保障法修正案》的规定,联邦政府向 65 岁以上并且缴纳了 10 年社会保障工薪税的老年人,不管他们退休与否,都为他们提供医疗服务;二是向 65 岁以下并至少领取了 24 个月待遇的伤残给付领取

---

① 〔美〕威廉姆·H.怀特科等:《当今世界的社会福利》,谢俊杰译,北京,法律出版社,2003年,第 1 版,第 268 页。

② 〔美〕乔治·E.雷吉达:《社会保险和经济保障》,陈秉正译,北京,经济科学出版社,2005年,第 1 版,第 184～185 页。

③ 〔丹麦〕戈斯塔·埃斯平-安德森编:《转型中的福利国家——全球经济中的国家调整》,杨刚译,北京,商务印书馆,2010 年,第 1 版,第 194 页。

④ 顾俊礼主编:《福利国家论析——以欧洲为背景的比较研究》,北京,经济管理出版社,2002年,第 1 版,第 26 页。

⑤ 李超民编著:《美国社会保障制度》,上海,上海人民出版社,2009 年,第 1 版,第 307 页。

者、遗属、养老金领取者以及肾功能衰竭者提供医疗服务。

社会保障工薪税率 15.3％中的 2.9％（即雇主和雇员各承担 1.45％）用于国民医疗保险。自谋职业者的医疗保险费则全部由本人承担。[①]没有被国民医疗保险覆盖的人可以参加自愿的基本医疗保险计划，但每月必须支付 309 美元的保险费（1998 年），同时还必须参加附加医疗保险，并每月支付医疗保险费。[②] 有 93％具备资格的人参加了该项计划。[③] 有学者认为，1965 年《社会保障法修正案》的规定标志着美国医疗社会保险制度开始建立。[④]

2.国民医疗保险待遇

国民医疗保险待遇包括基本住院医疗服务和出院后护理。老年和残障国民医疗保险费用由联邦政府和州政府共同承担，各州承担份额达 50％～78％。获取待遇的条件由各州自行规定，但是，一般年满 65 岁的穷人、盲人和残疾人都能够获得此项待遇。

受保险人需要住院治疗时，老年和残障医疗保险机构按照规定，提前支付给医院一个给付期的患者的医疗费，即按诊断分类定额预付制，如果医疗费少于老年和残障医疗保险机构前期支付的费用，医院不会退还剩余的款项；如果医疗费超出预先支付的费用，则老年和残障医疗保险机构需将多花费的医疗费补上。一个给付期，是指从第一次住入医院、最多住 90 天后出院、再连续接受 60 天高级护理支付费用的期间。从 1998 年开始，在给付期内，前 60 天患者必须支付 764 美元的自付额，后 30 天每天需支付 191 美元的共付额。如果 90 天后仍不能出院，患者可以使用附加的 60 天终生储备，但每天需支付 382 美元的共付费用。终生储备时间患者一生只能使用一次。定额预付制能够降低每个病例的服务成本，缩短病人的住院时间。

国民医疗保险为患者提供在高级护理设施内的住院治疗保障，高级护理设施能提供高级护理服务、康复服务和其他相关的医疗服务。高级护理服务最高期限为 100 天，前 20 天全部由国民医疗保险支付，后 80 天患者每天需支付 95.5 美元的共付费用。超过 100 天的，国民医疗保险不再提供保障。

国民医疗保险还为患者提供最多 210 天的临终护理医疗服务，这项服务不同于常规的医疗服务，它主要是为患者提供舒适的生活和消除疼痛，国

---

① 李超民编著：《美国社会保障制度》，上海，上海人民出版社，2009 年，第 1 版，第 32 页。
② 〔美〕乔治·E.雷吉达：《社会保险和经济保障》，陈秉正译，北京，经济科学出版社，2005 年，第 1 版，第 207 页。
③ 杨冠琼主编：《当代美国社会保障制度》，北京，法律出版社，2001 年，第 1 版，第 193 页。
④ 郑秉文等主编：《社会保障分析导论》，北京，法律出版社，2001 年，第 1 版，第 150 页。

民医疗保险为此支付几乎所有的临终护理医疗服务费用。①

3.补充医疗保险

除了住院保险外,政府还设立了"补充医疗保险",补充医疗保险提供医生服务、门诊服务、家庭护理等。补充医疗保险是自愿参加的,受保险人每月只需缴纳 40 美元,就可以享受补充保险,补充医疗保险用于支付院外医生的诊费、购买医生指定的药品和其他院外医疗服务费用。美国 99％的老年人都参加了补充医疗保险项目。② 补充医疗保险所需资金 25％来自受保险人缴纳的医疗保险工薪税,75％来自国家税收。③

在 1965 年时,看门诊的患者也是采取按照医生收费项目提前予以支付,但如果医药费有剩余,医生必须退回。1992～1997 年,为了降低看病报销费用,老年和残障医疗保险机构采取限制患者看病次数的办法。1998年,又改变为控制每年和累计的医疗费支出。由于这是一项普适性项目,虽然制度惠及 95％的 65 岁以上老人,然而,直接受益者还是那些贫困的人。

4.住院保险和补充医疗保险资金的筹集

住院保险和补充医疗保险资金筹措的渠道是不一样的。

住院保险所需资金通过雇主、雇员、自营业者缴纳的工薪税筹集,政府的财政资助只占很小部分。雇主和雇员各缴纳雇员工资 1.45％的工薪税,自营业者缴纳其应纳税收入的 2.9％医疗保险税。所有的缴费都存入一个独立的医院保险信托基金账户。自愿参加住院保险计划者,1998 年每月需缴纳 309 美元的保险费。2.9％的医疗保险工薪税所筹集到的资金只能满足 75％的支付,不足部分由一般税收收入来弥补。如果要减轻政府财政负担,那么,到 2020 年总工薪税率需由 15.3％上升至 26.4％。

补充医疗保险所需的资金由受保险人每月缴纳的 43.8 美元保险费和联邦政府提供的补贴筹集,所有筹集到的资金存入补充医疗保险信托基金,所有的门诊服务费用和管理费用都从该基金中支付。④ 联邦政府提供的补贴占补充医疗保险支出的比重,在 1990 年时为 75％,预计到 2020 年将达到 94％。⑤

---

① 〔美〕乔治·E.雷吉达:《社会保险和经济保障》,陈秉正译,北京,经济科学出版社,2005年,第 1 版,第 207～208 页。

② 顾俊礼主编:《福利国家论析——以欧洲为背景的比较研究》,北京,经济管理出版社,2002年,第 1 版,第 255 页。

③ 杨冠琼主编:《当代美国社会保障制度》,北京,法律出版社,2001 年,第 1 版,第 135 页。

④ 〔美〕乔治·E.雷吉达:《社会保险和经济保障》,陈秉正译,北京,经济科学出版社,2005年,第 1 版,第 214 页。

⑤ 杨冠琼主编:《当代美国社会保障制度》,北京,法律出版社,2001 年,第 1 版,第 194 页。

享受"老年人医疗保险计划"的资格由社会保障署规定,工薪税由国内税务管理局征收,医疗保险财政管理委员会负责该计划的实施和管理。这三个机构都是联邦机构。①

各级政府只为 27% 的美国人提供医疗保险,可见仍有相当多的人不买或者买不起医疗保险。据 2006 年统计,大约有 4700 万的美国人没有购买任何医疗保险,他们占到美国人口的 16%,这种情况还有不断增加的趋势,而且主要是 18~64 岁处于劳动年龄的人。②

为了解决医疗费用不断上涨的问题,2003 年,国会通过了《老年人和残障健康保险处方药完善与现代化法》,该法推出了所得税抵扣健康保险账户。所得税抵扣健康保险账户是一个个人非税账户,参加高额抵扣的保险计划就可在账户中存入更多税前收入,如果参保人花费较少,就能为将来健康储存较多资金,因为老年的疾病风险毕竟高于年轻时。如果参保人将账户中的存储用于非医疗支出,将受到政府部门的处罚。

(二)铁路职工医疗保险

铁路职工及其家庭成员都被纳入 1965 年的《社会保障法》修正案,铁路职工及其家庭成员的参保办法与其他群体相同。《1965 年铁路退休法》修正案和《1972 年社会保障法》修正案规定,由铁路退休局对铁路职工的医疗保险进行管理,并且依据《铁路退休法》的规定,由铁路退休局从"铁路退休账户"中支付住院保险费和老年及残障医疗保险费。③

(三)联邦政府文职雇员的带薪病假

带薪病假只适用于短期患病的联邦政府雇员,即在带薪工作期间,每两周有 4 小时的带薪病假,每年有 13 天的带薪病假。如果雇员不休病假,可以终生累计;如果休完规定天数的病假仍然不能工作,可以继续休假,但是这期间没有病假工资。④

二、医疗援助制度

1.适用范围和监管机构

美国的医疗保险是与就业相关联的私营商业保险,它覆盖了 3/4 的劳

---

① 〔美〕威廉姆·H.怀特科等:《当今世界的社会福利》,谢俊杰译,北京,法律出版社,2003年,第 1 版,第 268 页。

② 李超民编著:《美国社会保障制度》,上海,上海人民出版社,2009 年,第 1 版,第 195 页。

③ 同上书,第 157 页。

④ 李超民编著:《美国社会保障制度》,上海,上海人民出版社,2009 年,第 1 版,第 171 页。

动年龄人口，其中贫困人口只占很小比例，这也就是说，绝大多数贫困人口不在商业医疗保险的保护之内。1935 年的《社会保障法》就设立了医疗补贴制度，为参加了商业医疗保险的贫困劳动年龄人口以及其他没有参加商业医疗保险的家庭收入低于联邦贫困线 133％ 的贫困家庭提供医疗照顾，包括低收入父母亲、儿童、老年人、残障人，即所有没有能力为自己及家人偿付医疗费用的人提供费用及服务。另外，各州还有选择地将医疗援助制度适用于绝对贫困群体，例如家庭收入低于联邦贫困线 185％ 的怀孕妇女和 1 岁以下婴儿，以及因医疗开支过度而致贫的人。[①] 但是，有些穷人甚至极贫困者，不一定能够取得该项待遇的资格，因为除了有财产和收入这一基本限制外，还有对年龄、是否美国公民、是否合法移民的要求。

在美国的社会保障体系中，1965 年的"医疗补贴方案"成为《社会保障法》中的重要制度，被称作美国医疗保险系统的最后支付者。[②] 医疗补贴为参加社会保障的 65 岁以上和伤残者支付大部分住院和医疗费用，他们中 10％是贫困者，25％是收入低于贫困线者。医疗补贴费用由联邦和州两级政府筹集，主要是州政府按照当地的标准对贫困患者提供补贴，政府可以承担贫困患者 80％ 的住院费用。[③] 无业贫民中能够获得医疗补贴的占到 53％。[④] 1989 年，平均每位 65 岁以上受保险人每年可获得 2649 美元的医疗资助。数年来，医疗保险工薪税受法律规定的限制，没有像医疗津贴那样迅猛增长，于是医疗津贴的开支超出工薪税收入的差额部分只能用一般税收收入弥补。实际情况是，医疗费用的 25％ 来自受保险人缴纳的社会保障工薪税，75％ 来自政府一般税收，国会也采取了有力措施，防止差额津贴突破 75％。[⑤]

自 1965 年建立这项制度以来，"老年和残障健康保险与对各州医疗援助服务中心"作为对该计划的专门管理机构，负责对联邦政府关于各州医疗援助立法的解释和实施，监督各州在实施医疗援助制度时，是否遵守了联邦政府制定的规则。各州可以自愿参加医疗援助计划，但实际上已有 50 个州

---

① 〔美〕威廉姆·H.怀特科等:《当今世界的社会福利》,谢俊杰译,北京,法律出版社,2003年,第 1 版,第 269 页。

② 李超民编著:《美国社会保障制度》,上海,上海人民出版社,2009 年,第 1 版,第 247 页。

③ 吕学静主编:《社会保障国际比较》,北京,首都经济贸易大学出版社,2007 年,第 1 版,第162 页。

④ 〔日〕武川正吾等编:《企业保障与社会保障》,李黎明等译,北京,中国劳动社会保障出版社,2003 年,第 1 版,第 197 页。

⑤ 杨冠琼主编:《当代美国社会保障制度》,北京,法律出版社,2001 年,第 1 版,第 135 页。

参加了此项计划。有些州把这项计划交给私营医疗保险机构办理,有些州则将补贴直接付给提供医疗服务的医生和医院。

2.获得国民医疗援助的条件

联邦政府根据各州确定的贫困线对各州进行援助,在州与州之间经济发展状况差别很大的情况下,联邦政府对富裕的州的援助款项比对贫困州少很多。由于这项计划是以参保者的需求为目标提供的援助,所需资金均由联邦政府承担,所以不属于医疗保险范畴。

对于没有能力支付国民医疗保险中的各种保险费、自付额、共付额的低收入国民或贫困者,联邦法律要求,州国民医疗援助制度必须为他们中的老年人和残疾人支付医疗保险费用。国民医疗援助计划将向国民医疗保险计划支付本该由患者支付的月保险费、自付额、共付额。获得国民医疗援助需具备以下条件:一是个人必须获得了国民医疗保险中的医院保险;二是年收入在联邦贫困线以下,1997年的贫困线为个人年收入7890美元,两个人的家庭为年收入10610美元;三是个人财务资源(如储蓄)不超过4000美元,家庭不超过6000美元,房子、汽车、墓地、家具等可以不计入其中。

医疗援助由联邦和州两级政府共同负责。各州可自行决定享受条件、服务类型、支付标准、管理计划等,联邦政府视各州的收入水平,给予50%～83%不等的财政资助。[①] 与"老年人医疗保险计划"一样,"医疗援助计划"也是由医疗保险财政管理委员会监督管理。补助金直接支付给个人或提供服务的机构。对于那些自认为不恰当地被视为无资格享受该计划的医疗补助申请人,或者对于所获得的补助金额不满的人,可以动用上诉程序,寻求法院支持。由于医疗费用的增长快于生活费用指数的增长,经济衰退导致接受医疗援助的人增加,需要长期接受医疗的老弱病残的人数与日俱增,科技进步使人寿命延长,使得医疗补助支出逐年飙升,1990～1992年,联邦政府承担的医疗补助费用增加了67%。[②]

三、护理保险制度

根据美国护理保险协会对长期护理的定义,长期护理是指在一个较长的时期内,持续地为患有慢性疾病比如老年痴呆等认知障碍,或处于伤

---

① 和春雷主编:《社会保障制度的国际比较》,北京,法律出版社,2001年,第1版,第80页。
② 〔美〕威廉姆·H.怀特科等:《当今世界的社会福利》,谢俊杰译,北京,法律出版社,2003年,第1版,第270页。

残状态下即功能性损伤的人提供的护理。① 与短期医疗护理相比,长期护理服务的内容不仅包括专业的医疗护理,也包括辅助被护理者做饭、吃饭、洗澡、如厕等生活服务。被护理者的60%是65岁以上的老年人。美国有180余万人居住在专业护理机构,有1200余万人需要在家里、社区或机构接受长期护理服务。② 随着人口老龄化的加剧,需要接受护理的人数在不断增加,统计数据显示,在家庭接受护理的人数从1987年的700万人增加到了1997年的2200万人。③ 美国将护理保险纳入医疗保险范围,由老年社会保障计划为老年人、残障者、慢性病患者参保人提供长期护理待遇。长期护理保险与残障养老保险不同,前者保护范围宽于后者,它为慢性病患者提供护理服务;后者只是为丧失劳动能力的参保残障者提供收入保障。

长期护理所需资金主要来自以下几个方面:由于美国没有建立社会化筹集护理保险的制度,医疗保险也主要用于支付医疗护理费用,不包括长期护理服务费用,所以长期护理所需资金主要来源于医疗救助资金,因为医疗救助是符合资格申请条件者的一项"社会权利",且医疗救助所需资金不受预算限制。2012年,长期护理总支出为2199亿美元,其中61%来由财政支付的医疗救助费用,个人支付占22.4%,商业护理保险支出仅占11.9%,其他占4.7%。④

美国老年和残障医疗保险以及联邦政府对各州医疗援助计划在2007年的总支出占到当年GDP的4%。由于医疗保险基金缴费人数与支出人数的比例不断下降,2009年为3.9:1,到了2030年这个比例将下降为2.4:1;由于医疗费用的不断上升;由于政府允许既符合老年和残障医疗保险,又符合联邦政府对各州医疗救助计划的享受"双重资格"者,例如,2002年有双重资格者占老年和残障医疗保险总人数的16%,而医疗费用却占到22%,2003年有双重资格者占联邦政府对各州医疗援助计划总人数的13%,但医疗费用却占到41%,种种情况将会导致基金在某个时候出现支付风险。于是国会决定对两大计划进行合并管理,具体措施:一是由各州举办统一的老年和残障医疗保险以及联邦政府对各州医疗援助计划,同时提供两种计划的医疗服务;二是无需老年和残障医疗保险以及联邦

① 姚玲珍编著:《德国社会保障制度》,上海,上海人民出版社,2011年,第1版,第176页。
② 石玎等:《美国长期照护服务的筹资改革及启示》,《国际比较》2017年第4期。
③ 戴卫东:《国外长期护理保险制度:分析、评价及启示》,《人口与发展》2011年第5期。
④ 石玎等:《美国长期照护服务的筹资改革及启示》,《国际比较》2017年第4期。

政府对各州医疗援助服务中心和各州参与,由护理计划管理机构办理统一的老年和残障医疗保险以及联邦政府对各州医疗援助计划项目,为双重资格者提供简单的护理医疗服务。① 在对两大计划进行合并管理的过程中,联邦政府开办了"老年护理一条龙计划",2006年经国会授权,在加州试点取得了一定的经验后,在全国推广。该计划涵盖了"老年和残障医疗保险"以及"联邦政府对各州医疗援助"两个计划提供的各种医疗服务。参加该计划需要满足的条件是:年满55岁,居住在该计划覆盖的范围内。依据现行制度,老年和残障医疗保险计划的受保险人可以自愿参加长期护理计划。

虽然政府承担了长期护理中的主要责任,但由于服务的供给无法跟上需求的迅速增长,使得需要护理者长时间等待,2012年,美国39个州共有54.2万人列在等候名单中,平均等候期为2年之久。② 而且只有1/5的需要护理者在专业机构接受护理服务,其他4/5的需要护理者则在家或社区接受护理服务。③ 相比之下,建立德国那样的社会化的长期护理筹资机制,是应对护理风险的有效措施。

四、儿童医疗保险④

1997年制定实施的"各州儿童健康保险计划"汇编在《社会保障法》第二十一编,它向收入不高但高于享受医疗援助计划的家庭收入(2004年,资格收入上限为联邦贫困线的350%)、没有参加保险的家庭的子女提供医疗服务,计划所需资金由联邦政府向各州提供。由于计划只是对儿童健康保险作了原则性规定,所以它要求各州根据本州的具体情况对适用范围作出更具体的规定。

"各州儿童健康保险计划"规定,年龄在19周岁以下的儿童以及特定低收入家庭的儿童,无论强制性或选择性参加各州医疗援助计划的分组计划,"早期和定期体检、诊断与治疗计划"中的所有福利,"各州儿童健康保险计划"必须予以提供。参加"各州儿童健康保险计划"的家庭,需要承担的费用有:参加保险的报名费、每个月的保险费、医疗费的自付部分等,但是所有费

---

① 李超民编著:《美国社会保障制度》,上海,上海人民出版社,2009年,第1版,第255～259页。
② 石玎等:《美国长期照护服务的筹资改革及启示》,《国际比较》2017年第4期。
③ 荆涛:《长期护理保险——中国未来极富竞争力的险种》,北京,对外经济贸易大学出版社,2006年,第1版,第95页。转引自戴卫东:《国外长期护理保险制度:分析、评价及启示》,《人口与发展》2011年第5期。
④ 李超民编著:《美国社会保障制度》,上海,上海人民出版社,2009年,第1版,第282～301页。

用不能超过家庭总收入的 5％。参加"各州儿童健康保险计划"的家庭,无论收入水平高低,所有预防性医疗保健费用全部免交,包括新生儿就医项目、体格检查、免疫项目和门诊、牙科的预防与诊疗等。

联邦对各州的行政拨款按照法定公式进行,公式中的因素主要是各州的低收入家庭儿童数和没有参加保险的家庭的儿童数,资金拨付以 3 年为一个周期。自计划实施以来,就出现了有些州的资金花不完,而有些州的资金不够用的情况,对此法律规定,各州没有用完的联邦资金部分需要进行再分配,结果到了计划期末联邦拨付的资金还有剩余的州越来越少。联邦拨款总额以及这笔钱如何在各州进行分配,联邦如何对各州没有用完的资金进行再分配,都是些相互牵制且难以解决的问题。

五、私营医疗保险

私营医疗保险由营利性的商业保险公司举办,由雇主为雇员购买或者由雇员为自己购买,实际上美国的私营医疗保险 90％是雇主为雇员购买的。[1] 由此在国民疾病风险的保障中占据了主导地位,即在美国疾病风险保障中私营医疗保险较政府举办的社会医疗保险发达,发挥的作用更大。[2]政府对雇主为雇员购买商业医疗保险投入的资金实行免税,以此鼓励雇主多投入医疗保险费。公务员中由雇用单位为其购买商业医疗保险的占到85％。[3] 74％的私营企业职工与 80％以上的政府雇员都参加了由雇主支付保费的团体保险。[4] 政府对商业医疗保险管制的法规贯穿于整个保险业务,包括必须提供的服务、保险公司对被保险人的责任等。商业医疗保险由联邦和州共同管理,但各有不同的责任。各州要求商业医疗保险必须覆盖特定的医疗项目和提供特定的医疗服务,保险公司必须遵守州法规的规定,即向被保险人提供医疗保险的强制性业务。1992 年,美国的私营医疗保险公司有 1000 余家,私营医疗保险公司承担了 33％的医疗服务费用。商业医疗保险分为非营利性和营利性两种,前者在税收上享受优惠待遇,后者不享受相关待遇。

---

[1]　张桂琳等:《七国社会保障制度研究——兼论我国社会保障制度建设》,北京,中国政法大学出版社,2005 年,第 1 版,第 103 页。

[2]　〔美〕威廉姆·H.怀特科等:《当今世界的社会福利》,谢俊杰译,北京,法律出版社,2003 年,第 1 版,第 255 页。

[3]　〔日〕武川正吾等编:《企业保障与社会保障》,李黎明等译,北京,中国劳动社会保障出版社,2003 年,第 1 版,第 197 页。

[4]　郑秉文等主编:《社会保障分析导论》,北京,法律出版社,2001 年,第 1 版,第 151 页。

(一)雇主资助型商业医疗保险

《1974年退休职工所得保障法》对私营部门雇主资助职工福利的最低标准作出了规定,其中就有对医疗保险的资助。雇主资助型的商业医疗保险是雇主为雇员购买的医疗保险,保费主要由雇主支付,雇员支付的数额只占到雇主缴费的16%,家庭缴费只占到雇主缴费的28%。100%的大公司都为雇员购买了医疗保险,全国大约有60%的65岁以下的雇员参加了这一保险。国家为雇主支付的医疗保险费提供税收优惠,2007年,税收优惠额达到997亿美元。[①] 雇主资助型的商业医疗保险有两种形式,即小型雇主团体保险和联邦职工健康福利计划。雇主为雇员购买商业医疗保险主要是为了雇到技能和素质高的雇员以及稳定职工队伍。

1.小型雇主团体保险

由于政府没有出台强制性的雇主必须为雇员购买商业医疗保险的法律,所以,小企业为雇员购买商业医疗保险的情况比较少。[②] 美国的小企业是指,雇员在3～199人的企业。由于小企业在缴费方面选择面较窄,缴费负担比大企业重,因此,2007年仅有59%的小企业为雇员购买了医疗保险,而且这种状况呈下降趋势。如果雇佣20人左右的企业因故中断缴费,雇主可以要求雇员缴纳全部保费,期间雇员的医疗待遇不能中断。如果雇员从一个企业跳槽到另外一个企业,他的医疗保险关系跟随转移。如果雇员失去了雇主团体保险资格,他们在参加新的个人医疗保险之前的保险不得中断,但条件是他已连续参加了18个月的医疗保险。

2.联邦雇员健康福利计划

联邦职工健康福利计划是一项由联邦政府为其雇员提供资助的健康保险计划,该计划由联邦政府人事管理办公室管理。

《1996年健康保险转移与审计法》针对私营和公共部门资助健康保险计划和保险公司的条件,规定了联邦的要求,以保证受保险人调换工作或者更换医疗保险计划时,其保险得以保留或者更换。规定自谋职业者可以从交纳的联邦所得税中抵扣保险费,这种税收激励政策大大地扩大了医疗保险的范围。

(二)个人购买的商业医疗保险

大约有6%65岁以下的人购买商业医疗保险,包括提前退休者、无雇主购买保险者以及自谋职业者。个人购买商业医疗保险的费用全部由个人支

---

① 李超民编著:《美国社会保障制度》,上海,上海人民出版社,2009年,第1版,第201、311页。
② 李珍主编:《社会保障理论》,北京,中国劳动社会保障出版社,2007年,第2版,第200页。

付,只有自谋职业者购买商业医疗保险时,可以获得税收优惠。

（三）其他私营医疗保险

美国的医疗系统分为营利性和非营利性两大类,而后者无论在数量、作用及影响力上都居于优势地位,它们多数由宗教和慈善机构举办,而前者主要由富人投资举办。非营利医院经参议院通过、总统批准后,得到于1946年8月13日签署的"希尔-伯顿医院情况和结构法案"的支持,法案授权在1947～1951年内,联邦政府每年为各州和非营利团体提供7500万美元用于建造医院。①

1.蓝盾协会和蓝十字协会

在美国的私营医疗保险机构中,最具影响力和分布最广的是起源于1909年的"蓝盾协会"和建立于1932年的"蓝十字协会"两个相互独立的非营利性医疗保险机构。蓝盾是由医生组织发起,承保范围主要是医生服务;蓝十字会主要是由医院联合会发起,承保范围主要是为住院病人提供服务,可以支付住院费用和其他相关费用,还向医院支付半商业性经营的住房所有费用;蓝盾计划支付医生的诊费、手术费和相关的费用,即蓝盾计划主要提供门诊服务,在参保者收入低于一定水平时,提供一定的免费医疗。蓝盾协会和蓝十字协会是按地区建立和活动的,每个地区的分会隶属于全国的协会,并遵行全国协会的计划。1997年,已有6个独立的蓝十字计划和4个独立的蓝盾计划,还有49个同时承保蓝十字计划和蓝盾计划的联合计划,②双蓝协会通过加入计划的医院和内科医生向参保者提供医疗服务。70％的大工业企业参加的是双蓝协会。双蓝协会被称作"医生自己的事业",意思是说,除了救死扶伤外,别无旁顾,具有参保者交费少,得到的服务优的特点,这是由其非营利的性质决定的。1991年,参加者达6800万人,享受医疗待遇者达2600万人。③

2.健康维护组织和优先医疗服务组织

20世纪70年代以来,由于医疗费用的急速上涨,管理型医疗逐渐发展成为一种以控制医疗费用为主要目的的医疗保障模式,这是一些非营利性医疗保险机构,如"健康维护组织"和"优先医疗服务组织"等多个机构。1973年,尼克松总统签署了《健康维护组织法》,规定联邦政府在经济上支持健康维护组织的发展,宣布它与社会医疗保险处于同等地位,并确保职工

---

① 杨冠琼主编:《当代美国社会保障制度》,北京,法律出版社,2001年,第1版,第138页。
② 〔美〕乔治·E.雷吉达:《社会保险和经济保障》,陈秉正译,北京,经济科学出版社,2005年,第1版,第172页。
③ 杨冠琼主编:《当代美国社会保障制度》,北京,法律出版社,2001年,第1版,第137页。

在社会医疗保险和新型健康维护组织之间的选择权。"健康维护组织"与传统的私人医疗保险机构不同,它有自己的合同医院和开业医生,直接为投保者提供门诊、住院和预防服务。健康维护组织的成员每月需预先为提供的医疗服务支付固定的费用,机构将在规定的范围为投保者免费提供一切服务。为了节约医疗费用,"健康维护组织"把工作重点放在疾病预防和健康保健服务上,它比传统健康保险节约 25% 的费用。所以,它不仅受到联邦政府的推崇,而且受到越来越多的中下层人士的欢迎,2007 年有 1600 万美国人加入"健康维护组织"。"健康维护组织"规定,投保人只要多支付 10%~15% 的保费和大约 30% 的医疗费,就可以在任何连锁医院、寻找任何医生就医。在全国 630 个"健康维护组织"中,实行这类计划的已由 1990 年的 20% 增加到目前的 50%。[①]一些"健康维护组织"的医生是领工资的,这样他们就没为病人提供不必要服务的利益驱动,从而降低了成本。

"优先医疗服务组织"是医疗管理的另一类型。它与医疗服务提供商签订合同,以折扣价格向其成员提供医疗服务。为了激励患者就医于优先医疗服务组织的医生,以减少自付额和共付额,对一些常规治疗收取更为低廉的费用,或增加一些预防性医疗服务。20 世纪末,优先医疗服务组织已发展到 400 多个。

3.未投保者的健康联盟

大多数州为没有得到医疗保险的人建立了特别的健康保险联盟。申请者在提供他们申请健康保险被拒绝的证明时,需要证明自己是所在州的居民,还需提供以下情况中一种情况的证明:至少被一家公司拒绝过,或者当前参加的保险计划的保费比健康联盟高,或者当前参加的保险有苛刻的追加条款或费率规定,或者所提供的保单具有苛刻的附加条款或放弃条款。投保人在生存期内可获得的最大支付额为 25 万~100 万美元医疗费用。健康联盟收取的保费是昂贵的,最高费率是标准费率的 125%~400%,导致一些没有得到医疗保险的人因负担不起保费而不投保健康联盟。[②]

(四)私营医疗保险的报销范围

私营医疗保险报销的范围有以下几类:[③]

第一类医疗保险既可以报销住院医疗费用,也可以报销门诊医疗费用。

---

① 吕学静主编:《社会保障国际比较》,北京,首都经济贸易大学出版社,2007 年,第 1 版,第 162 页。

② 〔美〕乔治·E.雷吉达:《社会保险和经济保障》,陈秉正译,北京,经济科学出版社,2005 年,第 1 版,第 178 页。

③ 李超民编著《美国社会保障制度》,上海,上海人民出版社,2009 年,第 1 版,第 218~221 页。

参保人住院 3 天以上、所患疾病需要专业护理的,保险公司除了支付住院费用外,还可支付专业护理机构的费用。仍在工作的雇员可以不参加第一类医疗保险,但是不再工作的人,如果不参加第一类医疗保险,将受到每年10％的终身处罚。

第二类医疗保险报销不包括在第一类医疗保险中的医药费用。雇员可以选择不参加第二类医疗保险。

第三类医疗保险是为老年人和残障者提供私人健康保险的计划。该计划向私人保险机构按月、按人头补贴一定费用,参加私人健康保险计划者除了缴纳第二类医疗保险的保险费外,每月还需缴纳月费,每次看病还需支付部分医疗费。

第四类医疗保险是联邦政府对于参加老年和残障健康保险计划者的处方药给予补贴的措施,属于自愿参保。参加这类医疗保险者必须参加老年和残障健康保险、州医疗补助计划、雇主医疗计划等医疗计划中的一个医疗保险计划。因为每个保险公司都有自己的药典,将药物分成 3～5 级,并且规定属于报销范围的药物以及报销比例,而且与老年和残障医疗保险及各州医疗补助服务中心的规定不一致。

第五类医疗保险是伤残收入保险。人们通常认为,医疗保险只对门诊治疗和住院治疗的费用予以报销,在美国,医疗保险的报销范围除了医疗费用外,还为丧失劳动能力的参保残障者支付因受伤和病残无法取得的收入。因为伤残,特别是长期伤残所导致的经济困难,有时比死亡、老年所导致的经济困难还要严重。

美国的医疗保险是以市场为主导的,这种自由主义医疗保险模式形成的原因是多方面的。美国没有经过封建制度的历史阶段,封建影响较小,历史上就形成了强调福利市场竞争机制的传统,在市场经济社会下强调实行个人契约式的自愿结合、自由选择的医疗保险模式,辅之以国家适当干预,从而形成了国家举办医疗保险和私人举办医疗保险并立且以私人医疗保险为主的局面。美国的社会保障并不为年老者支付全部住院和医疗费用,更不会为在职人员支付任何医疗费用。因此,要让自己和家庭摆脱患病时巨额的医疗费用的压力,除了从国家举办的医疗保险和私人举办医疗保险中获得相应的经济支持外,个人必须储存一定的现金,才不会导致因病致贫的情况发生。

第四节　失业保险法律制度

美国的失业保险法酝酿于 1914 年,1916 年美国劳动立法协会以英国

《失业保险法》为蓝本,草拟了一个失业保险提案并提交马萨诸塞州,但未获通过,其后威斯康星州亦有同样的建议。20 世纪 30 年代大萧条时期,失业人数剧增,一些企业虽然建立了私人失业计划但无法提供有效的保障,1932年包括威斯康星州在内的 27 个州制定了失业保险法律,[①]并为《1935 年社会保障法》的制定奠定了基础。1938 年通过了《铁路失业保险法》,1939 年通过的《联邦失业税收法》鼓励各州建立失业基金,由此形成了失业保险制度的基本框架。美国建立的强制性失业保险制度的理念与其奉行的自由主义教条相一致,而绝不是出于社会团结的考虑,因为如果有些企业缴纳失业保险工薪税而其他企业不缴纳,就将导致不公平竞争。[②] 1936 年初,只有13 个州通过了失业保险法,但到了 1938 年底就有 31 个州通过了失业保险法,领取失业保险金的工人达 350 万人。[③]

　　1935 年,美国在建立社会保障制度的同时,国会通过立法授权各州建立失业保险制度。《1935 年社会保障法》规定,对失业的一般性救济由州和地方政府负责。联邦政府确信失业是一个全局性问题,为失业者提供救济是联邦政府不可推卸的责任。社会保障法之所以没有建立一个由联邦政府统一管理的体系,是因为完全的联邦计划是违反宪法的。另外,各州在保险金额、融资方式、管理及其他方面很难达成一致。因此,各州发展自己的失业保险会更好,而且州政府管理比联邦政府管理更方便可行。

　　1946 年 2 月 20 日,由杜鲁门总统签署生效的《就业保障法》成为当代美国失业和就业保障的一块里程碑。该法案明确规定,政府有责任为那些能够工作、愿意工作和正在工作的人提供有益的就业机会。联邦政府应负责协调和利用自己的一切计划、职能和资源,帮助实现最大限度就业。根据这一法案成立的总统经济顾问委员会,协助总统每年定期向国会提交总统经济报告。1947 年 1 月 8 日,总统提交的第一份经济报告称,不希望再发生像 1929 年那样的大危机,并且用相当大的篇幅分析了失业保险、退休金和抚恤金、健康保险等社会保障制度对经济稳定增长的意义。报告强调,推进福利和健康保险,是最大限度的就业、生产力和购买力的组成部分。报告认为,失业保险制度的设计比起慈善救济要好得多。报告提出,要阻止萧条的购买力,退休金制度有利于劳动力的调整和适应技术变化的需求,健康保险则关系到工业和农业生产力的保护。1953 年 1 月 14 日,杜鲁门总统在

----

① 马超俊等:《比较劳动政策》,北京,商务印书馆,2013 年,第 1 版,第 669 页。
② 〔丹麦〕考斯塔·艾斯平-安德森:《福利资本主义的三个世界》,郑秉文译,北京,法律出版社,2003 年,第 1 版,第 48 页。
③ 马超俊等:《比较劳动政策》,北京,商务印书馆,2013 年,第 1 版,第 670 页。

提交的经济报告中认为,充分就业意味着更多的就业机会;充分就业要求保持经济平衡发展;充分就业要求预测经济发展趋势;充分就业要求政府更好地担负起对私人企业的职责;充分就业要求避免通货膨胀;充分就业要求集团利益服从整体利益。①《就业保障法》正确地表达了美国人民的深切愿望,即不懈地解决大批失业这个长期存在的问题。

1973 年至 1975 年,美国发生了以滞胀为特征的仅次于 20 世纪 30 年代大萧条的严重经济危机。当时,失业人数高达 800 多万,是"二战"之后的最高纪录,政府财政赤字高达 600 多亿美元,创造了美国历史上的新纪录。危机来临初期入主白宫的卡特总统既要解决通货膨胀问题,又要解决失业难题。卡特执政期间提出的"工作福利"和"工作保障"被证明是美国失业保障制度发展过程中的又一历史性创新,是对以往就业与失业保险制度以及社会保障制度中福利与工作脱钩的经验教训的总结与反思。1977 年 8 月 6日,卡特总统宣布了被称为"第一个由政府把工作问题放在第一位的建议"的"更好的工作与收入计划"。该计划具有双重作用和目的:一方面改变福利费用居高不下和分配不均的现象,另一方面促进更多的福利受益者参加工作并为穷人提供最低收入。计划还规定了联邦政府和州政府在执行计划中的相互关系和责任。

现代失业保险制度在发展的过程中其旨意越来越明确:通过政府创造的条件和机会,为雇主和寻找就业机会的人搭建平台,使失业者尽快找到新的工作;根据经济技术的发展变化,对雇员进行培训和开发,推动雇主留住雇员,使已经就业的人能够持续就业;由于社会而非个人因素(如经济衰退)导致雇员失业时,为失业者提供经济援助,保障其基本生活需要,以减少因失业造成的经济损失。

一、联邦和州政府举办的失业保险制度

1.失业保险法的覆盖范围

失业保险是强制性制度,符合法定条件的企业和雇员必须参加。制度建立初期,只要求私营工业和商业企业参加保险,20 世纪 70 年代以后,保险覆盖范围扩展到农业工人、州和地方政府雇员以及非营利组织雇员。20世纪初,失业保险已覆盖到 97％的工薪职工。②

2.失业保险基金的筹集

① 杨冠琼主编:《当代美国社会保障制度》,北京,法律出版社,2001 年,第 1 版,第 163、168 页。
② 刘燕生:《社会保障的起源、发展和道路选择》,北京,法律出版社,2001 年,第 1 版,第 306 页。

与德国等欧洲国家不同,根据《国内收入法》的规定,美国的失业保险基金通过雇主为雇员缴纳的失业保险工薪税筹集,雇员个人不缴纳失业保险工薪税。失业保险工薪税分为联邦税和地方(州)税两种,税率为 6.2%,如果雇主参加了州失业保险计划,就可以免交联邦失业保险工薪税。失业保险计划采用抵免税收的方法,抵免额为 5.4%,剩余的 0.8% 仍要缴给联邦政府,联邦政府将失业保险工薪税的 90% 返还给各州,剩余部分联邦政府用作州贷款和管理费用。[①] 联邦政府向雇主征收到的失业保险工薪税存入财政部所属的失业信托基金保管,由州政府负责管理失业保险事务。雇主的失业保险税率各不相同,解雇率越高,税率就越高。

失业保险工薪税的税基是雇主应缴失业保险工薪税的雇员最低年工资,按照 1940 年生效的《联邦失业税法案》的规定,所有的工资都应缴税。尽管工资基数逐年上升,但应税工资基数占总工资收入的比重却从 1948 年的 82% 下降到了 1994 年的 36%。如果以 1940 年为标准,将工资指数化,1992 年应税工资基数应是 50000 美元,而不是 7000 美元。[②] 尤其是在通货膨胀时期,工资上升了,而应税工资基数没有随之增加。这就导致失业信托基金储备不足,如果出现经济持续衰退,储备资金将无力支付失业保险金。如果某州失业保险基金出现入不敷出的情况,联邦政府可依法向该州出借资金。在通常情况下,只有在失业率很高时才会出现这种情况。如果某州因为减税或者提高失业保险金的给付标准导致失业保险基金发生亏空,联邦政府将向该州发放贷款,贷款需要偿还,且需要支付利息。

3.失业保险金水平及给付期限

周付失业保险金的数额和持续期,由各州自己决定,联邦法律对此没有具体规定。在确定周给付水平时,一般遵循三个原则:一是保险金应与劳动者以前的工资水平挂钩;二是应当为失业保险金设定上限;三是失业保险是社会保险,这就要求对某一类领取者对应支付某一确定水平给付。

失业保险金的数额为雇主缴纳的失业保险工薪税率乘以失业保险税限额以下的雇员年收入。符合失业保险规定条件的失业者可以领取到本人周工资 50%~70% 的失业保险金,50% 的替代率是一个广泛认可的标准,这个标准是针对低收入阶层的,而大多数中高收入者,并没有达到 50% 的替代率;给付期限为 26 周。在失业率相对较高的州,联邦政府和各州的"延长失业金计划"另外追加 13 周失业保险金领取时间。1991~1993 年,联邦紧

---

① 李珍主编:《社会保障理论》,北京,中国劳动社会保障出版社,2007 年,第 2 版,第 223 页。
② 〔美〕乔治·E.雷吉达:《社会保险和经济保障》,陈秉正译,北京,经济科学出版社,2005 年,第 1 版,第 302 页。

急失业补偿立法延长了领取失业保险金的期限,每个失业者可以领取 52～59 周的失业保险金。① 基本期限内的失业保险金由州负担,追加的失业保险金所需资金,由联邦政府和州政府平摊,紧急延长期内的失业保险资金由联邦负担。② 如果领取失业保险金的失业者在法定期限内没有找到工作,转而领取法定期限的失业救济金。

2000 年,失业保险已经覆盖了 97％的雇佣劳动者。但是,1999 年,只有 38％的失业工人领取到了失业保险金,而在 1975 年,这个比例为 81％。③ 1999 年,月平均失业保险金约为 600 美元,失业保险金的替代率为 60％,与当年征收的 264.3 亿美元失业工薪税基本收支相抵。④ 如果失业者能够获得任何来自政府或私人计划的退休金,包括社会保险计划中的基本养老金和铁路工人退休计划中的养老金,失业保险金将扣除这部分金额。《1986 年税收改革法案》规定,所有失业保险金都需要交纳联邦所得税。失业保险所得税实行累进税率,平均税率为 18％。⑤

4.领取失业保险金的资格要求

所有州法律都规定,失业保险金的领取者必须能够工作而且准备工作,这是领取失业保险金的首要条件。失业者必须在当地失业登记部门进行失业登记,失业者不但要积极寻找工作,而且不能拒绝“适当的工作”,除非能够陈述出充分的理由。法律也规定了不符合申领失业保险金的情况,即不能工作或者不准备工作者、没有任何理由自愿离岗者、工作中由于行为不端被辞退者、由于工作纠纷失业者。1999 年,在 1480 万失业保险金申领者中,有 27.4％不合格者。

失业保险是国家法定保险,在失业保险之外,有条件的企业还另外对失业人员发给企业失业津贴。享有失业津贴的条件是:(1)领取失业保险金的失业人员;(2)具有 1 年以上在企业工作的工龄;(3)失业津贴所需费用由雇主和工会共同筹集;(4)失业津贴标准为失业工人失业前工资的 30％左右;(5)领取期限为 1 年。1955～1990 年,失业保险金领取者从 1955 年的

---

① 〔美〕威廉姆·H.怀特科等:《当今世界的社会福利》,谢俊杰译,北京,法律出版社,2003年,第 1 版,第 272 页。
② 〔美〕乔治·E.雷吉达 :《社会保险和经济保障》,陈秉正译,北京,经济科学出版社,2005年,第 1 版,第 283、285 页。
③ 李超民编著:《美国社会保障制度》,上海,上海人民出版社,2009 年,第 1 版,第 334 页。
④ 顾俊礼主编:《福利国家论析——以欧洲为背景的比较研究》,北京,经济管理出版社,2002年,第 1 版,第 255、263 页。
⑤ 〔美〕乔治·E.雷吉达 :《社会保险和经济保障》,陈秉正译,北京,经济科学出版社,2005年,第 1 版,第 291 页。

4001.8 万人增加到了 1989 年的 10353.7 万人,增加了 158.73%;失业津贴支付额由 1955 年的 15.602 亿美元,增加到了 1989 年的 144.984 亿美元,增加了 8.29 倍。失业津贴是对失业保险金的补充,可以进一步减轻失业者家庭的经济压力,也为降低失业保险金的给付水平创造了条件。失业津贴主要在大型企业实施。①

联邦失业保险法由劳工部下属的就业与培训管理局和失业保险服务局负责执行。

二、铁路部门职工失业保险制度②

铁路部门职工失业保险制度也是在 20 世纪 30 年代依据《社会保障法》建立并且由州失业保险计划予以保障的制度。

1.失业保险费率及基金筹集

为了解决铁路职工失业问题,国会制定并通过了《1938 年铁路失业保险法》,建立了由铁路雇主出资,由铁路退休局管理,独立于政府失业保险制度的铁路失业保险制度。③ 铁路失业保险费全部由雇主承担,费率为职工工资的 3%。1946 年的修正案规定,从铁路失业保险基金中向铁路工人提供疾病现金补贴和残疾失业补贴以及特定生育给付。1948 年修正案规定,取消固定费率,根据失业保险基金账户余额,费率在 0.5%～3% 之间确定。

2.失业保险待遇

《铁路失业保险法》提供的福利项目主要有:(1)因罢工导致的失业保险金。符合《铁路劳工法》规定的罢工,从第 15 天开始向失业者提供失业保险金;如果罢工违反《铁路劳工法》的规定,则不发放失业保险金;对于没有参加罢工却因罢工失业的职工,在罢工期间即提供失业保险金。(2)正常失业保险金。正常失业保险权利期限为 1 年中有 26 周。(3)延长的失业保险金。路龄在 10 年以上的失业铁路职工,在正常失业保险金或疾病失业金用完之后,还可以享受 13 周的延长失业保险金。(4)提前失业保险金。有 19 年路龄,但不符合当年申领失业保险金和疾病失业金的铁路失业职工,在已经等待了 14 天,并且是非自动失业者,如果在下一年符合申领条件,就可以提前享受失业保险金待遇。(5)产假失业保险金。女职工因生产子女,或者工作使其流产或早产,有关部门可向其发放产假失业保险金,标准与疾病失

① 杨冠琼主编:《当代美国社会保障制度》,北京,法律出版社,2001 年,第 1 版,第 175 页。
② 李超民编著:《美国社会保障制度》,上海,上海人民出版社,2009 年,第 1 版,第 153～156 页。
③ 〔美〕乔治·E.雷吉达:《社会保险和经济保障》,陈秉正译,北京,经济科学出版社,2005 年,第 1 版,第 346 页。

业金相同。《1996 年铁路失业保险法修正案》继续提高失业职工的失业保险金和疾病补贴水平。

三、失业保险待遇的申请程序

失业者需要提出领取失业保险待遇申请,经过有关部门审查,对属于无过错、能够并且准备工作、工资收入满足规定标准的失业者,提供失业保险待遇。从提出申请到领取到待遇需要两周时间。申请程序各州的规定是有差别的。

四、就业培训

20 世纪 60 年代,随着科技进步、产业结构调整,不少行业大量裁员,出现了前所未有的严重失业现象。于是政府把人力培训计划放在了重要位置,以从被动性救济向功能性救济转变。

1962 年 3 月 15 日,肯尼迪总统签署的《人力发展和训练法案》,授权劳工部、卫生部、教育和福利部在财政上支持并促进职业培训计划,以提高失业人员和就业不足劳动力的技术培训。这一法案使 40 万到 100 万人得到培训。

1964 年的《经济机会法》对人力资源培训作出了以下规定:一是在边远地区和城镇中心地区设立培训基地,每个基地有 16～21 岁的失业和失学的男女青年 100～250 人,政府为他们提供教育和职业培训,使他们能够更容易找到工作,培训时间为 9 个月;二是授权州和地方政府对低收入家庭的青年进行有关工作经验和技术的培训,提高他们的就业能力和继续升学的知识基础。同时为他们能够继续接受高等教育创造勤工俭学的机会;三是各州政府挑选和培养一批主要来自中产阶级家庭的青年,前往贫困地区、精神病院、学校等提供为期 1 年的有关教育、卫生、福利方面的服务。

克林顿总统在 1997～1998 财政年度预算说明中指出,最成功的工人是具有技术和坚实教育基础的人,他们能始终不断地学习新生事物,从而得以在迅速变化的经济形势中成功竞争。在实施人力培训计划中,首先,国会和政府顺应形势制定一系列再就业培训法律。例如,《就业培训合作法》规定,由州、地方政府和私人机构共同合作进行培训项目的开发、实施和管理。联邦政府不直接参与就业培训工作,而是向州政府负责的培训计划提供大部分资金。20 世纪末,联邦政府每年通过劳工部向所属的就业培训局的就业培训计划拨款近 70 亿美元,保证了各州对失业工人进行培训的资金需要。由于企业是就业培训的最终受益者,所以各州和企业也需要提供必要的资金。就业培训计划的制定和实施由各州负责,具体的就业培训由私人工业委员会实施,委员会主席必须是企业代表;其次,国会制定了《工人调整和再训练通知法》,要求企业在关闭和大量裁员前,通知工会、地方政府和州失业工人局,以使他们能够尽快地给失业工人进行培训和寻找新的工作。20世纪末,联邦政府拨款资助的再就业培训计划,每年使100万左右失业工人接受培训,其中70%的人在接受培训后找到了工作,再就业者的工资相当于失业前收入的92%。另外有50%以上的长期失业者在参加培训后就业。①

美国持续几十年实施的人力培训政策起到了就业政策所起不到的作用,它抓住了劳动力在动态经济中配置的两个环节,即青年劳动力由受培训到参加工作的转变以及劳动力从过时的职业向新职业的转变,由此提高了劳动者的就业能力,降低了失业率。②

五、失业保险基金的运营

铁路失业和疾病给付所需资金全部来源于雇主缴纳的工薪税。1996年,征缴工薪税的起步工资基数为雇员月收入中的865美元。雇主支付的工薪税率采用经验性税率,最小值为应税收入基数的0.65%,最大值为12%。③ 征收到的工薪税存入失业保险信托基金。

美国的失业保险信托基金有59个,其中州账户为53个,铁路失业保险账户1个,铁路管理账户1个,联邦账户4个。联邦政府对联邦失业基金中所有的联邦和各州的失业保险工薪税账户和失业保险支付账户实行统一管理。法律规定,失业保险基金是一种特殊基金,独立建账,依法运行。由于获得失业保险待遇是失业者的一项权利,因此,联邦政府要求各州必须保证失业保险基金充足。当某州受到经济衰退的影响,失业保险基金失去支付能力时,该州必须向联邦失业保险基金账户借款。于是该州在向联邦政府支付所借款项的利息的同时,还需提高失业保险税率,以筹集到更多的资金。在这样的制度规范下,各州需要设法保持信托基金账户中有充足的资金,联邦政府也会在每个财年向各州提供保证其高效管理失业保险基金的管理费用。1999年,各州使用的管理费用达到了《联邦失业工薪税法》所征

---

① 刘燕生:《社会保障的起源、发展和道路选择》,北京,法律出版社,2001年,第1版,第268～269页。

② 杨冠琼主编:《当代美国社会保障制度》,北京,法律出版社,2001年,第1版,第181～183页。

③ 〔美〕乔治·E.雷吉达:《社会保险和经济保障》,陈秉正译,北京,经济科学出版社,2005年,第1版,第347页。

工薪税的 55%。①

　　美国失业保险制度的实施,降低了失业率,增加了就业率,保障了失业者的基本生活需求,稳定了社会秩序。20 世纪 30 年代,得益于罗斯福新政的实施,失业率逐渐在下降,1933 年为 24.9%、1939 年为 17.2%。"二战"中,再工业化刺激了经济的发展,失业率继续下降,从而结束了大萧条。1941 年,失业率为 10%,1944 年,失业率为 1.2%,为 20 世纪最低水平。②1945 年以来尽管美国先后发生了 7 次经济危机,但失业率从未超过 10%。借助于就业和失业保险制度的实施,严重的经济危机并没有使美国的失业状况恶化,1947 年至 1989 年受雇于私营部门的劳动力增加了 98.63%。③这无疑得益于美国现代失业保险制度的确立和完善。

六、"二元化"的就业结构对社会保障制度的影响

　　美国的企业管理比较发达,咨询等中介机构的商业服务比较成熟,逐渐形成了一个精英聚集的高管阶层人才市场;由于美国的福利给付是补缺型的或救助型的,因此在医疗保健、生产服务、休闲服务等领域就业人数较多。于是劳动力市场形成了"二元化"的就业结构,即"好职业"(管理型职业)和"坏职业"(服务型行业)共存的就业结构。好职业和坏职业的就业机会都在不断增加;传统的工业经济仍保持着强劲的活力,生产服务、商业服务、休闲服务等服务领域发展迅猛;不但高管白领是需求量大的职业,而且低技能的工人也很容易找到工作岗位。在德国和英国公共部门就业的职员,在美国却是企业管理人员、商业服务领域以及大多数私人部门社会服务领域的工作人员,从而形成了一个庞大的服务体系,解决了许多劳动者的就业问题。企业对管理人员的大量需求,服务行业的就业机会十分广阔,劳动力的流动也很频繁,使得美国成为效率很高、运转速度很快的"就业机器"。这种就业现状与美国"工作即福利"的福利制度建立的指导思想是相一致的。

　　但是,"二元化"的就业结构不可避免地出现了"职业隔离现象"。美国自由主义主导下的市场化就业分配机制,理应更趋向于就业的平等化和民主化。然而,随着商业和休闲业的迅速发展,使得"好职业"和"坏职业"的二元就业结构快速增长,虽然黑人、拉丁裔居民和妇女的就业状况在不断改善,但是多数黑人、拉丁裔居民和妇女等底层群体被锁定在工资接近贫困线

---

　　① 李超民编著:《美国社会保障制度》,上海,上海人民出版社,2009 年,第 1 版,第 339 页。

　　② 〔美〕威廉姆·H.怀特科等:《当今世界的社会福利》,谢俊杰译,北京,法律出版社,2003 年,第 1 版,第 202 页。

　　③ 杨冠琼主编:《当代美国社会保障制度》,北京,法律出版社,2001 年,第 1 版,第 173~175 页。

的"坏职业"领域,而管理和技术领域几乎被男性白种人所占领。在这样的就业结构下,社会福利的给付也必然锁定在从事"坏职业"的劳动者群体身上,他们是社会救济给付的主要对象。①

第五节　工伤保险法律制度

19 世纪末,法院在适用普通法时,由于受传统的有关主仆关系的法律的影响,难以对在工业雇用中急剧增加的对工人生命和肢体的危险提供保障。内战以后,工业化的迅速发展所暴露出其固有的弊端,使得通过法律规定最低雇用标准来保护工人的呼声高涨。但是,在一个偏爱契约自由的时代,契约自由是不允许受到限制的,换言之,契约自由只存在于地位基本平等的普通当事人之间,在当事人处于不平等地位时,处于劣势的一方会受到压制甚至强迫。为了维护雇用关系中的平等,需要国家干预。1913 年,西奥多·罗斯福发表演说,对严重地无视从事着艰巨劳动而又无力保护自己的男人、妇女和儿童利益,而是维护有权有势者利益的法官判决提出尖锐的批评,认为每一个判决都是违背社会正义的。

对 1909 年纽约劳工赔偿法是否合宪的问题,从普通法的标准看,它是革命性的。其核心和要点是,雇主应该对工人在雇用过程中发生的所有事故负责,不论雇主有无过错,也不论工人有无过失。但纽约州法院认为,把责任强加在雇主身上,等于未经正当法律程序就剥夺他人的财产,因此,判决该法令无效。进入 20 世纪以来,要求赔偿工人在工伤事故中所受损失的思想已经成熟。普通法没有关于受伤工人的规定,这使工人无法忍受。在1917 年和 1919 年,联邦最高法院宣布,各州劳工赔偿法是合宪的。包括纽约州在内的各州法院都迅速执行了联邦最高法院的判决。② 工人抚恤金制度是美国最早的社会保险制度,它为工作事故中受伤的工人或罹难者的家属提供现金补偿和医疗服务。该计划由依据州立法产生的委员会来管理。③ 有学者认为,美国福利国家的倾向是从 1909 年纽约劳工赔偿法开始

---

① 〔丹麦〕考斯塔·艾斯平-安德森:《福利资本主义的三个世界》,郑秉文译,北京,法律出版社,2003 年,第 1 版,第 342 页。

② 〔美〕伯纳德·施瓦茨:《美国法律史》,王军等译,北京,法律出版社,2018 年,第 3 版,第172~177、213~215 页。

③ 〔美〕威廉姆·H.怀特科等:《当今世界的社会福利》,谢俊杰译,北京,法律出版社,2003年,第 1 版,第 271 页。

的。此后,退休制度、抚恤制度以及失业保险制度相继出台。从此,司法机构考虑这些立法的合宪性的出发点是,社会可以关心人们因意外事故、年老或其他事故带来的疾苦。

1937年发生的一系列案件以及联邦最高法院对那些案件的判决,赋予国会最大范围的财权,使国会可以不受限制地行使税收权,并允许国会对其认为有利于促进公共福利的项目进行拨款。联邦最高法院申明:"劳工赔偿法的根据是身份观念,而不是默示契约观念。承担义务的依据,不是基于雇主的行为和不行为,而是根据工人介入的雇佣关系。"雇主承担责任和义务,并不是他乐意这样做,也不是因为他有过错,而是由于雇用者和被雇用者之间的关系必须这样做。只要存在雇佣关系,就不再有完全的契约自由了。社会开始根据某种关系,而不是根据自由意志组织起来。个人与组织之间的关系,产生了与他的存在和行为有关的法律后果,社会责任的概念取代了个人过失的思想。对此,庞德问道,是什么东西促使我们在20世纪改变侵权行为法呢?"是每年总数达900万的人身伤害的受害者。在这些受害者、残疾者、死亡者的总数之上还必须加上寡妇、孤儿以及靠这些人养活但被剥夺了生计的人。"意外事故造成的伤亡人数已经成为社会正义的主要问题。这种负担必须以这种或那种方式转移出去,侵权行为法已稳定地由过失为基础转向以社会保险为基础。[1]

美国实行的是雇主责任工伤保险制度,即要求雇主通过私人保险为其雇员提供工伤保险。随着科学技术的进步,与工作相关的职业损害除了传统的工伤事故和职业病之外,又出现了一些新的形式:新技术使得许多雇员暴露在以前并不存在的化学和物理危险之中;办公室的损伤也在日益增多,例如多发生在计算机操作员身上的腕关节综合征。国家安全委员会公布的事故数据表明,1996年在工作中发生的导致伤残的事故有390万例。与工作相关的伤害所带来的结果是:1996年工伤和职业病带来的经济损失是1210亿美元,其中包括支付大量的医疗费用、支付雇员的赔偿费用和保险给付。此外,每年还有大量雇员死于与工作相关的事故,1995年这个数字是6210人。[2] 在所有职业中,农业、林业、渔业、交通运输业、建筑业、制造业是非死亡职业伤害和职业病的高发行业。降低工伤和职业病的有效措施是损失预防、职业安全和健康法案、工伤赔偿。

---

① 〔美〕伯纳德·施瓦茨:《美国法律史》,王军等译,北京,法律出版社,2018年,第3版,第222~240、254~255、260~261页。

② 〔美〕乔治·E.雷吉达:《社会保险和经济保障》,陈秉正译,北京,经济科学出版社,2005年,第1版,第224、231页。

一、损失预防

降低工伤事故和职业病发生的有效措施是采取损失预防措施,包括设计和建造优良的厂房,并安装优良的设备;纠正员工工作时心不在焉、疲劳上班、酗酒等不良的工作习惯。

二、《1970 年职业安全和健康法案》

由于很多州职业安全和健康标准都存在很大局限性,且标准的制定和执行各州之间存在很大差异。各州职业健康计划存在许多缺陷,但几乎没有一个州对职业安全和健康法律为员工提供的保护加以完善。为此,国会颁布了《1970 年职业安全和健康法案》。该法案适用于所有企业雇员,没有最低雇员人数的限制,农业企业也包括在内,但不包括联邦政府雇员和州政府雇员。法案颁布以后,工伤事故的发生率和死亡率下降明显,纺织行业已经消除了肺病,坑道和矿洞的死亡率下降了 35%。人们对职业病的认识增加了许多,并对工厂内存在的各种致癌物质进行了控制。[1] 此外,矽肺病抚恤金计划是专门为因矽肺病而致残的矿工制定的联邦工人抚恤金计划。

三、雇员工伤赔偿

1902 年,马里兰州制定了美国第一个《工伤赔偿法》,但 1904 年被州法院裁定为违宪而作废。随着工业化发展,工伤事故频发,1908 年,联邦政府通过了一项覆盖所有民用雇员的员工赔偿法。第一批被法院确认的工伤赔偿法是在 1911 年由加利福尼亚、新泽西、华盛顿等州通过的法律。到了 1920 年,大多数州都实施了体现无过错责任原则的雇员赔偿法。之后,各州都陆续制定了雇员赔偿法。到 1936 年底,全美除了阿肯色州和密西西比州外,其他各州都出台了工伤赔偿法,[2] 密西西比州于 1948 年最后一个才出台该法。美国所有州的工伤保险制度一直由州政府管理。在美国没有任何两个州工伤赔偿法的规定是一样的,但是各州都规定了一个为期一周的等待期,这一规定可以避免为皮毛损伤者支付赔偿金。和其他国家一样,美国的工伤保险制度也是雇主责任制,工伤保险费由雇主缴纳,雇员和政府不承担任何费用。工伤保险费率按行业划分,与行业风险程度和安全设施有关,实行以支定收的原则,并且计入生产成本。

---

① 〔美〕乔治·E.雷吉达:《社会保险和经济保障》,陈秉正译,北京,经济科学出版社,2005年,第 1 版,第 233 页。

② 马超俊等:《比较劳动政策》,北京,商务印书馆,2013 年,第 1 版,第 658 页。

雇员一参加工作就受到《联邦雇员赔偿法》的保护,在他们遭遇因工伤亡时,可以享受该法提供的福利待遇,包括:(1)支付全额医疗费用。医疗费用是员工赔偿中支付最多的,占到总支付额的 50% 以上。(2)提供伤残收入赔偿。按照雇员伤亡前平均年收入计算,且无须交纳所得税,补偿标准为没有赡养义务情况下收入损失的 2/3,有赡养义务情况下收入损失的 3/4,但不能超过一般法规定的 75%。在完全伤残者中,他们因终身残疾而无法从事有报酬的工作,他们的福利不得低于一般法规定的标准。(3)伤残赔偿。分为暂时伤残赔偿、康复期赔偿、长期残疾者赔偿三种情况,但是各项待遇之和不能超过本人原工资的 80%。伤残赔偿一直发放到雇员的伤残消失或发到雇员退休。伤残雇员可以从老年社会保障法中的残障养老金或者《联邦雇员补偿法》选择领取其中的一个,但是允许雇员随时在这二者之间进行转换。如果领取《联邦雇员退休制度》的待遇,需要扣除老年社会保障待遇部分。(4)提供遗属抚恤金。雇员因工死亡,政府除了发放最高限额的丧葬补贴外,还向其遗属发放死亡雇员上年度收入 50% 的现金补偿。死亡雇员配偶的抚恤金为死亡雇员死亡前收入的 45%,死亡雇员抚养的子女每人的抚恤金为死亡雇员死亡前收入的 15%,所有遗属的抚恤金不得超过死亡雇员死亡前收入的 75%。如果死亡雇员的配偶在 60 岁之前再婚,停发抚恤金后一次性发给两年应领取的抚恤金。[①]

1993 年,雇员赔偿法覆盖了 9610 万雇员,占所有领薪雇员的 87%。[②]被排除在外比例最高的职业是农场工人和家务雇员以及临时工。《联邦雇员赔偿法》专门为联邦政府、州和地方政府雇员规定了因公部分或全部致残的补偿范围和补偿内容。跨越州与州开展业务的铁路雇员和从事商业航海的水手不能获得雇员赔偿法的保障,但他们可以根据《联邦雇主责任法案》通过诉讼获得赔偿。

第六节　社会保障管理机构

罗斯福的社会保障思想强调发挥联邦政府对社会保障的责任和作用。艾森豪威尔之后的几位总统在强调联邦政府及州和地方政府共同发挥作用的同时,要求公司、社团、私人也要发挥作用。艾森豪威尔总统曾说:"我们

---

① 李超民编著:《美国社会保障制度》,上海,上海人民出版社,2009 年,第 1 版,第 173~174 页。

② 〔美〕乔治·E.雷吉达:《社会保险和经济保障》,陈秉正译,北京,经济科学出版社,2005年,第 1 版,第 243 页。

要尽量保持自由企业制度,尽可能将所有这些问题由地方和州的私人企业去解决。"他认为,联邦政府要"努力精简而不是扩大它的机构,看看哪些事情它可以撒手不管,而不是去招揽新的事情。"1956年1月11日他在新闻发布会上谈到:"联邦政府负有领导责任,在下决心安排我国巨大经济机器的生产力时,使人人都免遭并不是由于他自己的过错造成的灾难和贫困。"而真正将联邦和州以及地方政府对社会保障事务的管理权限进行比较明确划分的是尼克松之后的历届总统。

美国联邦政府社会保障局和1977年3月成立的医疗保障融资管理局,是全国社会保障的最高管理机构。1990年,两个机构拥有6.5万名专职雇员,相对于社会保障事务的复杂和烦琐,这个数量的雇员并不算多。

在联邦社会保障局下设置了财政预算司、残障鉴定和检查部、残障和收入安全计划部、保险精算部、运营部、政策司、法律咨询部、信息部、监察部、区域办公室和当地办公室等十余个部门。各部门各司其职,共同实施国会制定的社会保障法律制度。例如,区域办公室配备有10名官员,直接执行行政长官的指令;当地办公室配备了1300名一线官员,直接和公众接触,解答他们有关社会保障的各种问题,受理公众提起的社会保险申请和申诉,因此是直接和老百姓打交道的社会保障官员。再如,监察部主要负责财务审计,调查管理者浪费社会保险基金的情况以及滥用职权等问题,调查有嫌疑的受保险人的造假情况等。[①] 再如医疗保障融资管理局管理医疗方案,包括住院保险和补充医疗保险,它也负责管理和监督为需要者提供住院和医疗费津贴的医疗补助方案。

20世纪90年代,出现了联邦政府对州和地方政府要求和控制过多的现象,这使得州和地方政府不堪执行联邦政府计划的重负。而联邦政府的许多计划实际上是对州政府和地方政府的补贴,这又使联邦政府背负上了沉重的财政包袱,1991年的557项补助计划开支高达1586亿美元。[②]在克林顿政府福利改革计划的辩论中,一些共和党的州长和国会众议院议员主张扩大社会保障计划中州政府的作用。但实际上,除了公路、公共运输、机场、民防、能源、防火等以外,联邦援助项目都属于社会保障范畴,例如,养老、医疗、教育、就业与培训、住房、食品和营养、公共援助等。因此,联邦政府和地方政府的财政负担问题一直是福利改革中为各州关注的主要问题。

---

① 李超民编著:《美国社会保障制度》,上海,上海人民出版社,2009年,第1版,第17页。
② 杨冠琼主编:《当代美国社会保障制度》,北京,法律出版社,2001年,第1版,第255页。

第七节　社会保险基金的运营

社会保险基金由雇主和雇员缴纳的社会保障工薪税筹集,社会保障工薪税占到社会保险基金总额的 87%,9% 来自称作一般税收的政府财政拨款,剩下的 4% 来自社会保障信托基金所持的国库券的利息收入。[①]

按照《联邦保险贡献法》的规定,联邦社会保障局对缴纳的社会保障工薪税加以管理。社会保障工薪税的收入分别存入建立于 1940 年的"联邦老年与遗属保险信托基金"、建立于 1956 年的"联邦残障保险信托基金"、建立于 1965 年的"联邦医院保险信托基金"和"联邦补充医疗保险信托基金"账户。社会保障工薪税收入用于支付老、遗、残保险待遇和医疗保险待遇,剩余部分将投资于可以生息的联邦政府债券,而不能用于购买企业股票。建立信托基金的目的有三个:一是它们能够提供一定的利息收入,从而减少社会保险计划的成本;二是它们能够作为意外准备金以应付在经济萧条时期或其他时期入不敷出而出现的财务赤字;三是它们应有助于建立公众对社会保险计划的信心。[②]

美国社会保险基金运作经历了三个时期:1935 年,建立社会保障制度时实行"完全基金化",受保险人开设社会保障账户,需要时支取账户内的本金和利息;1939 年,社会保障基金开始实行"现收现付"制;1983 年,政府又将"现收现付"制改为"部分基金化"制度。制度的变革旨在当经济状况和人口及人口年龄结构变化时,基金有更强的抗风险能力。

1.联邦老年与遗属保险信托基金的运营

联邦老年和遗属保险信托基金支付的是退休和遗属养老金。2007 年,联邦老年与遗属保险信托基金收入为 6750 亿美元,支出额为 4957 亿美元,当年结余额为 1793 亿美元。社会保障局从"联邦老年与遗属保险信托基金"中收取了 25 亿美元的计划管理费用。2007 年,"联邦老年与遗属保险信托基金"规模为 20236 亿美元,其中 20224 亿美元购买了政府债券。信托基金购买的都是特别定向发行的证券,包括短期票据和长期证券。按照《社会保障法》的规定,根据"联邦老年与遗属保险信托基金"和"联邦残障保险信托基金"的要求,发行定期长期债券,并且平均分配每年的购买额度,使今后 15 年每年的持有量大致相同。

---

① 杨冠琼主编:《当代美国社会保障制度》,北京,法律出版社,2001 年,第 1 版,第 33 页。

② 〔美〕乔治·E.雷吉达:《社会保险和经济保障》,陈秉正译,北京,经济科学出版社,2005 年,第 1 版,第 138 页。

2.联邦残障保险信托基金的运营

联邦残障保险信托基金支付的是雇员伤残后的给付。由于有些雇员既有残障,又是退休或死亡职工的成年子女,他们的福利待遇先从"联邦残障保险信托基金"中支付,之后再从"联邦老年与遗属保险信托基金"中将"联邦残障保险信托基金"代为支付的成年残障子女的福利金划拨过去。2007年底,联邦残障保险信托基金累积结余达 2149 亿美元,全部用于购买美国政府债券,有效利率为 5.3%。因此,虽然从 2005 年至 2007 年残障保险基金的支出超过基金的收入,但是加上利息收入基金仍有结余。①

---

① 　李超民编著:《美国社会保障制度》,上海,上海人民出版社,2009 年,第 1 版,第 57～58、60 页。

第四章　社会补偿法律制度

　　纵观美国历史,政府把为退役军人提供收入、医疗保险和住房视为社会责任。贫困的退役军人应享有社会福利,受到保护,免受耻辱。因此,从1776年美国建国起,国家就非常重视退役军人及其家属的福利待遇,退役军人事务部通过各种计划,逐渐完善退役军人的社会补偿制度。

　　1776年独立战争爆发,为了鼓舞士气,国会于8月26日通过了向退役伤残军人提供抚恤金的议案,这成为美国退役军人保障史上重要的里程碑。独立战争后,国会在1778年通过了一个补偿金法案。1808年,美国又在战争部设立了抚恤金局,管理退役军人的相关事宜,奠定了退役军人保障的组织基础。1890年,政府通过立法取消了1862年《战争抚恤金法》中有关"执行战斗任务"的条款,内战双方遗留下来的所有伤残退役军人都可以领取战争抚恤金。1893年,战争抚恤金支出高达1.65亿美元,占联邦政府预算的37%。1906年,又规定达到一定年龄的军人都可以领取抚恤金,到1910年,90%以上的内战时期的退役军人可以领取战争抚恤金,占美国当时人口的0.6%。事实上,各州战争抚恤金的发放存在差别,战败的南部联盟士兵及其家属很难领取到战争抚恤金或者只能领到很少的战争抚恤金。1910年,北方的俄亥俄州和印第安纳州领取的战争抚恤金人均分别为3.36美元和3.90美元,大部分南部州只有0.50美元,南卡罗来纳州只有0.17美元。[①] 1921年,美国设立了"退役军人管理局",负责协调和管理一战退役军人的医疗、抚恤金、再就业和其他福利。1944年制定的《军人再适应法》,为"二战"退役军人提供教育费和职业培训。"退役军人贷款计划",为退役军人贷款买房和做生意提供法律保障。许多退役军人在法律的支持下参加了社会工作,适应了平民生活。[②] 美国之所以令人惊奇地不存在要求养老金

---

　　① 丁建定:《西方国家社会保障制度史》,北京,高等教育出版社,2010年,第1版,第181页。
　　② 〔美〕威廉姆·H.怀特科等:《当今世界的社会福利》,谢俊杰译,北京,法律出版社,2003年,第1版,第203页。

立法的公众压力,就是因为政府不加区别地滥发国内战争退役军人养老金的结果。①

第一节　社会补偿制度的内容

美国现行的社会补偿和抚恤制度经过二百余年的演变,特别是自 20 世纪 40 年代以来,通过对一系列有关法案的不断修订而逐步完善起来的,到了 20 世纪 80 年代末期已基本成熟并稳定下来。合众国法典的规定旨在解除军人的后顾之忧,创造和保持军职部门的高昂士气。

现行社会补偿和抚恤金制度虽然还不能提供足够的资助,以保证所有的退役军人及其不能独立生活的家属完全摆脱贫困,但在满足其基本生活需要方面已经有了很大进步,特别是对老年退役军人和已故军人家庭的援助,都能够让他们获得比较丰厚的待遇。据统计,每年大约有 2700 万退役军人和 4700 万家属有资格获得援助。②这是社会对于他们保卫国家安全的一种奖励和补偿。③ 到 2000 年,共有退役军人 240 万人,他们赡养的家属和遗属有 60 万人。2001 年包括补偿和抚恤、医疗、安葬、培训、教育、再就业等以及行政管理费用的预算为 5290 亿美元。④

一、退役军人补偿和抚恤制度

退役军人是指参加过墨西哥国境战争、第一次世界大战、第二次世界大战、朝鲜战争、越南战争、海湾战争的名誉退役军人除外的所有退役军人。⑤退役军人补偿和抚恤制度主要包括两项内容:一是退役军人补偿金制度,是向那些在部队服役期间受伤、残疾或死亡的人支付;二是退役军人抚恤金制度,是向那些年收入低于特定水平的人或其不能独立生活的家属或遗属以及那些永久残疾或 65 岁以上的人支付。

1.退役军人补偿金制度

服役期间遭遇伤残,并且伤残程度在 30% 或以上的退役军人,其不能

---

① 〔丹麦〕考斯塔·艾斯平-安德森:《福利资本主义的三个世界》,郑秉文译,北京,法律出版社,2003 年,第 1 版,第 103 页。

② 杨冠琼主编:《当代美国社会保障制度》,北京,法律出版社,2001 年,第 1 版,第 113 页。

③ 〔美〕乔治·E.雷吉达 :《社会保险和经济保障》,陈秉正译,北京,经济科学出版社,2005 年,第 1 版,第 342 页。

④ 邹军誉主编:《国外优抚安置制度精选》,北京,中国社会出版社,2003 年,第 1 版,第 54 页。

⑤ 同上书,第 14、16 页。

独立生活的家属以及符合条件的受到损害的配偶,有权获得伤残军人补偿金这项补充性资助。对于完全丧失视力、听力或失去肋骨的重度残疾退役军人,可以获得最高补偿金额,在 20 世纪 80 年代末,这个数额高达年50340 美元。① 伤残补偿水平取决于退役伤残等级,退役军人是否有配偶和赡养者、被截肢和丧失器官者需提供特别补偿费。1997 年,伤残程度在10%者每月可获得 94 美元的现金给付,伤残程度为 100%者每月可获得1924 美元的现金给付,这个标准已接近美国居民年均 2.4 万美元的生活标准。② 2000 年伤残军人补偿金进一步提高,伤残程度在 10%者每月可获得98 美元的现金给付,伤残程度在 60%者每月可获得 743 美元的现金给付,伤残程度为 100%者每月可获得 2036 美元的现金给付。补偿金的 75%直接汇到伤残军人账户。③ 所有退役军人事务部发放的伤残补助金都是免税的。伤残等级以对退役军人就业能力影响为标准。设立这项制度的目的是保障退役伤残军人的基本生活,因为由于伤残的限制,获得伤残军人补偿金待遇的退役军人的收入水平低于其非伤残的战友,如果不继续为他们提供伤残补偿金,许多伤残退役军人的收入水平将在贫困线以下,尤其是那些伤残程度在 50%以上、不能从事全时工作的重度伤残退役军人。补偿金水平还与伤残者的职位高低相关联。

退役军人还可领取退役报酬。凡是服满 20 年兵役,不论年龄退役时都有资格每月领取退役报酬,报酬包括基本报酬(军队正常报酬最高 3 年的平均值)、住房和实物津贴、联邦税收优惠。从 1957 年 1 月 1 日起,现役军人须向老年社会保障信托基金缴纳社会保障税,在退役以后,以军龄为条件,领取老年社会保障相关待遇。军人退役报酬和老年社会保障待遇不相互扣减。美国国会作为立法和预算拨款机构,在 1999 年规定"军队退役报酬"和"退役军人伤残补贴"可以同时领用。由此可见,美国退役军人的经济地位是比较高的。1977 以后,美国大幅调整伤残退役军人的补偿金标准,全国退役军人伤残补偿金从 1960 年的 8000 万美元增加到了 1978 年的 12.4 亿美元,获得待遇的人数从 1960 年的 89526 人增加到了 1978 年的 691045 人。④

退役军人事务部还为伤残程度在 30%以上的退役军人所赡养的家属发放补贴,补贴的额度根据伤残退役军人赡养的人数和伤残等级确定,伤残

---

① 杨冠琼主编:《当代美国社会保障制度》,北京,法律出版社,2001 年,第 1 版,第 119 页。
② 〔美〕乔治·E.雷吉达:《社会保险和经济保障》,陈秉正译,北京,经济科学出版社,2005年,第 1 版,第 342 页。
③ 邹军誉主编:《国外优抚安置制度精选》,北京,中国社会出版社,2003 年,第 1 版,第 23 页。
④ 许璟峰:《美国退伍军人就业保障制度的历史和现状》,《军队政工理论研究》2017 年第 3 期。

程度在 30% 以上退役军人的配偶可以领取配偶补贴。①

2.退役军人抚恤金制度

抚恤金制度包括退役军人抚恤金和遗属抚恤金两项内容。

(1)退役军人抚恤金。退役军人抚恤金适用于 1979 年以前有资格领取抚恤金的退役军人,领取的数额不受收入增减的影响。1988 年对有未成年子女和没有未成年子女的、1979 年以前已领取抚恤金的退役军人的收入标准作了限制性规定;对于 1979 年以后有资格领取抚恤金的退役军人,领取资格与家庭收入相联系,抚恤金标准随通货膨胀率进行调整。1989 年,抚恤金标准为退役军人的劳动收入与最高抚恤金标准之差。对于单身退役军人、抚养未成年子女与不抚养未成年子女退役军人的抚恤金标准,也规定了不同的支付标准。

(2)遗属抚恤金。国家为殉职于服役期间军人的不能自立的家属提供遗属补偿金。遗孀补偿金的标准,依殉职者职位的高低确定;殉职者的遗孀是没有工作的家庭妇女的,其补偿金标准要低于需要遗孀资助或照料的非独立生活子女补偿金的标准。由于有非独立生活子女的遗孀和 62 岁以上的老人都还有获得社会保障待遇的资格,所以,他们不会生活在贫困线以下。如果他们的父或母的收入或者父母的共同收入没有超过法律规定的限额,也有资格获得这项待遇。军队向死亡的现役军人的直系亲属提供 6000美元的死亡抚恤金。②

退役军人的遗属只要提供其有获得抚恤金资格的证明,并填写一张表格就可以了。之后,退役军人的遗属每年还须提交退役军人事务部要求的有关资料,就可以继续享有抚恤金待遇的权利。由于大多数退伍军人的遗孀抚养着未成年的子女,因而有资格领取其他社会保障待遇。

2000 年,遗属基本抚恤金的月标准为 800 美元,每个 18 岁以下的未成年子女为 222 美元,配偶是家庭妇女的再加付 107 美元,援助额为 222 美元,父母的抚恤标准依父母收入多寡决定。

(3)改进型抚恤金。改进型抚恤金向那些与服役无关的伤残导致永久性残疾退伍军人支付,但需对他们进行生活状况测试和收入测试。1997年,改进型抚恤金每年最高的支付额是:没有配偶和子女者为 8486 美元;有需要经常性资助和照顾一个亲属者为 16201 美元;每增加一个需要抚养的

---

① 邹军誉主编:《国外优抚安置制度精选》,北京,中国社会出版社,2003 年,第 1 版,第 24 页。
② 同上书,第 50 页。

孩子就在原来给付的基础上再增加 1445 美元。每年支付的改进型抚恤金中要减去退伍军人本人及其配偶或子女的收入。[①]

二、退役军人养老金待遇

按照 1978 年 12 月 31 日法令规定,有资格领取退役军人养老金者为战争期间服过役的退役军人、非因战争期间服役而造成永久性和全面性伤残的退役军人、65 岁以上的退役军人,以及这些退役军人的遗属。退役军人养老金的发放须满足收入要求,即如果他们的收入不超过当年国民的平均收入,即可获得按比例发放的养老金,当然还要考虑家庭人口数量,可见提供的是最低收入保障。在疗养院疗养或需要护理的退役军人,可以享受平均收入以上的养老金或附加抚恤金。1998 年 12 月,议会决定向荣誉勋章获得者每月发放 600 美元的荣誉勋章年金。2004 年的统计表明,有 940 万退役军人领取老年社会保障待遇,老年社会保障待遇领取者的 40% 是退役军人及其家属。[②]

三、军人的医疗保险待遇

军人医疗保险适用于在全球各地的现役美军、国民警卫队、后备役部队官兵、退役军人,并为他们提供卫生保健服务。参加军人医疗保险者,需在美国国防部资格报告系统注册,服务内容包括住院治疗和门诊治疗。退役军人事务部的“民用医疗保险计划”适用于服役期间伤残或死亡的军人的子女或遗孀,军人家属和退休人员。

军人医疗保险制度包含两套体系:一是由军事医疗局直接提供的保健系统,另一个是由地方为军人提供保健的军人卫生保健系统。由于军人可以参加老年社会保障制度中的老年和残障医疗保险,所以,军人卫生保健系统是军人的第二份医疗保险,它可以支付老年和残障医疗保险中的自付部分和抵扣部分。不属于由老年和残障医疗保险支付的自付部分,则由军人卫生保健系统支付。军人卫生保健系统还制定了不予报销的医疗费清单。[③] 对于没有支付医疗费用能力的退役军人,应向退役军人事务部提供自己的相关信息,供退役军人事务部判断他们的收入和净资产是否低于规定的资产调查最低额度。对于有 50% 以上的服役伤残的退役军人、因服役

---

① 〔美〕乔治·E.雷吉达:《社会保险和经济保障》,陈秉正译,北京,经济科学出版社,2005年,第 1 版,第 342 页。

② 李超民编著:《美国社会保障制度》,上海,上海人民出版社,2009 年,第 1 版,第 177 页。

③ 同上书,第 198～199 页。

而生病或致伤残需要接受药物治疗的退役军人、年收入不超过退役军人事务部规定的最高年金额的,免费为其提供药物。[①]

退役军人事务部向退役军人及其家属提供的医院和护理服务有两类,即强制的资格和自由选择的资格。医院和护理所为具有强制性资格的退役军人提供无偿服务;在退役军人事务所设施允许的情况下,可以依据自由选择的原则,为那些因与服役无关导致伤残的收入来源有限的退役军人提供医疗护理,但伤残军人需自己承担部分费用。[②]退役军人事务部还向服役期间伤残或死亡的军人的子女或遗孀提供门诊和住院服务。[③]退役军人事务部为服役伤残 30% 以上的退役军人、收入不超过退役军人事务部最高年金额的退役军人、由于医学需要利用特别交通手段的退役军人,都有资格享受交通补贴。标准为一次 3 美元,一个月最多支付 18 美元。[④]

四、退役军人的失业保险和就业待遇

1.失业保险待遇

《1991 年紧急失业补贴法》规定,退役人员与其他失业者享受同等待遇。服役期间的工资水平以及服役时间,对待遇水平以及领取失业保险金的时间有决定性影响。由于失业保险由各州管理,而各州的规定不尽相同,所以,在服役期有相同工作经历和收入的退役人员,如果在不同的州求职,失业期间领取到的失业补贴是不一样的。

军人因转移导致在地方工作的配偶辞去工作的,其配偶不能领取失业补贴,因为许多州把这种辞职看作是自愿的。但目前已有 17 个州在军人配偶因军人转移造成失业时,准许申领失业补贴。

2.就业待遇

1778 年,独立战争后,国会强调给予退役军人就业优先权,以褒奖他们为国家做出的奉献。为了保障退役军人能够顺利就业,国会还通过法律处罚妨碍退役军人获得在联邦政府工作的行为。

第一次世界大战结束以后,大批参战军人退役,国会于 1918 年通过了《就业恢复法》,这是美国历史上第一部保障退役军人就业的法案。同年,国

---

① 邹军誉主编:《国外优抚安置制度精选》,北京,中国社会出版社,2003 年,第 1 版,第 18、20 页。

② 〔美〕乔治・E.雷吉达 :《社会保险和经济保障》,陈秉正译,北京,经济科学出版社,2005 年,第 1 版,第 343 页。

③ 〔美〕威廉姆・H.怀特科等:《当今世界的社会福利》,谢俊杰译,北京,法律出版社,2003 年,第 1 版,第 270 页。

④ 邹军誉主编:《国外优抚安置制度精选》,北京,中国社会出版社,2003 年,第 1 版,第 21 页。

会还通过了《伤残退役军人资助法案》。1930 年,胡佛总统签署法令,将抚恤金局、退役军人局、伤残志愿士兵全国之家合并为退役军人管理署,独立管理全国退役军人的相关事宜。①

1940 年,国会通过了《选择性训练和服役法》,规定向所有离职参军人员退伍后提供就业机会,极大地激发了人们参军参战的热情。1944 年,第二次世界大战尚未结束,美国政府就着手考虑百万复员军人的就业问题,国会通过了《军人安置法》,人们通常称它为"GI 法案"。"GI 法案"规定免费让复员军人进入大学学习。在 1945 年,大约有 800 万美国人穿上了军服,还有 2200 多万人进入战争用品生产企业。"二战"以后立即通过的《美国士兵权利法案》规定,所有在武装部队服役过的 1600 万人都可以由政府资助入学深造,美国有一半退伍军人通过深造成为各界的优秀人才。到 1956 年,最后一批参加过"二战"的美国老兵从大学毕业,在大约 225 万名受过大学教育的退役军人中,有 45 万人成为工程师,23.8 万人成为教师,6.7 万人成为医生。"GI 法案"使退役军人顺利地转入到和平时期的经济建设中来,成为高素质的建设者。几年的高等教育,使退役军人获得了知识和技能,推进了美国劳动生产率的提高和科学技术的发展,其中有的成为社会名流。

从冷战开始至今,美国逐步完善两次世界大战期间制定的退役军人就业保障制度:1958 年颁布的《退役军人失业补偿金法案》,第一次将和平时期的退役军人纳入社会保险保障范围;1965 年国会设立了最大的国家保险计划——军人集体人寿保险,并且允许私人资本进入退役军人就业保障领域;1966 年通过了《退役军人再调整福利法案》,以帮助退役军人获得更多的就业机会;1985 年开始实施的《蒙哥马里 GI 法案》规定,为了使退役军人适应平民生活,为了武装部队招募合格的军人,也为了开发劳动力,对符合一定条件的退役军人和军队人员,提供转业教育、工作训练和再就业待遇。1988 年,里根总统签署法令,将退役军人管理署升格为退役军人事务管理部,这是仅次于国防部的第二大内阁部门,统一协调管理退役军人各方面工作。美国劳工部于 1994 年 10 月 13 日根据《美国法典》第三十八编制定了有关法规,其中对"军人就业和再就业权利"作出了非常详细的规定。2000年 12 月,退役军人事务部按照退伍军人参加培训的时间以及赡养人口支付再就业待遇,例如,全天参加培训且无赡养者月给付额为 420.45 美元,赡养 2 人以上者每增加 1 人加发 44.80 美元;参加半天培训且无赡养者月给付额

---

① 许琼峰:《美国退伍军人就业保障制度的历史和现状》,《军队政工理论研究》2017 年第 3 期。

为 211.39 美元,赡养 2 人以上者每增加 1 人加发 22.98 美元;对于因重度残疾而找不到工作的伤残退役军人发放补贴或终身供养。[①]

五、退役军人的教育和培训资助

1977 年国会颁布了《越战后退役军人教育资助法案》,所有的退伍军人都能够享受到配套教育资助。

1.《蒙哥马里 GI 法案》

蒙哥马里培训基金规定,1985 年 6 月 30 日以后退役的军人,如果在服役期间每月交纳 100 美元的培训基金,从退役之日起可以享受 10 年的教育和培训,内容包括旁听大学课程、接受中等和高等职业技术教育、参加州立教师资格证考试、为报考大学和研究生做准备等;退役军人有资格领取培训补贴,退役军人事务部还为培训机构提供补贴。向退役军人提供学杂费、生活费,分摊以后按月提供,且免征联邦收入调节税。

2.为预备役军人提供培训

海陆空以及海军陆战队的预备军、1985 年 6 月 30 日以后在特别预备军服役 6 年的、除义务服务外服役 6 年的军官、在新兵训练基地服役的,都有资格接受为预备役军人提供的培训;培训内容包括攻读学位课程以及专科和大学的技术课程,飞行训练,1990 年 9 月 30 日以后服役 6 年的可以攻读能够获得商业、技术、职业学校的证明或毕业证书的课程;全天参加培训的预备役军人每月可以获得 255 美元的培训补贴,支付期限为 36 个月。

3.为退役军人提供教育资助

1997 年 1 月 1 日以后服役超过 181 天的名誉退伍军人或因服役致伤残的退伍军人,可以攻读大学、研究生课程以及能够获得职业学校的证明或毕业证书的课程,有私人飞行驾照且具备考商业飞行驾照身体条件的退伍军人,都有资格获得教育资助。他们必须全天参加培训,国防部为参加培训者支付个人存款两倍的补充款项,以帮助培训者完成培训。[②]

六、伤残退役军人的其他待遇

1.特别住房补助。提供给因服役而造成永久性残疾者,最高补助额度为 43000 美元,最低补助额度为 8250 美元。

为服役伤残退役军人和无服役伤残退役军人分档提供改善住房条件和

---

① 邹军誉主编:《国外优抚安置制度精选》,北京,中国社会出版社,2003 年,第 1 版,第 30、59 页。

② 同上书,第 27～29 页。

改造住房结构的资金,最高档为 4100 美元,最低档为 1200 美元。退役军人无需缴纳购房首付款,由政府担保,直接入住,分期付款。

2.汽车补助。提供给失去一只手、脚的伤残退役军人,双目失明的伤残退役军人,膝盖或臀部 50% 以上错位的伤残退役军人,退役军人事务部一次性提供 8000 美元的补助。

3.服装补贴。提供给使用辅助器械或整形辅助器的伤残退役军人。[①]

七、维护军人权益的民间组织

成立于 1919 年的美国退役军人事务和康复委员会,是美国最大维护退役军人权益的民间组织。其主要职责是为退役军人、伤残军人提供康复和服务,为退役军人在医疗、住房、教育等福利方面争取更高更好的待遇。该委员会总部设在印第安纳州,有工作人员 240 余人,运作费用来自会员交纳。退役军人事务和康复委员会与联邦退役军人事务部、劳动部、国防部有密切联系,对国会制定退役军人法律也能够产生重要影响。该委员会在各州、市都有分支机构,在其他国家还设有 48 个办公室。

1929 年成立的海外战役退役战士协会,是由参加过海外战役的退役军人自愿组织起来的民间组织。其任务是为退役军人提供咨询服务、法律援助服务、医疗保健服务、军人家庭帮助服务。总部设在密苏里州,除在各州、地区、市设有约 1 万个分支机构外,在其他国家还有海外分会。该协会有会员 200 万人,每个会员每年交 23 美元会费,作为协会运作费用。该协会同样在退役军人立法方面能够发挥一定的作用,它代表退役军人利益,为退役军人争取各项福利权益。

截至 2016 年 8 月,美国总计有 2089.5 万退役军人,约占成年人的 9%,其中 22% 为伤残退役军人,约 460 万人;退役军人的失业率为 4.3%,低于非退役军人 4.7% 的失业率,而伤残退役军人的失业率为 4.8%,略高于非伤残退役军人 4.7% 的比例;伤残退役军人中有近 1/3 在政府公共部门工作,非伤残退役军人这一比例为 1/5,而非退役军人则只有 13%。特别引人注目的是,20% 的伤残退役军人在联邦政府工作,而非伤残退役军人和非退役军人在联邦政府工作的比例分别为 7% 和 2%,说明美国政府为伤残军人提供了大量且优惠的就业机会。

联邦劳工部资助的培训和就业项目主要有:就业培训后享有优先就业

---

① 邹军誉主编:《国外优抚安置制度精选》,北京,中国社会出版社,2003 年,第 1 版,第 22、25～26、268 页。

的权利;在联邦政府的某些部门享有优先就业权;在竞争性应聘中享有积分优先;将有些不对公众开放的工作直接分配给退役军人;为想创业的退役军人提供项目;各级政府为伤残退役军人设立转向就业制度;为无家可归等特定退役军人提供补充资助项目。[1]

第二节　退役军人的管理机构及职能[2]

成立于 1989 年 3 月 15 日的美国联邦退役军人事务部,是管理全国退役军人事务的最高职能部门,是联邦 14 个职能部门中仅次于国防部的第二大部门。退役军人事务部由健康管理局、福利管理局、国家公墓管理局三个部门组成。退役军人事务管理从联邦到地方构成了庞大管理体系:在联邦,退役军人事务部有 1 名部长、5 名部长助理、13 个部长副职助理、5000 余名工作人员;各州、市设立了 58 个直属联邦退役军人事务部领导的分支机构,共有工作人员 24 万人。全国设立了免费为退役军人及其配偶子女提供医疗和康复服务的医疗中心 173 家、门诊部 375 家、护理部 130 家、公寓 39 家。除阿灵顿公墓由联邦国防部管理以外,其余 100 余处国家公墓均由退役军人事务部管理。

1997 年,美国共有不同时期的退役军人 2300 万人,每年由联邦政府提出议案、经国会审批通过、由退役军人事务部支配的经费有 390 亿美元。这笔费用中的 51% 用于发放养老金、抚恤金以及其他福利待遇,44% 用于医疗,2% 用于医疗投入和国家公墓管理,3% 为管理费用。充裕的社会补偿待遇使得退役军人毫无生活上的后顾之忧,体现了社会对这些为国家和社会做出特殊贡献的人的回报和补偿。

---

[1]　许璟峰:《美国退伍军人就业保障制度的历史和现状》,《军队政工理论研究》2017 年第 3 期。

[2]　邹军誉主编:《国外优抚安置制度精选》,北京,中国社会出版社,2003 年,第 1 版,第 267～269 页。

第五章　社会促进法律制度

《社会保障法》颁布前后,美国的社会促进制度主要包括教育保障制度和住房补贴制度两项。[1] 1993 年颁布了《家庭假期法案》后,增加了部分在公共和私人部门就业夫妇的福利。

第一节　教育促进制度

1800 年,美国还没有公立学校。从 19 世纪 20 年代开始改革者们认为,接受教育对于公民的民主参政很重要,教育应当灌输道德以使年轻人避免贫穷、酗酒和犯罪,于是他们发起了公共教育。到了 1860 年,他们成功建立的全国性小学、中学公共教育,成为 19 世纪的一项重要社会工程。

1865 年 3 月 3 日,美国建立了历史上第一个联邦政府资助和经营的社会福利机构——自由民管理局。该机构是为了帮助那些被解放的奴隶而建立的,它负责向那些白人和黑人分发食物和药品,建造黑人学校和孤儿院。如今的哈佛大学、亚特兰大大学、汉普顿学院、塔拉德加学院都可以溯源到自由民管理局。内战期间,林肯总统签署了 1862 年的莫里尔法案,该法案规定,州政府出售联邦授予的土地以资助工薪阶层接受教育,据此一所所农学院和医学院得以建立,它们就是今天的州立大学。虽然近年来州立大学的学费增长很快,但仍然是读不起私立大学或学院的不很富裕家庭子女的深造之地。因此,一个半世纪以来,莫里尔法案在实现高等教育大众化方面功不可没。[2]

20 世纪 40 年代,为“二战”征募新兵时,暴露出了严重的健康和精神保健问题。由于儿童期营养不良,导致许多人在新兵入伍时体检不合格。

---

① 和春雷主编:《社会保障制度的国际比较》,北京,法律出版社,2001 年,第 1 版,第 57 页。

② 〔美〕威廉姆·H.怀特科等:《当今世界的社会福利》,谢俊杰译,北京,法律出版社,2003 年,第 1 版,第 189 页。

刘易斯·郝西将军和其他人积极倡导在全国学校实行免费午餐计划。1946年"全国学校免费午餐法案"规定,作为一项社会保障措施,由联邦政府提供免费午餐的资金和物品,以保障全国儿童的健康和幸福。此外,还有针对学龄儿童营养的 1975 年"全国学校早餐计划",国会在其声明中表明,"使该计划在所有需要为在校生提供足够营养的学校得以通行"。还有一个"暑期食品服务计划",为学校放假期间的儿童提供营养餐。这三个营养计划旨在帮助各州"在一个适当的支出成本上,为所有儿童提供足够的营养食品",它们不仅在防止和减少儿童饥饿方面发挥了重要作用,而且通过鼓励"消费国内有营养的农产品"支持了农业和农民。

家庭收入低于联邦贫困线 130% 的儿童可以享受免费早餐和午餐;家庭收入在联邦贫困线 130%~185% 的儿童可以享受低价伙食,标准是早餐不超过 30 美分,午餐不超过 40 美分。如果某地一半以上孩子的家庭收入低于贫困线 185%,该地区所有孩子都可以享受暑期免费就餐。

学校营养所需资金由联邦财政支付,农业部食品营养司委托教育部门管理,管理费用由各州承担。1992 年,学校营养计划共提供了 8.52 亿份早餐和 41 亿份午餐,价值约 52 亿美元。①

20 世纪 50 年代和 60 年代,联邦通过了一系列教育立法,极大地促进了美国教育事业的发展。1958 年国会通过的《国防教育法》对美国经济、科技的发展以及教育改革的推进发挥了巨大的作用,被称作美国教育史上划时代的文献。之后颁布的《职业教育法》(1963 年)、《初等中等教育法》和《高等教育法》(1965 年)等,有力地促进了职业教育、初等中等教育、高等教育的发展。② 例如,1965 年《初等中等教育法》规定,为"经济条件欠佳"的学生提供免费教育,这是联邦政府第一次为教育提供的重要拨款。在高中之后就没有免费教育了,这是许多美国人没有接受高等教育的原因所在。③美国除了养老金替代率低于许多发展中国家外,它的义务教育只到高中阶段,也是它不被认定为福利国家的原因之一。④ 政府在推动义务教育和高等教育的同时,举办职业教育和职业培训,教育资金主要由州政府和地方政府提供。全国儿童教育和年轻成年人教育所耗费的成本,是直接为贫困者

---

① 〔美〕威廉姆·H.怀特科等:《当今世界的社会福利》,谢俊杰译,北京,法律出版社,2003年,第 1 版,第 203、280 页。

② 龚向和:《社会权的可诉性及其程度研究》,北京,法律出版社,2012 年,第 1 版,第 190 页。

③ 〔美〕威廉姆·H.怀特科等:《当今世界的社会福利》,谢俊杰译,北京,法律出版社,2003年,第 1 版,第 210、230 页。

④ 李珍主编:《社会保障理论》,北京,中国劳动社会保障出版社,2007 年,第 2 版,第 5 页。

设计项目成本的两倍。[①] 20 世纪 90 年代,联邦政府又颁布了《改进美国学校法》《学校与就业机会法》《学校贷款改革法》等一系列法令,到目前为止,有关教育的法律有 100 多件,[②]为教育事业的发展提供了有力的法律保障。

第二节　住房促进制度

美国学界对公共住房政策起始问题一直存在争论,主流观点认为,该政策开始于罗斯福新政,少数学者认为第一次世界大战以来,公共住房政策已是联邦政府福利政策的重要组成部分,也是政府解决城市低收入阶层住房问题的主要手段之一。我国学者的研究结果表明,美国少数学者在公共住房起始问题上的观点是正确的。他们指出,在美国城市化的进程中,低收入阶层的住房问题一直得不到解决,一战时期住房供求矛盾凸显并促使国会授权联邦政府为劳工建造住房。1918 年春至 1919 年末,联邦政府通过应急舰队公司和美国住房公司,投资并兴建了 1.6 万余套公共住房,解决了一小部分低收入家庭的住房问题。因此联邦政府开始干预城市劳工住房应始于一战时期。[③]

1933 年 6 月 13 日,美国通过了《房主贷款法》并建立了房主贷款公司,帮助付不起贷款本金和利息、面临被取消抵押房产赎回权威胁的房主摆脱困境,在很大程度上减轻了低收入家庭的住房压力。1934 年 6 月 27 日通过了《全国住房法》,建立了联邦住房管理局,以鼓励建房和房屋抵押贷款保险业的发展。1937 年 9 月 1 日,国会通过了第一个《合众国住房法》,并建立了美国住房署,这是政府为低收入家庭修建公共住房制定的长期计划,根据此计划,地方房管部门用联邦贷款和补贴,修建并经营了大量公共住房。[④] 但是,到了 20 世纪末,中等水平的住房费用,占到非贫困者收入的15%,占到贫困者家庭收入的 60%,因此,美国仍然有 400 万低收入家庭居住在没有供水、供暖或没有厨房设施,或年久失修的破败不堪的房子中。因此,解决国民住房困难,历来是各届政府必须面对和解决的问题。

[①] 杨冠琼主编:《当代美国社会保障制度》,北京,法律出版社,2001 年,第 1 版,第 124 页。

[②] 龚向和:《社会权的可诉性及其程度研究》,北京,法律出版社,2012 年,第 1 版,第 191 页。

[③] 梁茂信:《美国联邦政府城市政策的形成》,《东北师范大学学报》2002 年第 6 期。转引自李莉:《国内美国公共住房政策史研究》,《中国社会科学报》2017 年 3 月 20 日。

[④] 张群:《居有其屋——中国住房权历史研究》,北京,社会科学文献出版社,2009 年,第 1 版,第 16 页。

一、住房促进制度包括的项目

在美国住房立法史上,具有重大意义的是 1945 年制定、1949 年 7 月 15 日由杜鲁门总统签署的《国家住房法》。该法明确规定"尽可能通过私人企业和政府支持,为每个美国家庭提供体面的住房和适宜生活的环境"。①《国家住房法》的主要内容包括:1.在 5 年内拨款 5 亿美元和提供 2.5 亿美元贷款完成贫民窟清理和社区发展及重建工作;2.联邦住宅管理署增加抵押贷款金额;3.联邦每年至少投资 3.08 亿美元,用于低房租的公共住房建设,并在 6 年内为低收入家庭提供 81 万套住房;4.提供为期 33 年、年利率为 4%的 2.5 亿美元贷款和 1.25 亿美元的拨款用于技术服务和农场住房研究。《国家住房法》将 20 世纪 30 年代推行的公共住房建设由国家主导转变为联邦政府将资金以贷款的形式拨付地方政府,由地方政府负责建造公共住房。这一转变只是联邦政府履职方式的转变,而非政府责任的转移。

之后,有影响的住房立法是 1961 年 6 月 30 日由肯尼迪总统签署的《综合住房法》,它的内容主要包括:1.由联邦住房管理署建立五个类别的用于新住房项目的抵押贷款;2.将老年和公共住房贷款基金由 1959 年的 5000 万美元扩大到 1.25 亿美元;3.将贷款基金由 1.5 亿美元增加到 6.5 亿美元,用于社区水、煤气和下水道工程改造,改善社区设备;4.授权联邦国民抵押协会从财政部借款 7.5 亿美元,用于特别援助项目。

自 20 世纪 70 年代末以来,住房和城市开发署的援助资金大幅减少,从 1978 年的 320 亿美元降至 1989 年的 100 亿美元,降幅为 80%,因此使得低收入家庭住房数量随之减少。于是在 1989 年住房和城市开发部与农村住房管理局向 450 万低收入房屋租用者和 120 万低收入房屋所有者提供了援助。1990 年 11 月,布什总统签署了一项《联邦住房法案》,规定在 1991 财政年度增加投资 248 亿美元,用于建造 36 万套廉价住房,1992 财政年度增加的投资达到了 271 亿美元。

以上列举的只是几个影响力比较大的住房法规,实际上每届联邦总统都会签署住房法案。这些由各届总统签署的住房法案绝大多数是为了改善低收入家庭住房条件而制定的。但是,也有减少联邦政府投资的情况,例如,里根政府就主张减少联邦政府在住房问题上的干预,而强化地方政府在

---

① 林梅:《发达国家住房保障的基本模式及其经验与启示》,《当代世界与社会主义》2012 年第 5 期。

住房问题上的权力。尽管如此,为低收入家庭提供廉价住房、控制房租仍然是历届政府必须面对的问题。[1] 例如,布什政府执政以后,大大推进国民住房自有率,全国有 70% 的家庭、51% 的少数民族家庭都拥有了自己的住房。2007 年,美国住房与城市开发部预算拨款 336 亿美元,主要用于提高少数民族家庭住房的自有率。[2]

美国住房政策的目标在《美国法典》第四十二编中作了这样的阐述:维护美国的一般福利和安全以及人民的健康和生活标准,通过住房修建和开发项目以及清除贫民窟和衰退地区,解决严重的住房不足、老旧和不宜居的问题,推动实现每个美国家庭有体面的住房和适宜的居住环境,进而带动社区开发和再开发,推动美国进步、财富增长和国家安全。为了实现这一目标,从 1935 年美国实行新政以来的 70 多年间,总统签署的住房法案主要分为以下几类:一是公共住房补贴,二是补贴性住房,三是向低收入家庭出租房屋的税收豁免。

(一)公共住房补贴

公共住房是国家通过资助"为穷人提供由政府建造、维修和管理的低租金或无租金"住房的一项制度,该项制度建立于 1937 年,期间几经修改,沿用至今,成为解决贫困家庭住房问题最重要的制度。公共住房建造费用由联邦分期拨款,由地方公共住房当局负责建造、归地方公共住房当局所有和经营。

联邦政府规定,公共住房只能由当地收入不及中等收入水平 80% 的家庭购买或租用。但是,地方当局在具体执行时条件比联邦政府的规定要严格得多,收入不及当地中等收入水平 50% 的家庭才有资格申请购买或租用公共住房。购买"豪宅"的人不但不能获得福利补贴,而且需要交纳巨额财产税,而购买公共住房的人或 55 岁以上的购房者则可以享受到程度不等的福利补贴。制度实施初期,联邦资助只是用于建造公共住房,收取的租金用于运营费用。随着运营费用的不断提高,贫困家庭越来越支付不起不断提价的房租,于是在 1969 年联邦作出规定,联邦承担运营费用与家庭收入 25% 之间的差额。联邦住房基金由国家住房和城市发展部管理。1992 财政年度,联邦政府为 140 万套公共住房补贴了 28 亿美元。[3]

由于低收入家庭集中居住于较为富裕的居民区所引发的社会问题(例

---

① 杨冠琼主编:《当代美国社会保障制度》,北京,法律出版社,2001 年,第 1 版,第 142~152 页。
② 李超民编著:《美国社会保障制度》,上海,上海人民出版社,2009 年,第 1 版,第 439 页。
③ 〔美〕威廉姆·H.怀特科 等:《当今世界的社会福利》,谢俊杰译,北京,法律出版社,2003 年,第 1 版,第 282 页。

如吸毒、犯罪、破坏公共财物等)频频发生,公共住房成为"最让人头疼的问题"。① 1968 年,国会通过了《公平住房法案》后,种族歧视问题有所改善,少数种族比以前更容易获得贷款。但是,集中成片地建造公共住房带来的不利后果是居住隔离、阶层分化、社会排斥等社会问题,形成了群居性的"贫民窟"。为了进一步减少歧视,推进社会融合,特别是减少公共住房的贫困者集中的现象,使低收入者既有体面的房子住,又能融入正常的社会生活,1998 年通过的《质量住房和工作责任法案》要求公共住房中,收入低于该地区平均 30% 的住户不得超过住户总数的 40%,其他住户的收入最高可达地区平均收入的 80%。② 此外,由于公共住房建造费用和运营成本不断增加,20 世纪 80 年代以后,联邦政府对公共住房的投资不断下降,尽量利用已有的公共住房满足住房需求,而减少对新建公共住房的投资。联邦公共住房预算从 1980 年的 650 亿美元减少到 1989 年的 220 亿美元,扣除通货膨胀因素,投资额减少 75% 以上。公共住房建设的减少以及房租的不断攀升,有权利获得公共住房的条件也变得越来越严格,导致越来越多的低收入贫困家庭不能获得公共住房。

(二)补贴性住房

20 世纪 60 年代约翰逊总统提出的、被称作美国福利国家史上第二个标志性事件是"伟大社会"的设想,其中的《住房与社区开发法案》是一项具有重要意义的制度。该法案在授权社区根据当地条件和需要,在利用联邦一揽子资助时以更多的灵活性,并给予租金补贴的接受者选择居住地以及选择租用公共住房或私人住房的自主权。为了避免低收入家庭集中居住带来的各种社会问题,联邦政府规定,地方行政当局必须拿出所有新建住房的 95%,提供给收入低于当地中等收入水平一半的家庭居住。20 世纪 70 年代末,贫困线以下的总租户中有四分之一居住在补贴住房中,创下了历史上居住补贴性住房的最高纪录。20 世纪 80 年代以后,虽然联邦提供的建造公共住房的资助在减少,但是,由于租金的上涨以及租房者人数的增加,建造补贴性住房的成本也在增加,联邦为州住房财政机构或地方公共住房当局提供的补贴性住房建造资金从 1980 年到 1989 年翻了三番。补贴性住房提供给低于当地中等收入水平 50% 的低收入家庭,房租为租房者收入的 30%,联邦政府承担实际租金与租房者实际支付租金之间的差额。但是,由

---

① 〔美〕米尔顿·弗里德曼等:《自由选择》,胡骑等译,北京,商务印书馆,1982 年,第 1 版,第 113 页。
② 〔美〕阿列克斯·施瓦兹:《美国住房政策》,黄瑛译,北京,中信出版社,2008 年,第 1 版,第 281 页。

都市、郡或镇政府联合开发的 150 万套住宅,无法满足 3700 万贫困人口的住房需求。20 世纪 80 年代,建造的补贴性住房的数量已超过公共住房数量,由于新建住房的成本远远大于维修旧房的成本,国会中止了补贴性住房的建设,只有为低收入和中等收入的老年人和残疾人建造非营利性的住房时,才可以得到联邦政府提供的低息贷款。

(三)向低收入家庭出租房屋的税收豁免

1986 年国会通过的《税收改革法案》规定,国会设立税收豁免项目,鼓励开发商和集团公司投资于向低收入家庭出租房屋的建造。如果一个项目中住房总数的 20% 出租给收入低于当地平均收入水平 50% 的家庭居住,或者将住房总数的 40% 出租给收入低于当地中等收入水平 60% 的家庭居住,该项目就可以获得税收豁免权。该项目受到社会各方面的好评,认为它提供了一种社会化社会保障的重要启示,通过一种恰当的形式使社会各个方面共同承担社会保障项目,从而有利于社会保障向社会化方向转变,既减轻了政府的财政压力,又可以扩大社会保障的范围,因而更有利于充分发挥社会保障的社会、政治、经济功能:[①]1.住房问题既是社会福利问题,也是关涉经济发展的问题。说它是福利问题,是基于住房与中低收入家庭和个人以及社区和城市的福利紧密相连,其中解决中低收入家庭和个人的住房问题本身就是政府社会福利政策的重要内容;说它关涉经济发展问题,是基于住房建设涉及许多产业,例如,钢铁、水泥、木材、建材等,住房建设的发展带动相关产业的发展,在国家宏观经济和微观经济发展中占有重要地位。2.住房问题既关系到城市的发展,也关系到社会稳定。对于中低收入家庭和个人以及贫困老年人的住房问题,不同政党执政的历届政府都予以了极大关注并努力加以解决,减少甚至消除城市中由黑人集结扩及西裔和亚裔集结的贫民窟和落后社区,既是美国政府建设干净整洁的现代化城市和居民点的重点,也是维护社会稳定所必需。3.住房问题通过多层次及多渠道财源、兴办、管理加以解决。建造和运营住房所需资金主要通过财政政策和税收政策解决,借助于联邦政府、州政府和地方政府以及公司、社区和个人之间的调整政策,比较有效地解决了绝大多数家庭和个人的住房问题。

(四)无家可归者住房计划

1989 年,美国城市研究所调查数据显示,无家可归的流浪者约为 56.7 万人至 60 万人,并以每年 5% 的速度增长。而无房居住的人有 25 万至 200

---

① 杨冠琼主编:《当代美国社会保障制度》,北京,法律出版社,2001 年,第 1 版,第 148～150 页。

万人,这些人除了需要一个栖身之地外,还需要医疗和精神康复,他们的子女还需要教育。无家可归者住房计划由住房和城市发展部管理。该计划包括紧急住房拨款计划和过渡性住房计划。无家可归者可以在这些住房中居住两年,期间需要寻找永久性住所和永久性残疾人住房。这两个计划所需资金包括住房资金和服务资金。1992 财政年度,住房和城市发展部管理的资金为 4.5 亿美元。[①]

二、联邦政府对住房的支持计划

联邦政府对于住房政策相当重视,通过制定大量的住房计划,支持美国人民拥有自有住房。住房和城市发展部的主要住房计划就多达将近 70 个,例如,住房和城市发展部制定的"住房与保护计划"是一项为流浪残障者、严重精神疾病患者、酗酒或者吸毒等慢性疾病患者、艾滋病及其他相关疾病流浪者提供房租援助的计划,援助计划的期限一般为 5 年;再如,住房和城市发展部制定的"家产转换抵押计划"是一项为 62 岁以上的借贷人提供的把自有家产转换为按月取得收入或者信用的住房倒按揭政策。由联邦住房管理局保险的倒按揭在借款人搬家、卖掉房屋或者死亡之前不需归还贷款。如果贷款到期必须归还,而贷款金额超过了物业价值,则借贷人或者继承人不再拥有物业价值。

联邦政府对于农村地区和老旧城区住房和社区开发同样重视,大大地推动了农村地区社区发展和住房建设。小城市和农村地区的住房计划也多达 50 余个,例如,由美国农业部制定的"农村租赁与合作社住房贷款计划"是一项面向极低收入、低收入、一般收入家庭、老年人和残障者提供的廉租房,或者合作社建造新房屋或更换旧设备直接提供融资的住房计划。州主管部门对农村租赁与合作社住房贷款的批准额度为 150 万美元。贷款期限为 30 年,利率为 1‰,还款期限为 50 年。[②]

三、住房保障管理体制

1965 年成立的住房和城市发展部是美国住房保障管理机构,它的职责是为美国国民建立一个合理的住房体系和合适的居住环境,通过实施抵押贷款担保方案,为中低收入家庭成为私房业主提供担保;提供房租补贴来帮助那些无力购买住房的低收入家庭;执行 1968 年颁布实施的《住房公平

---

① 〔美〕威廉姆・H.怀特科等:《当今世界的社会福利》,谢俊杰译,北京,法律出版社,2003年,第 1 版,第 282、317 页。

② 李超民编著:《美国社会保障制度》,上海,上海人民出版社,2009 年,第 1 版,第 457 页。

法》,确保每个个人和家庭都能够不受歧视地购买住房;2005 年至 2007 年,住房和城市发展部每年的预算拨款都在三四百亿美元额度。[①]

1949 年的住房法案在实施了半个世纪以后,它所确立的"为每一个美国家庭提供体面的住房和适宜的生活环境"政策目标还远远没有实现:20世纪 80 年代,联邦负担的住房预算削减了 75%,而申请人数却在不断增长;20 世纪 90 年代,等待公共住房的人数在急剧增加,迫使 2/3 以上城市不再接受新的申请;1991 年,91%的租房家庭无力购买房屋;无家可归者估计有 100 万以上。[②] 尤其是 2008 年以来爆发的次贷危机,证明了美国政府的住房政策是失败的。主要表现为不加区分地用于各种房地产市场的补贴贷款政策,制定的住房政策目标相互矛盾,包括较高的住房自有率、建设过多的可承受住房、[③]维持较高的房价等。学者们认为,联邦政府不能单靠补贴利率解决不同群体的住房需求,而是要通过不同的地区激励政策,采取不同的方案,才能既保证最贫困的国民住上体面的房屋,又能让中产阶级买得起高价住房。

第三节　家庭促进制度

1993 年之前,夫妇如果因为休产假或因照顾生病的家人而不去上班,就会丢掉工作。1993 年,《家庭假期法案》颁布实施以后,在小孩出生或者家人患有严重疾病的情况下,在公共机构、公立和私立中小学、在 50 人以上的私立机构就业的夫妇,可以享受 12 周的无薪假期,期间雇主不得解雇休假雇员。尽管这一法案没有将美国所有雇员包括在内,但是,它已表明采取补救模式的美国社会福利制度向制度模式靠近了一步。[④]

---

① 李超民编著:《美国社会保障制度》,上海,上海人民出版社,2009 年,第 1 版,第 442 页。

② 〔美〕威廉姆·H.怀特科等:《当今世界的社会福利》,谢俊杰译,北京,法律出版社,2003年,第 1 版,第 281 页。

③ 李超民编著:《美国社会保障制度》,上海,上海人民出版社,2009 年,第 1 版,第 457 页。

④ 〔美〕威廉姆·H.怀特科等:《当今世界的社会福利》,谢俊杰译,北京,法律出版社,2003年,第 1 版,第 245 页。

第六章　社会救济法律制度

19世纪初期，美国就出台地方性的济贫法案，例如纽约州议会颁布《县级济贫院法案》，各县也设立了政府济贫机构。美国从一开始就由各州各自建立本州济贫制度，而且至今美国也没有建立起全国统一的社会救济制度。波士顿市长约翰·昆西说："在所有救济穷人的方法中，最为浪费、花费最大、对贫困者道德伤害最大、给我们的工业社会习惯伤害最大的，莫过于对贫困者的整个家庭提供救济。"他认为，济贫法要为穷人消除贫困恐惧，就会破坏人们的工作积极性，有可能使穷人更加懒惰和不节制。时任总统皮尔斯·富兰克林甚至说："我并没有在宪法里面找到一条，说明我们有权力把联邦政府变成全美国最大的救济者。"在救济贫困者问题上的这种观念，不仅影响到美国社会救济制度的发展，甚至影响到美国社会保障制度的发展。①

19世纪中期，应社会各界要求，不同功能的社会救济机构——孤儿院、少年感化院、儿童福利院、精神病院等在多数州建立。但是，当大量欧洲移民进入美国，造成救济资金大幅增长后，大部分美国人反对向穷人提供救济。19世纪末20世纪初，不同功能的社会救济机构都以接纳老年贫困者为主，尤其是65岁以上的老年贫困者成了社会救济机构中的主要成员。大危机之前，济贫制度是美国应对社会问题的主要措施，济贫机构成为无法自存者的主要去处，济贫费用在逐年上涨，济贫压力不断增大，这些都与美国没有建立起现代社会保障制度有直接关系。

传统的对贫困者实施救济之前需进行的资产调查是建立在财产检验以及收入检验的基础上的，并且要求家庭必须在消耗完现有资产后，才能够获得政府提供的救济。接受救济者经常受到政府官员的监视，在决定受益者以及受益水平时政府部门具有极大的自由裁量权。到了现代社会，资产调查的评定标准仅限收入，接受社会救济的资格以年度纳税申报表的收入额

---

① 丁建定：《西方国家社会保障制度史》，北京，高等教育出版社，2010年，第1版，第135～136页。

为依据,不允许对受益人进行监视,政府部门的自由裁量权通常以纳税回执的审计为基础。[1]

20 世纪 30 年代美国经济处于大萧条时期,为了支持农场的生产活动,使农场主摆脱农产品过剩的困境,联邦政府决定向贫困者和学校学生提供食品。1935 年《社会保障法》中的公共援助项目规定了对盲人的援助。到了 20 世纪 60 年代,联邦政府援助贫困者的营养补助项目扩大到除食品券之外的儿童营养项目。这些非现金发放的食品券补助项目的 90% 按照需求分配,受益者绝大多数是贫困者。向贫困者和低收入阶层提供实物援助是现金资助的一种重要的替代和补充制度,它的用意在于改善贫困者的生活质量。这项制度的设立源于久远的观念——贫困是贫困者的懒惰、依赖等道德上的瑕疵形成的。持这种观点的人担心贫困者是否能将发放给他们的现金用于生活需求上,认为他们有可能将现金花在不该花的地方而浪费掉,为他们提供实物资助既能够避免浪费现象,又能够改善贫困者的生活。实物给付限制了个人选择的自由,受领者只能根据提供者的意图使用它们。所以,实物给付是政府通过社会福利实行社会控制的一种手段。[2] 这样的观点易为政府接受并为政府制定相关政策提供理论支持。由于援助贫困者是该项目设立的主要目的,因此,受益者中的贫困者占到总受益人的 3/4。

美国的社会福利制度就是绝大多数国家的社会救济制度。[3] 尽管经济的发展和就业的增加降低了美国贫困人口的比例,但还有数千万人由于他们的食品、住房和其他必需品没有达到基本生活标准,仍然处于贫困状态。1996 年,四口之家的贫困线是 16036 美元,三口之家的贫困线是 12516 美元,按此标准,当年有 3650 万人生活在贫困中,贫困率为 13.7%。社会救济是解决贫困问题的一项计划,它和其他社会保障项目一起在减少贫困方面发挥了巨大的作用。1996 年,在没有得到任何再分配前的贫困率是 21.5%,从社会保障计划中得到现金支付后,有 1780 万人脱离了贫困的行列,贫困率也因此下降到了 14.8%。另外还有 720 万贫困人口通过基于生活状况调查的现金、食品和住房方面的给付摆脱了贫困。[4]

---

① 〔丹麦〕戈斯塔·埃斯平-安德森编:《转型中的福利国家——全球经济中的国家调整》,杨刚译,北京,商务印书馆,2010 年,第 1 版,第 189 页。

② 〔美〕威廉姆·H.怀特科等:《当今世界的社会福利》,谢俊杰译,北京,法律出版社,2003 年,第 1 版,第 124 页。

③ 〔日〕武川正吾等编:《企业保障与社会保障》,李黎明等译,北京,中国劳动社会保障出版社,2003 年,第 1 版,第 186 页。

④ 〔美〕乔治·E.雷吉达:《社会保险和经济保障》,陈秉正译,北京,经济科学出版社,2005 年,第 1 版,第 311、314 页。

自 1935 年制定实施《社会保障法》以来的 70 多年间,收入补充性援助立法(社会救济制度)不断得到充实和完善:对盲人的援助是在 1935 年的社会保障法中第一次被规定的;1945 年 11 月 19 日,建立了永久性残疾人和暂时性残疾人的保障项目;1956 年 8 月 1 日,国会两院通过了将残疾人保障项目并入老年遗属保险项目的立法;1958 年的社会保障综合修正案将待遇获得者的范围扩大到依靠老年遗属和残疾保险金生活的工人们的妻子和儿童;1965 年通过的老年医疗保险法案规定为盲人和残疾人提供医疗补助,经费由联邦、州和地方政府共同承担,联邦提供给各州不同比例的补助占总经费额的 55%;1972 年通过的社会保障法修正案规定,联邦政府每个月为 65 岁以上无收入和无工作能力的老年人、盲人、残疾人提供基本收入补充援助。

在以商业保险为主的美国,以需求和收入调查为基础、旨在体现社会公平的社会救济项目成为美国社会保险制度的一个重要补充和不可缺少的组成部分,并且与以事先缴纳社会保险工薪税为获得社会保险待遇为前提的社会保险制度一起支撑着独具特色的美国社会保障制度。

第一节 老年补充性收入保障制度

美国约有 30% 的人接受公共援助,在超过 6000 亿美元的公共援助中,3/5 为现金支付。除了贫困者,公共援助也向部分符合条件的非贫困者提供,如果不向后者提供现金援助,将有约 1700 万人会成为贫困者。[①] 公共援助的对象为老年人、盲人、伤残者和抚养未成年人的家庭,援助水平依被援助者的需要提供。其中,老年补充性收入保障制度是最大的社会救济项目。

老年补充性收入保障制度由 1972 年《社会保障法修正案》第十六编确立,1974 年 1 月正式实施,它取代了当时由各州管理的例如"对盲人援助计划""对永久性和完全残障者援助计划""对老年人援助计划",并统一了残疾认定的标准、收入和财产要求以及提供援助的标准。联邦政府委托社会保障局管理该项制度的实施。社会保障局在每个月的第一天给符合条件的 65 岁以上的老年人、盲人和残障人发放老年收入补充待遇,待遇标准高于国家确定的贫困线,所需资金由财政部从一般财政预算中支出。

---

① 杨冠琼主编:《当代美国社会保障制度》,北京,法律出版社,2001 年,第 1 版,第 88 页。

　　老年补充性收入保障制度与社会保障制度中的老残保险项目有以下区别：一是管理主体不同。前者由联邦社会保障局管理，后者由联邦和各州社会保障局管理。二是资金来源不同。前者由一般财政预算支出，后者由征缴的社会保障工薪税筹集的资金支出。三是受益人不同。前者为收入和财产非常少的老人、盲人和残障本人和夫妇，后者为退休、残障职工及其家属以及身故职工的遗属。四是获得资格的年龄不同。前者为 65 岁，后者为 62 岁（提前退休者）。五是待遇标准不同。2008 年，前者单身为每月 637 美元，夫妇为每月 956 美元，可以满足他们基本的购买食品、支付房租以及医疗需求。后者领取的养老金标准以其在职时工资水平以及缴纳工薪税时间长短确定。六是前者获得资格有收入与资产限制，2008 年时，个人财产不超过 2000 美元，夫妇财产不超过 3000 美元。后者没有这些限制。七是待遇调整机制不同。前者随物价变化进行调整，后者随职工工资进行调整。

　　这项待遇还向残障儿童和盲童提供，1990 年约有 100 万符合条件的儿童享受到了该项福利。① 1974 年，补充性收入保障受益人中老年人占到了58％，而到了 1988 年，这个比例下降到了 45％。享受补充性收入保障的老年人同时在享受老年人、遗属、残疾人社会保险待遇的人数在 1988 年时达到了 71％。② 联邦政府承担着补充性收入保障项目所需的大部分费用，但是接受援助的资格和待遇水平由州政府和地方政府决定，并负责该项目的行政管理。补充性收入保障的待遇水平在不同的州差异很大。

　　如果申领者同时领取离婚赡养费、失业保险金、残障保障金和退休养老金等非劳动收入，就需从老年补充收入保障金中扣除以上收入；如果申领者有劳动所得，则老年补充收入保障金的领取不受影响，即使申领者的收入高到失去领取老年补充收入保障金的资格，但其仍然有资格享受联邦政府对各州医疗援助计划的资助。当各州管理的"对盲人援助计划""对永久性和完全残障者援助计划""对老年人援助计划"转换为联邦老年补充收入保障计划后，法律规定享受老年补充收入保障者的待遇不能因为计划的转换出现下降。在将各州的救济标准提高到联邦政府制定的补充收入标准的同时，对各州规定了强制性补充保障项目，例如，各州为了从联邦政府获得配套的医疗援助资金，必须设立强制性的州补充计划，由此有效地保障了老人和儿童的利益。《社会保障法》规定，各州选择在联邦政府的老年补充收入保障计划外又进行补充保障计划者，可自行确定补充保障水平。各州应当把本州的补充标准维

① 〔美〕乔治·E.雷吉达：《社会保险和经济保障》，陈秉正译，北京，经济科学出版社，2005年，第 1 版，第 316 页。

② 杨冠琼主编：《当代美国社会保障制度》，北京，法律出版社，2001 年，第 1 版，第 113 页。

持在一定水平,而且一旦实施了老年补充收入保障计划就不能半途而废,如果中途停止计划的实施,该州将会失去联邦政府对州医疗援助的资助。

第二节　贫困家庭临时救助计划

美国是工业化国家中唯一一个没有专门针对儿童的、不论家庭收入如何的家庭津贴计划的国家。[①] 这是因为以家计调查为基础的社会救助项目占社会支出相当大的比重,20世纪80年代初,社会支出的20%用于以家计调查为基础的社会救助。[②] 美国的基于家计调查的贫困家庭救助计划经历了两个发展阶段。

一、"贫困家庭临时救助计划"之前的规定

美国有悠久的贫困家庭儿童资助传统,因而贫困家庭儿童补助计划亦成为美国社会保障体系中一个重要的优选制度。贫困家庭儿童补助计划反映了一种社会正义原则,因为不论从哪个角度来说,儿童都是无辜的,他们不应成为先天的贫困受害者。贫困家庭或低收入家庭获得补助,主要源于对儿童抚养的社会性关照,是社会对儿童生活所承担的一种责任。贫困家庭儿童补助有助于强化抚养儿童家庭的责任感和社会责任感,有利于培养儿童的独立意识、自我意识和与困难抗争的奋斗精神。

20世纪80年代执政的里根政府继续出台一系列新的修正案,这是获得援助待遇者需要更为严格的工作要求的修正案,促使抚养未成年儿童家庭的母亲或者父亲(获得待遇的父亲不到总家庭数的1/10)寻找工作的比例大幅度提高。1988年的家庭资助法对获得待遇者的工作要求更为严格,这又促使获得待遇者不断提高自己的教育水平。20世纪80年代,由于双职工家庭成为中产阶级生活方式的标准,高离婚率和非婚生育使更多的孩子和大人陷入贫困的危险境地,美国的中产阶级也因此开始衰落。如果美国拥有完善的福利制度,这些中产阶级家庭就可能避免陷入贫困,然而实际情况是,自1970年代以来,对抚养未成年儿童家庭的救助和失业保险计划的实施,逐渐破坏了人们的价值观念,不平等进一步加剧,在1979~1990

---

① 〔美〕威廉姆·H.怀特科等:《当今世界的社会福利》,谢俊杰译,北京,法律出版社,2003年,第1版,第273页。

② 〔加〕R.米什拉:《资本主义社会的福利国家》,郑秉文译,北京,法律出版社,2003年,第1版,第29页。

年间,由于抚养未成年儿童造成的贫困率从 15％上升到了 21％。[①]

抚养未成年儿童家庭援助资金的 55％来自联邦政府,40％来自州政府,5％由地方政府支付。人均收入低于全国水平的州,甚至可以获得联邦政府 80％的财政援助。联邦政府不仅向州政府提供财政援助,而且将资金的管理权、获得待遇的资格、待遇标准都交由州政府自行决定。所以,各州根据本州具体情况所确定的待遇标准是不一样的,甚至差异很大。由于各州的援助标准以维持家庭的生计为原则,有些州提供的援助甚至低于联邦确定的贫困线生活水准,因而大约有 4/5 享受抚养未成年儿童家庭援助待遇的家庭有资格获得食品补贴项目的资助,因为如果没有食品补贴或者其他收入,所有州提供的援助都不能使受助家庭摆脱贫困。[②] 越来越宽松的资格准则、比较可观的收益、受援助者耻辱感的淡漠,成为 20 世纪 60 年代末之后接受抚养未成年儿童家庭援助人数大幅增加的主要原因。

政府对贫困家庭的救助有现金救助和非现金援助两种形式。例如,非现金援助包括医疗补贴、食品券、儿童营养、贫困家庭子女教育、住房补助、就业机会与基本技能培训六项。非现金援助是对现金援助的一种重要补充和替代,即使在 20 世纪 60 年代晚期和 70 年代早期的收入补充保障待遇增长幅度较大时期,援助贫困者的项目仍然集中在实物供给上。广泛和多渠道的非现金援助较大地改善了贫困者的生活质量。联邦、州和地方各级政府承担了非现金援助的所有费用,联邦政府援助的大部分实物都是在不考虑接受者收入水平的情况下实施的,其成本远远高于专为贫困者设计的项目成本。例如,全国儿童教育和青年人教育所花费的成本,是直接为贫困者设计的项目成本的两倍。研究表明,联邦政府为贫困者提供的非现金援助远远超过单纯的反贫困努力。

1.医疗救助

医疗救助对于低生活水平的贫困者更显重要,它使贫困者能够获得和负担得起医疗费用。1965 年纳入《社会保障法》的"医疗照顾与医疗援助法案"规定,为所有居住在各州的接受联邦政府公共援助者提供医疗费用。自 1965 年以来,联邦政府和州政府共同承担起向贫困者和老年人提供医疗援助的责任,各州支付的费用占到 50％～78％。虽然各州对于获得医疗援助的资格有自己的规定,但享受家庭补助和补充性保障收入的人都可以获得

---

① 〔丹麦〕戈斯塔·埃斯平-安德森编:《转型中的福利国家——全球经济中的国家调整》,杨刚译,北京,商务印书馆,2010 年,第 1 版,第 195 页。

② 杨冠琼主编:《当代美国社会保障制度》,北京,法律出版社,2001 年,第 1 版,第 101 页。

医疗救助。救助的范围包括住院治疗和门诊治疗所支付的费用。20 世纪 80 年代之前,实行实报实销的办法,但是浪费非常严重。1981 年,法律规定修改为按人头或家庭每月支付固定费用,以遏制医疗费用浪费现象。1986 年,全国有 2240 万人获得了医疗救助,其中 340 万人是老年人。[①]

2.食品券计划

食品券计划最早出现在 20 世纪 30 年代经济大萧条时期,当时是为了解决农场主过剩的粮食问题而制订了该项计划。随着社会发展,联邦政府发现这项计划既有助于农产品价格稳定,又有利于提高国民福利水平,尤其是为儿童的成长提供了可靠的营养保障,于是就将这项制度确定为永久性政策,所以这是一项既济贫又济商(农业资本家)的制度。

这项待遇向低收入者发放,用于购买除了烟酒和进口食品之外的食品。食品券计划是最基本的食品保障制度,也是联邦政府最大的食品补助项目,由联邦出资,农业部食品营养司负责管理全国食品券计划。州政府管理和发放食品券,管理费用由州政府负担。20 世纪 60 年代,政府在大力发展食品券和学校午餐项目的同时,开始设立其他儿童营养资助项目。例如,1966 年 10 月 11 日,总统签署的决议中就包括特别牛奶计划、学校早餐计划、非食品援助计划。《1964 年联邦食品券法》规定,联邦政府负责向急需食品券的家庭提供补助,由州政府的公共救济机构确定急需家庭的资格和分发食品券,以确保贫困者能够获得最基本的食物需求。

食品券计划的全部费用由联邦政府承担,银行是实施该计划的中介人。州政府依据家庭的收入水平和人口多少按月发放食品券,除了补充保障收入领取者外,所有其他公共援助的接受者都有资格参与食品券项目。1993 年 10 月,一个没有收入的四口之家每月可以领取价值 375 美元的食品券。有收入的家庭领取的食品券,在最大救济量和适当扣除家庭收入的 30% 之间浮动。食品券领取者中 93% 的人的总收入低于贫困线水平,2/3 是儿童、老人和病人。[②] 在该计划实施的过程中,家庭财产的定义被逐步简化,例如,《2002 年农场安全与农村投资法》规定,有一名残障人员的家庭财产限制提高到 3000 美元,这一规定就将有老年人的家庭与有残障人的家庭的财产标准统一了起来。而在一般情况下,家庭拥有 2000 美元的可计算财产,就失去了申领食品券的资格。

食品券计划的实施一直延续至今,从中受惠者为数众多。据美国社会

---

① 顾俊礼主编:《福利国家论析——以欧洲为背景的比较研究》,北京,经济管理出版社,2002 年,第 1 版,第 257 页。

② 杨冠琼主编:《当代美国社会保障制度》,北京,法律出版社,2001 年,第 1 版,第 159 页。

保障局发布的数据,2005 年,1085.4 万个美国家庭的 2488.1 万人领取了食品券。[①] 而在 2000 年,领取食品券的家庭数和人数分别是 730 万个和 1720 万人。[②] 20 世纪 60 年代确立、历届政府不断推行和继续扩大的食品券补助项目,在保障贫困者的基本食品需求、维护社会稳定中发挥了积极的作用,也是政府调节农业发展的重要杠杆,这种定向消费计划,促进了社会购买力的提高,进而促进了美国的经济发展。与此同时,由于食品券的发放范围在不断扩大,领取人数有增无减,而使政府为食品券开支不断增加,并由此加重了政府的财政负担。

食品补助项目的不断扩展和增加,是各种不同利益集团形成的广泛政治联盟的结果。一些人将食品补助项目看作是使贫困者获得援助的一种方式;一些人支持食品补助项目,是因为他们对贫困者能否恰当地利用现金补助表示怀疑;还有一些人是希望社会对某种农产品的需求能够持续下去。尽管不同利益集团对食品补助项目所持观点不同,但都支持向贫困者提供食品(券)补助而不是提供购买食品的现金补助的公共政策继续实施下去。尼克松总统和福特总统继续推行食品券计划,1975 年联邦政府为食品券计划支付 50 亿美元,受益者遍及美国所有学校的学生。

食品券计划有三个缺点:一是不能为受助家庭提供比较充足的所需食品。由于住房支出巨大,在有些州 35% 的食品券计划受助家庭将全部收入的 50% 用于住房支出,因此限制了许多家庭用现金购买所需食品;二是许多有资格享受食品券的家庭被排除在了计划之外;三是严格的财产调查制度使得许多低收入者失去了获得待遇的资格。[③]

3.母婴儿童营养资助项目

这项待遇向达到国家规定的贫困标准的养育婴儿的母亲、婴儿、5 岁以下的幼儿和小学生提供。约翰逊总统于 1966 年 1 月 24 日在预算咨文中提出学校午餐和学校牛奶供应的要求,并于 10 月 11 日签署了国会通过的决议案。决议案的主要内容有:(1)特别牛奶计划。为非营利学校和其他训练和照顾儿童的机构提供牛奶。(2)学校早餐计划。该计划由各州实施。(3)非食品援助计划。为在低收入地区援助公立学校和非营利的私立学校建立储藏、运输和服务所需设备提供费用。免费或低价儿童食品所需资金全部由联邦政府承担。

① 李超民编著:《美国社会保障制度》,上海,上海人民出版社,2009 年,第 1 版,第 357 页。
② 顾俊礼主编:《福利国家论析——以欧洲为背景的比较研究》,北京,经济管理出版社,2002 年,第 1 版,第 257 页。
③ 〔美〕威廉姆·H.怀特科 等:《当今世界的社会福利》,谢俊杰译,北京,法律出版社,2003 年,第 1 版,第 276 页。

4.住房补贴

20世纪70年代以前,政府主要采取资助建造公共住房并为入住者提供租金补贴的办法,解决贫困者的住房困难。1974年以后,低收入家庭只需向私有房产主缴纳家庭收入法定30％比例的房租,再由政府通过向房东补足租金的办法,解决低收入家庭的住房问题。

5.将工作与自救等同看待

1967年,国会制定了新的计算获得抚养未成年儿童家庭援助者的收入办法,以促使受益人努力工作,强化自救机制。办法规定,6岁以上儿童的父母必须参加一项工作激励活动。1981年,里根政府对受益人的劳动收入实行更为严格的规则,里根政府把任何工作都与自救放在同等重要的地位,即使一项工作所得极为微薄。这项政策实施之后几年,接受抚养未成年儿童家庭援助的家庭减少了8％,因为大多数家庭并不希望长期依赖援助生活。[1]许多获得长期援助的人,同时能够获得教育、工作培训和寻求工作机会方面的援助,使他们重新就业变得更加容易,也更容易摆脱救济而依靠自助。

6.收入所得税额抵免制度

收入所得税额抵免制度是一项根据家计调查结果确定补充额的、可退还的联邦课税扣除计划,旨在为有孩子的低收入工人家庭补充收入。收入所得税额抵免为受助工人确定了一个收入上限,超过上限者,收入所得税额抵免按比例减少,当减少到"收支平衡点"时,失去享受收入所得税额抵免资格。如果收入所得税额抵免大于他们的纳税额,则可以获得现金偿还。[2]

以上规定和其他基于生活状况调查计划存在许多缺点,主要有:(1)福利支出不断增长。1994年,大约2460亿美元用于基于生活状况调查计划上。(2)导致对福利的依赖。1995年研究发现,将短期依赖福利生活的家庭除外,长期依赖福利生活的家庭的平均时间是13年。(3)缺乏工作激励机制。许多接受家庭援助计划者强烈地希望工作以增强自立,但是他们一般只能找到难以摆脱贫困的低收入工作。而且脱离了家庭援助计划者会丧失享受健康医疗补助的资格,所有这些使得他们宁愿吃福利也不愿去工作。(4)不利于家庭稳固。福利制度缺乏鼓励建立稳定家庭的规定,导致婚姻破裂和未婚妈妈大量出现,因为他们离开家庭可以依赖福利生活。[3] 这些问题的存在说明需要制订新的计划,以使孩子可以在家中得到更好的照顾,减

---

① 杨冠琼主编:《当代美国社会保障制度》,北京,法律出版社,2001年,第1版,第106页。

② 〔美〕威廉姆·H.怀特科等:《当今世界的社会福利》,谢俊杰译,北京,法律出版社,2003年,第1版,第278页。

③ 〔美〕乔治·E.雷吉达:《社会保险和经济保障》,陈秉正译,北京,经济科学出版社,2005年,第1版,第319页。

少人们对福利的依赖,降低婚外生育,促进建立和维护完整的家庭。

二、"贫困家庭临时救助计划"的建立及其规定

1996 年之前,家庭补助的对象是有需抚养未成年儿童的贫困家庭,多数为单亲家庭、父母一方丧失劳动能力或失业家庭。家庭补助资金由联邦政府和州政府共同筹集,以联邦政府为主,家庭收入调查由州政府负责。1992 年,全国约有 480 万户家庭领取此项待遇。[①]

1996 年颁布的"贫困家庭临时救助计划"是一个由联邦和州共同出资的救助计划。在贫困家庭临时救助计划下,各州可以自行决定贫困家庭的类型、资产限额、给付水平,并且可以获得联邦对实施该计划的补贴。

1."贫困家庭临时救助计划"的适用范围

州政府向父母一方丧失劳动能力、死亡、长期离家出走或者失业的贫困家庭提供现金给付。以下人群不在贫困家庭临时救助的适用范围:(1)单独带着孩子生活的 18 岁以下的未婚妈妈;(2)已经辍学的 18 岁以下的未婚妈妈;(3)犯有与毒品有关罪行的人;(4)以欺诈手段获得福利待遇的人。

申请获得贫困家庭临时救助的人需要经过州政府进行的收入和财产调查程序,但各州的收入和财产标准不同,资产中不包括房屋、一辆汽车、衣服、家具、人寿保险单。

2.为符合资格者提供现金补贴

贫困家庭临时救助的水平是根据需要程度和家庭人口数确定的,并且有最高限额的规定。联邦有一个对大多数州来说比较低的家庭需求标准的规定,作为各州确定本州给付水平的参考。1998 年,有两个子女的遗属家庭平均每月可获得 1500 美元左右的补贴。贫困家庭临时救助计划要求接受现金补贴的成年人必须在两年后从事工作,不工作将会导致现金补贴的减少或取消。未婚青少年要想得到现金补贴,必须住在家里或监护人家里,还必须上学。各州可以不为未婚青少年及其婚外生育的子女提供补贴。

联邦对已经实施"贫困家庭临时救助计划"的各州提供基本补贴,此外联邦还提供以下情况下的附加补贴:对那些因贫困人口多和人口增长快而贫困家庭临时救助额低的州提供补充性基金,对婚外生育下降的州给予奖励基金,对那些遭遇高失业率和食品券数量增加的州提供应急性基金。计划对基本补贴和附加补贴都规定了上限。

---

① 顾俊礼主编:《福利国家论析——以欧洲为背景的比较研究》,北京,经济管理出版社,2002 年,第 1 版,第 256 页。

3.为符合资格者提供医疗补助

根据联邦制定的法律和管理规定,各州都需制定本州的资格标准,确定医疗补助的类型、数额和医疗补助的持续时间。1975 年政府对免费医疗的支出为 120 亿美元,1993 年为 1400 亿美元。① 医疗补助计划所需资金由联邦政府和州政府共同筹集。根据法律规定,联邦医疗救助百分比不得低于50％或高于 83％。实践中联邦所占的平均份额是 57％。此外,联邦支付各州管理费用的 50％。②

4.一般性救助

一般性救助是由州和地方社区根据家计调查结果,为没有资格享受联邦补贴资助计划或抚养未成年儿童家庭援助的穷人和家庭提供的兜底性的救助计划,由于它是最后的救济手段,因此,受助者经常受到非难。对于那些暂时或永久失业,并且没有资格获得失业保险给付或给付不充足的人来说,一般性救助所提供的待遇是他们基本生活需要的唯一来源。一般性救助所需资金由州和地方基金提供,且各州救助金额的多少差别很大。

第三节　非美国公民的公共援助计划

1996 年的福利制度改革,对非美国公民的公共援助资格的规定更加严格,因为公共援助计划涉及移民政策和社会政策两方面的问题。对非美国公民的公共援助计划内容包括食品券计划、收入补充保障计划、对急需家庭的临时援助计划、联邦政府对各州的医疗援助计划。1996 年福利改革法使用了"合格的外国人"一词,并且在不同的计划中规定了不同的具体内容。

美国在殖民地时期,反对赤贫者进入美国,例如 1882 年 8 月 3 日的法律规定,应当阻止任何不能照顾自己、依靠公共税赋的个人进入美国。后来这项政策演变成依靠个人资产或者雇主或者美国的宣誓赞助人提供赞助,以保证申请入境者能够得到赞助人的支持,而不会成为社会负担。

非美国公民个人年收入达到 25000～34000 美元,夫妇年收入达到32000～44000 美元时,需要缴纳福利补贴 50％的联邦所得税。个人年收入超过 34000 美元,夫妇年收入超过 44000 美元时,需要缴纳福利补贴 85％的福利税。③

---

① 刘燕生:《社会保障的起源、发展和道路选择》,北京,法律出版社,2001 年,第 1 版,第 304 页。

② 〔美〕乔治·E.雷吉达:《社会保险和经济保障》,陈秉正译,北京,经济科学出版社,2005年,第 1 版,第 321～324 页。

③ 李超民编著:《美国社会保障制度》,上海,上海人民出版社,2009 年,第 1 版,第 411 页。

第七章 慈善组织在社会保障中的作用

美国的一种流行观点是,政府活动应限制在绝对必需的领域内,如征税、国防等。于是,慈善组织在补充社会保障制度缺陷和不足方面所发挥的作用,在国际范围都是引人注目的。

19 世纪末 20 世纪初,美国的慈善事业已开始发展。美国社会一般认为,社会愿意为之捐钱,政府愿意为之免税的组织即是慈善组织。政府的慈善税收激励机制较为完善,对慈善组织和慈善捐赠人分别规定了充分的税收优惠政策,并把这看作是"政府与捐赠者为公义进行的合作投资",政府在这个合作过程中发挥着筛选功能,引导慈善捐赠给那些有资质的慈善组织。在美国,慈善领域没有统一法典,慈善事业主要依靠税法规范,《国内税收法典》对"慈善""慈善组织""慈善机构的范围"都在税收法律中作出明确规定。因此,美国的慈善组织是与税收制度联系在一起的。

慈善组织每年能够筹集到大约 1000 亿美元的资金。慈善性捐助主要来源于宗教团体的个人捐助,1983 年宗教组织用于社会福利事务的捐款约为 75 亿美元,超过了公司和基金会的捐款。[1] 1989 年宗教团体个人捐助额占比高达 84.1％。此外,各宗教团体还提供内容广泛的个人社会服务;法人公司捐助占比 4.4％,法人公司主要向大中小学项目提供捐助,这反映出商业界对美国未来在全球市场中竞争力的关注;遗赠占比 5.7％;而公共资金只占到 5.8％。[2] 里根政府对美国福利制度改革出现的变化是,政府从社会福利后退时,政府后退领域的责任被其他部门承担了起来。例如,食品券、医疗补助、普遍福利都减少了,慈善组织在这些方面更加努力,对贫困者的帮助变得更多,社会总福利并没有下降。

慈善组织在医疗救助中发挥着重要的作用。例如,"豪哥纪念医院长老会议员政策"的目标是,在病人急需时提供治疗。豪哥纪念医院的慈善治疗

---

① 〔美〕威廉姆·H.怀特科等:《当今世界的社会福利》,谢俊杰译,北京,法律出版社,2003年,第 1 版,第 233 页。

② 杨冠琼主编:《当代美国社会保障制度》,北京,法律出版社,2001 年,第 1 版,第 186 页。

是一项社区非营利项目,它通过良好沟通和适当补贴以及慈善治疗计划,帮助那些低收入或者没有参加保险的病人,并且使所有病人得到公正、尊严和受尊重的对待。豪哥纪念医院通过参与金融援助评估,根据病人支付能力,只对其没有能力支付的部分提供援助。①

　　20 世纪 90 年代,美国已有 100 万个正式的志愿者组织、无数个非正式的志愿者团体和协会。1993 年,税务局在其免税总档案里登记了 57.5 万个非营利慈善组织和 14.2 万个社会福利组织,它们都可以免缴联邦税和州以及地方税。"联合联邦运动"和"联合道路"是两家最大的自愿性集资组织,1993 年约 2300 个地方性"联合道路"组织筹集了 30.5 亿美元资金,这些资金 50％以上由 17 个全国性组织的附属机构(红十字会、基督教青年会、童子军、救世军等)掌握。② 美国天主教慈善社是美国最大的私有社会服务组织,该组织通过 1400 个地方机构、23.4 万名工作人员和志愿者,在减少贫困、资助家庭、增强社区的作用方面发挥着重要的作用。除此之外,134 个天主教教区还参与联邦、州和地方社会政策的制定工作,而这些工作和收入保障、福利改革、健康保险、饥饿和营养、住房以及家庭生活密切相关。1995年,联邦、州和地方政府为天主教慈善社提供的资金占其 19 亿美元预算的 62％。③

---

① 李超民编著:《美国社会保障制度》,上海,上海人民出版社,2009 年,第 1 版,第 437 页。

② 〔美〕威廉姆·H.怀特科 等:《当今世界的社会福利》,谢俊杰译,北京,法律出版社,2003年,第 1 版,第 283 页。

③ 同上书,第 234 页。

第八章　社会保障争议的法律救济

与欧洲福利国家不同,美国宪法除了在前言中写有"促进普遍福利"这一句外,没有其他有关国民享有经济和社会权利的规定,因而被视为保护个人自由权但不涉及现代社会权的宪法典型。虽然联邦宪法没有对社会权加以规定,但由于社会权来源于普通法律而不是宪法规定,因此一些州宪法已有社会权的规定。① 由于制度上的原因,最高法院对直接实施社会权一直持节制的立场,并一再否认存在一项所谓的宪法性福利权。但是这并不妨碍法院对社会权进行间接保护,法院认定:如果"权利"一旦得到确立,那么宪法就提供积极的保护义务。宪法对社会福利政策和宪法上社会帮助权利的司法保护,源于宪法第十四修正案的两个重要原则:一是暗含在美国宪法结构中的、政府应当利用拥有的足够资源更公平地分配财富的正当程序原则;二是政府在历史上采取并持续到现在的某些经济安排导致了当前的分配不公,由此政府负有平等保护的责任。美国法院基于以上两个原则,对政府的积极义务进行审查,并实现了对公民社会权利的间接司法保护。②

一、通过正当程序保护社会权

《美国宪法》第十四修正案规定,非经正当法定程序,不得剥夺个人的自由或财产。20 世纪 60 年代福利国家要求对传统财产权作出新的解释,"补贴和许可——福利国家的特征,构成了新的财产权并且应得到给予传统财产的宪法保护。"③60 年代后期,"法律已使福利国家本身成为新权利的一种

---

① 龚向和:《社会权的可诉性及其程度研究》,北京,法律出版社,2012 年,第 1 版,第 177、263 页。

② 同上书,第 178 页。

③ 〔美〕保罗·布莱斯特等编著:《宪法决策的过程:案例与材料》(下册),陆符嘉等译,北京,中国政法大学出版社,2002 年,第 1 版,第 1376 页。转引自龚向和:《社会权的可诉性及其程度研究》,北京,法律出版社,2012 年,第 1 版,第 264 页。

来源,并以一种与传统财产权利所享有的法律保障可比拟的保护,捍卫这些享受公共救助的权利。"①将政府"恩赐式"的补贴等福利待遇转变为"新的财产"并受到宪法保护,是法院在审理古德堡诉凯利案时,适用宪法第十四修正案有关正当程序规定的结果。

1970 年,纽约市政府未经通知和举行听证会,就突然取消对受益人古德堡的资助行为。在"古德堡诉凯利案"中,最高法院认定,纽约市政府在取消立法赋予对受益人古德堡的福利津贴之前,必须举行举证性质的听证会,而纽约市政府没有举行听证会,显然违反了宪法第十四修正案所确立的正当法律程序条款的规定。在案件判决的过程中,出现了两种观点:赞成这一判决的法官把福利津贴当作财产权来看待,这种财产权对于有资格获得者来说具有一种法定权利的性质,终止福利津贴之前举行听证会是必不可少的,福利津贴受益人有权要求正当程序的保护以维护自己的权利;而持反对意见的法官则认为,福利津贴只是政府的一项慈善活动,而不是一种权利。美国最高法院最终通过适用"正当法律程序"原则,实现了对福利津贴受益人社会权利的保护。②"古德堡诉凯利案"的原则被适用于有关政府救助的群体案件上,例如,如果公民认为自己被不恰当地视为无资格享受医疗援助计划中的医疗补助申请人,或者对于所获得的补助金额不满,可以动用上诉程序,寻求法院支持。

二、通过平等保护保障社会权

宪法通过对没有明确规定的社会权适用平等保护条款予以保障始于布朗诉托皮卡教育局案。1954 年,奥利弗·布朗等诉托皮卡教育局案,是美国历史上非常重要,具有标志性意义的诉讼案,它宣告了在美国被牢牢坚守了 58 年的"隔离但平等"法律原则的终结。"隔离但平等"的内容是,只让白人坐车不让黑人坐车是不平等的,但不让白人与黑人一起坐车是平等的;只让白人的孩子上学不让黑人的孩子上学是不平等的,但不让白人和黑人的孩子一起上学是平等的。美国最高法院的普莱西案判例将黑人与白人事实上的不平等上升为法律上的不平等。奥利弗·布朗等诉托皮卡教育局案就是在这样的历史背景下发起的一系列诉讼案件。

布朗案是系列案件中的核心案件。1951 年秋天,以奥利弗·布朗为首

---

①　〔美〕伯纳德·施瓦茨:《美国法律史》,王军等译,北京,中国政法大学出版社,1990 年,第 1版,第 275 页。

②　黄金荣:《司法保障人权的限度——经济和社会权利可诉性问题研究》,北京,社会科学文献出版社,2009 年,第 1 版,第 161 页。

的黑人学生家长提起集体诉讼,要求学校停止种族隔离政策,因为种族隔离学校侵害了宪法第十四修正案所保障的同等保护权。案件上诉到最高法院时,最高法院将几个具有同样种族隔离教育背景事实的案子合并一起审理,且合并判决。1954 年 5 月 17 日,最高法院 9 位大法官,以 9∶0 的票数对布朗系列案作出裁决,表达了最高法院对种族隔离所持有的反对态度。最高法院裁决宣布:"公共教育领域绝不允许'隔离但平等'原则存在,在教育机构内推行种族隔离,实质上就是一种不平等。"南方的种族隔离制度,违反了美国宪法第十四修正案关于"州……不得……拒绝给予任何人以法律平等保护"之规定,应尽快废除。①

这场发端于布朗案的平等主义革命,"在美国宪法理论中,具有不可替代的一席之地","从宪政的角度来说它是否合法,布朗案最终导致了一场美国人生活中的社会与文化革命。"②

三、社会权司法保护的限度

美国虽然在利用正当程序和平等保护的规定保护社会权方面取得了很大进步,但是社会权并不是美国公民在所有情况下都可以得到司法救济的权利。

1969 年 11 月,俄勒冈州市建筑物公署宣布,原告租住的被告的单身公寓因不符合规定条件而不宜居住。因被告拒绝维修,原告就拒付租金。被告向俄勒冈法院申请驱逐令,与此同时,原告也向俄勒冈州地方法院提起诉讼,要求法院宣布俄勒冈的《非法入侵和非法居留法案》违宪并停止实施。地方法院审理认为,《非法入侵和非法居留法案》既没有违反平等保护规定,也没有违反正当程序规定,于是驳回了原告的请求。案件上诉至最高法院,最高法院认为,宪法并没有规定为每一项社会权利提供司法救济,房主与房客关系的界定属于立法机关的职责,而不是司法机关的权限。仅此一案就足以说明,在没有宪法明确规定的情况下,公民社会权利的保障更多地受到法院对正当程序和平等保护等宪法规定解释的影响。③

---

① 胡建淼:《美国布朗诉托皮卡教育局案——"隔离但平等"的法律原则被推翻》,《法制日报》2019 年 12 月 18 日。

② 〔美〕保罗·布莱斯特等编著:《宪法决策的过程:案例与材料》(下册),陆符嘉等译,北京,中国政法大学出版社,2002 年,第 1 版,第 732~733 页。转引自龚向和:《社会权的可诉性及其程度研究》,北京,法律出版社,2012 年,第 1 版,第 266 页。

③ 龚向和:《社会权的可诉性及其程度研究》,北京,法律出版社,2012 年,第 1 版,第 271 页。

第九章　评论:市场化取向构成了美国独特的社会保障法律制度

　　美国是一个具有悠久个人主义传统的国家,自立、自强、自助的社会文化与地方政府具有较强自主性的意识形态和政治制度相互促进,使美国的任何一项政策和制度都与其他市场经济国家存在着较大差异。① 美国社会保障制度的建立,使美国经历了从具有根深蒂固个人主义传统的社会向政府积极发挥作用的社会转变。在这一过程中,制度的转变、法治形式和机制的转变发挥了重要的甚至是最终作用。在美国社会保障制度发展变革过程中,我们既能看到社会保障制度发展变革的一般规律,也能看到美国社会保障制度的选择和设计主要受制于美国的政治制度、经济社会发展状况以及文化传统的影响。美国学者指出,广袤的地理环境、种族的多元化和自力更生的开拓者传统形成了美国社会福利制度的特征:实用主义、持续发展、极大分权、公私合伙提供和支付社会福利费用。② 市场化取向的社会保障理念的选择及与之相关的社会保障待遇的提供方式,构成了美国独特的社会保障法律体系。

　　英国哈里斯教授指出,美国的社会保障制度高度重视家庭、自愿和基于市场的服务,即福利的"自然源泉",国家福利只应该在这些机制出现差错时予以提供。"需求而非权利是公共福利提供的基础,该福利应该被控制在最低限度……资格条件的设置应针对最弱势群体……福利的提供仅限于维持基本生活水平。"③它强调个人对贫困的解决办法,包括对诸如养老、疾病等生活风险的私人保险安排。事实上,美国的社会保障法律制度在覆盖范围和待遇水平上不仅低于西欧各国,和同在北美的加拿大相比也有很大差

---

　　① 杨冠琼主编:《当代美国社会保障制度》,北京,法律出版社,2001年,第1版,第245页。

　　② 〔美〕威廉姆·H.怀特科等:《当今世界的社会福利》,谢俊杰译,北京,法律出版社,2003年,第1版,第265页。

　　③ 〔英〕内维尔·哈里斯等:《社会保障法》,李西霞等译,北京,北京大学出版社,2006年,第1版,第6,9页。

距。学者约翰·迈尔斯在《当市场失灵时,加拿大和美国的社会福利》一文中写道:"加拿大,尤其是美国,典型地扮演着福利制度'落伍者'的角色。"①这是因为它与西欧、北欧国家相比,效率与公平长期较量的结果总是偏向效率优先。1965 年就有学者指出:"与其他富裕的民主国家比较,美国似乎更加不情愿为与自己的富裕地位相匹配的福利事业多出一份力。国家福利计划停滞不前,服务管理糟糕透顶。我们正设法朝着福利国家的方向发展,但我们的做法却非常欠妥,处处怨声载道。"五十年以后情况并没有大的改观,有学者评论说:"政府转移计划在改善不平等问题上没有起到任何作用。1979 年以后,这些计划在向低收入者提供收入再分配中所体现出的效率也越来越低。"②这些论述精辟地描述出在美国独特的社会生态下形成的社会保障制度所具有的特征。

第一节　美国社会保障制度的独特之处

美国自由主义传统根深蒂固,"最小政府"理论是其社会理论中最为神圣的理念。1935 年颁布的《社会保障法》在既具有自由主义传统,又无比崇尚法治的社会中诞生,就具有了与其他国家社会保障法律制度完全不同的美国特色。③

一、价值取向倾向于社会化市场化

自 1935 年以来,经过 60 余年的发展和完善,美国的社会保障已经形成全面、系统、多样化的制度体系,保障项目达到 300 多个,社会保险项目覆盖到 95％的劳动者,社会救济项目同样覆盖到符合条件的 95％以上的人员,④政府在社会保障中的作用也在不断加强。但是,由于在指导思想上是以维护再生产、强调个人责任、激发个体自身积极性为出发点和价值取向,因此,与西欧福利国家不同,美国的社会文化崇尚"自由"胜于崇尚"平等",政府通过向特殊群体提供特殊服务来减少贫困以促进各地区和各阶层人民

①　〔丹麦〕戈斯塔·埃斯平-安德森:《转型中的福利国家——全球经济中的国家调整》,杨刚译,北京,商务印书馆,2010 年,第 1 版,第 179～209 页。
②　〔英〕尼古拉斯·巴尔:《福利国家经济学》,郑秉文等译,北京,中国劳动社会保障出版社,2003 年,第 1 版,第 39 页。
③　杨冠琼主编:《当代美国社会保障制度》,北京,法律出版社,2001 年,第 1 版,第 1 页。
④　和春雷主编:《社会保障制度的国际比较》,北京,法律出版社,2001 年,第 1 版,第 83 页。

的平等地位,而不是通过建立面向全民的福利制度进行大范围的社会再分配。可见,美国一方面一直依赖资产调查的福利模式,另一方面发展以市场为基础的私人保险,这就意味着公共资金中流入国民收入的比例小,与此相应总的公共社会支出就更少。①

与历任政府不同,克林顿政府对于美国社会保障制度的改革由于注重公平与效率的关系,改革因此取得了重大的进展。然而,在提高人们的福利待遇水平方面,克林顿政府同样更多采用税收补贴这种间接开支的形式,并且继续保持以企业为核心的社会保障运行机制。社会保障制度的拥护者往往使用道德、良心、同情心等概念来论证提供社会保障待遇的必要性,而不是把它当作人们的社会权利看待。社会保障体系中居于主导地位的是家计调查式的社会救济,给付对象主要是那些收入较低、依靠国家救助的工人阶层,另外辅之以作用有限的社会保险计划,这样的制度使中产阶级和市场结合在一起,并成为市场化制度的主要支撑者。自由主义理念的核心是市场培育竞争性的个人主义,它热衷于需求检验方式,目标是国家关注真正的穷人,这就造成了个人的自我责任与阶级二元化的结果:社会底层民众主要依靠耻辱性社会救助;中产阶级是社会保险的主体;特权阶层则有能力从市场中获得他们的福利。这种社会福利方面的分层状况成为美国社会保障法律制度的主要特征。②

二、强调工作性而淡化福利性

与社会保障制度市场化的特点相联系,美国的社会保障制度更倾向于激励企业和员工的工作积极性,以产生更多的经济和社会效益。如凯恩斯和贝弗里奇所认识到的,资本主义经济的社会福利基础依赖于劳动力市场。充分就业就意味着对社会收入转移的低要求以及有充足的税收基础,就能够为老年人、残疾人、少数没有工作者的慷慨社会福利方案提供财政支持。因此,充分就业而不是慷慨的福利制度,是通向经济福利的关键,只有大多数人的大部分时间能够从市场获得"福利",慷慨的福利制度才有可能实现。③ 1970 年 1 月 22 日,尼克松总统在致国会咨文中再次主张改革福利制

---

① 〔丹麦〕戈斯塔·埃斯平-安德森编:《转型中的福利国家——全球经济中的国家调整》,杨刚译,北京,商务印书馆,2010 年,第 1 版,第 187 页。

② 〔丹麦〕考斯塔·艾斯平-安德森:《福利资本主义的三个世界》,郑秉文译,北京,法律出版社,2003 年,第 1 版,第 74 页。

③ 〔丹麦〕戈斯塔·埃斯平-安德森编:《转型中的福利国家——全球经济中的国家调整》,杨刚译,北京,商务印书馆,2010 年,第 1 版,第 181~182 页。

度。他说:"当一种体制对工作不利,破坏家庭,并使受益人丧失尊严时,唯一的选择就是废除那个制度,代之以我去年向国会要求增加收入、就业培训和刺激工作的计划。"①在 20 世纪,北美人更加把市场看作是最主要的"福利资源",认为市场是有效的。② 这些观念为美国社会保障制度持续向市场化、社会化方向改革创造了思想条件。

美国的社会保障制度倾向于工作性而淡化福利性具体表现在:一是社会保障与职业紧密联系。不仅社会保险是企业社会责任的组成部分,企业要为职工缴纳 50％的社会保障工薪税、全部的失业保险税和工伤保险税以及购买私人医疗保险,而且社会保障与职业福利同时并存,许多企业为职工建立企业福利,使职工的"非工资收入"在工资总额中的比例不断增加。二是通过税收优惠政策间接激励企业为职工提供年金、住房等企业福利。职业福利成为"收入替代"的一种形式,甚至是一种变相的公共福利制度。比如企业为职工提供食宿,就可以获得政府减税优惠;企业年金税前列支;购买自住公房可以得到低息贷款并少交一部分财产税;夫妇都就业的可以得到减税优惠;获得的奖学金免税等。所以,美国的企业福利是在政府和企业的共同推动下完成的。企业也愿意为职工提供一定的福利,因为企业福利的好与坏不仅是企业吸引与留住人才的凝聚力强弱的体现,也是激励职工积极性和创造性的有效手段。③

三、强调针对性而淡化普遍性

美国的社会保障制度强调针对性有其深厚的经济社会结构和历史文化传统。美国幅员辽阔、人口众多、各地区发展不平衡、各阶层差异性大,统一的社会保障制度难以适应不同阶层和地区人们的需要;美国的社会文化崇尚自由,即使在民主党执政期间,社会政策的立足点仍然是通过减少贫困来促进各阶层和各地区的平等,而不是建立西欧国家那样体现社会公平的福利制度。例如,在"向贫困宣战"的这一"针对性"明确的政策目标下,公民要获得由政府通过转移支付提供的社会福利,必须经过"社会福利资格审查"。美国就业率高、税率低,于是形成了与工作联系更加紧密的福利环境,依赖福利生活的人比较少,只向特殊群体提供特殊服务,是美国与西欧国家建立面向全

① 杨冠琼主编:《当代美国社会保障制度》,北京,法律出版社,2001 年,第 1 版,第 249~250 页。
② 〔丹麦〕戈斯塔·埃斯平-安德森编:《转型中的福利国家——全球经济中的国家调整》,杨刚译,北京,商务印书馆,2010 年,第 1 版,第 179 页。
③ 顾俊礼主编:《福利国家论析——以欧洲为背景的比较研究》,北京,经济管理出版社,2002 年,第 1 版,第 260 页。

民的福利制度的根本区别。当欧洲福利国家面临居高不下的失业率时,美国的劳动力市场机制和社会福利机制被欧洲福利国家看作是促进全民就业和抑制长期失业取得相对成功的原因,并且把美国劳动力市场缺乏管制、低所得税、低水平社会福利津贴作为灵活的劳动力市场模式加以仿效。①

四、实行多方并举的方针

1. 各级政府和社团、公司及私人兼顾

美国政府承担了提供社会福利的主要责任,但是,政府并不包揽一切,而是鼓励(主要通过税收政策)私营企业、非营利社会组织、慈善团体、基金会等举办社会福利项目,鼓励个人投保商业保险,注意发挥私营企业、社团以及个人的作用,帮助政府解决贫穷问题。尤其是在医疗和社会服务等领域,各种民间力量发挥着十分重要的作用,从而对提高政府的工作效率和满足国民多方面社会保障需求起到了重要的补充作用。可以说,美国的社会福利是以公共税收为基础的福利服务和私立营利性以及非营利性的福利服务混合而成的独一无二的福利模式。

美国社会福利多元化并没有带来公民社会权利被剥夺的结果,因为美国的多元化是在不削弱社会权利的前提下,将社会服务的提供分散化或私有化。当政府在社会福利的某些领域后退时,其他部门就负起了那些责任。战后凯恩斯模式的福利国家有一种将公平等同于社会保障最低标准的集体责任,即权利授予的普遍性的集体责任等同于国家提供服务的倾向。没有任何一种理论能够说明,维持最低标准的国家责任不能与提供服务的权力下放和多元化并存。但人们仍然对于"混合的福利经济"或"福利多元化"与"权利授予"和"社会公平"的含义存有困惑。这是因为由政府保证充足收入和服务标准属于老百姓的社会权利,而发送和提供这些服务则是社会权利得以实现的手段,由于社会权利的缩减和供给的私有化二者之间既涉及价值观冲突,也涉及了利益冲突,于是人们的困惑就不可避免地产生了。

2. 联邦、州和地方三级政府兼顾

1935 年美国的《社会保障法》强调的是发挥联邦政府对社会保障的责任和作用,而之后的历届政府则重视同时发挥州和地方政府的作用。而真正决定由联邦政府、州及地方政府共同和分别管理社会保障事务的是尼克松以来的各届政府。推动美国社会保障制度由强化联邦政府职能到联邦政

---

① 〔丹麦〕戈斯塔·埃斯平-安德森编:《转型中的福利国家——全球经济中的国家调整》,杨刚译,北京,商务印书馆,2010 年,第 1 版,第 181 页。

府和州政府及地方政府兼顾,除了结构性经济调整对州和地方政府的职能提出新的要求之外,大政府、大开支、高福利引起的财政负担加重是主要原因之一,在社会保障问题上中央政府和地方政府分权是一种减轻中央财政负担的可取办法。[1]自20世纪90年代以来,联邦政府将部分社会保障责任交由州及地方政府承担,表明美国已经将地方负责看作是国家推行社会保障制度的重要力量,而中央政府与地方政府的责任则通过法律加以明确规定。[2]

五、自我保障方式占有相当重要的地位

美国社会保障覆盖范围比欧洲国家窄,福利水平比欧洲国家低,但由于美国就业率高,所以依赖福利生活的人少,20世纪80年代,欧盟国家平均失业率为10%时,美国的失业率在3%～6%之间。[3] 与欧洲国家相比,美国的高就业、低税收、低工资、低社会保障工薪税之间是一种具有相互补偿功能的经济体制,更有利于经济发展。也有学者认为,在一个很富有的国度里,个人有足够的收入去储蓄和投保,那些自发的保障方式占有了相当重要的地位,所以,美国的社会保障没有欧洲那么发达是很自然的事情。[4]

虽然美国的社会保障制度的价值取向更强调资源配置效率,强调市场机制和个人自由,政策目标在效率和公平的权衡上,更注重经济效率而淡化社会公平。但是,经过将近一个世纪的发展,到了20世纪末美国的社会保障制度已经形成了一套基本能够满足人们需要的社会福利制度。虽然生存需要对于成千上万的生活在贫困中的人们来说仍然是个没有得到很好解决的问题,但是在新的时代下,人们正在通过各种新的方式使自己的基本生存需要得到满足。几十年来,虽然美国的社会保障计划经常受挫,但事实证明它所具有的保障人们基本生活需要、改善和提高人们的生活水平和质量的功能,是其他任何法律制度所不可替代的。

第二节　美国社会保障制度存在的问题

美国的社会保障制度经过80余年的发展演变,已经根植于美国现代经

---

[1]　李道揆:《美国政府和美国政治》,北京,中国社会科学出版社,1990年,第1版,第613页。

[2]　郑功成:《社会保障学》,北京,商务印书馆,2000年,第1版,第289页。

[3]　顾俊礼主编:《福利国家论析——以欧洲为背景的比较研究》,北京,经济管理出版社,2002年,第1版,第265页。

[4]　〔法〕让-雅克·迪贝卢等:《社会保障法》,蒋将元译,北京,法律出版社,2002年,第1版,第60页。

济机制的运转之中,成为美国现代化进程中不可或缺的经济发展的调节剂和社会安全的保护网。但是,与西欧国家相比,受自由主义思想和多元价值观念的影响,市场经济发挥的主导作用,二元联邦主义的政治体制,各州经济发展的不平衡,暴露出美国的社会保障制度许多弊端。

一、社会保障待遇远低于欧洲发达国家

　　社会福利的目标在于帮助人们在所处的环境里更好地发挥作用,这不仅要满足人们的基本生活需求,而且还要满足人们良好的心理需求,这些对于维持社会的正常运转是至关重要且不可或缺的。但与其他福利国家相比,美国不被看作福利国家,这主要缘于美国的社会保障制度是在职业福利的基础上建立起来的,社会保险一直是企业社会责任的组成部分。由于地区之间发展不平衡,企业经营状况存在差异、工会力量有强有弱等因素,都会对在不同地区、不同企业工作的人们的社会保障待遇发生影响作用。

　　在美国的社会保障体系中,商业保险尤其是企业为职工购买的商业保险占有较大的比重。然而,由于企业和劳动者个人购买商业保险是自愿行为,因此,企业不为劳动者购买医疗保险的情况和劳动者自己不购买医疗保险的情况都有存在。所以,与实行强制性医疗保险的西欧国家不同,美国的医疗卫生总费用占其国内生产总值的14%,居全球之首,但得不到医疗保险保护的人仍有3000余万人。[①] 他们主要是规模在10人以下和10~24人的小企业,这些企业的无保险者分别为38%和27%,高于无业者中无保险者25%的比例。此外,公务员中没有保险的人占到8%。[②] 部分国民被遗漏在社会保障安全网之外是美国在社会保障领域实行选择性原则造成的,是美国强调经济效率至上对社会保障公平性影响的结果。虽然老年人在社会保障体系中的社会保险待遇占据主要地位,但是,福利制度对私人养老金和财产收入的严重依赖,仍然明显地体现出自由主义的特征。在65岁以上老年人的收入中,公共转移项目占比为60%,而在欧洲这个比例为70%~85%。[③] 社会财富(国内生产总值)经过社会保障实现收入转移,在瑞典为25%左右,在德国为15%左右,在美国仅为7%左右。[④]

---

　　① 吕学静主编:《社会保障国际比较》,北京,首都经济贸易大学出版社,2007年,第1版,第163页。

　　② 〔日〕武川正吾等编:《企业保障与社会保障》,李黎明等译,北京,中国劳动社会保障出版社,2003年,第1版,第197页。

　　③ 〔丹麦〕戈斯塔·埃斯平-安德森编:《转型中的福利国家——全球经济中的国家调整》,杨刚译,北京,商务印书馆,2010年,第1版,第193页。

　　④ 周弘:《福利国家向何处去》,北京,社会科学文献出版社,2006年,第1版,第255页。

二、贫困现象比较严重

美国社会保障制度的实施虽然有效地减少了贫困，据 1987 年的统计，社会保险项目使 1500 万人的生活水平提高到了贫困线以上，使贫困率下降了大约 1/3。[①] 但是，由于美国社会保障覆盖范围窄、保障水平低，因此，与欧洲国家相比，美国社会存在着严重的贫困问题和不平等现象。美国的社会观念强调经济平等而不是社会公平，在这种观念的主导下，政府高度重视就业问题，但政府又不认为向所有希望就业的人提供一份工作是它的责任。美国的社会保障与就业具有极为密切的关联，没有就业机会的人及其家庭由于缺乏应有的社会保障保护，而生活在贫困甚至饥饿状态。美国的社会保障制度只覆盖了大约一半的美国人，[②]1993 年，有 3900 万人口生活在贫困线以下，贫困率达 15.1%，1995 年，仍然有 2676 万个家庭领取了政府发放的食品券。[③] 1995～1997 年，美国最贫困的 200 万个单亲家庭，在享受了应享受的各项社会救济以后，平均收入仍比官方公布的贫困线低 3/4 左右。

吝啬的福利结构是导致美国这个世界上最富有的国家，在 20 世纪 90 年代这一时期贫困人口最多的重要原因之一。[④] 1995 年，食品研究和开发中心在 16 个州和哥伦比亚特区搞了一份"社区儿童期饥饿确认项目"的调查报告。根据该报告，美国有 400 万 12 岁以下的儿童一年里总有一段时间要挨饿，另有 960 万 12 岁以下儿童生活在至少存在一种食物短缺的家庭中。据美国"为世界提供面包"组织 2002 年公布的材料，美国有 3300 万人生活在遭受饥饿或饥饿威胁的家庭。之所以出现饥饿现象是因为无法获得食品的问题，而不是食品不够分配的问题。美国住房和城市发展部对无家可归者估计为每晚 35 万人，全国联盟估计为 250 万人，还有统计显示无家可归者达到 300 万左右。美国有足够的消除无家可归的资源，那为什么无家可归者继续存在并呈上升的趋势呢？原因是多方面的，但拒绝给无家可归者提供他们所需要的资源，是造成这种状况的潜在价值观。[⑤]

① 杨冠琼主编：《当代美国社会保障制度》，北京，法律出版社，2001 年，第 1 版，第 95 页。
② 顾俊礼主编：《福利国家论析——以欧洲为背景的比较研究》，北京，经济管理出版社，2002 年，第 1 版，第 253 页。
③ 郑功成：《社会保障学》，北京，商务印书馆，2000 年，第 1 版，第 15 页。
④ 〔英〕尼古拉斯·巴尔：《福利国家经济学》，郑秉文等译，北京，中国劳动社会保障出版社，2003 年，第 1 版，第 146 页。
⑤ 郝铁川：《构建和谐本位的法治社会》，《新华文摘》2005 年第 10 期。

三、人们的健康权得不到充分保障

纵观世界各国,把商业医疗保险作为基本制度的国家并不多,但作为世界第一经济大国的美国,却是这一模式的典型代表。美国虽然制定了老年人的医疗保险制度、穷人的医疗救助制度、工伤补偿制度、特殊群体的免费医疗制度,但是,这些制度覆盖面窄,大部分国民需要参加由私人或社团举办的商业医疗保险,以应对具有不确定性的疾病风险。

"二战"以后,在西欧各国开始建立福利国家的时候,美国的民主党也进行了建立福利国家的尝试。杜鲁门总统、肯尼迪总统、约翰逊总统三位民主党总统的治国纲领中体现出与西欧福利国家政策相似的思路。然而,杜鲁门的"国民医疗保险"方案最终被国会否决。克林顿政府于 1994 年 6 月颁布了《工作与责任心法案》,其中就有医疗保险方面的改革措施,但是医疗改革计划遭到国会的反对,大部分计划没有能够落实。究其根源,是自由放任的健康保障传统观念的深刻影响。医师协会和工人以及自由主义者这些利益集团的强烈且持续的反对,是美国至今没有建立起覆盖全民医疗保险制度的主要原因之一。

在美国,大量没有被公共医疗保险覆盖的自雇者或中小企业的雇员因买不起或不愿购买商业医疗保险,使美国医疗保险覆盖率低于其他发达国家。不充分的医疗保障,使得美国人民的健康受到一定程度的损害。1983～1999 年期间,美国 50 个县的男性和 900 个县的女性的寿命在缩短。在人口寿命不断延长的现代社会,这些占美国 4% 的男性和 19% 的女性所代表的人口寿命缩短的事实,证明美国社会不是在进步,而是在倒退。在美国,贫困人口的寿命肯定比富裕人口要短,这是制度性剥夺的一种累积效应。1965 年,医疗保险制度开始实施时,全国医疗保险开支占国内生产总值的6%,1989 年这个比例增加到了 12%,2000 年增加到了 15%～18%,远高于德国 8.2%、英国 6.1 的水平,[1]成为社会救济、国防和债务利息之后的第四大联邦开支项目。[2] 然而,高额医疗费用支出并没有为国民换来健康和长寿。与西欧福利国家富裕人口的寿命相比,美国富裕人口的寿命也短,这足以说明在一个贫富分化严重的社会中,受到了不良影响的不仅仅是穷人,而是既有穷人也有富人。[3] 在发达国家中,健康服务分配最不公平的国家是

---

① 杨冠琼主编:《当代美国社会保障制度》,北京,法律出版社,2001 年,第 1 版,第 128、134 页。

② 〔英〕尼古拉斯·巴尔:《福利国家经济学》,郑秉文等译,北京,中国劳动社会保障出版社,2003 年,第 1 版,第 320 页。

③ 薛涌:《中国必须对贫富分化说"不"》,《中国新闻周刊》2009 年第 40 期。

美国。数以千万计的国民缺乏基本医疗保障和数以千万计的贫困人口的客观存在,使美国作为世界头号经济大国遭到了非议。①

有学者甚至说"美国的境况已成为教科书的例子"。② 究其原因有以下几点:一是在医疗保健事业中放任市场经济的运行,使得国家对医疗健康管制和干预的思想,长期以来被误认为是社会主义的措施而受到排斥;二是受美国历史上的州权主义、个人主义、自助和互助的传统观念影响,人们认为,国家举办健康保险是对人们选择的限制;三是强大的医学协会等利益集团对国家健康保险事业持坚决反对和阻挠态度;四是私人健康保险发达弥补了国家健康保险的不足。美国的医疗保险制度充分体现出这个社会的文化基因和价值准则。

四、受惠者待遇存在不公平性

联邦政府提供的大部分实物援助与接受者的收入水平无关,政府在这个项目上的财政支出远远大于专为贫困者设定的援助项目;对社会保障工薪税的征收规定了工资收入的最高限额,超过限额的部分可以免缴工薪税;在退休制度中,规定公务员和职业军人的工作年限,即缴纳社会保障工薪税的时间要求比雇员要短,退休年龄也早,他们在退休以后还可以再找一份工作,这样,他们在领取退休金的同时,还能够获得一份劳动报酬以及基于这份报酬的养老金。1978年,州政府和地方政府1200万工作人员中,有将近70%的人能够获得双份养老金。③ 从宏观方面来说,各州与地方政府规定的社会保障工薪税和社会保障待遇有相当大的差距,经济发达的东北地区和经济落后的南部地区社会保障待遇相差甚远。不同的企业由于经济实力和盈利水平不同,高技术和大企业雇员的福利待遇比小企业及盈利水平低企业雇员的福利待遇高很多。基于这些情况,可以说美国的福利制度更倾向于关照社会上的富裕者而不是贫困者。

美国的社会保障制度发展到今天,已经成为一个比较健全完善的体系:以社会保障工薪税为资金来源的社会保险制度为国民的基本生活风险提供了保障;以个人所得税为主要资金来源的公共福利制度将低收入阶层保护了起来;而企业年金主要以中间阶层为对象,通过提供年金提升了退休职工的生活水平。美国的这种社会保障制度结构,体现了美国式福利国家的政

---

① 郑功成:《社会保障学》,北京,商务印书馆,2000年,第1版,第173页。

② 〔英〕尼古拉斯·巴尔:《福利国家经济学》,郑秉文等译,北京,中国劳动社会保障出版社,2003年,第1版,第320页。

③ 杨冠琼主编:《当代美国社会保障制度》,北京,法律出版社,2001年,第1版,第264、265页。

治利益的平衡关系。① 美国的社会保障制度没有欧洲福利国家社会保障制度提供的待遇项目全、标准高,在欧洲人眼里美国够不上福利国家,但是仔细推敲,欧美的社会保障制度共同性大于差异性:

第一,社会保障各个项目分类不同、名称也不同,但所包含的内容基本相同。美国的社会保障法律体系包括两个大项目,即社会保险和社会救济(美国称社会福利),但是,它的社会救济项目涵盖了例如德国的社会补偿(为伤残阵亡军人提供福利待遇的制度)、社会促进(住房福利和教育福利)、社会救济(为贫困者提供最基本生活需要),也就是说,美国的社会保障制度虽然分为两大类,但是,在德国的四大类项目中都能找到美国相应的制度设置。

第二,制度的资金来源基本相同。社会保险资金来自于雇主和雇员缴纳的社会保障工薪税(德国为社会保险费),而社会福利所需资金来自政府税收。

第三,都是由中央政府承担公民生活风险保障的最终责任。欧洲国家不认为美国是福利国家,主要因为美国社会转移支付的比例小。多数欧洲国家将税收的 50% 以上用于社会转移支付,北欧国家这个比例甚至高达 70%~80%,而美国的这个比例仅为 30%。正是美国政府承担的社会保障责任比不上西欧国家,即政府在社会保障上的转移支付比西欧国家少,社会再分配程度低,所以,西欧国家把美国称为"法治国家"而不是"福利国家"。尽管如此,由于社会保障是一种公共事业,它所需要的资金主要由公共机构提供,联邦政府同样承担着社会保障财政的终极责任。社会保障的公共性说明社会保障是政治性问题,而非私人消费或慈善捐助问题。

第四,向国民提供福利和保护是各国的主要职能。虽然一个国家社会保障制度项目设立的多或少、保障范围的宽或窄、待遇水平的高或低,取决于这个国家的历史文化传统、政治模式、文明程度、价值取向,但是从社会保障制度发展变革的角度看,其一致性、连续性、不可逆转性却是确定无疑的。美国的社会保障制度在其演变的过程中,市场化取向的选择及在这一价值取向下的社会保障提供方式,构成了美国与其他国家不同的、具有典型特征的制度样式。美国的社会保障没有欧洲那么发达并不能证明美国政府疏于社会管理,实际情况恰恰相反,他们通过更新社会福利支付理念,使用多种市场手段,来强化社会管理。即使在"9·11"事件以后,特别是伊拉克战争

---

① 〔日〕武川正吾等编:《企业保障与社会保障》,李黎明等译,北京,中国劳动社会保障出版社,2003年,第1版,第194页。

爆发以后，军费开支迅速增长，社会开支锐减，但是社会开支仍然高出军费开支两倍多，向国民提供福利和保护仍然是国家的主要职能。[1]

美国的社会保障制度作为市场化、社会化取向的典型代表，其注重经济效益和社会效益的特点，对社会保障制度设计中技术问题的关注，都引起其他国家兴趣，值得其他国家进行研究。[2] 尤其是在西欧国家的社会保障制度先后陷入困境的时候，美国依然能够维持社会保障的基本制度不变，引发人们开始重新审视美国的制度模式，认为它在促进经济发展方面具有独到的优势，并在对福利制度进行改革过程中，开始注重美国模式的参考作用。

以上三编是对英国、德国、美国三个国家的具有典型特征社会保障法律制度的比较全面系统的论述。在影响福利国家发展变化的因素是意识形态还是工业化进程的问题上，可以说是见仁见智：意识形态论者认为动机决定了法律制度的制定，自由主义者认为福利国家的发展应归功于对社会公平的追求，有些学者认为福利国家是朝着理想社会前进的必然过程，还有人认为财政政策设法适应人们的社会需求，预算成为社会政策的工具。马克思主义者则认为社会法制建设的初衷在于保护和维持资本主义制度，因此福利国家只不过是在充当两种角色：帮助资本主义工业体系创造所需的健康的、有文化的劳动力队伍，以及替统治者为保证社会稳定而支付"赎金"；而持福利国家发展是工业化社会必然结果观点的人则认为，无论一个国家是什么样的意识形态占主导地位，一旦发展到相似的工业化阶段，福利国家就必然以与之相适应的形态出现。

技术的发展和进步对于福利国家的发展起着决定性作用，近些年还有全球化的压力也对福利国家的发展起到了推动作用。可见，持工业化决定论观点的人认为福利国家的发展与意识形态没有太大关系。但是，有一点是不容置疑的，即在决定一个国家是选择英国式"预防"型福利模式，还是选择美国式"补缺"型福利模式的问题上，意识形态则发挥着重要作用：前者，将福利制度看作现代工业社会不可分割的一部分；后者，则只是在市场或家庭结构坍塌时福利制度才发挥作用。总之，福利国家发展到了今天这样的程度，其原因是非常复杂的，不是非此即彼就能够解释清楚的。[3]

福利国家在几乎所有发达国家得以建立，各福利国家之间虽然存在差

---

[1]　周弘：《福利国家向何处去》，北京，社会科学文献出版社，2006 年，第 1 版，第 172~174 页。
[2]　杨冠琼主编：《当代美国社会保障制度》，北京，法律出版社，2001 年，第 1 版，第 223 页。
[3]　〔英〕尼古拉斯·巴尔：《福利国家经济学》，郑秉文等译，北京，中国劳动社会保障出版社，2003 年，第 1 版，第 42 页。

异,但是它们的存在和发展表明:它能够处理市场失灵所导致的一些重要问题;它能够实现许多人所支持的平等目标;它有助于实现诸如社会一体化、增强社会凝聚力等非经济目标。对于有些人认为的福利国家已陷入危机的担心,英国的经济学家巴尔论证道,当福利国家面临着问题的时候,市场体制及国家制度就会予以相应调整。福利国家创造了资本主义,通过经济增长所带来的各项福利赋予了其政治上的可行性。不能处理贫困将导致政治上的不稳定,从而引起政治上的破坏。20 世纪 50 年代,在饱受创伤的经济中,人们的实际收入还不及现在的一半,人们为后来被称之为福利国家的东西投了票,花钱支付了代价,并且投票以后还要继续供养它。由此得出的结论是:福利国家的前途不仅取决于经济上的可行性,还在很大程度上取决于人们通过政治程序来决定他们所需要的东西。①

---

① 〔英〕尼古拉斯·巴尔:《福利国家经济学》,郑秉文等译,北京,中国劳动社会保障出版社,2003 年,第 1 版,第 438、444 页。

第四编

新加坡强制储蓄型社会保障法律制度

强制储蓄型社会保障法律制度以新加坡为代表,它完全不同于发达资本主义国家的社会保障制度,它的社会保障资金的全部或大部不是由政府承担,而是由雇员自我储蓄积累,自己应对生活风险,即国家通过法律强制劳动者和雇主将劳动者在就业阶段雇主和劳动者本人缴纳的费用储存起来,在雇员及其家庭成员遇到生活风险时,通过公积金储蓄提供帮助,国家只为真正的贫困者提供经济上的援助。有学者指出,新加坡的社会保障制度是由社会保险和社会救济两部分组成,其中社会保险是由强制储蓄的中央公积金形成,是新加坡社会保障制度的核心部分。[①] 新加坡这种强制性完全积累式的社会保障制度,在世界社会保障史上是一项创举。

---

　　① 郭伟伟:《新加坡社会保障制度研究及启示》,《当代世界与社会主义》2009 年第 5 期。

第一章　社会保障法律制度的建立及持守的理念

1819 年新加坡沦为英国的殖民地,在殖民地时期,新加坡经济发展水平落后,国家没有经济实力建立现代意义的社会保障制度。第二次世界大战日本占领新加坡期间,只有政府雇员和少数几家私人公司的雇员能够享受到退休保障。1946 年,政府成立了社会福利部,公共援助计划才逐步延伸到结核病患者及其家庭成员和判刑入狱者的家庭成员,而绝大多数社会成员仍然没有任何保障。伴随着"二战"后现代化、产业化的发展,新加坡同样发生了传统社会解体、家庭结构和功能改变、贫困、失业、养老等社会问题。1951 年英殖民政府认为,新加坡有实行社会保障的必要,但是为了不增加政府的财政负担,决定采取公积金养老保险计划。

新加坡的中央公积金制度是 1953 年 10 月由宗主国英国建立起来的,1955 年 12 月 11 日正式实施。这一制度起初只是一个针对公务员和雇员的强制性储蓄退休养老计划,规定雇主和雇员各支付 50% 的养老保险费,筹集养老保险基金;政府建立中央公积金局,负责管理和运营公积金,并颁布了《中央公积金法》;参加养老保险的退休者在 58 岁退休时,能够获得一笔用于养老的公积金。当时产业工人强烈要求政府改变公积金的使用办法和允许他们在生病和失业时能够提取储蓄金,但政府没有屈从于工人施加的压力,即没有拓宽公积金的使用范围。1959 年 6 月,新加坡摆脱了 140 年的殖民统治,成立了自治邦,1963 年 6 月并入马来西亚联邦。

1965 年 8 月 9 日新加坡宣布独立,成立了新加坡共和国。社会保障的项目也得以逐步扩展,由此建立起以公积金制度为主体的全面的社会保障制度。以李光耀总理为首的政治精英们把改善民生作为执政的重要理念和目标,并致力于建设一个人人相互尊重与关怀、充满爱心与凝聚力的和谐社会。李光耀强调:"政府的责任是确保经济成长和全体人民都享有良好安定的生活,你们的子女应得到更好的教育和更高的技能,更好的社会和医疗设施。我们应朝向一个更公平和更平等的社会迈进,使每一个人照自己对社会的贡献,取得一份公平和应有的报酬。"与此同时,新加坡政府倡导"自强自立、自力更生、立足于依靠自己和自己的家庭来解决自己保障问题。"李光耀认为:"中央公积金制度不应该是均贫富的福利制度,它贯彻的应该是机会均等,而不是收益均等的精神。"基于这样的理念,在考察欧美及其他国家社会保障制度经验的基础上,政府确定建立适合新加坡国情的自助性的生活风险保障体系。

20 世纪 60 年代至 80 年代,新加坡的经济发展水平已经达到世界次发达水平,实现了经济社会的现代化,这个阶段也是新加坡的社会保障制度由单一保障向多项保障转变阶段。公积金制度建立的初衷是为了解决大企业工薪阶层以外的绝大多数中小企业雇员的养老保障问题。20 世纪 70 年代,是新加坡经济高速发展时期,由于仍然将经济增长置于首要地位,因而整个 70 年代中央公积金制度没有丝毫发展。在 1968 年至 1981 年期间,中央公积金储蓄只能用于住房消费,1981 年政府允许居民用中央公积金储蓄支付购置商品房的按揭贷款。20 世纪 80 年代以后,新加坡进入中等发达国家行列,1982 年中央公积金使用扩及家庭保障,1984 年扩及医疗保障,1987 年推出"最低存款计划和最低存款填补计划",进一步强化了退休保障,1989 年推及教育计划。中央公积金覆盖人口从 1955 年的 18 万人扩大到了 1996 年的 274 万人,即新加坡人口总数的 90% 被公积金制度覆盖。[①]在完全积累的基金制度下,公积金储蓄的增值能力、安全性以及便利性就成为当局必须认真考虑的重要问题。上述各项计划的陆续导入,原因之一正是为了解决这个问题。

1990 年,吴作栋继任新加坡总理,他针对反对党认为人民行动党的政策"缺乏人情味"的批评,对社会保障政策作出了适当调整,使社会保障政策更富有"温情",但是通过充分就业,使国民对生活风险"自我负责"的指导思想没有改变。2006 年 11 月,李显龙总理在国会演讲时仍然强调:"要保持经济增长并且让国民享受经济增长的成果,要坚持三点原则:第一是不断创造和扩大财富,而不是在原来的小规模上再分配;第二是实行自助或家庭互助而不是依赖社会福利;第三是为我们自己储蓄,按自己的方式支配,而不是享受由他人纳税提供的福利。政府只是最后的保障底线,但政府在提供支出和决定支出大小时还必须考虑你是否有贡献……我们只帮助那些自助者。"[②]半个世纪的实践表明,中央公积金制度减轻了政府在社会保障上的

---

① 顾俊礼主编:《福利国家论析——以欧洲为背景的比较研究》,北京,经济管理出版社,2002年,第 1 版,第 335 页。

② 李健等:《新加坡社会保障制度》,上海,上海人民出版社,2001 年,第 1 版,第 6 页。

财政负担,强化了雇主和雇员的责任,维护了社会稳定,尤其是由中央公积金局统一运营积累起来的巨额公积金,增强了政府在经济上的宏观调控能力,促进了经济发展。

新加坡之所以能够实施这种特殊模式的社会保障制度,一方面缘于它是城市国家,经济比较发达,另一方面缘于华人文化传统中的家庭保障,而后者为新加坡推行特殊的社会保障制度奠定了坚实的社会基础。新加坡反对实行西欧式福利制度,认为,政府的主要责任是教会人们怎样捕鱼,并给人们送去渔网,而不是直接将鱼送给人们。正如新加坡前副总理拉惹勒南所说:"我们要让人民懂得,政府不是一个慈善机构。每个人只能得到他自己的劳动所得……我们要把福利减少到最低限度,即只限于残疾人和老人。对于其他人,我们只提供一个平等的机会,让他们自食其力。"① 由此可以看出,新加坡在社会保障的价值取向上信守经济自由主义,遵循低供给的规则,倡导人们自力更生地去改善自己的生活状况,减少对于政府的依赖。

---

① 顾俊礼主编:《福利国家论析——以欧洲为背景的比较研究》,北京,经济管理出版社,2002年,第1版,第339页。

第二章　社会保险法律制度

新加坡的社会保险制度也称作中央公积金制度,[①]或者说中央公积金制度是一种独特的社会保险制度。它是一种由政府权威保证实施的强制性的、完全积累式的长期储蓄计划,实行全国统一管理。它以职业为基础进行资产累积,每位就业者都有自己的中央公积金账户,通过资产年复一年的不断累积,为其退休养老、医疗费用以及购买政府组屋做好资金准备,因而是国家将储蓄这种传统的个人保障方式上升为国家行为的做法。1955年通过的《中央公积金法》对中央公积金的缴费率、公积金会员的责任和义务、公积金的提取和使用等都做出了明确的规定。1955年制度建立之初,这项制度只是一项针对公务员的退休计划,经过30年的不断修订和完善,到了20世纪80年代,中央公积金制度覆盖了所有公共部门和私人部门的职工,而雇主和自营业者可以自愿决定是否参加公积金制度。

第一节　中央公积金制度的一般规定

中央公积金制度的一般规定适用于养老保险、医疗保险等福利项目。

一、公积金账户资金的来源和规模

中央公积金制实行会员制,所有受雇的新加坡公民和永久居民都是公积金制下的会员。中央公积金局为每个会员建立一个个人账户,雇员和雇主以雇员工资(包括奖金、小费、假期收入等)为基数,每月按照法定比例向个人公积金账户缴纳款项。公积金的缴费率随国家经济发展情况不断进行调整:1955年,公积金制度刚建立时,雇主和雇员各缴纳雇员工资额5%的公积金,最高月缴存额为50新元;1968年9月,政府允许使用公积金储存

---

① 和春雷主编:《社会保障制度的国际比较》,北京,法律出版社,2001年,第1版,第119页。

购买政府组屋,之后公积金缴费率逐渐提高。1984 年 7 月达到 50%(雇主和雇员各缴纳 25%),最高月缴存额为 2500 新元;1985 年经济出现衰退,1986 年 4 月缴费率下调为 35%;1997 年发生经济危机后,1999 年 1 月,缴费率又下调至 30%,最高月缴存额为 1800 新元;2016 年,缴费率为 37%,其中雇主承担 17%,雇员承担 20%。[①] 政府根据国内国际经济形势的变化,通过调节公积金的缴费率和最高月缴存额来协调投资和消费的关系,使其成为管制型经济政策的一个有效杠杆,进而促进了经济的发展。

与其他国家不同的是,公积金缴费率与雇员的年龄相关。政府为不同年龄的人制定了不同的缴费率,年龄越长者缴费率越低,例如 2013 年,50 岁以下雇员的缴费率为 36%,50 岁以上者每 5 年为一个分界点,年龄越大缴费率越低。[②] 2016 年,55～60 周岁的雇员,缴费率为 26%,由雇主和雇员各承担 13%;60～65 周岁的雇员,缴费率为 16.5%,雇主承担 9%,雇员承担 7.5%;65 周岁以上的雇员,缴费率为 12.5%,雇主承担 7.5%,雇员承担 5%。《中央公积金法》对低收入者做出了特别规定,当雇员的月工资低于 67.61 新加坡元时,雇主和雇员都不缴纳公积金;当雇员的月工资大于 67.61 新加坡元而小于 676.10 新加坡元时,公积金由雇主缴纳,雇员不用缴纳。[③]

公积金中个人账户的资金除来自雇主和雇员的缴纳外,《中央公积金法》规定,中央公积金储蓄利率不得低于 2.5%。由于特别账户和退休账户存款期限长,它们的利率高于 2.5%,公积金账户利率收益免交所得税。公积金局每半年根据市场利率变动调整公积金利率,1968 年由 1955 年的 2.5%升至 5.5%,1975 年至 1985 年一直保持在 6.5%的水平。公积金局还对政府债券投资提供最低回报率的担保,即保证利率不低于 2.5%。雇主和雇员缴纳的公积金及每月的利息收益一并计入公积金会员个人账户,政府几乎不承担补贴责任,账户资金全部归个人所有,属于储蓄基金式的自我保障模式。[④]公积金会员每半年从中央公积金局收到一份账目清单,从账目清单上就可以知道自己的存款数额和支出情况。如果对账目清单的记录有疑问,可以向中央公积金局查询。国家对公积金采取集中管理,每年都要经过国家审计局审计并对外公开,以增强制度的透明度,强化制度的监督和约束

---

① 曹鹏飞等:《新加坡中央公积金制度及其对完善我国住房公积金制度的启示》,《金融纵横》2017 年第 3 期。

② 方成等:《新加坡中央公积金制度探究》,《国际研究》2015 年第 8 期。

③ 曹鹏飞等:《新加坡中央公积金制度及其对完善我国住房公积金制度的启示》,《金融纵横》2017 年第 3 期。

④ 郑秉文等主编:《当代东亚国家、地区社会保障制度》,北京,法律出版社,2002 年,第 1 版,第 59、60 页。

机制。

中央公积金制度经过半个多世纪的发展,国民不但接受,而且积极参与这一制度。据中央公积金局统计,1955 年,中央公积金会员只有 18 万人,到了 2006 年,公积金个人账户拥有者已高达 310 万人,占人口总数的86％;①截至 2013 年,新加坡 540 万人口中,公积金会员 350.8 万,占总人口的 64.96％。② 1996 年,公积金存款总额达到 725.67 亿新元,是新加坡 1965年独立时公积金总额的 1623 倍。③ 2013 年,中央公积金累计结余 2529.69亿新元,占 2012 年 GDP 3455 亿新元的 73％。④ 到了 2015 年底,公积金会员增加到了 370 万人,公积金累计结余额达 2995 亿新元。⑤ 规模庞大的公积金通过政府投资并获得丰厚的收益,以实现稳定和发展经济的目的。

政府对公积金的支持表现在对雇主和雇员所缴纳的公积金免征所得税上,以及在公积金出现贬值损失的情形时给予补偿,以担保公积金的价值。⑥

二、中央公积金的管理

中央公积金在新加坡金融体系中扮演着重要角色,因此,政府对公积金有着严密的监管体系。

1955 年,新加坡政府依据《中央公积金法》成立了中央公积金局,作为中央公积金制度的权威管理机构。中央公积金局隶属于劳工部,是一个具有半官方性质的自负盈亏的独立法人机构,其他机构不能干预其日常工作。它的职责主要有两项:一是实施国家有关的法律法规;二是负责公积金的筹集、发放、结算、储存和投资等工作。中央公积金局财务独立于政府财政预算,实行独立核算,自负盈亏,年度预算直接报总统审批。公积金的收支、管理、运营情况透明,有利于监督、管理和宏观调控。尽管公积金规模庞大,提供的服务门类繁多,管理工作庞杂,但中央公积金局却以其健全的职能、科学的管理、高效的服务赢得了信誉与成功。⑦

中央公积金局采用董事会领导下的总经理负责制,下设人事财经委员

---

① 郭伟伟等:《亚洲国家和地区社会保障制度研究》,北京,中央编译出版社,2011 年,第 1版,第 36 页。

② 方成等:《新加坡中央公积金制度探究》,《国际研究》2015 年第 8 期。

③ 顾俊礼主编:《福利国家论析——以欧洲为背景的比较研究》,北京,经济管理出版社,2002年,第 1 版,第 335 页。

④ 方成等:《新加坡中央公积金制度探究》,《国际研究》2015 年第 8 期。

⑤ 曹鹏飞等:《新加坡中央公积金制度及其对完善我国住房公积金制度的启示》,《金融纵横》2017 年第 3 期。

⑥ 周弘主编:《国外社会福利制度》,北京,中国社会出版社,2002 年,第 1 版,第 368 页。

⑦ 郭伟伟:《新加坡社会保障制度研究及启示》,《当代世界与社会主义》2009 年第 5 期。

会和规划决策委员会,负责制定重大的政策,有些重大政策须经劳工部批准。董事会的成员由劳工部部长提名,在得到总理的同意以后任命。董事会由主席、副主席和其他 13 名成员组成,任期为 3 年。13 名董事会成员由两名政府代表、两名雇主代表、两名雇员代表和 7 名专家组成。① 日常工作由总经理负责。这些"中性人士"具有广泛的代表性,职责是对公积金计划进行审核和监督,确保公积金的合理使用。

　　中央公积金局下设 6 个部,约有 1000 名工作人员,他们的工资不由政府承担,即政府不负责为他们发放薪水。中央公积金局的管理费用由机构自行筹措,即来自公积金积累余额的利息,中央公积金局要把公积金积累余额上交财政部,财政部每半年向中央公积金局结算一次利息,而中央公积金局每一年向公积金会员结算一次利息,中央公积金局的一部分管理费用出自这笔利息差。② 另外一部分管理费用来自其下属产业利润,例如公积金局大厦出租获得的租金和停车场收费以及代政府征收外籍劳工费的手续费。1999 年财政年度,公积金运营成本仅为其资产总额的 0.07% 和年度缴费总额的 0.5%。这是实行多头管理、各自为政的管理体制所望尘莫及的。中央公积金局对公积金的管理独立于政府财政,政府无权动用公积金款项,只能以政府债券的形式有偿使用、如期归还,并且负有担保公积金价值、偿付公积金贬值损失的义务。③ 中央公积金由政府集中管理和经营,公积金的 90% 用于购买政府为其专门发行的公债。④ 公积金投资政府债券以政府拥有的实际资产作为保证,这就为公积金的支付提供了可靠的保障。公积金局定期给会员寄送存款报告;会员可以通过电话查询账户信息;会员来局办事,一般只需 10 分钟就能办妥;会员要求提款,一般不超过一个星期就能拿到款项等。这种高效精准服务得益于中央公积金局机构精简统一,相比欧美等国家采取的分散化管理体制,新加坡的管理体制不但效率高,且成本低。

　　新加坡政府认为,在经济发展水平还没有达到一定程度的情况下,为具备劳动能力的人提供不需要经过努力和劳动就能够获得的救助,就会降低他们的劳动积极性和进取精神。经济的发展,社会生产力水平的提高,人们

---

①　李志明等:《新加坡社会保障基金的运营管理》,《学习时报》2014 年 7 月 14 日。

②　郑秉文等主编:《当代东亚国家、地区社会保障制度》,北京,法律出版社,2002 年,第 1 版,第 233 页。

③　郭伟伟等:《亚洲国家和地区社会保障制度研究》,北京,中央编译出版社,2011 年,第 1 版,第 38、39 页。

④　方成等:《新加坡中央公积金制度探究》,《国际研究》2015 年第 8 期。

生活水平随之提高，才是最重要的社会保障和最根本的社会福利。可以说，新加坡以自我负责为原则的中央公积金制度，是一个强制人们储蓄并以此应对生活风险的制度，仅此而言社会福利成分无法与发达国家相比。而且由于在比例一定的前提下以工资为计算储蓄额的基数，因而工资收入越高的人储蓄额也就越多，再加上投资以后的增值，人们本来就存在的收入差距不是得以缩小而是进一步扩大了。但是，中央公积金制度能够适应后发国家迅速建立现代化的需要，因为它避免了因过于追求社会分配的公平而牺牲经济效率的做法。由于人们要自我负责，在用自己储蓄的资金看病时，人们就会格外节省，所以新加坡的医疗费用大大低于国民生产增长速度。

新加坡政府除劳工部制定社会保障政策并监督其实施以及审计部门每年对公积金收支进行审计之外，其他政府部门不染指社会保障事务，这既有效遏制了腐败行为，又保证了制度的高效运行，而且国家财政也不会因多头管理背上沉重的财政包袱和出现财政赤字。由于人们生活风险的保障程度取决于储蓄的多少，而储蓄额是以各人的工资额为基数的，因此这一制度将激励人们勤奋工作、增加收入，提高储蓄额，以为自己和家庭成员的疾病、养老、住房、教育提供比较充足的保障。新加坡资产累积式的中央公积金制度的最大优势在于，它具有迟延消费、增强公积金防御生活风险能力的作用。政府通过中央公积金积极对居民的消费选择进行一定程度的限制，以达到以当前的适度消费来换取未来持续消费能力的目的。

三、公积金存款账户

随着经济社会的不断发展，新加坡政府对公积金的使用范围和用途进行了多次修改和拓展，公积金制度成为新加坡社会保障制度的主体，它的保障范围逐渐扩展，由过去单一的养老保障发展为以下三类保障，公积金存款也按法定比例分别存入以下三个账户：

第一类是普通账户，如果缴费率为40％，那么，其中30％须存入普通账户。普通账户的存款可以用来购买政府兴建的公共住宅。1968年9月，新加坡政府推出"居者有其屋"的"公共住房计划"，允许国民在退休前提取公积金账户存款购买政府建造的组屋。1986年实施非住宅产业政策，1989年开始实施本人及其子女教育贷款计划，1986年开始实施购买政府或私营企业股票、债券的"安全投资"计划，国民都可以用普通账户的存款支付这些方面获准情况下的开支。当然，这些投资都是要通过中央公积金局制定的投资托管人来进行，托管人所要具备的资格则根据托管法的规定来决定。国民还可以用普通账户存款转拨至父母或配偶的退休账户。虽然政府没有强制要求个体经营者参加普通账户储蓄,但大多数个体经营者为了享受税收优惠,主动参加普通账户储蓄。普通账户支付范围宽泛,其存款占到公积金总额的 72.5%。

第二类是特别账户或者专门账户,在缴费率 40% 的情况下,其中的 4% 存入特别账户。该账户的存款只能用作养老金或完全丧失工作能力时生活保障以及特殊情况下的应急支出。特别账户的存款只能在达到退休年龄以后使用,还可以投资于与退休关联的金融产品,该账户占公积金的 10%。

第三类是保健储蓄账户,在缴费率 40% 的情况下,其中的 6% 存入保健储蓄账户。[①] 该账户专门用作受保障人及其家人医疗住院费用,也可以用来支付前三个孩子的分娩费用。但是该账户的最高存款额不得超过 2 万新元,公积金会员在 55 岁退休提取公积金账户的存款时,保健账户须留足 1.5 万新元。1990 年实施了保健双全计划,1994 年实施了增值保健双全计划,以满足大病治疗支出的需要,该账户占公积金的 17.5%,可以用作这两个计划下的费用支出。[②]

会员在年满 55 岁时,普通账户和特别账户的存款转换到退休账户,这时原来的三个账户被合并为保健储蓄账户和退休账户两个账户。会员在退休账户中留足晚年生活所需款项后,可以将普通账户和特别账户中的存款全部取出;会员如果终身残疾或永久离开新加坡,可以提前取出公积金账户中的存款;如果会员在 55 岁前不幸逝世,公积金账户的存款可以由其法定继承人继承。

四、中央公积金的投资和运营

作为新加坡社会保障基金的公积金由中央公积金局统一管理,在留足公积金支出和利息外,结存款项用于购买政府债券、投资政府组屋、能确保收益的股票以及基础设施建设,利用一切可能利用的手段使公积金保值增值,公积金成为国家经济建设的重要资金来源。但是,公积金的具体运营是由货币管理局和政府投资管理公司进行的。货币管理局负责用公积金购买国债和银行存款的投资管理;政府投资管理公司负责将公积金投资于政府组屋建设和基础设施建设,也投资外国资产以获取更高收益。

《中央公积金法》规定,会员要将选择中央公积金投资计划后公积金余额的 99% 投资于政府主导的公积金投资项目。这部分资金以政府持有的

---

① 李健等:《新加坡社会保障制度》,上海,上海人民出版社,2001 年,第 1 版,第 167 页。
② 郭伟伟等:《亚洲国家和地区社会保障制度研究》,北京,中央编译出版社,2011 年,第 1 版,第 41 页。

资产储备为公积金投资作担保,以保证公积金的投资安全和保值增值。政府投资安全性高,但收益较低,例如,从 2007 年至 2009 年,中央公积金的普通账户平均名义收益率为 2.5%,这是根据国内主要银行 1 年期定期存款利率(80% 的权重)和月末储蓄利率(20% 的权重)计算出的平均数确定的并定期进行调整。如果计算出的利率低于 2.5%,则执行 2.5%;特别账户和保健储蓄账户的利率为 10 年期新加坡国债过去 12 个月平均收益率加 1% 和 4% 中较高者,每个季度调整一次,平均名义收益率为 4%,如果低于 4%,则执行 4%;退休账户的利率为 10 年期新加坡国债过去 12 个月平均收益率加 1% 和 4% 中较高者,每年调整一次。[①] 从 2008 年 1 月开始,对于公积金账户存款总额的第 1 个 6 万新元(其中普通账户 2 万新元,特别账户和保健储蓄账户 4 万新元),再增加 1% 的利息。[②] 中央公积金的名义收益率不高,但由于通货膨胀率一直不高,所以,公积金的实际利率并不低。从 1966 年至 1987 年,新加坡的通货膨胀率只有 3.7%,同期发达国家的通货膨胀率为 6.5%,发展中国家的通货膨胀率为 18.5%。[③] 因此,公积金会员的储蓄实际上能够得到一定收益。

从 20 世纪 70 年代起,中央公积金局还实施了五项投资计划,以促进公积金保值增值,如"新加坡巴士有限公司股票计划""非住宅产业计划""基本投资和增进投资计划""填补购股计划"等。政府鼓励会员自主选择投资项目,包括股票、基金、政府债券、房地产、保险等,以增加国民拥有的资产和长期拥有蓝筹股,使国家的发展和繁荣与国民有直接的利害关系。[④] 例如,"基本投资和增进投资计划"规定,会员在留足法定的最低存款后,可将余款的 80% 用于投资,并且只有投资收益中超过公积金局提供的无风险收益的部分才可以提取。会员也可以把要投资的资金交由中央公积金管理局负责,他就可以获得稳定而无风险收益,但这些收益必须存在公积金账户,不得提取。

政府实施这两项计划的目的不仅在于使公积金会员的账户存款保值增值,更在于使新加坡公民参与国家的经济建设。为此,政府将一些盈利的大型国营机构,如地铁公司、电信公司、公用事业局的电力与煤气服务私有化并在股市挂牌,并在适当的时候出售。吴作栋总理当年设定的目标是,三个

---

① 李志明等:《新加坡社会保障基金的运营管理》,《学习时报》2014 年 7 月 14 日。
② 方成等:《新加坡中央公积金制度探究》,《国际研究》2015 年第 8 期。
③ 郑秉文等主编:《当代东亚国家、地区社会保障制度》,北京,法律出版社,2002 年,第 1 版,第 227 页。
④ 郭伟伟:《新加坡社会保障制度研究及启示》,《当代世界与社会主义》2009 年第 5 期。

成年人中就有一个人拥有股票。① 再如,"填补购股计划"规定,年满 21 周岁且是公积金账户会员的国民,向公积金账户额外交纳 500 新元就可以获得公积金局发给的一笔填补性奖金,会员可用这笔奖金购买优惠价的电信公司股票。会员为子女和父母开设公积金户头并存入款项,就可以取得政府发给奖金的资格。② 公积金局不能直接负责公积金的其他投资运营,只能由公积金局批准的托管机构办理,目前,共有 163 个可供会员选择的托管机构。③ 这样就在公积金与资本市场之间设置了一层屏障,保障公积金免遭直接投资风险。

新加坡自建国以来的四十多年间,经济一直保持稳定快速增长的态势,四十多年的 GDP 平均增长率为 8.1%,CPI 也一直控制在 1%～3%。稳定的政治经济环境是公积金正常运营的保障。李光耀总理在评价新加坡的中央公积金制取得成功的原因时这样说道,稳定健康的经济环境是公积金制度正常运行的保障,财政政策和财政预算政策健全,是中央公积金制成功的先决条件。④

五、滞纳公积金的处罚措施

《中央公积金法》规定,雇主所雇佣人员必须在公积金局注册登记,并为所雇佣人员缴纳公积金,对于未按时缴纳公积金的雇主,公积金局先行垫付。会员对雇主是否为其缴纳公积金也可以进行监督,因为每个会员都有自己的公积金密码,可以给公积金局去函去电查询公积金缴纳情况。公积金局在每年 1 月和 7 月两次给会员寄发报告单,报告其缴费和支出详情。如果报告单陈述的情况与会员本人的实际情况有出入,会员即可向公积金局反映。对于超过 7 天宽限期仍未缴纳者,即会采取法律措施。法律措施有法庭外销案和法庭判决两种。

1.法庭外销案

按迟缴天数,每延迟一天罚缴 1.5% 的滞纳金,罚金全部由雇主缴纳。

2.法庭判决

构成犯罪的,处以 2500 新元罚款,重罪者处以 1 万新元罚款;雇主扣除

---

① 郑秉文等主编:《当代东亚国家、地区社会保障制度》,北京,法律出版社,2002 年,第 1 版,第 247 页。

② 郭伟伟等:《亚洲国家和地区社会保障制度研究》,北京,中央编译出版社,2011 年,第 1 版,第 60～61 页。

③ 郑秉文等主编:《当代东亚国家、地区社会保障制度》,北京,法律出版社,2002 年,第 1 版,第 248 页。

④ 方成等:《新加坡中央公积金制度探究》,《国际研究》2015 年第 8 期。

了雇员的公积金但没有向公积金局缴纳者,处以 1 万新元罚款或判处 2 年有期徒刑;缴不起罚款者,可向法院申请查封资产,法院可宣布该雇主破产并不允许其继续经营企业。

新加坡的中央公积金是全球最具主权特色的社会保障基金,既是政府高度政治控制的产物,也是政府在议会、法律手段之外实行高度政治控制的重要手段和经济保证。基金的运作管理和保值增值效率非凡,为其他国家所称道。①但是,新加坡的中央公积金制度也不是一个完美无缺的制度,它最大的弊端就是扩大了会员之间养老金积累的差距。例如,1982 年,积累额在 3 万新元以上的 11 万会员,仅占会员总数的 6.6%,他们积累的 65 亿新元就占到总积累额的 41.7%;而积累额不到 500 新元的 39 万会员,占到会员总数的 23.1%,他们的总积累只有 7000 万新元,仅占积累总额的0.5%。由此可见,中央公积金制难以发挥同代人之间的互济功能。②

由以上三个账户的用途可以看出,中央公积金的功能主要体现在会员养老、医疗、教育、购置组屋四个方面。中央公积金制是雇员和其他劳动者应对老年、疾病、伤残等生活风险的、具有综合功能的保障制度。

第二节　养老保险法律制度

20 世纪 50 年代初期,新加坡的经济相当薄弱,劳动者中 90%的人月收入不足 200 新元,因此,只能实行类似工业化国家初期劳动者自己建立的"互助会"一类的自我储蓄式的养老保障。1951 年,新加坡养老金委员会成立,委员会从低收入劳动者层面出发,设计出"个人账户"制。政府为每个雇员建立一个个人账户,强制雇主和雇员按规定缴纳费用并存入个人账户,在雇员达到退休年龄时,取出个人账户存款作为老年生活之用。1955 年通过的《中央公积金法》将由中央调控和管理的"个人账户"资金确定为中央公积金,对公积金的筹集及使用作出了明确规定。

1965 年新加坡脱离马来西亚成为独立国家时仅有 100 万人,其中大部分为华侨。为了迅速摆脱困境,赶超现代化,新加坡将发展经济放在首要地位。到了 20 世纪 80 年代,新加坡的人口增加到了 240 万,人均 GDP 达到了 6865 美元,成为当时举世瞩目的亚洲新兴经济体。到了 2005 年,人口增

---

① 李健等:《新加坡社会保障制度》,上海,上海人民出版社,2001 年,第 1 版,第 3 页、"前言"。
② 同上书,第 38 页。

加到了 345 万人,人均 GDP 进一步增长为 44738 美元。[1]新加坡成为中等发达国家,国民的收入水平有了大幅度提高。随着经济的发展,中央公积金规模不断扩大,并逐渐成为由政府运作的一笔极为宝贵的财富。

新加坡公开声称他们不想成为福利国家,前福利部部长拉加拉南说:"我明确告诉人民,政府不是有钱的大叔,你只能得到你付出的。我们将把福利降到最低水平,即将其严格限制在残疾人或老人范围内。对其他人,我们仅提供平等机会。"[2]在这样的理念下,人们不仅要依靠自己的收入和储蓄来支付医疗费用和购买住房,而且要依靠自己的储蓄和继续工作的收入来为自己养老。

一、养老储蓄计划

1955 年 7 月刚推出养老储蓄计划时,公积金制度规定,会员年满 55 岁或终身残疾,或永久离开新加坡和马来西亚,可以提取公积金存款。1987年 1 月实施最低存款计划后,退休账户达到最低存款额时,方可一次性提取公积金;如果年满 55 岁的会员,退休账户的存款没有达到法定的最低储存额时,可以推迟退休,以继续缴纳公积金直至达到法定存款数额;如果会员想在 55 岁退休,可以用现金填补账户中的差额,也可以由配偶或子女从各自公积金账户中转拨填补。政府还鼓励那些已经达到退休年龄,但身体健康,还能够从事工作的人继续工作,以在公积金账户中积累更多存款。如果会员继续工作,每间隔三年可以提取公积金,即 58 岁、61 岁、64 岁。从1997 年 7 月 1 日开始,最低储蓄额须达到 5 万新元,其中,1.2 万新元可以是现金,另外的 3.8 万新元则是可以抵押给中央公积金局的产业。[3] 2007年,新加坡对中央公积金制度进行改革,将提取公积金的年龄由 1955 年规定的 55 岁延长到 2012 年的 62 岁,到 2018 年进一步延长到 65 岁。[4]特别账户的存款除了用作养老金或完全丧失工作能力时生活保障以及特殊情况下的应急支出外,在会员亡故以后,特别账户的存款将支付给指定的遗属或者法定继承人。[5] 如果死者生前没有指定受益人,那么,他的公积金账户存款

① 王卓祺主编:《东亚国家和地区福利制度》,北京,中国社会出版社,2011 年,第 1 版,第295 页。

② 顾俊礼主编:《福利国家论析——以欧洲为背景的比较研究》,北京,经济管理出版社,2002年,第 1 版,第 339 页。

③ 郑秉文等主编:《当代东亚国家、地区社会保障制度》,北京,法律出版社,2002 年,第 1 版,第 233 页。

④ 方成等:《新加坡中央公积金制度探究》,《国际研究》2015 年第 8 期。

⑤ 李健等:《新加坡社会保障制度》,上海,上海人民出版社,2001 年,第 1 版,第 35 页。

将依法上交财政部门。

1971 年之前实行政府部门公务员的退休金制度,自 1972 年起参加中央公积金制度,只是缴纳公积金的比例与一般的雇员不同。[1] 公共部门不享受养老金的公务员,按照私人部门雇员费率缴纳公积金;能够享受养老金的公务员,按照 27％的费率缴纳公积金,官方雇主与公共部门雇员各缴纳 13.5％。[2]

二、最低存款计划

在公积金使用范围不断扩展的情况下,政府为了应对老龄化社会的到来,以保障国民在晚年有足够的经济保障,1987 年 1 月,中央公积金局推出"最低存款计划"。计划规定公积金会员在 55 岁可以提取公积金账户中的存款时,退休账户中至少要有 3 万新元的存款以备养老;1995 年,公积金局将最低存款额提高到了 4 万新元,并且要求最低存款额将逐年提高 5000 新元,到 2003 年达到 8 万新元。2008 年 7 月,又提高到了 10.6 万新元,2013 年进一步提高到了 15.5 万新元。已婚夫妇可以选择联合最低储存额,联合最低储存额为最低储存额的 1.5 倍,而且要指定对方为这笔存款的受益人,当夫妇中的一方去世,最低存款就转入另一方退休账户,以填补另一方的最低存款。最低存款不一定全部用现金储存,可以一半用现金,另一半用产业作为抵押。会员从 62 岁起,每月可以从最低存款中领取 307 新元;会员还可以用退休时提取的公积金存款购买公积金局核准的商业保险公司的年金保险,然后每月从保险公司领取生活费。

三、最低存款填补计划

在自我负责的原则下,政府利用东方人孝文化的传统,使家庭继续在社会保障中充当重要的角色。1987 年,中央公积金局推出的"最低存款填补计划"规定,会员可以在父母年龄超过 55 岁而公积金存款额不足最低存款额要求时,子女可以用现金或自己的公积金存款填补父母的退休账户,填补数额为父母退休账户的结存额与最低存款额的差额。这一方面提高了父母晚年的生活质量,另一方面为子女履行赡养父母的义务提供了机会。1994 年,新加坡有 81％的老人与子女共同生活。[3] 1995 年,中央

---

① 周弘主编:《国外社会福利制度》,北京,中国社会出版社,2002 年,第 1 版,第 368 页。

② 郑秉文等主编:《当代东亚国家、地区社会保障制度》,北京,法律出版社,2002 年,第 1 版,第 228 页。

③ 顾俊礼主编:《福利国家论析——以欧洲为背景的比较研究》,北京,经济管理出版社,2002 年,第 1 版,第 341 页。

公积金局规定,会员也可以为配偶公积金账户进行填补,以保证配偶有比较好的晚年生活。为配偶填补公积金账户的会员,在填补之前,他本人的公积金存款要比最低存款额高出一倍,以防会员顾此失彼。自 2008 年 1 月 1 日起,对填补公积金账户存款行为实行税收优惠:为自己填补或雇主为雇员填补,可获得 7000 新元的扣税优惠;为兄弟姐妹、配偶、父母、祖父母填补,可另外获得 7000 新元的扣税优惠。最低存款额在每年的 7 月 1 日进行调整。

四、终身入息计划

2010 年,政府推出终身入息计划,以帮助会员储蓄更多的养老资金,应对人口预期寿命的延长。终身入息计划为会员提供了四种可供选择的子计划,即终身纯入息计划、终身入息增值计划、终身入息平衡计划、终身入息基本计划。终身入息计划规定,55 岁以上的公积金会员在终身入息计划实施后的一年内,选择是否参加该计划。80 岁至 90 岁年长者,可在除了终身入息平衡计划之外的其他三种计划中作出选择。年龄在 90 岁以上者,只能在终身纯入息计划和终身入息增值计划两种计划中作出选择。中央公积金局在 2013 年全面推行终身入息计划,所有在 1958 年及以后出生的会员,只要公积金最低存款额达到 4 万新元,就被自动纳入该计划。年满 55 岁会员中的 70% 因能够达到这一要求而被自动纳入该计划。这四种子计划的入息提取年龄都在 65 岁,公积金会员从退休到 80 岁,每月从退休账户领取养老金,80 岁以后开始领取终身入息计划养老金,领取标准不变,直到去世。①四种子计划的区别在于每月可得到的收益不同,最终留给子孙的款额也因此而不同。

在这四种子计划中,终身纯入息计划需将退休账户剩余存款全部用来投年金保险,即入息最多,但会员在终老后退休账户中剩余的存款和保费不能由子孙继承,这就等于会员购买了一份不能退回保费的年金;终身入息增值计划也是规定会员需将退休账户剩余存款全部入息,但大部分存款由会员提取使用,只能给子孙留下很少存款;终身入息基本计划只需将退休账户剩余存款的 10% 入息,90% 仍留在退休账户中,因此会员去世以后其子孙能继承的款额较多;终身入息平衡计划规定会员需将退休账户剩余存款的 30% 入息,70% 留在退休账户中,这一计划既顾及会员也顾及其子孙的利益。

---

① 方成等:《新加坡中央公积金制度探究》,《国际研究》2015 年第 8 期。

五、家属保障计划

1989 年 5 月,中央公积金局推出家属保障计划,旨在为会员及其家属在发生不幸事件时提供一定的经济保障,这是一项为 60 岁以下会员设立的定期人寿保险计划。参加家属保障计划的会员每年需缴纳一次投保费,投保费可从普通账户或特别账户中支付,保费数额依会员年龄而定:35 岁以下者每年支付 36 新元,45 至 49 岁者每年支付 144 新元,55 岁至 59 岁者每年支付 360 新元。如果公积金账户存款不足以支付保费,可以用现金支付差额部分。缴纳了保费的会员在保障期间去世或终身残疾,他的家属由于能够获得相应赔偿,而使家庭生活不至陷入困境。[1] 最低保额为 5000 新元,最高保额为 3.6 万新元。如果会员失去工作能力,赔偿金按月支付,在三年内付清;如果会员死亡,赔偿金一次性支付给死者公积金受益人,没有受益人的由公共信托局分配给死者的近亲属。[2]除了那些选择不参加该计划者,所有年龄在 60 岁以下的公积金会员都被纳入该计划内。没有被纳入者,也可申请参加。[3]

中央公积金是新加坡基础设施投资的主要资金来源。这种由国家垄断经营缺乏竞争的基金管理模式不如民营基金投资公司效益好,近些年新加坡政府对公积金制度进行改革。在养老保险方面,在不断完善中央公积金制度的同时,工作的重心放在发挥社会力量解决养老问题上,即让宗教组织、社区组织、志愿者组织等社会团体在养老事业中发挥更大的作用。经过政府和社会各界的努力,到 1996 年底,非政府组织建立的养老院收养的老人占老人总数的 87.9%。[4]

第三节 医疗保险和医疗救助法律制度

在 1974 年之前,新加坡借鉴了英国的全民免费医疗保险模式。然而,医疗费用急剧增长,政府财政不堪重负并意识到必须对当时的福利型医疗

---

[1] 郭伟伟等:《亚洲国家和地区社会保障制度研究》,北京,中央编译出版社,2011 年,第 1 版,第 59 页。

[2] 李健等:《新加坡社会保障制度》,上海,上海人民出版社,2001 年,第 1 版,第 18 页。

[3] 郑秉文等主编:《当代东亚国家、地区社会保障制度》,北京,法律出版社,2002 年,第 1 版,第 245 页。

[4] 顾俊礼主编:《福利国家论析——以欧洲为背景的比较研究》,北京,经济管理出版社,2002 年,第 1 版,第 354 页。

保险制度进行改革。20 世纪 80 年代,政府开始在医疗体制和公立医院法人治理方面进行改革,改革的初衷是将医疗费用全部由财政负担改革为雇主、国民个人以及政府共同承担医疗费用并且是国民付得起医疗费用的医疗保障制度。改革遵循的原则:一是普遍性。政府通过对门诊提供 50%、住院 0~80% 的津贴,使国民基本能够负担得起门诊和住院的医疗费用。二是有偿性。国民必须为自己的健康负责,国家和社会不会无条件地为国民个人承担所有的医疗费用,即国民个人必须承担部分医疗费用,而不能完全依赖政府津贴,鼓励国民勤勉谋生,以遏制医疗费用过度浪费的现象。三是对称性。政府只提供基本医疗服务,而要享受更舒适更高层次的医疗服务,需要患者支付相应的费用。① 改革以来,中央公积金局出台了保健储蓄计划、健保双全计划、保健基金计划等医疗保障计划,在这些计划中,保健储蓄计划是一项全国性的强制储蓄计划,是医疗保障体系中的支柱计划,保健基金计划是政府为贫困患者和残疾人提供的医疗救济计划。健保双全计划等则是辅助性计划。遵循以上医疗保障原则,新加坡政府建立了被实践证明是行之有效的医疗保障计划。

一、保健储蓄计划

1.雇员保健储蓄计划

政府将强制储蓄机制与公有制的公司化医疗管理体制改革相结合,建立个人医疗保障账户,付费个人授权制和医生问责制等构成了新加坡独具特色的国民健康保障和医疗行为治理制度,强化了会员患者的权利主体地位和责任。②

保健储蓄计划是在 1984 年 4 月出台的,与此相对应,会员的公积金账户中新设立了保健储蓄账户。公积金会员每月需向保健储蓄账户存入法定比例款额,依据保健储蓄计划的规定,年龄在 35 岁以下的会员,要将 6% 的月薪存入保健储蓄账户;35~44 岁的会员,存储比例为月薪的 7%;45 岁至 60 岁的会员,存储比例为月薪的 8%;60 岁以上者,存储比例为月薪的 8.5%。最高缴费为每月 300 新元,最低缴费为每月 20 新元。保健储蓄账户的存款可以用作支付本人、是新加坡公民或永久居民的亲属(配偶、子女、父母、祖父母)在公立医院和获准私人医院的住院费用、部分数额较大的门诊检查和治疗费用,以及退休以后的医疗费用。

① 李斌等:《新加坡医疗体制及公立医院改革的深层逻辑》,《医学与哲学》2012 年第 33 卷。
② 李健等:《新加坡社会保障制度》,上海,上海人民出版社,2001 年,第 1 版,第 165 页。

保健储蓄计划对住院费用设置了上限,即治疗费每天不能超过 300 新元,手术费每天不能超过 150～500 新元。为了防止保健储蓄账户的存款被随意提取或过度消费,保健储蓄计划还对会员在保健储蓄账户上的存款最高额做出了规定,即 55 岁以下会员,保健储蓄账户储蓄额最多不超过 2.1 万新元,2008 年 7 月又上调为 3.45 万新元,超出部分会被转拨到普通账户。保健储蓄计划规定,从 1999 年 7 月 1 日起,年满 55 岁的会员提取保健储蓄账户的储存时,必须保留 1.7 万新元在账户内,2008 年 7 月这个数额又上调为 2.95 万新元,以备退休以后医疗之用。[1] 1995 年,实行填补保健储蓄计划,计划规定 1996 年 4 月以前年满 62 岁的雇员或者自雇者,只要在中央公积金局规定的时间内预交 50 新元,就取得享受填补性医疗补助的资格,补助金额从 100～350 新元不等。[2]

政府不间断进行的医疗改革,旨在不断适应国际环境和国内需求的变化,制定出造福于国民的医疗保障制度。2009 年,政府根据国民收入变化,将按病房等级固定补贴改革为根据患者收入按比例浮动补贴。在人口老龄化的社会环境下,政府允许国民利用保健储蓄账户支付治疗慢性病的费用,政府决定在 2020 年前拨款 5 亿新元,补贴 65 岁以上老年人的医疗费用。[3]

保健储蓄计划中没有病假工资的规定。1985 年的《雇佣法》规定,雇主每年支付 14 天病假工资,对于住院的雇员最多支付 60 天的病假工资。保健储蓄计划中也没有生育补助的规定,但是,保健储蓄计划可以为生育了四个孩子的产妇支付每次产前和生产时的住院费用。如果夫妇双方保健储蓄账户共有至少 1.5 万新元的储蓄款,也可以用来支付第五个孩子的生产费用。《雇佣法》规定,雇主对最近一年中工作了 180 天的女工,生育二胎时的产前和产后各四周工资照发。劳动部负责督促雇主执行病假工资和生育补助的规定,卫生部责令公立医院提供医疗服务。[4]

保健储蓄计划还为患有慢性病的会员支付当局批准的门诊治疗费用。就诊后支付医药费时,患者需先支付 30 新元,再支付剩余医药费的 15%,其余医药费都可从保健储蓄账户支付了,但是,每年能够支付的医药费上限为 300 新元。

---

① 郭伟伟等:《亚洲国家和地区社会保障制度研究》,北京,中央编译出版社,2011 年,第 1 版,第 46 页。
② 李健等:《新加坡社会保障制度》,上海,上海人民出版社,2001 年,第 1 版,第 36 页。
③ 李斌等:《新加坡医疗体制及公立医院改革的深层逻辑》,《医学与哲学》2012 年第 33 卷。
④ 李健等:《新加坡社会保障制度》,上海,上海人民出版社,2001 年,第 1 版,第 35、168 页。

2.自雇者保健储蓄计划

1992 年 7 月,中央公积金局推出自雇者保健储蓄计划,该计划规定年收入在 2400 新元以上的自雇者,必须缴纳其净收入中一定比例的费用作为保健储蓄,即 34 岁及以下者,缴费率为 6%;35 岁至 45 岁者,缴费率为 7%;46 岁及以上者缴费率为 8%。缴费年净收入最高限额为 7.2 万新元,超出部分不在缴费范围。对于没有所得税编号的自雇者,缴费额为:34 岁及以下者,每年缴纳 360 新元;35 岁至 45 岁者,每年缴纳 420 新元;46 岁及以上者,每年缴纳 480 新元。自雇者保健储蓄计划和雇员保健储蓄计划一样,属于强制性医疗保险计划。[①] 1995 年,共有 183877 名自雇者参加了保健储蓄计划,保健储蓄账户存款余额为 2.934 亿新元。自雇者只有在缴清所应缴纳的保健储蓄款项后,才能更新他们的营业执照。[②] 将自雇者强制纳入医疗保险,扩大了医疗保险制度的覆盖范围,使得社会公平向前迈了一大步。

二、健保双全计划

1990 年 7 月,中央公积金局推出了健保双全计划,这是一项保大病和慢性病的医疗保险计划,因此也称作大病保险计划,公积金会员及其家属可以自行决定是否参加该计划。计划允许公积金会员用保健储蓄账户中的存款购买商业保险的大病保险产品,使会员及其直系亲属在手术、器官移植、洗肾、放射性治疗及特别护理等医疗费用开支巨大时有比较充足的支付能力。从健保双全计划实施之日起,所有年满 16～75 岁以下的国民和永久居民,首次缴纳公积金时即自动加入该计划,除声明不参加健保双全计划。2013 年 8 月,政府宣布将健保双全计划提升为终身健保双全计划,取消了原来只保到 90 岁的规定,并将原来的自愿参加规定为强制性参加,该计划在 2015 年底已付诸实施。[③] 会员每年缴纳的保费从 12 新元到 249 新元不等,保费可直接从保健储蓄账户中扣除。[④] 由于该计划的参加者同时是保健储蓄计划的参加者,因此该计划称作"健保双全计划"。健保双全计划为在 B2 级和 C 级住院患者设计,以帮助参加保健储蓄计划的会员及其家属,在保健储蓄不足以支付数额巨大的住院医疗费用时,补足资金缺口,因而它是保健储蓄计划的有效补充。

---

① 李健等:《新加坡社会保障制度》,上海,上海人民出版社,2001 年,第 1 版,第 15 页。
② 郑秉文等主编:《当代东亚国家、地区社会保障制度》,北京,法律出版社,2002 年,第 1 版,第 237 页。
③ 方成等:《新加坡中央公积金制度探究》,《国际研究》2015 年第 8 期。
④ 李健等:《新加坡社会保障制度》,上海,上海人民出版社,2001 年,第 1 版,第 16 页。

　　健保双全计划既具有社会统筹所体现的互济原则,又具有商业医疗保险所体现的精算原则,是一项通过保险方式让个人与社会共担重病风险的计划。从其体现的互济原则看,会员缴纳的费用实行社会统筹,而不是计入缴费人账户,在会员出现计划规定的情况时,就可以从健保双全计划账户支付所需费用;从其体现精算原则看,缴费数额按年龄从高到低分为8档,最低档是30岁以下者,最高档是74～75岁者,不同年龄段的会员可以从保健储蓄账户中提取相应款额,存入健保双全计划账户。健保双全计划还按照所缴费用的多少和病种的不同,设计了报销医疗费用的起付线和封顶线,即2万～7万新元,一生可获得8万～20万新元的报销额。[①]所有这些设计都体现了健保双全计划的科学性和可行性以及政策设计时保大病和保慢性病的立法宗旨。

　　2005年7月,政府对健保双全计划进行了改革,在提高保费的同时,提高保险赔偿额,使患者的自付比例从60％下降到了40％。2008年12月,政府再次对健保双全计划进行改革,进一步将患者的自付比例由40％下降到20％,自付部分会员可以从保健储蓄账户中支付,或者用现金支付,这就极大地减轻了患者及其家庭的医疗费用负担。[②]健保双全计划中会员缴纳的费用实行社会统筹,更充分地发挥制度的互济性,仅三年多时间患者的自付比例从60％下降到了20％,筹资公平性进一步得到体现。

三、增值健保双全计划

　　1994年7月,中央公积金局推出了增值健保双全计划,为那些希望住入较高级病房(A级和B1级)的会员提供保障。增值健保双全计划有两个子计划,即A计划和B计划,A计划的缴费额按年龄每年在60新元至1200新元之间,索赔额最高为20万新元;B计划的缴费额同样按年龄每年在36新元至720新元之间,索赔额最高为15万新元。参加增值健保双全计划者必须是75岁以下者。在待遇支付方面,在A计划下,住院费每天为500新元,外科手术费为5500新元;在B计划下,住院费每天为300新元,外科手术费为4500新元。会员每年每人可以用保健储蓄账户中的存款支付增值健保双全计划的保费,但最多只能提取660新元,超出部分要用现金支付。增值健保双全计划属于自愿参加的医疗保险计划,会员是否选择增值健保双全计划取决于其选择的医院等级以及是否有能力并且愿意支付更多的医疗费用。

---

　　① 陈昱方等:《新加坡卫生服务体制对我国卫生服务体制改革的启示》,《医学与社会》2012年第1期。

　　② 李健等:《新加坡社会保障制度》,上海,上海人民出版社,2001年,第1版,第170页。

健保双全计划和增值健保双全计划都规定,凡是在计划开始实施之前就登记注册的公积金会员,可以得到保费折扣。折扣率随年龄的增长而递减,例如,30 岁及 30 岁以下者,折扣率为 40%,51 岁至 60 岁者,折扣率为 10%。这样的规定使得人们在 70 岁以后,缴纳较少的保费便享受到与缴费多但年纪轻的人同样的医疗待遇。[1]

四、保健基金计划

1991 年,新加坡提出由政府拨款,建立为少数无力支付医疗费用的贫困者建立专项基金的设想;1992 年 1 月《医疗基金法案》获议会批准;1993 年 4 月 1 日,负责医疗救助职责的医疗保健基金成立,由此新加坡所有国民被纳入医疗保障保护之下。《医疗基金法案》的适用对象是在保健储蓄计划和健保双全计划外仍无法支付医疗费用的贫困者,因此该计划是一项医疗救助计划,是政府专门为贫困者特别设立的一项信托基金。保健基金以家庭为中心导向,申请人必须在用本人和家庭其他成员的保健储蓄和健保双全计划支付后不再有经济能力支付医疗费用,才符合申请该项基金的资格,获得批准的申请人就可以享有与其他公民相同的基本医疗服务,资助金额由申请人的基本医疗需要决定。保健基金计划的启动资金是通过捐助筹集到的 2 亿新元,所以具有了互助的性质。[2] 政府每年从预算中转移支付 1 亿新元以充实基金规模,目标是筹集到 20 亿新元。基金的本金不得动用,医疗费用只能从基金的利息收益中支付。政府每年将基金的利息收益分拨到各公立医院,各公立医院设立由政府组建的保健基金委员会,专事贫困者的医疗费用报销工作。保健基金委员会根据贫困者就医医院的医务社会工作者转呈的贫困者提出的救济申请和申请者的家庭经济状况,依据救济准则确定救济额度。有资料显示,在医疗保健基金运作初期,获批的申请高达 99.6%。[3] 自医疗救助基金实施以来,有约 3% 患病的贫困者得到了基金的资助。[4]

五、乐龄保健计划

在新加坡,每 12 个老年人中就有一位因年老或疾病导致身体某个部位重度残疾,这些人无法照料自己的日常生活。为了使重度残疾或丧失劳动能

---

① 郑秉文等主编:《当代东亚国家、地区社会保障制度》,北京,法律出版社,2002 年,第 1 版,第 235、238 页。
② 李志明等:《新加坡社会保障基金的运营管理》,《学习时报》2014 年 7 月 14 日。
③ 和春雷主编:《社会保障制度的国际比较》,北京,法律出版社,2001 年,第 1 版,第 117 页。
④ 李珍主编:《社会保障理论》,北京,中国劳动社会保障出版社,2007 年,第 2 版,第 203 页。

力的老年人通过提供经济援助,帮助他们解决日常生活和医疗上的资金所需,政府于 2002 年 9 月推出了"乐龄保健计划"。计划规定,41 岁及以上的公积金会员,无须报名或经过体检,就自动成为乐龄保健计划的受保险人。会员可以用保健储蓄账户存款缴纳乐龄保健计划的保费,每年缴纳一次,一直缴到 65 岁就不用再缴纳了。会员定期缴纳的保费数额因其性别和年龄的不同而不同。57 岁以下的会员需要缴纳定额保费,例如,40 岁男性会员的缴费额为 148.84 新元;57 岁及以上者原则上需要一次性缴足保费,但卫生部制定了一项特殊的帮助他们在 10 年内完成缴费义务的制度。会员的配偶、子女、父母、祖父母可以用自己保健储蓄账户中的存款为会员支付保费。

2007 年,政府利用部分保健基金成立了乐龄保健基金,任何一个 65 岁以上的、在保健基金批准的医疗机构的 B2 级或 C 级病房接受医疗的患者,都可以申请乐龄保健基金的援助。计划规定,当受保险人是重度残疾人时,乐龄保健计划开始赔偿,而且不须再缴纳保费了。乐龄保健 300 计划规定,每月给受保险人支付 300 新元,支付期限为 60 个月。2007 年,改革后的乐龄保健 400 计划将赔偿额提高到每月 400 新元,支付期限延长为 72 个月。这是根据严重残疾或丧失劳动能力的老年人需要资金救助的平均时间确定下来的。会员可以用这些钱支付家庭护工的劳务费、康复治疗和医药费、养老院费用、家庭日常生活开支。如果受保险人的重度残疾得以康复,则停止支付赔偿费,受保险人继续缴纳乐龄保健保险费,直至 65 岁。如果受保险人已经获得了 60 个月或 72 个月的乐龄健保赔偿,其保单终止。对于需要长期持续护理的残疾人或老年人,70% 由民间组织提供,30% 由私人医院提供。公立医院、私人医院、民间组织三方共同组成医疗保障平台,医疗资源得到合理配置,国民多层次医疗需求得到了满足。卫生部委托 3 家私人保险公司实施乐龄保健计划,3 家保险公司收取的保险费额是一样的,赔偿的标准也是一样的。这 3 家保险公司还为负担得起保费的人提供乐龄保健附加计划,由于附加计划缴纳的保费高,因此,获得的赔偿额也相应高。参加乐龄保健附加计划的会员,可以用保健储蓄账户存款缴纳乐龄保健附加计划的保费,也可以用现金缴纳。附加计划规定,每人每年缴纳保费的上限为600 新元,这一规定是为了确保参加附加计划的会员的保健储蓄账户能够留有足够的存款,以支付年老以后的医疗费用。

六、政府在医疗保障中的责任

1.政府在医疗资源配置中的责任

新加坡虽然实行自我负责的医疗保障制度,但是政府通过支付新建公立医院的土地和全部建设费用并举办公立医院和为患者提供门诊津贴和住院津贴,来承担一定的责任,政府用在两项津贴方面的费用占到国内生产总值的 4%,以此实现政府奉行的确保每一个国民都能得到良好的和可负担得起的基本医疗服务的理念。1985 年,新加坡对公立医院进行法人治理结构改革。卫生部成立医院控股有限公司,代政府行使出资人权力,是卫生部唯一负责公立医院事务的机构,所有公立医院以私人企业形式运营,所有权与经营权完全分离。各方代表组成董事会,负责制定医院的经营计划,并按照市场薪酬标准聘请拥有人权、物权、财权的医院总监即院长,院长全面负责医院的工作,实行董事会领导下的院长负责制。[①] 2000 年,所有医院完成企业化后,重组成国立保健集团和新加坡保健服务两大系统。2003 年 9 月,为了帮助患者更好地选择医院,卫生部官方网站公布了所有公立医院和私人医院中 70 种常见疾病的医疗费用目录,这一措施促进了各医院之间开展良性竞争,使患者得到更好的医疗服务。[②] 2007 年,又将两大系统整合为国立健保集团、新加坡保健服务、国立大学医学组织和亚历山大保健集团四大系统,由此形成区域医疗网络,每个网络为患者提供从基本医疗、中长期医疗服务,合理的医疗资源配置使患者方便及时地得到医疗服务。医院重组旨在使具有相同医疗服务需求的患者得到相同的服务,保证了医疗资源利用的公平性。[③]

　　2.政府在医疗卫生服务中的责任

　　新加坡医疗服务体系由政府提供的非营利性公立医院和私人医生提供的营利性私立医院两部分组成,公立医院提供住院服务,私立医院提供初级保健服务。政府允许患者在 10 家公立医院或 13 家私立医院中进行选择,但只给公立医院提供医疗津贴,津贴有两类:(1)门诊津贴。在公立综合诊所就医的 17 岁以下、66 岁以上的新加坡国民以及所有在校学生,可以享受75%的政府津贴,其他年龄段的国民则只能享受 50%的政府津贴。患者由公立综合诊所转诊到专科诊所的,可以享受同样的待遇。(2)住院津贴。政府按病房等级提供津贴,病房分为 A 级、B1 级、B2 级、C 级四等,病房等级越低,津贴幅度越高。A 级病房没有补贴;B1 级病房补贴 20%、B2 级病房补贴 65%、C 级病房补贴 80%。[④] 在门诊服务中,公立医院占 30%,私立医

①　李斌等:《新加坡医疗体制及公立医院改革的深层逻辑》,《医学与哲学》2012 年第 33 卷。
②　荆林波:《新加坡医疗保障制度的基本情况与经验》,《中国党政干部论坛》2012 年第 3 期。
③　叶少武:《新加坡医疗保障制度公平性研究》,《广西社会科学》2010 年第 11 期。
④　郭伟伟等:《亚洲国家和地区社会保障制度研究》,北京,中央编译出版社,2011 年,第 1 版,第 48 页。

院占70％；在住院服务中，公立医院占80％，私立医院占20％。以上医疗保障计划均适用于公立和私立医疗机构。① 从1991年到2010年的20年间，政府根据医疗市场形势的变化，对医疗补贴政策进行了三次调整。自2005年4月以来，政府依据以往医院的工作量，提供一个相对固定的资助额，在此基础上每年递增2％～4％。政府对医院资助额的控制，是有效地遏制医院不断扩大工作范围，加重政府资助负担的措施。②

　　新加坡的医疗保障制度是随着国家经济发展和不断改革制度运行中暴露出的弊端逐步完善起来的。发展到了今天，处于任何经济状况下的国民不论其得了什么病，都能够得到基本医疗服务，形成了一个既体现社会公平又顾及经济效率的医疗保障制度。③ 在政府、国民个人和社会共同承担医疗费用的制度下，一方面商业医疗保险为患者承担了一部分医疗费用，大大减轻了公共医疗负担，公共医疗支付只占医疗总开支的33.1％；另一方面公共医疗的保护网可以有效地保证医疗费用不被医院或者商业保险公司出于谋利而随意涨价。新加坡的医疗开支只占到国民生产总值的4％，远低于美国15.3％的比例，而国民的人均预期寿命达到81.98岁，居世界第三位，也远高于居世界第49位的美国人均预期寿命78.11岁。④ 2000年，世界卫生组织对191个成员的卫生体制进行评估分析，新加坡卫生系统的整体效能和公平性分别名列第6位和第27位；⑤2003年，政治经济风险顾问公司把新加坡评为世界医疗体系优越性名列第三的国家；2007年IMD世界竞争力年报显示，在55个国家卫生基础设施比较中新加坡名列第三。⑥ 新加坡注重家庭和个人自助以及资产累积的社会政策，让国家花比较少的钱却为国民买到健康和长寿的经验，值得其他国家研究和借鉴。

第四节　工伤保险法律制度

　　1933年，新加坡还处于殖民地时期就出台了《工人赔偿法》。1975年修

---

① 郑秉文等主编：《当代东亚国家、地区社会保障制度》，北京，法律出版社，2002年，第1版，第239页。

② 周策：《新加坡医疗保健服务的经验与启示》，《发展研究》2010年第3期。

③ 叶少武：《新加坡医疗保障制度公平性研究》，《广西社会科学》2010年第11期。

④ 王卓祺主编：《东亚国家和地区福利制度》，北京，中国社会出版社，2011年，第1版，第6～7页。

⑤ 世界卫生组织：《2000年世界卫生组织报告》，北京，人民卫生出版社，2000年版。转引自叶少武：《新加坡医疗保障制度公平性研究》，《广西社会科学》2010年第11期。

⑥ 李健等：《新加坡社会保障制度》，上海，上海人民出版社，2001年，第1版，第164页。

订后的《工人赔偿法》规定,雇主必须为其从事体力劳动的雇员和月收入在1600新元以下的非体力劳动的雇员缴纳工业伤害保险金,手工业者、临时工、外籍雇员、家庭佣工、警察也在保护之列。工人在工作中一旦发生职业伤害,雇主有支付赔偿的法律义务,治疗、医院费用、假肢等费用都由雇主承担。工伤医疗费用由雇主承担,各项医疗费用的最高限额为:住院费9000新元,每天处方费30新元,手术费每次4800新元,X光检查1500新元,理疗每次12新元,化验费350新元,假肢等残疾用品实报实销。

遭遇工伤的职工在不能正常工作的情况下,头14天工资照发,如果住院治疗,原工资照发60天,超过上述期限的,按照本人工资的2/3发放工伤津贴,工伤医疗期限为1年;①遭遇工业伤害而永远丧失工作能力的工人,依据工龄长短可以一次性发给6至12年的工资,完全残疾者可以获得最高为10.5万新元、最低为3.5万新元的赔偿金,补偿金中的25%作为长期护理补贴。对于部分丧失劳动能力或暂时丧失劳动能力者,赔偿金的数额视劳动能力丧失程度和时间确定;遗属补助依据死者年龄,一次性发给死者4至9年的工资,最高为7.8万新元,最低为2.6万新元。②工伤保险基金由雇主缴纳工伤保险费筹集或者由雇主直接通过赔偿全部承担,由劳工部监督赔偿给付。

---

① 穆怀中主编:《社会保障国际比较》,北京,中国劳动社会保障出版社,2007年,第1版,第270页。

② 李健等:《新加坡社会保障制度》,上海,上海人民出版社,2001年,第1版,第37页。

第三章　社会促进法律制度

新加坡的社会促进制度包括教育促进制度、住房促进制度和家庭促进制度三项子制度。

第一节　教育促进制度

新加坡前总理李光耀曾说:"新加坡几乎没有什么天然资源,要保持每年提高生产力 6%～8%,维持经济增长,必须开发人力资源。"他还说:"对新加坡人来说,不论种族、宗教或语言,我们必须让有天赋才能的年轻一代接受最好的教育,使他们的潜力得到充分发挥。"李光耀为新加坡在教育上确立的是精英教育理念。政府在教育问题上的立场是"没有任何一名有条件上大学的学生会因负担不起学费,而无法上大学。"因此,新加坡每年的教育支出占到财政支出的 20%,[①]这一比例仅次于军事支出,可见政府对国民教育的重视程度。

一、教育体制

新加坡的学制设置为小学 6 年、中学 4 年至 5 年、大学预科 2 年、大学本科 3 年至 4 年。1980 年实行提高基础教育质量的课程改革后,虽然中小学教育实行为不同能力的学生设置不同课程的分流制度,但是学习能力低的学生不会退学,他们可以继续上学。2008 年取消了小学分流制度,推行因材施教的教育理念,以使学生的天赋和专长能够得到更充分的发挥。新加坡虽然不实行完全的义务教育,但是,政府能够保证每个学龄儿童至少接受 10 年普通教育。学生在完成 10 年普通教育后,可以选择工艺学院、理工学院、初级学院以及其他职业训练课程。在这一阶段之后,学生可以在新加

---

① 李健等:《新加坡社会保障制度》,上海,上海人民出版社,2001 年,第 1 版,第 113、136 页。

坡或海外完成大学阶段学习或者直接就业。这种灵活多样的教育制度，能够为每个学生提供适合他们的学习机会，使得大多数学生成为技术工人或技艺型人才，而少数经过层层筛选的高智商人才，通过更高层次的教育，被培养成为适合国家经济社会发展需要的精英人才。

二、教育保障制度的建立和改革

1.中央公积金局的教育计划

1989 年 6 月 1 日，中央公积金局推出教育计划，计划规定会员可以提取公积金中的普通账户存款支付本人或子女的全日制大学学费，可提取的款额为扣除最低存款额后余款的 40%。1994 年，这个比例提高到 80%。学生大学毕业以后 1 年，开始连本带息偿还所使用的公积金账户的存款，可以一次性偿还，也可以分期偿还，但最长必须在 10 年内还清。[①]

2.设立教育储蓄基金

吴作栋上任新加坡总理以后，于 1991 年设立教育储蓄基金，基金设立时政府拨款 10 亿新元作为启动资金，之后政府根据经济发展情况逐年追加投入，最终目标是筹集到 50 亿新元。教育储蓄计划实施初期，受制于财政支付能力，政府只为多子女家庭的前 3 个孩子提供教育储蓄基金。2001年，有一个或两个孩子且月收入不超过 500 新元的家庭，或有 3 个以上孩子且月收入不超过 600 新元的家庭，每个孩子在小学阶段只交 50% 的杂费，政府为其免费提供课本。进入中学以后，除了继续提供以上两项待遇外，学生还可以免交学费。[②] 从 2004 年 1 月起，新加坡每一个 6～16 岁的学龄儿童都能够获得政府的教育储蓄基金。政府只是将基金投资的收益分配给学生，从小学一年级到普通教育或职业教育的每个学生都有一个教育储蓄账户，政府每年将每个学生应得的补贴数额划入他们的教育储蓄账户。1993年中小学生每年每人 50 新元，之后逐年增加，到了 2009 年每个小学生每年200 新元，每个中学生每年 240 新元。这样，无论家庭贫富，每个学龄儿童都能够完成 10 年普通教育。教育补贴款由学生自己安排消费于支付学费、课外活动经费等。如果学生在完成普通教育后，教育储蓄账户还有余款，需将余款转入他们的中央公积金普通账户中。如果学生升入初级学院或大学，可以用这笔钱支付大学费用。[③]

---

① 郭伟伟等：《亚洲国家和地区社会保障制度研究》，北京，中央编译出版社，2011 年，第 1版，第 58 页。
② 和春雷主编：《社会保障制度的国际比较》，北京，法律出版社，2001 年，第 1 版，第 117 页。
③ 李健等：《新加坡社会保障制度》，上海，上海人民出版社，2001 年，第 1 版，第 19 页。

3.设立中学后延续教育账户

2007 年,政府拨款 4 亿新元设立"中学后延续教育账户",为 7～20 岁的新加坡青少年在 3 所公立大学和新跃大学本科及研究生就读所需学习费用提供经济支持。2008 年,政府又向"中学后延续教育账户"续拨 3 亿新元。到了 2009 年,中学生的"中学后延续教育账户"最高可达到 1400 新元,极大地减轻了家庭的教育经费负担。①

4.对低收入家庭提供教育经济援助

政府向来注重对低收入家庭子女接受教育提供经济援助,具体措施有以下几项:

(1)托儿补助金计划。2001 年,凡把孩子送到全日制托儿所的家庭,每人每月可补助 150 新元,送入半日制的为 75 新元。国家福利理事会还提供每人每月 50～100 新元的托儿补助金。自 2009 年 1 月 1 日起,子女的母亲在职,但家庭月收入仍低于 1800 新元的家庭中的每一个 7 岁以下的孩子,每个月都能够享有 200～340 新元不等的托儿补助金,家庭中的每个孩子获得的补助金数额是一样的,补助金额根据家庭收入确定。在职母亲可以获得政府发放的每月 300 新元的托儿津贴。领取托儿补助金的孩子必须是新加坡公民,孩子是永久居民的,父母一方须是新加坡公民。

(2)幼儿园经济援助计划。2004 年,政府推出"幼稚园经济援助计划",以帮助低收入家庭分担子女接受幼儿园教育的费用。2006 年,经济援助额度由最高 50 新元提高到了最高 65 新元。孩子在非营利幼稚园上学的,政府为其提供每月高达 90%或 82 新元的学费津贴。对于无法支付开学费用的家庭,政府每年为每个孩子提供 200 新元的起步资金。

(3)设立学生托管中心,专门照顾 6～14 岁的儿童,政府为托管中心提供一定的补助。1996 年底,共有 58 个学生托管中心。

(4)教育储蓄助学金。2001 年,政府对在大学就读的学生除免交学费和只交 50%的杂费外,还可以获得 500 新元的助学金。② 该计划为家庭收入在中低水平且学习成绩名列前 1/4 的学生提供,申请教育储蓄助学金的家庭收入水平,由 1995 年的 3000 新元提高到 2006 年的 4000 新元。

(5)教育援助。政府为低收入家庭提供从学前到大学阶段的助学金:学前教育每年 250 新元,初级教育每年 400 新元,中等教育每年 800 新元,专科、艺术、职业学校每年 1200 新元,大学每年 2000 新元,特殊教育每年 600

---

① 李健等:《新加坡社会保障制度》,上海,上海人民出版社,2001 年,第 1 版,第 119 页。

② 和春雷主编:《社会保障制度的国际比较》,北京,法律出版社,2001 年,第 1 版,第 117、118 页。

新元。申请教育援助者须是已婚夫妇,有1~2个孩子,夫妻双方有一个是新加坡公民,家庭月收入低于1500新元,丈夫从事有报酬的工作,妻子的年龄在35岁以下。①

三、儿童资产累积方案

儿童资产累积方案是自1993年开始规划执行、针对不同年龄段儿童的福利方案。方案规定了四项针对各级各类学生的政策:

1.教育基金政策账户

1993年,政府推出了针对6~16岁儿童的教育基金政策账户。具体内容是政府为每个从小学到中学的学生设立一个账户,并往账户中存入4000新元,这笔钱依规定只能用于补充教育。当孩子年满16岁或毕业离开学校时,教育基金政策账户上没有用完的存款必须转入高中教育账户。政府对于学业成绩优秀或课外活动表现优异或进步飞快或低收入家庭的学童,会加拨50~500新元奖学金并存入学生的教育基金政策账户。对于在私立学校读书、成绩优异但因家庭困难无力支付学费的学童,政府允许该生使用账户存款支付学费。2005年,政府又往每个中小学校的学生账户上补存了160~200新元。教育基金政策账户的经费来源于政府建立的"教育捐赠基金"账户的孳息,其总额为50亿新元。教育基金政策账户是世界上第一个普及性的儿童资产累积政策。

2.婴儿福利政策

2001年,政府又推出了一个相互配套、旨在鼓励生育和辅助家庭育儿的账户,即婴儿福利政策,该政策适用于0~6岁的幼儿。在鼓励生育方面,政府为家庭生育的第一个和第二个孩子存入3000新元,为生育的第三个和第四个孩子存入6000新元;在辅助家庭育儿方面,政府为愿意在孩子0~6岁时,为孩子建账储蓄的家长提供配套资金,第二个孩子的配套资金最高为6000新元,第三、第四个孩子的配套资金最高不超过1.2万新元。婴儿福利政策账户内的储蓄必须专款专用,即只能用于孩子上托儿所、幼儿园,接受特殊教育,或者进行早期疗育、医疗等法律规定的用项。在孩子年满6岁或上小学后,婴儿福利政策账户余款必须转入高中教育账户。

3.高中教育账户

高中教育账户是2005年设立、旨在支持家庭让孩子继续读书、鼓励他

---

① 李健等:《新加坡社会保障制度》,上海,上海人民出版社,2001年,第1版,第126、189、193页。

们完成高中教育的政策。高中教育账户的存款是教育基金政策账户和婴儿福利政策账户中没有用完的存款转存形成的,政府规定这个账户可以获得2.5%的利率保证。对于6~18岁的孩子,如果家长愿意为孩子储存教育基金,政府会提供配套资金存入账户,第二个孩子的配套资金最高为6000新元,第三、第四个孩子的配套资金最高不超过1.2万元。高中教育账户的存款同样专款专用,即只能用于支付高中教育所需费用。高中教育账户没有用完的存款,必须转存入本人的中央公积金账户。[①]

4.教育补贴制度

政府还实行教育补贴制度,对各级各类学生每年每人提供一定数额的补贴,补贴数额由小学生1000新元到大学生1万余新元。

第二节 住房促进制度

在西方国家,或者是将市场作为住房资源的唯一分配者,政府极少干预,如北美模式的住房政策;或者将提供住房的任务纳入国家福利政策体系,保障每个公民的住房权利,如欧洲大陆和斯堪的纳维亚半岛的多数国家。而在实行市场经济体制的新加坡,住房建设与分配并不是完全通过市场来实现,而是采取政府强力干预和市场主导消费相结合的住房政策,即政府根据居民的收入水平进行住房分配:低收入者可以享受廉租房待遇、中等收入者可以购买政府组屋、中高收入者按照市场价格购买入息公寓。[②]在这样的政策模式下,政府和市场之间的关系与西方国家就存在着明显的差异。

在社会保障制度的最初目标设定方面,与世界上绝大多数国家首先关注和解决收入性保障也不同,新加坡政府将社会福利目标首先定位于“居者有其屋计划”上。[③] 1960年政府宣布建屋发展局建立,1964年推出“居者有其屋”的政府组屋计划,新加坡政府组屋年代由此拉开序幕。新加坡与其他资本主义国家的不同之处在于,政府牢牢地控制着全国的土地资源,这是“居者有其屋”计划得以顺利推行的根本原因之一。政府拨出国有土地并以

---

① 王卓祺主编:《东亚国家和地区福利制度》,北京,中国社会出版社,2011年,第1版,第42页。

② 周弘主编:《国外社会福利制度》,北京,中国社会出版社,2002年,第1版,第371页。

③ 郑秉文等主编:《当代东亚国家、地区社会保障制度》,北京,法律出版社,2002年,第1版,第36页。

发展公共事业的名义适当征用由政府定价的私有土地供建房之用。^① 1965
年新加坡独立时,政府占有的土地面积占土地总面积的 49.2％,1975 年为
66％,1985 年为 76.2％,1998 年为 80％,2012 年达到了 90％。^② 建造组屋
所需资金由中央公积金局和银行及其他金融机构提供。由于政府建设组屋
的土地价格远低于市场土地的价格,组屋的售价由政府根据中低收入阶层
的承受能力来确定,而不是根据组屋的成本来确定,价格一直控制在国民家
庭年收入的 2～6 倍,且规定不能超过 6 倍,远低于市场价格。^③ 建屋发展
局确定的原则是让中低收入的国民都能买得起房,只是经济能力强的买大
房,而经济能力弱的买小房。政府提供的免税政策和免费土地都是公积金
制度得以稳定持续生存的制度保障。

　　为鼓励低收入阶层购买住房,1968 年 9 月中央公积金局推出了"公共
住房计划",规定年满 21 岁的会员可以提取个人公积金账户中普通账户总
额 20％的存款支付购买政府组屋的首付款。1975 年,政府又推出了中等入
息公寓计划,允许中等收入会员申请购买政府组屋。1981 年 6 月,中央公积
金局实施私人住宅产业计划,允许会员使用公积金存款购买私人住宅。强制
性的公积金制度、各项优惠政策和津贴制度,保证了 80％以上的国民买得起
房、住得起房。可以说,新加坡是世界上唯一一个实现了"居者有其屋"目标的
国家,并以此国策成功地促进国家经济、政治、社会的稳定和发展。

一、"居者有其屋"计划的确立

1.严重的房荒问题亟需解决

　　1959 年新加坡自治时,人们的居住状况十分糟糕,当时 200 万人口中
84％的家庭居住在店铺和简陋的木屋里,其中 40％的人居住在贫民窟和窝
棚内。^④ 恶劣的居住条件导致公共卫生状况恶化和一系列社会问题,政府
不得不采取法律的、金融的、财政的各种手段解决当时的房荒问题,以至于
使公共住宅开支占到当时财政预算的 1/3。1960 年 2 月 1 日,建屋发展局
成立,它隶属于国家发展部,其职责是建造国民负担得起的公共住房,解决
国民住房困难的问题。当时政府将建造的不同户型的租住房以 20 新元、40
新元、60 新元的月租金租给月收入在 800 新元以下的低收入家庭。1964 年

---

① 陈炳才:《新加坡的保障性住房建设》,《中国金融》2013 年第 3 期。
② 杨敏锐:《新加坡住房保障制度研究及其对中国的启示》,《现代商贸工业》2012 年第 4 期。
③ 陈炳才:《新加坡的保障性住房建设》,《中国金融》2013 年第 3 期。
④ 郭伟伟等:《亚洲国家和地区社会保障制度研究》,北京,中央编译出版社,2011 年,第 1
版,第 49 页。

2 月,政府推行"居者有其屋"政府组屋计划,政府通过控制建房成本来控制组屋的价格,供家庭月收入在规定水平的公积金会员购买。

2.培养公民对新加坡的归属感

政府鼓励国民购买自己所住的公共租赁房,但国民能够购买到的只是 99 年的租用权,而不是房屋的所有权。当年,建屋发展局推出了 2068 套住房,但只卖出 1600 套,原因是人们拿不出 20% 的购房首付款。[1] 于是,时任总理李光耀指出:"我们将全力以赴去达致我们的目标:使每一个公民的家庭都拥有自己的家。"这位深受儒家"有恒产者有恒心"思想影响的睿智的政治家推动实施这项计划的目的,在于促进新加坡公民树立对新加坡的归属感。因为新加坡是个移民国家,后来又是英国的殖民地,因此,在新加坡独立初期,许多居民并不把新加坡当作自己的家园。政府针对国民的这种心态,采取了让国民拥有自己的房产、进而塌下心来生活和工作在新加坡的"居者有其屋"计划。1968 年,建屋发展局修订了 1964 年制订的"居者有其屋"计划,规定公积金会员可以利用公积金账户中的存款交付 20% 的购房首付款,也可以在 20 年内利用每月缴纳的公积金分期偿付购房贷款。政府对购房者的资格也从低收入者扩展到中等收入者,随着购房者人数的增加,政府能够利用公积金迅速回笼,筹集更多建造组屋的资金。而高、中收入者的私人住宅和高级公寓,则由私人房地产商投资建造,按照市场价出售。

3.实现不同族群的融合计划

新加坡居民以华人为主,还有马来西亚人、印度人、欧裔人和其他少数民族人;在宗教方面,有基督教、天主教、佛教、伊斯兰教等十数种宗教。1965 年新加坡建国伊始,政府试图建立一个各族群混合居住以避免互相隔离的公共住房体系,以达到华人、马来人和印度人等族群聚居融合的政策目标。在这样的社会环境下,高度政治控制是一种有效的制度安排。20 世纪 70 年代初,政府的住房政策构想尚处于试验阶段,公共住房计划只是促进在组屋楼宇内族群的融合。到了 20 世纪 80 年代,这种旨在实现族群融合的特殊住房制度得以全面实行。这是因为对于老百姓来说,拥有自有住房意味着获得了受益终身的财富,也是家庭抵御生活风险的可靠保障,何况不断升值的住房价格对于家庭也是一笔可观的额外收入来源,这样的背景为新加坡政府推行并实现"居者有其屋"的政策创造了社会基础。新加坡建屋发展局几乎垄断了全国的住房供应,其中大部分为政府组屋,组屋的价格由

---

[1]　李健等:《新加坡社会保障制度》,上海,上海人民出版社,2001 年,第 1 版,第 90 页。

政府根据居民住房负担指数和市场价格水平加以确定,并依据住房负担指数的变化对价格进行调整。

4.使国民获得安全感并建立抵御金融风险的治理机制

在全球市场竞争日趋激烈的形势下,新加坡政府面临严峻挑战:国家要培育优质的劳动力资源,政府就要使普通家庭的生活得到保障,才能让人们对未来充满希望。但是由于受各种因素制约,政府只能建立通过强制家庭和个人储蓄的方式以保障他们未来生活的社会保障模式。在新加坡,帮助普通家庭有计划地积累财富的政策都由政府主导,其中主要是住房政策。政府认定,住房自有是让人们获得生活安全感的最有力措施,而只有拥有政治资源和组织能力的政府才有能力推行得到全民公允并惠及全体国民的住房政策。住房自有化将个人及其家庭的经济状况与国家的经济发展状况联系了起来,一方面政府解决了无力购买自有住房者的居住问题,另一方面当自有住房者到了老年以后,可以通过置换或者出售自有房屋获得养老的经济保障。总之,推动住房自有不仅是能够让居民获得安全感,而且是有助于建立抵御像次贷危机之类的金融风险的政府治理机制。

二、"居者有其屋"计划的实施

新加坡政府履行了保证公积金资产长期保值、为国民提供普通人负担得起的住房承诺,采取了对国民的终身收入实行管理的方式为普通居民提供保障。国民普遍认为,购置住房是家庭抵御未来风险的最佳保障,尤其是在劳动力市场不稳定的环境下,国民通过购置住房而获得的资产增值是他们收入增加的一个重要来源。在"居者有其屋"计划的实施过程中,建屋发展局和中央公积金局相互配合、协同运作,共同推动"居者有其屋"计划的顺利进行。

(一)政府组屋的出售

1.建屋发展局与中央公积金局联手推进计划实施

成立于1964年的新加坡建屋发展局是发达国家中最大的公共住房开发者,也是政府支持的复杂的国民财富管理系统的成员之一。建屋发展局具有既负责制定组屋发展规划及房屋管理,又负责组屋施工建设、房屋出售和出租等多项职权。建屋发展局的建房资金主要来源于政府发行固定利率的政府债券收入,而债券的主要购买者是中央公积金局,政府将中央公积金政策和住房政策结合起来,完成资本积累,公积金储蓄为建屋发展局顺利运作提供了资金支持。此外,政府通过每年为建屋发展局提供低于市场利率贷款的形式给予资金支持,贷款通过出售组屋来偿还,并采取挂账形式不追索还债。

政府对组屋的销售实行优惠，组屋售价依据中低收入阶层的承受能力而不是成本来确定，在出现亏损情况时，经政府核准后从财政预算中给予补贴。据统计，政府用于公共住房建设的年度投资总额从 1987 年的 14 亿美元增加到 1990 年的 77 亿美元，分别相当于 1987 年和 1990 年 GDP 的 7％和 9％。从 1968 年政府推出"公共住房计划"，到了 2011 年政府拨款总额已达 159 亿新元。新加坡政府主要借助住房政策帮助国民优化个人终身财富投资组合，这是其他国家没有做或者做不到的。

2.政府组屋的分配和管理

为了保障中低收入群体居有其屋，确保组屋的分配公平有序，政府制定并实施了《建屋与发展法》《建屋局法》《特别物权法》等相关法律，对组屋购买者的申请条件、购买程序、组屋补贴等都作出了严格缜密的规定，以规范政府进行组屋分配和国民购买组屋的行为。

（1）购房者的准入门槛。自 1968 年政府实施组屋出售计划以来，购房者日渐增多。为了保障组屋的合理配售，保障中低收入家庭的权益，政府按照公平合理原则对购房人的条件、购买程序、住房补贴等都做出了明确规定，规定了不同收入水平的购房者的准入门槛，门槛高低随生活水平的变化不断进行调整。例如，20 世纪 70 年代的准入门槛是家庭月收入在 1500 新元以下者；10 年以后又调整为 2500 新元；进入 21 世纪上调为 8000 新元。[①]提高购房者家庭月收入水平，就使 80％以上的中等收入家庭有资格购买廉价的政府组屋。对于月收入超过 8000 新元的高收入的家庭，建屋发展局不为他们提供组屋，他们需要从房地产市场购买私宅。1994 年，政府推出"住房特别援助计划"，使用住房专项补助金，资助月收入低于 1500 新元的家庭购买三室组屋，政策实施的 3 年内约有 16000 个低收入家庭入住组屋。[②]国民购买组屋时必须提供翔实的资料，如果弄虚作假将被处以最高 5000 新元罚款或者 6 个月的监禁。

政府依据制定的《新加坡建屋与发展法》《建屋局法》《特别物权法》等法律，对政府组屋的租售、退出等加以严格管理。政府组屋的用途定位于"以自住为主"，因此一个家庭不能购买两套组屋，而是可以购买两次组屋。在购买的组屋居住满 5 年以后，如果需要购买面积更大的组屋以改善居住条

---

① 杨敏锐：《新加坡住房保障制度研究及其对中国的启示》，《现代商贸工业》2012 年第 4 期。

② 郭伟伟等：《亚洲国家和地区社会保障制度研究》，北京，中央编译出版社，2011 年，第 1 版，第 52、54 页。

件,必须到政府有关机构进行登记,并且要在 6 个月之内退出旧组屋,再购置新组屋;购买的组屋 5 年内不得出租,5 年后只能出租部分组屋,而不能把整个组屋出租。居住满 5 年以后腾出的组屋直接进入二手组屋市场进行出售,二手组屋市场是半市场化的,价格由市场决定,政府不予干预。但购买二手组屋的资格仍然需要经建屋发展局的审批,而且要求与从建屋发展局购买组屋的资格相同。

新加坡把 60 岁以上的老人称作"乐龄人士"。1988 年 3 月,建屋发展局为"乐龄人士"推出了"乐龄公寓"。"乐龄公寓"一般兴建在成熟社区,面积为 35 平方米或 45 平方米,供一位或两位老人居住。对于愿意和父母住在一起或住得比较近的年轻人,经有关部门审批,在买房时可一次性减免 3 万新元。"乐龄公寓"计划在鼓励子女履行赡养父母义务,方便照顾老人,减轻国家负担,构建和谐社会方面,发挥着积极作用。

1997 年,建屋发展局推出了"独立户型公寓计划",这是按照老年人的需求,为年满 55 岁,家庭月收入不超过 8000 新元的老年人设计的老年公寓。计划规定,从 2005 年 8 月 29 日起,购房者在公积金特别账户中留足规定的最低存款额后,可以用普通账户和退休账户中的存款购买。购房者出售第一套有津贴的组屋时缴纳的转售抽润,可从独立户型公寓售价中扣除。如果转售抽润高于独立户型公寓售价,购房者不能得到高出的部分。①

(2)购房款的支付方式。建屋发展局出售的新组屋价格只是私人公寓价格的 20%～30%,而且在市场房价随物价及其他因素变动时,组屋的价格在建屋发展局的控制下波动很小。购房者首付额为组屋总价的 10%,按揭贷款不超过月收入的 40%,还款期限为 30 年,贷款利率为 2.6%,低于市场利率约 2 个百分点。在组屋二级市场,起初建屋发展局提供一定的贷款,但限制条件多,到了 2003 年就停止对购买二手组屋提供贷款了。② 在这些优惠政策下,会员可以用公积金普通账户中的存款,一次性付清购房款;也可以用公积金存款支付部分购房款,再用现金支付剩余部分购房款;如果低收入会员公积金账户中的全部存款不足以支付购房款时,可以用申请到的建屋发展局贷款付清购房款,贷款数额由建屋发展局审核决定,参加"家庭保险计划"的会员可以用每月缴纳的公积金归还贷款。如果家庭发生例如房主死亡、残疾、家庭破产等事件,导致无力分期偿还贷款时,中央公积金局将会偿还尚未还清的贷款;经建屋发展局许可,一个家庭中的成员可以合用

① 李健等:《新加坡社会保障制度》,上海,上海人民出版社,2001 年,第 1 版,第 74、94、96 页。
② 曹鹏飞等:《新加坡中央公积金制度及其对完善我国住房公积金制度的启示》,《金融纵横》2017 年第 3 期。

他们公积金账户中的存款购买一套组屋。公积金会员一般用 3 年公积金存款就可以支付 70% 的房款,剩余房款可以通过贷款偿付。而永久居民除了只能购买二手组屋外,也不能向建屋发展局申请贷款,他们只能从银行贷款。①

如果会员卖掉组屋,需从售房款中将公积金提款及其利息存入公积金账户,以确保会员在退休以后有足够的存款用于养老。

(3)公积金组屋津贴。中央公积金除了为公共住宅建设提供充足的资金来源外,政府还为购买租屋的家庭提供特别公积金购房津贴和额外公积金购房津贴,这些津贴在会员购房时直接计入房款。政府以津贴的形式投入建屋发展局的组屋建设,以满足国民的住房需求。

月收入没有超过 8000 新元的国民,首次购买转售组屋,可以获得 3 万新元的组屋津贴;如果首次购买靠近父母住所的组屋,可以获得 4 万新元的组屋津贴;自 2008 年 4 月起,年满 35 岁且与父母同住的单身者购买转售组屋时,可以获得 2 万新元的组屋津贴;单身者要获得 2 万新元的组屋津贴,必须与父母同住至少 5 年,且父母在此期间不得另外购置组屋或私人住宅;年满 35 岁、月收入低于 3000 新元的两个单身者合买一处组屋的,可以获得 1.1 万新元的组屋津贴。

自 2006 年 3 月起,对于第一次购买组屋的低收入者,政府在组屋津贴之外为他们提供 5000 新元至 2 万新元的额外购屋津贴,收入越低的家庭津贴的额度越高。2009 年 2 月,建屋发展局放宽申请津贴的条件,将月收入提高到了 5000 新元,最高津贴额也提高到了 4 万新元。额外购屋津贴可以帮助更多的低收入者减少购房贷款,使他们用每月缴纳的公积金就可以偿还每月贷款额。

(4)推出"屋契回购计划"。为了让年长者把部分投资于组屋的资金套为现金,以供养老之用,新加坡政府于 2009 年 3 月 1 日推出"屋契回购计划"。计划规定,屋主年满 62 岁,只享受过一次购屋津贴,且购买的是两室或三室组屋,已住满 5 年,家庭月收入不足 3000 新元,负债少于 5000 新元者,才有资格向建屋局申请参加屋契回购计划。屋主可将部分屋契以市场价卖给建屋发展局套现,屋主仍可住在自己组屋中,建屋局为其保留 30 年或者更长时间的屋契。参加屋契回购计划的屋主可得 1 万新元津贴,其中 5000 新元现金由屋主消费,另外 5000 新元必须存入公积金终身入息计划,

---

①　李健等:《新加坡社会保障制度》,上海,上海人民出版社,2001 年,第 1 版,第 106、108 页。

使屋主每月可提取一笔固定数额的生活费,直到终老。①

3.用公共住房建设带动经济发展

政府控制了公共住房建设,因此住房政策的变动将会影响到金融机构、商业银行、地产开发商等其他经济部门,进而对经济增长产生影响;"中央公积金局＋建屋发展局"的资本流动模式直接影响到住房信贷市场的发展,自1986年以来政府信贷机构占据了3/4的按揭信贷市场,仅2011~2012财政年度政府提供的用于组屋抵押贷款和开发建设贷款就高达75.08亿新元,②由此又刺激了商业银行的住房贷款业务,1995年商业银行住房贷款占信贷总额的比重达到了37%;中央公积金局和金融部门形成的这种密切关系,使得利率和公积金的存缴率的点滴变化都会对按揭贷款市场的稳定产生影响。③

新加坡的经验表明,社会政策的"跨部门融合"为社会政策的制定和执行开辟了一个新领域,政府在这一领域运用其掌握的政策工具稳定和重构金融市场秩序,进而维护经济和社会秩序,这些得益于新加坡政府极强的官僚能力能够保证其政策达到"实验室的控制水平"以及其"小国"在治理和社区动员方面较为容易。但就新加坡的住房价格一直维持在一个稳定的水平而言,不能不说明新加坡政府具有极强的国家能力。

(二)政府组屋的租赁

建屋发展局为买不起组屋的低收入者制订了组屋租赁计划,由于政府提供租金津贴,租赁费比较便宜,因此,申请者越来越多。自2008年1月起,建屋发展局将原来的每日选租制改为每月选租制,即每个月为申请者提供一次选择组屋租赁的机会。建屋局提供了4.8万间组屋供申请者租赁,其中4.2万间是一居和两居,其余是三居或更大面积的。建屋发展局规定,低收入家庭可按折扣价购买组屋,每租1年折扣3%,折扣额最高可达30%或1万新元。政府还从"建国25周年纪念基金"中为低收入家庭交纳房租和水电费等。④

申请者的资格在2003年10月1日调整以后,把家庭月收入为800新元提高到1500新元,把无期限租约改为每两年更新一次的有期租约。组屋租金标准按照家庭月收入额和属于第一次申请还是第二次申请来确定,第

---

① 李健等:《新加坡社会保障制度》,上海,上海人民出版社,2001年,第1版,第96、103、104页。
② 陈炳才:《新加坡的保障性住房建设》,《中国金融》2013年第3期。
③ 王卓祺主编:《东亚国家和地区福利制度》,北京,中国社会出版社,2011年,第1版,第301页。
④ 和春雷主编:《社会保障制度的国际比较》,北京,法律出版社,2001年,第1版,第117页。

一次申请是指不拥有政府提供津贴的组屋,也没有出售过政府提供津贴的组屋,还没有享受过其他形式的住房补贴。例如,家庭月收入不足 1500 新元的申请者,一居房租在 26 新元至 205 新元之间,两居租金在 44 新元至 275 新元之间;家庭月收入不足 800 新元的申请者,一居租金在 26 新元至 33 新元之间。如果在更新租约时,租户的家庭月收入提高到了 1501～2000 新元以上,租金将上调到市场租金额的 50%;如果两年以后租户还要续租,租金将上调到市场租金额的 70%。建屋发展局对居住了两年租赁组屋后,想购置两居或三居政府组屋的申请者,按照"租户优先计划"的规定予以支持,帮助他们拥有属于自己的住房。[①]

(三)政府组屋的出租和出售

建屋发展局规定,购买的组屋 5 年内不得出租,5 年后只能出租部分租屋,而不能把整个组屋出租。2007 年 3 月建屋发展局作出新的规定,直接向建屋发展局购买的组屋和向建屋发展局申请公积金购屋津贴购买的转售组屋的屋主,住满 5 年后就可出租组屋;不是用公积金购屋津贴购买的转售组屋的屋主,住满 3 年后就可以出租组屋。这样的规定让那些没有经济能力购买组屋的人通过租赁组屋安家。屋主只出租部分房间的,自己仍须住在没有租出去的房间里。出租组屋须事先得到建屋发展局的批准,否则会被处以罚款。对于屡次违反出租条例规定者,建屋发展局会作出收回组屋的决定。

如上所述,一个家庭虽然不能购买两套组屋,但是可以购买两次组屋。由于购置了组屋的屋主对组屋不拥有完全产权,因此在出售旧组屋和购置新组屋时会受到一系列限制。例如,屋主要出售政府组屋,须遵守以下规定:购房款是银行贷款,须住满 1 年才能出售;购房款是从建屋局贷的款,没有享受政府购屋津贴,须住满两年半才能出售;购房时从建屋局贷了款,同时享受了政府的购屋津贴,须住满 5 年才能出售。如果屋主没有住满 5 年就打算将组屋出售时,只能由政府按售出时的原价将组屋收回,但不向屋主收取居住期间的租金。建屋局对出售组屋实行抽润政策,使得人们在第二次购置组屋时不再能够获得像第一次购屋时一样多的津贴。如果购买的是二手组屋,就不必交纳转售抽润了。

三、住房政策实施的效果

"居者有其屋"政策的实施经历了一个由解决住房困难到增加住房面

---

① 李健等:《新加坡社会保障制度》,上海,上海人民出版社,2001 年,第 1 版,第 98～100 页。

积,再到提高住房质量的发展过程。在 20 世纪 60 年代组屋建设初期,政府主要兴建一室或两室且用于租赁的组屋,租赁组屋主要为月收入在 800 新元以下的家庭;70 年代开始兴建三室或四室用于出售的组屋;80 年代开始兴建有商业中心、银行、学校、图书馆、剧院、诊所等综合性小区,小区周边有地铁站和公交站,为居民提供了高质量的居住环境;90 年代以后进行大规模的组屋更新计划,更新后的组屋设施更加齐全、功能更加合理、环境更加优雅,是名副其实的"花园城市"国家。从 1960 年至 2007 年将近 50 年间,政府共提供了 98.7 万套组屋,政府每年仍将国内生产总值的 9% 用于国民住房建设。到 2008 年 3 月,居住在政府组屋的人口约占总人口的 82%,其中 94.7% 是组屋的产权人,另有 5.3% 的低收入家庭居住在政府提供的廉租房中。[①] 政府为绝大多数居民解决了住房问题,这在世界范围都是独树一帜的。

新加坡住房政策的独特之处表现在公共住房在住房领域居垄断地位。私人住宅和商品公寓在 2007 年时占比达到 22%,而由政府修建和分配的政府组屋占到 80% 左右;人均居住面积由 1959 年的 3.3 平方米增加到 15 平方米,居亚洲之首。[②]据建屋发展局的统计,自 1960 年推行"居者有其屋"计划以来,建屋发展局共兴建组屋 990320 套。[③] 24% 的家庭住在四居室或者更大的政府组屋,39% 的家庭住在三居室的政府组屋,只有 25% 的家庭住在一居或两居的组屋里,收入最低的 20% 家庭中 75% 的人拥有自己的住房。[④] 新加坡总理李显龙曾自豪地说:"放眼世界,没有任何一个国家拥有如此全面的公共住房计划,新加坡是全球国民拥房率最高的国家之一。"[⑤]房地产业的兴旺成为国民经济的重要支柱,并带动国民经济持续稳定发展。媒体称,新加坡是全球唯一一个老百姓拥屋率接近 100% 的国家。[⑥]

第三节　家庭促进制度

新加坡的家庭促进制度完全不同于欧美的家庭促进制度。

---

① 李健等:《新加坡社会保障制度》,上海,上海人民出版社,2001 年,第 1 版,第 89、101~102 页。

② 郑秉文等主编:《当代东亚国家、地区社会保障制度》,北京,法律出版社,2002 年,第 1 版,第 36 页。

③ 郭伟伟:《新加坡社会保障制度研究及启示》,《当代世界与社会主义》2009 年第 5 期。

④ 多吉才让主编:《国外社会福利制度》,北京,中国社会出版社,2002 年,第 1 版,第 382 页。

⑤ 杨敏锐:《新加坡住房保障制度研究及其对中国的启示》,《现代商贸工业》2012 年第 4 期。

⑥ 方成等:《新加坡中央公积金制度探究》,《国际研究》2015 年第 8 期。

一、家庭保障计划

1982 年 1 月,中央公积金局推出"家庭保障计划",旨在保障会员及其家庭在遭遇意外或永久丧失工作能力时,不致因没有付清住房贷款而失去住房。家庭保障计划规定,动用公积金存款购买了组屋和中等人息公寓且按规定购买了抵押递减保险的会员,在遭遇意外后由公积金局代为偿还剩余的贷款,这是一项强制性的抵押抵减保险计划。参加家庭保障计划的会员可以从公积金普通账户中一次性支付投保费,投保费的数额依据尚未付清的贷款、需还款的年限、利息、会员年龄等计算。如果投保者普通账户的存款不够支付保费,就需要减少贷款(即减少保费)或者用现金支付。也可以申请用配偶的公积金储蓄来支付。[①] 60 岁以前去世或终身残疾的会员,公积金局将为他们偿还尚未付清的贷款。具体的规定是:单独拥有组屋的会员,投保额为没有偿还完的贷款额;几个会员联名购买的组屋,投保额为没有偿还完的贷款额,联名组屋的各个会员一般按自己应偿还的贷款余额的比例投保。如果有联名屋主,由联名屋主从联名公积金存款中提取尚欠贷款额投保家庭保障计划。但是,60 岁以上和健康欠佳者不能参加这项计划。[②]

1989 年 5 月,中央公积金局又推出了一项"家属保障计划",旨在为会员及其家属在发生不幸事件时提供一定的经济保障,这是一项为 60 岁以下会员设立的定期人寿保险计划。参加家属保障计划的会员需缴纳投保费,投保费可从普通账户中支付,保费数额依会员年龄而定。35 岁以下者,每年支付 36 新元,55 岁至 59 岁者每年支付 360 新元。缴纳了保费的会员在保障期间去世或终身残疾,他的家属由于能够获得相应赔偿,而使家庭生活不致陷入困境。[③]

二、儿童促进计划[④]

儿童青少年福利仍然以家庭为主,提供的福利计划主要有:

1.中心经济援助计划。国家社会服务委员会、国家工会根据家庭的收入水平和人口数,每月提供 50～200 新元补助,使这些家庭的儿童在父母工

---

①　郑秉文等主编:《当代东亚国家、地区社会保障制度》,北京,法律出版社,2002 年,第 1 版,第 245 页。

②　和春雷主编:《社会保障制度的国际比较》,北京,法律出版社,2001 年,第 1 版,第 124 页。

③　郭伟伟等:《亚洲国家和地区社会保障制度研究》,北京,中央编译出版社,2011 年,第 1 版,第 58、59 页。

④　周弘主编:《国外社会福利制度》,北京,中国社会出版社,2002 年,第 1 版,第 381～382 页。

作时能得到看护。

2.儿童关怀计划。自 1998 年 7 月开始,社会发展体育部为低收入母亲的每个未成年子女提供最高 1000 新元的资助。

3.家庭发展计划。社会发展体育部为低收入的夫妇,尤其是单身母亲家庭的儿童提供教育经费,儿童在不同的学习阶段可以获得 200～800 新元的助学金。收入低于 750 新元、年龄不超过 40 岁的单身母亲每年可以获得 800 新元的住房补贴,直到 45 岁或者补贴满 20 年。

第四章 社会救济法律制度

新加坡的社会救助制度是在 1945 年,殖民地政府为解决由战争带来的贫困问题而建立的。独立后的新加坡政府参考美国的工作福利政策设计本国的社会保障制度,即采取薪资补助的办法。和美国一样,新加坡政府强调个人责任及家庭责任,认为最好的福利就是为人们提供工作机会。为了避免人们养成福利依赖,政府积极帮助人们自立,提供救助只是暂时的做法。新加坡的社会大众也不关切贫穷问题,政府也不就贫穷问题进行政策讨论。但是,在市场经济环境下,对于少数失业者以及缴纳公积金年限较短的年轻人、贫困的残疾人、贫困家庭的儿童等社会不幸运者,会在穷尽了包括家庭和社会所能提供的所有个人资源之后,仍然不能摆脱贫困时,不得不向政府申请救助。新加坡的社会救助体现三项原则,即提供救助以促进自立、家庭是第一位的支持者、亲友的帮助,由此可见政府救助是对申请救助者采取的最后手段。

新加坡有多个提供社区服务和社会救济的机构,每个机构都有自己较为固定的服务对象和工作内容。这些根据社会不同需求而设置的机构,构成了社会化的自愿服务组织体系,并且和公积金制度一起,编织起一个巨大的社会安全网,将所有新加坡公民都覆盖和保护了起来,在维护社会稳定、种族和谐中发挥着重要的作用。

一、社会救济机构

(一)社区关怀基金

2005 年之前,政府提供的救助事务由政府统一管理。2005 年之后,社会救助工作权力下放给了社区发展理事会、基层组织、志愿福利组织等机构,由它们负责审核和批准社会救助申请,这给国民带来了更加便捷和高效的服务。例如,以前的救助申请需要 3 个月的等待期,而 2005 年后申请人只需等待两周就可以得到审批结果。2005 年 7 月,新加坡以"社区关怀基金"制度取代了之前的由非政府组织、志愿者组织和公民个人提供的帮助。

"社区关怀基金"由社会发展体育部下属的社区发展理事会负责实施。该制度的照顾对象包括：1. 没有工作能力、没有其他经济来源、没有其他家庭成员可以依靠的贫困老年人、残疾人；2.对低收入家庭的儿童提供补助；3.家庭每月收入低于 1500 新元且没有储蓄的家庭；4.失业者。

虽然新加坡是国际劳工组织的会员国，但是新加坡没有批准该组织第 3 条有关失业保险的条文。国家奉行的"自力更生、个人责任、独立自助"理念，使得社会救济计划为社会最不幸运者提供，失业者被纳入不幸运者之中。对于失业者，政府主要通过继续教育、技能发展、培训等措施，为他们创造就业机会，并认为这是根本扶贫。政府在培训方面投入大量资金，例如，2005 年，人力资源部向技能发展基金投入约 9900 万新元，为就业者提供培训；而主管社会救助的社会发展、青年和体育部每年只投入 1000 万新元，为那些有工作能力、正接受培训但有经济困难的人提供社会救助。在这样的救助制度下，一个没有收入、无依无靠的老人每月可得到 330 新元的救助金，此外，政府还向救助对象提供免费医疗以及租金、水电费减免，还为他们提供子女上学费用。2005 年至 2010 年，政府共向社区关怀基金拨款 2.1 亿新元，使 16 万余国民及其家庭受益。政府准备将社区关怀基金的规模由现在的 8 亿新元扩大到 10 亿新元。[1]

(二)社会公益基金

成立于 1983 年的社会公益基金是在政府有关部门注册的慈善组织，它的主要任务是为那些经国家社会服务委员会审核的志愿福利组织提供运作资金，并对全国 250 多个志愿福利组织进行管理和监督。社会公益基金每年能够筹集到 3500 万～4000 万新元，这些钱主要来源于直接捐款、学校游行、广告、捐赠箱、义卖等。1999～2000 年间，社会公益基金 39％来自每月一次的雇员捐助活动、26％来自企业捐助、15％来自民众捐助、13％来自义卖、6％来自一款收集活动。2000～2001 年，社会公益基金将筹集到的 3730 万新元用于 111 个福利计划，受益者达到 240569 人。

(三)人民协会

1960 年 6 月人民协会成立，总理李光耀任主席。人民协会全年经费为 8900 万新元，其中 85％由政府承担。人民协会有 1500 名专职人员，义工 3 万余人。新加坡有 9 个社区，每个社区有一个直属人民协会的社区委员会，社区委员会由理事会管理，理事会由人民协会任命。社区委员会的职责范

---

① 李健等：《新加坡社会保障制度》，上海，上海人民出版社，2001 年，第 1 版，第 192、197 页。

围主要有:社区内的医疗基金、教育奖学金和学生贷款、社区图书馆、娱乐设施以及由社会发展体育部决定的救济项目。此外,社区委员会还为本社区老年人、残疾人、儿童、贫困者组织各种慈善活动。[1]

二、社会救济待遇

(一)工作收入补充

2007 年,新加坡出台《工作收入补充》政策,这项政策的救助对象是:35 岁以上新加坡公民,2008 年至少工作了 3 个月或 6 个月,月薪最高为 1500 新元,家庭资产在 2007 年 12 月 31 日不超过 1 万新元者,提供最低 900 新元(35～45 岁者)、最高 2400 新元(60 岁以上者)的现金补助。但是,每领取 100 新元中的 71 新元进入公积金账户,29 新元直接领取。此政策旨在鼓励低薪者继续工作,并对其进行职业培训,以增强其市场竞争力。对于自雇者和非正式劳动力市场的劳动者,提供最低 600 新元(35～45 岁者)、最高 1600 新元(60 岁以上者)现金补助,由于他们没有雇主缴纳的公积金记录,政府补助的现金直接进入补办的医疗账户,以减轻其医疗负担。[2]

(二)武装部队补助

政府还设立了武装部队补助,旨在减轻服兵役人员的经济困难。补助分为两种情况:一是对已婚服役人员,若妻子无工作,每月可获得最高 70 新元的补贴,第一个和第二个孩子可分别获得 40 新元和 30 新元的补贴;二是若服役人员每月收入与补贴额合计低于维持生活的最低水平,可申请每月不超过 200 新元的贷款,单身服役人员可申请每月 150 新元的贷款或不超过 150 新元的补贴。[3]

(三)残疾人福利[4]

新加坡政府对不同年龄段的残疾人采取不同的福利措施,为他们融入社会提供条件和机会。

1.提供受教育机会。政府对入托和学前班的残疾儿童提供特殊照顾,当他们要就读中小学时,可以去志愿福利组织设立的、由教育部支持的学校接受教育,这些学校主要教会他们基本生活技能,使他们基本能够独立

---

① 周弘主编:《国外社会福利制度》,北京,中国社会出版社,2002 年,第 1 版,第 373～374、377 页。

② 王卓祺主编:《东亚国家和地区福利制度》,北京,中国社会出版社,2011 年,第 1 版,第 148 页。

③ 和春雷主编:《社会保障制度的国际比较》,北京,法律出版社,2001 年,第 1 版,第 119 页。

④ 周弘主编:《国外社会福利制度》,北京,中国社会出版社,2002 年,第 1 版,第 380 页。

生活。

2.进行职业培训。志愿福利组织和技术教育研究所共同合作,对14~21岁的残疾青少年进行职业培训,所需资金由教育部承担。

3.安排就业。新加坡的很多机构愿意为残疾人提供就业机会,在对残疾人的工作能力进行评估以后,为他们安排适合从事的工作。对于那些劳动能力有限的重度残疾人,志愿福利组织为他们在保护生产工厂安排合适的工作,并支付给他们能够维持基本生活所需的报酬。

4.提供交通和住房福利。社会服务委员会为残疾人减免交通费用。政府还为家庭有特殊困难的7~55岁的残疾人提供有特殊照顾的短期居住的住所。16岁以上因公致残的残疾人,可以在有特殊照顾的住所居住两年。

5.为有残疾成员的家庭提供资助。新加坡的残疾人政策与老年人政策一样,注重家庭和自身作用,所以,鼓励残疾人家庭照顾残疾家庭成员,并一次性提供3500新元的现金支持。

以上福利项目都由志愿福利组织管理,由社会服务委员会进行协调,社会发展体育部给予支持,残疾人教育由教育部负责。全社会的扶残助残意识和行动也非常强烈和积极。

(四)公共援助金计划

新加坡没有建立贫困线制度,因此不同年份对贫困的认定有很大距离。对于那些无法工作又没有其他经济来源的贫困者,政府通过"公共援助金计划"为他们发放公共援助金和免费就医的医药福利卡。新加坡的公共援助金计划不是直接提供给老年人的,而是提供给整个家庭的,[①]公共援助金的数额视家庭人口数而定。2008年,政府将公共援助金提高了30~115新元,每个家庭可以获得290~940新元的公共援助金,一位独居老人获得的金额应是290新元。2009年2月,政府决定再次提高独居贫困者的公共援助金,从290新元提高到330新元,以保证这些人的基本生活所需。[②]

政府为贫困阶层提供社会救济,旨在使那些生活在贫困境地的人获得经济上的援助后逐渐自立,为社会提供经济效益。新加坡政府倡导的"自强自立、自力更生、立足于依靠自己和自己的家庭来解决自己保障问题"已经深入人心,老百姓的格言是:"给我一条鱼,我可以吃一天;教会我学打鱼,我可以吃一生。"很少有依靠政府福利生活的懒汉。新加坡最底层的10%贫困家庭,也拥有一定的财富,[③]这不仅说明新加坡已经消除了绝对贫困,而

---

① 周弘主编:《国外社会福利制度》,北京,中国社会出版社,2002年,第1版,第378页。

② 李健等:《新加坡社会保障制度》,上海,上海人民出版社,2001年,第1版,第79页。

③ 周弘主编:《国外社会福利制度》,北京,中国社会出版社,2002年,第1版,第383页。

且说明新加坡的福利政策是真正能够发挥社会保障制度内在功能的制度。

20 世纪 80 年代以来,包括新加坡在内的东亚国家和地区以及欧美国家都出现了高失业率,导致更多的人需要依靠社会救济生活,加上医疗费用和养老金支出的增加,政府的福利开支压力巨大。许多国家在缩短领取社会救济待遇期限、降低待遇水平、从严审定获取待遇资格的同时,促使社会救济待遇领取者积极就业。比起其他国家来,新加坡政府的社会救助政策具有更加严格的标准,提供的救助额度比较低,立法者的初衷就是要使家庭和社区在扶助贫困方面发挥更大的作用,使被救助者尽快自立并摆脱贫困。

亚洲金融危机以后,失业人数增加,新加坡政府对此采取的对策是,在人力资源部、全国职工总会、全国雇主联合会及企业的密切合作下,筹集资金,对职工进行技能和知识培训,提高职工的综合素质,迎接知识经济的挑战。1998 年 4 月,新加坡职工总会筹资 300 万新元,政府又补贴了 900 万新元,成立了教育与培训基金。1998 年 5 月,人力发展署耗资 1500 万新元,建立技能发展中心。1998 年 8 月,政府出资 1 亿新元补贴给送职工参加培训的雇主。[①] 在实现社会融合的过程中,新加坡和美国更倾向于强化国民个人责任,而欧洲国家则更倾向于政府的责任。

---

① 顾俊礼主编:《福利国家论析——以欧洲为背景的比较研究》,北京,经济管理出版社,2002年,第 1 版,第 354 页。

第五章　评论:独树一帜且难以复制的 新加坡社会保障法律制度

新加坡社会保障法律制度已建立 60 多年,现在已经形成比较成熟完善的预防和保障国民生活风险的社会保障法律体系。

第一节　根植于特殊政治社会环境下的 特殊社会保障法律制度

新加坡社会保障制度的建立和发展,受到与其他国家都大不相同的政治经济社会因素的影响:城市国家、经济发达、政府具有高度社会控制力、华人文化传统等合力助推新加坡实施特殊模式的社会保障制度:

首先,它得益于新加坡强有力的政治体制,政党(通过政府)能够通过高度社会控制能力,实现既定目标。从 1965 年至今,人民行动党在议会中一直居于支配地位,在表面上人民行动党具备西方代议制政党的一般特点,但在实质上由于它能够对新加坡的立法、司法和行政体系施加重大影响,因此能够与立法、司法和行政体系一起构成了有效控制社会的完整系统。党权和政权高度统一的政权运作机制,不但使人民行动党的意志能够在全国范围畅行无阻,而且保持了社会稳定和促进了社会发展。

其次,政府在制定社会福利政策时秉持效率优先、机会平等的价值取向。李光耀总理曾强调,要谨记效率是社会发展的根本,"重新分配不能过头,以致造成浪费和滥用,卓越者不再发奋图强。"[①]为此,政府始终把关注点放在为社会成员创造更多就业机会、提供技能培训上,在激发国民劳动积极性的基础上,通过创造更多的社会财富达到减少和消除贫困的目的。对

---

① 李光耀:《经济腾飞路:李光耀回忆录(1965～2000)》,北京,外文出版社,2001 年,第 1 版,第 102 页。

于那些因各种原因仍处于贫困状态的社会成员,政府通过提供津贴和社会救济,保障他们的基本生活需求,缩小社会贫富差距。在具体政策设计上,政府在为低收入阶层以及老弱病残者提供经济援助以实现社会公平的同时,在医疗、住房、养老等社会福利项目上都规定了有差别的待遇,体现了效率优先的原则。

再次,定位于"自我负责"的制度设计理念,保证政府只把用财政资金提供经济援助的对象集中在确实无法自存的真正贫困者的身上,以及为占总人口比例很小份额的公务员缴纳 50% 的公积金方面。新加坡的绝大多数国民属于私人企业雇员、个体经营者和自由职业者,他们几乎都在强制保险范围,自己缴纳公积金并为自己的生活风险负责。由于政府没有沉重的社会福利财政负担,就能够把更多的资金用于发展经济、创造更多就业岗位、国民得到更多的工资收入上,进一步使国民"自我负责"成为可能。在强调社会成员自我保障、减轻政府财政负担的同时,独特的中央公积金制筹资模式将个人努力程度和公积金存款数额以及能够获得的社会保障待遇紧密地联系在一起,极大地激励了人们自立自强、勤奋工作,为自己和家人创造丰衣足食生活的优良国民意识。

第四,深受中国传统儒家文化的影响,家庭不但在社会保障中充当着重要的角色,而且在维护社会稳定中居于中心地位。这一理念反映在公积金制度中,规定子女可以用现金或自己的公积金存款填补父母的退休账户,这既提高了父母晚年的生活质量,又为子女履行赡养父母的义务提供了机会。规定会员的保健储蓄账户既可以支付本人的医疗费用,也可以支付配偶、子女、父母的医疗费用,达到了家庭成员之间守望相助的效果,密切了家庭成员之间的关系,为维护社会稳定奠定了坚实的社会基础。此外,各项福利计划都是以家庭为中心制定,无论是老年福利、儿童福利、残疾人福利,都以家庭为中心提供,并且其作用通过法律被不断地强化。"有恒产者有恒心"的儒家思想让政府将社会保障制度的目标较先定位于"居者有其屋"计划上,使每个家庭都拥有自己的住房,促进了多族群公民树立对新加坡的归属感。

第五,强制储蓄计划使中央公积金始终处于"高储蓄、高积累、高增长"的良性循环过程中。具有强制性长期储蓄特征的公积金成为政府控制宏观经济发展的有力杠杆。国民在中央公积金局的储蓄额占到国内生产总值的将近 50%,中央公积金局用公积金购买政府债券,政府利用由此获得的资金投资于国家基础设施,解决了国家在经济建设中资金短缺问题,李光耀总理曾自豪地说,我国从来未曾负债。

强制储蓄型社会保障制度已覆盖到新加坡所有居民及其生活的各个方

面,实现了秉持儒家理念治国的李光耀总理所设想建立的"老有所养、病有所医、住有所居、矜寡孤独废疾者皆有所养"理想社会的目标。

当然,与其他任何事物一样,新加坡的社会保障制度也不是完美无缺的。学术界认为存在的主要问题有:个人负责生活风险的制度虽然避免了因过度追求收入分配上的公平而牺牲经济效率,但是,这种单纯追逐经济增长、有意降低社会保障水平的制度,一旦遭遇经济危机,人们就容易跌入贫困深渊;较高的缴费率加重了企业的负担,削弱了企业在国际市场上的竞争力,尤其是一些出口型企业受到的不利影响更大;中央公积金制在缩小贫富差距上没有发达国家制度的力度大;公积金制抑制内需,影响经济发展;政府对劳动力市场采取不干预或少干预的政策,没有建立失业保险制度,当1998年亚洲金融危机来临时,当年新加坡就有约27000人失业。[1] 人们会因失去工作进而失去收入,公积金账户的储蓄也会贬值,生活水平随之迅速下降甚至落入贫困境地;进入老龄化社会后,公积金应对风险的能力在降低;虽然政府对公共住房投资计划、社会救济计划、保健双全计划给予补贴,但总体说来,政府财政在社会保障中的支出还是微不足道的。

第二节　公积金制是国民生活风险防范和保障的有效机制

基于以上存在的问题,学术界对于新加坡的公积金制度是否属于社会保障制度存在争议。有学者指出,强制储蓄型社会保障制度虽然能够起到为生活风险提供保障的作用,但它与传统的体现"集中风险"和"社会正义"的社会保障制度没有任何关系,[2]因而它不属于由国家提供福利的制度。在资金积累模式中,收入也有政府的作用,但却不存在大规模的收入再分配和政府社会转移支付,这种资金积累模式是以资金积累补充保险的形式,虽然有制度的规范,但国家在社会福利中的作用相应较低,因而不属于由国家承担最终财政责任的社会保障制度。[3]

有学者认为,新加坡是一个几乎没有什么社会福利制度的国家,它没有

---

[1] 顾俊礼主编:《福利国家论析——以欧洲为背景的比较研究》,北京,经济管理出版社,2002年,第1版,第352页。

[2] 王卓祺主编:《东亚国家和地区福利制度》,北京,中国社会出版社,2011年,第1版,第302页。

[3] 顾俊礼主编:《福利国家论析——以欧洲为背景的比较研究》,北京,经济管理出版社,2002年,第1版,第112页。

任何社会福利意义上的收入再分配制度,中央公积金制度只是一个强制性的个人储蓄计划,而不具有任何社会福利的含义。[①]

也有学者认为,公积金制度由于缺乏共济性和政府不承担或不直接承担社会保障的责任,所以不能称作社会保障制度。公积金制度所具有的政府强制和雇主缴纳费用以及确实为人们提供了生活风险保障的特征,表明它具有社会保障的强制性和福利性的基本特征。因此,只能说新加坡的社会保障制度是一种独一无二的、只适合新加坡国情的制度安排。[②]

还有学者认为,一个成熟完善的社会保障制度应是在促进经济增长的同时,政府除了将福利供给限制在残疾人和老年人的范围外,还应当为老百姓的生活风险承担更多一点的责任。因为一个国家的公共福利支出占政府财政支出的比重,反映着政府财政支出中转移支付率的高低,由此可以衡量出政府在社会福利方面所承担的责任的大小,它取决于国家公共职能的规定性,也反映着政府在社会公平和经济效率选择方面的基本倾向。据统计,1997年,新加坡人均国民生产总值达 25754 美元,接近美国人均 29301 美元水平,高于英国 19002 美元的水平;新加坡政府社会福利支出水平仅占国民生产总值的 0.3%,占政府支出的 1.8%;而美国政府社会福利支出水平占国民生产总值的 6.2%,占政府支出的 28.8%;英国政府社会福利支出水平占国民生产总值 13.0%,占政府支出的 31.1%。[③] 从这些数字比较中可以看出,新加坡奉行的经济自由主义理念对社会保障制度产生的影响是深刻的。

笔者认为,采取个人账户的中央公积金制虽然互济性差,但不能因此抹杀它为国民生活风险提供有效保障的功能和作用:

第一,政府在为国民生活风险提供保障上的理念在不断发生变化。中央公积金制建立之初,政府通过强制储蓄的方式实现国民生活风险的自我保障。随着国民经济的发展,公积金规模的不断扩大,保障范围逐步由养老扩展到了住房、医疗、教育等领域,而政府在这些领域都有不同额度的财政补贴。最明显的进步表现在 2009 年实施的终身入息计划和公共援助金计划上:政府根据公积金会员的年收入和住房的价值,对于参加该计划的会员提供一笔红利。55 岁以上无法享受"建国一代"配套者,每年可获得 100~200 新元的保健补贴,待遇提供 5 年;对于那些无法工作又没有其他经济来

---

① 郑秉文等主编:《当代东亚国家、地区社会保障制度》,北京,法律出版社,2002 年,第 1 版,第 224 页。

② 郑功成:《社会保障学》,北京,商务印书馆,2000 年,第 1 版,第 292~293 页。

③ 郑秉文等主编:《当代东亚国家、地区社会保障制度》,北京,法律出版社,2002 年,第 1 版,第 44 页。

源的贫困者,政府通过"公共援助金计划"为他们发放公共援助金和免费就医的医药福利卡。虽然政府财政转移幅度与其他国家相比还有较大距离,但可以看出,政府在国民生活风险保障方面,承担的责任在逐步加大。

第二,社会保障制度的公平性不断得到强化。例如,国家免税和企业分担缴费责任,都表明公积金成员所得大于他们缴纳的公积金,公积金制的公平性昭然若揭。① 企业或雇主为雇员缴纳的公积金以给付的形式存入雇员的公积金账户,以便他们用于支付养老、医疗、购买组屋等各种费用,因此,雇员相对来说也是收入再分配的受益人。雇主的利润被强行减少了,而雇员的收入相应地增加了,这是对整个国民收入的更公平的再分配。虽然雇主可以通过提高产品价格的办法来减少一部分利润损失,但最终生活费用上涨的负担由更多的社会成员来承担,而不是雇员本身,同样体现出社会成员之间的连带关系。② 雇主可能会对给雇员缴纳公积金和向国家纳税有所抱怨,但是由此造就的一支健康的劳动力队伍是具有生产性的,从中受益的首先是雇主。1990 年 7 月,中央公积金局推出了健保双全计划,是一项保大病和慢性病的医疗保险计划。健保双全计划既具有社会统筹所体现的互济原则,又具有商业医疗保险所体现的精算原则,是一项通过保险方式让个人与社会共担重病风险的计划。说其体现了互济原则,是因为会员缴纳的费用实行社会统筹,而不是计入缴费人账户,在会员出现计划规定的情况时,就可以从健保双全计划账户支付所需费用,经过几次改革,患者的自付比例从 60％已下降到了 20％,使新加坡的医疗保险计划向社会公平迈进了一大步。

第三,政府在社会保障中承担着最终责任主体的角色。虽然中央公积金局是一个隶属于劳工部的、具有半官方性质的自负盈亏的独立法人机构,政府无权动用公积金款项,只能以政府债券的形式有偿使用并如期归还,但是,政府负有担保公积金价值、偿付公积金贬值损失的义务。③ 政府还对组屋的销售实行优惠,组屋售价依据中低收入阶层的承受能力而不是成本来确定,在出现亏损情况时,经政府核准后从财政预算中给予补贴。社会保障制度之所以被称作国民收入再分配制度,是指把总量不变的经济资源从一些社会成员的手里拿过来作为福利收入,然后有条件和低代价甚至无代价

---

① 郑功成:《社会保障学》,北京,商务印书馆,2000 年,第 1 版,第 261 页注释①。
② 〔法〕让-雅克·迪贝卢等:《社会保障法》,蒋将元译,北京,法律出版社,2002 年,第 1 版,第 63 页。
③ 郭伟伟等:《亚洲国家和地区社会保障制度研究》,北京,中央编译出版社,2011 年,第 1 版,第 38 页。

地提供给另外一些社会成员,而"拿过来"是通过各种税收、费收甚至是财政赤字得到的。政府从作为其财政收入的税收中拿出来一部分交给社会保障基金,是政府应当承担的责任,以保证社会保障制度持续稳定推进。中央公积金虽然完全独立于国家财政预算系统,而且更加强调个人责任,但国家财政仍然承担着对社会救济、社会促进项目的直接拨款责任,甚至还为社会保险基金给予适当补助,新加坡政府与其他国家政府一样,扮演着社会保障事务最终责任主体的角色。① 这些都说明,新加坡的中央公积金制度与其他国家的社会保障制度在最本质问题上是一致的,即国家财政对社会保障制度负有最后的财政兜底责任,而这个本质特征是社会保障制度与纯粹采取等价交换的商业保险以及慈善机构、非政府组织等民间组织所进行的救助活动的根本区别。

第四,政府在社会保障上的价值取向虽然也是信守经济自由主义,但在财政支持程度和方式上又与美国不同。在新加坡,政府并不是完全放弃对社会保障的财政转移,在中央公积金制度之外,政府通过财政支持,建立起了个人、家庭、社会、政府共担生活风险的制度,以实现建立改善低收入者生活状况,缩小社会贫富差距的社会福利制度的目标。政府每年都从财政预算中给建屋发展局提供一笔津贴,从 1960 年到 2009 年底,累计提供了 192.81 亿新元的津贴,政府的财政支持是建屋发展局成功实施组屋计划的基石之一。② 再以医疗保障制度为例,个人,需承担大部分医疗费用,这些费用从个人保健医疗账户中支付;家庭,家庭成员的住院费用可以从会员个人保健医疗账户支付;社会,政府通过支持民营慈善医院等社会慈善组织,解决底层社会成员就医困难的问题;政府,不仅为在公立医院就医的患者提供医疗费用补贴,而且为贫困者支付医疗费用,使得全社会成员都能够被医疗保障制度覆盖,体现了社会公平。③ 此外,政府通过提供住房补贴、教育补贴、儿童补贴、就业服务、社会救济等承担起政府应当承担的责任。在所有这些补贴中,住房补贴居于首位,这是新加坡社会福利制度的特色所在。④ 新加坡在社会保障方面的政府财政支出比重,由 1972 年的 3.9% 增加到了 1991 年的 8.2%。⑤

① 郑功成:《社会保障学》,北京,商务印书馆,2000 年,第 1 版,第 338 页。
② 杨敏锐:《新加坡住房保障制度研究及其对中国的启示》,《现代商贸工业》2012 年第 4 期。
③ 陈昱方等:《新加坡卫生服务体制对我国卫生服务体制改革的启示》,《医学与社会》2012 年第 1 期。
④ 郑秉文等主编:《当代东亚国家、地区社会保障制度》,北京,法律出版社,2002 年,第 1 版,第 36 页。
⑤ 李健等:《新加坡社会保障制度》,上海,上海人民出版社,2001 年,第 1 版,第 6 页。

　　第五,政府在发展教育事业,改善人力资本素质方面走在了发达国家的前面。1997年,新加坡教育支出占中央政府支出的18.82%,远高于美国教育支出占中央政府支出1.76%的水平。教育支出仅次于防务开支(28.9%),而高于一般公务开支(13.32%),说明新加坡在自然资源匮乏的国情下,将对人力资源的投资放在了重要地位,政府在发展教育事业,改善人力资本素质,从而提高个人和社会的经济竞争能力方面承担了较大的责任。① 这是新加坡政府从国情出发对本国社会保障制度在社会公平与经济效率平衡关系上向经济效益倾斜的选择。

　　第六,基本实现了确保每一个国民都能得到良好的和可负担得起的基本医疗服务。新加坡虽然实行自我负责的医疗保障制度,但是,政府通过举办公立医院和为患者提供门诊津贴和住院津贴,来承担一定的经济责任,政府用在这两个方面的费用占到国内生产总值的4%,虽然远低于美国15.3%的比例,但国民的人均预期寿命达到81.98岁,居世界第三位,远高于居世界第49位的美国人均78.11岁的预期寿命,② 2003年,政治经济风险顾问公司把新加坡评为世界医疗体系优越性名列第三的国家。据2007年IMD世界竞争力年报,在对55个国家卫生基础设施比较中,新加坡名列第三。③ 新加坡注重家庭和个人自助以及资产累积的社会政策,让国家花比较少的钱却为国民买到健康和长寿的经验,值得其他国家研究和借鉴。

　　从以上六个方面的论述可以看出,新加坡的中央公积金制度与其他国家的社会保障制度一样,同样是为国民生活风险提供经济保障的社会安全制度。现代社会保障事务的实质属于公共事业,国民的养老、医疗、住房、教育、收入维持等项目的资金支持和服务归根结底须由公共机构提供。一个政府无论选择什么样的社会保障制度模式,公共资助从根本上说是政治问题,而非个人消费或慈善问题。政府强制国民缴纳公积金是为了使他们能够合法、合理地使用公积金账户的储存以应对发生的生活风险。使本国国民免遭饥饿和贫困不仅是现代政府不可推卸的职责和政府合法性的重要表征,也是国民的一项政治权利。④ 社会保障公共资助规模大或小,只是说明政府在其中所承担责任的多或少,但政府必须为本国国民提供生活风险保

---

　　① 郑秉文等主编:《当代东亚国家、地区社会保障制度》,北京,法律出版社,2002年,第1版,第44～45页。

　　② 王卓祺主编:《东亚国家和地区福利制度》,北京,中国社会出版社,2011年,第1版,第6～7页。

　　③ 李健等:《新加坡社会保障制度》,上海,上海人民出版社,2001年,第1版,第164页。

　　④ 杨冠琼主编:《当代美国社会保障制度》,北京,法律出版社,2001年,第1版,第187页。

障,则是历史发展的必然选择。

　　新加坡的中央公积金制度解决了"住有所居"这个老百姓集一生储蓄才能解决的问题,确实令许多国家的人民羡慕和赞叹不已。而且,公积金会员通过抑制现实消费为具有不确定性的明天做好物质上的储备,或者说把人生最被动的老年阶段的风险一点一点地分摊在年轻力壮时的就业阶段,在某种程度上说是具有未雨绸缪的远见卓识之举。在国际社会和学术界对新加坡的社会保障状况评价褒贬不一的情况下,新加坡完善的住房制度、教育制度、医疗制度成为璀璨耀眼的明珠吸引着世人的眼球。事实证明,新加坡社会保障制度是独树一帜且难以复制的国民生活风险防范和保障机制。

第五编

转型国家俄罗斯的社会保障法律制度

转型国家是指从计划经济体制转为市场经济体制的国家,这类国家以苏联和中华人民共和国为代表。本篇只对转型前的苏联社会保障制度以及转型后的俄罗斯社会保障制度做一简要介绍,以使读者了解在一个国家由计划经济体制转型为市场经济体制后,对计划经济时期建立的社会保障制度进行改革,使之成为适应市场经济体制需要的社会保障制度的必要性和重要性。

第一章　社会保障法律制度

　　1917 年十月革命前后,苏联已在不同程度上建立了德国俾斯麦式的社会保险制度。比如,1903 年建立了工伤保险制度,1912 年建立了医疗生育保险制度,1921 年建立了失业保险制度,1922 年建立了老年、残疾、死亡保险制度。[①] 根据国际劳工组织的有关资料,俄罗斯十月革命以前,已约有 17% 的城市居民享有不同程度的社会保险。[②] 十月革命胜利以后,苏维埃政权依据列宁的思想,向全世界宣告:"俄国无产阶级在自己的旗帜上写上向工人及城乡贫民实行全面的社会保险",[③]并开始实行列宁设计的"国家保险"制度。苏维埃政权认为,苏联的社会保险是劳动者的社会工资,是劳动者物质保障权的具体表现。劳动者的工资不仅指以现金形式发放的工资,而且还包括社会工资。社会工资包括免费医疗、免费义务教育、提供养老金和工伤保险待遇、提供住宅以及职工的其他福利。[④] 由于苏联是世界上诞生的第一个社会主义国家,所以,它的国家保障型社会保障制度,对东欧各国以及中华人民共和国等"二战"以后出现的社会主义国家社会保障制度的建立,产生了重要的引导和示范作用。

第一节　社会保障法律制度概况

一、社会保障法律制度建立的理论和法律基础

（一）社会保障制度建立的理论基础

在马克思主义产生之前,社会主义作为人民的一种美好理想,以空想和

---

　　① 刘燕生:《社会保障的起源、发展和道路选择》,北京,法律出版社,2001 年,第 1 版,第 169、131、157、123 页。

　　② 魏新武编著:《社会保障世纪回眸》,北京,中国社会科学出版社,2003 年,第 1 版,第 216 页。

　　③ 顾俊礼主编:《福利国家论析——以欧洲为背景的比较研究》,北京,经济管理出版社,2002 年,第 1 版,第 22 页。

　　④ 马超俊等:《比较劳动政策》,北京,商务印书馆,2013 年,第 1 版,第 720 页。

实验的形式在世界上存在。社会主义的出现是对不公平、不平等以及伴随着工业革命而来的资本主义和自由主义市场作出反应的产物。社会主义者认为，所有公民应获得至少"最低水平的住房、衣服和营养，以及免费获得教育、健康、交通、娱乐等基本服务。"他们主张通过建立人们自愿地共同劳动、分配和生活的小型实验性的合作组织，来完成向社会主义社会渐进的和平演变。①

科学社会主义理论创始人马克思始终关注无产阶级的贫困问题，他认为，在资本主义社会中，靠出卖劳力而获取收入的人与拥有财富或有独立生产手段的极少数人之间的不平等是不可避免的，拥有较多权利的极少数人通过榨取剩余价值进行剥削，进而分享较大份额的劳动成果。在马克思看来，尽管存在着阶级冲突，但资本主义仍然存在，主要是统治阶级对工人的思想统治，即资本家通过分给工人阶级利益来支撑整个资本主义制度。资本家为工人提供的福利只是国家用来帮助资本家麻痹工人阶级的工具，同时也是工人阶级经过长期斗争的产物，因此，社会福利虽然增加了工人阶级的利益，但从根本上来说是维护了统治阶级的利益。因此，马克思对待资本主义制度的态度是"完全抛弃而不是改革"，他甚至用毕生的精力来证明资本主义制度是难以运转和不人道的。②

马克思在《哥达纲领批判》中指出，社会主义社会必须建立保障制度，即社会产品在分配给劳动者个人时，应首先扣除保险基金，这部分扣除是劳动者剩余劳动所创造的剩余产品的一部分。他说："如果我们把'劳动所得'这个用语首先理解为劳动的产品，那么，集体的劳动所得就是生活总产品。现在从它里面应当扣除：……第三，为未来应付不幸事故、自然灾害等的后备基金或保险基金""为丧失劳动能力的人等设立的基金，总之，就是现在属于所谓官办济贫事业的部分"。③ 马克思在《资本论》中强调，剩余产品的一部分必须充当后备基金或保险基金，"甚至在资本主义生产方式消灭以后，也是必须继续存在的唯一部分"。④ 马克思的这些观点既强调了维护劳动者简单再生产的必要性，也描述了社会保障基金的来源。

1847 年，马克思和恩格斯出版了《共产党宣言》，社会主义也由空想变

---

① 〔美〕威廉姆·H.怀特科等：《当今世界的社会福利》，谢俊杰译，北京，法律出版社，2003年，第 1 版，第 165 页。

② 〔英〕尼古拉斯·巴尔：《福利国家经济学》，郑秉文等译，北京，中国劳动社会保障出版社，2003 年，第 1 版，第 61 页。

③ 马克思：《哥达纲领批判》，北京，人民出版社，1965 年，第 1 版，第 11 页。

④ 马克思：《资本论》（第 3 卷），北京，人民出版社，1975 年，第 1 版，第 958 页。

成了理论。1912 年,在俄国社会民主工党布拉格代表会议上通过的《关于对杜马的工人国家保险法案的态度》决议中,深刻地阐明了列宁关于"工人保险的最好形式是国家保险"以及列宁提出的国家保险的六项原则,主要原则如:"1.工人在下列一切场合(伤残、疾病、年老、残疾;女工怀孕和生育;养育者死后所遗寡妇和孤儿的抚恤)丧失劳动能力,或因失业失掉工作时,国家保险都要给工人以保障;2.保险要应包括一切雇佣劳动者及其家属;3.对一切被保险者都要按照补助全部工资的原则给予补助,同时一切保险费都由企业主和国家负担;4.各种保险都由统一的保险组织办理,这种组织应按区域和被保险者完全自理的原则建立。"①这一决议被称为列宁的保险提纲,"工人国家保险"成为苏联建立社会保障制度的指导思想。1917 年,人类历史上第一个社会主义国家俄罗斯苏维埃社会主义联邦共和国诞生,社会主义因此从理论变为现实。马克思关于来源于社会总产品的、为预防各种不幸事故的后备基金理论,对西欧国家以及苏联社会保障政策的实践产生了重要影响。

马克思主义者赞同社会主义者的平等、自由、博爱的观点。对于马克思主义者来说,自由和平等是社会公正必不可少且相互联系的两个方面。在他们看来,平等并不意味着完全均等,人们最迫切的需要必须予以满足,在最基本的需要被满足之后,不同的报酬应该取决于不同的努力或能力。马克思主义者强调生产资料国有化的重要性,因为生产资料私有与马克思主义对自由的定义不相容。生产资料公有制虽然不能包治百病,但它是实现马克思所设想的目标所必需的,同时也是实现被看作是政治民主的必要伴随物的工业民主所不可或缺的,它能够确保工业为社会利益而不是私人利益运作。马克思设想的社会主义社会是一个把公共所有制与政府计划和工人广泛参与影响他们生活的决策结合起来的社会。马克思主义者认为资源是用来集体分配的,国家的基本功能就是提供所有的基本物品和劳务,并且按照个人的需要予以分配,且以需要为优先。②

(二)社会保障制度建立的法律基础

苏联社会保障制度建立的法律基础规定在 1922 年的《俄罗斯劳动法典》第 175 条和 1936 年新宪法第 120 条中。

1922 年的《俄罗斯劳动法典》第 175 条规定:"社会保险制度包括全国境内所有被雇者,不论企业的性质是私营、合作社或国营;不管劳动的性质、

① 王德高主编:《社会保障学》,武汉,武汉大学出版社,2010 年,第 1 版,第 44 页。
② 〔英〕尼古拉斯·巴尔:《福利国家经济学》,郑秉文等译,北京,中国劳动社会保障出版社,2003 年,第 1 版,第 58～62 页。

时间及工资的支付方式,应一律参加社会保险。"

1936 年新宪法第 120 条规定:"苏联公民年老以及疾病或丧失工作能力时,均得有物质保障权。此项权利由国家出资所办工人职员社会保险之普遍发展,劳动者医药的免费及劳动者对广大温泉、疗养院的享用为之保证。"新宪法还规定:"由政府负担工人及薪俸人员的社会保险费。"各工厂保险费率由工会根据工作的性质、危险程度及其他有关因素决定,以保险费率乘所雇工人工资即为该厂应付保险费总数。工人对社会保险不负担任何费用。

二、社会保障制度的发展历程

1.社会保障制度逐步建立

1917 年俄国革命取得政权之前,列宁针对沙皇俄国社会保险覆盖范围窄、待遇标准低、工人缴费负担重等问题提出:"国家对个人暂时或永久失去劳动能力一定要提供保险;由国家举办的社会保险要覆盖全体工人及家庭;国家、企业负担全部社会保险费用;社会保险交由掌握了政权的工人阶级管理。"

十月革命胜利以后,苏维埃政权废除了十月革命前的社会保险模式,实行新的列宁设计的"工人国家保险"。从 1917 年 11 月到 1922 年的 5 年间,苏维埃政权颁布了 100 多条社会保障法令,并成立了专门管理社会保障事务的社会保障人民委员会。随着经济的不断发展,苏联的社会保障制度也在不断完善,社会保障体系几乎包括了所有应当包括的项目:《红军伤残战士及其家属社会保障制度》(1920 年)、《苏维埃共和国社会保险决议》(1921 年 11 月)、《残疾人员的社会保障》和《失去赡养人条件下劳动者和军人家庭成员的社会保障》(1921 年 12 月)、《教师和科技人员的退休金制度》(1925 年)、《纺织工人退休金制度》(1927 年)、《适用于丧失劳动能力或丧失生活来源者的社会保险法》(1928 年)。1929 年将退休金制度扩展到国民经济的其他部门,1936 年新宪法确立了公民在年老、生病和丧失劳动能力时有获得物质保障的权利。在这些社会保险法的规范下,参加人数大幅增加,1929 年参加人数为 1000 万人,1937 年增加到 2800 万人,1939 年进一步增加到 3000 余万人。[1]

1922～1937 年,苏联的社会保险管理机构的发展经历了三个阶段:第一阶段(1922～1931),在县级、省级、中央级建立地方社会保险基金,管理社会保险事宜。由于这一制度对受保险人一视同仁,不能发挥激励劳动者劳

---

[1]　马超俊等:《比较劳动政策》,北京,商务印书馆,2013 年,第 1 版,第 729 页。

动积极性、提高劳动生产率的作用,因此进行了改革;第二阶段(1931～1933),在钢铁业、机械业、铁路运输业等 7 个工业部门设立支付处(局)及职业基金,并与地方基金并存。不在这 7 个工业部门的社会保险事宜仍由地方基金管理。由于地方基金不能适应各工业部门职工的特殊需要,因此需要改革;第三阶段(1933～1937),取消了地方基金,将社会保险事务统归工会中央联合会及工会各级机关管理,并于 1933 年 6 月颁布了《工会社会保险管理条例》。由于工人不能参与管理,于是在 1937 年 4 月政府颁布法令废除支付局,在工会中央联合会内设立社会保险委员会,社会保险委员会为最高顾问机关。[①]

在农民的社会保障问题上,苏维埃政权建立初期,主要是通过农民自己来解决。对于丧失劳动能力的农民,农民互助会帮助解决生产和生活问题,比如发给一次性现金补助、修缮房屋、帮助耕种宅旁园地,政府也拿出一部分资金予以帮助。农业集体化后,随着集体农庄的普遍建立,各农庄成立了负责农民生活风险的互助储金会,这种组织的职责是:安排残疾人就业,给患者和丧失劳动能力者、妊娠和分娩的妇女提供现金和实物帮助。许多集体农庄还根据本农庄的财力和物力建造规模不同的养老院。

在 1939 年苏(联)芬(兰)"冬季战争"之前,苏维埃社会保障制度已经比较完备,基本覆盖到了全体社会成员。[②]

2.社会保障制度形成完整体系

第二次世界大战期间,对直接参加战区的许多劳动者提供和军人一样的养老金待遇,对残疾军人的就业和生活安排提供了许多优惠政策。"二战"以后,为了迅速恢复国民经济,对主导工业部门的劳动者实行降低退休年龄、提高养老金水平政策。随着经济状况的不断好转,国家经济实力的不断提高,国家着手完善社会保障立法。1949 年颁布了《科学工作者老残恤金》,1956 年颁布了适用于全国所有职工的《苏维埃社会主义共和国联盟国家老残恤金法》。1956 年制定了全国统一的《国家退休法》,该法概括了过去实行的 960 多项优抚法令,对退休条件、退休金的数额都作了明确规定,是社会保障制度稳定持续发展的重要措施。

1964 年苏联通过《集体农庄庄员养老金和补助费法》,将享受退休金的范围扩大到集体农庄庄员。1973 年和 1974 年苏联政府分别提高了残疾人和丧失赡养者家庭的优抚金及残废军人和阵亡者亲属、子女优抚金。1977

① 马超俊等:《比较劳动政策》,北京,商务印书馆,2013 年,第 1 版,第 723～727 页。
② 〔法〕让-雅克·迪贝卢等:《社会保障法》,蒋将元译,北京,法律出版社,2002 年,第 1 版,第 21 页。

年修订后的宪法再次重申公民在年老、生病和丧失劳动能力以及失去抚养者时有获得物质保障的权利。[①] 1978 年颁布了《进一步改善集体农庄庄员老残恤金待遇法》和《关于进一步改进居民社会抚养的措施》,1985 年颁布了《关于改善收入少的养老金领取者和家庭的物质福利以及加强对独身公民的关心的首要措施》。[②] 1987 年颁布《进一步改善集体农庄庄员老残抚恤金待遇法》,使农庄庄员与全体职工在享受社会保障待遇方面的差别进一步缩小。1987 年苏联部长会议和全苏工会中央理事会颁布《关于实行工人、职员和集体农庄庄员附加退休金自愿保险的决议》,规定采取个人和国家共同集资的办法设立保险基金,保险基金一半来自个人缴纳的保险费,一半来自国家预算,在职人员自愿投保,按月缴纳保险费,退休后每月可领取 10、20、30、40、50 卢布不等的附加退休金。同时,对一些诊所实行经济核算制,并考虑由各单位自己支付本单位职工的部分医疗费用和设立部分由个人出资的健康基金。

经过多年的修改、补充,苏联形成了一套颇为完整的社会保障体系,其内容包括养老退休、医疗保健、妇女儿童补贴、残疾人和贫困户救济等,居民享受着广泛的社会福利,如免费教育和进修、免费医疗、免费疗养和休假等,还有住房、食品、供暖等福利补贴。在 20 世纪 80 年代末,苏联人均获得的社会消费基金支付和优惠相当于 3 个月的工资。[③] 苏联的社会保障制度实现了全覆盖,全国城乡所有脑力劳动者和体力劳动者都能够享受到国家提供的不同程度的社会保障待遇,基本免除了劳动者对生活风险的后顾之忧。

第二节　社会保障法律制度的主要内容

一、社会保险法律制度

(一)养老保险法律制度

1.职工退休制度

1956 年颁布的《国家退休法》规定,企业为职工缴纳养老保险费,筹集养老保险基金,由国家为退休职工统一发放养老金。男职工年满 60 岁、有 25 年工龄,女职工年满 55 岁、有 20 年工龄,就可以退休。生育了 5 个以上

---

① 和春雷主编:《社会保障制度的国际比较》,北京,法律出版社,2002 年,第 1 版,第 87～88 页。
② 朱传一等主编:《苏联东欧社会保障制度》,北京,华夏出版社,1991 年,第 1 版,第 12 页。
③ 王义祥:《俄罗斯的社会保障制度》,《东欧中亚研究》2001 年第 1 期。

子女的女职工,年满 50 岁,有 15 年工龄,就可以退休。高温、井下、有毒、从事繁重体力劳动的职工,国家对他们的退休年龄和工龄都作了降低要求。当时,养老保险制度仅覆盖国有企业职工和国家机关工作人员。退休职工养老金替代率为退休前月工资的 50%～100%,平均水平为 65%。从事高温、危险、有害健康工作的,退休金比一般职工高 5%。养老金一般按照职工退休前 12 个月的平均工资计算,有些企业和单位就人为地提高职工最后一年的工资水平,使得工资不能真正反映劳动者的劳动贡献。由于退休职工养老金的增长机制与在职职工不同,导致退休职工与在职职工生活水平差距不断扩大,到 1984 年,在职职工的工资增长了 1.6 倍,而养老金仅增长 90%,养老金仅为工资的 1/3。①

职工退休以后,除了领取养老金外,还可以领取退休金附加费。附加费有两类:第一类是连续工作超过 15 年,一般工龄超过退休所要求的工龄 10 年以上者,附加费为退休金的 10%。1979 年 12 月 13 日,苏联部长会议和全苏工会中央理事会决定,从 1983 年 1 月 1 日起,在一个企业、机关或单位工龄不少于 25 年者,可以享受退休金 20% 的附加费。有子女的女职工,在一个企业、机关或单位工龄不少于 20 年者,可以享受退休金 20% 的附加费;第二类是退休人员抚养无劳动能力的家庭成员的,抚养一人的,附加费为退休金的 10%,抚养两个以上的,为退休金的 15%,最高为每月 120 卢布。有 15～20 年工龄的煤矿工人、油母页岩工人,每月最高养老金为 140 卢布,工龄超过 20 年者,每月最高养老金为 160 卢布。

在战争中致残的军人在企业、机关或单位工作到退休,对他们的退休条件实施优惠政策,男年满 55 岁、有 25 年工龄,女年满 50 岁、有 20 年工龄者,就可以退休。他们的养老金计算方法与职工相同,但每月的养老金比职工多 15 卢布。

2.科学工作者退休制度

科学工作者包括在科研单位、高等院校从事科研和教学的工作人员以及这些单位的领导人员。1949 年颁布的《科学工作者退休条例》规定,男性年满 60 岁、有 25 年工龄,女性年满 55 岁、有 20 年工龄者,就可以退休并开始领取养老金。如果退休的科学工作者重新回到原单位,继续从事科研工作,则停发养老金,领取相应的工资。具有教授职称和博士学位的科学工作者,退休后继续在科研单位或高校从事科研工作的,在领取养老金的同时还要领取相应的工资,但养老金和工资之和不得超过 350 卢布。对于残疾的

---

① 朱传一等主编:《苏联东欧社会保障制度》,北京,华夏出版社,1991 年,第 1 版,第 33 页。

科学工作者,退休后继续从事科研工作的,在领取养老金的同时还要领取相应的工资,但养老金和工资之和不得超过退休前的工资数。

科学工作者的退休金为其职务工资的40%,由于科学工作者的职务工资一般都比较高,所以,规定了比较低的养老金替代率。除此之外,还对科学工作者养老金计算基数,即职务工资作出了最高限额的规定,例如,科学院院士、通讯院院士、职务工资的最高限额为600卢布,教授、博士为400卢布,副教授、副博士为200卢布。

3.专业军人退休制度

专业军人的养老金按年龄、军龄、军衔确定。一般情况下,有25年以上军龄,服务一定年限的养老金为职务工资的50%;超过25年者,每超过一年养老金增加工资的3%,但养老金不得超过其职务工资的75%;军龄低于25年者,养老金替代率依次递减,但最低限额为40卢布。

4.功勋退休制度

功勋退休者是指在革命工作、建设工作和经济工作中对国家做出特殊贡献,或者在文化、科学技术方面有卓越贡献而达到法定退休年龄的人,男性年满60岁、女性年满55岁,不考虑工龄,就具备了退休的资格。功勋退休分为三级:全苏级、共和国级、地方级,各级均设有相应的功勋退休委员会,各级委员会负责审议和批准本级范围内的功勋养老金,并负责颁发功勋养老金。功勋养老金数额根据特殊功勋者的功绩、原来的职务、军衔、身体损伤情况、抚养无劳动能力家属的人数确定,不考虑功勋退休者原来的工资。

全苏级功勋养老金每月最高为250卢布,共和国级每月为120卢布,地方级的每月为80卢布。对于获得苏联英雄、社会主义劳动英雄以及获得一、二、三级光荣勋章的人,有50年以上党龄的,每年增加两个月功勋养老金,有30～50年党龄的,每年增加一个半月功勋养老金。领取功勋养老金者可以继续工作,养老金照发,但养老金和工资总和不能超过350卢布。

5.遗属抚恤制度

享受以上各种养老金待遇的职工因死亡其遗属抚恤金按照依靠死亡职工生活的家庭人口数确定:有三个及三个以上无劳动能力家属者,抚恤金按一等残疾养老金标准确定;有两个无劳动能力家属者,抚恤金按二等残疾养老金标准确定;有一个无劳动能力家属者,抚恤金按三等残疾养老金标准确定。此外,死亡职工家属还可以获得抚恤金附加额:因工伤或职业病死亡的职工家庭,有三个及三个以上无劳动能力者,附加额为抚恤金的15%;因一般疾病死亡的职工家属,死亡职工有10～15年连续工龄者,附加额为抚恤金的10%,有15年以上连续工龄者,附加额为抚恤金的15%。

法律规定了抚恤金的最低限额:有三个及三个以上无劳动能力家属者为每月 70 卢布;有两个无劳动能力家属者为每月 45 卢布;有一个无劳动能力家属者为每月 23 卢布。法律也规定了抚恤金的最高限额:有两个和两个以上无劳动能力家属者,每月 120 卢布;有一个无劳动能力家属者,每月 60 卢布。①

6.集体农庄庄员的退休和遗属抚恤制度

(1)集体农庄庄员退休制度。1964 年 7 月 15 日,最高苏维埃通过了《集体农庄庄员养老金和补助费法》,由此建立起全民养老保险制度。② 该法规定,集体农庄庄员领取养老金的条件是,男 65 岁,女 60 岁,可以领取退休养老金,养老金的数额取决于他们在集体农庄共同生产中的收入,养老金所需资金由国家社会保障基金支付。国家社会保障基金通过集体农庄缴纳的费用、国家预算划拨、社会保险基金拨付筹集。1967 年和 1978 年,修订后的集体农庄庄员退休法规定,男性年满 60 岁、有 25 年工龄,女性年满 55 岁、有 20 年工龄,即可享受退休待遇。养老金的替代率与企业职工相同,即 50%～100%,月工资的计算方法是用庄员 5 年间在集体农庄劳动的总收入除以 60 得出。集体农庄庄员养老金的最高额为每月 120 卢布,最低额为每月 40 卢布。③有学者指出,20 世纪 70 年代,政府就宣称老残恤金(即养老保险制度)全国是统一的,实际上到了 20 世纪 80 年代中期也没有建立起统一的制度。集体农庄庄员的养老金替代率在 1970 年时只有 19%,1980 年时增加到 31%,仍然与职工养老金替代率有很大差距。这不仅是不公平的,而且是歧视性的。④

1987 年,苏联政府颁布《进一步改善集体农庄庄员老残抚恤金待遇法》,以缩小集体农庄庄员和国有企业职工之间的社会保障待遇差距。1987 年,苏联部长会议和全苏工会中央理事会还颁布了《关于实行工人、职员和集体农庄庄员附加退休金自愿保险决议》,规定国家和个人各承担 50% 的养老保险费,共同筹集养老保险基金,以减轻国家在养老保险上的财政负担。此外,在职人员可自愿按月缴纳保险费,退休后可按月领取 10～50 卢布不等的附加退休金。但在计划经济体制下,这项改革没有取得预期效果。⑤

---

① 朱传一等主编:《苏联东欧社会保障制度》,北京,华夏出版社,1991 年,第 1 版,第 22 页。

② 周弘主编:《国外社会福利制度》,北京,中国社会出版社,2002 年,第 1 版,第 246 页。

③ 朱传一等主编:《苏联东欧社会保障制度》,北京,华夏出版社,1991 年,第 1 版,第 13～19 页。

④ 同上书,第 47、52 页。

⑤ 高际香:《俄罗斯民生制度重构与完善》,北京,社会科学文献出版社,2014 年,第 1 版,第 54～55 页。

(2)集体农庄庄员遗属抚恤制度。法律规定的集体农庄庄员遗属抚恤金的最高限额为：有两个和两个以上无劳动能力家属者，抚恤金最高额为每月 120 卢布；有一个无劳动能力家属者，抚恤金最高额为每月 60 卢布。法律还规定了集体农庄庄员遗属抚恤金的最低限额：有三个及三个以上无劳动能力家属者为每月 30 卢布；有两个无劳动能力家属者为每月 20 卢布；有一个无劳动能力家属者为每月 16 卢布。

苏联的养老保险和遗属保险的保障范围扩大到了国民经济和工农业生产的各行各业和各个部门，包括伤残保险在内，覆盖的人数从 1956 年的 2000 万人增加到了 1985 年的 5570 万人；国家用于养老保险、遗属抚恤、伤残保险的支出从 1956 年的 31.5 亿卢布增加到了 1985 年的 351.1 亿卢布，增加了 10 倍还多。[①]

7.退休人员继续工作经济刺激措施

(1)为什么鼓励退休人员继续工作。国家鼓励退休人员继续工作的原因有二：一是劳动力资源不足。战争年代出生人口下降导致了 20 世纪 60 年代时劳动年龄人口的减少，与此同时，退休人员大量增加。例如，1987 年比 1965 年领取老残恤金的人数增加了 70％，国家支付老残恤金 450 亿卢布，是 1965 年的 3 倍。[②] 为了应对人口年龄结构变化对经济发展的不利影响，苏共二十五大以后采取了一系列措施，其中把动员和鼓励有劳动能力的退休人员继续就业作为补充劳动力资源不足的重要途径。二是退休且有劳动能力的人员不但拥有渊博的知识和熟练的劳动技能，而且具有丰富的工作和社会经验，他们继续工作不但会对社会做出有益贡献，而且能够为青年人树立良好的榜样。

(2)退休人员继续工作享有的优惠待遇。在养老金待遇方面，退休人员自愿继续工作的，可以自由选择职业和工作地点。他们有权利获得工作报酬，但是，工作报酬和养老金的总额不能超过 120 卢布，因此，当他的工作报酬超过 120 卢布时，就停发养老金。如果工作报酬低于 120 卢布，则可享受 15％的养老金。1979 年 9 月 11 日，苏联部长会议通过了《关于批准享有在工作期间获得老年养老金权利的各类工作人员清单》规定，继续工作的退休人员除了获得工作报酬外，还享有养老金待遇的权利。该清单按照需要劳动力的部门和地区，对退休以后继续工作的人员实行不同的养老金待遇：在煤矿和冶金部门从事井下、冶炼、高温等工作的人员，可领取 100％的养老

---

① 朱传一等主编：《苏联东欧社会保障制度》，北京，华夏出版社，1991 年，第 1 版，第 22 页。
② 同上书，第 46 页。

金;从事一般业务的工人、服务人员、技师等,有权领取 100％的养老金,但养老金和工作报酬之和不能超过 300 卢布,超过时将减发养老金;继续工作的退休人员可以领取全额养老金,但养老金和工作报酬的总和不能超过 150 卢布。

在职工福利方面,退休继续工作人员在改善居住条件、疗养、带薪休假等方面享有与在职职工相同的待遇。

提供退休劳动补贴,从职工退休当年算起,每继续工作一年,可增加 10 卢布的补贴,这种补贴最多增加到 40 卢布,但养老金加上劳动补贴不能超过 150 卢布。对于工资过高而不愿领取养老金的即将退休的职工,即使其工资超过 300 卢布,也不影响其领取劳动补贴。

清单自 1979 年开始实施,到 1995 年,退休以后继续工作的养老金领取者占到退休总人数的 27％。①

苏共二十七大以后,苏联经济学界和社会学界就社会保障和社会公平问题展开讨论。他们认为,退休人员继续工作,在领取养老金的同时,还要领取工作报酬,这不符合养老金社会功能的要求;这不仅扩大了与没有工作的退休人员的收入差距,也扩大了与在职职工的收入差距。据学者统计,退休后继续工作者的家庭收入比退休后没有工作的退休人员的家庭收入高出一倍,比在职职工的家庭收入高出 25％。这显然是不公平的。②

(二)医疗保险法律制度

十月革命取得胜利以后,国家为全体劳动者建立了以预防疾病为主的免费医疗制度,以保护劳动者的劳动能力与健康。1936 年的苏联宪法把公民在年老、疾病或者丧失劳动能力时的物质保障权作为一种基本权利规定了下来。宪法将由国家出资的职工社会保险、为职工提供免费医疗等作为公民宪法权利得以实现的物质保障作了规定。1977 年宪法修正案扩大了全民医疗保健的实施范围,提高了医疗保障水平。

1.疾病的预防与治疗

在疾病治疗方面,门诊、住院、治疗、手术、药物、服务等费用全部免除。

在保健方面,以疾病预防为主,由专业医疗机构和公共卫生指导机构共同开展预防工作。

为了方便居民看病和接受预防措施,医院和预防机构都设在居民区和

---

① 周弘主编:《国外社会福利制度》,北京,中国社会出版社,2002 年,第 1 版,第 248 页。
② 朱传一等主编:《苏联东欧社会保障制度》,北京,华夏出版社,1991 年,第 1 版,第 29～34 页。

工作场所。居民不但可以在居住区内的门诊所、综合医院甚至自己家里接受治疗,而且各机关、企业都设有医疗机构,这些医疗机构除了医治伤病外,还负责对职工定期进行健康检查。

完善的疾病预防和治疗措施增进了人民的体质,延长了人民的寿命,人们的预期寿命由 1927 年的 44 岁,增加到了 1986 年的 69 岁。

苏联的医疗保健费用没有列入社会保障支出,而是与体育活动费用一起单项列出,并且所有的医疗保健支出全部由国家预算承担。1940 年的医疗保健和体育活动费用为 11 亿卢布,1986 年这个数字增加到了 235 亿卢布,增加了 20 多倍。1986 年,用于医疗保健的预算拨款为 160 亿卢布。[1]

2.类似病假工资的暂时丧失劳动能力补助

职工因生病或工伤导致暂时丧失劳动能力者,国家为他们提供暂时丧失劳动能力补助费。职工在患病或者工伤期间、在疗养院治疗期照顾患病家属、安装假肢等情况下都可以获得补助费。[2] 补助费的水平与劳动者在企业或机关的连续工龄有关,一般为职工月工资的 50%~100%。领取暂时丧失劳动能力补助费的前提条件是,必须有医生开具的诊断证明。

3.生育补助

产妇在产前和产后各有 56 天的带全薪产假;早产或生育双胞胎或多胞胎的产妇,产后可休假 70 天;产假期满仍想在家养育孩子的妇女,可以在领取部分工资的情况下,继续休假一年。在第十一个五年计划期间(1981~1985),生育第一个孩子的职业妇女可获得 50 卢布的一次性补助费;生育两个以上孩子的职业妇女可获得 100 卢布的一次性补助费。[3]

(三)工伤保险法律制度[4]

职工因工伤或职业病以及一般疾病导致残疾并永久丧失劳动能力者,自残疾认定之日起,可以享受残疾养老金。由于致残的原因不同,因此,享受的残疾养老金水平也不同:

1.重残者的待遇

因工伤、职业病致重残者,享受残疾养老金不受工龄的限制。一等残疾者,其月残疾养老金为按平均工资一定比例计算的养老金的 110%;二等残疾者,其月残疾养老金为按平均工资一定比例计算的养老金的 100%;三等

---

[1] 新华社编发:《苏联对医疗保健事业的改革进行全民讨论》。转引自朱传一等主编:《苏联东欧社会保障制度》,北京,华夏出版社,1991 年,第 1 版,第 23~24 页。

[2] 王玉先主编:《外国社会保障制度》,北京,工人出版社,1989 年,第 1 版,第 20 页。

[3] 和春雷主编:《社会保障制度的国际比较》,北京,法律出版社,2001 年,第 1 版,第 89 页。

[4] 朱传一等主编:《苏联东欧社会保障制度》,北京,华夏出版社,1991 年,第 1 版,第 20~21 页。

残疾者,月残疾养老金为40卢布的65%。

2.因病致残者的待遇

因病致残者,残疾养老金对工龄和职业都有要求。例如,31～36岁因病致残者,男性须有7年工龄,女性须有5年工龄。对从事井下、有毒、高温工作的职工,须有5年工龄;51～56岁因病致残者,男性须有16年工龄,女性须有13年工龄。对从事井下、有毒、高温工作的职工,须有10年工龄。一等残疾者,其残疾月养老金为按平均工资一定比例计算的养老金的100%;二等残疾者,其月残疾养老金为按平均工资一定比例计算的养老金的90%;三等残疾者,月残疾养老金为40卢布的45%。除了享受残疾养老金外,残疾职工还享有残疾附加费,残疾附加费的数额依据残疾者的工龄、抚养无劳动能力家属数额确定。

3.残疾养老金限额

为了保证残疾职工的基本生活水平,根据致残原因和残疾等级,规定了残疾养老金的最低限额:(1)因病致残的职工,一等残疾者,每月70卢布;二等残疾者,每月45卢布;三等残疾者每月21卢布。(2)因工伤和职业病致残者,一等残疾者,每月70卢布;二等残疾者,每月45卢布;三等残疾者每月25卢布。为避免残疾者收入差距过大,法律规定,不论致残原因,残疾养老金的最高限额:一等和二等为120卢布,三等为60卢布。按照法律规定,职工残疾养老金和残疾附加费的总和不能超过残疾金的最高限额。

二、社会补偿法律制度

1917年11月,苏维埃政权就颁布了一系列法律,规定国家对做出贡献的战争伤残人员负有发放养老金和伤残抚恤金的义务。1973年和1974年,苏联政府两次提高战争伤残死亡人员及其家属的抚恤金标准。

(一)军人残疾养老金

军人因执行军事任务、疾病或其他原因导致残疾者,可以享受残疾养老金。军人残疾养老金水平因致残原因和残疾等级的不同而不同:1.因执行军事任务致残的一等和二等残疾者,月残疾养老金为按平均工资一定比例计算的养老金的120%和110%;三级残疾军人的月养老金为40卢布的65%。2.非因执行军事任务致残者,其残疾养老金与职工因工伤、职业病致残的残疾养老金水平相同。除了享受残疾养老金外,残疾军人还享有残疾附加费,残疾附加费的数额依据残疾者的工龄、抚养无劳动能力家属数额确定。

为了保证残疾军人的基本生活水平,根据致残原因和残疾等级,规定了残疾养老金的最低限额:1.非因执行军事任务致残者,一等残疾者,每月70

卢布;二等残疾者,每月45卢布;三等残疾者每月21卢布。附加费和残疾养老金的总额不能超过法定残疾金的最高限额。2.因执行军事任务和在前线患病致残的军人,一等残疾者,每月90卢布;二等残疾者,每月70卢布;三等残疾者每月33卢布。为避免残疾者收入差距过大,法律规定,不论致残原因,残疾养老金的最高限额:一等和二等为120卢布,三等为60卢布。按照法律规定,军人残疾养老金和残疾附加费的总和不能超过残疾金的最高限额。①

(二)军人遗属抚恤金

军人遗属抚恤金领取条件和标准以及附加额与死亡职工家属的待遇完全相同;抚恤金的最高限额和最低限额也与死亡职工家属的待遇相同。

三、社会救济法律制度

国家为老年人和残疾人建立了福利院,到1983年年底,全国已建立2000个福利院,有30余万人入住养老院。入住养老院的人大多数是退休职工,由于养老院免费为他们提供衣食住行、医疗、康复等全方位的服务,因此,他们每月只能领到10%的养老金,但不得少于5卢布;如果入住者家中有无劳动能力者,除发给本人10%的养老金外,还发给一定比例的养老金以养活家中的无劳动能力者。对于有一个无劳动能力者,发给本人25%的养老金;有两个无劳动能力者,发给本人三分之一的养老金;有三个以上无劳动能力者,发给本人二分之一的养老金。

国家为单身母亲的孩子每月发放20卢布的补助费,一直发到孩子16岁,不领取助学金的孩子发到18岁。

国家还为自幼残疾的孩子发放残疾补助金,一级残疾者每月30卢布,二级残疾者每月25卢布。②

第三节　社会保障法律制度实施的社会效果及其改革

在20年的经济体制改革过程中,随着生产的发展,人民生活水平的不断提高,在劳动者工资水平不断提高的同时,社会保障的覆盖范围不断扩大,保障的项目在不断增加,待遇水平不断提高,国家在社会保障方面的支

---

① 朱传一等主编:《苏联东欧社会保障制度》,北京,华夏出版社,1991年,第1版,第20~21页。
② 同上书,第26页。

付也在增加。1986 年,社会保险预算为 523.25 亿卢布,其中财政补贴达到 258.25 亿卢布,占预算资金的 49.35%。到了 20 世纪 80 年代末期,苏联人均获得的养老保险、免费医疗、疗养、职业培训、住房、全民免费教育、残疾人福利、妇女儿童津贴、贫困救济、带薪休假、水电供暖等公用事业服务费、食品补贴等方面的社会消费基金支付和优惠相当于职工月工资的3 倍。[①]

　　国家用于社会保障其他项目的财政支出也相当可观,导致财政在社会保障事业上的负担力不从心。为了减轻政府的财政负担,从 1982 年 1 月 1日起,提高了企业、机关、单位缴纳社会保险费的费率,由原来的 4.4%~8% 提高到了 4.4%~14%。同时,学术界和实务部门改革社会保障制度的呼声日益高涨。学者们在讨论中提出的改革建议主要有:1.养老金应随在职职工工资水平的提高而自动提高,以缩小退休人员和在职职工的收入差距;2.对退休继续工作者只发给他们工资,而不发养老金,将他们退休以后工作的那些年的贡献加在彻底不工作以后的养老金中;3.在医疗改革上,应改变医疗服务全部免费的做法,门诊药费患者应自付,住院则全部免费;4.67%~70% 的养老金替代率太高,参照其他社会主义国家的经验,应保持在月平均工资的 50%~55%。

　　1987 年,根据苏共中央的决定,苏联社会保障主管部门和专家学者首先对在社会保障制度中居于核心地位的养老金和残疾抚恤金制度的改革展开了讨论。讨论围绕退休养老者的生活水平是否恶化了、达到退休年龄后要不要继续工作、如何统一养老金待遇水平等三个问题进行了深入探讨并基本形成比较一致的意见。自 1988 年 1 月 1 日起实行的附加养老金保险制度,是国家在社会保障制度改革中迈出的第一步。附加养老金保险制度是一种个人保险形式,凡 35 岁以上男职工和 30 岁以上女职工,都可以自愿投保,投保期限最长为 25 年,最短为 5 年。附加养老金保险投保金额分为5 档,即 50~10 卢布,投保职工根据自己选择的投保金额和投保年限,每月缴纳保险费。当职工到达法定退休年龄后的第一个月就可以领取附加养老金,且不受是否继续工作的影响。[②] 1989 年 10 月 1 日起实施《苏联关于改善居民老残恤金待遇和社会服务紧急措施法》,紧接着 1990 年 5 月 17 日苏联总统签署了《苏联公民老残恤金法》,该法统一了各类人员和不同居民群体的老残恤金待遇标准,力争最大限度地实现社会公平。

---

① 王义祥:《俄罗斯的社会保障制度》,《东欧中亚研究》2001 年第 1 期。
② 朱传一等主编:《苏联东欧社会保障制度》,北京,华夏出版社,1991 年,第 1 版,第 37~39 页。

第四节　社会保障法律制度的特点及暴露出的问题

苏联的社会保障制度是与高度集权的中央计划经济体制相适应的,被学术界定义为"国家保障型的社会保障制度"。

一、社会保障制度的特点

与发达国家社会保障制度相比,具有以下特点:

1.国家在社会保障事务中发挥着主导作用

国家在社会保障事务中的主导作用体现在,国家既是社会保障法的制定者,又是社会保障法的实施者,还是法律实施的监督者。最高苏维埃制定社会保障法,部长会议或全苏工会中央理事会制定具体实施细则,各加盟共和国下辖的社会保障部负责社会保障法律和政策的实施。部长会议设有劳动和社会问题国家委员,负责协调和监督各加盟共和国社会保障部的工作,保障国家的法制统一实施。

2.社会保障费用全部由国家和企业承担

所有社会成员无须缴纳社会保险费,就可以享受到例如养老保险、医疗保险、伤残保险、遗属抚恤等社会保险待遇。社会保险以及其他社会保障费用全部由国家财政和企业承担。社会保障基金的93%来自国家预算,其中国家预算占10%、国家社会保险基金预算占33%、各加盟共和国预算占50%。全苏集体农庄按总收入的7%上缴社会保险费,不足部分由国家补助。集体农庄内部设有公益金,用于庄员的社会福利事业。[1] 国家社会保险基金来源于企业和机关缴纳的社会保险费和国家预算拨款,主要用于支付养老金、抚恤金和补助金;全苏国家预算和各加盟共和国预算,主要用于支付现役军人、残疾人、养老院等群体的福利开支。宪法确定的国家在社会福利上的义务,使得国家为公民基本生活需求提供着免费或优惠服务。宪法之所以规定这些义务是出于对社会主义合法性的考虑,因为社会主义应当为人们提供并保证比资本主义更好的生活。[2]

3.就业有可靠的保障

宪法规定,公民有劳动的权利,一个劳动者只要与企业建立了劳动关系,就不会失业,这是由当时的社会主义不存在失业这样的意识形态所决

---

[1]　和春雷主编:《社会保障制度的国际比较》,北京,法律出版社,2002年,第1版,第90页。

[2]　顾俊礼主编:《福利国家论析——以欧洲为背景的比较研究》,北京,经济管理出版社,2002年,第1版,第361页。

定的。

4.社会保障惠及全体社会成员

苏联依据宪法的规定,随着经济的不断发展,将社会保障的覆盖范围从国有经济部门的雇员逐步扩展社会全体成员。切实按照"多劳多得"的原则,在人们因为年老或者生病不能劳动的时候为人们提供与以前工资或收入成比例的给付,例如工人在生病时他的工资依然能够如数获得。因此有学者认为,苏联的体制实质上是一种"工资保险制"。①

5.社会保障待遇偏高

社会保障不仅覆盖所有生活风险,而且社会保险待遇偏高,例如退休金的替代率一般为退休前工资的70%。国家为公民提供免费医疗、低租金住房等以及带薪育婴、儿童补贴等待遇。将教育作为社会经济发展战略中的重要组成部分,实行初级和中级义务教育,重视技术和自然科学教育,全民教育水平接近某些工业化国家,为社会经济发展准备了高素质的人才。

6.各级工会组织参与社会保险管理事务

作为劳动者最有代表性的各级工会组织,从基层工会到全苏工会中央理事会都参与到社会保险管理事务中来,此外,工会还负责职工的疗养院、休养所等社会福利设施的管理工作。

经过七十多年的努力,苏联在解体之前已建立起一套完整的社会保障制度。这种国家型的社会保障制度在社会主义国家建立初期,在稳定社会秩序、消灭贫困、改善和提高人们的生活水平、激励人们建设社会主义积极性等方面曾发挥过积极的作用。苏联建立的国家型社会保障制度,为第二次世界大战以后出现的社会主义国家纷纷效仿,它们都按照苏联的模式,设计和建立了自己国家的社会保障制度。

二、社会保障制度存在的问题

1.国家保障型的社会保障制度不具有可持续性

由国家包揽一切的国家保障型社会保障制度,是同高度集权的中央计划经济体制相匹配的。在经济发展水平不是很高的苏联,这种社会保障制度的可持续性可想而知。社会保障所需费用全部由国家和企业负担,分别列入财政预算和企业成本,在社会成员不承担任何社会保险责任以及社会出现了老龄化的情况下,社会保障支出成为国家和企业沉重的经济负担,导

---

① 〔法〕让-雅克·迪贝卢:《社会保障法》,蒋将元译,北京,法律出版社,2002 年,第 1 版,第 21 页。

致财政支出恶化和企业竞争力下降;在社会主义不存在失业的意识形态下,社会保险项目中没有失业保险制度,造成国有企业存在大量隐性失业,导致国有企业效率低下;在实现工业化的过程中,农业剩余转变为工业积累,社会保障必然以工业人口为核心保障对象,农村人口享受到的福利待遇项目少、待遇水平低,这种状况悖离了社会保障制度实现社会公平的精神,造成新的社会矛盾;国家注重工业领域投资,而对不能带来直接物质利益的教育、医疗等非生产部门投资较少,使得这些部门基础设施和服务日渐恶化。基于以上问题,即使苏联不发生社会转型,它的社会保障制度也必须进行改革,否则将成为经济社会发展的障碍。半个多世纪的实践证明,计划经济体制下的社会保障制度在苏联解体与东欧国家剧变的新情势下已难以为继。

2.没有建立起保障公民社会权实现的法律机制

在苏联传统的社会主义意识形态下,国家所奉行的宪法和权利观念完全不同于西方法治意义上的宪法和权利观念,社会主义国家宪法体现的是它的政治功能,而不是它的法律属性;宪法所规定的公民基本权利也只是一种政治承诺,而不是受法律保障的权利。因此,苏联宪法所规定的公民基本权利只是一种政策目标,而不是一种可以直接申请司法保护的权利。社会主义苏联虽然轻视权利的司法保障,但并不等于它不重视权利保障。正如一位学者所言:"共产主义国家宪法中所有关于个人权利的条款都是一些没有任何实施机制的宣言,程序的保障和个别化的救济都被所谓权利的'物质保障'所代替。"国家总是试图通过法律以外的其他手段来保障作为政策性目标的经济社会权利,苏联社会保障制度的实施状况表明,政府为实现宪法规定的公民经济社会权利做出过巨大努力。但是,这种保障并不是现代法治意义上的保障,因为当政府违背对宪法权利的政治承诺时,公民几乎没有任何法律手段强制其履行。因此,计划经济下的经济社会权利由于缺乏法律程序保障只能是一种政府承诺保障的利益,而不是可以通过司法救济得以保障的主观权利。[①] 但是不能否认的是,虽然社会主义国家社会保障的项目没有西方发达国家多、保障水平没有他们那么高,但是,那种低水平的社会保障在实现社会公平方面不比西方国家差。

---

① 黄金荣:《实现经济和社会权利可诉性:一种中国的视角》。载柳华文主编:《经济、社会和文化权利的可诉性研究》,北京,中国社会科学出版社,2008年,第1版,第101~102页。

第二章　俄罗斯社会保障法律制度

　　1991 年,在国内外复杂因素作用下,苏联解体,东欧剧变,国际共产主义运动遭受到有史以来最大挫折。苏联解体以后,在经济领域采取的"休克疗法"导致高通胀和财政金融危机,经济大规模滑坡,国内生产总值几乎下降了 50%。[①] 1998 年,47.8% 的居民年平均货币收入低于当时国家确定的最低生活费标准,普遍贫困威胁着人们的日常生活和社会稳定。[②] 为了维护俄罗斯社会安全和稳定,俄罗斯即着手在市场经济基础上进行社会保障制度重构。

第一节　需要对社会保障制度进行重构的原因

　　从 1992 年起,市场原则全面引入俄罗斯社会经济生活的各个方面,国家由计划经济社会逐步向市场经济社会转型,在社会转型过程中,由于经济出现了全面的衰退和紧缩,使得社会保障体系的基础受到了根本的动摇和破坏,于是产生许多新的社会问题。

一、原来收入分配格局被改变

　　在社会主义制度下,虽然人们的收入普遍偏低,但是差距较小,人们之间收入的透明度较大,人们的心理比较平衡。改制以后,多种经济成分的出现,不仅扩大了人们之间的收入差距,而且在工资收入之外,有些人还有其

[①]　普京:《千年之交的俄罗斯》,〔俄〕《独立报》1999 年 12 月 30 日。转引自周弘主编:《国外社会福利制度》,北京,中国社会出版社,2002 年,第 1 版,第 257 页。

[②]　〔俄〕B.勃波柯夫:《关于提高俄罗斯居民生活水平与质量的任务》,〔俄〕《社会与经济》2000 年第 2 期。转引自周弘主编:《国外社会福利制度》,北京,中国社会出版社,2002 年,第 1 版,第 258 页。

他合法或不合法的隐性收入,收入差距扩大,两极分化日趋严重。1999 年上半年 10％最高收入阶层居民的收入是 10％最低收入阶层居民的 14.7 倍,俄罗斯成为世界上贫富差距最大的国家之一。①

二、居民生活贫困状况严峻

转轨中持续的通货膨胀导致居民生活水平急剧下降和普遍贫困。据统计,1998 年居民的实际工资收入只相当于 1991 年底的 50％,而下半年消费物价指数则上涨了 77％,在名义工资只增加 26％的情况下,职工的工资实际下降了 30％。② 靠养老金生活的老年人的收入已经降到最低生活费水平,而那些失业保险金和失业救济金领取者、残疾津贴领取者、儿童津贴领取者都陷入了赤贫境地,1997 年失业救济金只相当于最低生活费的 15％,儿童津贴只相当于最低生活费的 14％。③ 居民生活的贫困状况到了严峻的地步。

三、工人普遍持续失业

转制造成大量失业,失业人员成为新的贫困群体。经济转轨必须对企业进行改制,过去计划经济时期的铁饭碗一去不复返了,大批工人被解雇下岗,1999 年国际劳工组织推算出俄罗斯的失业率为 12％。1997 年世界银行报告显示,只有约 40％的劳动者能够按时足额地领到工资。工人普遍持续失业是造成俄罗斯贫困规模不断扩大的主要原因。失业既造成劳动力的浪费,也激化社会矛盾,危及社会的安全和稳定。

四、农村赤贫现象普遍

在农村经济私有化过程中,集体农庄逐渐解体,国家对农业的补贴在不断减少,相当一部分集体农庄几年都没有为庄员发放工资,庄员的日常生活主要靠自己生产的物品维持,而地方政府又没有接管集体农庄庄员生活风险的经济能力,导致 43％～44％的农村居民生活陷入赤贫状态。④

五、贫困成为严重的经济和社会问题

在计划经济时期,在没有失业压力、人们的收入不相上下的情况下,加

---

① 〔俄〕M.德米特里耶夫:《金融危机与社会保护》,〔俄〕《社会科学与当代》2000 年第 3 期。转引自周弘主编:《国外社会福利制度》,北京,中国社会出版社,2002 年,第 1 版,第 258 页。
② 王义祥:《俄罗斯的社会保障制度》,《东欧中亚研究》2001 年第 1 期。
③ 〔俄〕冈特马赫尔等:《居民社会支持体系的演进》,〔俄〕《社会与经济》2000 年第 9～10 期。转引自周弘主编:《国外社会福利制度》,北京,中国社会出版社,2002 年,第 1 版,第 262 页。
④ 周弘主编:《国外社会福利制度》,北京,中国社会出版社,2002 年,第 1 版,第 259、261 页。

上社会保障制度给予的经济上的补充,人们淡忘了贫困,充分地分享着社会主义制度的优越性。因此,一直到20世纪80年代末,贫困都没有作为政治的或科学的概念在苏联存在。在社会转型的过程中,一部分人由于各种原因迅速富裕了起来,而另一部分人则由于上述的原因成为新制度下的贫困者,社会出现两极分化,富有阶层仅占总人口的1.5%,中产阶层占总人口的25%,而贫困阶层则占到总人口的70%。反映社会分配不公和收入差距的基尼系数,从1992年的0.289上升到了1999年的0.394。[①]居民生活水平急剧下降,导致俄罗斯居民预期寿命从69岁下降到了66岁。[②]广大老百姓的生活水平大幅度下降,使得在计划经济下生活得比较安稳的人们心情焦躁了起来,人们无法预测明天的日子会怎么样,社会出现了不稳定因素,黑社会组织迅速出现,犯罪活动十分猖獗。

六、社会保障资金出现巨大缺口

苏联时期,政府对职工老年时提供养老金做出过承诺,这种承诺背负着旧制度所覆盖的受保障者在退休时应领取的养老金的巨额"隐性债务",这一债务远远超过政府经济增长能力。社会保障转轨与经济转轨所带来的经济社会问题交织在一起,极大地增加了解决的难度。在这种情况下,改革作为社会稳定器的社会保障制度被提上了议事日程。

第二节　从国家保障型到责任分担型的改革

为了解决在社会转型中出现的社会问题,在叶利钦时期,就开始对包括社会保障制度在内的一系列政治经济制度进行改革,社会保障制度改革的思路从普遍福利制度转向为最贫困者提供一张社会安全网。[③]由于支持总统的势力在议会中处于少数,政府的改革计划经常被否决,一些重要的法案迟迟不能出台,立法工作远远落后于现实生活,许多通过的法律也无法付诸实施。国家财政困难,资金严重不足,对社会领域的财政拨款急剧减少,导

---

① 潘德礼主编:《俄罗斯十年——政治 经济 外交》(下卷),北京,世界知识出版社,2003年,第1版,第589页。

② 〔俄〕B.勃波柯夫:《关于提高俄罗斯居民生活水平与质量的任务》,〔俄〕《社会与经济》2000年第2期。转引自周弘主编:《国外社会福利制度》,北京,中国社会出版社,2002年,第1版,第258页。

③ 王义祥:《俄罗斯的社会保障制度》,《东欧中亚研究》2001年第1期。

致教育和卫生保健事业濒于崩溃。社会保障制度的改革严重滞后于经济体制的变革,正如俄罗斯著名经济学家阿巴尔金指出的,"社会保障只是采取修修补补的形式,只能极简单地解决活命度日所需。"①

俄罗斯在建立什么样的社会保障制度问题上,曾有过不同的观点:有人认为,应当建立美国模式的社会保障制度,降低国家在社会保障领域的干预;有人则认为,应当建立北欧式的社会保障制度,加大国家在社会保障领域的作用。由于苏联时期国家保障型的社会保障制度是几十年经济社会发展的结果,它牵涉到每一个人的切身利益,要将原来的社会保障体制完全推翻,重新建立一套全新的社会保障制度,在人们的心理适应上会遇到阻碍。从维护社会稳定出发,俄罗斯新的政治领导不得不保留一些原有的社会福利措施。俄罗斯虽然经历了政治和经济转轨的剧烈震荡和巨大阵痛,但社会却保持了相对稳定,这不能不归功于原有的社会保障体系。美国学者理查德·莱亚德甚至认为,共产党的俄罗斯建立了很发达的社会保障体系,它在生活普遍动荡的过渡时期运行得相当好,尽管它并不完善,但并没有瘫痪失灵。②

1989 年苏联的贫困人口已多达 4000 万。③ 在生存不稳定感笼罩在人们心头时,政府不得不增加社会福利支出以保障人们的生活所需,这又使得国家在没有设计好新的社会保障制度之前,就背负了沉重的社会福利支出负担。1999 年普京执政时,俄罗斯的社会局势已由风波迭起、动荡不安转变为相对稳定发展时期,改革的重心已转移到深化对制度的改革。普京首先主张加强和巩固社会保障体系和金融体系,尤其主张在经济和社会领域建立完整的国家调控体系,使国家政权成为国家经济和社会力量的协调员和平衡员,以保证经济发展的好处能落实到老百姓身上,并由此实现全国的团结和稳定。普京提出一系列政治的、外交的、经济的、社会的策略:在经济方面,他强调国家的权威和对市场进行调控,不搞"野蛮的资本主义";在社会领域,他既不完全采纳新自由主义的激进方针,也不照搬国家主义的传统做法,而是适当地进行综合和折中,即一方面提高居民退休金等社会福利,另一方面引入多支柱的体制,发挥个人、企业和国家的积极性,实现资金来

---

① 〔俄〕阿巴尔金:《俄罗斯发展前景预测》,北京,社会科学文献出版社,2001 年,第 1 版,第 206 页。转引自王义祥:《普京社会保障政策评析》,《俄罗斯中亚东欧研究》2003 年第 6 期。

② 〔美〕理查德·莱亚德等:《俄罗斯重振雄风》,白洁等译,北京,中央编译出版社,1997 年,第 1 版,第 130 页。转引自王义祥:《普京社会保障政策评析》,《俄罗斯中亚东欧研究》2003 年第 6 期。

③ 顾俊礼主编:《福利国家论析——以欧洲为背景的比较研究》,北京,经济管理出版社,2002 年,第 1 版,第 365 页。

源的多样化。在实施这些有效的措施以后,随着经济形势的好转,拖欠退休金的现象得到了解决,退休金和最低生活保障的标准有了较大幅度的提高,贫困群体的生活困难也得到一定程度的缓解。

虽然普京在讲话中一再强调经济活动的目的是为了人,但是基于经济危机的形势和较低的人均 GDP 水平,俄罗斯显然不具备建立福利国家的条件,不可能在短期内建立起像发达国家那样健全完善的社会保障体系。因此,俄罗斯社会保障制度改革的出发点主要是稳定社会秩序,为国家的全面振兴创造安定的社会环境。但是,在向市场经济过渡的过程中,由于主要受经济实力的限制,俄罗斯的社会保障制度发生了模式性的变化:在保障对象上,从普遍保障制变为选择保障制;在给付原则上,实行受益准则制;在资金筹措上,实行现收现付制,资金来源由国家预算拨款改为由国家、企业和个人共同承担,实行社会保障基金来源多元化;在管理上,由国家管理转为社会管理,实行社会保障事业社会化。这样的社会保障模式更能适应俄罗斯市场经济发展的需要,并且对俄罗斯经济的发展起到积极的推动作用。但是,普京提出的"强国富民""让所有人都过上好日子""是每一个政权都应当承担起的道德责任和政治责任",在当时来说还只能是一个政策目标,这个目标将随着俄罗斯经济的不断发展逐步得到实现。①

第三节　社会保障法律制度的内容

1991 年 12 月,俄罗斯通过大幅开放物价、废除国家对外贸的垄断、实行卢布的自由兑换、推动国有企业进行了大规模的私有化改造等手段,试图完成从计划经济到市场经济的一步跨越,但是伴随着向市场经济体制过渡而来的是前所未有的经济衰退和预算紧缩。1992 年 8 月,俄罗斯的财政赤字规模达到 8000 亿卢布,占国内生产总值的 15％。② 巨额的财政赤字给养老保险待遇的支出带来巨大压力,原先的社会福利制度已无法再支撑下去,俄罗斯不得不对旧体制进行大的改动,以适应新形势的需要。但是,在旧的计划经济体制下,职工的一切都依附于国家和企业,要对由国家统揽一切的社会保障机制进行大刀阔斧的改革,容易引发社会动荡。世界银行认为,俄罗斯全面改革现行社会保障制度的条件不成熟,它提倡实行一种渐进的温

---

① 潘德礼主编:《俄罗斯十年——政治 经济 外交》(下卷),北京,世界知识出版社,2003 年,第 1 版,第 595、598 页。

② 茆长宝:《俄罗斯养老保障体系改革与面临的挑战》,《中国社会报》2014 年 6 月 23 日。

和改革,主张继续让国家提供资金的退休金制度发挥主要作用。俄罗斯政府听取了世界银行和国内的反对意见,决定对当时那一代退休职工的义务不变,新职工退休以后的养老金一半来自国家管理的基金,其余来自个人退休金账户,个人也可以选择投资私人养老金计划。传统的制度在相当长的一段时间内会与新制度并存,①尤其是对企业退休职工仍然实施解体之前的社会保障制度。② 因此,当时的改革方案只能是温和的妥协方案。

　　温和的妥协方案是激进派与保守派激烈争论的结果。左翼和共产党主张保留国家对社会保障全面负责的制度,而激进的自由派则主张减少国家在社会保障方面的责任,更多地发挥市场机制的作用,由私人经营的保险基金取代原来完全由国家管理的社会保障体制。叶利钦执政初期,实行激进的自由主义改革,主张走西方道路,同西方建立盟友关系,进入西方大家庭。结果导致俄罗斯经济衰退,政局混乱,居民生活状况恶化,国际地位下降,社会保障制度的改革也严重滞后。普京 2000 年上台执政之后,强调俄罗斯必须走自己的路,不能实行西方式的自由民主。普京领导建立了八大国有控股公司和石油收益稳定基金,其中国际福利基金用于健全全民福利。③ 同时,俄罗斯采取了世界银行的建议,于 2001 年颁布了几个养老保险法案,建立起多支柱的养老保险制度,并于 2002 年正式实施。

一、社会保险法律制度

(一)养老保险法律制度

1.“叶利钦时代”养老保险制度概况

　　在计划经济时期,苏联的养老金的工资替代率为 70%。从 1983 年起,实行所有的退休者都享受退休金的制度。全国实行统一的退休制度,不仅男女各有统一的退休年龄,而且退休年龄偏低。提前退休,增加了退休者的人数,进而增加了在职人员的负担,退休金的工资替代率高,加大了国家的养老金负担。养老金占国内生产总值的比重在经济转轨之前就相当高了。在这种情况下,即使提高企业缴纳职工养老保险费的比例,但仍然面临着融资困难的问题。所以,在俄罗斯转制以后,首先对养老保险制度进行了改革。

　　(1)第一阶段改革。1991 年 12 月 27 日,俄罗斯通过了独立以后的第一部《俄罗斯联邦养老基金法》,其主要内容有:一是逐步放弃国家包揽一切

①　王义祥:《俄罗斯的社会保障制度》,《东欧中亚研究》2001 年第 1 期。
②　王玉先主编:《外国社会保障制度》,北京,工人出版社,1989 年,第 1 版,第 20 页。
③　许艳丽:《转型期俄罗斯社保制度改革的特点及启示》,《中国发展观察》2016 年第 18 期。

的做法,社会保险基金与国家预算脱钩,实现社会保障的资金来源多元化。养老保险基金由企业、职工和国家三方共同负担,企业缴费率为职工工资总额的 28%、农场主的缴费率为雇员工资总额的 20.6%、职工的缴费率为本人工资的 5%并存入名义积累账户,个体劳动者为收入的 5%。在 1995 年养老保险基金的结构中,企业和职工缴纳的养老保险费占 92%,联邦预算拨款占 5%,其他收入占 3%,由此建立起独立于国家预算的退休养老基金。二是养老金的计算办法,是以职工退休前最后 15 年平均收入为养老金计算基数。养老金由两部分组成,一部分是所有职工领取相同数额的平均收入一定比例的退休金,另一部分是与退休者本人工龄和收入相关的退休金。三是“老人老办法,新人新办法”。对已经退休的人员养老待遇不变,仍在职的职工退休时,从国家养老保险基金领取 50%养老金,从个人养老保险账户领取另外 50%的养老金。莫斯科市还对退休人员提供退休补差,凡领取最低退休金的人都可获得最高补差。四是从 1992 年起对养老金实行指数化计算。指数化主要根据市场物价的变动、在职职工的平均工资数额和养老金领取者原有工资与优抚金水平来计算。养老金每 3 个月根据物价变化情况进行一次调整,以防止因通货膨胀造成养老金水平下降。[1] 1997 年 9 月,俄罗斯通过了《关于计算和增加养老金的程序法》,规定从 1998 年 2 月 1 日起,养老金的计算不再以价格的增长为依据,而以全国的月平均工资的提高水平为根据,同时规定采用个体系数来完善养老金。[2] 五是养老保险基金由非国有养老基金会管理。1992 年 9 月颁布的《关于非国有养老基金会总统令》规定,在联邦一级建立联邦养老基金会,在联邦主体(州、边疆区、共和国)一级建立地方养老基金会。联邦和地方养老基金会负责养老保险费的征收、调剂、发放工作,并接受国家监督。到 1998 年,全国 89 个联邦主体都建立了养老基金会,每个联邦主体建立 15～100 个委托人小组,它们的任务是到厂矿企业征收养老保险费,对养老保险基金的支付和领取情况进行检查核实。[3]

俄罗斯虽然采取了国家、企业、公民个人共同承担养老保险责任的制度,但是经济转轨以及私有化并没有使俄罗斯经济向预期的方向发展,反而导致经济快速下滑。1992 年,俄罗斯国内生产总值的增长率为−14.5%,通

---

① 高际香:《俄罗斯民生制度重构与完善》,北京,社会科学文献出版社,2014 年,第 1 版,第 56 页。

② 陆南泉:《转型以来俄罗斯的社保制度改革》,《经济观察报》2013 年 12 月 6 日。

③ 潘德礼主编:《俄罗斯十年——政治 经济 外交》(下卷),北京,世界知识出版社,2003 年,第 1 版,第 599、600 页。

货膨胀率达到了1353％。高通胀使得养老金严重缩水,许多依靠养老金养命的老年人生活陷入困顿。① 苏联时期,最少的养老金不低于工资的40％,全国范围的工资差距为1∶5,而到了20世纪90年代初期,工资差距为1∶20,贫富差距迅速加大,社会矛盾凸显。② 在此情况下,从1992年开始,俄罗斯在养老保险改革方面每年都采取一些新的举措。

俄罗斯工资水平低,转轨以后10年中,最高年份月工资为164美元,最低年份为22美元。与此相应,养老金替代率也低,1995年养老金的数额为基础工资的54.7％,月均养老金56.3美元;③男性职工工龄超过25年,女性工龄超过20年,每超过1年,增加1％,但最高不超过基础工资的75％,或不超过最低养老金的3倍。④ 养老金实行社会化发放,通过邮局或储蓄银行汇入退休者账户。⑤

(2)第二阶段改革。1995年,俄罗斯社会保障制度进入第二阶段改革。政府制订了《俄罗斯联邦养老金保障制度改革的构想》,其主要内容:一是养老金制度能够促进国内生产者提高产品的国际竞争力;二是适应于未来人口老龄化的趋势保证养老金收支平衡;三是确保适当水平的最低养老金,并建立与劳动贡献相挂钩的效率养老金;四是使养老金的给付条件合理化并提高养老金的管理效率;五是取消优待养老金制度(例如有害劳动条件下劳动者提前退休制度)并向补充型职业养老金制度过渡。《构想》计划建立三个层次的养老金制度:第一层次是建立与最低保险期限没有关系的、保障最低生活需要的定额基础养老金。它的对象是无力缴纳养老保险费的特殊困难群体,所需资金由国家财政提供。第二层次是建立达到最低保险期限并与劳动报酬挂钩的劳动保险养老金,作为养老金计算基数的劳动报酬额度划定在全国平均工资的1.5倍以下。它要求所有雇员必须参加,并建立个人保险账户,劳动保险养老金是养老保障制度中的核心部分。第三层次是建立个人、个别组织、个别产业部门自愿购买的补充型非国家养老金。⑥《构想》还提出要逐步提高退休年龄、逐步实现企业

① 茆长宝:《俄罗斯养老保障体系改革与面临的挑战》,《中国社会报》2014年6月23日。
② 许艳丽:《俄罗斯转轨中的经济和社会问题与养老制度改革》,《社会保障制度》2010年第4期。
③ 潘德礼主编:《俄罗斯十年——政治 经济 外交》(下卷),北京,世界知识出版社,2003年,第1版,第601页。
④ 顾俊礼主编:《福利国家论析——以欧洲为背景的比较研究》,北京,经济管理出版社,2002年,第1版,第387页。
⑤ 茆长宝:《俄罗斯养老保障体系改革与面临的挑战》,《中国社会报》2014年6月23日。
⑥ 同上。

（单位）和个人平均负担养老保险费、建立个人收入审查制度以保证养老保险费足额征收。①

1997年，俄罗斯参照世界银行提出的"三支柱"模式，计划建立多层次的养老保险制度：第一层次是在养老保险制度中占核心地位的强制养老保险，公务员、公私企业雇员、农民是强制养老保险的适用对象，他们须按照法定比例缴纳养老保险费，个人缴纳部分存入为其建立的个人账户中。第二层次是鼓励企业为职工建立补充养老保险，这是一种自愿养老保险，由雇主自愿建立，所有职工均可自愿参加，采用基金制的个人账户管理方式，这种非国家养老基金不允许一次性提取，给付方式一般采取终身年金或有期限年金。但是只有1%的劳动者参加了这种保险。原因是大多数劳动者收入水平较低，无力承担额外的保险费支出。② 为了鼓励补充养老保险的发展，政府先后出台了一系列减免税收政策，并且允许私人补充保险资金进入社会养老保险基金，以解决社会养老保险基金运作效率和收益低下的问题。③ 第三层次是由联邦财政出资，为不能享受劳动退休金的老年人、残疾人以及没有抚养人和赡养人的社会群体提供养老金，实际属于政府对社会贫困者提供的社会救济。另外，国家为战争中的伤残人员、卫国战争参战人员、卫国战争烈士遗孀和父母等，提供养老金或抚恤金，这些人的养老金或抚恤金的标准相对固定且会不定期增加。三支柱的养老保险方案被学界认为是俄罗斯养老保险制度改革的分水岭。

1998年，俄罗斯遭遇金融危机的打击，以上养老保险改革方案无法得到落实。经济体制转轨以后，俄罗斯依然实行现收现付财务制度，该制度的正常运行要求有合理的人口结构和稳定的经济状况，而俄罗斯劳动人口减少、人口呈负增长态势，都对养老保险基金规模及其支付能力构成了威胁。尤其是叶利钦政府为了保证金融寡头的利益，不惜拖欠工人的工资和养老金。为了应对金融危机和人口结构变化对养老保险制度的冲击，当年5月，俄罗斯政府决定将实行现收现付和部分积累结合的制度，逐步改革为完全积累制，但是改革方案未能获得议会通过。1999年3月，俄罗斯总理普里马科夫说："人们不能靠每月234卢布（折合9.75美元）的最低养老金来生活。"④ 表

---

① 车程等：《转轨国家养老金制度改革历史简析——以俄罗斯为例》，《辽宁经济》2013年第12期。

② 陆南泉：《转型以来俄罗斯的社保制度改革》，《经济观察报》2013年12月6日。

③ 许艳丽：《俄罗斯转轨中的经济和社会问题与养老制度改革》，《社会保障制度》2010年第4期。

④ 同上。

明俄罗斯的养老保险制度需要继续进行改革。

2.普京执政期间养老保险制度概况

普京总统执政时,面对的是叶利钦时代遗留下来的社会分化加剧、贫富差距拉大、失业率和犯罪率不断攀升等一系列社会问题和国家秩序分裂危机。普京及时调整俄罗斯社会转型战略,重拾政治国家控制的治理模式,通过改革联邦体制、整合政党权力、惩治寡头干政、强化对非政府组织管理等措施,重建了垂直权力体系。同时,对社会福利政策的基本思路进行了调整,特别强调完善公平正义的社会福利政策和国家应在经济社会发展中承担主要的责任。

普京政权首先对养老保险制度和税收制度进行改革,这是俄罗斯养老保险制度的第三阶段改革。2001 年初国际石油价格大幅上涨,俄罗斯经济出现了快速复苏。2003~2007 年间,俄罗斯年均 GDP 增长率为 6%~7%。[1] 经济的高速增长充实了国家财政收入,普京及时利用巨额石油出口收入来支付长期拖欠的职工工资和养老金,同时大幅度提高职工工资和养老金水平。[2] 2001 年,俄罗斯国内需求对经济增长的贡献率高达 70%,[3] 2004 年的一项民意调查显示,俄罗斯民众把普京总统的做法誉为其任期内"最伟大的成就"。

2001 年年底,俄罗斯先后出台了一系列养老保险法律:2001 年 12 月 15 日颁布的《俄罗斯联邦国家养老保险法》(第 166 号)和《俄罗斯联邦强制养老保险法》(第 167 号)、2001 年 12 月 17 日颁布的《俄罗斯联邦劳动保险法》(第 173 号)以及 2001 年 12 月 31 日颁布的《俄罗斯联邦税法及关于税收和保险缴费规定的增补与修正》(第 198 号)四部联邦法案,它们成为"三支柱"养老保险制度坚实的法律基础。《俄罗斯联邦税法及关于税收和保险缴费规定的增补与修正》规定,养老保险实行现收现付和积累制相结合的筹资模式,社会保险费以统一社会税的形式缴纳,统一社会税率为工资总额的35.6%,其中 28% 归入养老保险基金、3.6% 归入医疗保险基金、4% 归入社会保险基金。[4] 实行统一社会税就取代了此前实行的向国家预算外基金缴纳保险费的制度。新的养老保险制度从 2002 年起正式实施。

---

[1] 茆长宝:《俄罗斯养老保障体系改革与面临的挑战》,《中国社会报》2014 年 6 月 23 日。

[2] 许艳丽:《转型期俄罗斯社保制度改革的特点及启示》,《中国发展观察》2016 年第 18 期。

[3] 许艳丽:《俄罗斯转轨中的经济和社会问题与养老制度改革》,《社会保障制度》2010 年第 4 期。

[4] 高际香:《俄罗斯民生制度重构与完善》,北京,社会科学文献出版社,2014 年,第 1 版,第 59 页。

　　由于强制养老保险制度是养老保险体系中的核心部分,因此国家予以严格规范。俄罗斯的强制养老保险制度由三部分组成:

　　(1)基本养老金。基本养老金制度是强制性的现收现付公共养老金制度,养老保险费由企业和国家共同承担,各缴纳职工工资总额的14%,基本养老金按照受保险人的年龄、是否有残疾以及抚养和赡养的人数而定,数额较低,随物价变动而进行相应调整。2002年,基本养老金数额为每月450卢布,为月平均社会工资的10%,相当于养老金领取者月最低生活费的33%。[1] 基本养老金的支付对象是无力缴纳养老保险费的特困人群,即贫困者和完全无依无靠者。

　　(2)养老保险金。养老保险金是强制性个人账户养老金制度,它的数额取决于职工的工作绩效,由企业缴纳,缴费比例根据职工的年龄和性别确定,例如,45岁以上女职工和50岁以上男职工,缴费率为职工工资的14%,农业职工为10.3%;35岁以下的职工缴费率为8%,农业职工为5.3%。养老保险金存入国家为职工设立的个人账户,职工退休后每月领取的个人账户养老金为个人账户储存额除以168个月(14年)。如果是长寿者,在领取了168个月个人账户养老金之后继续领取直到寿终;如果在退休以后没有领取够168个月就亡故的,个人账户资金归养老保险基金管理公司所有,其法定继承人不能继承。[2] 养老保险金的支付对象是企业退休者。在养老保险基金中,联邦预算拨款占5%,企业缴费占92%,其他收入占3%。[3]

　　(3)养老储蓄金。根据《俄罗斯联邦强制养老保险法》的规定,1966年之前出生者,无须为养老储蓄金缴费;1966年之后出生者,需要为养老储蓄金缴纳本人工资6%的费用,企业初始也缴纳相同比例的费用,为了减轻企业负担,近些年企业缴费率在逐年下降。企业和职工缴费都计入职工个人账户。[4] 养老储蓄金是国民为个人养老积蓄的一笔资金。

　　为了加强对养老保险基金的监管,成立了国家养老基金,负责管理基本养老基金和养老保险基金;同时还成立了国有养老基金资产管理公司,负责个人账户基金和养老储蓄账户基金的投资运营。国家养老基金由俄罗斯中央审计委员会监管,直接向总统汇报;国有养老基金资产管理公司投资由联

---

　　[1]　车程等:《转轨国家养老金制度改革历史简析——以俄罗斯为例》,《辽宁经济》2013年第12期;徐林实:《俄罗斯的退休养老体制改革及启示》,《国外社会科学》2012年第2期。
　　[2]　徐林实:《俄罗斯的退休养老体制改革及启示》,《国外社会科学》2012年第2期。
　　[3]　赵传君等:《中俄社会保障制度改革比较》,《俄罗斯中亚东欧研究》2003年第6期。
　　[4]　车程等:《转轨国家养老金制度改革历史简析——以俄罗斯为例》,《辽宁经济》2013年第12期。

邦金融市场监管服务局监管;养老储蓄基金投资商业保险的,由联邦保险监管服务局监管。①

自 2004 年 1 月起,职工每年可以在俄罗斯联邦或私有养老基金公司中自由选择投资机构,委托投资公司对其养老储蓄金投资并获取收益,投资收益计入个人账户。2010 年共有 55 家私有养老基金管理公司。② 个人因各种原因没有自己选择投资的,养老储蓄金将为职工代理投资。投资对象规定为国债、联邦债、国内公司债、国内公开发行的股票、外国政府债、银行储蓄等,俄罗斯国债占比高达 65％。③ 2008 年 7 月,参加养老储蓄金计划的人数约 360 万人,仅占参加基本养老金计划人数的 5％。④ 这缘于人们长期形成的对强势政府的依赖心理。为了鼓励公民参加养老储蓄金计划,2008 年 10 月 1 日开始生效的《养老储蓄金补充保险缴费和国家支持设立养老储蓄金法》规定,国家提供与职工相同数额的补充养老储蓄金并存入职工个人养老储蓄金账户。具体规定是:①自愿参加养老储蓄金计划的职工每年存入账户的金额不得少于 2000 卢布;②国家提供的养老储蓄金补贴不得超过 1.2 万卢布;③2008 年 10 月 1 日至 2013 年 10 月 1 日为公民自愿加入养老储蓄金计划期间,国家提供 10 年配套补贴,自职工参加养老储蓄金计划的第二年起算;④职工需向雇主提出申请,表明自己愿意参加养老储蓄金计划和计划缴纳的金额。

自 2004 年起,自由职业者也需参加养老保险,缴纳养老保险费。自由职业者缴纳的养老保险费计入个人账户,他们退休以后只能领取个人账户养老金,而没有资格领取基本养老金。⑤

2006 年 7 月 31 日,俄政府总理来哈伊尔·弗拉德科夫签署的法令规定,从 2006 年 8 月 1 日起,在物价上涨的情况下,养老保险金每半年至少提高 6％。从 2002～2006 年,俄罗斯养老金名义上涨了 2.4 倍,实际上涨了 1.4 倍。2008 年,普京当选俄罗斯总理,当年养老保险基金的收入比 2007 年增加了 40.2％,数额达 27.3 亿卢布,而支出为 23.6 亿卢布,略有结余。⑥

---

① 吴好等:《俄罗斯三支柱养老金制度评述及其对中国的启示》,《生产力研究》2010 年第 6 期。
② 许艳丽:《俄罗斯转轨中的经济和社会问题与养老制度改革》,《社会保障制度》2010 年第 4 期。
③ 车程等:《转轨国家养老金制度改革历史简析——以俄罗斯为例》,《辽宁经济》2013 年第 12 期。
④ 高际香:《俄罗斯民生制度重构与完善》,北京,社会科学文献出版社,2014 年,第 1 版,第 69 页。
⑤ 方塑等:《俄罗斯转型过程中的社会结构分化及福利政策》,《外国问题研究》2012 年第 2 期。
⑥ 许艳丽:《俄罗斯转轨中的经济和社会问题与养老制度改革》,《社会保障制度》2010 年第 4 期。

3.养老保险制度第四阶段改革

俄罗斯养老保险制度第四阶段改革基于以下原因：(1)基本养老金和养老保险金的保险费都由企业缴纳，给企业造成很大的经济负担，影响企业发展和产品的国际竞争力。(2)工资水平低，加上养老金替代率仅为23％，使得60％退休人员的养老金水平略高于最低生活保障水平，因此陷入贫困状态。(3)低生育率加上高死亡率(男性的平均预期寿命只有61.8岁，40～60岁的人死亡率高企)导致能够缴纳养老保险费的劳动人口持续减少，据标准普尔预测，俄罗斯的社会赡养率将从2010年的18％增加到2050年的39％。(4)缴费人数减少，而领取养老金人数增加，导致养老保险基金入不敷出，甚至出现赤字。[①]2010年初养老保险赤字已高达1.7万亿卢布，相当于当年GDP的2.9％；2010年前后，劳动年龄人口比1991年减少了360万，而退休人员增加了20万。[②]　(5)老龄化急速推进。人口结构老龄化对现行俄罗斯养老保险制度是个威胁。据俄罗斯学者盖达的计算，到2030年，缴费人数和领取养老金的人数几乎持平。(6)提前退休现象比较普遍。在领取养老金者中，有超过73％的人是提前退休者。仅2010年就有10.5万人提前退休。在提前退休者工作的1700个工作岗位中，60％的人是在冶金、工程、化学、石化等有害、危险工作条件下或者在远东或类似地区工作。大批不到退休年龄的人提前退休，导致养老保险基金入不敷出。[③]　(7)1998年金融危机之后，为了减轻企业负担，从2005年开始政府将社会统一税率由35.6％降为26％，将拨付养老保险基金的比例由28％降为20％，政府的转移支付和养老保险金中企业缴纳的养老保险费已不足以支付退休人员的养老金，2010年政府通过增加财政预算来填补养老金支付的资金空缺比2009年增长了45％，政府财政负担十分沉重。[④]

2010年1月1日，俄罗斯政府开始对养老保险制度进行第四轮的改革，改革的重点由过去注重公平而忽视效率转向效率与公平兼顾。改革的内容主要有：

(1)以养老保险费取代统一社会税。2008年10月，时任俄罗斯总理普京在审议《2020年前俄罗斯联邦经济社会发展长期战略构想》和《2012年前俄罗斯联邦政府主要行动方向》会议上宣布了养老保险制度改革的构想：取

---

① 徐林实：《俄罗斯的退休养老体制改革及启示》，《国外社会科学》2012年第2期。

② 高际香：《俄罗斯民生制度重构与完善》，北京，社会科学文献出版社，2014年，第1版，第33、66页。

③ 冯小溪等：《俄罗斯养老保险改革现状及启示》，《管理观察》2014年第22期。

④ 徐林实：《俄罗斯的退休养老体制改革及启示》，《国外社会科学》2012年第2期。

消统一社会税,改为强制社会保险费。2010年对于年工资收入低于41.5万卢布(2013年提高到了57.3万卢布)的职工,养老保险的缴费率为工资总额的26%(2012～2013年由26%降为22%),加上5.1%的医疗保险和2.9%的社会保险费,总缴费率不超过工资总额的34%。对于年工资收入超过41.5万卢布的部分,不要求缴纳强制养老保险费(2013年,超出57.3万卢布部分按10%费率缴费)。[①] 如果个人有多个兼职,将要缴纳兼职收入法定比例的养老保险费,但在每一个单位的缴费额累计不得超过46.3万卢布。强制养老保险缴费不分行业,实行统一费率,退休人员的养老金由养老保险基金支付,改变之前养老保险基金赤字由联邦预算补充的状况。

(2)大幅提高养老金水平。2010年4月1日,养老金提高6.3%,至年底人均养老金达到了7902卢布,其中苏联时期参加工作者的养老金平均增加1100卢布,年龄超过70岁的退休者的养老金增加1600～1700卢布,基本消除了退休者的贫困现象。对于养老金低于最低生活保障线的退休者,各联邦发给养老补助金,补助金的75%来自联邦预算补贴。2000～2007年这8年间养老金增加了1.5倍。2012年全俄月均养老金为9800卢布。[②]政府的目标是,通过补偿调整,努力保证退休人员的养老金不低于在职人员平均工资的40%。

(3)减少提前退休并鼓励退休人员继续工作。经养老保险改革专家委员会评审,有约30%的工作岗位通过改善工作条件,就可以逐步减少职工提前退休。企业要设立专项补贴并提供给特殊工作条件下的职工。政府鼓励退休人员继续工作,以强化了养老保险基金的支付能力。2008年10月,国家杜马通过的第98474-5号法案对《俄罗斯联邦劳动退休金法》中规定的养老金核算程序进行了修订,该法案规定,退休后继续工作的职工无须提交请求重新核算养老金待遇的申请,每年7月1日,养老保险基金根据职工缴费信息,自动核算养老金待遇水平。

(4)改革非国家养老基金投资政策。2009年9月,普京签署放宽非国家养老基金投资政策的决定,内容主要有:非国家养老基金可自行在证券市场进行投资;可把储备金的80%存入银行,但在一家银行的存款不得超过储备总额的25%;可以参股合股投资基金,比例可占到储备金总额的70%;可将5%的储备金投资公司有价证券,但该公司必须是养老保险基金的存款人。[③]

---

① 许艳丽:《转型期俄罗斯社保制度改革的特点及启示》,《中国发展观察》2016年第18期。

② 陆南泉:《转型以来俄罗斯的社保制度改革》,《经济观察报》2013年12月6日。

③ 高际香:《俄罗斯民生制度重构与完善》,北京,社会科学文献出版社,2014年,第1版,第70～75页。

(5)政府在 2012 年对养老保险制度作出以下调整:基本养老金分为退休养老金、残疾人养老金、丧失赡养人养老金三类。退休养老金的领取条件是,男性满 60 岁,女性满 55 岁,至少缴纳了 5 年的养老保险费;养老金由基本养老金、个人账户养老金、养老储蓄金三部分组成,①其中基本养老金为 3610.31 卢布,个人账户养老金和养老储蓄金根据退休时账户的积累额除以 228(《俄罗斯联邦劳动退休金法》第 14 条规定,退休后预期存活寿命为 19 年,即 228 个月),得出的数额就是每个月应领的个人账户养老金和养老储蓄金账户养老金。

(6)从 2013 年开始将个体经营者养老保险缴费率提高到 26%,缴费基数为最低年收入的两倍,医疗保险的缴费率为 5.1%。2013 年 7 月 5 日,政府和上下两院决定,从 2014 年起,对年收入少于 30 万卢布的个体经营者,养老保险缴费率仍为 26%,医疗保险缴费率仍为 5.1%;对于年收入高于 30 万卢布的个体经营者,超出部分按 1% 缴纳;年收入超过 1390 万卢布的部分不用缴纳养老保险和医疗保险费。个体经营者的收入信息由税务部门向养老保险基金提供,个体经营者没有向税务部门提供收入信息的,按照最低收入的 8 倍征缴。

4.改革取得的成效和存在的问题

几年以来的不间断改革取得的成效是明显的:将统一社会税改为养老保险费,减轻了国家的财政负担;养老金水平不断提高,2012 年比 2002 年增加将近两倍,极大地改善了退休人员的生活状况;国家协同缴费制度,不但吸引更多公民参加养老储蓄金计划,而且使公民为老年生活储备更多资金,以便安享晚年。

改革以后仍然存在以下问题:(1)尽管俄政府采取诸如提高养老保险费率等政策来减轻国家负担,但国家财政仍面临巨大压力。2007 年俄罗斯联邦政府用于养老保障的转移支付占 GDP 的比重为 1.5%,到 2010 年占 GDP 的比重提高到 5.2%,整个养老金支出约占 GDP 的 9%。从 2005 年养老基金开始出现赤字,数额为 870 亿卢布,准备通过提高退休年龄等措施来缓解赤字,计划到 2015 年之后男性公民退休年龄由 60 岁提高到 65 岁,女性公民由 55 岁提高到 60 岁。② 有学者指出,俄罗斯 60 岁以上男性的老年人口和 55 岁以上的女性老年人,与 15~59 岁的男性和 15~54 岁的女性劳动年龄人口的比例,将从 2020 年的 45.5% 上升到 2050 年的 70.8%,因此,

---

① 徐林实:《俄罗斯的退休养老体制改革及启示》,《国外社会科学》2012 年第 2 期。
② 陆南泉:《转型以来俄罗斯的社会保障制度改革》,《经济观察报》2013 年 12 月 6 日。

推迟退休年龄的空间是很小的。①（2）退休人员因养老金水平低对政府不满。有 51％的劳动年龄人口在做兼职工作，这些人的隐性收入没有被纳入社会保险缴费基数中，如果对这部分收入征收养老保险费，养老保险基金就可增加 1.4 万亿卢布的收入，就可抵消 2013 年 1.1 万亿卢布的养老保险支付中的赤字。（3）退休年龄偏低，法定退休后预期存活年限为 19 年，这就给养老保险基金的持续支付带来隐患。（4）将社会统一税改为社会保险费以后，增加了就业人口的经济负担，年收入低于 28 万卢布者的负担增加了31％，年收入为 41.5 万卢布者的负担增加了 63％，年收入为 600 万卢布者的负担反倒下降 34％，这就使得穷人越穷而富人更富，造成新的社会不公平。②（5）企业缴费率逐年攀升，2010 年为 26％、2015 年为 27％、2030 年将达到 31％，如此高的缴费率增加了企业用工成本，进而影响俄罗斯在国际上的经济竞争能力。

2012 年 12 月，联邦政府批准的《俄罗斯联邦养老体系长期发展战略》提出了一系列完善养老保险制度的目标：养老金替代率要达到 40％，退休人员的养老金水平不低于最低生活保障水平的 2.5～3 倍，养老储蓄金缴费率从 6％降为 2％，工龄满 40 年的退休者才可以领取全额养老金，改革提前退休制度，鼓励劳动者自愿延长退休年龄等。这些措施的实施，由于养老保险基金增收，在提高退休人员退休待遇后，逐步实现养老保险基金收支平衡。

国家对退休基金加强监督和检查，定期公布基金会的报告，提高其透明度，以限制基金会内部鲸吞或随意挪用资金，减少退休基金投资的风险。国家还制定了有关退休基金会收入来源的条例，以加强退休基金会的收入基础，消除拖欠退休金的现象。③

（二）医疗保险法律制度

俄罗斯的医疗保险制度是在苏联时期医疗保险制度的基础上，经过改革逐步完善起来的。1991 年 6 月 28 日，俄罗斯通过的《俄罗斯联邦公民医疗保险法》规定，"在强制医疗保险范围内由政府提供免费医疗服务。"1993年俄联邦宪法第 41 条明确规定，所有人都有保持健康和享有医疗帮助的权利，政府应通过政府预算、保险金和其他来源进行筹资，向居民免费提供医疗服务，这就为俄罗斯实行免费医疗制度提供了宪法依据。1996 年通过的

①　车程等：《转轨国家养老金制度改革历史简析——以俄罗斯为例》，《辽宁经济》2013 年第 12 期。
②　高际香：《俄罗斯民生制度重构与完善》，北京，社会科学文献出版社，2014 年，第 1 版，第 84、86、81 页。
③　王义祥：《俄罗斯的社会保障制度》，《东欧中亚研究》2001 年第 1 期。

《俄罗斯联邦公民强制性医疗保险法》规定,义务保险是为了"保障俄罗斯全体公民享受由义务医疗保险资金提供的医疗和药品在数量和条件上的平等机会"。政府负责建立联邦强制医疗保险基金和各地区强制医疗保险基金,作为收缴强制医疗保险费、积累医疗保健资金和向医疗保健部门支付医疗保健费用的专门机构,基金独立于医疗保健部门。这样就形成了从苏联沿袭下来的由财政筹资并支付医疗费用的免费医疗和通过缴纳医疗保险费筹集医疗保险资金的社会医疗保险的"二元结构"的医疗保障体系:财政资金支持的免费医疗负责支付在公立专科医院和接受高技术医疗服务以及急诊服务的医疗费用,但药品和电子检查费用需自付,只有老兵、残疾人、切尔诺贝利受害者药品免费提供;社会医疗保险负责支付日常医疗服务的费用。2013 年 10 月 8 日,俄罗斯卫生部长斯科沃尔佐娃在一个医疗媒体论坛上宣布:"将保证俄罗斯公民在俄罗斯联邦内能够永远免费享受医疗服务,而且保证医疗服务项目每年都会增加。"[1]俄罗斯的医疗保险制度改革是在苏联解体以后,经济严重衰退、政府无力负担过去由财政买单的免费医疗体制的背景下进行的,改革虽然是不彻底的,但却渗透着明显的人文关怀。

1.医疗保险基金

医疗保险基金来源于企业、机关、团体和个人缴纳的医疗保险费、国家预算拨款、社会捐赠几个方面。企业、机关、团体按职工工资总额的 3.6％上缴医疗保险费,其中 0.2％上缴联邦基金,3.4％上缴地区基金,被保险者本人缴纳工资额的 1.8％;从事个体劳动和私人经济活动的公民也需要缴纳医疗保险费;没有工作的居民由地方行政当局为他们缴纳医疗保险费、办理医疗保险。在医疗保险基金中,企业、机关、团体缴纳占 60％以上,国家预算占 30％左右。[2] 企业、机关、团体缴费用于支付企业职工和雇员的医疗费用,国家拨款用于支付儿童、残疾人、退休人员等非在职人员的医疗费。残疾人、退休者人数超过 50％的企业和组织可免缴强制医疗保险费,他们的医疗费用通过预算范围内就业人员的医疗费项目支付。1993 年 3 月,叶利钦总统下令增加政府工作人员卫生保健基金,要求医疗保健部门实行经济核算,合理收费,减少免费的治疗项目,免费药品实行限量配给。医疗保险

---

① 汪金峰等:《医疗保障制度:比较中的路径探索——以中国和俄罗斯为例》,《江汉学术》2014 年第 3 期。

② 童伟等:《2012 年俄罗斯财经研究报告》,北京,经济科学出版社,2012 年,第 1 版,第 237 页。有资料提供的数据是:2011 年,国家预算拨款占医疗保险基金的比例为 39.4％,企业和个人缴纳的医疗保险费占 25％。请参见赵莹等:《英俄印三国"全民免费医疗"比较》,《中国社会保障》2014 年第 5 期。

基金由联邦和联邦主体两级建立的医疗保险基金会管理,到 1994 年,全国 89 个联邦主体都建立了地区一级的医疗保险基金会和 900 多家分支机构,他们支配着医疗保险基金中的绝大部分资金。联邦医疗保险基金的职能是以对地区基金拨付补助的形式,对各地区医疗保险计划拨款进行综合平衡。参加医疗保险的人都持有医疗保险卡,1996 年有 6000 多万人领取了医疗保险卡,到了 1998 年所有符合条件的居民都领到医疗保险卡了。①

企业和职工可以参加由企业和职工自己缴纳医疗保险费的自愿医疗保险,自愿医疗保险为受保险人提供强制医疗保险之外的医疗服务。②

2.病假工资

除了免费医疗,医疗保险基金还为患者提供医疗补贴,即病假工资,补贴的具体标准是:凡连续工作 8 年以上的职工,有 3 个以上孩子的父母,退伍军人,在履行国际援助义务期间患病或受伤的人员,切尔诺贝利核事故受害者,都可以获得相当于全额工资的医疗补贴;连续工作 5～8 年的职工,可以获得相当于原工资 80% 的医疗补贴;连续工作少于 5 年者,领取的医疗补贴为原工资的 60%。支付期限一直到疾病痊愈;超过 4 个月仍未痊愈者,不再由医疗保险基金支付医疗补贴,而是转由相关机构从专项基金中支付。照料生病的家庭成员者,也有资格获取一份相当于医疗补贴的补助,但照料成年患者的时间仅限 3 天,照料 15 岁以下患儿的时间为从生病到痊愈的整个期间。③

3.医疗保险机构

医疗保险由具有独立经营资格的医疗保险公司负责,医疗保险公司既不受医疗卫生部门的管理,也不受医疗机构的支配,保险公司与企业和机关等投保人签订了医疗保险合同以后,被保险人在保险公司指定的医疗服务机构就医,保险公司为被保险人支付医疗费用。医疗保险公司可代表受保险人的利益对医疗机构所提供的医疗服务质量进行检查和监督,必要时对医疗单位提出索赔和罚款制裁。政府成立了医疗保险基金会管理委员会,其成员和主席由行业协会代表组成,以充分发挥专业人士和社会力量合力对医疗保险事业的管理和监督。④

部分雇主为了少缴医疗保险费,就想方设法地少报瞒报雇员的工资总

---

① 潘德礼主编:《俄罗斯十年——政治 经济 外交》(下卷),北京,世界知识出版社,2003 年,第 1 版,第 602～603 页。

② 赵传君等:《中俄社会保障制度改革比较》,《俄罗斯中亚东欧研究》2003 年第 6 期。

③ 周弘主编:《国外社会福利制度》,北京,中国社会出版社,2002 年,第 1 版,第 249 页。

④ 方堃等:《俄罗斯转型过程中的社会结构分化及福利政策》,《外国问题研究》2012 年第 2 期。

额,到了 1998 年医疗保险基金因收入少而入不敷出。2001 年,国家杜马通过了新的医疗保险改革方案,方案明确了能够提供的基本免费医疗的范围;在医疗服务超出免费医疗范围时,只对贫困者实行免费,而非贫困患者的住院和门诊费用,由保险公司和患者共同负担。

4.医疗保险基金的管理

医疗保险基金由在联邦和联邦主体两级建立起来的医疗保险基金会管理,医疗保险基金会是独立的、非商业性金融机构,到 1998 年底除了联邦医疗保险基金会外,全国 89 个联邦主体都建立了地区一级的医疗保险基金会。其主要职责是:实施医疗保险法律;负责医疗保险基金的筹集、分配和使用;监督检查医疗服务机构的数量和质量。

5.医疗保险制度的改革

2000 年 3 月 27 日,普京当选俄罗斯总统后,十分关注俄罗斯的卫生医疗事业。他在 2005 年提出,医疗是国家优先发展计划四大领域之一(其他三项为教育、住宅和农业),并亲自担任为此而专门成立的国家优先发展计划委员会的主席。"健康"国家优秀发展计划当年开始实施,该年的支出就高达 787 亿卢布。普京提出实施"健康"国家优先发展计划的另一个重要目标是提高俄罗斯人的寿命。1994 年俄人平均寿命为 57 岁,1999 年提高到 60 岁,2012 年为 68 岁。普京在 2008 年进一步提出,到 2020 年要让俄罗斯人的平均寿命提高到 75 岁。[①] 而提高卫生医疗服务水平对于人的预期寿命延长是最为关键的措施。

2002 年 1 月,修订后的《俄罗斯联邦税法典》规定开征统一社会税。统一社会税旨在精简税种、减轻税负,将原来三种国家预算外基金(养老基金、社会保险基金、医疗保险基金)合并在了一起,由企业、机构、个体劳动者等组织和个人缴纳。各缴费主体的缴费时间和次数各不相同:雇主每月缴纳一次,在给雇员发放工资时将医疗保险费自动扣除;从事私营经济活动者,以交纳个人所得税时的收入为基数,缴纳医疗保险费;农户、农场等农业领域工作者,每年缴纳一次;地方政府在每月 25 日之前为无工作居民缴纳医疗保险费;残疾人和退休人员创建的企业中,残疾人和退休人员超过 50％的,免缴医疗保险费。2010 年,国家取消社会统一税,改为社会保险费。年收入在 41.5 万卢布以下者,医疗保险费率为 5.1％,其中 2.1％纳入联邦医疗保险基金,3％纳入地区医疗保险基金。

从 2004 年开始,联邦政府每年都要推出下一年度的《国家免费医疗救

---

① 陆南泉:《转型以来俄罗斯的社会保障制度改革》,《经济观察报》2013 年 12 月 6 日。

助纲要》,纲要对医疗救助的范围、救助主体、各级预算应当承担的责任、人均享有的医疗救助标准、最低救助额度等作出明确规定。2011年确定的人均医疗支出标准为7633.4卢布,其中4102.9卢布由医疗保险基金承担,余下金额由各级预算承担。[①]

2008年11月17日联邦政府批准的《2020年俄罗斯联邦经济社会长期发展战略构想》提出,2020年前,医疗卫生事业优先发展战略包括:为公民提供全额免费医疗保障、实行通过医疗保险基金拨款模式、改善门诊治疗药品保障、延长公民寿命和降低死亡率。到2020年,公民预期寿命达到75岁,死亡率降至11‰,公共卫生支出占GDP的比重达到5.5%。[②]

2010年11月29日,俄杜马通过了《关于部分修订俄罗斯联邦强制医疗保险法》,其主要内容有三:(1)赋予被保险人自主选择医疗保险公司的权利。(2)扩大强制医疗保险给付范围。医疗保险基金为医疗机构提供的给付包括薪金、支出成本、药品和食物等。自2013年起,医疗机构中除用于基本建设、维修和购买10万卢布以上设备的支出外,其他所有支出全部由强制医疗保险基金承担。(3)允许私人机构进入医疗保险领域。这就使得除强制医疗保险外,公民可以自愿购买私人医疗保险,保费由企业和个人共同负担或者公民个人负担,在公民享受免费之外的医疗服务时,由非国有保险公司承担其费用,公民的健康和疾病风险又多了一层保护屏障。

6.医疗保险体系存在的问题

20年不间断的医疗保险制度改革的结果是,以强制性医疗保险制度为核心医疗保障体系已初步建立,并在不断的完善之中。但是,医疗保障中存在的问题也是比较明显的,主要表现在:

(1)医疗保健投入不足。据统计,1999年上半年国家医疗保健拨款和预算外基金会组织所征收的医疗保险费总额,比1998年同期下降了34%,国家拨款在医疗保健开支总额中所占比重由1997年年底的43%下降到了1998年年底的37%,这样居民需要自己支付医疗费用的2/3。据俄罗斯社会研究院1998年1月和1999年1月进行的抽样调查数据,1997年居民个人在药品和医疗上的花费占GDP的4%,1998年进一步上升为占GDP的4.5%。医疗机构为了填补资金缺口,对法律规定的一些免费项目也收取费用,1998年这些额外收费占到居民个人医疗费用总支出的23%。出现这种状况的原因是,在经济社会转型的初始阶段制定医疗保健服务的最低需求

---

① 高际香:《俄罗斯民生制度重构与完善》,北京,社会科学文献出版社,2014年,第1版,第106页。
② 同上书,第112页。

计划时,计划对大多数居民提供的医疗保健服务是免费的,并且在为养老金领取者、残疾人等在内的贫困阶层确定最低生活保障标准时,没有将医疗保健开支计算在内。医院对部分免费项目加收费用,导致那些依赖公费医疗的贫困者陷入看病难的境地。①

从 2005 年开始,国家在医疗投入上加大了力度,但仍显不足。2007年,俄罗斯医疗投入占 GDP 的 3.7%,远低于经合组织国家平均值为 6.6%的水平;人均药品支出 190(购买力平价)美元,其中国家仅支出 24%,而经合组织国家人均药品支出 413(购买力平价)美元,国家支出占到 60%以上;10%最富裕地区的医疗保障水平是 10%最贫穷地区的 4.2 倍。2010 年,俄罗斯有 1286.6 万残疾人,占人口总数的 9%,但是国家用于护理的支出仅占到医疗预算支出的 1%,远低于经合组织国家 11%的水平。② 医疗投入不足导致公民的健康状况改善不大,公民的健康指标不仅落后于欧盟国家,甚至比苏联时期的 1985~1990 年还要差。2004 年国民的预期寿命仅为 65.4岁,2011 年虽然提高到了 69 岁,但仍低于欧洲和中亚国家的 72 岁。有专家预测,要实现到 2020 年的公民预期寿命达到 75 岁、死亡率降至 11‰的目标,国家的医疗投入至少要增加一倍。

(2)资金缺口大。2012 年初医疗保险体系资金缺口约高达 1000 亿卢布。③

(3)医疗资源地域分配不均。2009 年,全国平均每万人医师数为 50.1人,在圣彼得堡这个数字高达 87.4 人,而在印古什这个数字仅为 25.1 人。2013 年,短缺医生 4 万名,每千人拥有中级医护人员 9.08 人,短缺 27 万名;各地医疗机构所拥有的床位差距更大,在西伯利亚楚科奇自治区每万人拥有床位 177.4 张,是床位数最少的印古什的 4.46 倍;城乡之间医疗资源的分配也是严重不均,2008 年,农村每万人拥有的医师数为 12.1 人,不及全国平均水平的 1/4;2009 年,城市居民医院床位的可用性比农村高出 2.6 倍。医疗资源地域分配不均严重地影响着医疗服务的质量,2008 年的一项调查显示,58%的受访者对整个医疗体系表示不满,66%的人指出自己和家人不能获得高质量的医疗服务。④

---

① 〔俄〕M.德米特里耶夫:《金融危机与社会保护》,〔俄〕《社会科学与当代》2000 年第 3 期。转引自周弘主编:《国外社会福利制度》,北京,中国社会出版社,2002 年,第 1 版,第 243 页。

② 高际香:《俄罗斯民生制度重构与完善》,北京,社会科学文献出版社,2014 年,第 1 版,第121~124、133 页。

③ 陆南泉:《转型以来俄罗斯的社会保障制度改革》,《经济观察报》2013 年 12 月 6 日。

④ 赵莹等:《英俄印三国"全民免费医疗"比较》,《中国社会保障》2014 年第 5 期。

（4）医疗服务水平低，工作效率不高。造成这一情况除医疗设备较落后外，与医务人员收入低也有关。2007年，西方国家医生的收入是社会平均工资的2～3倍，而俄罗斯医生收入仅是社会平均工资的65%，这必然影响医务人员提高业务水平的积极性。待遇低导致医护人员短缺，医科大学毕业生中只有55%进入国有医疗机构从事医疗服务。[1]

（5）医疗资金多头筹集，多头管理，多头使用。财政拨款占57%、雇主缴费占11%、公民自付占29%、自愿医疗保险缴费占3%。这些资金由卫生部、强制医疗保险基金、地区强制医疗保险基金、自愿医疗保险基金管理，并按照各自的用途进行使用。例如，由卫生部管理的资金主要用于国家医疗保障项下的专项救治和高科技医疗服务，对有些群体（主要是伤残军人）的药品保障，以及用于联邦医疗机构的维护发展、医学教育等。再如，强制医疗保险基金由联邦预算资金和部分社会保险缴费筹集而成，主要用于平衡各联邦主体的医疗保障水平。还有地区强制医疗保险基金的资金通过私人医疗保险公司支付给医疗服务提供者。这种医疗保险资金多头筹集、多头管理的模式，既降低资金的使用效率，也影响到医疗保险资金所具有的互济功能。

针对医疗保险存在的以上问题，俄罗斯采取了以下改革措施：综合诊所（包括成人和儿童诊所、口腔诊所、专科诊所、妇女保健站）共同组成地方医疗组织，为患者提供医疗服务并承担管理责任，资金由卫生局按地方服务人数下拨；地方医疗组织按人数向各综合诊所拨款，综合诊所从收到的拨款中为住院病人支付治疗费用；医院从与其签订了合同的综合诊所获得收入，诊所按照病种分类定额预算或总额预算的方式向医院支付费用；地方医疗组织有权力自由调配资源，确定人员数量、结构、工资、录用雇员的条件。1998年，俄罗斯60%的居民享受政府提供的数额为3000亿卢布的150类各种补贴，但由于按居民类别而不是按实际需要发放补贴，结果只有约19%的真正需要者获得了补贴。因此，政府决定改革不合理的补贴分配方法，即按照实际需要对医疗补贴进行分配。[2]

（三）生育保险法律制度

老龄化以及低生育率影响到俄罗斯经济社会发展，已引起高层的高度重视。2003年，普京总统在国情咨文中指出："因出生率下降和死亡率提高

---

① 高际香：《俄罗斯民生制度重构与完善》，北京，社会科学文献出版社，2014年，第1版，第118页。

② 刘燕生：《社会保障的起源、发展和道路选择》，北京，法律出版社，2001年，第1版，第261～262页。

而引发的人口减少问题是俄罗斯社会面临的最严峻的问题之一。"2007 年 10 月,俄罗斯政府批准了《2025 年前俄罗斯联邦人口政策构想》,确定了政府在鼓励生育、降低死亡率以及吸引外来劳动力方面的政策目标。

在鼓励生育方面,政府用经济补偿的方式引导和鼓励生育。采取的措施有:1.发放保育票证。这一计划开始于 2006 年,在妇女怀孕 30 周时就可以领取。政府发放三种功能不同保育票证:第一种用于支付医院的孕期检查费,价值为 3000 卢布;第二种用于支付住院期间的生产服用,价值为 6000 卢布;第三种用于支付婴儿在 1 周岁前的诊所检查费用,价值为 1000 卢布。2.设立多子女鼓励基金。2007 年设立了旨在鼓励多生育的多子女鼓励基金,妇女在生育了第二个子女后就具备领取该基金的资格。多子女家庭可以使用鼓励基金买房或自建住房,可用于子女教育支出,还可为生育了子女的母亲积累养老费用。生活困难的多子女家庭可以一次性领取 1.2 万卢布的多子女鼓励基金用于日常生活所需。3.地方政府出台鼓励生育的政策。自 2013 年起,多数地方政府根据本地经济发展水平为生育三胎以上子女的家庭发放 5000 卢布至 1.1 万卢布的生育津贴。4.从 2015 年 1 月 1 日起,对于生育第四胎的妇女,孩子 1 岁半之前的时间计入养老保险缴费年限。[1]

在鼓励生育政策的激励下,俄罗斯妇女生育率有显著增长,尤其是在农村地区。但由于女性受教育程度和就业率在不断提高,因此整体情况是,鼓励生育政策对于育龄妇女的影响不甚明显。

（四）失业保险法律制度

计划经济时期的苏联实行普遍就业的政策,基本上不存在失业的问题,国家也没有建立失业保险制度。在向市场经济转轨过程中,严重的失业现象导致大众贫困化愈演愈烈,成为俄罗斯在体制转轨中面临的一个重大的经济和社会问题,这不仅给政府的经济政策带来巨大压力,而且在不同程度上直接危及社会安定。计划经济时期隐性失业以及经济结构调整带来的大量结构性失业,都是失业大军出现的主要原因,加上金融危机的影响,俄罗斯的就业状况进一步恶化。1998 年失业人数达到 857 万余人,失业率高达 13%,[2]这对于 70 年来没有失业现象的俄罗斯来说,是一个严峻的社会问题。

---

① 高际香:《俄罗斯民生制度重构与完善》,北京,社会科学文献出版社,2014 年,第 1 版,第 35、85 页。

② 俄罗斯国家统计委员会:《1998 年俄罗斯统计年鉴》,1998 年,第 6 页。转引自潘德礼主编:《俄罗斯十年——政治 经济 外交》(下卷),北京,世界知识出版社,2003 年,第 1 版,第 604 页。

为了保障失业人员的最低生活水平，维护社会稳定，俄联邦政府于1991年4月19日颁布《俄罗斯联邦居民就业法》，于1992年颁布了有关补充规定，并设立居民就业局，建立就业保险基金，构筑失业保险制度。

1.建立公民就业保险基金

就业保险基金由雇主按职工工资额2％缴纳筹集，1996年1月就业保险费率改为1.5％，以及中央和地方政府的财政拨款和其他收入组成。[①] 企业缴费占79％，预算拨款占4％，其他占17％。就业保险基金独立于国家预算，作为独立的经济金融实体运转。中央就业基金管理失业保险基金的10％，90％由地方就业基金管理，形成了以市、区为基层环节、联邦主体为中间环节、中央政府为最高环节的三级体系。[②]《俄罗斯联邦居民就业法》规定，失业保险金支付的对象为16～59岁的男性失业者和16～54岁的女性失业者。领取失业保险金的条件是，本人的最后1年至少工作了12周并且在居民就业局进行了失业登记，从登记之日起11天内未找到工作岗位的算作失业，有资格领取失业保险金，失业保险金的发放期限为1年。原雇主在解雇失业者时应给被解雇者发足3个月的工资，3个月后由地方就业基金开始发放1年左右的失业保险金。头3个月的失业保险金为失业前两个月的平均工资的75％，第4个月为60％，最后5个月为45％。[③] 法律规定，失业保险金的标准不得超过失业者所在地区的平均工资，也不得低于所在地区的最低工资。1995年，月失业保险金只相当于同期人均收入的20％。[④]1998年失业保险金平均值相当于月平均工资的30％。

为了控制失业人数的增加，俄政府规定，大量解雇人员必须在解除劳动协议前3个月向国家就业处提出申请，得到批准后方可解雇。对年龄接近退休的雇员，经政府就业部门同意后，可提前2年退休。1993年有7.6万名失业人员提前2年退休。1994年俄联邦就业纲要规定，对被迫非全天和非全周工作或不带薪休假的97万人实行补偿津贴，以防止企业倒闭。政府鼓励中小企业及私营、个体经济部门广泛吸收失业人员，对安置失业人员得力的企业给予优惠贷款等政策性扶持。从国家就业基金中拨款，资助长期失业者、妇女、残疾人。[⑤]

---

① 王义祥：《转型时期俄罗斯及东欧中亚国家的就业问题》，《俄罗斯研究》2002年第3期。

② 方堃等：《俄罗斯转型过程中的社会结构分化及福利政策》，《外国问题研究》2012年第2期。

③ 赵传君等：《中俄社会保障制度改革比较》，《俄罗斯中亚东欧研究》2003年第6期。

④ 潘德礼主编：《俄罗斯十年——政治　经济　外交》（下卷），北京，世界知识出版社，2003年，第1版，第605页。

⑤ 王义祥：《俄罗斯的社会保障制度》，《东欧中亚研究》2001年第1期。

　　然而,失业保险实施情况并不理想,例如,失业保险金的40％发给了富有的家庭,而10％最贫穷的失业者及其家庭所领取到的失业保险金只是失业保险金总额的1％。导致出现这种情况的原因,一方面是没有建立严格的家庭经济状况调查制度,另一方面则是普遍发放福利补贴的平均主义遗毒尚未清除干净。①

　　2.加强再就业培训

　　就业保险基金主要用于对失业人员的培训和轮训、劳动安置等。1994年就建立了2400个就业中心和34个职业培训中心,对失业和无业人员进行免费的培训,并规定失业者不参加培训就不发失业保险金。② 此外,政府还采取了以下促进就业措施:一是实行"青年实践就业计划"。该计划为高等院校毕业生、各类职业学校和技术学校的毕业生提供实习机会,为他们寻找工作创造条件。二是"自主就业计划"。该计划对失业者进行测试和筛选,对入选者进行职业培训,帮助他们制定经营计划和办理经营手续,将失业保险金一次性发给他们作为创业的启动资金。1994~1996年,该计划使7000余名失业者开办了小企业或者私营农场,就业人数2万余人,同时还有5.9万失业者在该计划下进行培训。三是"失业者俱乐部"和"新起点"。该计划适用于长期失业者,计划实施者通过对他们进行心理辅导和职业培训,帮助他们树立再就业信心,掌握一门劳动技能,为就业做好心理和技能上的准备。1994年有14万多名失业人员接受了职业培训,其中一半以上的人重新找到了工作,国家就业处1994年共安置了约90万人就业。政府还组织失业者参加绿化、建筑、运输和城市公共事业等社会工程,失业人员在领取失业保险金的同时可以通过参加社会工程获得临时工资,1994年有17万多人参与社会工程。③ 1995年3月,俄罗斯联邦就业服务总局发布《关于向因工作单位临时停业而被迫下岗的人员发放补助金的条例》,以保障这些下岗人员的基本生活。1996年,全国有5万余名长期失业者参加了"失业者俱乐部"和"新起点"计划,其中有1/3的人找到了工作。

　　除了采取以上措施外,联邦就业局还采取定向扶持的办法,帮助企业或地区创造新的就业机会。例如,1996年,劳动部门向83个指定的转产军工企业提供了总额为353亿卢布的财政支持,企业用这笔资金创造了6900个

　　① 〔俄〕C.斯米尔诺夫:《俄罗斯联邦的社会支付和优惠:各种不同收入阶层的分配》,〔俄〕《经济问题》1999年第2期。转引自周弘主编:《国外社会福利制度》,北京,中国社会出版社,2002年,第1版,第266页。

　　② 赵传君等:《中俄社会保障制度改革比较》,《俄罗斯中亚东欧研究》2003年第6期。

　　③ 王义祥:《俄罗斯的社会保障制度》,《东欧中亚研究》2001年第1期。

就业岗位,对 1 万名军转民企业职工进行了职业培训。①

在经济全球化的背景下竞争日益激烈,新的资本密集型、技术型产业迅速兴起并快速发展,使得更多的劳动者由于知识和技能的不适应而失去工作机会。俄罗斯更是由于经济体制改革,产业结构调整或重组,就业模式多样化,失业现象更加严重。与此同时,还出现了工作时间短,或者从事多种临时性工作的非典型就业模式的劳动者。对于这些因没有达到最低缴费年限,因而不能享受包括失业保险在内的社会保险待遇的人,如何在让非典型就业模式的劳动者与全日制就业模式工人获得公平社会保险待遇,是俄罗斯失业保险改革面临的新课题。

（五）工伤保险法律制度

在国际范围,对工伤事故受害者的补偿费用一般由企业支付。然而在俄罗斯,至 21 世纪初还没有建立非政府机构雇主为其雇员缴纳工伤保险费的法律规定,只有政府为其雇员:军人、警察、税务人员以及其他国家机关工作人员,缴纳意外伤害保险费,补偿的方式是根据伤者受伤害的程度,按照其受伤前最后 12 个月平均工资的一定比例,给予一次性补偿。如果伤者需要医疗,还要为其支付最多两个月最低工资标准的补贴以及最低工资标准 50% 的家庭护理费。受伤者购买和维修代步工具和辅助用品的费用可以报销。经批准接受疗养者,受伤者及其陪伴者前往疗养地的旅费可以报销。俄罗斯每年约有 22 万人因遭遇工伤或职业病获得工伤保险补偿。②

随着科学技术的发展,工业生产中现代生产管理防范重大事故的手段大大增强了。与此同时,核工业、化学工业等新科技的出现,增加了新的甚至是更为严重的职业伤害事故,使得工伤保险计划保护劳动者的责任更加重大了。例如,1986 年 4 月 6 日,发生在苏联的切尔诺贝利核辐射材料泄漏事故,当时造成多人死亡,320 万人遭受事故影响,其中 17 万人在 10 年以后死亡,7 万余人残疾。1999 年,遭受核辐射地区的健康成年人只有 19%,健康儿童只有 32%,造成的直接经济损失高达 100 多亿美元。在事故发生后的 13 年中,乌克兰政府采取一系列救治措施,包括建立医疗康复中心、定期对居民进行体检、儿童到国外接受康复治疗、设立切尔诺贝利基金等。据估计,每一位因核辐射而残疾的人,每个月需要 1500 美元的社会保障金,加上每年为核事故受害者进行体检的费用,乌克兰政府每年需花费

① 刘燕生:《社会保障的起源、发展和道路选择》,北京,法律出版社,2001 年,第 1 版,第 274 页。
② 〔俄〕《消息报》1997 年 2 月 14 日。转引自周弘主编:《国外社会福利制度》,北京,中国社会出版社,2002 年,第 1 版,第 250 页。

10亿美元。① 切尔诺贝利核材料泄漏事故说明,在现代工业化社会中,事故防范成为国家工伤事故保险计划的核心责任。

二、社会补偿法律制度

2005年,俄罗斯杜马依据1999年7月17日通过的《国家社会救助法》颁布了《居民药品保障纲要》规定,国家社会救助由联邦和地区两级权力机关承担。救助方式有两种:一种是按月发放货币补贴;另一种是提供一系列社会服务和必需品。联邦预算出资提供社会服务和必需品的人群为战争伤残人员、卫国战争参战者、参加过战役的退役军人、军队服役人员、获得"列宁格勒被围困居民"勋章的人员、卫国战争时期在军事设施中工作的人员、残疾人、残疾儿童。根据《居民药品保障纲要》的规定,上列人员可以获得补充的免费医疗服务,其中包括药品、医疗、患者专用食品、疗养证、接受治疗时的往返交通费和城市间的交通费。社会服务一般规定有人均享受的额度,例如,2005年的免费药品和疗养费为每人每月400卢布,2009年增加为641卢布。2008年,享受社会服务的公民达900万人,其中600万人能够享受药品保障,而其他大部分公民在就诊时没有资格享受国家资金支持的药品。② 如果上列人员不愿接受由联邦预算出资的社会服务,他们可以按月领取货币补贴。

2009年3月1日统计显示,"二战"参与者获得两份退休金,数额为12141卢布;"二战"中的战争寡妇获得两份退休金,数额为9341卢布;战争中牺牲军人的父母获得两份退休金,数额为8566卢布;因战争受伤害致残者获得两份退休金,数额为12257卢布;军人及其家庭的退休金为4552卢布。③

三、社会促进法律制度

俄罗斯的社会促进制度包括住房促进、教育促进和家庭促进三方面的内容,其中的部分规定是从苏联时期继承下来的。

(一)教育促进
苏联时期教育制度取得的成就是,从普及初等义务教育扩展到普及11

---

① 刘燕生:《社会保障的起源、发展和道路选择》,北京,法律出版社,2001年,第1版,第282页。
② 高际香:《俄罗斯民生制度重构与完善》,北京,社会科学文献出版社,2014年,第1版,第108、113页。
③ 许艳丽:《俄罗斯转轨中的经济和社会问题与养老制度改革》,《社会保障制度》2010年第4期。

年义务教育,创建了职业教育体系,培养高素质劳动者,打造国家科技潜力,尤其注重自然科学教育。苏联解体并向市场经济转型过程中,同时对教育制度进行了改革。

1992 年 7 月《俄罗斯联邦教育法》颁布以后,教育改革依法进行。首先,明确提出确立社会、政治和人道主义价值观,把全人类价值、人的生命与健康、个性的自由发展置于优先地位;禁止在学校建立政党和宗教团体,禁止强迫学生参加社会政治组织、政治运动和党派活动;教育的基本目标是用高尚的道德精神并结合本国的经验和传统对青少年进行继续教育;教育应具有优先发展权,国家应为提高教育质量、公民平等接受教育提供保障。其次,改变苏联时期中央集权制的教育管理体制,确立了联邦、地区和地方三级分权式教育管理体制。第三,国家优先发展教育并保证教育拨款,隶属于联邦的教育机构,按照国立教育机构联邦预算拨款标准实施,隶属于各联邦主体、市政机构的教育机构,预算拨款根据联邦标准和联邦主体标准实施。从 2002 年起,实行对经济困难学生提供社会性助学金和对优秀学生提供学术性助学金。从 2005 年起,取消对所有非国立教育机构的预算拨款。从 2007 年起,新入学的大学生可以申请教育贷款,利率低于中央银行再贷款利率,学生毕业以后十年内偿还完毕。在公立大学中的公费大学生比例不得低于 40%。实际上,公费大学生的比例约为 50%。[1]

俄罗斯的教育改革成效明显,例如,教育预算不断增加,高等教育支出在教育预算中的比重从 2005 年的 15.7% 增加到 2011 年的 18.2%,学前教育支出在教育预算中的比重从 2005 年的 14.1% 增加到 2011 年的 17.6%;再如,国民受教育程度普遍提高。2007 年,每万人中有大学生 523 人,仅次于美国,居世界第二位。[2]

但是,教育领域也存在不少问题,主要是国家对普通教育经费支持不足,小学生有所增加,但中学生在减少,民众对义务教育满意度低;虽然国家对高等教育的投入 2011 年是 2005 年的 3.4 倍,但资金到位率仅占计划投入的 50%～60%,导致 32% 的高校校舍不足,[3]设施老化,影响教学质量;高等教育普及率逐年提高,但教育质量不能令用人单位满意。俄罗斯教育改革仍任重道远。

---

①　陆南泉:《转型以来俄罗斯的社会保障制度改革》,《经济观察报》2013 年 12 月 6 日。
②　高际香:《俄罗斯民生制度重构与完善》,北京,社会科学文献出版社,2014 年,第 1 版,第 187～189 页。
③　同上书,第 202、203 页。

（二）住房促进

计划经济时期的苏联,国家拥有所有城镇土地和房屋的产权,大部分住房由国家投资规划建设,并由政府按照一定的标准无偿分配给公民居住,房租、水电费、煤气暖气费等价格低廉,房屋维修改造都由政府出资。据统计,1990 年,居民用于房租、水电等公用事业服务费的开支,约占职工家庭收入的 2.5%,约占农庄庄员集体收入的 1.7%。[1] 苏联住房制度的弊端十分明显:一是国家承担沉重的财政负担。长期以来国家用于国民经济的基建投资中,住房建设投资要占 15%～18%,仅次于工业、农业投资。二是极低的房租无法弥补住房折旧与保养维修费用,要靠国家大量补贴解决。莫斯科有关统计显示,向居民收取的房租、水电费、暖气费与天然气费,只能弥补实际费用的 1%～2%,甚至连维持收费单位的经费开支都不够。三是助长了人们对国家的依赖心理,削弱了多渠道建房的积极性。四是在分配住房的过程中,很难按统一规定分配住房,往往领导人利用权力多占住房。俄国家建委负责人 1993 年年底发表演讲时透露,俄当时仍有 1700 万人的住房面积低于 5 平方米,约有 1100 万户几个家庭合住一套住宅,约有 200 万户住旧房危房,约有 950 万户在排队等房,全俄缺 4000 万套住房,排队等房的队伍越来越长,平均等房期限长达 20 年之久。[2]

俄罗斯的住房福利制度是在苏联时期住房福利制度的基础上,经过不断改革逐步得以完善。

1.由福利分配住房向住房私有化过渡

1991 年 6 月,俄罗斯议会通过的《俄罗斯联邦住宅私有化法》规定,公有住房私有化按照每人不得少于 18 平方米无偿转归居民所有,有特殊情况者再多提供 9 平方米。超过应住面积者,超过部分需按政府规定的价格购买,并且需要一次性或分期支付超过部分房款。有困难的家庭可以享受购房优惠贷款。1993 年 12 月通过的《俄罗斯宪法》第 40 条规定,每个公民有权拥有住房;联邦和地方政府支持建房,为公民实现住房权创造条件;贫困公民及法律规定的特定群体,可免费获得公有住房或公有廉租住房。宪法的规定推进了俄罗斯住房制度市场化进程。在公有住房私有化的过程中,已经私有化的住房占到应私有化住房的比例从 1992 年的 9%增加到了 1997 年的 42%。[3]

---

[1]　苏联国家统计委员会:《苏联国民经济 70 年》,俄文版第 443 页。转引自周弘主编:《国外社会福利制度》,北京,中国社会出版社,2002 年,第 1 版,第 243 页。

[2]　参见俄《文学报》1993 年 12 月 29 日。转引自陆南泉:《转型以来俄罗斯的社会保障制度改革》,《经济观察报》2013 年 12 月 6 日。

[3]　俄罗斯国家统计委员会:《1998 年俄罗斯统计年鉴》,俄文版第 252 页。转引自周弘主编:《国外社会福利制度》,北京,中国社会出版社,2002 年,第 1 版,第 244 页。

　　2004 年 12 月 29 日通过的《住宅法典》规定,在 2005 年 3 月 1 日之前获得公有住房的人,可以将现居住房屋无偿私有化。《俄罗斯联邦住宅法典实施法》修正案又将住房无偿私有化期限延长至 2013 年 3 月 1 日。1996 年叶利钦政府推出《自有住房计划》,1997 年成立了住房按揭贷款署,使住房制度改革取得显著成效。到了 2001 年,公有住房私有化增加到了 63%,这就为构建房地产市场创造了前提条件。公有住房私有化极大地改善了居民的住房条件,居住在单元房的比例从 1995 年的 72.3% 增加到 1999 年的 73.5%,合住一套住房的居民由 4.3% 下降到了 2.4%。但在公有住房私有化时,由于那些排队等待分配公有住房的人还没来得及分得公有住房,政策就改变了,于是他们就成了无房户。加上住房需求市场化以后,房价迅速上涨,使得许多低收入家庭甚至一部分中等收入家庭无力购买高价住房。2002 年,人均住房面积只有 19 平方米,61% 的家庭对居住条件不满意,住房的供需矛盾依然非常严峻。

　　2.对特定人群提供保障性住房

　　2004 年,普京总统设定了他的两条腿走路的住房改革计划:一是国家保障低收入家庭和享受住房优惠阶层的住房需求。2005 年 9 月 5 日,普京总统开始实施住房国家优先发展项目,即"为俄罗斯居民提供优质廉价住房计划"。二是 2005 年 12 月 31 日联邦政府通过了《2002～2010 年俄罗斯住房专项纲要》,纲要设定的目标是:解决属于联邦法保障义务范围内的 22.91 万家庭的住房问题;联邦预算资金资助 29.57 万个年轻家庭改善居住条件,将拥有优质廉价住房的年轻家庭的比例从 2002 年的 9% 提高到 2010 年的 30%;在 9024 亿卢布的总资金额中,联邦预算出资 2398 亿卢布,联邦主体和地方预算出资 932 亿卢布。① 为特定人群提供保障性住房的具体计划如下:

　　(1)将向五类人群提供保障性住房或优先改善住房条件视为政府的义务。这五类人群包括:从危房和 20 世纪五六十年代建造的预制板房中搬出来的居民;在自然灾害和其他事故中丧失居所的居民;法律规定有权获得住房补贴的公民,如现役军人和法务部门工作人员以及从这些部门退役或退休的人员;从北极地区或类似地区迁移出来的居民;辐射事故的受害者及救援人员;卫国战争参战人员,2009 年为 33% 卫国战争参战人员家庭解决了住房问题;孤儿院中的孤儿等。政府给以上人员发放记名有价的国家住房

――――――
　　① 高际香:《俄罗斯民生制度重构与完善》,北京,社会科学文献出版社,2014 年,第 1 版,第 140～141、144 页。

证书,持证者可在常住地获得一套标准住房或相当于标准住房成本的购房补贴。标准住房或购房补贴由联邦预算出资,住房标准或补贴面积为每个家庭成员 18 平方米。

(2)为低收入居民提供廉租房和住房公用事业费补贴。对于存在住房面积低于核定标准、家庭成员收入及资产符合国家规定的低标准、居住在不符合居住要求的房屋中、家庭中有患病者等情况者,政府与其签订协议,向其提供廉租房,对于特别困难者,政府将提供房租优惠或免除其交纳房租的义务。如果住房公用事业费超过家庭收入的 22%,居住者有权申请住房公用事业费补贴,大约有 6.9% 的家庭获得该项补贴。据统计,1995 年,政府对住房和公用事业服务费的补贴相当于国内生产总值的 3.6%,占预算和预算外资金支出的 9.9%,占地方预算的比重达 25.2%。俄政府按照《俄罗斯联邦住房原则法》的规定,计划从 1994 年开始的 5 年内分段实行新的房租和公用事业服务费的收费制度,但对生活困难的家庭和符合补贴标准的家庭或个人继续提供补贴。但是经济转轨带来的财政预算入不敷出,民众生活水平急剧下降,于是政府决定推迟这项改革,即从 1997 年开始分三阶段实施,1997 年住房和公用事业服务费用从不超过家庭收入的 22% 下降到 16%,以后逐年提高,到 2003 年达到 25%,这一比例的收费就可以全部抵补住房和公共事业服务费用。[①]

(3)向年轻家庭提供购房或建房补贴。2006 年 3 月联邦政府决定,向夫妇双方均不超过 30 岁的年轻家庭提供购房或建房补贴,方式是为其支付部分购房款,其中包括购房首付款,二人家庭不低于平均房价的 35%,三人以上家庭不低于平均房价的 40%;对住房面积规定为,二人家庭为 42 平方米,三人以上家庭人均 18 平方米;补贴资金 10% 来自联邦预算,25%～30% 来自地方预算。

(4)向年轻学者提供住房补贴。2006 年 12 月联邦政府决定,在科研机构工作五年以上,年龄不超过 35 岁的副博士或者年龄低于 45 岁的博士可以申请住房补贴,获准者政府为其发放国家住房证书。2010 年 9 月俄罗斯地区发展部部长 400 号令规定,2011 年为年轻学者发放国家住房证书 243 个,总金额为 27.09 亿卢布。其中:俄罗斯科学院 140 个,总金额 1.899 亿卢布;俄罗斯医学科学院 4 个,总金额 660 万卢布。

2009 年联邦预算用于住房建设和住房保障方面的资金达 5010 亿卢

---

① 周弘主编:《国外社会福利制度》,北京,中国社会出版社,2002 年,第 1 版,第 244～245 页。

布,是 2008 年的 2.3 倍;私人住房量大大增加,到 2001 年私人住房占存量住房的 63%,公房占 37%,而改革前的 1989 年 67% 的住房为公房,33% 为私房;人均住房面积从 1992 年的 16.8 平方米提高到 2011 年的 22.8 平方米;[①]2012 年 12 月联邦政府发布的《2011～2015 年俄罗斯联邦住房专项纲要》规定,到 2015 年,人均住房面积将达到 24.2 平方米。俄罗斯的私有住房约占 86%,其中 77% 是在住房私有化的过程中购买的;除莫斯科外,其他地区收入房价比基本处于国际公认的 3～6 的安全区间,《2011～2015 年俄罗斯联邦住房专项纲要》规定,到 2015 年,收入房价比下降 4%。这些数字表明,俄罗斯住房制度改革取得的成就是显著的。

3.存在的问题

住房保障制度实施过程中存在的问题主要是:(1)仍有 67.2% 的居民需要改善住房条件,尤其是符合分房标准的 5 万军人住房尚未解决,有的甚至等待了 10 年之久,而且有住房需求的军官每年以 1 万～1.5 万的速度在增加。[②] (2)无房户迅速增加与市场房价大幅度上涨有着密切的关系。俄罗斯报纸公布了俄几个主要城市 2011 年 10 月房价排行榜,其中莫斯科 5902 美元/平方米(套内面积)、圣彼得堡 2895 美元/平方米、叶卡捷琳堡 1985 美元/平方米。而 2011 年 1 至 5 月莫斯科市人平均月工资为 1465 美元,2011 年,全俄月均最低生活费的标准为 6369 卢布,约合 213 美元。随着房价上涨,房租也很贵,俄罗斯联邦"房产世界"协会 2011 年 10 月 20 日公布了 24 个主要城市租金价格,其中莫斯科市一居室的平均月房租为 1000 美元、两居室为 1723 美元、三居室为 3502 美元。(3)多数补贴落入非贫困户手中。据有关学者推算,1996 年第四季度,领取住房补贴和享受优惠的家庭和个人,生活水平低于贫困线的只占到 26%,其他份额都被生活水平高于最低贫困线者领走。1999 年,在国家发放的 3000 亿卢布补贴中,75% 被非贫困户领取。为此,俄政府准备逐步取消住房补贴制度。[③]

2012 年 2 月 13 日,普京在《共青团真理报》发表的题为《构建公正——俄罗斯的社会政策》总统竞选一文中指出:目前俄只有 1/4 的公民有能力建设或购买新住房,俄政府将通过多种途径解决民众住房问题。他认为,随着各种措施的实施,2020 年前可以让 60% 的家庭获得新住房,2030 前可以彻底解决该问题。

---

① 陆南泉:《转型以来俄罗斯的社会保障制度改革》,《经济观察报》2013 年 12 月 6 日。
② 高际香:《俄罗斯民生制度重构与完善》,北京,社会科学文献出版社,2014 年,第 1 版,第 147～161 页。
③ 周弘主编:《国外社会福利制度》,北京,中国社会出版社,2002 年,第 1 版,第 245 页。

(三)家庭促进

俄罗斯自改革以来,总和生育率为1.3左右,人口净再生产率为负值。2008年,0～14岁的少年儿童数量占总人口比重的15.6％,属于严重少子化状态。据统计,2000年俄罗斯老龄化程度为18.5％,2025年将达到26％,低生育率造成的人力资源减少给俄罗斯养老带来隐患。[①]

为了促进人力资源的长远发展,俄罗斯实施"母亲资本"项目。这一项目是在人口负增长带来人口压力的情况下,为了刺激人口增长而实施的一系列配套政策:

1.鼓励生育政策

政府对妊娠、生育、照料婴儿的妇女提供保护和奖励:(1)产假补贴。妇女每生一个孩子,政府就发给一次性补贴,女职工1998年以前的补贴为月最低工资的3～5倍。工作不满一年的,发给月最低工资45％的补贴。1998年以后,女职工的生育补贴提高到了月最低工资的15倍,女职工的补贴相当于职工平均工资。失业产妇补贴为最低工资,女大学生产假补贴相当于一份奖学金。失业产妇和女大学生产假补贴由联邦和地方财政支付,女军人的产假补贴由联邦财政支付。(2)婴幼儿照料补贴。未满18个月的婴儿,其家庭每月可以获得相当于最低工资80％的婴儿补贴。1998年以后,未满18个月的婴儿月补贴额增加到了相当于两个月最低工资。未满3岁的幼儿,无论是由母亲照料还是由家庭其他成员照料,都可以获得相当于最低工资35％的幼儿照料补贴。[②]

2.提供儿童津贴

增加儿童津贴数额,婴儿出生后一次性支付1.45万卢布津贴,出生的第三个孩子也能够获得同样数额的儿童津贴,所有为儿童提供的服务都是免费的。总之,只要能提高生育率,政府愿意投入更多资金。"母亲资本"项目实施以后,不但使出生率提高了30％,而且极大地减轻了多子女家庭的经济负担。[③] 此外,自1995年下半年开始,政府对16岁以下的未成年人提供标准统一的补贴:1995年10月为3850卢布,1996年1月为4428卢布,1997年1月和10月均为5843卢布;对现役军人子女的补贴要高于一般家庭子女的50％;对单身母亲16岁以下子女补贴标准与现役军人子女的补贴相同;对失去双亲儿童的补贴标准相当于最低养老金数额,对失去父亲或母亲的儿童补贴标准相当于三分之二最低养老金的数额。

---

① 茆长宝:《俄罗斯养老保障体制改革与面临的挑战》,《中国社会报》2014年6月23日。

② 周弘主编:《国外社会福利制度》,北京,中国社会出版社,2002年,第1版,第254页。

③ 许艳丽:《转型期俄罗斯社保制度改革的特点及启示》,《中国发展观察》2016年第18期。

四、社会救济法律制度

俄罗斯将苏联社会主义时期的社会救济制度延续了下来,基本没有进行改革,依然保留着过去社会救济政策的普遍性和高福利的特点。① 与其他国家一样,俄罗斯的社会救济资金来源于中央和地方政府预算及专项基金,由中央和地方政府管理。补助的项目有最低生活保障、食品补贴、贫困家庭补助、老年人和残疾人的福利等。

1.最低生活费标准

俄罗斯把一个人月最低生活费作为贫困线,把月收入低于贫困线的人算作贫困人口。1992 年 3 月,政府公布了《关于俄罗斯联邦居民最低消费支出结构》的总统令,决定把最低生活费标准的概念引入社会政策,作为制定保障居民最基本生活需要规范的依据。1992 年 11 月,劳动部制定了计算最低生活费的方法,根据物价变动等因素逐月公布最低生活费用。具体规定是:人均食品支出在最低生活费中所占的比例为 68%,退休金和抚恤金领取者食品消费支出所占比例为 80%。② 全俄生活水平中心主任博布科布 1997 年初公布的数据显示,1996 年,有四分之一的俄罗斯居民生活在贫困线以下,其中特别贫困的人口占到 11%。1996 年 6 月最低生活费标准为38.5 万卢布,1997 年贫困人口的月收入不足 21.9 万卢布。还有一半居民属于低收入者,他们的月收入在 32 万卢布至 65 万卢布之间。1998 年俄罗斯贫困人口仍占总人口的 20% 以上。如果按照联合国规定的中等收入国家贫困线——每人每天收入 4 美元,则贫困人口还将增加 1 倍。③ 按照俄罗斯官方制定的贫困标准,有些行业一半以上的就业人员月工资在贫困线以下。除了能源部门外,其他行业的月平均工资均未超过最低生活费用的2 倍,说明他们的收入不足以供养一名没有收入的家庭成员。退休者的食品支出占到养老金的 67.9%,在物价飞涨的情况下,加上住房和公用事业等费用支出,绝大多数退休者属于绝对贫困者。为了更好地确定贫困线标准,1997 年俄国家杜马通过了《关于俄联邦最低生活费的法律》,劳动部制定的最低生活费标准不仅是计算最低生活费的依据,而且成为确定最低工资收入的法律依据。2014 年 6 月,俄罗斯统计局数据显示,第一季度人均最低生活费用为 76.88 万卢布,退休人员为 63.08 万卢布。④

---

① 周弘主编:《国外社会福利制度》,北京,中国社会出版社,2002 年,第 1 版,第 253、239 页。

② 同上书,第 260 页。

③ 成键等:《春眠不觉晓:困境中复苏的俄罗斯经济》,重庆,重庆出版社,2007 年,第 1 版,第20—21 页。

④ 《俄政府提高俄罗斯人均最低生活费标准》,人民网-国际频道 2014 年 6 月 30 日。

2.为最贫困群体提供的社会救济政策

1997 年俄国家杜马通过的《关于俄联邦最低生活费的法律》是在经济危机严重的情况下,用来界定居民生活状况的一个临时性标准,并期望借助这一法律用一年左右的时间度过转轨期最艰难的初始阶段。但是,如此低的生活标准是难以维持最基本生活需要的。据国家统计委员会的数据,2000 年第四季度,有 3900 万人生活在贫困线以下,占居民总数的 26.9%。而梅德韦杰夫的估计是,有将近 63% 的人生活在贫困线以下。[①] 为了帮助在经济改革中受打击最严重的人,俄罗斯政府为最贫困的群体提供社会救助。

政府设立了特价商店,以比普通商店低五分之一至五分之二的价格向卫国战争老战士和赤贫者提供食品,对学生及来自多子女和离异或丧偶家庭的儿童给予资助。1993 年 12 月,叶利钦总统颁布了关于完善国家社会补助金制度的命令,从 1994 年 1 月 1 日起,对每个孩子按月发放统一补助金,以取代以前的社会补助金和补偿费。6 岁以下儿童的补助金为最低月工资的 70%,6～16 岁的孩子补助金不超过最低月工资的 60%。对下列孩子的补助金数额将再提高 50%:单身母亲的孩子、父母拒绝交付抚养费的孩子、处于法律中所列举的无法索取抚养费的孩子、应征入伍的现役军人的孩子。从 1994 年 1 月 1 日起,规定对下列人员发放的补助金数额为最低月工资数额的 100%:因要照顾婴儿长到 1 岁半而休假的母亲、脱产学习的母亲以及服兵役的母亲。政府拨款 100 万美元,建立帮助残疾人的助残基金。提高对受伤军人和牺牲军人家属的补助,改善军人待遇。俄罗斯政府 1995 年 11 月公布了关于《国家和地方社会服务机构向老人和残疾人提供免费服务的项目清单》。莫斯科市还规定,所有退休者和残疾人都可免费乘坐市内交通工具;凡荣获保卫莫斯科奖章的公民和参加过战争的妇女,除享受一次性补贴外,支付房租、公用事业费和电话费时还享受 50% 的优惠;凡获保卫莫斯科奖章的人和无端受过政治迫害的人可凭医生处方免费取药。除此之外,俄罗斯还建有福利院、老人公寓等,收养孤儿、残疾人和退休者。[②]

1999 年,占贫困人口 40% 的生活最无保障的居民,获得的补助仅占社会补助金总额的 36.2%。普京政府针对生活补助缺乏针对性,致使国家财力分散,导致牺牲穷人利益使富人得到不应该得到的好处的现状,提出要在 2005 年将最贫困人口获得社会补助的比例提高到 85%,即将他们的收入增

---

① 王义祥:《俄罗斯的社会保障制度》,《东欧中亚研究》2001 年第 1 期。
② 同上。

加一倍,使收入低于最低生活费标准的人口减少三分之一。①

普京政府确立的社会救济目标是,消除陷入贫困或沦为社会脆弱群体的风险,为此采取了一系列的措施:向所有居民提供最低水平的福利;低收入居民的收入水平不得低于国家划定的贫困线标准。将社会援助体系分为三个层次,联邦社会援助体系、地区社会援助体系、市政社会援助体系;强调社会服务优先于社会援助。②

五、残疾人社会保障法律制度

俄罗斯将自幼残疾者、因疾病或其他原因而丧失劳动能力的残疾者、因战争致残者、因工伤事故或者职业病致残者,按照伤残程度划分为三个等级并按残疾等级提供相应的福利待遇。政府对残疾金定期进行调整,以保障其购买力。政府将为残疾人提供福利待遇所需要的资金划拨到养老保险基金,养老保险基金再分发到地方社会保护机构,地方社会保护机构负责管理和支付残疾人保障资金。

一级残疾金1995年1月为68880卢布、1997年1月为139150卢布,由于一级残疾者需要特殊护理,因此其高额的残疾金中包含着相当于最低养老金数额三分之二的护理费用;二级残疾金1995年1月为34440卢布、1997年1月为69580卢布,相当于最低养老金的数额;三级残疾金1995年1月为22960卢布、1997年1月为46380卢布,这个数额相当于三分之二最低养老金数额,原因是三级残疾者还有一定的劳动能力赚取劳动收入。此外,残疾人还享有免费医疗和免费康复服务,政府还为残疾人提供价格优惠的轮椅、适合残疾人使用的自动交通工具、假肢、矫形器等。③

---

① 潘德礼主编:《俄罗斯十年——政治 经济 外交》(下卷),北京,世界知识出版社,2003年,第1版,第607页。

② 许艳丽:《转型期俄罗斯社保制度改革的特点及启示》,《中国发展观察》2016年第18期。

③ 周弘主编:《国外社会福利制度》,北京,中国社会出版社,2002年,第1版,第250~251页。

第三章　社会保障争议的法律救济

如本编第一章末尾所述,苏联政府虽然为实现宪法规定的公民经济社会权利做出过巨大努力,但是这种保障并不是现代法治意义上的保障,因为当政府违背对宪法权利的政治承诺时,公民几乎没有任何法律手段强制其履行。因此,计划经济下的经济社会权利由于缺乏法律程序保障只能是一种政府承诺保障的利益,而不是可以通过司法救济得以保障的主观权利。①

1993年,《俄罗斯联邦宪法》颁布实施。宪法在第一章"宪法制度的基础"中的第2条规定,人的权利和自由是最高价值;第7条规定,俄罗斯联邦是社会国家;第15条规定,宪法具有最高法律效力;第35~44条规定了劳动权、住房权、健康权、受教育权等权利;第18条规定,这些权利是直接有效的并受司法保障。1994年,俄罗斯通过了《关于俄罗斯联邦宪法法院的联邦宪法性法律》,并建立了宪法法院。根据该法第3条的规定,凡是在特殊案件中权利和自由被已经适用的或者是应当适用的法律所侵犯的公民、公民团体以及联邦法律所规定的其他机构和个人,都有权利向联邦宪法法院提出申诉。② 这就为公民社会权利的实现提供了宪法保障。

---

① 黄金荣:《实现经济和社会权利可诉性:一种中国的视角》。载柳华文主编:《经济、社会和文化权利的可诉性研究》,北京,中国社会科学出版社,2008年,第1版,第101~102页。

② 龚向和:《社会权的可诉性及其程度研究》,北京,法律出版社,2012年,第1版,第173页。

第四章　评论:从国家保障到社会保障

20 世纪七八十年代,西方发达国家由于经济发展滞后、社会保障财政压力过大以至于影响到了经济发展,于是对社会保障制度进行改革。发达国家对社会保障制度的改革主要是通过提高退休年龄、降低待遇标准、削减待遇项目等措施来实现社会保障制度的收支平衡;在发展中的拉丁美洲国家,则是把作为社会保险核心项目的养老保险制度,通过私有化将原来由公共机构管理的国家养老金改革为由私人基金公司管理个人养老金;而在中东欧等原来的社会主义转型国家,将计划经济时期建立的个人不需要缴纳社会保险费的国家保障型社会保险制度改革为由企业、职工个人、政府共同承担社会保险费用的责任分担型社会保险制度。

第一节　俄罗斯社会保障法律制度的特点

既不同于发达国家,也不同于拉美国家的俄罗斯责任分担型社会保障制度具有以下几个特点:

一、没有完全抛弃社会保障制度注重社会公平的固有功能

例如,在养老保险制度的改革中,由联邦财政出资,为不能享受劳动退休金的老年人、残疾人以及没有抚养人和赡养人的社会群体提供基本养老金;在医疗保险制度的改革中,没有采取经济体制改革所采用的激进的自由主义改革,而是采取渐进式的逐步改革,对医疗保险没有以市场化为导向,而是在保证一定份额公立医院和为公民提供基本医疗免费服务的基础上,辅之以适当的市场介入以筹集医疗保险基金,保证了公民的基本医疗需求;在社会救济改革中,继续实行对无劳动收入的老年人、残疾人等社会弱势群体保障他们最基本生活需要的制度;继续实行社会保障城乡全覆盖,既体现了社会公平,又为市场经济条件下劳动力的自由流动提供了可能。

二、国家仍然承担着社会保障制度的主要财政责任

虽然养老保险和医疗保险由过去的政府大包大揽改革为政府、企业、职工三方责任分担的制度,但是养老保险中的基本养老金由国家和企业出资;在医疗保险基金中,30％的国家财政预算拨款用于支付儿童、残疾人、退休人员等非在职人员的医疗费。更为重要的是,普京政府借 2001 年初国际石油价格上涨、国库获得巨额石油出口收入之机,支付长期拖欠的职工工资和养老金,承担起社会保障制度转制成本,保障养老保险制度平稳有序运行。

三、将俄罗斯的基本特色传承了下来

叶利钦执政期间,奉行大西洋主义,实行激进的自由主义改革,主张走西方道路。这一政策取向的结果虽然使俄罗斯迅速实现了从计划经济向市场经济的转变,然而却导致俄罗斯经济衰退,国有企业效益下降,国家用于商品和企业的财政补贴上升,国家财政负担大大加重,1992 年这些补贴高达 550 亿美元,1993 年下降到了 200 亿美元,但是补贴下降又导致企业拖欠税款。① 叶利钦虽然对原有的社会保障制度进行了改革,但严重滞后于经济和社会发展。在这样的情况下,社会保障资金来源几近枯竭,计划经济时期的社会保障制度失去了其赖以生存的社会和经济基础。普京执政以后秉持新保守主义理念,将恢复俄罗斯的传统文化,加强中央集权作为改革重点。2005 年,普京提出"主权民主"的主张,强调俄罗斯必须走自己的路,不实行西方社会的自由民主,以此来强化民众心理并成为俄罗斯意识形态的核心。在具体做法上则是成立了八大国有控股公司和石油收益稳定基金,其中设立的国际福利基金用于建设国民福利。俄罗斯不盲目跟随西方的做法,仍然坚持苏联时期的重公平和保基本的原则,保证了社会的稳定和可持续发展。

四、按照市场经济原则构建社会保障制度体系

俄罗斯社会保障制度在改革过程中基本打破了计划经济时期的社会保障制度的模式,使新制度更具有经济社会元素。虽然政府不再对企业的经营管理进行直接干预,对企业的经营效益不再承担直接责任,但是,政府对公民的生活风险仍然承担着义不容辞的责任。俄罗斯的社会保障制度确定

---

① 许艳丽:《俄罗斯转轨中的经济和社会问题与养老制度改革》,《社会保障制度》2010 年第 4 期。

了政府和公民在社会保障制度中的责任和义务,使之更加适应整个市场经济体制。政府按照市场化、社会化的模式进行管理和运营,并承担起主要责任。

五、建立了司法审查制度

建立以司法为中心的违宪审查制度以确保宪法效力,是国际范围违宪审查制度发展的共同趋势。20 世纪 80 年代以来,俄罗斯(1991 年)以及其他解体的东欧社会主义国家都建立了司法审查制度。[1]

第二节　社会保障法律制度存在的问题

经过二十余年的发展,俄罗斯的社会保障水平虽然还不是很高,但它的运行轨迹和运行方式基本实现了规范化和法制化的要求,社会保障制度成为俄罗斯经济社会发展中稳定的制度化的生活风险预防和保障机制。但它与健全的社会保障制度仍有很大距离,需要随着经济社会的发展,不断改革并使之完善。

一、居民收入差距越来越大

由于存在垄断、腐败,贫困居民获得的包括社会保障给付在内的收入增长落后于富人收入增长的趋势并没有克服而是继续强化。根据俄官方统计,2001~2005 年居民实际收入每年增长 9%~12%,累计增长 60%,但分配结果是明显朝着有利于富人倾斜。10% 最富有的居民实际收入增长 123%,而 10% 最贫困的居民实际收入增长只有富人的 50%。这导致的一个严重后果是居民的收入差距越来越大,1999 年 10% 最富裕与最贫困的居民收入之间的差距为 14 倍,2003 年为 14.5 倍, 2006 年为 15.1 倍,2011 年为 16.1 倍。[2]

二、养老金水平偏低

俄罗斯联邦国家统计局数据显示,2000 年退休金只占工资的 31.2%,

---

① 季卫东:《合宪性审查与司法权的强化》,《中国社会科学》2002 年第 2 期。转引自黄金荣:《司法保障人权的限度——经济和社会权利可诉性问题研究》,北京,社会科学文献出版社,2009 年,第 1 版,第 363 页。

② 陆南泉:《转型以来俄罗斯的社会保障制度改革》,《经济观察报》2013 年 12 月 6 日。

2005 年下降到了 27.6％,2011 年 2 月,退休金占工资的比例上升到了 45％,但与苏联时期的养老金替代率为 55％～75％仍有一定差距。2010 年第三季度,人均最低生活费用为 5198 卢布,同期购买食品的最低消费为 4851 卢布,很显然退休人员的养老金是难以维持最基本生活需要的,于是许多退休人员在退休以后还要继续劳动,以赚取生活费用。在延长退休年龄的尝试没有可行性的情况下,政府决定延长退休前的工龄。2013 年 12 月,俄罗斯国家杜马通过了新的养老金给付计算公式,规定从 2015 年开始,将之前退休前工龄满 5 年的就可以领取养老金的规定改革为 9 年,并规定从 2016 年起,缴费年限每年增加 1 年,到 2024 年,养老金缴费年限不得少于 15 年。到 2036 年,男性退休前工龄需满 30 年,女性工龄需满 25 年,才有资格领取养老金。工龄不满 30 年或 25 年的,每少一年基本养老金补贴额减少 3％,每多一年基本养老金补贴额增加 6％。①

三、低收入者和非正规就业者难以从养老保险制度中获益

养老保险制度改革以后,劳动者缴费的多少与退休后养老金水平有直接联系,低收入者低缴费的结果必然是只能领取低水平的养老金,退休以后如果没有其他收入将生活在贫困之中。由于法律没有为在非正规部门就业的人员设计老年风险保障,他们因为没有缴纳养老保险费的记录因而享受不到养老保险金,一般也因为不够资格而享受不到政府提供的基本养老金,因此老年时部分人会因为缺乏收入来源而陷入贫困。

四、不完善的遗属福利制度造成丧偶妇女贫困

世界银行 2001 年的调查显示,俄罗斯男性因不良的生活习惯、失业等原因导致预期寿命比女性少十多岁,60 岁以上妇女的丧偶率约为 50％。现行养老保险制度规定,寡妇或鳏夫自己有养老金的,就不再提供遗属抚恤待遇,这就使得那些养老金水平低的丧偶者容易陷入贫困。② 制度不完善导致贫富差距扩大,使得社会保障制度所要解决的核心问题——社会公平受到损害,进一步影响到社会稳定和经济发展。

五、儿童津贴被非贫困家庭领取

儿童津贴占到儿童最低生活费用的 13％,1996 年 11 月,40％以上有权

---

① 徐林实:《俄罗斯的退休养老体制改革及启示》,《国外社会科学》2012 年第 2 期。
② 吴好等:《俄罗斯三支柱养老金制度评述及其对中国的启示》,《生产力研究》2010 年第 6 期。

领取儿童津贴的家庭领取到了该项津贴,而在 1998 年 11 月该比例下降到了 17％,而受益者是非贫困家庭。为此,俄罗斯在 1998 年 8 月颁布实施《关于给有孩子家庭以国家补贴》的法律,但由于该法律有关津贴领取程序的规定限制了发放机关对申请者收入证明的核查,使得无权领取儿童津贴家庭的数量并没有减少,而急需津贴资助的家庭却无法摆脱贫困。

六、教育资源分配不公

有学者推算,1998 年第四季度,在拥有人均资产最多的 30％家庭中,家庭开支的 57％用于教育,这类家庭拥有 14 岁以下儿童的数量占 14 岁以下儿童总数的 22％。在 40％最贫困家庭中,他们用于教育的开支仅占家庭开支的 15％,这类家庭拥有 14 岁以下儿童的数量却占到 14 岁以下儿童总数的 49％。[①] 这些贫困家庭无力支付子女接受普通教育所需费用,越来越多的学龄儿童被排除在中小学校校门之外。贫困家庭的子女由于受教育程度的限制,知识和技术水平不高,难以在社会阶梯上晋升,以至于难以摆脱贫困处境。这种状况引发人们对教育体系内资源分配应当向贫困家庭学生倾斜的呼声。

[①] 〔俄〕M.德米特里耶夫:《金融危机与社会保护》,《社会科学与当代》2000 年第 3 期。转引自周弘主编:《国外社会福利制度》,北京,中国社会出版社,2002 年,第 1 版,第 257 页。

第六编

不同类型社会保障法律制度比较

自有人类社会以来,贫困便一直伴随着人类存在。导致贫困的原因是多方面的,生产力水平低下、老年、疾病、残疾等都可能使人们陷入贫困境地。只是在传统的农业社会,贫困风险表现为分散的、一家一户的问题,而贫困作为大规模的社会问题则产生于工业化时期。与此相应,人类社会对老弱病残等社会贫困群体提供经济援助的认识和方式也经历了一个漫长的历史过程,由最初始的家庭保障,到之后的劳动者的互助组织,再到市场机制的商业保险,最后才出现了政府机制的社会保障。

　　政府通过立法正式介入救助贫困群体始于 1601 年的英国《济贫法》,1883 年德国制定的世界上第一部《疾病保险法》首开现代社会保险制度之先河,20 世纪 30 年代经济大萧条迫使美国出台了世界上第一部《社会保障法》,第二次世界大战后英国建立起世界上第一个福利国家成为社会保障制度发展史的分水岭;20 世纪五六十年代经济繁荣发达,使西方发达国家的社会保障制度进入空前发展阶段;20 世纪 70 年代发生的石油危机,西方国家经济发展出现了滞胀,社会保障制度因此面临困境,各国对社会保障制度开始进行改革。

　　一个多世纪以来的实践证明,社会保障制度是人类"善"发展的新阶段,也是人类竞争性生存的重要保证,更是社会作为整体保持可持续发展和稳定的一个不可或缺的重要条件。社会保障制度作为 20 世纪人类文明和进步的重大成果之一,是对人的关怀的重要体现,它既是现代社会不可或缺的经济社会制度,也是政府通过实施社会保障法对经济社会进行管理的重要工具。第二次世界大战以后,西方国家经济社会稳定持续发展,社会问题尖锐程度相对缓和,国家干预理论对国家政治经济社会生活的影响发生的主导作用,政府对自身职能认识的转变,使得西方各国社会保障制度得以迅速发展,并影响到了世界其他国家,它们也纷纷根据本国具体国情建立了本国的社会保障法律制度。到了 20 世纪末,全世界已有 172 个国家和地区建立起社会保障法律制度,占全球 183 个国家和地区的 94％。①

---

① 郑秉文等主编:《当代东亚国家、地区社会保障制度》,北京,法律出版社,2002 年,第 1 版,第 79 页。

　　社会成员的生活风险保障是一个跨历史、跨社会形态的重大问题,这已在国际范围达成了共识。在前资本主义社会,劳动者为了生存偶尔出卖他们的劳动力,那时还没有真正意义上的商品化的劳动者。直到市场普遍化并占据了主导地位时,个人福利才逐渐被货币关系彻底支配。剥去维系社会再生产的社会制度外壳,劳动契约就意味着人们被商品化了。当现代社会权利在法律上和事实上被赋予了财产所有权性质时,社会权利的资格基础就不再是人的能力而是公民资格,社会权利便具有了非商品化的性质①(当然,社会权利非商品化在不同国家实现的程度是不一样的),个人也因此处于独立于市场的地位,人们在不依赖于市场就可以获得维持其生计的货币收入或服务(社会工资)时,社会权利的结果得到了充分展现。

　　人类社会发展历史表明,不仅所有制和生产方式从来就不是单一的,而且社会分配方式也从来都不是单一的。社会再分配的形式和规模除了受生产方式和经济发展水平的制约以外,还不同程度地受到政治、社会以及道德观念等诸多因素的影响。社会再分配的必要性取决于社会稳定和发展生产的需要,现代社会与前现代社会的差别主要表现在社会整合和制度化的不断创新上,社会保障制度作为人类社会进入工业化时代的共同选择,是资本主义国家利用行政和立法的手段在按资本分配的基础上,补充了社会保障这种在雇佣劳动者乃至全体社会成员之间进行社会再分配的制度,成为资本主义社会自我完善必不可少的机制。②由于各国经济社会发展水平和文明进步程度不同,制约社会保障制度制定和实施的因素异常复杂,使得社会保障制度展现出多样化的类型和模式。

　　对不同国家的社会保障制度进行比较颇为困难,我们在研究的过程中只能从各国制度设计和运行的比较中观察它们的差异。在比较中我们发现,各种差异并不是单一或纯粹的,而是相互交叉、相互重叠的,它们既有许多不同之处,也有不少相似地方,因此对不同类型社会保障制度进行比较,就具有了超越其国界的重要性。"以史为镜,可知兴衰;以邻为镜,可明正误。"在对具有典型特征的社会保障制度进行比较中,人们既可以吸收别国卓有成效的经验,也可以汲取他们的教训,以不断完善本国的社会保障制度,使它更好地发挥维护社会稳定、促进经济发展、减少贫困发生的功能和作用,以创造更适合人们共同生存和发展的制度环境和生活条件。

　　社会保障、社会保障制度、社会保障法律体系等概念的涵义是极其复杂

---

　　①　〔丹麦〕考斯塔·艾斯平-安德森:《福利资本主义的三个世界》,郑秉文译,北京,法律出版社,2003 年,第 1 版,第 23 页。
　　②　李琮主编:《西欧社会保障制度》,北京,中国社会科学出版社,1989 年,第 1 版,第 31 页。

和难以把握的。学术界对社会保障的广义定义是,"社会保障可以定义为政府的任何有益于社会的项目或计划性的活动";狭义定义是,"社会保障是政府为那些没有或失去劳动能力并没有其他所依的人所提供的必要的生活资助。"①但是,关于社会保障的概念还是形成了一些被普遍接受的、能够表征其主要特点的约定:第一,社会保障计划是根据政府的法令而建立的;第二,这种计划一般是以向个人提供现金的形式,至少是部分地弥补由于老年、残疾和死亡、疾病和生育、失业,以及职业伤害等原因造成的收入方面的损失。②基于此,学界比较一致的定义是,社会保障制度是指当社会进入工业化阶段,国家和社会为了维护社会成员的基本生存权利,保证和促进社会稳定和经济发展,对由于各种原因(疾病、失业、衰老、残疾等)而减少或失去生存保障(收入的丧失或减少)的社会成员,给予一定经济补充或援助的社会安全制度。这一定义表明:从提供社会保障的目的而言,它是经济性的;但从其手段而言,它是法律性的。所以,社会保障制度既是国家经济制度,也是国家法律制度的重要组成部分。

凭借国家政治权威干预收入分配以实现社会安全和社会公平,是社会保障制度的内在要求,社会保障制度本身也体现着社会公平和经济效率在特定水平上的结合。在公平与效率的关系上,公平所指向的是政府责任,公平程度的衡量不仅仅以福利给付的绝对值为标准,主要通过政府福利支出在国民生产总值和政府支出总额中所占比例加以判断;效率则指向公民个人及其家庭的责任,体现为个人为取得社会保险待遇而必须履行的缴费义务,以及个人和家庭在风险事件中的实际损失与获得的社会福利待遇之间的差额,即"自助"程度的高低。③

在国际范围,社会保障学界从国家对于社会干预的程度出发,或者依据政府在社会保障中承担责任的大小,将社会保障制度划分为以英国为代表的普遍主义社会保障制度、以德国为代表的合作主义社会保障制度、以美国为代表的自由主义社会保障制度、以新加坡为代表的强制储蓄型社会保障制度、以俄罗斯为代表的转型国家社会保障制度五种类型。但是,在现实中,并不存在单一类型的社会保障制度,各国的社会保障制度几乎都是不同类型社会保障制度的混合体。④ 更确切地说,不同类型制度体现的是国家

① 杨冠琼主编:《当代美国社会保障制度》,北京,法律出版社,2001年,第1版,第3页。
② 〔美〕乔治·E.雷吉达:《社会保险和经济保障》,陈秉正译,北京,经济科学出版社,2005年,第1版,第9页。
③ 郑秉文等主编:《当代东亚国家、地区社会保障制度》,北京,法律出版社,2002年,第1版,第42页。
④ 〔丹麦〕考斯塔·艾斯平-安德森:《福利资本主义的三个世界》,郑秉文译,北京,法律出版社,2003年,第1版,第55页。

与公民个人之间的不同关系：例如，英国采取普遍福利和社会保险并重的政策取向，政府承担了绝大部分的医疗费用和全部家庭津贴以及老年和失业方面的部分支出；社会保险制度不但由德国首创，而且一直是国家社会保障制度的基石，政府承担 1/5 的养老金支出和家庭津贴以及极少部分的失业保险和失业救济支出，显然比英国政府负担要轻；美国的政策取向是"公民自我负责"，因此政府除了作为雇主负担公共雇员的保障费用外，只负担老年人的贫困救济和他们的部分医疗费用，政府的社会责任较前两者都要小得多；而在新加坡，国家对社会保障的干预比美国还要少，基金存储全部来自雇主和雇员缴费，国家再分配或者转移支付的程度比美国还要小。[1]

　　在已出版发行的诸多社会保障论著中，都对一国或几国的社会保障制度进行了论述。由于每个国家的社会保障法律制度都是一个比较复杂庞大的体系，[2]因此不仅对不同国家社会保障制度的内容进行体系化架构，即使对一个国家的社会保障制度内容进行分类，不同学者有不同的分法。社会保障问题多个学科（政治学、经济学、社会学、哲学、伦理学、公共管理学、法学等）都在研究，即多学科参与研究，[3]例如，经济学家是从实现经济效率的角度，一般从社会保障项目的收益结构、项目所要达到的目标、项目获益群体的特征、项目管理的政府层次等对社会保障制度加以研究；而法学家则是从实现社会公平的角度，对社会保障制度中政府职责与公民权利配置、公民在社会保障中义务与权利的设定，以及公民在社会保障权利受到侵害时如何提供司法救济等方面进行研究。各国社会保障制度结构的复杂性以及社会保障研究多学科参与，是对社会保障进行比较研究较为困难的主要原因。

　　各国的社会保障制度都深深地打着各自的历史烙印，因此，社会保障制度因国家的不同而差异很大，[4]要对其进行直接比较几乎是不可能的。[5]但是，对不同类型社会保障制度进行比较，对于社会保障法学研究和社会保障立法实践来说，既是非常重要也是非常必要的。社会保障法的特征既具有许多技术方面的性质，还在较大程度上要求在社会保障法领域，根据政治、社会、经济状况的变化，对社会保障制度进行及时修改，而且这种修改是经常性且频繁进行的，这就要求对法律修改具有指导作用的社会保障法理论

---

①　和春雷主编：《社会保障制度的国际比较》，北京，法律出版社，2001 年，第 1 版，第 168 页。
②　杨冠琼主编：《当代美国社会保障制度》，北京，法律出版社，2001 年，第 1 版，第 19 页。
③　郑功成：《社会保障学》，北京，商务印书馆，2000 年，第 1 版，"绪论"，第 35 页。
④　〔法〕卡特琳·米尔丝：《社会保障经济学》，郑秉文译，北京，法律出版社，2003 年，第 1 版，第 32 页。
⑤　〔日〕菊池馨实：《社会保障法制的将来构想》，韩君玲译，北京，商务印书馆，2018 年，第 1 版，中文版前言。

和具有参考价值的域外经验的支持。然而,相对于行政法、劳动法、经济法等部门法学的研究来说,社会保障法的研究在质与量两方面都比较薄弱。但可喜的是自 21 世纪以来,出现了以年轻学者为主流的综合性比较研究成果,包括劳动法、社会保障法等在内的社会法渐成独立的法律部门已是不争的事实。更令人欣喜的是,对于社会保障法的未来发展趋势的设想,在经济学、财政学、社会学等学科的研究引人注目的情况下,从对权利和义务这些概念所表明的法学所固有的规范性立场,对社会保障未来应有的状态进行研究,已是法学理论工作者义不容辞的责任,因为没有理念的政策容易局限于对具体问题的应对,进而丧失长远发展的方向性。①

---

① 〔日〕菊池馨实:《社会保障法制的将来构想》,韩君玲译,北京,商务印书馆,2018 年,第 1 版,第 10、12、333 页。

第一章　影响社会保障法律制度呈现不同类型的因素

　　为什么会形成如此多不同类型的社会保障法律制度？尤其同是发达国家的欧美国家，在经济制度、政治制度乃至许多国际事务方面的共性大于差异，而社会保障制度的类型却不一样呢？社会保障学界认为，在社会保障制度共同规律约束下存在着影响与制约社会保障制度建立与发展的诸多因素。正如本书第三编在论述影响美国社会保障制度发展变革的因素时所指出的，在从"根深蒂固的个人主义传统社会转向政府积极发挥作用社会的过程中，观念的更新、制度的转变、法治机制的转换、理论的支持、政治家的呐喊、公民的觉醒和参与，都从不同的方面发挥了积极的推动作用。"这其中展示出的生产力和生产关系、经济基础和上层建筑方面各种因素所共同发挥作用，才形成了各国各具特色的社会保障法律制度。

第一节　制度建立时的社会背景不同

　　17世纪初值英国工业化初期，贫民的安置由各教区负责和处理。1601年颁布济贫法后，政府重新划分了1.5万个教区，中央政府替代了教会救济贫民的社会功能，开始用国家机器来解决工业社会贫困问题。1834年，新济贫法颁布实施，虽然它沿袭了旧济贫法的补救模式，但它改变了传统的"穷人"概念，认为穷人是工业化的牺牲者，政府有责任通过救济和保护贫民来维护整个社会安定。随着工业化社会的迅速发展，政府意识到，针对穷人的政府职能已经不能满足工业化社会发展的需要了，应当将政府的保护扩展到全社会。市场的不完善和社会的无力量，国家利用权力保护国民免于社会风险成为国家观念，并通过社会政策加以体现。

　　19世纪末，德国还不是最发达的工业化国家。这时，国家面临的主要政敌已不再是教会，而是各个联邦国的分离倾向和资产阶级与无产阶级之间的对立和冲突，迫使俾斯麦政府不得不动用国家力量对社会进行干预。无产阶级的出现和日益贫困化使得阶级矛盾和阶级斗争变得日益复杂和激烈,国家虽然不断地动用强力来维护社会稳定,但是,无产阶级的反抗和斗争仍然此起彼伏,社会动荡不安。为了维护脆弱的统一,德国率先建立社会保险制度。德国的社会保险制度是作为调和劳资矛盾、维护社会稳定的政治工具而制定的,也是作为削弱社会主义者日益增长的政治影响的手段来实行的。

美国在 20 世纪 30 年代被卷入了全球性经济大危机,1935 年,美国颁布《社会保障法》是为了适应当时生产过剩的情况,提高人们的消费能力,刺激总需求,恢复经济而制定的。在经济危机的社会背景下,《社会保障法》成为政府反经济危机和需求管理的工具。

可见,英国的济贫法、德国的社会保险法、美国的社会保障法三种不同模式的社会保障制度产生的根源在于:英国国家政权对工业化早期的社会现实作出进行社会干预的决定,是制定济贫法;而德国国家政权对大规模的工业化社会矛盾作出进行社会干预的决策,是制定社会保险法;美国国家政权对在经济危机下为了恢复经济,而制定了社会保障法。这三种不同制度模式不存在三个国家干预力度大小的问题,而是在不同的工业化发展阶段哪种政策更适合当时的社会现实的问题。

第二节　历史文化传统不同

任何一个国家和社会都有自己传统的社会道德观念,这些观念既是经济、社会、政治实体的反映,同时对这些实体起着约束的作用。这些观念对社会保障的影响尤为突出。

英国社会保障制度的一个突出特点是它的"低入低出"原则,低入是指英国的社会保险费率低于法国、德国、瑞典等福利国家,低出是指英国的社会保险待遇也低于这些国家。这些差别的形成有其深厚的历史文化原因。从历史上看,英国的社会保障制度是在工业化的推动下,自下而上建立起来的。19 世纪晚期以后,英国政治逐渐实现了民主化,公民的选举权逐渐扩大,在人民的压力下,统治阶级不得不做出让步,并逐渐建立起一些社会保险制度。从文化的角度看,英国是资本主义制度的发源地,其价值观念从一开始就主张"个人自由"。1601 年的《济贫法》以来的社会保障制度被多数人看作是补救社会弊病的措施,所以以"贝弗里奇报告"提出的"最低原则"能够被人们所接受。[①] 因此,英国的社会保障制度从一开始就具有阶级间相

---

① 顾俊礼主编:《福利国家论析——以欧洲为背景的比较研究》,北京,经济管理出版社,2002年,第 1 版,第 133 页。

互妥协的性质,待遇标准不可能很高。

19世纪的德国,社会与经济生活是按照产生于中世纪的社会等级、社团等传统组织起来的,它们是合作主义的源泉。19世纪基尔特逐渐解体,代之以自治社团制度和互助制度。兄弟会式的博爱是合作主义的共同准则,它以身份同一性、成员资格的强制性和排他性、互助制度为基础。天主教会在社会改革中发挥了有益的作用,他们努力寻找替代社会主义和资本主义的方案,而且相信社会各阶级的和睦相处是可能的,因此,他们提倡国家主义和合作主义的融合。进入现代资本主义社会,合作主义模式围绕着职业类别建立起来,每一种保险计划都针对受保险人(例如,工人、矿工、公务员等)相应的社会位置而设计,力图保持正统的身份差别,并以此作为社会和经济的连接纽带。① 以德国为代表的"欧洲大陆模式"社会保障制度是"自上而下"建立起来的,他们的制度具有补救社会弊病和提供职业福利的双重功能,制度呈现出"高入高出"的特征。

美国在《社会保障法》颁布之前,政府始终对社会保障采取不介入的态度,这与美国的社会历史状况和文化价值观取向有很大关系。在早期迁入美国的移民中,大多数为加尔文教徒,他们崇尚勤劳俭朴、厌恶懒惰,同时新大陆到处都有移民可以致富的机会。这就在美国形成了一种提倡个人奋斗,把贫穷归结为个人懒惰和无能的观念,这种观念与个人主义、自我负责以及对政治家和大政府不信任的价值观联系在一起,使得美国反对政府承担救济穷人的责任的思潮占据了上风。在20世纪70年代,许多欧洲国家发生了反对国家福利的事件,在美国同类事件比德国和英国要强烈得多。② 各国的历史文化传统以及由此形成的观念对本国社会保障制度的影响将会永久持续下去。

由此可见,每个民族国家的历史特征都在自觉不自觉地抵制文化和制度上的变革,从而形成其孤立性。在历史的延续性中,一个民族国家的制度和文化构造也必然成为具有民族特色问题的本质。而且民族特色主导的制度和文化的变化和方向比其他因素发挥的作用更大。虽然在全球化的背景下,许多国家的经济体制和政治体制有趋于一致的倾向,但是,如亨利·乔治所说:"每一个社会不论大小,都必然为自己织一张知识、信仰、习俗、语言、兴趣、制度和法律的网,个人从出生到死去,一直在这张由社会织成的网

---

① 〔丹麦〕考斯塔·艾斯平-安德森:《福利资本主义的三个世界》,郑秉文译,北京,法律出版社,2003年,第1版,第69页。

② 〔美〕约翰·B.威廉姆森等:《养老保险比较分析》,马胜杰等译,北京,法律出版社,2002年,第1版,第170页。

里边,或者说应该在这张网里边,因为除了最最简单社会以外的社会都是由较小的社会组成的,这些较小的社会相互重叠、相互交织。它们就是母体,在那里,人的心灵逐渐发展,从那里,人的心灵打上烙印。这就是习俗、宗教、成见、爱好和语言发展并永远保持下去的情况。"①

第三节　制度赖以建立的理论基础不同

社会保障制度从表面上看是一个国家的政策实践,但是它的建立和发展深受一定理论和价值观的影响,甚至可以说,社会保障制度的理论基础如同社会保障制度一样源远流长。随着资本主义社会的迅速发展,社会矛盾逐渐暴露出来并日益尖锐,统治阶级不得不思考社会矛盾和问题产生的原因及应对的策略。经济学家、政治学家、社会学家、法学家、哲学家乃至各种社会改良团体与社会思潮都对解决社会问题发表自己的不同见解,形成不同的思想流派,推动社会保障制度不断改革和完善。② 人类社会古往今来的追求和终极目标首先体现为一种观念和理论,在某些理论的影响下形成某个国家在某个历史时期的社会保障法律制度,只是在崇尚社会平等的国家,保障项目更注重社会扶助和社会需求;而在经济自由主义传统深厚的国家,保障项目更强调经济效益和鼓励自助。社会保障制度是在某些理论的支持下渐进式地发展和变革的。

第二次世界大战以后,英国工党提出"民主社会主义"的理论。民主社会主义者认为,福利国家通过建立全面的社会保障制度就能够消除资本主义社会的痛苦,可以不通过暴力革命的方式达到消除贫困和实现平等的社会目标。民主社会主义的理论被传播到欧洲许多国家,这些国家的民主社会党人执政以后都将混合经济、公平分配收入等变为执政党的纲领和政策,并在自己国家建立起福利国家。有意义的是,即使在同一个国家的不同历史时期,由于理论依据不同决定了政策选择上的差异。在英国颁布两个济贫法的时代,立法者都是基于"财富是通过个人的努力而获得的"新教教义理念,认为贫穷是因为个人因素而非社会因素造成的,认为救济制度会导致产生更多的懒汉,因而制定出了具有惩戒性的济贫制度。当英国进入发达工业化社会后,立法理念也随着经济社会发展而逐渐改变。因为政府意识

---

① 〔美〕亨利·乔治:《进步与贫困》,吴良健等译,北京,商务印书馆,1995年,第1版,第421页。转引自郑功成:《社会保障学》,北京,商务印书馆,2000年,第1版,第241页。

② 丁建定:《西方国家社会保障制度史》,北京,高等教育出版社,2010年,第1版,第31页。

到保护劳动者有利于经济发展,主张劳动者的生活风险应由社会分担,社会保障制度覆盖到了全体国民,以极大体现社会保障制度所要实现的社会公平。

19世纪末期,德国工人运动蓬勃发展,鼓吹劳资合作和实行社会政策的新历史学派的理论,使铁血首相俾斯麦产生了实行"胡萝卜加大棒"的政策,制定了享誉世界的社会保险法律制度。可以说,社会保险制度在德国的产生是反对自由放任的资本主义和主张搞些社会主义的新历史学派理论的胜利。

美国1935年的《社会保障法》建立起兼顾社会公平和经济效率的社会保障制度。然而,由于美国始终奉行自由市场经济的理念,因此政府的职责只是补充私人慈善事业和家庭对不能自我负责的人的照顾。自1935年以来,美国的社会保障已经形成全面、系统、多样化制度体系,政府在社会保障中的作用也在不断加强。但是由于在指导思想上是以适当干预经济、强调个人责任、激发个体自身积极性为出发点和价值取向,因此,在社会保障基金收不抵支时,政府虽然也要承担最终的财政责任,但是政府拨款的目的不是为了增加国民的福利,而是为了保持现行制度的继续与稳定。①

在社会保障制度建立和发展的过程中,发挥影响作用的不会是某一个思想理论,各种理论像不同颜色相互融合的彩虹一样,在不同的阶段发挥着主导或者是辅助的作用。例如,同是主张"第三条道路"的克林顿和布莱尔,谁能够分清楚克林顿是一个自由主义者,还是经验主义的自由意志论者,而布莱尔是一个民主社会主义者,还是有着社会主义背景的自由主义者? 可见,各国政府在对社会保障制度进行改革时所依据的理论的异同是非常复杂且难以给出比较准确的定性的。②

第四节　经济发展水平不同

影响社会保障制度的进程和状态的因素虽然是多方面的,但不可否认的是经济因素是首要的影响因素。当现代工业经济破坏了传统社会制度时,国家承担起了传统社会中由家庭、教会、慈善机构、互助组织等承担的责

---

① 李珍主编:《社会保障理论》,北京,中国劳动社会保障出版社,2001年,第1版,第104～109页。

② 〔英〕尼古拉斯·巴尔:《福利国家经济学》,郑秉文等译,北京,中国劳动社会保障出版社,2003年,第1版,第49页。

任。但是,政府采取社会政策是在传统社会制度被摧毁 50 年乃至 100 年以后才出现的,这是因为为了使稀缺资源能够从投资于生产转移到福利用途上来,必须有一定程度的经济发展和剩余产品。也就是说,只有在一定的经济发展水平上,才能避免在实施再分配之后对经济效率造成损失。[①] 社会保障主要采取的是经济援助手段,它需要有相应的经济基础。在生产力不发达、经济落后的时代或社会,即使社会成员有着非常迫切的基本生活需求,国家和社会都是爱莫能助的。因此,要求建立社会保障制度是一回事,这种客观要求能不能实现,国家能不能建立相应的制度满足这种要求则是另外一回事。或者说需要是一回事,可能则是另外一回事,因为社会保障制度作为一种分配制度,其规模和水平取决于生产。1980～1982 年经济危机过后,西欧国家经济增长放缓,社会保障计划不但没有扩张反而在紧缩,正如法国米歇尔·雷肖莱说:"如果共同体国家不能使它们的工业现代化,找到恢复经济增长的途径,它们将像一些国家所做的那样,不得不对福利开支进行悲剧性的不得人心的削减。"西欧国家只有在经济更快发展的情况下,社会保障制度才得到了新的发展。[②] 这一事实有力地说明了经济因素是对社会保障制度产生影响的首要因素。

现代社会保障制度之所以产生于工业化社会,一方面是由于工业化产生的新的生活风险在劳动者本人无法应对的情况下会酿成社会风险,甚至会危及统治阶级的统治;另一方面,工业化带来生产力的高度发达,与此同时带来了高水平的就业,而就业是个人和家庭福利的最佳保障。在经济快速发展阶段,就业率的增加使政府减少对贫困社会成员现金救济,这又造成社会财富急剧增加,使得统治阶级有足够的经济能力将社会保障向更广泛、更慷慨的方向推进;相反,在发生经济衰退时,失业率上升,政府的岁入将因应税收入和利润的减少而减少,社会资源也随之减少。在这样的情况下,政府还需要将部分资源用于社会成员基本收入的补助上,社会福利其他项目的发展随之受到限制。

不但社会福利给付需要一定的物质基础做后盾,而且提供社会福利和服务的成本也是很高的。这些成本以多种形式体现:大批提供福利服务的工作者以及住房福利计划所需土地和建筑福利住房等都需要大量资金。发展中国家财力不足成为制约社会福利发展的一个重要因素。在富裕的工业化国家,由于拥有强大的经济社会实力,因而社会福利计划主要由政府实

---

① 〔丹麦〕考斯塔·艾斯平-安德森:《福利资本主义的三个世界》,郑秉文译,北京,法律出版社,2003 年,第 1 版,第 13 页。

② 李琼主编:《西欧社会保障制度》,北京,中国社会科学出版社,1989 年,第 1 版,第 73、138 页。

施。例如,美国无家可归的流浪者对于政府为其提供的公共寓所、福利旅馆、低价房、租金补贴等有选择的权利,而且救助机构可以及时地为求助者提供帮助;而在不十分富裕的国家,老百姓的许多生活风险问题仍需要家庭、朋友、慈善组织等的帮助。例如,在面临住房短缺的发展中国家,三代或四代同堂并不少见,家庭而不是政府是满足其成员基本需要的第一责任者。[①]　可见,一个国家的经济发展水平对该国社会保障制度的影响是具有决定意义的。

第五节　政治联盟结构不同

随着西方国家经济、社会、政治的发展,社会各阶层的利益通过集团的形式体现出来。具有不同阶级基础的不同利益集团,以不同的政党作为其代言人,构成了西方政治的重要特点。

英国早期的养老金政策历史是一部不同利益集团的竞争史。竞争是在这样一些集团之间展开的:由有高度责任感、态度明确的社会改革家领导的利益集团赞成养老金制度,但相对较小的压力集团认为,养老金侵害了他们领地的其他组织以及少部分商业组织和劳工集团的利益。各种在养老金计划上拥有利益的集团在抵制变革方面的影响力比专制程度更高的德国大得多。[②] 20 世纪初新工党规模小且在议会中没有实力,但它在工人阶级中获得了广泛支持,因此 1908 年的公共养老金立法有利于蓬勃发展的工人运动。自由党和少数保守党人将反对建立公共养老金制度的态度转变为支持养老金立法,他们把此举看作削弱工人阶级对日益强大的工党支持的手段。可见,民主结构和利益集团在英国公共养老金立法中所起的是抑制而不是推动作用,民主自由阻碍了中央集权体制的出现。[③] 成立于 1940 年的国家养老金协会联盟是代表领取养老金者利益的一个压力集团,它在战后是一个非常活跃的组织,并致力于每隔几年就要求政府增加一次养老金的活动。有许多证据证明,所有主要政党的政治家们都在努力博取老年人的选票,20世纪 80 年代末英国 20 多个维护老年人利益集团在影响政府养老政策方

---

① 〔美〕威廉姆·H.怀特科等:《当今世界的社会福利》,谢俊杰译,北京,法律出版社,2003年,第 1 版,第 228 页。

② 〔美〕约翰·B.威廉姆森等:《养老保险比较分析》,马胜杰等译,北京,法律出版社,2002 年,第 1 版,第 349、354 页。

③ 同上书,第 87～94、340 页。

面,比其他利益集团的影响大得多。① 在民主制的国家里,涉及千家万户的社会保障计划取决于各利益集团之间的利益平衡,取决于代议形式及其组织的完善程度。

在实行集权制的德国,国家的利益被看作高于特殊集团的利益,俾斯麦推行社会保险制度的强大动力,来源于他要为帝国的利益争取工业工人的支持和社会稳定。② 有人认为,德国率先实行社会保险计划在很大程度上是因为其家长式作风的强大以及自由主义价值观的衰落。如果俾斯麦认为他需要一个养老金计划,就能使这个立法很快通过,这比他如果希望担任英国首相需要的时间可能还要短。③ 19 世纪末期,俾斯麦提议建立一个只需雇主缴费而雇员不用缴费的养老金计划,想以此来体现国家的仁慈。他希望这样的养老金制度让退休工人认为是国家在养活他们,而不是他们自己争得的权利,希望工人们会因此对国家效忠,并对政治经济现状给予支持。但是这个提议因遭到中产阶级国民议会议员的反对而未能通过。中产阶级国民议会议员认为,这个提议违反了他们持有的推崇工作伦理和自我负责的自由主义价值观,工人缴纳部分养老保险费才是合理的。在中产阶级国民议会议员的坚持下,最终出台的是雇主与雇员分担相同比例养老保险费的养老保险制度。由此可见,发展充分的、多元的利益集团的民主结构对于建立完善的社会保障制度是必不可少的。④

美国在 1893 年时就已跃居为世界头号垄断资本主义国家,它拥有高度完善的受利益集团政治强烈影响的民主制度。1935 年之前,大规模生产的产业工人相对缺乏组织,工人运动由代表各个行业工会的劳工联合会领导,它只在促进州一级养老金立法方面发挥了作用,而对《社会保障法》立法因没有占据重要地位而作用甚微。种族问题对社会保障法案的起草也产生过影响,南方州的议员们极力把农场工人和佣人排除在养老保险条款之外,养老保险的管理权也掌握在白人手里。如果美国劳工联盟愿意接受黑人工会成员,南方的工会组织就会变得强硬,南方州的议员就不可能有那么大的影响力。把黑人排除在外削弱了整个工人阶级潜在的影响力,种族分裂破坏了工人阶级的团结,这是工会组织对社会政策影响力相对较小的一个原因。⑤ 第二次世界大战以后,工会组织一直扮演着积极的角色,但主张提高

---

　　① 〔美〕约翰·B.威廉姆森等:《养老保险比较分析》,马胜杰等译,北京,法律出版社,2002 年,第 1 版,第 94 页。

　　② 李琼主编:《西欧社会保障制度》,北京,中国社会科学出版社,1989 年,第 1 版,第 173 页。

　　③ 〔美〕约翰·B.威廉姆森等:《养老保险比较分析》,马胜杰等译,北京,法律出版社,2002 年,第 1 版,第 190 页注释 72。

　　④ 同上书,第 348 页。

　　⑤ 同上书,第 179 页。

社会保障支出水平的是几个颇有影响力的其他组织,而不是劳工组织。"二战"以来,美国社会保障的覆盖范围、保障项目、待遇水平等都取得了重大进展,但仍然不能够得出这些进展是不断增长的工人力量发挥作用的结论。直至目前,美国的公共养老金支出占国民生产总值的比例在工业化国家中水平是最低的,其主要原因是美国的工人运动较弱,大部分工人没有被组织在一个高度集中的国家工会中。

从以上分析中我们看到,工会和工人政党地位的合法化不仅增强了劳工阶级的团结,并由此增强了他们社会保障集体诉求的力量,使得劳工阶级在议会或者政府中有了自己的代言人,进而使得他们的社会保障诉求具有了直接性和有效性。因此,国家和社会的合作状况对于本国社会保障制度的制定和发展就会产生不同的影响:在英国,虽然职业化的行政事务传统以及所有政党都在努力运用福利立法获取选举利益,但是由于缺乏合作主义结构,劳动者对福利立法的影响大大地削弱了,国家和社会的联合也因此削弱了;在德国,行业工会的影响得到了国家行政机构的鼓励和培养,可以说国家和社会的联合较之英国是紧密的;在美国,国家参与的缺乏、政府的软弱,使得有组织的利益集团限制了老年人组织以及劳动者对福利方案的影响。所以,在不同国家,国家与社会的合作状况都在影响着对社会福利计划有需求的群体的利益。① 或者说,不同国家存在的不同阶级组合,不仅揭示了这些国家既往的福利制度史,而且预示着这些国家未来的福利制度走向。②

第六节　政党竞争的影响和作用不同

由于以社会保险制度为核心的社会保障制度适应工业化社会的需要,它能够为劳动者在遭遇生活风险以后提供补充性经济收入保障,并由此解除劳动者的后顾之忧,达到了维护社会稳定的目的,因此,在西方民主政治条件下,福利制度成为最敏感的竞争工具。普选权是西方民主制度的核心内容之一,它不仅保障公民对社会政治生活的合法和有效参与,同时也使得民众的要求真正成为不可忽视的政治因素,社会保障要求无疑是民众要求

---

① 〔美〕约翰·B.威廉姆森等:《养老保险比较分析》,马胜杰等译,北京,法律出版社,2002年,第1版,第301页。

② 〔丹麦〕考斯塔·艾斯平-安德森:《福利资本主义的三个世界》,郑秉文译,北京,法律出版社,2003年,第1版,第37页。

的重要内容,普选权就成为民众争取实现社会保障权益的有效政治工具。

　　西方国家有两种主要政党和社会政治思潮,即保守主义的和社会民主主义的。在各国的议会选举中,各种社会利益集团在社会保障方面的主张得以表达,尤其是在欧洲大陆国家,各党派多以推行更多的福利措施、增加福利待遇作为竞选筹码来拉拢选民。因为代议和民选政治本身就对保护社会权利,特别是保护普遍社会项目拥有相当大的潜力。① 可以说,战后若干年为了在选举中获胜,选举竞争都采取了通过扩大社会项目来获取选票的方法。如果哪个政党想取消或削减社会福利,无异于一种政治自杀,社会福利已经成为选民选择执政党的一个重要的参考因素。②

　　英国在 20 世纪 40 年代末到 70 年代末的 30 余年间,约 60％的时间是由工党执政的,在建立福利国家的过程中,工党所追求的福利制度目标是高标准的,普遍主义和平等是英国福利国家共同责任的最重要原则。一个不可避免的趋势是,由左翼政党在执政期间建立的高标准的普遍主义的福利制度,由于一开始就得到了公众的广泛支持,因而就具有了一种刚性。当右翼政党上台执政时,出于党派竞选利益的考虑,也不敢冒天下之大不韪,即不会对已有的福利制度做较大的改变。在 1954 年的选举中,两大政党处于势均力敌的状态,于是他们都力图在养老金问题上压倒对方,因为他们都十分清楚地意识到,老年人是全体选民中一个强大的并且不断增大的群体。③养老金水平不断攀升是两党争取选民的结果,向公民提供了标准很高的社会福利,就是在标榜为劳动者谋取福利为己任的社会民主党的推动下一步步实现的。因此,竞争性的政党交替是西方国家社会保障制度发展和完善的重要因素,某一政党制定的社会保障政策不可能被下一届政党全盘延续下去,而是在对之前的社会保障政策作出适当调整以后,使制度能够维持其稳定性和连续性。④

　　德国在第二次世界大战后建立了完善的民主制度,主要的左翼和右翼政党都企图在养老金政策自由化上战胜对方,以获取选举优势。因为老年群体是一个偏好于立法依赖而非市场依赖的政治压力集团,每个党派不仅在争取老年人的潜在选票,而且在争取许多其他支持老年人利益集团的潜

---

　　①　〔加〕R.米什拉:《资本主义社会的福利国家》,郑秉文译,北京,法律出版社,2003 年,第 1 版,第 125 页。

　　②　张建:《政府与市场——美、英、法、德、日市场经济模式研究》,北京,经济管理出版社,1995 年,第 1 版,第 111 页。

　　③　孙炳耀主编:《当代英国瑞典社会保障制度》,北京,法律出版社,2000 年,第 1 版,第 317 页。

　　④　丁建定:《西方国家社会保障制度史》,北京,高等教育出版社,2010 年,第 1 版,第 25 页。

在选票,其中包括工会、领取养老金者的中年子女,各种为老年人提供社会服务的人。① 1984 年,德国 32% 的选民是老年人,由于老年人在选民中占有如此大的比重,因此当时对养老金制度改革予以极大支持的基督教民主党和社会民主党都清楚地意识到,人口老龄化造成的老年人在选举中力量持续增长将会对选举结果产生重要影响。因此,社会保险制度的进步性改革和社会保险待遇支出的增加是党派竞争的结果。但是,由于天主教教义和权威主义国家的政策都强烈地强调地位差异和合作主义,因此,虽然工会和左翼政党经常抨击特殊阶层的特权待遇,但是在天主教政党的势力和专制主义的遗风都对合作主义产生积极影响的前提下,政府中的工人政党通常没有能力减少公务员的优越待遇,即使在他们掌权以后,也无力以任何方式对他们所继承的合作主义和国家主义传统进行根本的改造。②

美国在"二战"结束以后,社会民主主义势力在政坛上的影响日益增强。社会保障问题越来越成为共和与民主两党作为竞选纲领的主要内容。为了将穷人和黑人选民笼络到日渐瓦解的民主党政治联盟方面,民主党发起了"向贫困宣战"的运动。在经济政策上一贯反对政府过多干预市场的共和党,在 1969~1972 年尼克松总统任期内,接连推出三项强制性养老保险措施,从此联邦政府统一承担起援助所有丧失工作能力的成年人(老年人、残疾人)的责任,成为美国第一个全国性的收入保障计划。这些措施无疑是为了赢得 1972 年的总统选举而采取的,即尼克松希望在竞选连任中能够争取到更多老年人的选票,因为强制性养老保险制度已有相当大的覆盖范围,甚至工资抑制策略都没能妨碍社会工资(社会保障给付)策略的推行。③ 可见,政治家受到投票机制的约束,在行使立法权和行政权时必须顾及多数选民的意志,于是福利政策成为政党角逐中争取选民支持的杀手锏,政治生活中的福利因素越来越浓。20 世纪 80 年代的大部分时期,由于选举的原因,养老金计划在自由党和保守党看来都是不可侵犯的。在投票过程中,老年人可以惩罚任何威胁到他们权益的政客。迄今为止,共和党都以极其温和的态度去处理这些问题。④

西方国家的民主制度一方面为社会保障制度的建立和发展提供了政治

---

① 〔美〕约翰・B.威廉姆森等:《养老保险比较分析》,马胜杰等译,北京,法律出版社,2002 年,第 1 版,第 348 页。

② 〔丹麦〕考斯塔・艾斯平-安德森:《福利资本主义的三个世界》,郑秉文译,北京,法律出版社,2003 年,第 1 版,第 140 页。

③ 周弘:《福利国家向何处去》,北京,社会科学文献出版社,2006 年,第 1 版,第 149 页。

④ 〔丹麦〕戈斯塔・埃斯平-安德森编:《转型中的福利国家——全球经济中的国家调整》,杨刚译,北京,商务印书馆,2010 年,第 1 版,第 207 页。

基础,另一方面社会保障制度改革的艰难性,又表明西方的民主制度在一定程度上扭曲了现代社会保障制度的发展进程。民主制度会滋生为争取中间选民而展开的激烈的政党竞争,而政党间的竞争又将刺激公共开支的增加。公共干预的增强大都是在选举期间发生,它成为动员选民的一种手段。①新自由主义学派代表人物弗里德曼认为,福利待遇的升降更多地倾向于政治目的而不是服务对象的利益,这不但使福利国家福利水平不断攀升,以至于不堪重负,而且在贫困现象普遍存在、收入差距仍在扩大等现状下,使政府的信誉和声望受到损失,因而对政治构成了破坏。②

第七节　对构建公民社会权利的态度不同

匈牙利社会学家卡尔·波拉尼在《大转变》一书中指出,当资本主义体系只能通过劳动力的商品化使自身获得发展时,它也埋下了自身毁灭的种子。因为人们成为他们自己所不能控制的权力的俘虏,即使是疾病这类微不足道的社会偶发事件,或是商业周期之类的重大事件,都能摧毁劳动者于反掌之间。因此,非商品化(即成为商品的劳动者在遭遇生活风险而收入中断时,能够获得由政府——市场外——提供的基本生存所需)对于资本主义制度的延续是必要的。③

当英国的社会民主主义主导其国家政权时,就跻身于高度非商品化国家之列。贝弗里奇和马歇尔向世人提出了独特的人本主义设想,即普遍主义是一个先进的福利国家的标志。战后实行蕴含着普遍主义理念的改革抨击德国社会保险制度带有将不平等制度化的倾向。以"中产阶级"为标准的普遍主义,与美国以"卑微者"为标准提供社会给付的自由主义,公民所享有的社会权利差别就更大了。普遍主义认为,要真正把工人从市场中解放出来,就需要对社会政策进行重大调整:一是社会权利的外延须超越基本需求;二是提高给付使之达到一国正常收入和平均生活水平。英国社会政策调整后,使得在生育、履行家庭责任、接受继续教育甚至休假等从事工作以

---

① 〔丹麦〕考斯塔·艾斯平-安德森:《福利资本主义的三个世界》,郑秉文译,北京,法律出版社,2003年,第1版,第15页。

② 〔美〕米尔顿·弗里德曼:《资本主义与自由》,张瑞玉译,北京,商务印书馆,1986年,第1版,第56页。

③ 〔匈牙利〕卡尔·波拉尼:《大转变》,黄树民译,北京,社会科学文献出版社,2013年,第1版,第68页。

外活动的人们都能够获得收入。这种非商品化模式将人们从对市场的依赖中解放了出来,它是就社会权利的性质和约定而言的,与生存本身没有更密切关系。英国的福利制度在消除贫困的过程中,一般领薪工人则由于逐渐富裕而不断向上攀升,工人阶级逐渐被非无产阶级化,其结果是巩固了大多数人与其保障相融合的关系,维持了福利国家的普遍团结。①

德国具有悠久的保守主义和天主教改良主义的历史传统,其非商品化的社会政策在早期就有发展。早期的互助会将会员缴费和福利联结了起来,为同行工人在疾病、死亡或遭遇灾害时出资提供封闭性的服务和保护。互助会的成员既不是商品也不处于市场之中,而是依据行业建立。随后建立的社会保险制度吸纳了互助会强制性的会员制理念和合作团体自我管理的原则。受施穆勒和瓦格纳等保守主义学者影响,以及凯特尔主教的天主教教义的影响,德国出现了"君主制社会主义",形成了鼓吹对其臣民的福利负有义务的家长制权威主义的专制模式。正是由于保守主义惧怕民主、自由、资本主义的进一步发展会摧毁他们的权力和特权赖以存在的制度基础,所以首先向劳动力商品化发起了有计划、有准备的冲击。德国的非商品化(公民的社会权利)指数在历史上一直居于中上地位。

美国一直秉持自由主义理念,因此与德国相反,他们认为,自由放任的政策和制度会造就最理想的社会阶级结构,只要政府权力对市场实行不干预,就可以实现在法律、契约、现金面前人人平等。即使政府只为在"市场失灵"下出现的弱势群体提供救助政策,持自由主义理念的人们还是认为,为贫困者提供最低收入保障不但不能根除贫困,反而会引致贫困和失业,甚至道德沦丧、奢侈、懒惰和酗酒。他们认为所有的个体都确有参与市场的能力,所以美国一直坚持职业福利理念,早期就有雇主职业性额外给付制度,它通常由雇主自行决定并奖赏给特别喜欢的雇员。这种具有私人合作特征的家长式、庇护性恩典模式一直保持了下来,这与美国自由主义思潮的主旨是通过鼓励以企业为基础的福利体制,即更倾向于市场中私人性质的、有组织的保险是密切关联的。由于美国从未受到过社会主义或保守的改良主义的影响,而是一直持守自由主义理念,因此,它的非商品化指数在福利国家中最低。

社会权利虽然在法律上被赋予了财产所有权神圣不可侵犯的性质,但社会权利还是涉及社会分层问题。由于收入分配原则植根于社会权利之

---

① 〔丹麦〕考斯塔·艾斯平-安德森:《福利资本主义的三个世界》,郑秉文译,北京,法律出版社,2003年,第1版,第51页。

中,所以,福利国家依然存在着贫穷、存在着阶级、存在着社会地位的鸿沟,福利制度对社会成员的身份地位以及阶级分化是有影响的。一个国家非商品化程度也与人们对于不平等、阶层和阶级差异的真正经历和认识有关,这些认识深深地扎根于社会保障制度的构筑过程中。在英国,工人阶级能够分享到中产阶级所享有的权利;在德国,社会福利制度铸造了中产阶级对国家的忠诚;在美国,中产阶级的福利已经市场化了。所以,福利国家的危机不仅仅是个财政问题,而且危机的解决也与公民社会权利所决定的阶级结构和社会分层有关。①

第八节　政府扮演的角色不同

进化论式的现代化学派主张经济是推动社会变革的主要动力,现代化理论认为,现代工业革命是在国家干预之外独立发生的,实际上根本不需要国家干预,科学技术才是驱动型因素。由于这些理论产生于国家以进行战争和管制老百姓为主要职责的时代,所以,这些理论在分析经济发展时常常忽视了国家的作用。② 事实上,由于经营社会保障这种"公共事业"无利可图,因此只能由国家,而不是由资本家和个人来承担。在现代社会保障制度发展一百多年的历史中,欧美国家的政府职能经历了从"守夜人"到"万能政府"的过程,在此过程中,各国政府的职能随本国不同历史时期的政治、经济、社会、文化等方面情势的不断变化,政府对在社会保障中承担的责任以及社会政策的中心都在进行着适时的调整。

英国政府把社会公平放在首要位置,对社会保障制度的干预则采取不急不慢、顺其自然的行为,社会保障制度的形成和发展是制度自身不断演变、不断完善的过程。在政府责任上,英国政府的做法比德国政府向前走了许多。1986 年,英国的平均所得税税率为 31.0%,转移支付率占平均税税率的 24.3%。英国保障的不仅是公民个人的收入,而且把社会管理的职能延伸到了公民的营养、住房、健康、教育等人们生活的各个方面。英国政府在国家社会功能中占据的比重相当大,说明英国的社会团结程度比美国高。③

---

① 〔丹麦〕考斯塔·艾斯平-安德森:《福利资本主义的三个世界》,郑秉文译,北京,法律出版社,2003 年,第 1 版,第 333、328 页。

② 同上书,第 249 页。

③ 顾俊礼主编:《福利国家论析——以欧洲为背景的比较研究》,北京,经济管理出版社,2002 年,第 1 版,第 81 页。

　　德国在社会保险制度建立的过程中,独裁干预的国家主义传统以及具有影响力高层管理精英,使得政府能够主动地创立制度,即政府通过社会保障制度的收入转移和再分配功能,实施对社会的控制。① 德国的合作主义模式企图在于对日益崛起的集体主义的威胁分而治之,由此早期形成的社会保险制度模式必然是基于职业或阶层的分层化的制度,每一种保险计划都有其特殊的规定准则、筹资方式和给付结构以适合于受保险人相应的社会位置。战后,由于在选举中基督教民主党得到工人们的支持是其得以崛起的重要原因,所以,他们极力支持工人的社会政策要求,以便能够得到工人的长期支持,进而达到长期执政的目的。

　　美国对社会保障制度的干预则是受私人社会保险市场的推动,建立起弥补市场缺陷的社会保障制度,是一种矫正市场失灵的被动的政府干预行为。② 1981 年的第一次总统预算是美国第一次重大减税计划,然而,减税的结果是给予了高收入集团更多的税收减免,即政府把巨额减税赠给了富人,而不是把急需的资金拨给医疗保障或者其他社会福利项目上。③ 1986 年,美国的平均所得税税率为 30.6％,转移支付率占平均税率的 9.4％。这些数据和情况说明,美国的不同利益集团对于共同福利的认同非常有限。税收政策对于一个国家的社会福利来说其意义是间接的,表现在社会福利支出不但靠税收提供,而且税收的性质和水平对于社会公平和收入再分配意义是重大的。可以看出,美国政府注重经济效率,旨在避免过高的社会福利对自由竞争原则造成损害。

第九节　在平衡合理性和公平性上
有限人类理性导致不同程度的偏差

　　社会保障制度的设计除了受到特定国家和社会的政治、经济和文化传统等因素的约束外,还受到人类理性有限性的制约。在各国当下政治、经济、文化发展水平下,社会保障制度功能发挥得如何,在一定程度上取决于社会保障制度设计的技术水平。在社会权利中,有些权利是比较容易界定

---

① 〔美〕约翰·B.威廉姆森等:《养老保险比较分析》,马胜杰等译,北京,法律出版社,2002 年,第 1 版,第 51 页。

② 和春雷主编:《社会保障制度的国际比较》,北京,法律出版社,2001 年,第 1 版,第 68 页。

③ 〔加〕R.米什拉:《资本主义社会的福利国家》,郑秉文译,北京,法律出版社,2003 年,第 1 版,第 43 页。

的,例如,国家规定公民有免费接受初等教育的权利,虽然提供初等教育政府需要建设学校、配备教学设施、聘请老师等大量资金投入,但它仍然被规定为国家必须即刻为公民提供的义务。立法可以对初等教育作出专门明确的规定,除了其他原因外,与它相对容易界定有关,即它针对的是一定年龄段的儿童和青少年。但是,立法机关在对多数社会权利的实现程度进行界定时是面临很大困难的。例如,多数国家的宪法规定,要让国民获得足够或者体面的食物、住房、医疗保健等,但是,对于例如足够住房的具体标准,有限的公共资金应当优先满足哪些群体的住房需求,法律是难以准确界定的。可见,准确界定社会权利的实现边界存在着技术上的难题。社会保障法律规范所具有的模糊性、社会保障权实现所需要的物质保障性以及社会保障规范适用的社会性,使得人们对社会保障的立法以及法律实施的公平性和合理性问题一直存在着质疑,这是因为社会保障权的保障边界是由多种客观和主观因素决定的,其中就受到人的认识有限性的限制。[1]

不同国家社会保障制度建立的原因和时间是受到工业化发展水平之外的许多因素影响的。[2]英国社会学家哈罗德·韦伦斯基指出:"福利国家的发展取决于经济的发展,以及经济的因素和社会、政治等诸因素的关系。但是,经济发展水平,意识形态或者文化价值和信仰,以及社会结构各因素在福利开支、福利水准、福利工作的模式及运行中所占据的相对比重却是难以确定的。"[3] 20世纪初期,美国、德国、英国等国家的民众,尤其是中产阶级,在社会福利问题上一直支持右派的观点。在右派意识形态相对较强的情形下,德国和英国建立起了养老保险制度,而美国没有建立。当社会政策的目标确定以后,即经济效率优先还是社会公平优先抑或是二者兼顾,社会保障待遇应由市场提供还是由国家提供抑或是公私兼顾,立法技术对于目标的实现就具有了至关重要的作用,而单方面强调意识形态对社会保障制度的影响是没有说服力的。[4]

此外,社会保障制度设计的技术水平,对社会保障制度功能的发挥也具有重要的影响。例如,20世纪70年代,在美国处于通货膨胀期间,社会保险给付数据会向上调整以反映物价的上升,与此同时,通货膨胀期间工资趋

---

① 黄金荣:《司法保障人权的限度——经济和社会权利可诉性问题研究》,北京,社会科学文献出版社,2009年,第1版,第277~278页。

② 〔美〕约翰·B.威廉姆森等:《养老保险比较分析》,马胜杰等译,北京,法律出版社,2002年,第1版,第169~170页。

③ 李琼主编:《西欧社会保障制度》,北京,中国社会科学出版社,1989年,第1版,第167页。

④ 〔英〕尼古拉斯·巴尔:《福利国家经济学》,郑秉文等译,北京,中国劳动社会保障出版社,2003年,第1版,第102页。

向增长,更高的工资导致更高的未来给付。结果,在 20 世纪 70 年代中期,有些在几年或者十几年以后退休的员工领取到的退休金会比他们退休前的工资高出 100%,这将引起长期成本的急剧增加。为了弥补这一立法技术上的缺陷,1977 年在对《社会保障法》进行修订时,引入了"平均指数化月收入"并据此计算出正常退休养老金和伤残养老金的给付水平。① 再如,在主张社会福利主要用于帮助真正需要帮助的人的美国,采取的是以家计调查为基础的选择性福利政策。这样的政策虽然能够有效地控制福利费用,而且由于好钢用在了刀刃上,所以,穷人能够走出贫困的窘境,达到减少贫困的目的。但是,家计调查存在不易操作、成本高等技术问题,且避免不了欺诈行为的发生。政策实施的结果是福利与穷人更紧密地联系了起来,贫穷者的羞耻感也会增强。人们看到,即使社会福利在经济上的费用可以降低,但受助者所付出的道德代价是难以估量的。尽管满足人们的需要是一个值得追求的目标,但是采取哪种模式既不会造成财政负担,也不会损害受助者的自尊;既不会影响经济效率,又能够实现社会公平,政策制定者们对此是没有比较准确的先见之明的。②

　　基于以上分析我们认识到,虽然经济发展水平是社会保障制度建立以及完善与否的决定性因素,但不是唯一的因素,社会保障制度设计的技术水平,即政府的社会治理方式和社会政策价值取向在其中发挥着一定的作用。对一个国家社会保障制度成熟程度的判断不仅要依据其社会支出水平,而且要从其充分就业水平、社会保障制度的普遍性、再分配的财政问题等方面来判断,而这些判断标准又与不同国家的政治理论相联系,因为不同的政体会有不同的社会政策。到目前为止,人们对社会保障仍有许多未探明其性质和影响力的地方,一个国家的发展和进步究竟在多大程度上得益于社会保障制度的设计及其实施,虽然由于以上因素的影响以及研究者的目的、视角、方法不同而得出不同的结论,但也受到人类理性有限性的制约。③

---

① 〔美〕乔治·E.雷吉达:《社会保险和经济保障》,陈秉正译,北京,经济科学出版社,2005 年,第 1 版,第 83 页。

② 〔美〕威廉姆·H.怀特科等:《当今世界的社会福利》,谢俊杰译,北京,法律出版社,2003 年,第 1 版,第 115 页。

③ 杨冠琼主编:《当代美国社会保障制度》,北京,法律出版社,2001 年,第 1 版,第 217 页。

第二章　不同类型社会保障法律制度具有的共性

　　消除贫困、过上幸福生活是人类社会持续不懈奋斗的目标,实践证明在实现这个目标的过程中,社会保障制度的建立和发展是人类接近这个终极目标的最有效手段和合理途径之一。正如阿瑟·奥肯所言:"社会保障大概是所有美国历史上联邦主要支出计划中最伟大的一项成就。"[1]现代社会保障制度是在经历了 20 世纪 30 年代西方世界经济大危机后,才得到各国重视的。经过一个多世纪的发展变革,社会保障制度"开始出现了一种社会保障的新组织,我们只能把它称为向广大国民提供的服务。这种新组织选择把社会当作一个整体来考虑,尽管它的主要目的还是向工人和他们的家庭提供福利。这个组织逐渐成为民族国家政府的一个组成部分,而社会保障政策因此就成为紧密地协调提高福利水平和促进人口活力的民族国家政策。"[2]法律创立之初的唯一目的——机会和安全——正在让出自己的位置,代之以满足人类基本需要以及不断提高人们的生活质量。法律开始承认一些表明其承担了分配基本职责的先决条件,这些先决条件可以理解为:附属于生命的经济负担日渐由社会承担,至少应当保证让个人过上最低限度的标准人类生活。这种先决条件要求彻底改变人们对于传统的生命、自由、财产三要素的强调,法律第一次承担起保证生命质量的积极义务。[3]

　　现代社会保障制度出现之后,国家的经济、社会、政治、文化深受社会保障制度的影响,以至于国家需要通过调整社会保障制度的规定来保障经济社会平稳有序运行,社会保障制度成为国家进行宏观调控不可或缺的机制

---

　　[1]　〔美〕阿瑟·奥肯:《平等与效率:重大抉择》,王奔洲译,北京,华夏出版社,1999 年,第 1版,第 105 页。

　　[2]　国际劳工组织《1950 年报告》。转引自顾俊礼主编:《福利国家论析——以欧洲为背景的比较研究》,北京,经济管理出版社,2002 年,第 1 版,第 82 页。

　　[3]　〔美〕伯纳德·施瓦茨:《美国法律史》,王军等译,北京,法律出版社,2018 年,第 1 版,第373~375 页。

和手段。社会保障制度虽然有着不同的类型,但我们将上述五种社会保障制度进行比较后发现,社会保障制度作为各个国家必须采取的社会政策,它的产生和发展是有其自身特有的规律的,不同类型的社会保障制度及其制定时的理念,既有明显的差异和区别,也有相通和相似之处;各国社会保障制度的发展虽然受其具体历史条件的约束,但"福利社会"的各种表现形式却具有一个共同的基础:更多平等。这并不是指绝对平等,而是指对不合理不平等的否定,即是一种向平等的靠拢,对弱者的保护和对受损者的补偿就会让人们感受到"福利社会"的存在。此外,正义、参与、接纳、团结、安全、援助等一系列原则的补充,激发了更多人道的、社会的、政治的能量。由于这些原则是极其不确定和开放的,它们可以在不同的历史、思想、经济、社会、政治条件下形成千差万别的表现,并且在许多福利国家的措施中表现出来,[1]于是就形成了上述不同类型和模式的社会保障法律制度。但是,"社会运动的规律几乎总是显现出相似的、趋同的演进轨迹。显然,偶然性事件是不可能假设成规律的。"[2]归纳起来,各国建立社会保障制度相似、趋同的因素主要表现在以下方面。

第一节　它是工业化社会的必然需要

工业化的大变革"把一切封建的、宗法的和田园诗般的关系都破坏了"。[3]工业化改变了劳动力,农民从农业部门被吸引到工业领域和服务领域而成为工人。市场经济社会的社会化大生产取代了传统农业社会以家庭为单位的生产方式,劳动者也从家庭走入工厂、集团公司、农场。自我雇佣被有报酬的劳动代替,而有报酬的劳动使得劳动者可以自愿择业,于是区域流动性和社会流动性提高了。大工业使市场越来越大,而市场又使人和人的关系变成赤裸裸的利害关系。在冷酷的市场竞争中,人成为营利的工具,一切不符合竞争需要的个人都被无情地抛弃:伤残者终身无靠、疾患者被迫失业、年迈者流落街头……工业竞争过程中的产业结构性调整还会使个人的技能过时,并使他们失去工作而丧失生活来源,同时也使他们组织起来,

---

① 〔德〕汉斯·察赫:《福利社会的欧洲设计——察赫社会法文集》,刘冬梅等译,北京,北京大学出版社,2014年,第1版,第302页。

② 〔丹麦〕考斯塔·艾斯平-安德森:《福利资本主义的三个世界》,郑秉文译,北京,法律出版社,2003年,第1版,第3页。

③ 《马克思恩格斯选集》第1卷,北京,人民出版社,1972年,第1版,第253页。

反抗社会的不公正与不合理。工业化社会社会成员遭遇生活风险的机会大大增加,个人风险在劳动协作化、生活社会化、信息快捷化的工业化社会很容易转化为社会风险。从大数量的小规模生产者向小数量的超大型生产者的转变,也促进了人们对社会风险保障的需求。同时,国家工业化水平也使得为大量遭遇生活风险的人员提供社会保障待遇在经济上成为可能。这些都表明工业化是建立社会保障制度的一个十分重要的前提条件。[①]"二战"以后由国家(通过政府)主管的社会保障项目得以长足发展,国家政权也因此在经济社会生活中占据了主导性地位。国家出面承担工业社会的风险改变了人类社会的发展道路,使得人们在社会和家庭生活中出现了一个真正的社会支配者——主权国家的政府。人们开始生活在政府或公共组织的庇护下和规范中。[②]

社会政策是一种对失衡的社会结构进行干预或矫正的机制,它通过国民收入再分配、教育、住房等福利制度,改善社会阶级关系,因而是规范社会关系的一种积极力量。虽然各个国家由于历史和社会的原因采取了不同的社会政策,但是各国所针对的由于年迈、疾病、伤残、失业等造成的收入损失或生活无着的社会问题却是工业化社会所共有的。还有一个常常被人们忽视的问题是,在工业化初期,当工业部门的就业机会减少时,至少有一部分离开农业部门到工业部门工作的工人还可以再回到农业部门寻求生存。但是随着工业化进程的深入,依靠工资生活的人不断增加,当他们因为年老、生病、伤残、失业而收入减少或者失去收入又不能或不愿回到农业部门时,生活就会陷入困顿,这就需要国家提供相应的收入补充措施。工业化社会发达的生产力及其创造的社会财富,为遭遇生活风险的社会成员提供收入支持奠定了物质基础,没有这些物质基础社会保障制度也是无法建立起来的。

社会保障待遇(无论是现金待遇还是提供实物或服务待遇)的一个重要功能就是确保为资本再生产所需要的合格劳动力的再生产,为扩大的社会消费需求提供了物质基础,进而有助于扩张资本主义商品生产,促进资本主义利润的实现。资本主义世界周期性的经济危机,表明资本主义经济没有能力进行自我调节。为了修正市场本身所不可避免的失灵和无效率,国家不得不采取包括社会保障制度在内的、对收入分配进行调节和干预的手段,以至于使社会保障制度成为垄断资本主义国家混合经济体中的一个重要组

---

① 〔美〕约翰·B.威廉姆森等:《养老保险比较分析》,马胜杰等译,北京,法律出版社,2002年,第1版,第171页。

② 周弘:《福利国家向何处去》,北京,社会科学文献出版社,2006年,第1版,第213页。

成部分。① 人类社会"发展的最终目的是为所有的人民更好地生活提供日益增多的机会,其实质就是对收入和财富实行更平等的分配,以促使社会公正和生产效率,提高实际就业水平,更大程度地保证收入并扩大和改善教育、卫生、营养、住房及社会福利设施。"②所以,各国政府都是根据本国经济发展水平和财政承受能力以及经济社会发展的实际需要,对本国的社会保障制度的结构和内容作出尽可能科学合理的规定和安排,以使它更好地适应因人类生产方式和生活方式的不断变化而引致的人们对于高水平生活质量的需求,使社会保障制度能够在改善和提高人们的物质生活和精神生活方面做出更多贡献。

英国经济学家 A.马歇尔说,再分配只能伴随一定经济发展程度而出现。当不是每一个家庭都能够为其遭遇不幸的家庭成员提供抵御生活风险物质条件时,从制度上建立社会风险保障机制成为必要,劳动者的生活风险在工业化社会历史地从由家庭提供保障转为由社会提供保障。社会政策成长的真正源泉存在于工业化、都市化及人口变化中。这些因素形成了难以由传统家庭、社团或市场应付的新的、迫切的社会需要。③ 正如罗斯福在建立《社会保障法》时所说,社会保障是大机器生产的需要,安全保障"走出家庭,步入社会"是工业化社会发展的必然趋势。④

第二节　它是调节社会阶层政治冲突的有效手段

现代化大生产发展本身要求一定程度的社会公平,因为没有基本的社会公平和相对的经济平等,市场经济社会下产生的大量失去基本生活保障的贫困人口的存在,不仅直接影响劳动力再生产,动摇雇佣劳动制的基础,而且贫困人口在无法生存下去时会扰乱社会秩序,危及市场经济的正常运行。贝弗里奇之所以主张"消除匮乏和贫困"、建立福利国家,正是由于他深刻地认识到贫困对于市场经济社会的破坏作用,如果以牺牲社会公平为代价去换取经济效益,就会造成新的不公平。因此,国家福利决策的动因不是

---

① 孙炳耀主编:《当代英国瑞典社会保障制度》,北京,法律出版社,2000 年,第 1 版,第 345 页。
② 联合国第二个发展十年(1970~1980)活动纲要。转引自郑功成:《社会保障学》,北京,商务印书馆,2000 年,第 1 版,第 182 页。
③ 〔丹麦〕考斯塔·艾斯平-安德森:《福利资本主义的三个世界》,郑秉文译,北京,法律出版社,2003 年,第 1 版,第 119 页。
④ 陈立:《社会保障》,北京,中央党校出版社,1996 年,第 1 版,第 6 页。

国家本身,而是各利益集团权力较量的结果,同时也是调整不同利益集团、群体或社会阶层利益的必要手段。当自由资本主义发展为垄断资本主义,"二战"以后又发展为国家垄断资本主义之后,生产的社会化和生产资料的私人所有之间的矛盾日益激烈,财富和收入分配问题日趋严重,劳资矛盾随之日益激化。劳资之间的阶级冲突是资本主义国家中社会政策的一个主要决定因素。雇佣劳动者通过在工会组织中人数的不断增加而权力更加强大,工会作为一个阶级的力量参加社会谈判,为职工争取更多社会权利,没有任何其他社会运动具备这样有组织的工人阶级运动的资源和持续性。①垄断资本阶级的国家为了资本的利益,为了缓和劳资冲突,需要推行福利政策。无论是哪个党派,当他们处于社会安定和经济发展的社会环境中时,都会发现社会保障制度是一个不可或缺的制度安排。由于刚性发展是社会保障制度的一个客观规律,它的保障项目能增不能减,待遇水平能升不能降,否则,就会遭到受保障者的强烈反对,甚至导致社会动荡不安。社会矛盾和冲突的存在,社会分配不公,为社会保障制度的建立提供了社会条件。

我们必须看到,尽管福利国家人民生活水平提高了,不公平的现象减少了,并且更高层次的平等趋势还在继续,但是根本上的阶级或社会地位的鸿沟依然存在。国家干预分配的结果虽然普遍地、大幅度地提高了劳动者的生活水平,但却无法改变贫富悬殊的状态。社会保障制度的实施确实造就了一个占人口绝大多数的"福利阶层",但是在代议制社会中,这个阶层的人士为了自身的利益会在议会中极力维护现行社会保障制度的模式。这就迫使同时承担着公民生命财产保障责任和公民社会保障责任的国家政权不断地在财政上平衡军费开支和社会保障开支,不断地协调社会上各利益集团在社会保障问题上的意见分歧,不断地根据经济发展情况和政治力量对比来决定各项社会保障计划的取舍。② 政府在制定社会政策时必须考虑社会各阶层的不同利益,才能达到缓和各社会阶级之间的矛盾和冲突的目的。

第三节　它是对经济生活进行管理不可或缺的制度

国家把制定社会政策作为国家的基本职能,并把这种职能和国家对于

---

① 〔加〕R.米什拉:《资本主义社会的福利国家》,郑秉文译,北京,法律出版社,2003 年,第 1 版,第 121 页。

② 李琮主编:《西欧社会保障制度》,北京,中国社会科学出版社,1989 年,第 1 版,第 25 页。

经济生活的管理联系起来。社会保障制度对于国家管理经济生活的影响是多方面的,主要体现在以下八个方面:

一是对经济发展产生影响。社会保障待遇的支付从供求两个方面影响生产:在供方,社会保障待遇水平能对劳动力的质和量产生重要影响;在求方,社会保障待遇水平会明显改变总需求的结构,尤其是刺激消费品的需求量。这些影响因素可能有益于经济稳定增长,也可能阻碍经济发展,促使通货膨胀恶化,在特定的历史条件下,社会保障制度甚至可能成为左右经济发展方向的重要因素。

二是对市场需求产生影响。在现代社会,劳动力本身对于生产力的发展变得不那么重要了,而消费水平对于平衡不断增长的工业生产能力变得更加重要。随着各国经济的不断发展,社会保障支出随之增加,人们的购买力增强,尤其是靠福利待遇生活的老年人、残疾人、失业者、低收入家庭等,他们获得的社会保障待遇会立即用于消费,以维持基本生活所需,从而对消费品市场的扩大和整个经济的发展,起到了一定的促进作用。

三是对资本市场产生影响。社会保障与资本市场的联系主要体现在社会保障基金与资本市场的互动上:社会保障积累的大量基金需要进入市场以实现保值增值,并由此对资本市场产生影响:它能够促进例如保险公司等机构投资者的发展,以及由此带来的资本市场竞争,提高生产效率;养老保险基金规模和重要性的增长,需要开发新的金融工具以满足它的需要,所以能够促进金融创新;养老保险基金对安全性的刚性要求,促使一国为避免经济波动对基金收益的影响,逐渐把投资范围扩大到了国际资本市场,以期实现基金收益最大化和资源最优配置,养老保险基金因此推动了国际资本市场全球一体化趋势。

四是对劳动力市场产生影响。社会保障事业的发展在创造更多的就业机会,与社会保障项目实施相关的行业和设施,例如教育、医疗保健、培训、保险等都有相应的发展。再如,社会保障的管理和监督机构也在扩张,这些机构也需要聘用工作人员,于是创造了就业机会。

五是对统一劳动力市场的形成产生影响。随着经济全球化和信息技术的发展,就业领域也在发生着重大变化。劳动力市场由典型的封闭、自主的体系变化为开放、劳动力自由流动的体系,就业范围不断拓宽,不仅包括所有的女性,而且包括所有愿意工作的人,完善的社会保障制度会促进劳动力流动和统一劳动力市场的形成。

六是对国家人力资源的数量和质量具有重要的影响。在工业化社会和市场经济时代,体力劳动变得不那么重要了,而劳动者的素质,如知识水平、生产技能,甚至心理状态都成为发展生产力的要素。所以,社会保障制度通过为儿童提供营养和保健,通过教育促进、就业促进以及住房促进政策的实施,科学文化事业和医疗卫生事业的发展,就可以提供大批适应现代化生产要求的高素质的劳动力。

七是对经济周期波动产生影响。当经济发展处于上升时期,企业生产增加,就业人数增加,雇员收入增加,缴纳的社会保险费(税)增加,社会保险基金规模扩大,社会保障收入多于支付,人们的收入因为多缴纳费(税)而减少,社会总需求减少,所有这些起到抑制经济过快增长和平抑经济周期的作用;当经济发展处于萧条时期,企业生产减慢,就业人数减少,雇员收入减少,缴纳的社会保险费(税)减少,由于支付失业保险金等待遇增加,社会保险基金规模缩小,社会保障支出多于收入,甚至出现赤字,人们的收入因为少缴纳费(税)而增加,社会总需求上升,所有这些起到恢复经济快速增长,使经济走出萧条的作用。①

八是能够消除贫困。资本主义生产制度的优越性表现在通过自由竞争形成资源的充分利用,但资本主义的分配制度是有缺陷的,容易造成贫富差距并由此导致各种社会问题。政府通过社会财富的再分配和提供公共服务,以及实施一些倾斜性的经济政策,使低收入群体的生活状况得到改善,就使社会各阶级、各集团之间的收入和消费水平趋于均等化,从而实现社会公平。

以上论述说明,社会保障制度是各工业化国家对经济生活进行管理的有效机制。

第四节　它具有实现社会公平的功能

尽管不同国家和不同类型的社会保障制度存在着各种差异,但是,各个国家建立社会保障制度都以在本国最大限度实现社会公平为立法目的,并把这一立法宗旨体现在具体制度安排中。无论是实行全民保障的福利国家,还是实现选择性保障的发展中国家,只要是在保障覆盖范围的国民,在某一保障项目下,对于符合享受待遇条件的国民,不分性别、年龄、种族、文化程度、宗教信仰等都给予同样的对待。社会保险待遇的指数化就为受保险人提供了公平的参照系,对享受最低生活保障待遇国民的认定和待遇标

---

① 李珍:《社会保障理论》,北京,中国劳动和社会保障出版社,2007年,第2版,第71~90页。

准也规定了统一的标准,这就将初次分配时出现的收入差距通过再分配大大缩小了,由此实现了社会公平。"发展应该把保证不断改善每个人的福利,并为所有人谋利益作为最终目的……重要的在于保障更加公正地分配收入与财富以促进社会正义与生产效率"。①

然而,自社会保障制度建立至今的一百多年间,人们总是在对社会保障法律制度是否或者能在多大程度上实现了它特定的社会目标——消除或减少贫困、使退休者有比较足够的经济保障、让残疾人和贫困者过上比较体面的生活产生怀疑;同时也对它能否实现它的终极目标——实现社会公平产生怀疑。减少贫困和实现社会公平在任何一个国家都是一个渐进的过程,在更充分地体现出"社会公平"的福利国家不仅能够保障不能通过劳动获得收入的社会成员(如老年人和残疾人),而且能够保障弱势社会成员具有获得自由和机会的手段。因为"那些自己没有过错而且很大程度上是由于运气不佳的社会成员,不能过上被社会文化界定为人类一般成就的生活,如果不能给他们提供福利则是极大的不公正。"② 因此,分配正义是指在平等地赋予全体社会成员以基本权利和义务后,经济社会的不公平可以在适当程度为全体社会成员所包容,该程度是在这种不公平通过为全体社会成员,尤其是社会弱势成员提供补贴后他们所能够容忍的。

协调经济与社会目标是每一个工业化国家都面临的重大任务:市场经济谋求通过竞争使效率和利润最大化,要实现这一目标就需要奖励效率高者而惩罚效率低者,这就导致经济不平等,并且成为不道德的制度体系;而政治秩序牢牢地扎根于民族国家之中,并建立在公民平等参与国家政治生活的原则之上,它所追求的是社会安全、公平正义、环境安全等民众关心的问题。这就要求政府采取与经济制度相佐的措施,例如,充分就业、最低工资、社会保障、生产安全等。如何合理、恰当地在经济效率与社会公平之间找到平衡,几乎是所有工业化国家长期以来面临的必须解决又难以很好解决的问题。③ 社会公平问题仍然是工业化国家应予长期保护和改进的问题,政府必须通过对全体国民的国家最低标准及其更平等而有效的行动制度化,才能最大限度地在本国实现社会公平。

---

① 国际劳工局社会保障司编:《社会保障导论》,第 145 页。转引自郑功成:《社会保障学》,北京,商务印书馆,2000 年,第 1 版,第 259 页。

② 〔英〕内维尔·哈里斯等:《社会保障法》,李西霞等译,北京,北京大学出版社,2006 年,第 1 版,第 8 页。

③ 〔加〕R.米什拉:《资本主义社会的福利国家》,郑秉文译,北京,法律出版社,2003 年,第 1 版,第 14、124 页。

第五节　它是实现人的自由和尊严的保障

人类社会发展到了今天,人们越来越清楚地认识到,经济发展的最终目标是要实现人的自由和全面发展。对经济发展最终归宿的这种人权表述,表明人权是一个正在发生作用的活的概念,其核心是保障人的生存权和发展权。人的生存权和发展权得以实现的理想,需要借助于社会组织和社会机构来完成。国际范围社会保障的历史和现实告诉我们,社会保障制度的各项规定不但为人们设定了旨在实现人的生存权和发展权的社会权利,而且为人们社会权利的实现提供法律上的保障。

社会权利的确立经历了长期的发展过程,在其发展处于救济模式阶段,例如,1601 年和 1834 年的英国新旧《济贫法》时代,社会不平等使得这一阶段的社会救济不可能是一种社会责任,贫民生存权的实现以自由权和平等权的丧失为前提,因而是一项社会的自我保护措施;在社会保障发展处于机制模式阶段,例如,19 世纪末期,德国率先制定了一系列社会保险法时,国家通过政府开始承担起保障产业工人以及社会最贫困阶层生存权的责任。这时的社会保障制度只是被作为缓解社会矛盾、维护社会稳定的工具来使用,而没有上升到保障公民的生存权的高度;当社会保障制度处于福利国家阶段时,社会保障制度为公民提供广泛的社会福利,国家强调要保证每一个国民最低标准的收入、营养、健康、住房、教育,即要保障公民的生存权和发展权,以实现社会公平和社会正义,保障公民体面且有尊严的生活。

社会权利在保障人的自由权方面同样具有不可替代的功能。对于一个衣不蔽体、食不果腹、病无所医的人来说,投票的权利对他来说毫无意义。对此美国哲学家罗尔斯在其《正义论》中也写道:"在某些相当匮乏的社会条件下,可能生存、吃饭、温饱的需求会压倒对这些基本自由的需求。"受教育权虽然不是保障人的生存权所必需,但是教育的缺乏也会使人无法培养享受自由和行使政治权利的能力,因此,受教育权是人享受有尊严的生活必不可少的权利。对此,罗尔斯论证道,有些人由于贫穷、无知和缺乏一般意义上的手段,不能利用他们自己的自由,虽然这并不意味着限制了他们的自由,但确实降低了他们自由的价值。[①] 1941 年 1 月 11 日,罗斯福总统在对国会的演讲中说道,这些政治权利已经被证明,在追求幸福的过程中它们已

---

① 何怀宏:《公平的正义——解读罗尔斯的〈正义论〉》,济南,山东人民出版社,2002 年,第 1 版,第 85、79~80 页。

经不足以保证我们实现平等。我们已经逐渐清楚地认识到以下事实，即没有经济安全和独立就不会存在真正的个人自由。"贫穷的人不是自由的人"，饥饿和失业的人只能成为实行专制的养料。社会权利的重要性不仅表现在它能够保障人的生存，而且体现在它能够保障自由，更体现在它所具有的内在价值，即能够像公民和政治权利一样，有效地维护人的尊严。缺少了经济社会权利，人的尊严就会受到损害。① 社会保障制度是人权得以全面实现不可或缺的法律机制，在人权保障中经济社会权利具有与公民和政治权利一样重要的功能。

第六节　它是战后各国的共同发展成果

　　第二次世界大战以来，社会保障制度逐渐被各国接受为工业化国家的规范，这是战后对于社会进步最有价值的遗产。② 社会权利是工业化社会国家通过法律赋予国民在遭遇生、老、病、死、残疾、贫困等生活风险时，政府有义务为其提供维持基本生活需要的权利。保障公民的社会权利是国家（通过政府）与公民之间的新契约，保障公民社会权利得以实现是政府正当性和合法性的表征。公民的社会权利包括工作的权利，在暂时或永久丧失劳动能力时享受社会保障的权利，有利于个人参与市场的教育、医疗保健、住房的权利，社会政策是社会权利得以扩展的法律基础，判断社会权利充分与否的主要标准，是看它在多大程度上允许人们依靠纯粹市场之外的力量去改善其生活水准，③因为越是充分的社会权利越能削弱公民作为"商品"的地位。发达国家的社会保障制度普遍地由个人、团体或国家单方面地承担社会责任变为公民应享有的权利，各项社会保障政策在很大程度上取决于公民投票，取决于如何在各阶层人民的意愿和国家以及集团的利益之间进行平衡。

　　国家既应该又必须承担起为所有公民提供过得去的最低生活水准的责任，在防止和减少贫困的同时要避免依赖，这就意味着：以这样的方式规范

---

① 黄金荣：《司法保障人权的限度——经济和社会权利可诉性问题研究》，北京，社会科学文献出版社，2009年，第1版，第43页。

② 〔加〕R.米什拉：《资本主义社会的福利国家》，郑秉文译，北京，法律出版社，2003年，第1版，第126页。

③ 〔丹麦〕考斯塔·艾斯平-安德森：《福利资本主义的三个世界》，郑秉文译，北京，法律出版社，2003年，第1版，第4页。

市场,以维持较高而稳定的就业率;由公共部门提供一系列普遍的社会服务,尤其是收入保障、教育、医疗、住房等,以满足公民在复杂多变的社会中的基本需求;应建立一个在收入和财产调查基础上的社会救济机制,以满足特殊需要和减少贫困。充分就业、普遍社会服务和社会救助,三者概括了维持作为"社会权利"的最低生活水平的集体责任的观念,政府将这些观念制度化并强制性加以实施,以将社会不平等控制在最小范围。[①] 20 世纪 70 年代末 80 年代初,西方发达国家经济发展进入停滞时期,通货膨胀和严重财政预算赤字,导致对凯恩斯式福利国家生命力信任危机。在英国,以撒切尔夫人为首的保守党政府在选举纲领中声称要从理论上放弃凯恩斯式福利国家,即放弃对充分就业、消除贫困、维持国家最低生活标准的承诺,并对英国进行了长达 16 年的新自由主义改革。民主选举对于保守党上台执政以后想改变承诺是有约束力的,因此他们不得不放弃直接削减社会开支与福利项目的想法,因为"权利授予"的概念,即公民的社会权利通过普遍的社会福利项目被制度化了。战后各国劳动者社会地位的提高和民主政治制度的建立,为社会权利的制度化提供了政治条件。

第七节　它逐步由单一机制发展为多层次机制

虽然市场机制的商业保险早于社会保障制度问世,但是它所遵循的自由选择和逆向选择原则,使得国家不能完全依靠它来解决社会成员的生活风险问题。这就决定了政府必须通过立法手段,强制所有符合法定条件的人参加社会保险并由此避免逆向选择,通过在一个保险联盟中成员的互助互济达到再分配的社会效果。社会保障所具有的非营利性质,使它较之以营利为目的"多投多保、少投少保、不投不保"的商业交换关系具有了强大优势,是社会成员最可靠的生活风险保障制度。

但是,政府在社会保障,尤其是养老保险上的财政负担越来越重,而且从工业化国家养老保险制度的发展史来看,国家管理的公共养老金计划也不能完全满足靠养老金生存的人们的实际需要,这就迫使各国不得不重新思考政府在养老保险上的责任问题。于是在国家管理的公共养老金制度之外,又出现了其他形式的非国家管理的养老金计划。世界银行发展经济学

---

　　① 〔加〕R.米什拉:《资本主义社会的福利国家》,郑秉文译,北京,法律出版社,2003 年,第 1版,第 22 页。

副行长、首席经济学家密夏埃尔·贝尔诺建议："为了给老年人提供更好的经济保障并促进经济增长,政府可建立一个由三部分构成的老年保障制度:一项公共管理的强制性制度,其目标是有限度地缓解老年人中的贫困;一项私人经营的强制性储蓄制度;一项自愿储蓄制度。第一项提供再分配,后两项提供储蓄功能,三者合起来为老年人提供风险保障。由于将再分配与储蓄功能相分离,公共支柱以及为其筹资的工薪税(社会保险费)规模都可以比较小,从而避免了单一公共支柱下出现的妨碍经济增长的各种问题。由三根支柱共同承担保险功能,与任何单一的制度相比,可以为老年人提供更可靠的收入保障。"①

实践中,各国在建立公共养老金制度的同时,又出现了非国家管理的养老金计划。非国家管理的养老金计划主要有两种形式:一是以公司为基础的职业养老金计划,二是私营保险公司的养老金计划。在这个多层次养老金体系中,不同计划在这个体系中所占到份额是不一样的。在多数欧洲国家,国家管理的养老金计划和以公司为基础的职业养老金计划能占到90%,其中国家管理的养老金计划占据着主导地位。此外,疾病商业保险、意外伤害商业保险、人寿商业保险在社会成员的生活风险保障方面也发挥着一定作用。

在对社会成员生活风险提供经济保障上,虽然政府机制占据主导地位,但是政府机制也有自身的弊端,政府不是万能的,政府对社会保障包揽过多也会产生负面效果,因此还需要市场机制予以补充。这也是自20世纪80年代以来,许多国家寻求在政府举办的社会保障之外,企图为社会成员生活风险提供保障的原因之一,也是政府为减轻财政负担、促进经济增长不得不采取的措施。虽然不同的国家因制定的法律、支出的养老金数额不同,因而福利程度不同,但是,公共养老金都与市场以及可替代的私人养老计划共同或相互作用,来发挥保障老年人基本生活需要的功能。尽管这种相互作用决定了一般分配结构、社会权利与私人合同之间的关系以及阶级和社会地位的不平等,但是如果二者缺一,老年人的保障将会是不充分的。

政府只为遭遇生活风险的社会成员提供基本的保障,而将更多的空间留给其他机制去管理。因此,需要在政府机制、市场机制、互助机制、家庭机制的相互关系中选择适当的平衡点,在依靠政府机制的同时,充分发挥其他

---

① 〔英〕密夏埃尔·贝尔诺:《防止老龄危机——保护老年人及促进增长的政策》,劳动部社会保险研究所译,北京,中国财政经济出版社,1996年,第1版,第149页。

机制的作用,以提高社会保障制度的实施效果,减轻政府的负担,也是各国政府在改革社会保障制度时必须考虑的内容。改革过程中的事实表明,无论是现在还是将来,私营保险计划和私营职业福利项目与社会福利在出发点和运行原则上有根本差异,因此只能起到补充作用,而不可能取代甚至削弱政府的公共社会保障制度,也就是说公共社会保障制度仍然是公民生活风险最可靠的保障机制。[①]

第八节　社会救济制度是永久保留项目

无论在远古时代,在前工业时期自给自足的自然经济时代,还是在进入现代化大生产时代以至于在当代,对于不能够维持基本生存所需的社会最贫困群体,不同的社会组织会为他们提供在当时经济发展水平下最低水平的经济帮助。有学者指出,在不存在劳动商品形式的前资本主义社会,大部分人依靠通行规则和社会组织而维持生计。与自由放任政策下可怜的救济相比,前资本主义的社会救济是慷慨且仁慈的。[②] 而提供救助的机构逐步由家庭、民间组织演变为官方组织和民间组织并存,社会救济事业逐渐由非制度化向制度化发展,政府在社会救济中承担起主要的职责,发挥着主体作用,并且负责支付社会救济所需资金。在现代,官方举办的社会救济与慈善机构和民间救济提供的救济具有完全不同的性质,现代社会救济已经把人道与人的尊严放在首要位置,始终认为只有在充分社会保障的基础上,人的尊严和人的价值才能得到保障,人的人格才能得到公平发展。

在过去将近半个世纪中,经济社会的发展出现了两大特点:人口老龄化和经济全球化,与此相应,社会保障体系中的各项目的功能也随之在改变。当经济发展到了一定程度,社会救济中的住房救助、教育救助等就从社会救助项目中分离出来成为独立项目——社会促进制度,功能也提升为在保障公民基本生活需要的前提下,为公民全面发展、造就高素质的劳动者提供经济保障。社会救济制度是社会保障制度中的永久保留项目,即使社会供给覆盖了任何一个发达工业国家所能提供的国家服务和津贴的所有领域,甚至福利制度的倡导者认为他们的制度是充分发达的,因而已没有多少工作

[①] 郑秉文等主编:《社会保障分析导论》,北京,法律出版社,2001年,第1版,第17页。

[②] 〔丹麦〕考斯塔·艾斯平-安德森:《福利资本主义的三个世界》,郑秉文译,北京,法律出版社,2003年,第1版,第42页。

可做了,也没有多少方法可以利用了的情况下,①总还有极少数人因各种原因处于贫困状态,需要政府提供社会救济金予以援助。社会救济制度在社会保障体系中一直居于最基础地位,是社会保障制度实现减少贫困目标的最后一道安全网,一百多年来社会保障实践证明社会救济制度是社会保障法律体系中需要永久保留的项目。

第九节　它的改革永远处于探索中

20世纪五六十年代经济繁荣发达,西方发达国家的社会保障制度也因此进入空前发展阶段。进入20世纪80年代,当西方经济开始出现衰退时,一直增长的社会保障支出、加速推进的人口老龄化、多种因素促使医疗费用增长过快、失业率居高不下等情况的出现,导致许多国家因承受不起高福利带来的沉重财政负担甚至亏空而纷纷对本国的社会保障制度进行改革。在不同国家采取不同的改革方案下,有一点是共同的,即在人口老龄化渐趋严峻的压力下,为了减轻越来越重的财政负担,一些国家正在逐步放弃第二次世界大战以来采取的现收现付的融资模式,代之以完全基金制或部分基金制,相应地减少国家对社会保障制度的直接干预,缓解社会保障对经济增长的压力;另一共同点是延长退休年龄,允许工人退休是雇主释放失去生产效率的劳动力的一种机制,随着人口预期寿命的延长,领取养老金期限随之延长,为了确保养老保险基金的可持续性,大多数国家将退休年龄延长到了65岁左右。

社会保障制度在改革过程中表现出的一个主要特点是,国家、社会团体以及个人之间的经济和社会责任在不断进行重新分配。而这一特点形成的背景是:必要性开支是无法控制的,人口出生率下降是不可避免的,由此给国家经济发展带来的影响是负面的。社会保障制度在实施过程中显明的突出弊端是"道德风险",导致以政府行为为特征的社会保障制度出现了低效率的状况。这些变动因素和现状的长期存在,使得社会保障制度的改革不能一劳永逸。社会保障制度在持续改革中需要满足三个互相矛盾的标准:一是为了保证经济和财政上的可承受性,缴费率必须合理,企业和职工个人才可以接受;二是权利与义务相对应,主要是受保险人获得的养老金应与整

---

① 〔丹麦〕戈斯塔·埃斯平-安德森编:《转型中的福利国家——全球经济中的国家调整》,杨刚译,北京,商务印书馆,2010年,第1版,第56、68页。

个就业期间缴纳的养老保险费具有明确的联系;三是社会保障制度的每一次改革都应在减少和消除贫困上有所作为,保证受保障人能够维持正常和稳定的生活标准。当这三个标准中的任何一个不能满足时,新一轮的改革又将开始。

市场失效和对公平的关注是政府实施社会保障干预的经济学和政治学的基础。但是政府干预并不一定是正确无误并且有益于社会的,因为政府失效与市场失效具有同样的几率。政府不是万能的,政府的能力是有限的,这种有限从日益沉重的财政负担上就能看出。社会保障制度的建设和改革始终围绕着如何较好地平衡社会公正和经济效率的问题在进行。可以说,如何较好地平衡社会公正和经济效率的问题,是福利制度改革过程中无法彻底解决、永远处于探索和解决中的问题。各国对本国社会保障制度改革总的趋势是,通过削减给付标准、提高缴费水平、严格给付条件等应对人口老龄化,当改革后的社会保障制度在人口结构发生新的变化、经济发展出现周期性波动、产业结构进行调整等情况下,不能发挥它应有的功能时,新的一轮改革又开始了。不断变动着的影响社会保障制度发挥功能因素的存在,使得社会保障制度改革需要不断地进行成为必然。

第十节　社会权利可诉性制度逐步得以确立

从 20 世纪 50 年代国际社会制定世界人权公约开始,就展开了对社会权利可诉性问题的争论。由于西方自由主义传统主导着国际人权理论,他们虽然承认社会权利的人权地位和法律性质,但却否认其可诉性。1966 年 12 月 16 日通过、1976 年 1 月 3 日生效的《经济、社会和文化权利国际公约》在第 2 条第 1 款规定缔约国必须"尽其资源能力所及""采取步骤",以便用"一切适当方法,尤其是通过立法方法"逐渐实现公约中所承认的权利。1985 年,联合国创建了经济、社会和文化权利委员会,该委员会发布了一系列关于公约条款的一般性意见,这些一般性意见在逐步并充分实现公约中所认可的权利方面发挥着越来越重要的作用。1986 年 6 月 2 日至 6 日,29 名国际法专家在马斯特里赫特召开会议,与会者就《经济、社会和文化权利国际公约》的执行达成了一致意见,提出了对社会权利提供司法救济的四个原则,即林堡原则:第 17 原则指出,缔约国应使用所有适当的方法,包括立法的、行政的、司法的、经济的、社会的和教育的措施,以实现与权利性质相符的公约义务;第 19 原则确认,缔约国应提供有效的救济,包括适当情况下的司法救济;第 35 原则指出,社会权的平等与不歧视享有是立即生效的,并应受到司法审查;第 40 原则确认了社会权利的横向效力,这一效力要求司法机关对私主体之间的社会权侵犯进行补救。[①]

　　然而,缔约国的经济发展水平,首先对缔约国能否实现公约规定人们应当享有的那些权利产生了不同程度的限制,由此就需要各缔约国根据本国国情,确定一个保证公约规定的权利得以实现的最低限度的核心内容,包括维持生存所必需的物资和服务(例如粮食、医疗、现金补助等)以及提高人力资源质量所需要的教育、住房等,这就为界定是否发生了侵犯公民社会权利的事件提供了判断的标准。《经济、社会和文化权利国际公约》没有对侵权救济作出明确规定,其中的一个原因是在国际人权事业中一直存在着对社会权利可诉性的争议,以至于在它生效将近四十年后,其申诉程序机制才被制定出来。

一、社会权利可诉性制度确立的过程

　　社会权利的可诉性,是指法律规定的公民享有的社会权利受到侵害或者公民认为法律规定得非常不充分并诉诸法院时,能在多大程度上得到司法保护。法律人所耳熟能详的"没有救济就没有权利"谚语不容置疑,因为只有法律赋予公民的利益,才能够叫做权利;只有能够得到法律保障的权利,才能算作公民真正享有的权利。《世界人权宣言》在第 8 条中已作出了明确规定:"任何人当宪法或法律所赋予他的基本权利遭受侵害时,有权由合格的国家法庭对这种侵害行为作有效的补救。"在 1948 年 10 月 23 日联大第三委员会的 111 次会议上,虽然与会代表明确指出这条规定提供的只是国家层次的司法救济,但这条规定表明一项不能获得司法救济的权利就是一项不能获得有效保障而无法真正实现的权利,它会引起人们对其性质的质疑甚至否定。

　　在国际范围,社会权利的可诉性经历了比较漫长的演进过程,因为社会权利与其他权利相比,具有基于社会整体利益的特殊性,即它是所有人在任何时间和任何情况下都拥有的道德权利;社会权利的规范具有模糊性,因此它不能得到强制实施;社会权利的实现具有物质保障性,它不仅需要国家制定法律加以确认,还需要政府筹集大量的资金和物质,以使权利得到实现。社会性、模糊性和经济性这三方面特性决定了社会权利的可诉性成为需要

_____

①　龚向和:《社会权的可诉性及其程度研究》,北京,法律出版社,2012 年,第 1 版,第 113~115 页。

学术界加以研究和探讨的问题。①

　　除了以上这三方面特性，由于社会权利属于渐进实现的目标性权利，因此，法院在对社会权利案件进行裁决时，会受到政治合法性和司法能力的限制和困扰，这种限制首先来自于社会权利规范的模糊性。例如，绝大多数国家的宪法都规定了公民拥有足够的食物、住房、医疗的权利，但由于立法者对适足的食物、住房、医疗的标准难以作出明确的界定，使得这些权利的可实施性受到影响。所以，在政府没有或者没有比较充分地为公民提供法律规定的社会权利时，公民或者非政府组织将诉诸法院请求救济。法院在裁决中，要求立法机关采取立法或者完善立法措施所涉及的量和度的问题时，容易被立法和行政机关认为法院僭越了它们的职权。而且法院在裁决中由于缺乏专业知识和政治责任能力而面临资源分配和具体政策选择的困难。

　　社会权利的法律救济虽然遭遇到政治合法性和司法能力限制的困扰，但这些障碍并不能抹杀经济社会权利的可诉性。当宪法赋予公民社会权利时，法院对于公民受到侵害的社会权利的救济，是在行使宪法赋予的权力。虽然社会保障法学界长期以来对生存权是支撑社会保障的理论几乎没有异议，但是更需要按照宪法有关"人的尊严"的规定对现行法律加以完善。② 因为生存权虽然能够反映社会权利的核心价值，但社会权利的目标并非仅仅保障生存，保障"人的尊严"也是其目标之一，而且是需要更高水准的保障。要把社会权利纳入有效救济，关键是要将社会权利对个人尊严的尊重联系起来。社会权利所追求的价值目标是平等，因此它更注重对社会生活中弱者的保护，使他们与其他人一样，能够体面且有尊严地生活。③ 人权价值必须保证社会上弱势群体在提出争取尊严、平等和安全的权利诉求时能够发出自己的声音，必须寻求有效救济，如果拒绝对被侵害的宪法赋予公民的社会权利实施有效的救济，就与保护人权所追求的价值目标相违背。

　　国际社会已就人权问题达成的共识是，如果把处于弱势或边缘地位，但最需要获得法院对其人权加以保护的特定群体的请求排除于司法保护之

---

　　① 黄金荣：《实现经济和社会权利可诉性：一种中国的视角》。载柳华文主编：《经济、社会和文化权利的可诉性研究》，北京，中国社会科学出版社，2008 年，第 1 版，第 96 页。

　　② 〔日〕菊池馨实：《社会保障法制的将来构想》，韩君玲译，北京，商务印书馆，2018 年，第 1版，第 14～15、23 页。

　　③ 黄金荣：《司法保障人权的限度——经济和社会权利可诉性问题研究》，北京，社会科学文献出版社，2009 年，第 1 版，"导论"第 23 页。

外,就是对这些群体的歧视性排除。法院作为人权的守护者,应当承担起保护权利人基本利益的责任。1998 年,经社文权利委员会通过的"第 9 号一般性意见"指出:"法治原则包括对国际人权义务的履行,法院不积极履行此职责即与法治原则相背离。""第 9 号一般性意见"特别提请缔约国注意在国内适用公约的"第 9 号一般性意见",并邀请缔约国在定期报告中将适用《经济、社会和文化权利国际公约》的判例法写入其中。[1]

《经济、社会和文化权利国际公约》通过解释对其内容作出进一步阐明和补充,使社会权利在国内法中获得司法救济的地位,但缺乏一个在国际层面的个人申诉程序。2008 年 12 月 10 日,《经济、社会和文化权利国际公约任择议定书》在联合国大会获得通过,于 2013 年 5 月 5 日正式生效。任择议定书规定了缔约国报告程序、个人申诉程序,调查程序等一系列救济程序,即社会权利可诉性程序。《经济、社会和文化权利国际公约任择议定书》旨在通过建立全球层面的个人和集体申诉程序以保障社会权利的充分实现,其中个人申诉程序是加强人权公约实施监督的一个有用和有效的方式。

2008 年 6 月 18 日,在庆祝人权理事会批准《经济、社会和文化权利国际公约任择议定书》大会上,国际人权高级专员路易丝·阿伯(Louise Arbour)女士对任择议定书的意义作出了高度评价:首先,由于任择议定书允许公约权利受到侵害的个人向国际人权组织申诉,因此就为揭露那些经常与贫困、歧视和忽视联系在一起的权利侵害提供了一个重要的平台,同时也为个人提供了一个使国际社会了解他们处境的途径;其次,任择议定书提高了社会权利的地位。任择议定书发出了一个强有力的信号,即所有人权都具有平等的价值和同等的重要性。[2] 目前,各国不再否认所有人权具有同样价值,而是普遍的、相互依赖和联系的,人权的整体性和不可分割性原则基本确立,与此相应,越来越多的国家在国内法的实践中承认了部分社会权利的可诉性。[3]

二、社会权利可诉性制度的实施机制

司法机关通过司法解释和判例使含义模糊的权利得以澄清,是现代法

① 〔加拿大〕布鲁斯·波特:《经济、社会和文化权利的可诉性与有效救济权利:历史性的挑战与新机遇》,余秀燕译。载柳华文主编:《经济、社会和文化权利的可诉性研究》,北京,中国社会科学出版社,2008 年,第 1 版,第 2、6 页。
② 龚向和:《社会权的可诉性及其程度研究》,北京,法律出版社,2012 年,第 1 版,第 130 页。
③ 柳华文:《经济、社会和文化权利保护的国际新趋势》。载柳华文主编:《经济、社会和文化权利的可诉性研究》,北京,中国社会科学出版社,2008 年,第 1 版,第 51、61 页。

治社会普遍认可的权力。而这一在日常审判实践中积累起来的经验是立法机关所不具有的。对于缺乏经验的立法机关来说,很难确定保护和侵犯公民社会权利两者之间的平衡点,而法院则在对公民的社会权利实施救济的实践中逐渐寻找着这个平衡点,公民社会权利的实现也因此有了越来越充分的保障。例如,"受可利用资源的限制"就是许多国家不能保障公民享有社会权利的正当理由。对此,法院在可利用资源和保障公民社会权利之间寻找到的平衡点是:政府制定的法规和采取的措施是全面而协调的;一项权利即使需要逐步实现但政府的法规能够促进权利的实现;政府的法规是灵活的且没有把社会的一个重要部分排除在外;政府法规能够保障那些处于最令人绝望情形下的人的紧急需要。①

经社文权利委员会通过的"第 9 号一般性意见"规定,在某些情况下,成员国可以作出决定认为法院并不是裁决某个具体的社会权利诉求的最好的机构。他们可以制定新的行政救济程序,扩大国家人权机构的权力,或者采取其他方法保证社会权利诉求能够得到公平而有效的裁决。经社文权利委员会指出,对于这类行政程序通常都提供最终司法上诉权利,并且鼓励非政府组织和人权机构参与。加拿大学者布鲁斯·波特指出,法院不论对于行政决定,还是法律的司法解释,抑或是官员对自由裁量权的行使,成员国必须确保《经济、社会和文化权利国际公约》得以遵守,为所有侵权诉求提供救济。②

国际人权法确立了两种人权实施机制,即报告制度和申诉制度:国家报告制度是国家在实施《经济、社会和文化权利国际公约》下的唯一义务性程序,具有强制性。它要求缔约国在公约规定的相应期限内,或在有关国际机构要求时,向有关人权机构提交它们在履行公约义务方面所采取的措施和所取得进展的报告。因此,报告制度在《经济、社会和文化权利国际公约》实施机制中居于核心地位;申诉制度对于报告制度起着补充作用,它可以弥补报告制度的缺陷,能够促使缔约国更好地履行国际人权义务,改善一个国家整体人权状况,帮助和补救人权受害者受到损害的权益,使人们的社会权利得以越来越充分的实现。

三、具有参考意义的几个国家的国内法院判例

许多国家的普通法院和行政法院已经对涉及社会权利的一些问题作出

---

① 黄金荣:《司法保障人权的限度——经济和社会权利可诉性问题研究》,北京,社会科学文献出版社,2009 年,第 1 版,第 276~282 页。

② 〔加拿大〕布鲁斯·波特:《经济、社会和文化权利的可诉性与有效救济权利:历史性的挑战与新机遇》,余秀燕译。载柳华文主编:《经济、社会和文化权利的可诉性研究》,北京,中国社会科学出版社,2008 年,第 1 版,第 8 页。

了裁判,这些判决对于通过司法保护使公民的社会权利得以实现具有非常重要的参考价值。在暂时找不到本书中所涉及的五个国家有关案例的情况下,笔者试图通过对南非、印度案例的介绍,以期对社会权利司法救济制度的完善有所助益。

1.南非格鲁特布姆"适足住房权"案

(1)案情概要。格鲁特布姆和其他许多人住在一个叫做沃勒斯登斯的地方,这些人住的棚屋没有自来水、排水以及垃圾处理设施,只有5%的人家里有电力。在申请政府廉租房未果的情况下,他们从居住地搬到被规划为建造廉价房的私人土地上并在那里搭起棚屋。土地所有者申请了驱逐令,这些人的棚屋被推土机铲平,家中的物品也被毁坏殆尽。他们又回到沃勒斯登斯并用捡到的材料搭起棚屋。棚屋简陋的材料无法让他们度过冬天寒冷的雨季。无奈之下,格鲁特布姆女士和其他人依据南非宪法第26条的规定,向法院提出申请,要求政府为他们提供住所。

(2)法院分析。南非法院在对此案的判决中充分肯定了宪法第26条有关国民获得适足住房权的规定:"任何人都不得被从其家中驱逐出来,在没有获得法院在考虑所有有关的情况后发布的命令之前,任何人都不得毁坏他们的家园。任何法律都不得允许进行任意驱逐。"法院指出:"对那些没有食物、衣物或住所的人来说,人的尊严、自由和平等这些我们社会的基本价值也被剥夺了。""国家有义务采取积极的措施满足那些生活在贫困、无家可归或不可容忍的住房等极端条件中的人的需要。"国家"必须建立一个内容一致的公共住房计划,从而在国家可利用资源范围内逐渐实现有机会获得适足住房的权利"。市政府在没有任何证据表明曾进行有效调解的情况下就出资进行强迫驱逐,对此法院指出:"国家至少有义务确保驱逐以一种符合人道主义的方式进行。然而,现在的这种驱逐行为让人想起了我们过去的时代,它无论如何都是与宪法的价值不相符的。"

(3)法院判决。法院认为它"发布一项宣示性的命令是必要的,适当的",根据这项命令,国家必须"为履行宪法第26条第2款施加的义务采取行动,包括有义务设计、资助、实施并且监督旨在为那些具有极度需要的人提供救济的措施。"

2.印度"消费者教育和研究中心等诉联邦政府案"①

(1)案情概要。"消费者教育和研究中心等诉印度联邦案"是有关石棉

---

① 联合国人权高专办和国际律师协会编:《人权与司法:法官、检察官和律师人权手册》,英文版第14章《法院在保护救济社会和文化权利方面的作用》,黄金荣译。载柳华文主编:《经济、社会和文化权利的可诉性研究》,北京,中国社会科学出版社,2008年,第1版,第143~162、176~179页。

产业工人的职业健康危害和疾病的案件,请愿者试图寻求"具有诊断和控制这种石棉沉滞症的沉默杀手的方法以及适当机制的救济措施以保护矿产和石棉行业工人的健康。"法院仔细分析了有关石棉所产生的危险数据,并断定它会"引发一系列长期不利的医疗、法律和社会上的悲剧性后果",法院据此签发了一份警告书,要求"雇主或生产者不要危及工人或社会,否则将承担法律或社会责任。"

(2)法院分析。最高法院根据宪法序言和第21条以及第38条的规定审查了该案件。对宪法序言和第38条的规定,法院作出了如下解释:宪法这个最高法律将能确保生命有尊严并过得有意义的社会正义视为最高目标……社会正义是减少穷人、弱者、贱民、部落成员和社会中受到剥夺的人不幸遭遇并将他们提升到可以过有人格尊严生活的平等水平的一个动态方法……社会保障、正当人道的工作条件和闲暇都是工人生命权、展现自身人格的权利和有尊严地享受生活的权利这些意义重大的权利的一部分。国家应该提供基础设施和机会,使他们能够达到至少最低标准的健康、经济保障和文明生活并根据其能力、社会和文化传统进行生活。最高法院对第21条规定的生命权作了扩大解释,其中有:"如果不将谋生的权利视为宪法生命权的一部分,那么剥夺一个人的生命权最容易的方式就是彻底剥夺他的谋生手段。""生命权包括对工人健康和力量的保护,并且是确保一个人过有尊严生活的最低要求。"

(3)法院签发的指令。法院最后签发了各种指令,其中一个指令的内容是:"所有的工厂,不管是否属于《受雇者国家保险法》《工人损害赔偿法》或其他法律调整的范围……都有强制性义务为每个工人上健康保险。"

半个多世纪以来社会保障制度的发展经历证明,社会保障制度在很大程度上是各阶级和利益团体达成的新的制度安排,尽管资本主义与社会福利不能和睦相处,但它又离不开社会福利制度。到目前为止,还没有任何一个西方国家的政府准备放弃其高度发达的社会职能。因为这种制度安排不仅对于实施充分就业政策的持久性,而且对于政策目标与分配侧重点之间实现稳定而有效的和谐,都发挥了其他制度所无法替代的作用。可以说,无论哪个政党执政,都没有找到一个比社会福利制度更好的能替代它履行提供公共教育、健康保健、收入保障等功能的制度。大量分析认为,福利国家的社会政策成功地降低了社会不平等程度,减少了贫困人口的数量,通过稳定社会而实现了政治制度的稳定。不仅如此,社会政策还通过再分配政策和社会保护制度引导了消费、减少了劳资冲突、提供了高技能和健康的劳动力,为经济平稳发展提供了良好的基础。社会从贫富悬殊、阶级斗争激烈的"哑铃型社会"变成了中间阶级大、贫富两头小的"橄榄形社会",社会政策是这些国家政治和经济双稳定的条件。① 社会保障制度在其发展的过程中,自由、平等和安全的价值在不断地形成一种新的混合,它以能够被更广泛的民众接受的方式运转下去,使得福利国家变得更加稳定和成熟。

---

① 周弘:《福利国家向何处去》,北京,社会科学文献出版社,2006 年,第 1 版,第 171、224、225 页。

第三章　全球化背景下社会保障
法律制度的发展趋势

20世纪70年代以来,随着新航路的开辟,全球各个地区之间的联系不断增强,各国通过商品、服务、资本、贸易、金融、劳动力和思想观念的流动,国与国之间贸易量增加,跨国公司增加,财务往来频繁,以期达到资源合理配置和提高经济效益的目的。全球化使得国家间的界限因此变得越来越模糊。[①]

然而,这些要素的流动必然会打破民族主权国家的藩篱,其中资本的流动会影响到主权国家的税源,商品和服务的流动会影响到"社会倾销",劳动力的流动影响到的是主权国家内的社会再分配福利功能。[②] 在世界贸易体系逐步建立起来并形成一体化的过程中,信息技术革命和跨国公司的出现不但使得各国在政治、经济贸易上的依存度越来越高,而且对人类社会的生存、社会结构、经济增长、就业、劳动力市场模式等产生着越来越大的影响,学界将之称为"社会风险"。

第一节　全球化对社会保障法律制度提出的新挑战

全球化下的经济释放了民族国家的一些经济要素,扩大了它们的活动范围,但是也给他们带来了一些新的需要解决的问题,甚至是比较难以解决的问题。例如,经济全球化下社会风险带来的生活风险较之传统的贫穷、疾病、老年、残疾等更为复杂,人口老龄化、失业加剧、新贫困现象、单亲家庭、社会排斥、非典型就业等,都对各国社会保障制度提出了挑战。

---

① 〔英〕尼古拉斯·巴尔:《福利国家经济学》,郑秉文等译,北京,中国劳动社会保障出版社,2003年,第1版,第12页。

② 周弘:《福利国家向何处去》,北京,社会科学文献出版社,2006年,第1版,第158页。

一、导致社会保障制度出现新挑战的因素

1.资本跨国流动

在 20 世纪 80 年代之前,国家承担的预防社会风险、提供社会保障、保持金融市场稳定的责任都是在主权国家内完成的并由此实现社会团结。在经济全球化下,资本为了追逐利润,逃避征收重税和缴纳高额的社会保险费(税),将资本投入境外,摆脱民族国家的控制,导致民族国家及其以国家公民身份为权利依据的劳工组织对资本的约束力大大削弱。国家征税能力因资本外移而受到挑战,国家赖以调整经济政策、干预社会分配的能力也因此受到削弱,尤其是发达国家内部政府、企业和公民之间的社会契约关系深受其害。

2.劳动力跨国流动

劳动力的自由流动对流入国的社会保障制度造成的是负面影响,尤其是高福利水平的国家像"福利磁石"一样,吸引着更多的外籍劳动者前往,以至于美国在 1996 年的福利改革计划中提出了允许对新移民采取歧视政策的规定(这个计划由于违宪而被最高法院否决)。[1] 根据日内瓦国际社会保障学会的统计,20 世纪 90 年代中期已经有 1 亿多人口离开原籍国到其他国家就业和谋生。其中北美和欧洲分别接纳了 1300 余万和 1500 余万移民,他们中的 2500 余万人已经获得了合法就业。在移民大潮中,虽然发达国家的一部分技术人员和管理人员随着资本和技术的转移而走出国门到其他国家去,但更多的是不发达国家的劳动力随着资本的流动而流入国外,他们往往举家迁移,以寻求更好的就业机会和过上更好的生活。由于他们及其子女缺乏比较好的教育和技术培训,知识技能水平低,容易从高速发展的技术转型岗位被淘汰,随时都存在成为失业者的可能。例如在德国,20 世纪 90 年代初期,外国移民就业者占就业者总数的 11.4%,而失业者占到失业者总数的 25.8%,其他西欧国家也存在同样的问题。[2]

3.非典型就业成为劳动力市场的常态

在经济全球化的背景下,产业企业化的形式正逐步让位于非典型就业的情况。企业为了减少难以承受的极高的固定劳动力成本,提高竞争力,在劳动力市场上逐渐出现了非全日就业、临时就业、自营就业三种与传统稳定的全职劳动者不同的灵活就业形式,并且有与日俱增的趋势。产业小型化、

---

① 〔美〕罗兰德·斯哥等编:《地球村的社会保障——全球化和社会保障面临的挑战》,华迎放等译,北京,中国劳动社会保障出版社,2004 年,第 1 版,第 184 页。

② 周弘:《福利国家向何处去》,北京,社会科学文献出版社,2006 年,第 1 版,第 160 页。

家庭化的发展趋势也十分明显。这些非典型就业者中甚至不需要有定时的工作或者固定的办公室,他们可以"早晨做送报人,白天做专业副手,晚上是严肃的出租车司机"。① 而且正是那些实行高福利导致高成本和就业刚性的国家,产生灵活就业的情况比较多。

非典型的灵活就业政策不但加深了核心劳动力和边际劳动力之间无法逾越的鸿沟,而且为传统的以长期性职业缴费为基础的社会保险制度制造了必须面对且难以解决的问题:非典型就业者也会遭遇生老病死残等生活风险,而他们经常变动的、没有固定雇主的、收入比较低的灵活就业状态,直接影响到他们参加社会保险计划。当这些低收入、不稳定的非正规就业者具备一定规模时,就将国家的社会保障制度推入致命境地:缴费型社会保险对于这些人基本起不到任何作用,或者当人们开始担心社会保障补贴的可持续性和领取资格将更加严苛时,就采取提前退休的办法,而国家没有为此做好充分的准备,以至于延误了解决这些问题的时机,贫富两极分化将呈现出令人担忧的扩大趋势。②

4.民族国家内的压力集团受到削弱

跨国公司虽然带动了储蓄性的职业养老基金以及其他职业福利的全球化,但是劳动者及其组织仍然保留在国家的制度之内,代表劳动者利益的党派和工会组织不可能进行跨国社会动员。当非典型就业成为劳动力市场的常态时,网络的使用也对传统的社会动员方式提出挑战。民族国家内的压力集团正在削弱,他们除了向政府提出口头抗议和局部利益要求外,难以组建在全球化下运行的社会保护组织和采取社会保护措施,不可能形成对国际资本有组织的压力和挑战,劳动者的社会权益保护因此受到了直接影响。

5.新贫困群体出现

新贫困群体与传统意义上的贫困者不同,新贫困群体是社会排斥的结果,而贫困者是经济上的困乏者。20世纪福利国家的壮大以及"二战"以后经济的迅速增长,使许多人相信贫困终会消失,或者贫困对社会的影响变得微乎其微。然而,进入21世纪,几乎所有福利国家都有很大比例的贫困人口。世界贫困人口调查数据显示,在经合组织成员国中,平均约10%的家庭生活相对贫困。③ 导致新贫困群体发生的原因主要有:

---

① 〔德〕格哈德·施罗德:《公众社会》,《德国》2005年第5期。
② 〔英〕尼古拉斯·巴尔:《福利国家经济学》,郑秉文等译,北京,中国劳动社会保障出版社,2003年,第1版,第13页。
③ 〔美〕罗兰德·斯哥等编:《地球村的社会保障——全球化和社会保障面临的挑战》,华迎放等译,北京,中国劳动社会保障出版社,2004年,第1版,第321页。

一是失业率居高不下且持续时间延长。持续的高失业不仅导致消极的失业补偿支付增加,而且对于失业人员的培训、创造就业岗位、人员流动等造成财政负担不断增加,使得政府不得不减少失业保险金和失业救济金的给付额以及缩短给付时间,使失业人员成为贫困者。

二是生育率下降和提前退休者增加,导致缴费人数减少和领取养老金人数增加,为此,国家采取的应对措施之一是削减养老金待遇,使得依靠养老金生活的老年人生活水平下降,甚至成为新贫困群体。

三是与人口老龄化密切相关,医疗费用因为先进的医疗技术和医疗器械的出现而急剧攀升,加上人口老龄化,卫生保健开支严重不足,甚至难以为继。在 2000 年,50％以上的医疗卫生保健支出花在了老年人身上,欧洲大陆的社会保障制度已成为"养老金领取者"的制度,为此政府严格享受医疗待遇的条件,缩短住院医疗的期限,增加个人支付项目,高昂的医疗费用造成的老龄恐惧替代了对于收入减少或丧失的担忧。[1]据联合国统计和预测,到 2050 年,全球 60 岁以上的老年人有 20 亿,平均每 4 个有劳动能力的人就要养活一个老年人。[2] 人口老龄化直接对养老保险制度提出挑战,如果国家不通过推迟退休年龄、提高养老保险缴费率、减少养老金给付水平、增加政府补贴等措施,养老保险基金将面临入不敷出的风险。

四是家庭结构的变化,使得家庭功能弱化。婚姻越来越不稳定,离婚率越来越高,多数离婚妇女和单亲家庭的儿童成为新贫困群体的主要成员。[3]

五是科学技术的发展导致就业结构变化。传统的以制造业为主体的就业体制被服务业部门所代替,使得那些由于年老生产力水平下降、竞争力弱的人、知识技能落后的人、单亲家庭的妈妈,容易被淘汰出劳动力市场,[4]成为失业保险金和失业救济金以及社会救济金领取者。就业机会多的群体和那些受劳动力市场排斥的群体之间形成了贫富两极分化的现象。

六是知识匮乏造成的社会排斥超过了因工伤和疾病导致的贫困。信息产业造成的工伤风险大大减少,但数字鸿沟和由此产生的失业风险却成倍增加。在欧洲,失业大军和高科技产业劳动者供给不足同时存在,知识不足就成为信息和知识经济时代的社会风险之一,造成劳动者脱离劳动市场,甚

---

① 〔丹麦〕戈斯塔·埃斯平-安德森编:《转型中的福利国家——全球经济中的国家调整》,杨刚译,北京,商务印书馆,2010 年,第 1 版,第 114 页。

② 林闽钢主编:《社会保障国际比较》,北京,科学出版社,2007 年,第 1 版,第 238 页。

③ 〔英〕尼古拉斯·巴尔:《福利国家经济学》,郑秉文等译,北京,中国劳动社会保障出版社,2003 年,第 1 版,第 12 页。

④ 〔丹麦〕戈斯塔·埃斯平-安德森编:《转型中的福利国家——全球经济中的国家调整》,杨刚译,北京,商务印书馆,2010 年,第 1 版,第 117 页。

至落入贫困深渊。①

七是福利提供私有化。许多劳动者变成了小型所有者,从而使国家作为企业主和雇员之间协调人的作用正在减弱,国家对国民保护力度在下降,使得买不起私人保险的人及其家庭在遭遇生活风险后更加贫困。

"福利国家无法及时调整自己的步伐,以覆盖那些新的风险,比如与技术变迁、社会排斥或者与社会不断增加的单亲家庭有关的风险。"②贫困化成为经济全球化下的一个严重且普遍的社会问题。

6.公平与自由处于两难选择

在英国和美国,私人养老金的固定投入方式与由政府操作的现收现付的养老金支付方式不同,它的移动性能好,不受国界的限制,也不受职业性质转变的影响,投保人可以从他就业的任何地方向保险公司投保,即可以根据自己的专业特长和兴趣爱好放心地去原籍国之外的国家就业,而且他们的养老金不受就业者在不同国家之间辗转的影响。私人养老保险虽然满足了机会平等的要求,但是无法向没有足够的资金购买商业养老保险的人提供保护。在这种情况下,福利国家就面临着既要遵循传统的社会公正的理念,为本国国民提供生活风险保护,又要从新的社会公正的理念出发,允许并帮助公民获得"选择"和"自由"的权利,经济全球化下的民族政府,面临着公平与自由的两难选择。③

二、新挑战已不可逆转

发达国家的社会保障制度是在特定时期为了处理阶级冲突(例如德国)、经济危机(例如美国)、消除贫困(例如英国)而产生的,它们对人类社会文明和进步的最大贡献在于,通过赋予劳工阶级以社会权利将他们归入社会公民的范围,国家承担了社会公民的主要生活风险责任并由此形成跨阶级凝聚的福利国家。虽然由政府通过行政管理,用税收方法积累资金以资助社会服务,以及究竟在多大程度上真正实现了对财富的再分配很有疑问,但一些潜移默化的变迁,如工业化的进程、群众教育事业的普及、收入的增加,甚至妇女对社会劳动和政治的参与,从长远来看都有助于逐渐减少不平等现象。④ 各个国家的社会保障制度在实施了几十年甚至上百年后,已成

---

① 周弘:《社会保障制度能否全球化》,《世界经济》2002年第8期。
② 〔英〕安东尼·吉登斯:《第三条道路——社会民主主义的复兴》,郑戈译,北京,北京大学出版社、生活·读书·新知三联书店,2000年,第1版,第121页。
③ 周弘:《福利国家向何处去》,北京,社会科学文献出版社,2006年,第1版,第170页。
④ 李琮主编:《西欧社会保障制度》,北京,中国社会科学出版社,1989年,第1版,第169页。

为资本主义国家战后"黄金时代"(20 世纪 50～70 年代)的内在组成部分。但当令人炫目的经济增长不再存在,社会保护这座大厦被冻结在一个不再存在的社会经济秩序中时,经济全球化撕裂了原有的社会整合制度,福利国家发生了危机。"那种体现在战后一段时期内的充分就业与收入平等之间的和谐局面已不复存在。"①福利国家面临的危机已不可逆转。

平衡资本和劳动的社会契约受到威胁、就业市场结构改变增加了社会保障压力。就业是解决贫困问题的根本措施,所以,出现新贫困问题的国家首先要解决好劳动年龄人口的就业问题。但实际情况是,部分受过高等教育,又具有工作能力的劳动者,因被边缘化而没有稳定的就业机会。工业衰落之后必须通过服务业才能实现充分就业的非典型化就业,对劳动者参加社会保障制度带来不利影响。所有这些就业市场结构改变的趋势已不可逆转;人口老龄化是不可阻挡的人类社会发展趋势,在生育率普遍下降,国家鼓励生育的政策实施效果疲软的情况下,老年人活得时日越来越长,而就业人口减少导致的缴纳社会保险费的人在减少,谁来养活老年人并保障他们的生活水平不会有大幅度的降低,成为各国政府需要面对的问题。老年人需要有收入保障、就业者需要在发生生活风险时获得相关待遇、个人无法解决的贫困问题更是需要国家和社会提供帮助。

新贫困群体不断出现的现状已不可逆转,并对传统的福利国家及其安排的社会保障制度提出了新的挑战,即在它不能充分地回应新的风险和需要时,如何应对与全球经济变迁脱节的问题,更好地保护劳动者,进而推动经济稳定快速发展。这些问题的解决,除了通过大力发展经济提高人们的收入水平外,最有效的解决办法就是改革传统的以缴费为基本筹资方式的社会保障制度,建立适应非典型就业形式的具有灵活性的社会保障制度。

全球化带来的社会风险首先导致人类社会面临更多人为的、制度性的新的风险,这些新风险损害了旧有的分配战略。过去政府是充分就业、价格稳定、经济增长、再分配目标中的主导因素,而在全球化下积极的劳动力市场政策逐步成为唯一的政策工具。这些都削弱了某一国家独立制定其政治制度的能力,这其中包括制定本国社会保障制度的能力。怎样才能为不断增加的、陷入困境的人们提供更好的社会保护,同时又减少总的社会支出,成为摆在各国政府面前的难题,因为实际拥有的或者可以获得的资源毕竟是有限的。②

---

① 〔英〕尼古拉斯·巴尔:《福利国家经济学》,郑秉文等译,北京,中国劳动社会保障出版社,2003 年,第 1 版,第 13 页。
② 〔丹麦〕戈斯塔·埃斯平-安德森编:《转型中的福利国家——全球经济中的国家调整》,杨刚译,北京,商务印书馆,2010 年,第 1 版,第 336 页。

第二节　在新挑战下采取的应对措施

面对来势汹涌的全球化冲击,各国都在想方设法寻找有效的应对措施:一种措施是以原有的社会保障制度为基础,紧缩社会保障支出,而让外籍劳工自由发展,自我保护;第二种措施是重新定义社会安全网,根据形势发展修正社会保障制度的功能,拓展社会保障领域。进入 20 世纪 90 年代后,社会公正的概念被重新定义,与此相应,第二种措施成为社会保障制度改革的主要方向。因为资本、产品、服务和劳动力都开始流动,个人脱离企业、企业脱离国家的现象大量存在,福利国家的作用和局限在这种情况下暴露了出来,用新的机制重新整合受市场严重挑战的福利和生活风险保障机制就成为必需。①

20 世纪 80 年代里根总统第一次确立"工作福利"的内涵是接受工作才能得到社会福利,而不是相反。在全球化背景下的工作福利与之完全不同,它是指创造工作机会、工作弹性、技能再培训等几个方面。例如在英国,针对青年和长期失业者,颁发了两个将福利和工作挂钩的强制性计划,促使领取社会救济者进入劳动力市场;在德国,"工作岗位创造方案"以立法的形式规定,将向失业者提供失业救济转向尽可能创造工作岗位并提供给失业青年;在美国,通过一系列法律促进福利待遇领取者就业。这种把权利看作无须附加任何要求都要予以保障的观念转向"权利与义务相对应"的政策取向后,减少了有劳动能力的劳动者对政府的依赖,让人们树立用劳动换取福利的社会责任和个人责任感,既减轻了政府的福利负担,也有利于经济社会发展,最终提升了国家竞争力。经济全球化无情地惩罚了慷慨的政府和无竞争力的经济,人们需要在就业增长和慷慨的平等主义的社会保护之间寻找一个基本平衡。福利制度的价值观逐步从主张消极地维持收入向"使人们回去工作"的积极劳动力市场方向转化。

一、社会福利支出的重点转向人力资本投资

在经济全球化和知识经济的新国际环境中,各国政府意识到有竞争力的劳动力成本优于昂贵的福利制度,因为竞争优势取决于具有高度灵活性、高技能和受过良好教育的劳动力队伍。一个人缺乏知识和技能是知识经济时代的主要风险,而以满足社会成员基本物质需要、提供基本的社会安全环

---

① 周弘:《福利国家向何处去》,北京,社会科学文献出版社,2006 年,第 1 版,第 166、218 页。

境的社会保障制度,不足以消除这样的社会风险,解决问题的办法是通过社会投资提高劳动者的知识和技能,增强其融入市场和社会的能力。政府根据后工业时代所需要的技术,通过将社会资本投资于教育和培训,提升人力资本,使其能够创造出更多社会财富,并且把投资的目光放在了是国家未来的儿童身上。① 英国"第三条道路"倡导者吉登斯认为,福利国家应当从观念到结构进行更新,要对政府和个人之间的契约关系进行重新界定,将"福利国家"改造为"社会投资国家",从个人争取政府的保护转变为个人寻求"自主与自我发展",政府的功能要从提供经济援助转变为进行人力投资。② 简而言之,社会投资应尽可能地投资于人力资本,而不是直接提供福利。与此同时,社会政策帮助家庭成员协调好工作与家庭责任的关系。

　　英国社会正义委员会于 1994 年发布的《社会正义:国家复兴战略》提出:"要重视提供以体现社会正义和经济繁荣为目的的经济机会,社会保障应通过社会投资和社会再分配,而不是结果的公正来实现。"为适应全球化和信息科技的发展,布莱尔政府不断提高教育投资在 GDP 中的比例,2006 年达到了 5.6%;③德国政府规定,企业必须提供培训岗位,否则企业要交纳培训费。对于失业者来说,政府"授之以渔不如授之以渔",对于国民来说,政府通过提供良好的教育条件提高其素质,使其具备适应新经济发展的知识技术能力;美国政府为适应"低工资-高就业"战略的消极影响,从两个方面作出社会政策回应:一是对教育、就业培训和其他积极的劳动力市场创意进行社会投资,目的是促进劳动力市场准入和薪酬的向上流动;二是按照负所得税标准建立起有选择性的工资和收入补助金,这是传统社会救济方式的现代化,它会对人们的工作产生激励,并且有助于防止福利陷阱的出现。④

二、通过社会保障政策促进社会融合

　　社会融合是针对社会排斥而言的。在欧洲一体化以及发展中国家城市化的过程中,都会发生社会排斥的现象。20 世纪 80 年代末,欧洲委员会深受马歇尔思想的影响,将社会排斥作为调整社会政策的核心。社会排斥是一种歧视的表现,它的直接结果是导致贫困,而贫困是万恶之源,所以引起

---

　　① 林闽钢:《社会保障国际比较》,北京,科学出版社,2007 年,第 1 版,第 254 页。
　　② 〔英〕安东尼·吉登斯:《第三条道路——社会民主主义的复兴》,郑戈译,北京,北京大学出版社、生活·读书·新知三联书店,2000 年,第 1 版,第 122,132 页。
　　③ 林闽钢:《社会保障国际比较》,北京,科学出版社,2007 年,第 1 版,第 255 页。
　　④ 〔丹麦〕戈斯塔·埃斯平-安德森编:《转型中的福利国家——全球经济中的国家调整》,杨刚译,北京,商务印书馆,2010 年,第 1 版,第 183 页。

欧盟高度重视。2000年3月在里斯本召开的"反社会排斥的社会政策和实行过程中的具体行动方案"研讨会上宣布,于2010年前实现消除贫困和社会排斥的目标,并成为欧盟社会政策调整的重心。在欧洲一体化的过程中,欧盟针对各成员国在经济和社会整合中出现的落差以及由此带来的社会排斥问题,尤其是对外来劳工的社会排斥尤显突出,采取改变社会政策进而改变社会资源分配的策略,以达到促进社会融合的目的,即"每个成员国都有责任组织其社会保护制度并为之筹措资金,欧盟则有责任协调那些旨在保护行使其权利、在联盟内部流动的人的社会保障项目",以实现从福利国家向福利社会的转型。[①]德国为此作出的规定是:联邦共和国对社会保障制度适用领土原则,德国的社会保障法适用于当时在本国中有权利的人;德国有关社会保险和家庭援助的国家间的协议,部分有关战争受损害供养和社会救济,也适用于在德国有权利的欧盟成员国的人。在欧盟和欧洲经济共同体国家,社会保障对在那里工作的雇员予以充分提供,缴纳社会保险费的义务和享受社会保险以及家庭援助待遇的权利与德国的雇员是一样的。德国的雇员在欧洲经济共同体国家,原则上应当获得这些国家社会保障范围内的同等待遇,以此来保障协议的相互性。[②]

第三节　具有借鉴意义的几个国际合作协定

工业革命以来,人口的跨国迁徙在数量和范围上不断扩展且呈常态化趋势,并迅速改变着世界人口的分布格局。2015年全球移民总数已达2.32亿人,预计到2050年将增加到4.15亿人。在已经移民异国他乡的2.32亿人中,海外劳工的人数占到50%以上,如果加上他们的家属,占比则在90%左右,劳工及其家属成为海外移民的主体。各国人口老龄化,生育率下降,劳动力短缺,是海外劳工流动的重要原因。劳工的跨国流动在缓解原籍国的就业压力、为原籍国创收外汇、改善劳工家庭生活状况、为输入国提供劳动力并促进该国经济发展等方面具有显著的积极效果;与此同时,劳工及其家属的生活风险预防和保障也成为原籍国和输入国政府考虑的问题。[③]

---

① 林闽钢:《社会保障国际比较》,北京,科学出版社,2007年,第1版,第256页。
② 〔德〕霍尔斯特·杰格尔:《社会保险入门》,刘翠霄译,北京,中国法制出版社,2000年,第1版,第9~10页。
③ 谢勇才:《中国社会保障国际合作研究》,北京,社会科学文献出版社,2018年,第1版,第1~2页。

　　由于公民的社会权利以主权国家为依托,国家在国内对于公民的社会保护具有合法性。经济全球化必然对主权国家形成冲击,进而影响到主权国家对本国公民的保护,即在国内的合法性保护随着主权国家边界的打破而变得复杂和困难起来。[1] 20世纪以来,欧美国家在保护海外劳工权益方面进行了有益探索,并建立起国家与国家之间或者区域之间有关社会保障的协定,积累了许多成功的经验。欧盟以及欧盟与其他国家之间的社会保障协定使得80%的海外劳工社会保障权益得以保障,北美国家与其他国家签订的社会保障协定使得68%的海外劳工的社会保障权益得以保障。但是,从全球范围看,只有20%左右劳工的社会保障权益得以保障。[2] 海外劳工的社会保障问题,不仅关涉到海外劳工及其家属的生老病死等生活风险问题,而且关系到输入国的社会安全、经济发展等问题。

一、欧盟提供的经验

　　1957年欧洲经济共同体制定的《建立欧洲经济共同体条约》规定,典型的福利社会任务原则上仍属于成员国负责的范围,欧洲经济共同体承担欧洲福利社会国家制度任务的主要方式是通过繁荣经济。同时规定,通过财政预算政策和各种促进项目"缩小地区间差异和改善不发达地区落后状况"。但是《建立欧洲经济共同体条约》关于雇佣劳动者迁徙自由、居留自由和劳动自由的规定,就要求各国社会保障制度的互相衔接不应因自由权的行使而使本国社会保护体系遭到损害。于是欧洲经济共同体一个长期的进程启动了。[3]

　　欧盟是社会保障国际合作的发源地,在社会保障国际合作研究和实践方面,欧盟的立法和实践备受关注。1982年底,欧洲共同体执委会发出通知,要求各成员国就社会保障制度的财政困难和改革等问题进行讨论。与此同时,各国政府纷纷对本国的社会保障制度进行以紧缩开支为主的调整。由于社会保障制度属于各成员国内政,并且由于国家、市场和家庭在社会保障制度中的不同制度关系是社会保障制度发展变革的重要因素,加之欧洲并不存在一个统一的欧洲社会、一个欧洲公共舆论以及具有权威性的欧洲共同正义感,它只是一个经济共同体,而不是社会和政治共同体,因此它不

---

　　[1]　周弘:《福利国家向何处去》,北京,社会科学文献出版社,2006年,第1版,第186页。

　　[2]　谢勇才:《中国社会保障国际合作研究》,北京,社会科学文献出版社,2018年,第1版,第3页。

　　[3]　〔德〕汉斯·察赫:《福利社会的欧洲设计——察赫社会法文集》,刘冬梅等译,北京,北京大学出版社,2014年,第1版,第306页。

可能制定一套欧盟各国都必须遵循的社会保障制度。更为重要的是,欧盟没有被授予直接向全体公民征收税费的权力,也就不可能获得实行财政性社会再分配的执行权。共同体框架内通向法律或政治实现的道路仍然支离破碎。① 因此,它不仅不可能制定欧盟各国都必须遵循的社会保障制度,甚至连在欧共体层面上直接实行最低生活标准也被认为是不现实的,而只能建议成员国对本国的社会保障制度进行协调,以促进欧洲共同市场一体化进程。② 制定直接适用的规范是国内法的任务,欧洲法则通常与此保持距离。一般情况下,欧洲法以补充性原则为指导,个别情况下以管辖权的特殊形式为条件,通过直接规定或框架性规定来缩短与自己国法内的距离。与此相反,共同体则以相当大的力度执行着将成员国各自构建的领域整合为共同生存领域的权力与任务,例如,对共同经济领域进行社会福利法上的整合,作为共同的社会福利领域。但是由于不存在一个如成员国宪法中规定的福利社会国家目标一样的普遍基础,因此也不存在一个整体性的福利社会政治任务。③ 尽管如此,对欧盟成员国具有约束力的欧盟社会保障立法,事实上已经成为国际社会保障法的主要渊源以及共同体和成员国的共同事务。

（一）探索对欧盟成员国具有约束力的社会保障法

1.探索改革或调整社会保障制度的方式

1982 年 11 月 18 日共同体执委会组织政府官员、工会代表和专家讨论它发出的题为《社会保障问题——供思考的因素》的文件。文件涉及三个问题:一是社会保障的经费问题。执委会建议,在短期内无法降低社会保险费率的情况下,要合理分摊企业和职工个人的社会保险缴费负担。二是如何应对老龄少子问题。执委会建议成员国调整家庭补贴和养老金制度,采取措施鼓励生育。三是如何解决新贫困化问题。1984 年年底,执委会决定从财政上支持解决新贫困问题的研究,帮助老年人、残疾人、失业者、单亲家庭等贫困者主要群体摆脱贫困。

2.建立欧洲社会基金

欧洲社会基金于 1958 年建立,1960 年 9 月开始运营,是欧盟反社会排斥的主要政策工具。欧洲社会基金由欧盟各成员国按照规定的比例交纳而

---

① 〔德〕汉斯·察赫:《福利社会的欧洲设计——察赫社会法文集》,刘冬梅等译,北京,北京大学出版社,2014 年,第 1 版,第 296 页。

② 李琮主编:《西欧社会保障制度》,北京,中国社会科学出版社,1989 年,第 1 版,第 67～69 页。

③ 〔德〕汉斯·察赫:《福利社会的欧洲设计——察赫社会法文集》,刘冬梅等译,北京,北京大学出版社,2014 年,第 1 版,第 297、313 页。

筹集,基金具有特定的支付对象和项目,为此对劳动保护和工人在成员国之间流动享有同等的社会保障权作出了相应的规定。欧洲社会基金的任务是协助解决就业和促进人员在地区和部门之间流动,以适应建立共同市场以后的结构改组和经济现代化的需要。社会基金的 75％ 首先用于对 25 岁以下青年的职业培训和安排就业,1986 年支出的经费达 190 亿欧洲货币单位(欧元的前身)。其次社会基金总支出的 44.5％ 用于资助共同体内最贫困的地区,1986 年这项支出的经费为 11 亿欧洲货币单位。多年以来,欧洲社会基金在以促进就业为核心的反社会排斥方面发挥了巨大的作用。[1]　此外,还有其他各种基金以及整体预算,如果一切运行正常,预算就能够根据给付能力标准来征缴税费,这样各种促进项目就可以根据谁贫困,就按照社会平衡或社会促进标准提供给付。[2]

　　3.建立社会标准化工程

　　欧盟社会标准化工程,是指在各成员国不同的社会制度之间,用不同的方式自下而上地规范社会政策行动,接受这些规范的各方并不受法律和行政的约束,因为欧盟本身没有民族国家那样的权力机器。例如,欧盟社会政策确定了在 2010 年为至少 90％ 的 3 岁以上学龄前儿童提供托儿服务的政策目标后,各成员国为实现这一社会标准化目标,开始了社会基础设施的建设。目前,欧盟社会标准化工程已经涉及了就业、社会保障、教育和继续培训等多个领域,这些只是要求而不是强制各成员国接受的社会标准,并没有对成员国原有的政治和行政基础构成威胁,而是希望形成共同的价值取向和行动方式。欧盟建立的社会标准化工程通过"开放性协商"的方式进行决策,实行成员国间相互制约的机制,以促进社会保障制度向理性化方向改革。社会标准化工程因此成为社会趋同工具,民族国家逐步从自主的社会政策主体变成了欧盟社会政策总体目标的执行者和被监督者。[3]

　　4.欧洲社会保障协调法令

　　欧共体应当在社会和市场协调发展问题上达成的共识,促成了几项重要的成果,这些成果的主要宗旨是让欧共体成员国公民在共同体内任何地方都可以就业,以此来促进欧洲经济一体化,并通过保证流入的劳动者享有与本国工人同等的报酬和工作条件,以及不会因流动而丧失福利待遇。[4]

---

　　①　林闽钢:《社会保障国际比较》,北京,科学出版社,2007 年,第 1 版,第 257 页。
　　②　〔德〕汉斯·察赫:《福利社会的欧洲设计——察赫社会法文集》,刘冬梅等译,北京,北京大学出版社,2014 年,第 1 版,第 315 页。
　　③　周弘:《福利国家向何处去》,北京,社会科学文献出版社,2006 年,第 1 版,第 204～220 页。
　　④　〔美〕罗兰德·斯哥等编:《地球村的社会保障——全球化和社会保障面临的挑战》,华迎放等译,北京,中国劳动社会保障出版社,2004 年,第 1 版,第 185 页。

　　(1)专项协议。专项协议对妇女和流动劳动者在享受社会保障方面享有平等的权利进行了规范。这一规定不仅促进了各成员国在社会保障制度之间的沟通、合作和互助，而且为 1989 年的《欧共体劳动者基本社会权利宪章》和 1994 年的《欧盟社会宪章》绿皮书以及《欧盟社会政策——欧盟发展之路》白皮书奠定了基础。①

　　(2)《欧盟 883/2004 号条例》和《欧盟 987/2009 号实施条例》。欧盟在其范围内逐步协调经济和社会政策，这些政策既尊重人的价值，又要适应市场向全球化方向发展，并且把工作重点放在了加强人们进行经济创造的能力上。为了实现政策所确立的目标，欧盟开始建立超国家的社会政策决策机制和社会行动计划。欧盟分别制定了《欧盟 883/2004 号条例》和《欧盟 987/2009 号实施条例》，两条例均于 2010 年 5 月 1 日起生效。与之前的条例比较，这两个条例更加完善和具有可操作性：一是它们将条例的覆盖范围扩大至欧盟成员国所有公民；二是将生育福利由孩子的母亲扩及父亲；三是进一步明确了社会保障协调原则，例如非歧视性原则，参保时间累计计算原则等。②

　　从以上几个共同体协调经济和社会的主要政策来看，欧共体的社会政策和社会行动基本没有触动各成员国社会保障制度的核心领域——社会保险制度，例如，欧盟社会政策的出发点是促进就业，但是，没有规定为跨国就业的失业者提供失业保险或失业救济。欧盟法律以超国家性为特征，它并不是对消除社会不公的整体性制度的规定，而是遵循补充性原则，在成员国社会法上的协调与合作以及在共同体内部转移支付的分离上发挥特殊的和有选择性的作用。③ 在这样的情况下，欧盟认识到，没有社会政策的配套措施，经济力量就不可能得到真正的自由和发展。如果在统一的大市场内没有适当的社会保护，人们就不可能自动放弃民族国家为其生活风险提供的社会保障。为了在超国家的大市场中寻求经济增长和社会公平之间的新平衡，避免他们不希望看到的活跃的经济力量、匮乏的社会机制、微弱的政治声音的欧洲模式出现在他们面前，欧盟开始建立超国家的社会政策决策机制和社会行动计划。④

---

　　①　周弘：《福利国家向何处去》，北京，社会科学文献出版社，2006 年，第 1 版，第 194 页。

　　②　谢勇才：《中国社会保障国际合作研究》，北京，社会科学文献出版社，2018 年，第 1 版，第 186～189 页。

　　③　〔德〕汉斯·察赫：《福利社会的欧洲设计——察赫社会法文集》，刘冬梅等译，北京，北京大学出版社，2014 年，第 1 版，第 298 页。

　　④　周弘：《福利国家向何处去》，北京，社会科学文献出版社，2006 年，第 1 版，第 271 页。

　　20 世纪 90 年代中期,欧洲对福利社会问题的回应日益增多,并且认为"欧洲福利社会模式"是一个规范性表述,实际上这一表述的含义是不确定的。2000 年,欧洲理事会轮值主席在尼斯峰会结束报告中讲到,"欧洲福利社会模式"的特征是:高水平的社会保护、社会对话的重要性、福利服务的普遍享有和促进团结的措施。2002 年巴塞罗那欧洲理事会则认为,经济发展和就业具有决定性意义,"欧洲福利社会模式"建立在良好的经济表现、高水平的社会保护、高标准的教育程度和社会对话之上。对于这些有关"欧洲福利社会模式"的表述,著名的欧洲社会法学家汉斯·察赫(Hans Zacher)教授评论道,"'欧洲福利社会模式'就是这么的不确定。"虽然《欧盟宪法条约》草案将欧盟的目的概括为"提高它的人民的福祉",但是新成员国的不断加入,某些国家福利社会政策的根本性改变,又在引发新的不确定性。[①]

　　(二)欧洲社会权利的司法保护制度

　　欧洲根据《欧洲人权公约》和《欧洲社会宪章》建立了一套系统的区域性社会权利保护制度,主要包括国家指控制度、个人申诉制度以及集体申诉制度。国家指控制度是指任何缔约国都可以直接向人权法院提出对另一缔约国违反公约及其议定书有关规定的指控,人权法院在审查后作出建议的制度;个人申诉制度是指任何个人、非政府组织和个别团体在遭受人权侵害时,可以向欧洲人权法院提起诉讼请求,欧洲人权法院在对诉讼的可受理性进行审查后,作出受理与不受理决定的制度;集体申诉制度是指有资格提起集体申诉的国际雇主组织和工会组织、在欧洲理事会具有咨询地位的国际非政府组织以及申诉所针对的缔约国内的雇主和工会有代表性的国内组织,就缔约国在某些方面没有确保《欧洲社会宪章》条款令人满意的实施提出申诉的制度。[②]

　　(三)欧洲社会权利的司法保护机制

　　1.欧洲人权法院

　　欧洲人权法院依据《欧洲人权公约》于 1959 年建立,并设置了确保公约所载权利得以实现的独立程序,包括公约第 33 条规定的国家间控诉程序和第 34 条规定的个人申诉程序。

---

　　① 〔德〕汉斯·察赫:《福利社会的欧洲设计——察赫社会法文集》,刘冬梅等译,北京,北京大学出版社,2014 年,第 1 版,第 293、308 页。

　　② 龚向和:《社会权的可诉性及其程度研究》,北京,法律出版社,2012 年,第 1 版,第 147~149 页。

2.欧洲社会权利委员会

《规定集体申诉制度的欧洲社会宪章附加议定书》自 1998 年 7 月 1 日生效以后,欧洲社会权利委员会就开始接受有关组织的集体申诉。欧洲社会权利委员会首先决定集体申诉是否具有可接受性,被接受的申诉经委员会审议后拟定一份针对申诉所涉及的缔约国实施宪章条款情况的报告,报告经部长委员会审议后通过一项认为缔约国存在违反宪章有关规定的事实的建议性决议。[①]

二、美国提供的经验

第二次世界大战之后,美国不仅是全球最大的资本输出国,在国际范围拥有最多且实力最强的跨国公司,而且越来越多的美国劳动者被派遣到在西欧各国的美国跨国公司就业。据美国人口普查局的数据,1970 年就有 52 万美国公民在国外就业和谋生;另据 2006 年美国国务院数据,当年有 500 万~600 万的美国公民在全球 160 个国家或地区就业和居住,当然主要集中在西半球和欧洲国家。在这些被派遣者中主要是薪酬高的技术人员和管理人员,他们不是被派往一个国家而是几个国家工作。在西欧一些国家,会为在本国短期就业的外籍员工提供一定时段的社会保险费用豁免。但在美国,外籍(主要是西欧)员工仍需按照美国的规定缴纳社会保险工薪税。1970 年 52 万在国外就业和谋生的美国公民中,就有 14.3 万人缴纳双重社会保障工薪税或者社会保险费。有统计显示,有些跨国公司的缴税(费)的比例高达雇员工资额的 65%~70%。高税(费)率带来的高成本,导致跨国公司利润锐减,国际竞争力削弱,同样,外籍员工的双重缴税(费)也极大增加了劳动者的经济负担。这不仅是美国政府必须重视的现象和问题,而且也是西欧各国急需解决的问题。

1977 年美国国会通过了《社会保障法修正案》,授权政府与其他国家签署社会保障双边协定,同时规定签署后的社会保障双边协定须接受国会审议,如果国会对协定没有异议,它将在 60 天后生效。到 2016 年美国已经与 28 个国家签署了了双边协定,其中 21 个是欧洲国家。[②]

---

① 龚向和:《社会权的可诉性及其程度研究》,北京,法律出版社,2012 年,第 1 版,第 145~146 页。

② 谢勇才:《中国社会保障国际合作研究》,北京,社会科学文献出版社,2018 年,第 1 版,第 203~204、211 页。

三、印度提供的经验

自 20 世纪 70 年代以来,印度的海外劳工一直保持在 200 万人以上的规模,2016 年达到 500 余万。2004 年前后,英国生活着 15.1 万印度人,西班牙生活着 1.4 万印度人。① 如此庞大数量分布在不同国家的印度海外劳工,需按照印度社会保障法的规定以及输入国社会保障法的规定缴纳双重社会保险税(费),这种做法在增加海外劳工缴税(费)负担的同时,他们应当享有的社会保险权益却没有得到保障。例如,在美国就业的印度软件工程师持有的是有效期为 6 年的 HIB 签证,而美国社会保障法规定获得社会保险待遇的最低缴税年限为 10 年,如果这些工程师不能获得续签,他们所缴纳的社会保障工薪税就留在了美国而不能带走。据统计,印度海外劳工每年向美国政府贡献 10 亿美元的社会保障工薪税,但多数人不能获得应有的社会保障待遇。② 这种情况不仅损害了印度海外劳工的社会保障权益,而且削弱了印度跨国企业的国际竞争力,引起了印度政府的高度重视。

2004 年 5 月,政府成立了"印度侨民事务部",同年 12 月更名为"海外印度人事务部",着手推进社会保障国际合作事务。2006 年 6 月,印度与比利时签署了第一个于 2009 年 9 月 1 日生效的社会保障双边协定。印度有 28.5 万名劳动者在法国就业,两国于 2008 年 9 月 30 日签订了于 2011 年 7 月 1 日生效的社会保障双边协定。印度作为发展中国家,它所提供的社会保障国际合作经验对于发展中国家具有借鉴意义。尤其是为了减少在与其他国家进行社会保障双边谈判中的障碍,印度政府通过修改本国的社会保障法,将外籍劳动者强制纳入本国社会保障保护范围,极大地推进了社会保障双边谈判的进程。

2008 年,修订后的印度《雇员公积金和综合福利法》规定,外籍员工终结在印度的工作返回原籍国时,他们可以申请退回所缴纳的社会保险费。这样修订之后增加了印度与其他国家签订社会保障双边协定的砝码,同时也增强了其他国家与印度签订双边协定的信心。2008 年后的 5 年中,印度就与 16 个发达国家和地区签订了社会保障双边协定,到 2016 年又上升为 19 个国家,在所签订的这些双边协定中,主要涉及养老、遗属、伤残三个项目,由于医疗保险在不同国家具有较大差异,所以基本都被排除在了协定之

---

① 〔美〕罗兰德·斯哥等编:《地球村的社会保障——全球化和社会保障面临的挑战》,华迎放等译,北京,中国劳动社会保障出版社,2004 年,第 1 版,第 207 页。

② 谢勇才:《中国社会保障国际合作研究》,北京,社会科学文献出版社,2018 年,第 1 版,第 224 页。

外。与此同时,印度自 2007 年以来又在积极为与美国和英国这两个印度劳动者就业最多的国家签订社会保障双边协定做准备工作。但是由于印度前往这两个发达国家的劳工数量较之美国在印度就业的人数存在较大差异,导致印度海外劳工每年给美国缴纳的社会保障工薪税高达 10 亿美元,远远高于美国在印度的海外劳工每年给印度缴纳的 1.5 亿美元社会保险费。如果签订双边协定,美国将损失数额可观的社会保障工薪税,这显然是美国政府所不愿接受的。

目前,世界各国已签署的社会保障国际协定有 3500 余份,其中绝大多数是双边协定,多边协定只起到补充和辅助作用。① 但在有些协议中,协议内容进一步缩小,议题也仅限于缴纳保险费,并且规定不会为所有意外事件提供福利,严苛的社会保障享受条件也将许多海外劳工挡在了社会保障体系的大门之外。总的来说,未与欧盟任何国家签订协议的主要是发展中国家,也有少数发达国家,能够受到社会保障保护的海外劳工占比仅为 20%,绝大多数海外劳工的社会权益仍然遭受不同程度的损害。究其原因,问题发生在了互惠原则上。互惠原则首先要求一国国民在另一个国家所享受的社会保障待遇必须与他所在国的国民享受的待遇大致相同。然而,在协调发达国家和发展中国家的社会保障体系时,不可避免地遇到了结构性难题,使得互惠原则根本无法在两者间存在。社会保障国际合作组织为此正在做出有益的努力,例如走出互惠原则的限制,重新考虑流入国所应承担的义务,②以使海外劳工的社会保障权益不断得到保障和维护。

第四节　全球化下社会权利的司法救济

在冷战结束以后,人权概念上的意识形态分歧逐步淡化,国际社会开始加强经济社会权利实施机制的努力,其中最令人瞩目的是确立了经济社会权利的可诉性机制。在国内法对公民的经济社会权利保障不充分的情况下,又要面临全球化带来的对社会保障问题的挑战。欧盟、美国、印度等国家和地区虽然在应对全球化下生活风险方面提供了一些宝贵经验,但是,如何在国际层面设置社会保障争议的法律救济制度,似乎仍是空白。学术界

---

① 谢勇才:《中国社会保障国际合作研究》,北京,社会科学文献出版社,2018 年,第 1 版,第 228～233、66、75 页。

② 〔美〕罗兰德·斯哥等编:《地球村的社会保障——全球化和社会保障面临的挑战》,华迎放等译,北京,中国劳动社会保障出版社,2004 年,第 1 版,第 209、211、207、212 页。

需要研究的问题是,是否需要在国际人权法中为《经济、社会和文化权利国际公约》建立个人或集体申诉制度。

一、解决社会保障争议的国际法律基础

《经济、社会和文化权利国际公约》第 2 条第 3 款规定:"发展中国家在适当顾及人权及其国民经济的情况下,可以自主决定保障非本国国民享受本公约所载之经济权利的程度。"第 11 条规定:"本公约各缔约国承认人人有权为本人及其家庭获得足够的生活水准……各缔约国将采取适当步骤确保此项权利的实现,同时确认,在此方面进行基于自愿的国际合作至关重要。"公约的这些规定对于人们经济社会权利目标的确认,为各国以及跨国或跨地区的经济社会权利的逐步完善奠定了法律基础。公约承诺这些权利是保障人的尊严所必不可少的,意味着逐步发展这类权利的可要求性、义务的确定性以及这类义务的可强制执行性。各国必须不断地完善这类权利的保护机制,尤其是司法保护机制,使之从不完善到完善,从道德权利逐步成为法律权利,从宪法性权利具体化为普通法律权利,从不可诉权利发展为可诉权利。[1]

在经济社会权利的可诉性以及如何裁决的问题仍在被学术界讨论的时候,联合国大会希望通过具有历史价值的隶属《经济、社会和文化权利国际公约》的申诉程序任择议定书,首先从国际层面解决经济社会权利的可诉性问题,并希望各国和各地区能够将经济社会权利的司法救济逐步纳入法治轨道。2008 年 12 月 10 日《经济、社会和文化权利国际公约任择议定书》在联合国大会获得通过并于 2013 年 5 月 5 日正式生效,向各国开放签署、批准和加入。任择议定书规定了缔约国报告程序、国家间指控程序、个人申诉程序、调查程序等一系列救济程序。其中个人申诉程序是加强人权公约实施监督的一个有用和有效的方式。通过处理与公约规定的权利相关的个案,可以进一步澄清有关权利的内容和范围,并使之具有一定的可诉性。旨在通过强化公约下国家的程序性义务,来补充和加强国际监督机制促进公约实施的任择议定书,对于个人社会权利的国际保护,完善国际人权体系,推动国际人权保护事业,将发挥积极的作用。[2]

---

① 黄金荣:《司法保障人权的限度——经济和社会权利可诉性问题研究》,北京,社会科学文献出版社,2009 年,第 1 版,第 101～102、81 页。

② 柳华文:《经济、社会和文化权利保护的国际新趋势》。载柳华文主编:《经济、社会和文化权利的可诉性研究》,北京,中国社会科学出版社,2008 年,第 1 版,第 50～51 页。

二、解决社会保障争议的区域性法律基础

经过长期实践和探索,具有社会保障国际合作的国家或地区经过协商和谈判,采取签署协定的办法,明确各自的权利和义务并认真履行,以保障海外劳工在输入国的社会保障权益。目前,世界各国已签署的社会保障国际协定有以下几种形式:

一是双边协定和多边协定。当条约或协约只约束两个国家时,称为双边协议;约束两个以上国家时,称为多边协议。通常包含原则的法律文件是多边的,最重要的多边社会保障法律文件是由负责社会保障事务的国际组织制定的。① 绝大多数发达国家之间签订的是双边协定,发展中国家输出劳工的社会保障权益由于缺乏相应的社会保障协议保障而受到比较大的损害。

二是互惠性协定与流入国协定。互惠性协定也称作共担责任协定,多数签署了双边协议的国家采取互惠性协定方式;流入国协定是指海外劳工在流入国就业之前,在其他国家就业时缴纳的社会保险费的时间都可以算作在当下就业的国家缴纳社会保险费的时间,这种做法能够迅速使海外劳工具备获得就业国社会保险待遇的资格,但同时加重了就业国支付社会保险待遇的经济负担。

三是封闭式协定与开放式协定。封闭式协定是指协定仅适用于缔约国的国民;而开放式协定是指协定不仅适用于缔约国的国民,而且适用于其他受缔约国法律约束的受保险人。

四是专业型协定和复合型协定。专业型协定是指只覆盖协定双方的特定一部分人或者只提供一个或几个社会保险项目;而复合型协定是指社会保障为签约国的劳工提供所有社会保险项目。发达国家间的协定基本上采取的是复合型社会保障协定。②

三、社会权利的国际司法保护

1.欧洲区域性社会权利司法保护体制

在经济社会权利实施机制在国际范围普遍孱弱的情况下,欧洲区域性组织走在了世界前列。1961 年 10 月 28 日获得通过的《欧洲社会权利宪章》于 1965 年 2 月 26 日生效。为了补充《欧洲社会权利宪章》规定的权利,

---

① 〔比〕丹尼·皮特尔斯:《社会保障基本原理》,蒋月等译,北京,商务印书馆,2014 年,第 1 版,第 124 页。

② 谢勇才:《中国社会保障国际合作研究》,北京,社会科学文献出版社,2018 年,第 1 版,第 84~88 页。

1988 年 5 月 5 日通过并于 1992 年 9 月 4 日生效的《欧洲社会宪章附加议定书》，在 1996 年修订后确立了经济社会权利的集体申诉制度，并于 1998 年 7 月 1 日正式生效。所谓集体申诉机制，是指申诉者本身并不是受害者，而是关注受害者权益的非政府组织，他们提出申诉的目的，并不是为了寻求对权利受害者的救济，而是直接挑战缔约国在实施《欧洲社会权利宪章》行为方面的合法性。到 2008 年，欧洲社会权利委员会共收到 47 件集体申诉案件，其中涉及《欧洲社会权利宪章》规定的公正的工作条件权、健康和医疗帮助权、住房权、职业培训权利、禁止就业歧视权等案件较多。在收到的 47 个案件中，正式受理了 40 件，作出裁决的有 32 件。[1]

2.美洲区域性社会权利司法保护体制

1997 年生效的《美洲人权公约经济、社会和文化权利领域附加议定书》借用了《美洲人权公约》的个人申诉制度，规定如果由于议定书缔约国的直接行为侵犯了议定书第 8 条第 1 款规定的工会权利和第 13 条规定的受教育权利，就可以适用《美洲人权公约》中的个人申诉的规定。但与欧洲的个人申诉制度不同，美洲的个人申诉可以由美洲人权法院最终做出具有约束力的判决。[2]

以上地区性经济社会权利申诉机制为《经济、社会和文化权利国际公约》申诉机制的有效存在以及不断发展和强化，提供了许多可资借鉴的经验。

四、具有借鉴价值的欧盟创新性判决

由于欧盟成员国政府不再能够把社会福利只提供给本国国民，也不再能够单方面决定是否为流入本国的外籍劳动者提供社会福利的问题，外籍劳动者的福利待遇也不一定在流入国领取或者享受，成员国政府不再有排他性福利管理的权力，因为这种权力由于劳动者的流动而会发生交叉。如果成员国的福利交叉与民族国家的自治原则发生矛盾时，欧盟就要出面予以协调和解决。[3]

1.欧洲自闭症组织诉法国案

2002 年 7 月 27 日，欧洲自闭症组织向欧洲权利委员会申诉道，自闭症患者无论从数量上还是从教育的适当标准上都没有享受到像健全儿童和成

---

[1]　黄金荣:《司法保障人权的限度——经济和社会权利可诉性问题研究》，北京，社会科学文献出版社，2009 年，第 1 版，第 250 页。

[2]　梁晓辉:《经济、社会和文化权利与国际人权申诉制度》。载柳华文主编:《经济、社会和文化权利的可诉性研究》，北京，中国社会科学出版社，2008 年，第 1 版，第 82、83 页。

[3]　周弘:《福利国家向何处去》，北京，社会科学文献出版社，2006 年，第 1 版，第 199 页。

年人一样的受教育的权利,这是因为法国政府没有认真地履行修订后的《欧洲社会宪章》规定的采取有效措施保障患有自闭症的儿童和成年人接受教育的义务。法国政府在答辩中对欧洲自闭症组织的申诉予以全面的否认。这是欧洲社会权利委员会自引入集体申诉机制以来裁决的第一例有关残疾人权利保障的案件。

　　2003 年 11 月 4 日,欧洲社会权利委员会对此案作出的裁决认为,法国政府违反了 1996 年修订后的《欧洲社会宪章》第 15 条第 1 款和第 17 条第 1 款关于"采取适当措施,在可能的情况下通过通常的体制为残疾人提供指导、教育和职业培训,如果通常体制行不通,则通过公共或私人的专门机构进行提供"的规定,以及修订后的宪章专门增加了的"禁止歧视"条款。欧洲社会权利委员会通过对此案审理作出了两方面的贡献:一是它将增加的"禁止歧视"条款解释为不仅禁止通常意义上的直接歧视,而且还禁止间接歧视,这就为保障残疾人等弱势群体的权利打开了方便之门;二是委员会依据申诉者和法国政府都承认的某些事实,判定法国政府在保护自闭症患者的受教育权方面没有取得显著进步,由此明确了缔约国是否履行了实现积极义务的标准。①

　　2.欧洲罗姆人权利中心诉意大利案

　　罗姆人是生活在意大利以流浪为生的人,他们的生存状况非常恶劣。2004 年 6 月 28 日,欧洲罗姆人权利中心就意大利政府为自愿或被迫选择流浪生活方式的罗姆人提供的集中宿营地不但没有达到最低的生活标准,反而以驱逐相威胁、毁坏罗姆人的财产、占用罗姆人的居住地,没有为被驱逐的人提供住处的政府行为,向欧洲社会权利委员会提出了申诉,认为政府违反了修订后的《欧洲社会宪章》第 31 条和第 E 条的规定。意大利政府辩解道,他们已经采取了立法和行政措施保护罗姆人的权利,他们的住房不足主要是由于他们自己的原因造成的。

　　2005 年 12 月 7 日,欧洲社会权利委员会认为:首先,政府虽然为罗姆人提供临时性住房,但没有满足最低生活保障住房的条件;其次,政府提供不出驱逐罗姆人的充分理由以及在驱逐过程中没有对罗姆人实施暴力的证据;第三,《欧洲社会宪章》第 31 条第 3 款规定,建造社会福利房是政府的责任,政府必须确保社会弱势群体获得社会福利房的机会,包括为其他缔约国的国民、在其领土上生活的合法居民以及经常在其领土上工作的居民提供平等的机会。基于以上理由,欧洲社会权利委员会对此案作出的裁决是:政

_____

① 龚向和:《社会权的可诉性及其程度研究》,北京,法律出版社,2012 年,第 1 版,第 231 页。

府没有认真地考虑罗姆人的特殊处境,也没有采取旨在改善罗姆人住房条件的措施,因此,政府违反了修订后的《欧洲社会宪章》第 31 条第 1 款和第 3 款以及第 E 条的规定。

欧洲罗姆人权利中心诉意大利案是集体申诉机制建立以来欧洲社会权利委员会受理的第一个住房权案件。对这个案件裁定的意义在于,委员会提出了收集和分析与案件有关的数据是制定合理政策所必不可少的前提,也是缔约国的责任;同时提出了住房最低限度的条件和对强制驱逐需要进行的限制。

对于制定了区域性国际人权公约的国家来说,即使区域性国际人权公约的规定不是非常明确,但相比没有制定区域性国际人权公约的国家在一定程度上还是有约可依,甚至如以上案例所展示,司法机关可以通过对相关法律的扩大解释,来保障权利人的合法权益。在经济全球化背景下,对于有外籍劳动者流入但其流出国与流入国没有制定区域性国际人权公约的国家,如何保障外籍劳动者的经济社会权益的问题,人权理事会第八次会议于 2008 年 6 月 18 日通过的、有关建立申诉机制的《〈经济、社会和文化权利国际公约〉任择议定书草案》规定:经济、社会和文化权利委员会对于申诉文本审议后可以发表观点并对救济手段提出建议;提交经济、社会和文化权利委员会的申诉文本是经由申诉人同意的;经济、社会和文化权利委员会在审查缔约国所采取措施的合理性时,只要所采取的措施符合公约的规定,应当尊重缔约国在确定政策措施适当性方面所具有的自由裁量权;国家间可以向经济、社会和文化权利委员会提出控告;经济、社会和文化权利委员会可以对违反公约规定权利的缔约国进行调查,但缔约国对此可以表示接受或拒绝。①

欧洲社会权利委员会对以上案件以及其他案件的适用实践,为国际社会了解在国际人权法层面实现经济社会权利的可诉性提供了宝贵的经验。这些具有创新性案件的判决,使国际社会最终决定不再争论是否将经济社会权利纳入向个人或群体提供救济的机制,联合国制定了《经济、社会和文化权利国际公约任择议定书》,把接受和审查来自个人或群体有关其经社文权利受到侵害的申诉权限授予经社文权利委员会,从而终止了经济社会权利是否可诉的国际辩论。经社文权利委员会受理申诉的一条重要标准,是申诉已经穷尽了由国家保护机构提供的国内救济。可见,国际申诉将成为

---

① 黄金荣:《司法保障人权的限度——经济和社会权利可诉性问题研究》,北京,社会科学文献出版社,2009 年,第 1 版,第 247 页。

加强国家保护机制的手段。[①]

各国宪法都有"人人皆有尊严,人人平等"的规定或者承诺,但是在经济全球化背景下,流动到异国他乡的劳动者的生活风险不会因为来到了他国而不发生,尤其是劳动者流动到了社会保障制度尚不完善的发展中国家,如果他们遭遇生活风险时,谁来为他们提供保障? 相关的法律以及应对流入劳动者的生活风险的资金和物质保障,仍然非常稀缺和不完善。在需要救济的经济社会权利问题增加而资源有限的情况下,经济社会权利的倡导者和法院建议以平等权的模式对待和处理这些权利。《经济、社会和文化权利国际公约》各成员国,都声称自己将经社文权利作为可诉权利对待,尤其是在宪法只列举了公民的经济社会权利而缺乏具体规定的情况下,允许法院从保障人的生命权、安全权、平等权的角度来解决经济社会权利的诉求问题。经济社会权利是基本人权,属于应得到有效救济的权利,公民有平等地享有获得审理的权利。[②] 在越来越多的人意识到经济社会权利公约所承认的权利内容是非常重要的今天,只有完善它们的诉讼机制,才能够确保人人享有这些权利。

综上所述可以看出,社会保障制度的复杂性和微妙性是任何一项社会政策都无法相比的,它是各种因素综合作用的结果,并且在不同国家的不同历史时期的不同理论影响下而表现出较大的差异。一项国际研究表明,"与人们通常想法不同的是,到目前为止福利国家项目削减的幅度不大,更不要说有重大变化了。"[③]美国学者威廉姆·H.怀特科说道:"社会福利制度既不是必然的,也不是一成不变的,而是若干年来所制定的数以千计的决策的产物。……尽管我们不能预料未来的社会福利是什么样,但我们可以确信,作为一个整体,我们会在原来的基础上继续制定有关社会福利的决策。"[④]

对不同类型的社会保障法律制度进行比较,会为各国不断变革的社会保障制度提供评估和选择的可能性。在对不同社会保障制度模式及其产生的社会效果进行考察时,不但可以学习借鉴其他国家有益的经验,也能够吸

---

① 李万熙:《〈经济、社会和文化权利国际公约〉及其实施:国际标准》,余秀燕译。载柳华文主编:《经济、社会和文化权利的可诉性研究》,北京,中国社会科学出版社,2008 年,第 1 版,第 24 页。

② 〔加〕布鲁斯·波特:《经济、社会和文化权利的可诉性与有效救济权利:历史性的挑战与新机遇》。载柳华文主编:《经济、社会和文化权利的可诉性研究》,北京,中国社会科学出版社,2008 年,第 1 版,第 2、6 页。

③ 〔英〕尼古拉斯·巴尔:《福利国家经济学》,郑秉文等译,北京,中国劳动社会保障出版社,2003 年,第 1 版,第 438 页。

④ 〔美〕威廉姆·H.怀特科等:《当今世界的社会福利》,谢俊杰译,北京,法律出版社,2003 年,第 1 版,"前言"第 3 页。

取其他国家的教训以少走弯路。社会保障制度作为人类社会共同的稳定机制,在现代社会确实有许多相通性,并表现出某些统一的趋势,各国在发展本国的社会保障制度时需要关注和尊重国际社会保障发展的趋势,但不一定必须遵循这些趋势。各国的社会保障制度都以自己独有的形态影响着本国社会和经济的发展,并已深深地植根于公民的日常生活中,或者说每个国家都栖身于各自独特的动态发展之中。社会政策的核心,一方面是保护人们免遭其生命周期中所遭遇的生活风险,为人们编织一张在收入中断时通过获得补充性收入以满足生活基本需要的安全网;另一方面通过就业促进政策,使人们能够充分开发自己的能力,积极地寻找工作并获得可观的报酬和良好的工作环境,这两方面已成为各国制定和实施社会政策的基石。

主要参考文献

一、中文参考文献

陈宝森:《美国经济与政府政策》,北京,世界知识出版社,1988年,第1版。

陈炳才等:《英国——从凯恩斯主义到货币主义》,武汉,武汉大学出版社,1997年,第1版。

陈建:《政府与市场——美、英、法、德、日市场经济模式研究》,北京,经济管理出版社,1995年,第1版。

陈立:《社会保障》,北京,中央党校出版社,1996年,第1版。

陈小津:《英国福利制度的由来和发展》,南京,南京大学出版社,1996年,第1版。

成新轩主编:《国际社会保障制度概论》,北京,经济管理出版社,2008年,第1版。

戴卫东:《病有所医不再遥远——建设覆盖城乡居民的医疗卫生服务体系》,北京,人民出版社,2008年,第1版。

邓大松:《美国社会保障制度研究》,武汉,武汉大学出版社,1999年,第1版。

丁建定:《西方国家社会保障制度史》,北京,高等教育出版社,2010年,第1版。

高际香:《俄罗斯民生制度重构与完善》,北京,社会科学文献出版社,2014年,第1版。

龚向和:《社会权的可诉性及其程度研究》,北京,法律出版社,2012年,第1版。

顾俊礼主编:《福利国家论析——以欧洲为背景的比较研究》,北京,经济管理出版社,2002年,第1版。

关在汉:《罗斯福选集》,北京,商务印书馆,1982年,第1版。

郭伟伟等:《亚洲国家和地区社会保障制度研究》,北京,中央编译出版社,2011年,第1版。

国际劳工组织主编:《社会保障基础》,长春,吉林大学出版社,1987年,第1版。

何怀宏:《公平的正义——解读罗尔斯的〈正义论〉》,济南,山东人民出版社,2002年,第1版。

和春雷等:《当代德国社会保障制度》,北京,法律出版社,2001年,第1版。

和春雷主编:《社会保障制度的国际比较》,北京,法律出版社,2001年,第1版。

黄安年:《当代美国的社会保障政策》,北京,中国社会科学出版社,1998年,第1版。

黄金荣:《司法保障人权的限度——经济和社会权利可诉性问题研究》,北京,社会科学文献出版社,2009年,第1版。

李超民编著:《美国社会保障制度》,上海,上海人民出版社,2009年,第1版。

李琮主编:《西欧社会保障制度》,北京,中国社会科学出版社,1989年,第1版。

李光耀:《经济腾飞路:李光耀回忆录(1965~2000)》,北京,外文出版社,2001年,第1版。

李健等:《新加坡社会保障制度》,上海,上海人民出版社,2001年,第1版。

李珍主编:《社会保障理论》,北京,中国劳动社会保障出版社,2007年,第2版。

林闽钢:《社会保障国际比较》,北京,科学出版社,2007年,第1版。

刘翠霄:《天大的事——中国农民社会保障制度研究》,北京,法律出版社,2006年,第1版。

刘燕生:《社会保障的起源、发展和道路选择》,北京,法律出版社,2001年,第1版。

刘兆兴等:《德国行政法——与中国的比较》,北京,世界知识出版社,2000年,第1版。

柳华文主编:《经济、社会和文化权利的可诉性研究》,北京,中国社会科学出版社,2008年,第1版。

鲁友章等主编:《经济学说史》(下册),北京,人民出版社,1991年,第1版。

吕学静主编:《社会保障国际比较》,北京,首都经济贸易大学出版社,2007年,第1版。

马超俊等:《比较劳动政策》,北京,商务印书馆,2013年,第1版。

穆怀中主编:《社会保障国际比较》,北京,中国劳动社会保障出版社,2007年,第1版。

聂和兴等主编:《中国军人社会保障制度研究》,北京,解放军出版社,2000年,第1版。

牛军主编:《克林顿治下的美国》,北京,中国社会科学出版社,1998年,第1版。

牛文光:《美国社会保障制度的发展》,北京,中国劳动社会保障出版社,2004年,第1版。

潘德礼主编:《俄罗斯十年——政治 经济 外交》(下卷),北京,世界知识出版社,2003年,第1版。

孙炳耀主编:《当代英国瑞典社会保障制度》,北京,法律出版社,2000年,第1版。

童伟等:《2012年俄罗斯财经研究报告》,北京,经济科学出版社,2012年,第1版。

王德高主编:《社会保障学》,武汉,武汉大学出版社,2010年,第1版

王尔山等:《社会保障在美国》,广州,中山大学出版社,2000年,第1版。

王玉先主编:《外国社会保障制度》,北京,工人出版社,1989年,第1版。

王卓祺主编:《东亚国家和地区福利制度》,北京,中国社会出版社,2011年,第1版。

魏新武编著:《社会保障世纪回眸》,北京,中国社会科学出版社,2003年,第1版。

谢勇才:《中国社会保障国际合作研究》,北京,社会科学文献出版社,2018年,第1版。

杨冠琼主编:《当代美国社会保障制度》,北京,法律出版社,2001年,第1版。

姚玲珍编著:《德国社会保障制度》,上海,上海人民出版社,2011年,第1版。

张桂琳等:《七国社会保障制度研究——兼论我国社会保障制度建设》,北京,中国政法大学出版社,2005年,第1版。

张群:《居有其屋——中国住房权历史研究》,北京,社会科学文献出版社,2009年,第1版。

张啸主编:《德国养老》,北京,中国社会出版社,2010年,第1版。

张彦等编著:《社会保障概论》,南京,南京大学出版社,1999年,第1版。

郑秉文等主编:《当代东亚国家、地区社会保障制度》,北京,法律出版社,2002年,第1版。

郑秉文等主编:《社会保障分析导论》,北京,法律出版社,2001年,第1版。

郑功成:《社会保障学》,北京,商务印书馆,2000年,第1版。

郑功成等主编:《全球化下的劳动与社会保障》,北京,中国劳动社会保障出版社,2002年,第1版。

中国劳动和社会保障部:《赴德养老保险立法考察报告》。载德国技术合作公司、中国劳动和社会保障部:《中德劳动和社会法合作文集(1996~1999)》。

周弘:《福利国家向何处去》,北京,社会科学文献出版社,2006年,第1版。

周弘主编:《国外社会福利制度》,北京,中国社会出版社,2002年,第1版。

朱传一等主编:《苏联东欧社会保障制度》,北京,华夏出版社,1991年,第1版

邹军誉主编:《国外优抚安置制度精选》,北京,中国社会出版社,2003年,第1版。

二、译著参考文献

〔比〕丹尼·皮特尔斯:《社会保障基本原理》,蒋月等译,北京,商务印书馆,2014年,第1版。

〔丹麦〕戈斯塔·埃斯平-安德森编:《转型中的福利国家——全球经济中的国家调整》,杨刚译,北京,商务印书馆,2010年,第1版。

〔丹麦〕考斯塔·艾斯平-安德森:《福利资本主义的三个世界》,郑秉文译,北京,法律出版社,2003年,第1版。

〔德〕彼得·特伦克-欣特贝格尔:《残疾人法》,刘翠霄译,北京,法律出版社,1999年,第1版。

〔德〕汉斯·察赫:《福利社会的欧洲设计——察赫社会法文集》,刘红梅等译,北京,北京大学出版社,2014年,第1版。

〔德〕霍尔斯特·杰格尔:《社会保险入门》,刘翠霄译,北京,中国法制出版社,2000年,第1版。

〔德〕路德维希·艾哈德:《大众的福利》,丁安新译,武汉,武汉大学出版社,1995年,第1版。

〔德〕托马斯·迈尔:《社会民主主义导论》,殷叙彝译,北京,中央编译出版社,1996年,第1版。

〔德〕乌尔夫·迪尔迈尔:《德意志史》,张载扬译,北京,商务印书馆,1991年,第1版。

〔法〕卡特琳·米尔丝:《社会保障经济学》,郑秉文译,北京,法律出版社,2003年,第1版。

〔法〕让-雅克·迪贝卢等:《社会保障法》,蒋将元译,北京,法律出版社,2002年,第1版。

〔荷兰〕弗朗斯·彭宁斯:《软法与硬法之间——国际社会保障标准对国内法的影响》,王锋译,北京,商务印书馆,2012年,第1版。

〔加〕R.米什拉:《资本主义社会的福利国家》,郑秉文译,北京,法律出版社,2003年,第1版。

〔美〕罗兰德·斯哥等编:《地球村的社会保障——全球化和社会保障面临的挑战》,华迎放等译,北京,中国劳动社会保障出版社,2004年,第1版。

〔美〕阿列克斯·施瓦兹:《美国住房政策》,黄瑛译,北京,中信出版社,2008年,第1版。

〔美〕阿瑟·奥肯:《平等与效率》,陈涛译,北京,华夏出版社,1999年,第1版。

〔美〕保罗·萨缪尔森:《经济学》,萧琛译,北京,商务印书馆,2012年,第1版。

〔美〕伯纳德·施瓦茨:《美国法律史》,王军等译,北京,法律出版社,2018年,第1版。

〔美〕米尔顿·弗里德曼:《资本主义与自由》,张瑞玉译,北京,商务印书馆,1986年,第1版。

〔美〕米尔顿·弗里德曼等:《自由选择》,胡骑等译,北京,商务印书馆,1982年,第1版。

〔美〕乔治·E.雷吉达:《社会保险和经济保障》,陈秉正译,北京,经济科学出版社,2005年,第1版。

〔美〕威廉姆·H.怀特科等:《当今世界的社会福利》,谢俊杰译,北京,法律出版社,2003年,第1版。

〔美〕约翰·罗尔斯:《正义论》,何怀宏等译,北京,中国社会科学出版社,2003年,第1版。

〔美〕约翰·B.威廉姆森等:《养老保险比较分析》,马胜杰等译,北京,法律出版社,2002年,第1版。

〔日〕菊池馨实:《社会保障法制的将来构想》,韩君玲译,北京,商务印书馆,2018年,第1版。

〔日〕屈勒味林:《英国史》,钱端升译,北京,商务印书馆,1933年,第1版。

〔日〕武川正吾等编:《企业保障与社会保障》,李黎明等译,北京,中国劳动社会保障出版社,2003年,第1版。

〔匈牙利〕卡尔·波拉尼:《大转变》,黄树民译,北京,社会科学文献出版社,2013年,第1版。

〔英〕霍华德·格伦内斯特:《英国社会政策论文集》,苗正民译,北京,商务印书馆,2003年,第1版。

〔英〕内维尔·哈里斯等:《社会保障法》,李西霞等译,北京,北京大学出版社,2006年,第1版。

〔英〕W.H.贝弗里奇:《贝弗里奇报告——社会保险和相关服务》,劳动和社会保障部社会保险研究所组织翻译,北京,中国劳动社会保障出版社,2008年,第1版。

〔英〕安东尼·吉登斯:《第三条道路——社会民主主义的复兴》,郑戈译,北京,北京大学出版社、生活·读书·新知三联书店,2000年,第1版。

〔英〕布莱尔:《新英国》,曹振寰等译,北京,世界知识出版社,1998年,第1版。

〔英〕大卫·李嘉图:《政治经济学及赋税原理》,郭大力等译,北京,商务印书馆,1962年,第1版。

〔英〕哈罗德·韦伦斯基:《福利国家与平等》,卫民译,中国台湾,黎明文化事业股份有限公司,1982年,第1版。

〔英〕哈耶克:《通向奴役的道路》,朱宗风译,北京,商务印书馆,1962年,第1版。

〔英〕霍布豪斯:《自由主义》,朱曾汶译,北京,商务印书馆,1996年,第1版。

〔英〕尼古拉斯·巴尔:《福利国家经济学》,郑秉文等译,北京,中国劳动社会保障出版社,2003年,第1版。

〔英〕威廉·塞尔·霍尔斯沃思:《英国法的塑造者》,陈锐等译,北京,法律出版社,2018年,第1版。

〔英〕约·阿·霍布森:《帝国主义》,纪明译,上海,上海人民出版社,1960年,第1版。

〔英〕詹姆斯·穆勒:《政治经济学原理》(下卷),赵荣潜等译,北京,商务印书馆,1991年,第1版。

《哥达纲领批判》,北京,人民出版社,1965年,第1版。

《马克思恩格斯全集》(第5卷),北京,人民出版社,1958年,第1版。

《马克思恩格斯选集》(第1卷),北京,人民出版社,1972年,第1版。

《资本论》(第1卷),北京,人民出版社,1975年,第1版。

《资本论》(第3卷),北京,人民出版社,1975年,第1版。

三、期刊、报纸

〔德〕格哈德·施罗德:《公众社会》,《德国》2005年第5期。

曹鹏飞等:《新加坡中央公积金制度及其对完善我国住房公积金制度的启示》,《金融纵横》2017年第3期。

车程等:《转轨国家养老金制度改革历史简析——以俄罗斯为例》,《辽宁经济》2013年第12期。

陈炳才:《新加坡的保障性住房建设》,《中国金融》2013年第3期。

陈雷:《德国养老长期照护政策:目标、资金及给付服务内容》,《中国民政》2016年第17期。

陈昱方等:《新加坡卫生服务体制对我国卫生服务体制改革的启示》,《医学与社会》2012年第1期。

程延园:《中德社会保障争议处理制度比较研究》,《北京行政学院学报》2005年第2期。

戴卫东:《国外长期护理保险制度:分析、评价及启示》,《人口与发展》2011年第5期

丁纯等:《德国护理保险体制综述:历史成因、运作特点以及改革方案》,《德国研究》2008年第3期。

丁纯:《德国社会保障体制的现状与改革》,《国际经济评论》2000年第3~4期。

方成等:《新加坡中央公积金制度探究》,《国际研究》2015年第8期。

方堃等:《俄罗斯转型过程中的社会结构分化及福利政策》,《外国问题研究》2012年第2期。

冯小溪等:《俄罗斯养老保险改革现状及启示》,《管理观察》2014年第22期。

郭伟伟:《新加坡社会保障制度研究及启示》,《当代世界与社会主义》2009年第5期。

郝铁川:《构建和谐本位的法治社会》,《新华文摘》2005年第10期。

季卫东:《合宪性审查与司法权的强化》,《中国社会科学》2002年第2期。

蒋永康:《德国护理保险法及给我们的启示》,《社会》1997年第6期。

荆林波等:《新加坡医疗保障制度的基本情况与经验》,《中国党政干部论坛》2012年第3期。

李斌等:《新加坡医疗体制及公立医院改革的深层逻辑》,《医学与哲学》2012 年第 33 卷。

李贵强:《英国国家养老金的发展历程及其启示》,《科学社会主义》2014 年第 1 期。

林梅:《发达国家住房保障的基本模式及其经验与启示》,《当代世界与社会主义》2012 年第 5 期。

刘东:《俄罗斯将取消户籍制度以刺激劳动力流动》,《中国合作经济》2009 年第 2 期。

潘小娟等:《外国住房保障的启示与借鉴》,《国家行政学院学报》2014 年第 2 期。

钱静远:《为医消得人憔悴:奥巴马医疗改革方案的成败与思考》,《财经管理》2016 年第 26 期。

秦彬祥:《克林顿的医疗改革》,《美国研究》1994 年第 4 期。

沈琴琴:《德国社会保障状况及其对劳动力市场的影响》,《欧洲》1999 年第 4 期。

石玎等:《美国长期照护服务的筹资改革及启示》,《国际比较》2017 年第 4 期。

田晓溪:《美国医改四年"奏效"全民医保仍是难题》,《中国经济周刊》2014 年第 19 期。

汪金峰等:《医疗保障制度:比较中的路径探索——以中国和俄罗斯为例》,《江汉学术》2014 年第 3 期。

王义祥:《俄罗斯的社会保障制度》,《东欧中亚研究》2001 年第 1 期。

王义祥:《普京社会保障政策评析》,《俄罗斯中亚东欧研究》2003 年第 6 期。

王义祥:《转型时期俄罗斯及东欧中亚国家的就业问题》,《俄罗斯研究》2002 年第 3 期。

吴好等:《俄罗斯三支柱养老金制度评述及其对中国的启示》,《生产力研究》2010 年第 6 期。

徐林实:《俄罗斯的退休养老体制改革及启示》,《国外社会科学》2012 年第 2 期。

许璟峰:《美国退伍军人就业保障制度的历史和现状》,《军队政工理论研究》2017 年第 3 期。

许艳丽:《转型期俄罗斯社保制度改革的特点及启示》,《中国发展观察》2016 年第 18 期。

薛涌:《中国必须对贫富分化说"不"》,《中国新闻周刊》2009 年第 40 期。

杨敏锐:《新加坡住房保障制度研究及其对中国的启示》,《现代商贸工业》2012 年第 4 期。

杨欣:《德国社会救助标准确立机制中的宪法监督》,《德国研究》2011 年第 3 期。

叶少武:《新加坡医疗保障制度公平性研究》,《广西社会科学》2010 年第 11 期。

殷叙彝:《施罗德、吉登斯谈公民社会与国家的互动关系》,《国外理论动态》2000 年第 11 期。

于建明:《德国的长期护理服务体系及启示》,《中国民政》2017 年第 3 期。

赵斌等:《俄罗斯"免费医疗"对我国医保制度的启示》,《中国社会保障》2014 年第 5 期。

赵传君等:《中俄社会保障制度改革比较》,《俄罗斯中亚东欧研究》2003 年第 6 期。

赵溪等:《英国残疾人社会福利政策及其启示》,《残疾人研究》2014 年第 2 期。

赵莹等:《英俄印三国"全民免费医疗"比较》,《中国社会保障》2014 年第 5 期。

郑春荣:《德国农村养老保险体制分析》,《德国研究》2002 年第 4 期。

周策:《新加坡医疗保健服务的经验与启示》,《发展研究》2010 年第 3 期。

曾舒珩:《从罗斯福新政到奥巴马医改看美国社会保障制度》,《中国社会报》2015 年 3 月 30 日。

陈建利:《奥巴马医改及对中国的启示》,《南方都市报》2010 年 2 月 7 日。

淦宇杰:《德国养老制度的改革:以"社会伙伴"为轴心》,《中国社会报》2014 年 3 月 10 日。

李莉:《国内美国公共住房政策史研究》,《中国社会科学报》2017 年 3 月 20 日。

李志明:《德国的社会保障制度》,《学习时报》2013 年 7 月 15 日。

李志明等:《新加坡社会保障基金的运营管理》,《学习时报》2014 年 7 月 14 日。

陆南泉:《转型以来俄罗斯的社保制度改革》,《经济观察报》2013 年 12 月 6 日。

茆长宝:《俄罗斯养老保障体系改革与面临的挑战》,《中国社会报》2014 年 6 月 23 日。

司绍寒:《德国基本法对权利的保护》,《人民法院报》2014 年 12 月 5 日。

后　记

　　本书选择了五个具有鲜明制度特征的比较对象:英国是第一个在世界上建立起的福利国家;德国是世界上第一个建立起完备的社会保险法律制度的国家;美国是世界上第一个制定了《社会保障法》的国家;新加坡的社会保障制度独树一帜且无法复制;苏联是世界上第一个社会主义国家并且在20世纪80年代末发生了社会转型,社会保障制度也因此进行了根本性改革。这些国家具有显著特征的社会保障法律制度分别为其他国家所效仿,并成为各国重要的经济社会法律制度。国际范围没有一个国家的社会保障制度是纯粹一种类型的,而是表现出混合的形态,只有当共同变量积累到一定程度时,人们才能够将不同类型的制度区分开来。例如,美国自由主义模式的制度也具有再分配和强制的性质,而英国普遍主义模式的社会保障制度也具有自由主义的成分。人类历史发展到了今天,发达的工业化国家已有将近20个,我们之所以从众多发达国家中选择英国、德国、美国作为分析对象,是因为这些国家是有着成熟福利制度的民主发达工业国家。这些国家的政治民主化允许各种阶级群体和各种年龄段的政治参与者对政策的实施结果施加潜在的影响。虽然它们在民主程序方面有相似的地方,但是在国家结构方面存在着差异,所以在社会福利制度方面显示出不同国家之间的差异。① 社会保障制度的类型不是由一个国家社会保障制度覆盖范围的宽窄、待遇标准的高低、保险项目的多寡等标准来决定的,而是由一个国家的社会阶级结构、社会权利的质量以及国家、市场和家庭的关系来决定的。②

　　学术界把不同国家的社会保障法律制度归为一类,首先是因为这些国家的立法理念是基本相同的;其次制度的构建是大同小异的;三是制度运行

---

　　① 〔美〕约翰·B.威廉姆森等:《养老保险比较分析》,马胜杰等译,北京,法律出版社,2000年,第1版,第309页。
　　② 〔丹麦〕考斯塔·艾斯平-安德森:《福利资本主义的三个世界》,郑秉文译,北京,法律出版社,2003年,第1版,第80、32页。

的社会效果是相近的。英国的社会保障制度又被称作福利型社会保障制度,①能够纳入这一类型制度的国家还有瑞典、丹麦等北欧五国。这些国家都将实现社会经济的增长与社会公平的提升作为政策取向的主要目标,按照普遍性原则建立了从娘胎到坟墓的高标准、无所不包的社会保障制度。例如瑞典,立法理念与英国是相似的,1928 年,执政的社会民主党主席汉森提出:"通过实行社会和经济民主,消除阶级差别和一切社会、经济不平等现象,让平等、关心、合作和互助精神贯穿整个社会。"这就是对瑞典福利型社会保障制度产生重大影响的社会民主党的"人民之家"思想。② 包括瑞典社会民主党在内的西欧社会民主党人把实现社会保障制度当作他们实现民主社会主义必要的、重大的步骤,并率先把现代社会福利思想变为现实。③ 瑞典步英国之后尘,建立起比英国保障范围宽、待遇标准高的社会保障法律体系,它被誉为"福利国家橱窗"是因为其社会保障支出占国内生产总值的比重是世界上最高的。国民无需缴纳养老保险费,在 65 岁时就可以获得领取基本养老金的权利,即使一个没有劳动力市场经验的人也能够获得基本养老金,只有不到 0.5% 的老年人生活在贫困中,可以说养老金的覆盖率为100%。此外,普通产业工人退休以后还能获得一份与收入关联的养老金,其替代率为 90%～100%,支付上限与基本养老金相同。这两份养老金结合在一起就使普通产业工人的养老金水平能够达到白领阶层的水平;④政府将充分就业当作优先目标,没有建立强制性的失业保险制度,工会可以自愿建立失业基金会,政府为其提供大量补贴,劳动力市场委员会设立管理项目,为没有被工会失业基金会保护到的人提供失业保障;1990 年时,瑞典人均居住面积已达到了 47 平方米,政府还在不断扩大住宅建筑面积,提高住宅建筑质量,以使每个居民都有一所宽敞舒适的住房,几乎所有瑞典人都拥有夏季别墅;对全民实行免费医疗、教育以及日间看护,职工每年有 100 天的带薪休假,所以瑞典人身体健康、长寿、死亡率低、受教育程度高;⑤瑞典的公共服务是福利制度进行改革的主要领域,与此相应,在福利服务部门就业的工作人员占到工作年龄人口的 15.4%,而在德国这个比例为 5.1%,在英美国家则为 6.1%。⑥ 瑞典的社会保障制度与英国的不同之处在于,它从

---

　　① 李珍主编:《社会保障理论》,北京,中国劳动社会保障出版社,2007 年,第 2 版,第 15 页。
　　② 成新轩主编:《国际社会保障制度概论》,北京,经济管理出版社,2008 年,第 1 版,第 77 页。
　　③ 李琮主编:《西欧社会保障制度》,北京,中国社会科学出版社,1989 年,第 1 版,第 75 页。
　　④ 〔丹麦〕戈斯塔·埃斯平-安德森编:《转型中的福利国家——全球经济中的国家调整》,杨刚译,北京,商务印书馆,2010 年,第 1 版,第 53、54 页。
　　⑤ 成新轩主编:《国际社会保障制度概论》,北京,经济管理出版社,2008 年,第 1 版,第 123 页。
　　⑥ 〔丹麦〕戈斯塔·埃斯平-安德森编:《转型中的福利国家——全球经济中的国家调整》,杨刚译,北京,商务印书馆,2010 年,第 1 版,第 55 页。

一开始建立就彰显出普遍化的特征。19世纪末20世纪初,瑞典选择率先发展农业、林业、渔业等农业领域产业的特殊工业化道路,农林渔业的就业者具有了与工业部门就业者同等的社会地位,所以,瑞典的社会保险制度从建立之日起就覆盖了全体国民,而不是逐步扩展保障范围。① 瑞典的高福利靠高税收和雇主缴纳所有的社会保险费来维持,政府对企业实行双重征税,即在征收了名义税率58%的企业利润税后,对股东的分红再征收70%的个人所得税。2003年,中央和地方政府累计个人所得税平均税率为51%,各类税收占当年GDP的55%,政府将GNP的70%以上用于各种社会福利开支。1995年,雇主承担的社会保险费占其利润的32.9%,雇员无须缴纳社会保险费。② 广泛的、普遍的覆盖范围,养老金替代率高于其他国家,建立在公民权或者仅仅是居住权基础上的公民权利的范围以及服务的强化,是以瑞典为代表的斯堪的纳维亚福利制度的四个基本制度参数。③瑞典不愧为"福利国家橱窗"的赞誉,正如瑞典学派代表人物之一维克塞尔所言:"如果有一天我们认识到,不管社会阶级、种族、性别、语言或信仰如何不同,我们在世界上的目标是把最大可能的幸福扩展到每一个人,我们将会愉快地发现,这个问题在经济学方面已经从根本上得到解决,唯一需要的只是把这种解决付诸实施。"④

　　学界将德国、法国等国的社会保障制度归入合作主义或保险型一类。⑤从立法理念看,提倡建立市场竞争和选择性而不是普遍性的社会保障制度,强调公民权利与阶级和地位相联系;从制度建立时的社会经济背景看,19世纪初法国也出现了许多疾病和老年互助救济会,为穷人、残疾人、乞丐提供食品、住宿、医疗服务,这种行业性互助成为社会保险制度的源头。在社会保险基金筹措上,采取以雇员工资为基础的雇主与雇员强制性分摊的政策,即社会保险的原则。社会保险制度同样实行劳资共同参与的自治化管理;⑥法国也建立了覆盖全体农业和林业经营者、农村手工业劳动者、农业合作社负责人和其他农业组织的领导人以及农业企业职工的"农业互助社会保障体制",和德国一样这是一种强制性农民生活风险保

---

　　① 丁建定:《西方国家社会保障制度史》,北京,高等教育出版社,2010年,第1版,第12页。
　　② 林闽钢主编:《社会保障国际比较》,北京,科学出版社,2007年,第1版,第130页。
　　③ 〔丹麦〕戈斯塔·埃斯平-安德森编:《转型中的福利国家——全球经济中的国家调整》,杨刚译,北京,商务印书馆,2010年,第1版,第55页。
　　④ 成新轩主编:《国际社会保障制度概论》,北京,经济管理出版社,2008年,第1版,第86~87页。
　　⑤ 林闽钢主编:《社会保障国际比较》,北京,科学出版社,2007年,第1版,第79页。
　　⑥ 丁建定:《西方国家社会保障制度史》,北京,高等教育出版社,2010年,第1版,第114页。

障机制;①从历史上看,中央统治的"合作主义"传统根深蒂固,家庭关系在社会保障中占有重要的地位。市场化和商品化的自由主义原则从未占据过主导地位,私人保险和职业补充保险从未成为社会保险中的支柱项目。合作主义的政制几乎完全取代了市场而成为国家提供福利的工具之一,而国家的作用主要是维护社会阶级和地位的差异,维护既有的阶级分化现状,再分配对社会权利的阶级归属和社会分层几乎没有任何影响。②但是法国的社会保障制度不是德国社会保障制度的翻版,它在制定和改革的过程中也吸纳其他国家的经验,例如,它吸收了贝弗里奇报告中的"普遍性"原则,反对各行业自成一体的行业性互助,而是把工薪者的社会保险制度拓展到了占劳动人口大多数的私营企业和部门的工薪职工,对公务员和公共部门的工薪人员则实行特殊的社会保险制度。③

美国社会保障制度被称作保障型社会保障制度,④能够纳入这一类型制度的国家还有加拿大等国。加拿大与美国一样,受传统政治理念与社会观念的影响,联邦政府的社会保障责任与干预行为具有明显的有限性。第一次世界大战以后,各省开始颁布实施社会保险法,在各省社会保险立法的基础上,联邦政府开始加快社会保障立法,并且选择了与美国一样的联邦政府与各省政府分权管理并以各省政府为主的制度。联邦政府与各省政府在主要社会保障领域实行费用平均分摊的原则,主要社会保障事务由各省政府负责管理,联邦政府的主要职责是制定社会保障法律和提供财政支持,而不直接参与管理。与美国一样,军人保障在加拿大社会保障制度建立过程中受到政府高度重视,从1916年开始,军人保障立法频频出台,先成立了老兵年金委员会,向老兵发放年金,对死亡士兵无依无靠的父母提供保障,向第一次世界大战的士兵及阵亡士兵的家属提供福利,向残疾退役军人及其家属提供年金,等等。加拿大的社会保障制度与美国的最大不同之处是,加拿大国会于1984年通过的《加拿大卫生法》确立了医疗保险的五项原则:一是全民原则,即向所有加拿大合法居民提供同样的全民免费医疗;二是全面原则,即医疗保险计划必须包括医院和院外医生所提供的所有必要的医疗服务;三是便利原则,即医疗保险必须为患者提供合理且便利的服务,不得

---

① 杨团等:《21世纪中国农民的社会保障之路》,北京,社会科学文献出版社,2010年,第1版,第180页。

② 〔丹麦〕考斯塔·艾斯平-安德森:《福利资本主义的三个世界》,郑秉文译,北京,法律出版社,2003年,第1版,第325~326页。

③ 林闽钢主编:《社会保障国际比较》,北京,科学出版社,2007年,第1版,第103页。

④ 李珍主编:《社会保障理论》,北京,中国劳动社会保障出版社,2007年,第1版"前言"。

为患者设置费用方面的障碍,也不能因为患者的收入、年龄、健康状况等而区别对待;四是转移原则,即当居民外出旅行或者从国内一个地区迁往另外一个地区时,也必须为其提供医疗保险;五是公共管理原则,即医疗保险计划实行非营利原则,由省政府的职能部门管理和运营。[①] 加拿大的医疗保险由私营医院和私人医生为患者提供医疗服务,全国 10 个省和 3 个地区的政府有权制定不违背《加拿大卫生法》规定的本省和本地区的住院保险和门诊医疗计划,但这 10 余个各不相同的医疗保险计划是相互联系的。联邦政府按人口数量向省级政府拨付医疗保险基金,而不是按照用于医院和私人门诊实际医疗费用拨款,因此各省可以将结余的医疗保险基金投资于其他医疗保健设施。从政治声望和成本优势的无论哪个方面来说,加拿大的国民健康保险模式都优越于美国私人保险模式。在 1994~1999 年联合国发展指标评比排名中,加拿大连续 6 年位居世界榜首,至今医疗保健水平仍然是世界一流的。[②]

实行强制储蓄型的社会保障制度的国家,除了新加坡,还有智利等国。[③] 国际劳工局社会保障司于 1984 年编著的《社会保障导论》将新加坡实行的储备基金制度打入另册,他们预言这种制度“将在适当时候被社会保险计划所替代”。[④] 但实践的发展打破了这一预言,不仅新加坡等 19 国的储备基金制度没有改变,而且在 20 世纪 80 年代以后又冒出了更为“另类”的智利模式,他们干脆把储备基金交给私营机构管理,并且在 20 世纪 90 年代风靡南美大陆。智利在 20 世纪 80 年代之前效仿德国的社会保险制度模式,实行现收现付的财务制度,政府负责社会保险费的征收和基金管理,社会保险基金出现入不敷出时,由政府财政予以弥补。20 世纪 80 年代,由于财政负担重、社会保障制度体现的公平性不高、制度缺乏统一性、管理成本高等原因,智利放弃了德国模式,将原来由政府负责的公共养老金转化为个人负责的私人养老金。智利政府拥有强有力的军权政治独裁统治,在实施社会保障制度改革时,不需要经过议会的讨论和同意以及来自工会的强大压力,就能够强行推行既定政策。[⑤] 经过几十年的发展,新制度不仅减轻了政府实行公共养老金时的债务,而且促进了国内资本市场的发展。“智利模

---

①　林闽钢主编:《社会保障国际比较》,北京,科学出版社,2007 年,第 1 版,第 67~69 页。

②　〔丹麦〕戈斯塔·埃斯平-安德森编:《转型中的福利国家——全球经济中的国家调整》,杨刚译,北京,商务印书馆,2010 年,第 1 版,第 182~183 页。

③　李珍主编:《社会保障理论》,北京,中国劳动社会保障出版社,2007 年,第 2 版,第 16 页。

④　国际劳工局社会保障司编著:《社会保障导论》,管静和等译,北京,劳动人事出版社,1989 年,第 1 版,第 8 页。

⑤　成新轩:《国际社会保障制度概论》,北京,经济管理出版社,2008 年,第 1 版,第 177 页。

式"不但引起了国际社会的关注,更为拉美 13 个西班牙语系国家所效仿。新制度的基本特征是摒弃了旧制度的现收现付制,实行基金完全积累制并为每一个受保险人建立一个养老基金个人账户。① 但是,"智利模式"不等同于新加坡的制度:一是雇主不为雇员个人账户供款,只有雇员要将工资的10%存入个人养老金账户;二是养老保险基金不再由国家控制,而是由私营基金管理公司运营,雇员个人可以自主选择任何一家私营退休金管理公司管理自己的个人账户,并有权将个人账户存款从效益不好的公司转入效益好的公司;三是养老基金管理公司一旦破产,政府有责任保证受保险人应得的收益;四是如果受保险人的养老基金积累额没有达到最低养老金标准,政府对差额予以补贴,以确保受保险人能够获得最低养老金。智利的这种对养老保障个人账户资金的分散化、市场化管理和运营,取得了较高的投资回报,从 1981 年到 2000 年的 20 年间,养老基金投资收益率为 11%;② 五是政府承担绝大多数人就医的社区医疗服务中心的建造和运作所需资金,2007年支出额占国家 GDP 的 6%～7%,仅次于教育和社会保障的支出。政府为每个公民承担的医疗费用为 60 美元,其中中央政府承担 80%,区政府承担 20%,③部分医疗保险也交由私营保险公司经营。新加坡和智利的强制储蓄型的社会保障制度虽然互济性差,但仍然起到了有效抵御老年、疾病等生活风险的作用。

　　所有"二战"以后建立起的社会主义国家,在经济制度转型以后,也都对本国的社会保障制度进行了改革,所以都归入转型国家社会保障法律制度一类。例如,俄罗斯和中国社会保障制度都属于转型国家社会保障制度,这是因为:在转制前都是实行国家保险的社会主义国家,国家承担社会保障的全部责任,公民个人几乎不承担任何责任;在转制后都将计划经济体制下的社会保障制度改革为适应市场经济需要的责任分担的社会保障制度,转型国家的社会保障制度基本都经历了这样两个发展阶段。俄罗斯与中国转型后的社会保障制度最大的区别在于:俄罗斯将苏联时期的部分福利制度沿袭了下来,例如全民免费医疗制度;俄罗斯继续实行 1965 年建立的集体农庄庄员的社会保险制度;为了给失业者创造就业条件,政府计划取消居民居住地登记制度,以刺激劳动力的流动,促进和增加就业。④

---

　　① 杨建海:《转型国家养老金改革的历史制度主义分析——以智利、波兰为例》,《兰州学刊》2016 年第 7 期。

　　② 李珍主编:《社会保障理论》,北京,中国劳动社会保障出版社,2007 年,第 2 版,第 156 页。

　　③ 成新轩:《国际社会保障制度概论》,北京,经济管理出版社,2008 年,第 1 版,第 189 页。

　　④ 刘东:《俄罗斯将取消户籍制度以刺激劳动力流动》,《中国合作经济》2009 年第 2 期。

　　以上的归类不是固定不变而是变化着的。例如,20 世纪 70 年代末 80 年代初,当西方资本主义国家社会保障制度出现融资危机时,秉持自由主义原则的美国和恪守普遍主义原则的英国几乎同时采取新自由主义的改革措施。事实说明,不同类型的社会保障制度之间没有不可逾越的障碍,在出生率下降、人口老龄化、缴纳社会保险费的人口减少等因素导致社会保障资金短缺的情况下,承担着经济和社会调节机制的社会保障制度的改革成为事关人类生死存亡的重大问题。所以,各国需要根据自己的实际情况汲取别国成功的经验、避免走别国的弯路,让本国的社会保障制度经过重铸以后,能够在实现人类终极目标上发挥更大作用。

　　社会发展的现实证明,社会现代化是经济现代化的一个决定性因素,增加用于人的支出非常重要,因为它不仅可以增加有效需求并刺激投资,而且能够以新的方式促进劳动生产率的进步。增加用于人的支出是通过社会保障制度实现的:社会保障制度由于满足了某些社会需求(医疗保健、退休、教育、住房、培训、收入补充以及良好的劳动条件等),因此更好地维持了劳动力,促进了劳动生产力的发展,进而对经济发展起到了积极的促进作用;社会保障制度通过政府转移支付和劳动力再生产的非商品形式(劳动者获得的社会福利待遇),能够使劳动者保持良好的劳动状态,由此提高其剩余价值的生产能力;社会保障制度为劳动者及其家庭提供更好的生活条件,为人口的更新换代和未来的劳动力(社会保险费的缴纳者)培养提供了更多的可能;退休制度的建立,使得更多年轻而富有活力的劳动者走上工作岗位,创造更多的社会财富,所以社会保障制度更有助于扩大生产和实现剩余价值;社会保障制度通过增加劳动者的支付能力,有助于扩大内需,促进国民经济发展。① 人类社会发展到了 20 世纪中叶,法律的基本目标已由保护个人财产权转变为保护社会利益,保证每个人在社会中都能过上一种人类应有的生活,即使社会不能满足个人的所有需要,至少也要在合情合理的可能的范围内满足个人最低限度的需要。法律在实现上述目标的过程中找到了对社会利益提供保护的最终理由。②

　　西方国家的社会保障法律制度经历了 20 世纪 40～60 年代的飞速发展时期、70～80 年代的危机时期、90 年代至今的调整改革时期三个阶段后,面临的最大问题是经济渐趋萧条导致失业率升高以及人口老龄化给社会保障

---

　　① 〔法〕卡特琳·米尔丝:《社会保障经济学》,郑秉文译,北京,法律出版社,2003 年,第 1 版,第 29 页。

　　② 〔美〕伯纳德·施瓦茨:《美国法律史》,王军等译,北京,法律出版社,2018 年,第 1 版,第 354 页。

结构性融资带来巨大压力。由这一根本性问题引发学术界对社会保障法律
制度的未来走向的热烈讨论。建立社会保障制度的宗旨与人类的终极奋斗
目标是一致的,百十年来社会保障制度运行的实践证明,社会保障制度是一
条单行道,只能进不能退。当西方资本主义福利国家的社会保障制度遭遇
融资危机、制度运行受阻,保守主义的执政者曾信誓旦旦地要对社会保障制
度进行大刀阔斧的改革时,民众的反对让他们不得不放弃既定计划,只能对
社会保障制度做出微小的调整。事实证明,社会保障计划必须实行下去,即
它是不可逆的。

　　现代社会保障制度是随着生产社会化而产生的分配社会化的需要。这
种发展过程是客观的,不以人的主观意志为转移的。对此列宁指出:"资本主
义进到帝国主义阶段,就使生产紧紧接近最全面的社会化,它不顾资本家的
愿望与意识,可以说是把他们拖进一种从完全自由竞争向完全社会化过渡的
新的社会秩序。"①采取社会化分配形式的社会保障制度既是资本主义生产
力和生产社会化发展的必然产物,就应看作是一种社会进步的结果。正如
列宁所指出的:"任何一个马克思主义者都不会忘记,资本主义比封建主义
进步,而帝国主义又比垄断前的资本主义进步。"②现代社会保障制度与由
宗教团体、慈善机构、工人自发组织的互助会或友谊社相比,是历史的进步,
因为社会成员的生活风险历史地落在了国家的肩上,而由国家进行国民收
入再分配的社会保障制度比任何社会组织提供的生活风险保障更可靠。

　　19世纪末,人们认为法律所具有的确定性到了21世纪已不复存在了。
20世纪初,经济学家、社会学家、政治学家已经意识到了变革的必要性,但
法学家仍重复着19世纪的陈规旧律。新的法律目的论,以社会正义和法律
正义对比表达出来,强调的重心从过去个人对财产和已允诺好处的权利主
张向关心个人生活转变,即从强调个人利益转变为强调社会利益。概念的
变化使人们看到了公正不是意志的体现,而是需求的反映。在法律上,强调
的重点从普遍安全中的利益转向了个人生活中的社会利益。对此,约翰·
戴维说:"在经济领域中,过去的正义致力于保证个人的财产权利和契约权
利,而新的正义必须考虑怎样才能保障每个人的生活标准。这样共享文明
的价值将构成一种完全可能的道义生活。"③

---

　　① 《列宁选集》(第2卷),北京,人民出版社,1972年,第1版,第748页。转引自李琼主编:
《西欧社会保障制度》,北京,中国社会科学出版社,1989年,第1版,第76页。
　　② 同上。
　　③ 〔美〕伯纳德·施瓦茨:《美国法律史》,王军等译,北京,法律出版社,2018年,第1版,第
283～284页。

　　1952 年,国际劳工组织制定并通过的《社会保障(最低标准)公约》对社会保障各项目的最低标准作出了明确规定。虽然公约对每个签约国并不具有实质性的约束力,但它表明不但发达国家,而且发展中国家也必须制定社会保障制度。社会保障制度的设计除了受到特定国家和社会的政治、经济和文化传统的约束外,还受到人类理性有限性的制约。在各国当下政治、经济、文化发展水平下,社会保障制度功能发挥得如何,在一定程度上取决于社会保障制度设计的技术水平。发展中国家应根据本国国情,参考和借鉴发达国家的社会保障立法理念、运用科学的立法技术、建立严谨的管理和监督机制,为本国老百姓建设一个"老有所终,病有所医,壮有所用,幼有所教,居者有屋、矜寡孤独废疾者皆有所养"的美好社会,将人们几千年来追求的梦想变为现实。

刘翠霄

2019 年 6 月 13 日